Linda Goodman

Signos Estelares

Edição revista

CIP-BRASIL. CATALOGAÇÃO-NA-FONTE
SINDICATO NACIONAL DOS EDITORES DE LIVROS, RJ

G66s Goodman, Linda, 1925-1995
6.ed. Signos estelares: os códigos secretos do universo: arco-íris esquecidos e esquecidas melodias da sabedoria antiga / Linda Goodman; tradução: Luiza Ibañez; revisão técnica: Max Klim. – 6.ed. rev. – Rio de Janeiro: Nova Era, 2010.

Tradução de: Linda Goodman's star signs
ISBN 978-85-7701-082-0

1. Ciências ocultas. 2. Parapsicologia. 3. Astrologia. 4. Nova Era (Movimento esotérico). I. Título.

CDD – 133
09-5140 CDU – 133

Título original norte-americano
LINDA GOODMAN'S STAR SIGNS

Impresso no Brasil

ISBN 978-85-7701-082-0

Com eterna amizade,

dedico este
e todos os meus livros futuros
ao "meu esquivo guru"
Aaron Goldblatt

que, em todas as encarnações, guiou pacientemente
meus esforços criativos e minha iluminação espiritual,
com a brandura e sabedoria infinitas de um Mestre Avatar
e que foi, é e sempre será
o responsável por todos os meus milagres,
somente manifestados devido a sua fé.

*"Não vos esqueçais da hospitalidade, porque
por ela, alguns, sem o saberem, hospedaram anjos."*

HEBREUS 13,2

*"Meus filhos, os erros serão perdoados. Em nossa obsessão com o
pecado original, frequentemente esquecemos... a inocência original."*

PAPA INOCÊNCIO DE ASSIS
século XV

este livro também é para

Nona,
com um floco de neve perfeito,
por galáxias intermináveis de motivos

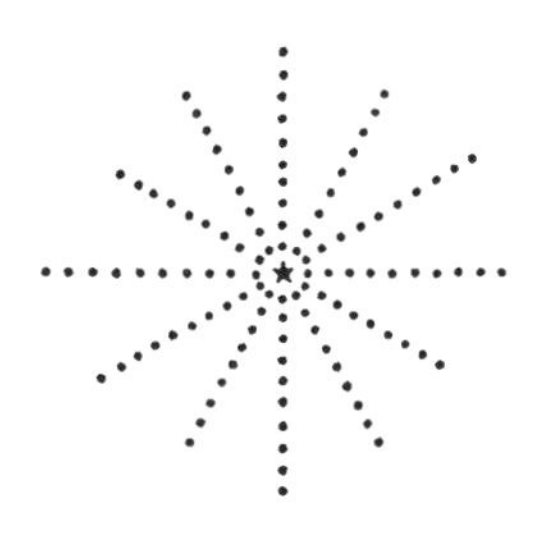

Nathan,
a menina dos olhos do meu "Eu"

Dr. Charles A. Musès,
cuja sabedoria jamais falha

Sally, Bill, Michael e Jill

e em carinhosa memória de
Sam O. Goodman

"Ele enxugará de seus olhos toda lágrima;
e não haverá mais morte..."

APOCALIPSE 21,4

o nascimento deste *Signos estrelares* foi tornado possível,
em vários sentidos e motivos, pelas seguintes pessoas,
às quais eu gostaria de dizer "obrigada":

primeiramente... Robert A. Brewer

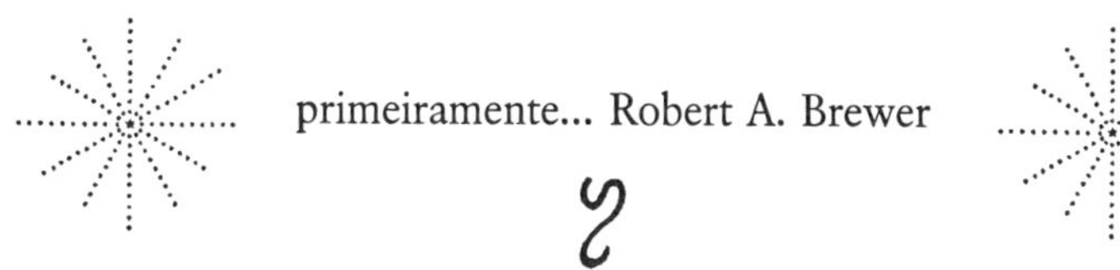

Tony Lopopolo (o Laurel Lily Lady); Robin Kessler; George e Alice Rostad; Patrick, Lenore, Norman e Corinne Lobo; Ted e Jean Fraites; Harold e Kathleen Finstad; Don Mattews; Sue e Bill Fox; Tom Demeo; Dan Delaney; Carol, Star e Sunshine Rainey; Sue Kelly; Suzanne Finstad; Allen Matthews; Harry Musante, Jr.; Carol Pozy; Connie Larsen; Olive e Carol Twinem; Gladys Cunningham; sargento Robert Meza; John Forsman; Louis Cicalese; Mike Nelson; Judy Carr; Charles Collie; Julie Bogash; Dora Elliott; Renier Milan; Joshua Rappaport; Vicky Sparks; Pat Franklin; Dr. Charles Hurst; Neal Brawner; Harriet Snare; Mary Jo Anne Valko; Inga Danville; John Eastlack, Mercedes Hernandez; Jim Gaidula; Paul O'Driscoll; Dan Schow; Harold e Carol Nay; Sahle Adanu; Lance Reed; Pat Callison; Ruth Cook; Bill Slawson, Jane Schaefer, Rosemary MacIntyre e Fredo Killing, do Antler's Plaza Hotel, em Colorado Springs; Jerome A. Perles, *Esquire*; Garry R. Appel; George Rosenthal; Howard Hughes Jr.; e, por último, mas não menos importante.

Philip di Franco, o Leão; Dame Thelma Dunlap, o Touro

e também
ao Escorpião
Arthur Mitchell Klebanoff,

o "homem-mago", que, pela segunda vez, como aconteceu com *Os astros comandam o amor,* dividiu o mar Vermelho, para que este livro pudesse sair do Egito!

Uma grande homenagem
e a razão para isso...

A conclusão deste livro foi adiada por um típico acidente ariano: uma pancada em minha cabeça causou o deslocamento da quinta vértebra da coluna lombar, a qual comprimiu meu nervo ciático e continuou a comprimi-lo por um longo e doloroso período. Desejo, aqui, expressar a minha gratidão ao homem que me trouxe de volta à máquina de escrever:

Dr. John Wm. Perry
Hollywood, Califórnia

que encarna o ideal do médico perfeito, uma vez que combina o jeito nostálgico e confortador de tratar um doente, conforme pintou Norman Rockwell, a um conhecimento profundo das modernas maravilhas e técnicas da medicina — juntamente com o forte magnetismo curador de Escorpião. O “Dr. John” é especialista em medicina interna e diagnose, além de pioneiro na medicina esportiva. É o médico oficial de inúmeras personalidades e equipes esportivas, incluindo o Washington Redskins e o Los Angeles Rams — sendo agora o médico oficial desta Áries-Carneiro, que, sob seus hábeis cuidados, passou de “beque contundido” a “beque em plena forma”*

e também a

Marianna Clunie, Libra; e Aurie Salazar, Gêmeos,

da serena equipe do Dr. John... dois anjos de misericórdia. Ambos de signos do Ar, claro. De que outro elemento dos signos solares seriam os anjos?

e dois fortes abraços finais para:

Ralph Bergstresser
Scottsdale, Arizona

que adicionalmente (e não pela primeira vez) abençoou-me com muitas das magias que trouxe da Atlântida, via Júpiter.

Nota aos meus leitores: Por vezes, lendo livros deste gênero, que abrangem uma grande variedade de informação, o leitor é tentado a consultar o Sumário e escolher diretamente um capítulo que aborde algo do seu interesse particular. Por favor, evite fazer isso com esta obra, pois deixará de ler farto material. Aliás, é importante que leia os capítulos consecutivamente, conforme foram escritos, a fim de que haja uma total compreensão do conteúdo de cada um. Se algum capítulo for lido fora do contexto, o significado se tornará confuso e, sem a base dos capítulos anteriores, o conhecimento não será proveitoso.

---

*Jogo de palavras intraduzível, envolvendo termos de grafia idêntica em inglês: *back* (posição de jogador de futebol) e *back* (costas). (*N. da T.*)

SUMÁRIO

As citações em prosa ou verso usadas no decorrer do texto e no início de cada capítulo foram extraídas de *Gooberz*, outra obra da autora.

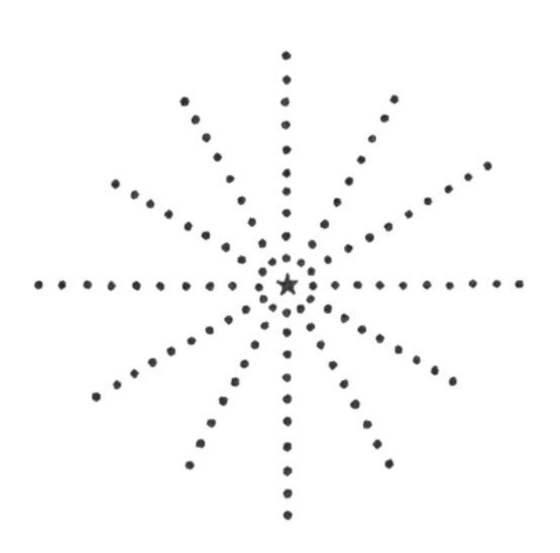

PREFÁCIO

serei eu a vítima inocente
de um novo tipo de circunlóquio psicológico
ou sofro as dores da perseguição paranoica?

por que sinto, no plexo solar, estranhas sensações
enquanto pondero agudas e esquizofrênicas implicações
desta frenética, cinética e peripatética Era de Aquário?

onde está a página iluminada e esclarecida
de Electra-Édipo, o texto de Freud,
indicando o que devo esperar em seguida,
neste confuso padrão de falsas conclusões do
comportamento humano?

que galáxia invisível de estrelas
guarda o real saber da alegria da Páscoa
e a resposta a todas as demais loucuras
da Era de Aquário?

☆☆☆

"Q*uando a Lua estava na sétima casa e Júpiter alinhado com Marte"*, aconteceu o alvorecer da Era de Aquário, em toda a sua glória colorida, fantástica, invertida e vertiginosa, atemorizando os conservadores em suas formas rígidas e deliciando os não conformistas de espírito livre.

Juntamente a penteados loucos, roupas ciganas e estilos de vida impactantes com o inconfundível selo uraniano da individualidade, uma importante característica da Nova Era é o interesse crescente pela metafísica e pelo sobrenatural, que se espalha com rapidez pelo mundo inteiro. Sedutoramente, esse interesse tem acenado para alunos do ensino médio e fundamental, universitários, donas de casa, mulheres que trabalham, os chamados *jet set*, estrelas de cinema, funcionários públicos, sóbrios empresários, políticos e conselhos diretores. Representantes de algumas das maiores companhias americanas, como a IBM, a AT&T e a General Motors, para citar apenas algumas, já se reuniram em prolongados seminários, discutindo como a metafísica poderia auxiliar seus executivos a competir no mercado mundial.

Esses empresários acreditam que os mistérios esotéricos lhes revelarão como diminuir seus prejuízos e aumentar seus lucros, enquanto os novos apóstolos do ocultismo se mostram igualmente convencidos de que, juntamente às soluções fornecidas para seus problemas pessoais, estes mesmos mistérios esotéricos contêm uma resposta à ameaça dos iminentes cataclismos naturais e do holocausto nuclear, o *Götterdämmerung** final. Eles estão certos. As sabedorias antigas possuem tais soluções e respostas, com certas restrições, dependendo da interpretação, aplicação — e obediência — às suas verdades. Toda moeda tem dois lados, e as moedas de ouro do misticismo e da metafísica não são exceções.

Os astrólogos não se surpreendem com este interesse em uma recém-nascida crença no oculto. Isso já foi previsto há séculos, há muitíssimo tempo antecipado por Iniciados no esoterismo. Fiquem todos certos de que isso continuará avançando como uma onda pelos próximos dois mil anos da Nova Era, enquanto os "filhos" de Aquário transpõem as barreiras entre as gerações, em uma louca dança pela estrada de tijolos amarelos, em direção à Cidade de Esmeraldas de Oz, regida por Urano. Entretanto, cuidado, Dorothy! Cuidado, afetuoso Leão, Homem-de-Lata, Espantalho e inocente Totó! O país de Oz não é a verdadeira Cidade de Esmeraldas da iluminação. Podem surgir algumas fadas madrinhas com legítimas varinhas de condão pairando aqui e ali, mas Oz permanece fora de alcance, devido a uma multidão de cintilantes Magos falsos, escondidos atrás de cada Arbusto de Pirulitos e Árvores de Biscoito.

Contudo, claro está, é bom que os humanos percebam, ao menos agora, o que realmente são, reconhecendo suas próprias e maravilhosas aptidões mágicas. Por trás da explosão da atual busca maciça por iluminação, encontram-se os esquecidos arco-íris e as esquecidas melodias de milagres recordados. As pessoas deste plano finalmente estão ficando um pouco mais conscientes de que, em verdade, são *espíritos*, aprisionados em Templos Corpóreos de carne, afligidos há éons por uma amnésia sobre a verdadeira identidade do indivíduo e sua divindade por direito de nascimento.

---

*Nome da última ópera da saga *O Anel dos Nibelungos*, de Richard Wagner. Em português, significa "crepúsculo dos deuses", e simboliza o fim do mundo. (*N. do E.*)

Esse alvorecer da consciência é uma boa coisa, sem dúvida; porém, há perigos: os falsos profetas, que podem mergulhar o espírito humano em trevas ainda mais profundas, em vez de elevá-lo para a luz da real compreensão da missão de cada indivíduo nesta Terra fatigada, neste planeta em desaparecimento... na hora crepuscular da História.

Procure recordar que, sob a Lei Universal, a Luz brilhando no topo da montanha inevitavelmente atrairá a escuridão.

As forças das trevas na Terra não podem deter o estremecimento causado pela iluminação da era aquariana, e tampouco podem banir a nova sede por conhecimento sobrenatural e sabedoria antiga, mas podem usar este crescente aprendizado em seus perversos propósitos, distorcendo sua mensagem e sua aguda convocação à verdade.

Como exemplo de tal abuso, um artigo de Robert Lindsey, do *The New York Times*, aponta que, em inícios dos anos 1980, os slogans de recrutamento do Army War College, em Carlisle, na Pensilvânia, diziam: "Seja tudo o que você pode ser." Lindsey comenta que pesquisadores do crescente fenômeno das práticas esotéricas em grupo (esta é a palavra-chave) citam isso como uma evidência clara da influência sobre as Forças Armadas, de credos tais como o *est*, Fonte de Vida, etc., bem como de programas e seminários da "Nova Era" disseminados em certas áreas entre militares.

Esses pesquisadores descobriram que, em princípios dos anos 1980, inúmeros oficiais do Army War College eram diplomados em programas como o *est*, dedicados a criar um "Exército da Nova Era". Segundo participantes desse estudo, tais oficiais pretendiam implantar o treinamento de soldados em meditação transcendental (em grupos), percepção extrassensorial, magia e certas técnicas hipnóticas. Os pesquisadores sustentam, ainda, que o *est*, o Fonte de Vida e outros seminários de instrução em grupo continuam até o momento influenciando todos os ramos das Forças Armadas.

Tal alerta aos sensatos seria suficiente, porém parece ocorrer o contrário. Esta tende a ser a falsa conclusão suprema. Pense a respeito: o emprego de suposta iluminação "espiritual" para ensinar soldados a matar com mais eficiência é, sem dúvida, a contradição definitiva.

Na década de 1980, uma certa "médium" foi promovida e adorada por um grande número de importantes astros do cinema, além de pessoas comuns interessadas na espiritualidade. Ela foi elevada à condição de santa por seguidores que se reuniam, ansiando se tornarem "iluminados" e receberem "leituras de vidas passadas" por intermédio da "médium", que, quando em transe, tornava-se um "antigo vidente", com mudanças de voz e todos os demais truques das sessões mediúnicas.

Cada apóstolo da "santa" pagava de 400 a 1.500 dólares para se tornar iluminado, ouvindo durante várias horas "a voz de milênios passados". Isso representa uma atraente quantia, se considerarmos as dezenas de pessoas que compareciam a cada sessão. Seguidores dedicados dessa "vidente" costumavam comentar, com incrível ingenuidade, que "a informação ocultista deve ser válida, uma vez que os seminários são muito caros. Nós obtemos aquilo pelo que pagamos, logo, por que não pagar pelo melhor?" Que medida pateticamente errada para avaliar a sinceridade de quem se anuncia "Mestre", ainda que uma pequena porção dos ensinamentos do "ente antigo" seja esotericamente verdadeira! Os falsos profetas costumam encobrir a falsidade com um fino véu de verdade, a fim de que a mentira seja disfarçada. Neste exemplo, a dispendiosa vidente da Califórnia, procurada por grandes nomes do cinema, donas de casa e executivos, ensina aos desejosos por iluminação que "você é Divino, e essa sua divindade não pode causar o mal. Portanto, você é incapaz de cometer atos condenáveis". "Inclusive o assassinato?", perguntam seus apóstolos. "Sim", responde a "sábia", deixando os seguidores realmente perplexos. "Se tiverem um bom motivo para o assassinato, podem matar e não cometerão pecado." *Que puxa*, Charlie Brown e Lucy! O que vocês acham disso?

Ainda assim, suponho que, apesar do absurdo de tais ensinamentos, algo fique diluído na mente dos alunos da "vidente", em vista das "guerras religiosas"— as Cruzadas. "Avante, filhos de Assis!", gritava o bispo católico. "A guerra é bela!" — e outras ponderações sobre os séculos XV e XVI, durante os quais a Igreja Católica mutilou e assassinou brutalmente mais de 500 mil mulheres inocentes, acusadas de serem feiticeiras.

Aparentemente, a médium da Califórnia segue a indicação dos psiquiatras que dizem a seus pacientes: "Faça, se isso lhe fizer bem." Ou a hipocrisia da Igreja Mórmon, que proíbe o fumo e a bebida, embora ela própria seja dona de algumas das maiores fabricantes de bebidas alcoólicas e tabaco do mundo, além dos preceitos de outros líderes religiosos, os quais ensinam que "guerras santas" justificam o assassinato. Evidentemente, nem todos os líderes mórmons e católicos são culpados dessas filosofias — apenas alguns entre as hierarquias —, mas...

Acrescente a religião hebraica a esta estranha filosofia religiosa. Os Eleitos que Moisés tirou do deserto hoje empunham suas metralhadoras e, do útero sagrado de Israel, lançam suas bombas com o mesmo fervor fanático dos "orgulhosos" boinas-verdes americanos. Tem-se a impressão de que o homem sempre consegue inventar um motivo idealista para o assassinato, quando assim lhe convém. Vendo certas mulheres em cargos de liderança mundial, percebemos que também elas, recebida a chance da autoridade sobre os demais, os farão segui-las como ovelhas balindo, levados em nome do sagrado patriotismo.

O amado místico Edgar Cayce, que levou uma vida de quase pobreza, não cobrava centenas de dólares pela ajuda real que prestou a milhares de pessoas. Por um breve período, aqueles que o representavam aceitaram um pequeno donativo voluntário, mas, na maioria das vezes, quem procurou e recebeu seus conselhos não pagou nada. Enquanto Jesus transmitia sabedoria durante o Sermão da Montanha ou, frequentemente, ao caminhar descalço pelas margens do mar da Galileia, Pedro e os outros discípulos não coletavam dinheiro dos seguidores (não há nenhum registro de tal atitude) — nem impediam que os pobres recebessem o conhecimento do Mestre. Tampouco o Nazareno viajou ao redor do mundo a bordo de luxuosos iates, no intervalo de suas lições às multidões e indivíduos, como fazem os convincentes caixeiros-viajantes espirituais que fundaram a maioria dos principais "seminários em grupo".

Proteja-se contra os falsos e cintilantes Magos de Oz que promovem a iluminação como vendedores de carros usados, em seminários que custam uma pequena fortuna, em particular quando os líderes de tais programas forem homens opulentos, que vivem distanciados dos indivíduos interessados na espiritualidade. Sua riqueza provém da credibilidade de seus alunos, doutrinados por insistentes e jovens vendedores.

O problema do dinheiro e da espiritualidade não é novo. Nada existe de errado em se ganhar grandes quantias de dinheiro. O importante é *como* ganhá-las e o que é feito com esse dinheiro, após recebido. Ninguém precisa se justificar por ganhar o pão de cada dia (mesmo grandes quantidades dele), por qualquer tipo de trabalho que contribua de alguma forma para o mundo, em qualquer nível. Para receber compensação em dinheiro, é preciso que a pessoa transfira para o mundo algo de valor, seja em pintura, serviço especializado, roupas, automóveis, geladeiras, música ou diversão. Enquanto você, alegre e voluntariamente, entregar parte do que tem em benefício dos menos afortunados, não precisará se envergonhar de ser milionário — ou mesmo bilionário —, pois permitiu a circulação dessa "energia verde". (E você o mereceu, por meio de trabalho honesto.) O dinheiro não é maligno. Apenas a forma de uso e os meios de ganhá-lo podem torná-lo prejudicial.

Contudo, há uma norma singular, um preceito metafísico, envolvendo o relacionamento entre o dinheiro e o aconselhamento espiritual. A norma é clara, repetida em cada cerimônia sagrada de todas as religiões. *O dinheiro não deve mediar a relação entre o guia espiritual e seu aluno.* Daí por que nenhuma igreja, seja católica ou protestante, ou sinagoga, permite que seus padres, ministros ou rabinos aceitem dinheiro dos paroquianos. Estes "guias" são sustentados e têm suas necessidades providas pela igreja, que, por seu turno, é sustentada por donativos voluntários e anônimos, provenientes do público em geral.

Infelizmente, por exemplo, não existem "igrejas" sustentando astrólogos. Estes devem "ganhar o pão de cada dia" de alguma outra forma, dando sua orientação astrológica no decorrer de um precioso tempo livre. É uma situação ruim, que se torna ainda pior quando os astrólogos cobram por seu trabalho, pois os ensinamentos antigos previnem sobre a "perda do dom da percepção" por todos que permitem a troca de dinheiro entre professor e estudante, e, consequentemente, esses professores não mais serão procurados pelos "alunos". Escrever sobre temas esotéricos ou caminhos para iluminação pessoal em livros não vai contra esta lei. Livros para todos, desde os da atriz Shirley MacLaine aos de Ruth Montgomery, ou aqueles escritos por astrólogos e metafísicos, disseminam conhecimento de maneira espiritualmente correta. O dinheiro que os autores recebem provém de seu trabalho na máquina de escrever, do talento em unir palavras, adquirido em anos de prática e trabalho árduo. Ganhar o pão escrevendo é o mesmo que ganhá-lo sendo um especialista em qualquer campo. (De qualquer modo, o melhor conselho para eles ainda seria dividir metade de seus ganhos com os necessitados!)

A regra do dinheiro não é a única direção de que irá necessitar em sua viagem pela Estrada de Tijolos Amarelos da metafísica, rumo à encantada iluminação de Oz. Você também precisará ser avisado previamente, e portanto prevenido, contra a perda da própria individualidade, se confiar nos que buscam controlar sua mente e intuição pessoal (provinda de seu interior) através de uma força de hipnose em massa.

O Dr. Edwin Morse, ex-membro da Faculdade de Psicologia da Universidade de Wisconsin, em seguida a um estudo sobre grupos de desenvolvimento pessoal, como *est*, Fonte de Vida, *Fórum Insight*, Atualização e

Método Silva de Controle da mente (o próprio nome deste último já seria um alerta), declara que "os graduados em tais programas de grupo, antigos membros de culto, frequentemente são amedrontados psicologicamente". Ele sustenta ainda que tais grupos são submetidos a conhecidos e eficazes "procedimentos hipnóticos — não sendo informados a respeito disso".

Você tem uma escolha, percebendo-a ou não. Pode escolher o perigoso desvio na Estrada de Tijolos Amarelos para a Iluminação, seguindo a ilusória sinalização de "Retorno", que levará à "iluminação em grupo". Então, arrisca-se a ficar perdido, enquanto paga não apenas um alto pedágio em dinheiro, mas o elevado preço de emudecer a sempre sábia voz de seu Eu Superior pessoal — sua própria intuição... que, de seu íntimo, o orienta na vida.

Você pode, ainda, escolher uma Odissea Pessoal íntima, se aprender a *ouvir* a voz do Anjo de seu Eu Superior. Esta é a estrada que o conduzirá diretamente à Cidade de Esmeraldas da iluminação, não aos falsos Mágicos de Oz. Tampouco terá que seguir sozinho pela estrada. As palavras de uma velha cantiga contêm uma promessa real... "*Sempre que alguém se perde na estrada... um outro alguém guiará sua jornada.*"

Sim. Você está entregue a seu próprio Guru. A seu Adepto ou Avatar pessoal, que não apenas irradiará a sabedoria de todos os Messias passados, como o guiará para a compreensão de que você, também, é um Messias. Não precisará procurar nas Páginas Amarelas da companhia telefônica este ente especial que percorrerá a trajetória ao seu lado, até vê-lo capaz de seguir sozinho. Então, como encontrar o "Guru" que você decide buscar sozinho, sem voltar sua preciosa mente para outros em caros e perigosos seminários? Na realidade, nada mais simples. Desejo. Desejo legítimo. Desejo, quando brota do coração e do espírito, quando é puro e intenso. Esse desejo possui uma espantosa energia eletromagnética. Liberada nos éteres a cada noite, quando a mente passa para o estágio do sono... e a cada manhã, quando ela retorna à consciência... ela segura e certamente manifestará aquilo que foi idealizado. Você pode confiar nesta promessa atemporal, tão seguramente quanto pode confiar na eterna e inquebrável promessa do nascer do sol... e da primavera.

Com frequência, a manifestação inicial de sua busca é uma série de estranhas "coincidências", que de coincidência nada possuem... orientando-o para certos livros, escritos acerca de numerosos temas metafísicos. São vários os meios que podem induzi-lo a essas obras esotéricas. Algumas vezes é um comentário casual de amigos... em geral através de sua curiosidade, que parece funcionar a esmo, mas age seguindo as orientações do subconsciente. Logo aprenderá a julgar, por si mesmo, se o conteúdo de um livro é enganoso ou inteligente, ouvindo a voz do Eu Superior que sussurra diretamente ao seu interior. Logo aprenderá a *sentir* as mensagens. Rejeitará alguns livros, mas acolherá outros que, no íntimo, sabe estarem ensinando uma faceta da verdade universal que você pode aceitar.

Geralmente, ainda que nem sempre, este é o primeiro passo que se deve tomar sozinho antes da manifestação de seu Guru pessoal, que então passará a lhe transmitir uma antiga sabedoria, baseada em uma calorosa e preciosa troca. A fim de auxiliá-lo neste passo inicial, incluí no final deste livro uma seção extraída de *Os astros comandam o amor*, intitulada "Para o progresso do peregrino", com alguns acréscimos. Não se trata de uma lista com a pretensão de conter todas as inestimáveis obras de ocultismo e metafísica — são apenas algumas daquelas que abençoadamente me fizeram companhia em minha busca pessoal da verdade e que considerei possuidoras de profundo *insight*. Embora eu acredite que lhe serão de igual ajuda, você deverá julgar por si mesmo.

Ler sobre temas metafísicos é normalmente necessário como preparação para o aconselhamento pessoal de seu próprio Avatar. Tomas Jefferson, um filho de Áries, disse: "Não posso viver sem livros." É claro que algumas pessoas alcançaram a iluminação sem eles, mas, inegavelmente, os livros são um rápido atalho para o esclarecimento.

Tão logo você demonstre sua sinceridade de desejo, lendo os livros que esperou serem apontados por seu Eu Superior, estará pronto, pela Lei Universal, para o professor pessoal, o qual o instruirá no método socrático: ajudando-o a recordar o que já sabe, mas esqueceu. Basicamente, o método socrático consiste de perguntas que o professor faz ao aluno, em vez de lhe dizer algo. Quando, em vez de uma declaração, houver uma pergunta, o computador cerebral pesquisará a memória (pertencente a esta e a outras vidas), geralmente apresentando uma resposta que você sequer julgava conhecer. No entanto, você sabe: tudo o que existe para ser conhecido está escrito indelevelmente nos éteres, naquilo que foi chamado de Registros Akásicos. Você é capaz de lê-los, como fizeram místicos do porte de Edgar Cayce. Apenas esqueceu como.

Cada ato já executado e cada palavra já dita ainda reverberam — em uma vibração de frequência superior, e podem ser magnetizados de volta à consciência sob determinadas condições. Alegar que se sente incapaz de conseguir isso é como possuir um rádio AM/FM, com botão para ligar — e numerosas frequências ou estações —, e dizer que não há um meio de sintonizar uma determinada estação. Claro que um bebê, sentado diante de um rádio desligado, não conseguirá sintonizar as variadas estações ou frequências. E os humanos são bebês, no que diz respeito ao seu atual estado de iluminação. Todos os bebês, contudo, acabam amadurecendo e, como todos os humanos, alcançam a maturidade espiritual no decorrer do tempo. Continuando com esta analogia, é possível que, por algum acaso, o rádio diante do qual está sentado o bebê possa ser ligado e irradie música. A criança não sintonizou deliberadamente aquela "estação" e não tem ideia de onde ela provém... mas a ouve alegremente, é acalmada por ela. Isto é similar ao humano adulto que, acidentalmente, experimenta um lampejo de *déjà vu*, clariaudiência ou clarividência.

Como se encontrarão você e seu professor-Guru? Uma das crenças metafísicas mais antigas, existente ainda antes da história registrada do sacerdócio tibetano, diz: "Quando o estudante está pronto, o professor aparece." Por mais estranha que tal profecia possa parecer a você, como peregrino iniciante, é absolutamente verdadeira. Conheço muitos que já passaram por isso, podendo eu mesma atestar sua veracidade e confiabilidade, pois, através do desejo intenso, no correr dos anos encontrei três desses Gurus, Avatares ou Iniciadores... não por procurá-los, mas apenas por *desejar* sua manifestação, por meio do preparo e da espontânea vontade de esperar até aparecerem, sem chamá-los em absoluto. No Prefácio deste livro, falo de apenas uma dessas manifestações imprevistas e admiráveis que experimentei pessoalmente — havendo outras referências no Capítulo 3, "Fantasmas, gurus e avatares".

Eu lhe garanto que descobrirá paz, sabedoria e contentamento mais profundos se der os passos necessários para a manifestação de um Avatar — que nada mais estará considerando do que sua iluminação pessoal — do que comparecendo a cem dispendiosos seminários ou laboratórios em grupo. E dinheiro algum trocará de mãos. A real iluminação e iniciação mística definitiva devem ocorrer não em grupos, mas em íntimo relacionamento entre professor e estudante. *Quando o estudante está pronto.*

Não, não haverá "guias espirituais" de um outro mundo, mas pessoas de carne e osso, inteiramente tangíveis (algumas até mesmo possuindo um ou dois defeitos menores, para "manter unidas suas moléculas, enquanto presentes neste plano, que vibra com as forças da energia negativa da atualidade"). Sim, essas pessoas aparecerão, disfarçadas em humanos "comuns", porém as mágicas espantosas que lhe demonstrarão... algumas vezes de maneira incrível... em outras simplesmente por uma furtiva e sábia maneira de expor exemplos, farão com que você vá compreendendo, devagar mas decididamente. Assim, a maneira mais segura e mais pura de aprender os mistérios esotéricos será preparando-se adequadamente da forma como descrevi, à espera da manifestação e certo aparecimento de um professor muito pessoal, que o orientará na compreensão do que imagina ser magia, mas que é somente um nível superior do que julga ser a realidade. Lembre-se de que "meta" é uma palavra grega, que significa "além"; portanto, metafísica é simplesmente "além da física". Jaz a verdade além da ficção do fato?

Em sua busca pela verdade, você não deverá aceitar cegamente a validade dos códigos dos signos estelares do Universo que ofereço neste livro — enquanto não tiver praticado e testado cuidadosamente cada um, para decidir por si mesmo, em vez de aceitar minha palavra como garantia.

Conhecimento místico é poder, e o poder sempre tende a corromper. A sabedoria espiritual é a chave inestimável para aqueles que desejam sinceramente auxiliar os outros, assim como alcançar alegria e felicidade pessoais — mas é também o perigoso mestre dos que pretendem controlar os demais e dos que buscam apenas o benefício próprio. Quando usado sem motivos egoístas, não existe fim para as maravilhas que tal conhecimento pode materializar. Entretanto, se empregado com propósitos mesquinhos, ele inevitavelmente se voltará contra o usuário, sob a forma de toda espécie de tragédias e desastres. Esta é uma das grandes leis do Universo, não podendo ser infringida. É uma lei inflexível, inabalável e eternamente invencível.

Devemos aproximar-nos cautelosamente dos mistérios esotéricos, com reverência e compaixão, com desejo genuíno de usar suas mágicas para eliminar o sofrimento no mundo... para aliviar a dor dos semelhantes... e levar felicidade tanto a amigos como a estranhos. Sim, e também aos inimigos. Especialmente a eles. Em decorrência, a alegria e a felicidade descerão sobre o usuário, na mesma medida de abundância. Milagres intermináveis ficam manifestos quando o amor e a paz reinam no coração de quem dominou as artes e as ciências da sabedoria antiga, com boa vontade e afetuosa intenção.

Não existe uma resolução mais eficaz a seguir — nesta questão e em todas as demais — do que a afirmação de São Francisco de Assis, dita em voz alta e sinceramente, na manhã de cada dia:

Senhor, fazei-me o instrumento de vossa Paz,
Que onde houver ódio, eu possa semear amor,
Onde houver injúria, eu possa dar o perdão,
Onde houver dúvida, eu possa levar a fé,
Onde houver trevas, eu possa espalhar a luz,
Onde houver tristeza, eu possa irradiar alegria.

Fazei, Senhor, que eu não procure tanto... ser compreendido,
como compreender,
ser amado... como amar.

Então... milagres serão seguidos por milagres,
e maravilhas jamais cessarão.

☆☆☆

A intenção deste livro é revelar, entre vários códigos metafísicos, uma chave para a sabedoria dominada anteriormente apenas por uns poucos Mestres iniciados, um segredo que por séculos foi escondido "ao alcance dos olhos" (o lugar mais seguro para o sagrado ficar oculto) e sem despertar a atenção do intelecto mundano, que de longa data se mostra cego à *simplicidade* da verdade.

Removidas as vendas do preconceito, podem ser vistas respostas a todas as perguntas concebíveis, incluindo a prova de sua validade, por meio de uma multiplicidade de códigos e signos que se posicionam além da astrologia, embora inseparáveis dela. Mesmo não se achando relacionados às influências planetárias (como a princípio poderia parecer), ainda assim estes prismas de conhecimento se originam dos luminares (Sol e Lua) e dos astros ou planetas. Refiro-me em especial à Numerologia, que, entre outros conhecimentos, se compõe de Signos estelares de sabedoria, aguardando que você os descubra.

Como em *Os astros comandam o amor*, *Signos estelares* contém diversos conceitos controvertidos de natureza moral, filosófica e intelectual, nas áreas da ciência e da religião.

Para alguns leitores, tais conceitos serão fonte de inspiração, para outros parecerão curiosos e estranhos, enquanto que, para terceiros, talvez se mostrem profundamente perturbadores. Serão aqui apresentados como verdade e muitos assim os entenderão — da mesma forma como outros julgarão o contrário.

Partilho com você minhas descobertas pessoais sobre a verdade, acreditando que qualquer espécie de busca implica a obrigação de troca do que foi encontrado, no interesse de abreviarmos o alvorecer da harmonia na Terra, a Paz definitiva.

Assim sendo, não peço — e nem espero — que meus conceitos sejam considerados a *sua* verdade, a menos que concordem com sua iluminação pessoal e convicções particulares.

A verdade parcial (sementes de sabedoria) pode ser encontrada em diversos lugares. Ela talvez seja descoberta no instinto primordial — nas leis terrenas, costumes sociais, pesquisa científica, filosofia e doutrina religiosa. As sementes de sabedoria estão contidas em todas as obras já escritas... em particular nas artes plásticas, música, poesia e, acima de tudo, na Natureza.

A Verdade *real*, no entanto, é encontrada em apenas um lugar: na comunhão de cada homem e mulher com a Fonte eterna do oculto Conhecimento interior, devendo ser procurada por cada indivíduo e por ele descoberta.

Podemos apontar o caminho a outros, mas cada um precisa caminhar sozinho — até que cada "pessoa sem rumo" tenha completado a jornada integral — e todos nós finalmente alcancemos a Luz da Sabedoria completamente desenvolvida, no fim da Estrada... onde começamos, em um Tempo há muito esquecido.

— Linda Goodman

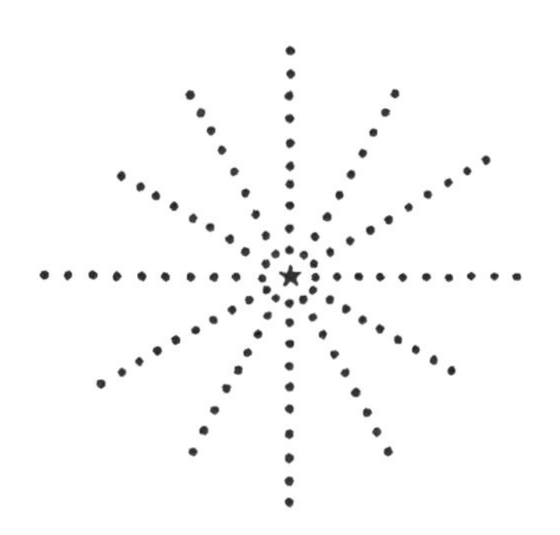

INTRODUÇÃO

Foi com uma estranha mescla de apreensão, inspiração e animação que decidi publicar este livro, baseado em um diário que mantive no Colorado, em 1970. Apreensão, porque os conceitos aqui apresentados abordam questões que talvez criem algumas ondas de choque nos já revoltos oceanos do pensamento religioso, filosófico e científico.

Para o leitor entender essas "ondas de choque", é preciso que compreenda, desde o início, por que foi escrito este livro. A explicação também me permitirá desviar parte da "culpa" ou do "crédito" — seja qual for a palavra que se aplique — para os muito distantes temas do texto, uma vez que, em realidade, pouco controle possuo sobre o encaminhamento do material.

Sempre escrevi meus livros de maneira a partilhar muitos de meus sentimentos e minhas experiências pessoais com os leitores, porque confio neles — e continuo tendo você como confidente. Isto faz com que me sinta mais perto de você, da mesma forma como o faz se sentir mais perto de mim, conforme muitos leitores me revelaram por carta.

E foi assim que tudo aconteceu.

Era uma vez, quando me encontrava sozinha na Califórnia, em uma excursão promocional para meu primeiro livro, *Seu futuro astrológico*, hospedada na mal-assombrada suíte 1217* do Hollywood Roosevelt Hotel, *um estranho bateu à minha porta*. O ano era 1970. O mês, janeiro. Dia de ano-novo.

Vários anos antes, enquanto conversava com Lucille e David Kahn em Nova York (minha residência na época), embrenhamo-nos em uma discussão sobre Mestres, Avatares, Seres Espaciais, Gurus e Iniciados. David Kahn, hoje falecido, era o mentor do conhecido e amado místico Edgar Cayce, foi ele quem encorajou a obra de Cayce, provendo-lhe o sustento durante os primeiros anos. Por muitíssimo tempo, eu andava hipnotizada pelo antigo provérbio tibetano "*Quando o estudante está pronto, o professor aparece*", de modo que fiz uma pergunta a David.

— O que, precisamente, significa isso? — indaguei. — Como esse professor irá aparecer? Ele apenas bate à porta, quando menos esperamos, a qualquer hora do dia ou da noite? E então, quando vamos ver, lá está ele?

---

*Atualmente renumerado pelos novos donos do hotel como 1221.

David e Lucille entreolharam-se com um sorriso misterioso. Então, David se virou para mim e replicou, em voz sossegada:

— Bem, sim... é mais ou menos isso.

Agora podemos retornar ao "era uma vez", alguns anos mais tarde, na suíte 1217 do Hollywood Roosevelt Hotel, a 1º de janeiro de 1970.

Quando atendi à batida do estranho, vi parado na soleira um homem rechonchudo, um tanto semelhante a um Buda, usando a incongruente combinação de um terno formal, mocassins de camurça e um turbante branco como neve, preso ao centro por um alfinete de gravata com uma pérola. Seu sorriso era irresistível, quase infantil, as maneiras impecavelmente graciosas. Logo fiquei sabendo que era um "iniciado" em Hatha Ioga *e* zen-budismo, que passara 30 anos em um monastério da Índia, sob voto de silêncio. Eu jamais ouvira falar de alguém que tanto fosse iogue como budista, mas na época eu era bastante inexperiente em tais assuntos. Sua pele tinha um tom suave de oliva, e seus olhos não eram castanhos, e sim negros, penetrantes.

Desculpando-se pela intrusão, disse que havia lido meu primeiro livro — *Seu futuro astrológico* — e algumas passagens o tinham feito perceber que eu já conhecia muitos segredos místicos, e que eu procurava ainda mais pela verdade nos "signos estelares". Assim, ele considerava que talvez pudesse ser capaz, em pequena escala, de me guiar pela trajetória até à luz. Sua voz tinha entonações musicais, com forte sotaque britânico. Mais tarde, ele contou que havia estudado em Oxford e residira em Londres algum tempo.

Meu visitante não ofereceu qualquer explicação sobre como conseguira me localizar, e tampouco perguntei, sentindo que uma pergunta tão direta era proibida por alguma regra esotérica de conduta. Eu não *sabia* disto, mas *senti*.

Naturalmente, convidei-o a entrar, curiosa, mas não alarmada. Durante as várias horas que se seguiram, conversamos como velhos amigos, embora parecesse existir um estranho padrão em nossa conversa. Eu tinha a sensação de que nossa fala, por um meio inexplicável, se tornava acelerada, já que as palavras eram trocadas muito rapidamente, quase sem pausa, umas frases atropelando as outras... e houve momentos em que eu juraria estarmos falando simultaneamente, como dois discos tocando ao mesmo tempo.

Eu tinha mil e uma perguntas para lhe fazer, e cada uma delas era respondida com a mais absoluta profundidade. Excitada e eufórica ao ver que aprendia tanto em tão pouco tempo, entristeci-me quando ele anunciou que logo precisaria partir, porque estava atrasado para um compromisso no Griffith Park Observatory.

— Antes de nos despedirmos, entretanto — acrescentou ele —, tenho uma mensagem a lhe transmitir da parte dos mestres do carma, canalizada através de mim pelas Forças Superiores.

Curiosamente, uma afirmativa tão incomum não me alarmou e nem surpreendeu. De fato, fiquei fascinada.

— Mensagem? Que tipo de mensagem? — perguntei.

— Sobre o seu futuro. Existem certos eventos, à frente no tempo, que nem mesmo uma astróloga experiente como você pode penetrar inteiramente, porque pairam acima e além das configurações planetárias do Mapa Natal e progressivo.

— Então, o que há para mim, à frente no tempo?

Meu pulso acelerou involuntariamente e senti um súbito arrepio. Ele falou, lenta e cuidadosamente:

— Em breve, estará indo para as montanhas.

— Que montanhas? Refere-se ao Tibete? Aos Alpes... Suíça, talvez? Sempre senti vontade de ir lá.

Ele sorriu de maneira enigmática e deu uma resposta evasiva.

— Irá para uma altitude maior. A fim de elevar sua frequência vibratória e receber várias dádivas iluminadoras, de professores que aparecerão sem que os procure.

— Sem que os procure?

— Não foi como cheguei à sua presença hoje?

— Sim, claro. Então, está relacionado ao antigo provérbio tibetano de que ouvi falar, *quando o estudante está pronto, o professor aparece*?

— *Exato.*

Mais tarde, fiquei sabendo ser esta a sua palavra de aprovação favorita.

— Bem, isto me soa bastante esquisito...

Sorri, para mostrar a ele que estava brincando, mas era apenas uma meia brincadeira. Havia algo na conversa que não parecia real. Suas palavras seguintes foram de todo inesperadas... e perturbadoras.

— Após o seu retiro nas montanhas, voltará de novo para cá, para a Califórnia, onde conhecerá o seu Eu Gêmeo.

— Eu Gêmeo? Não está querendo dizer Alma Gêmea?

— Não. Há uma importante diferença na definição dos dois termos, conforme aprenderá em breve, a fim de ensinar aos outros.

— Está dizendo que aprenderei essa diferença enquanto estiver nas montanhas, do professor que irei conhecer lá sem que o procure?

— Em parte. Entretanto, só estará *plenamente* iluminada quanto a isto depois de conhecer o homem que é a sua outra metade. Após esse encontro, você escreverá um livro contendo tudo o que um ensinará ao outro. De qualquer modo, você não o tornará disponível a seus leitores antes de escrever e publicar um outro livro, sobre suas experiências de iluminação nas montanhas. Isto ocorrerá, em Tempo Terreno, *antes* de conhecer este homem.

Ele fez uma pausa, porém nada comentei. Então, prosseguiu:

— Depois que se conhecerem, ficará claro para ambos que sua mútua missão, conforme está escrito nos Registros Akásicos, é multiforme. Farão outros perceberem que fenômenos como cognição mágica, visão da aura, o poder de alcançar a felicidade e eliminar a miséria, a aptidão de aliviar imediatamente algum mal e a conquista da imortalidade não são atributos exclusivamente de alguns poucos Mestres, pois todos os terrenos os possuem e podem desenvolvê-los em alto grau, caso o desejem.

Ele tornou a fazer uma pausa e novamente fiquei em silêncio, sem querer expressar em voz alta minha reação àquelas palavras. Pensava comigo mesma que de maneira alguma teria capacidade para resolver o desafio que ele me apresentava, com ou sem a "minha outra metade". O visitante poderia perfeitamente ter me dito que no dia seguinte eu seria capaz de manifestar uma espaçonave dos éteres, embarcar nela, apertar um botão e zarpar para um fim de semana em Marte ou Saturno. A múltipla missão que me descrevia era tão inatingível quanto divertida, se não fosse tão assoberbante.

Meu silêncio não pareceu perturbá-lo. Continuava com o sorriso enigmático, e seus olhos queimavam os meus como um raio laser. Após um momento, quando ficou óbvio que eu nada diria, ele simplesmente prosseguiu com suas espantosas declarações.

— Uma importante parte da iluminação que vocês dois semearão na percepção adormecida dos humanos é a importância do *amor* para os homens e mulheres, os vários caminhos que eles devem tomar para uma reunião com o Eu Gêmeo... — Ele se interrompeu, sua voz adquirindo um tom mais sério, de maneira que as palavras seguintes soassem como um aviso: — ... e, uma vez encontrada a outra metade, alertá-los para o perigo de ambos se tornarem "anjos caídos", destruindo sua Sagrada Unicidade, esperada durante éons, por meio dos graves pecados do egoísmo, do falso orgulho... e da intolerância. Também está escrito nos Registros Akásicos que isso faz parte da missão determinada por ambos há muito e muito tempo, a qual seria cumprida nesta presente encarnação. A tarefa será extremamente difícil, mas não devem dar abrigo ao desânimo. Deverão ainda se conscientizar de que, se falharem nessa missão mútua, existem outros, não apenas outros que simultaneamente estarão ensinando as mesmas verdades, mas outros que os substituirão, caso cheguem a desistir. Porque a prioridade em si é o ensinamento, e como tal não poderá fracassar. O Tempo da Terra está chegando ao fim tão rapidamente que o momento iminente da escolha humana entre a iluminação e a extinção deve ser agora medido em anos, e não em séculos.

Uma nova pausa dele. Outro silêncio meu.

— Sua tarefa exigirá muita coragem, porque enfrentará a descrença e a ridicularização. Também enfrentará o desafio de muitos falsos ensinamentos que contradizem os seus e que mesmo agora se propagam rapidamente pelo mundo. Porque estes são os dias dos falsos profetas, preditos por João no *Apocalipse*, nas escrituras sagradas.

Minha mente continha dois pensamentos superpostos. O primeiro era uma onda de gratidão, porque, a certa altura de nossa conversa, havia perguntado a ele se me permitia ligar meu pequeno gravador a fim de que mais tarde pudesse recordar pelo menos uma parte do que me dizia. Eu sabia que provavelmente esqueceria muito do conversado ali, ou acreditaria ter sonhado todo o incidente. Embora ele tivesse concordado, quando baixei os olhos vi que a fita chegara ao fim — não fazia ideia quando. Olhei para o relógio em cima da mesa. Mal se passara um minuto desde que começara a gravar na fita de noventa minutos! Eu tinha certeza de que tudo quanto ele havia dito — palavras que ainda permaneciam claras em minha memória — não poderia ter sido explicado em tão breve tempo como um minuto ou coisa assim. Fiquei intrigada, porém bastante atemorizada — como costumamos ficar quando ocorrem coisas que não entendemos inteiramente.

O segundo pensamento superposto era de que as palavras dele haviam me impressionado profundamente. Eu não ousava comentá-las, em especial a declaração de que o Tempo da Terra estava ficando tão curto "que o momento iminente da escolha humana entre a iluminação e a extinção deve ser agora medido em anos, e não em séculos". Em vista disso, e até ter uma chance de digerir tudo aquilo perfeitamente, preferi mudar de assunto em um momento de autodefesa. Pigarreando nervosamente para limpar a garganta, por fim falei:

— Perdoe-me — disse-lhe, em tom presunçoso demais para uma novata —, mas sempre acreditei que os Registros Akásicos se referem somente a fatos e atos passados, a vidas ou encarnações anteriores, e não ao presente ou ao futuro.

Ele tornou a sorrir.

— Bem, o que os terrenos chamam de passado, presente e futuro é tudo uma coisa só, acontecendo simultaneamente. Aliás, o que a palavra "simultaneamente" de fato significa é: *o tempo é uma mentira*. Reflita bem nisto.

Eu refleti. Profundamente.

Ele prosseguiu, sua expressão deixando clara a certeza de que em breve floresceriam as sementes que acabara de plantar com essa palavra. De fato, meu visitante parecia francamente entusiasmado. Seu rosto estava radiante.

— Isto agora talvez lhe seja incompreensível, mas acabará entendendo após algum tempo. Então, terá dominado a forma de como existir, por períodos temporários e quando o desejar, no que é chamado de Agora Eterno, uma Dimensão Superior de Tempo. Existem muitas dessas dimensões. Os terrenos agora vivem na Terceira Dimensão e estão quase diplomados para a Quarta.

Suas palavras entoaram uma melodia em algum lugar de minha mente.

— Por algum motivo — falei —, o que acabou de dizer sobre um Agora Eterno recordou-me a letra de uma canção... "Em um dia claro, você pode ver eternamente", minha fita favorita. Eu a toco sempre. É a instrumentação gravada para o musical *Num dia claro de verão*, mais tarde filmado e protagonizado por Barbra Streisand e Burton Lane. Curiosamente, sempre termino não vendo o filme, quando passa em algum cinema das proximidades, mas adoro a canção-título, em especial a parte de solo, antes do refrão.

— Poderia cantar para mim? Eu gostaria muito de ouvi-la.

Acanhada e insegura, cantei baixinho para ele a letra e a melodia, o melhor que pude recordar.

> *Falado*: "Ora, Daisy! Você é um milagre espetacular! Alguém entre nós teria uma vaga ideia, um palpite... das mágicas façanhas de feitiçaria e vodu que você pode fazer?"
>
> ♪
>
> *Cantado*: "... e quem poderia imaginar... os poderes que você tem... e quem não ficaria atordoado ao ver você provar... que em nós existe mais do que podem remover os cirurgiões! Muito mais do que sabemos... muito mais do que fomos destinados a fazer! Se removesse as cortinas, disso eu tenho certeza... ficaria impressionado com *você*! Em um dia claro, levante-se e olhe à sua volta... e verá quem é você! Em um dia claro, ficará abismado... quando o brilho de seu ser suplantar o de cada estrela! Você se sentirá parte de... cada montanha, mar e praia. Você ouvirá, de toda parte... um mundo do qual nada sabia antes. E em um dia claro... neste dia claro... você poderá ver eternamente... e sempre... sempre mais..." ♪ ♪ ♪

Terminei, ligeiramente desafinada.

Ele bateu palmas, como um garotinho.

— Foi lindo! Descreve perfeitamente os poderes possuídos por todos os terrenos, cada homem e cada mulher... No entanto, eles nada percebem a respeito!

Ele fechou os olhos rapidamente, e então...

— Você deixou de ver o filme *Num dia claro de verão* por um motivo de que nem ao menos desconfia. Acredito que irá vê-lo com seu Eu Gêmeo... e então, nessa oportunidade, a partilha "simultânea" das suas semeaduras a respeito de Tempo e reencarnação será a primeira experiência de ambos para a abertura do Terceiro Olho. Isso porque esse filme contém determinadas mensagens subliminares para ambos.

"Sim, *é* um dia claro, quando alguém finalmente compreende o mistério de produzir milagres. Obrigado, mais uma vez, por cantar essas palavras para mim."

Enrubesci.

— Evidentemente, não sou nenhuma Barbra Streisand — murmurei, muito embaraçada, por ter espontaneamente começado a cantar diante de um estranho.

O que ele disse em seguida eliminou tal sensação.

— E por que seria como ela? O compositor e músico terreno Paul Winter, que toca para baleias e golfinhos no oceano, tendo executado duetos com lobos e águias na floresta, em ré bemol, que é a nota musical da Terra, fazendo com que esses animais respondessem e "cantassem" em perfeita harmonia, teve uma sábia observação: "*A floresta seria uma solidão, calada e triste, se nenhuma outra ave cantasse, além do rouxinol.*" Portanto, mais uma vez lhe sou grato por cantar para mim.

— Obrigada por *sua* mensagem — repliquei. — A expectativa tem em si a fascinação de uma melodia... Estou certa de que, até encontrar o meu Eu Gêmeo, ouvirei no fundo da mente alguma melodia familiar, mas esquecida. Sim, fascinação... Oh! Solidão e fascinação, duas palavras rimadas e com sentidos tão diferentes!

Enquanto falava, eu pensava em minha própria solidão, um contratempo que, começava a temer, seria permanente em minha vida.

— Certo, palavras que rimam — concordou ele —, de sentidos muito diferentes. O que as torna diferentes é uma terceira palavra, a qual responde a todas as perguntas, resolve todos os problemas, cura toda a dor.

— Qual é essa palavra? — perguntei.

Ele sorriu.

— A palavra *amor*. — Fez uma pausa. — O amor é tudo.

— Compreendo — respondi.

E, no momento, compreendi mesmo.

Por um Tempo imensurável, então, nós dois ficamos calados. Havia uma quietude sussurrante no quarto, que parecia vibrar como alguma espécie de energia, o tipo de quietude tão tangível que a gente pode *senti-la*, entende? Sei que parece contraditório, mas a verdade é que a quietude ficou mais alta, até eu me tornar ciente de um senso crescente de nervosismo e apreensão.

Olhei para o relógio. Exatamente 13h20. Vinte minutos depois. Recordei algo que minha mãe elfo irlandesa (avó) havia me contado quando eu era criança. Algo... que partilharei com você no Capítulo 3 deste livro.

Na quietude sussurrante entre nós, eu percebia o estranho ainda me olhando fixamente, sem pestanejar, os olhos como brasas. Finalmente encontrei a voz e perguntei, hesitante:

— Exatamente quando, no tempo presente, estou destinada a conhecer este homem que é... meu Eu Gêmeo?

— Está escrito que essa reunião terá lugar perto do Natal, em dezembro de 1970. Segundo o Tempo calculado aqui na Terra... no final deste ano.

— Reunião? — Eu estava confusa. — Uma vez que será o nosso primeiro encontro, por que o chama de reunião?

—Não será o primeiro encontro. Vocês já viveram vidas incontáveis, em encarnações anteriores, inclusive na presente.

Aquilo era demais para o meu entendimento.

— Ora — insisti —, se ainda não nos encontramos nesta encarnação, e estou absolutamente certa disto, então... por que diz "na *presente*"? Não faz sentido. Não é lógico. Será alguma espécie de enigma?

— Sim, é um enigma. Um enigma que você própria irá resolver, com a ajuda dele, porque um ensinará muitas coisas ao outro. Bem, agora eu preciso mesmo deixá-la.

Ele se levantou da cadeira, propiciando-me uma aguda pontada de desapontamento, porque eu sabia que, desta vez, iria mesmo embora.

De repente, o desapontamento foi substituído por uma onda de inexprimível felicidade, envolvendo-me como etérea neblina, e me senti infinitamente grata ao gentil estranho que me prometera um presente de Natal tão perfeitamente maravilhoso como o encontro com meu Eu Gêmeo. Quem já não ansiou em segredo por semelhante milagre?

Ele caminhou para a porta e eu o segui; parou diante de uma mesa, à entrada do pequeno corredor da suíte. Nela havia meu altar em miniatura, consistindo de uma estátua em alabastro de São Francisco de Assis... Francesco di Bernadone... com seus amados animais e aves... um jarro de margaridas frescas... e várias velas votivas, queimando em recipientes de vidro vermelho-rubi, como os existentes na Catedral de St. Patrick, na Quinta Avenida, em Nova York. Levo comigo meu pequeno altar quando viajo, usando-o para evocar pequenas magias e pequenos milagres — para mim e para os outros. É mais ou menos como uma catedral portátil. Claro está que não precisamos de tal equipamento para manifestar magia ou milagres. Necessitamos apenas de uma linha direta de comunicação com nosso Eu Superior — ou, se você preferir, com o nosso Deus, Seja Quem For Ele, Ela ou Eles — no deserto, na floresta, no topo de uma montanha, na praia ou mesmo caminhando em uma movimentada rua de cidade. Contudo, pessoalmente, sinto a presença dos anjos com mais certeza, sendo capaz de espiralar meus pensamentos com maior pureza, quando meus sentidos ficam docemente incitados por meio de um sutil ritual.

Meu visitante não convidado, porém imensamente bem-vindo, fez algo diante das velas bruxuleantes e ficou muito quieto; então, em voz baixa, pediu-me para fechar os olhos, enquanto ele oferecia uma prece.

Fiz como me pediu, baixando a cabeça, e enquanto permanecia ao lado dele na penumbra perfumada, a fragrância antiquada e mística de meu "incenso de igreja" pareceu mais forte que de costume. Meus pensamentos voaram, até eu me tornar ciente de que ele colocara a mão suavemente sobre minha cabeça, como uma bênção, então começando a cantar em uma linguagem musical estranhamente familiar, semelhante ao latim da missa. Entretanto, posso afirmar que *não* era latim. O som melodioso de seu canto misturou-se ao doce aroma do incenso no veludo negro por trás de meus olhos fechados. Após um instante, transportou-me de volta a uma mágica véspera de Natal da infância, quando eu havia deslizado através das enormes portas de madeira esculpida do Convento de São Rafael, a fim de ouvir as freiras cantando "Noite Feliz", em suas vozes suaves, a capela... Eu podia sentir o cheiro de laranja e canela pairando no ar.

De repente, o canto dele cessou, desapareceu a ligeira pressão da mão em minha cabeça e, relutante, voltei do passado ao presente, abri os olhos devagar, como se despertasse de um sonho. Quando me virei para me despedir de meu novo amigo, ele já se fora. Simplesmente desaparecera.

De fato, eu saíra daquela espécie de transe e abrira os olhos com lentidão suficiente para lhe dar tempo de se esgueirar através da porta — quero dizer, *cruzar* a porta. Ou seria mais adequado dizer *através*?

Entretanto, eu não ouvira qualquer som da porta, abrindo ou fechando. Trêmula, apanhei a manta em estampado de flores azuis, dobrada aos pés da cama, afundei na macia poltrona junto à janela que dava para a pequena cruz branca, plantada na colina distante, além do Teatro Chinês Graumann's, no outro lado do Hollywood Boulevard... enrolei os pés sob ela e passei-a à minha volta.

Fora uma experiência perturbadora, mas enquanto permaneci sentada na poltrona, inteiramente envolvida no conforto da manta, um pensamento rompia as ondas de meu medo, vindo do vasto oceano da memória... a voz de minha mãe, semelhante à de uma professora da Escola Dominical Batista, recitando o Novo Testamento: "Não tenhas medo, porque teu Consolador* virá." Sorri então para mim mesma, ante a incongruência do

---

**Comforter* (palavra inglesa com o significado de confortador, consolador) tem também o sentido de manta, coberta leve para aquecer. *(N. da T.)*

jogo de palavras. Acuidade cósmica à parte, eu estava prestes a acreditar que tudo não passara de sonho, desde o início. Contudo, havia a fita gravada. Foi quando percebi, sobre a mesa com tampo de vidro ao lado da poltrona, o pequeno cartão branco que o estranho me estendera, apenas alguns segundos após eu o ter convidado a entrar. De fato, eu não o examinara antes, presumindo que fosse um cartão comercial. Agora via que estava em branco, excetuando-se as palavras impressas no centro, em pequenas letras violetas: AGUARDE UM MILAGRE.

Havia algo mais em cima da mesa, ao lado do cartãozinho branco que me fora dado. Uma caixa fechada de amendoins Goober's, do tipo vendido nas *bonbonnières* de todo cinema. O estranho definitivamente *não* me dera, e eu sabia que, de minha parte, tampouco deixara ali a caixa de amendoins com cobertura de chocolate. Perguntei-me de onde ela teria vindo. Será que o homem do turbante a teria posto ali enquanto eu não olhava? Disse para mim mesma que certamente fora isso que acontecera. Não havia outra explicação. Entretanto... *por que* ele faria isso?

Os amendoins Goober's deixaram-me um tanto perturbada, porque, de uma complicada forma, estavam associados a um traumático relacionamento do passado. Na época, eu havia estudado apenas as noções básicas da numerologia (mais tarde seria iniciada nesta arte e ciência com maior profundidade, durante meu predito retiro nas montanhas)... e, assim, garatujei rapidamente os valores numéricos das letras em "Goober", percebendo que o singular da palavra devia ser grafado com três "o" como em Gooober. O plural teria de ser grafado com apenas dois "o", e um "z", em vez de um "s" — como em Gooberz. As vibrações numerológicas adequadas das palavras fazem enorme diferença. Tornei a me recordar da promessa que fiz a mim mesma quanto a aprender mais — ao me sobrar tempo — sobre este código do Universo, profundamente místico e poderoso, extraído da Cabala Hebraica e repleto da tradicional sabedoria dos caldeus antigos.

Fiquei muito tempo sentada na poltrona junto à janela, tentando memorizar tudo que ocorrera durante a visita do estranho, a fim de que mais tarde recordasse de tudo, até da mais leve nuança de suas palavras. Em algum ponto de meus estudos metafísicos no passado, lera ou ouvira falar a respeito daqueles Iniciados Rosacruzes (também chamados por vários outros nomes) que eram capazes de desaparecer e reaparecer diante da visão física de uma pessoa, quando alteravam sua frequência vibratória de unidades de angstrom por segundo... acelerando o ritmo para ficarem invisíveis a olho nu e desacelerando-o para se tornarem visíveis.

Eu tinha ouvido — e lido — a respeito de tal magia, porém isso jamais nos prepara para o ato de realmente testemunhá-la. Não fora alucinação minha. Ali estavam a caixa de amendoim Goober's — e o cartãozinho branco.

Se o estranho não fosse real, mas apenas uma visão etérea por mim invocada, então aqueles dois objetos só poderiam ter surgido em cima da mesa por meio de telecinesia. Nesse caso, seria mais fácil aceitar que conheci um Iniciado — afinal de contas, eles existem, sem qualquer dúvida — do que acreditar que eu "cinesiara" os amendoins cobertos de chocolate e o cartão.

☆ ☆ ☆

Hoje sei que minha mente foi programada pelo estranho, naquele místico dia de ano-novo, a fim de ser atraída para o local geográfico destinado como lugar de meu próximo passo a caminho do que ele chamou de iluminação. Na época, entretanto, após me recuperar do choque inicial sobre o arcano incidente, jamais imaginaria tal coisa, por acreditar que controlava minha mente, como todos nós... não é o que pensamos?

Algumas semanas após minha volta da Califórnia para Nova York, em um nevado dia de fevereiro, almocei com uma amiga que acabava de retornar de férias no Colorado. Ela estava eufórica com a viagem, tão entusiasmada quanto um agente de turismo a respeito desse colorido estado do oeste, cenário da corrida do ouro na década de 1890 — e desapontada por ter de voltar tão cedo a seu emprego em Manhattan, antes de ter tempo para uma viagem a Cripple Creek.

— O que há de tão especial em Cripple Creek? — perguntei.

— É uma antiga cidadezinha de mineração de ouro, no alto das montanhas, três mil metros acima do nível do mar. Acho que tem apenas algumas centenas de habitantes, talvez esperando que o preço do ouro suba o suficiente para que voltem a tirá-lo do chão. Cripple Creek fica aninhada em um vale, cercada de florestas e protegida pela cordilheira de Sangre de Cristo — o Divisor Continental. Meu irmão e a esposa estiveram lá no ano passado. Dizem que o lugar é absolutamente arrebatador... lindíssimo... sem a menor umidade no verão... de ar puro... picos cobertos de neve, exatamente como na Suíça... no Tibete... e...

O resto de suas palavras esmaeceu, indo e vindo, porque eu ficara petrificada no momento em que ela havia dito as palavras "*no alto das montanhas*".

— O que significa exatamente "Sangre de Cristo"? — perguntei.

— Sangue de Cristo, creio eu. De qualquer modo, meu irmão disse que a maioria das pessoas na região acredita que Cripple Creek seja mal-assombrada. Ele comentou ter a curiosa sensação de que já andara por lá antes... uma espécie de... como é mesmo que chamam?... um *déjà vu*, não? Elaine disse o mesmo. Contou-me que sabia exatamente onde ficava a Old Homestead antes que alguém lhe indicasse. Trata-se do mais antigo prostíbulo no Oeste, de maneira que brincamos com ela, dizendo que ela provavelmente trabalhara lá, como "uma das garotas", em outra encarnação. Entretanto, minha cunhada também sabia onde ficava a mina de ouro Abraham Lincoln antes que alguém lhe mostrasse. Disse sentir que já vira antes a montanha Tenderfoot e o monte Pisgah... sendo que algumas das cabanas de troncos abandonadas na orla da cidade apresentavam certa familiaridade que a faziam sentir-se... bem, esquisita.

Nada disse à minha amiga sobre meus pensamentos, mas quando terminamos o almoço e nos despedimos — ela retornou à agência publicitária na avenida Madison, onde trabalha, e eu caminhei lentamente de volta a casa na avenida West End, em meio a uma saraivada de flocos de neve —, minha decisão estava tomada, e eu recordava o que ouvira a respeito de "o professor aparecer quando o estudante estivesse pronto — no alto das montanhas". Eu iria até essa cidadezinha de mineração mal-assombrada, onde faria um retiro de vários meses para testar a predição do estranho.

Disse para mim mesma que, enquanto estivesse lá, terminaria meu livro seguinte, *Os astros comandam o amor* — e pressentia que, naquele lugar, aprenderia os segredos metafísicos que ele me prometera. Então, manteria um diário como base para um futuro livro acerca de minhas experiências.

Assim, voei para o Colorado em abril de 1970, e tudo quanto o homem de turbante previra se tornou realidade... algumas delas inesperadas. Aprendi vários segredos, através de vários professores que surgiram sem que eu os procurasse. Também vivi várias tragédias pessoais no Colorado, enquanto aprendia, mas você nada lerá a respeito disto neste livro. Somente a magia.

☆☆☆

CRIPPLE CREEK, COLORADO

A Julian Davis, minerador de ouro e poeta,
que amou cada rocha e cada árvore
mas ainda perambula... para mim,
na avenida Bennett,
caminhando através dos fantasmas de
estranhos vivos,
nenhum dos quais tão real quanto ele

☆ ☆ ☆

Três mil metros acima do nível do mar,
escondido nas alturas, lado em que nasce o sol,
no sinuoso Divisor Continental

há um reino mágico

onde sopra um vento puro
e cintila entre as nuvens a alva estrela de Belém,
em céus de inverno, velados de neve,

um microcósmico Tibete

para onde ainda vão o solitário e o buscador
e lá garimpam fortunas em ouro de poder dos tolos
ou os tesouros mais reais da Natureza... lá enraizados
tão certamente como os rijos pinheiros Bristlecone,

esses antigos mistérios que poucos pensaram buscar
além das purpúreas sombras protetoras
da guardiã cordilheira de Sangre de Cristo,
onde jaz a cidade chamada Cripple Creek

dormindo em docemente fragrante vale,
cercada de montanhas feridas pela cobiça humana
e mais verdes florestas de meditativa solidão,

        divina dádiva, tendendo ao mal por vezes,
comunidade de anjos caídos... e ocasionais santos,
lutadores e escritores, vaqueiros e pintores,
o autossuficiente e o arrogante... o torturado e o maldito,
mas mesmo estes inundados na alquimia
                        que os torna abençoados

                        uma cantante Shangri-lá

usando a máscara
de uma cidade dura, com o coração de pedra
transbordando suas lembranças do ontem,
        mas grávida de oito meses
com os sonhos ainda intactos do amanhã,

            onde cavalos, vacas e burros de olhar aveludado
                        trilham sendas e estradas poeirentas
            e "canários do monte" acalentam o sono no inquieto,

            onde é silêncio à meia-noite... e as paixões são profundas,
            onde o destemor é absorvido
            da força muda das montanhas... em que a neve é pura e alva,
            sob o céu de turquesa cintilante.

Rutilante "Bacia de Ouro" do condado de Teller,
        da nova Era Aquariana,
descoberta por vacilante grupo, após a passagem
                        pelo Túnel do Tempo

            então ouvindo ecos de sussurros codificados
            na zona crepuscular da vizinha Victor,
            a assombrada montanha do Touro, de Goldfield,
            e nos cantantes estreitos do desfiladeiro do Fantasma,

esses reflexos de Stonehenge,

onde o vigilante Terceiro Olho
pode ver as vagas, ainda trementes luzes
dos encantados ritos druidas da véspera de Reis,

e o espírito fatigado aprende a esperar
pelo eterno retorno, mesmo que tardio

da reencarnada promessa da primavera
ao coração.

— Linda Goodman

1

O AMOR AO TRABALHO E A MÍSTICA DO DINHEIRO

Guia astrológico da carreira...
e da conquista simultânea
da segurança e liberdade
financeiras

ele queria ser médico, escritor, compositor... talvez artista
para curar, como dizia, corpos, mentes e espíritos das pessoas,
não importando qual dos três, bastava um,
que a cura dos outros dois
aconteceria certamente, assim acreditava,

no entanto, engenheiro se tornou, o que em segredo desprezava,
as autoestradas do Estado o empregaram,
como no Egito faraós empregaram escravos
que erguiam e mediam pedras para erigir suas silenciosas tumbas

estradas poeirentas... tão diversas de estéreis laboratórios médicos,
com valas nada iguais a salas de concerto abobadadas
ou a polidos tetos de um museu de arte.

Suficiente dinheiro ele poupou
para comprar uma máquina de escrever,
um-dois-três sonhos, você está fora!
e o Juiz quem é — o Destino?

☆ ☆ ☆

QUANTOS ENGENHEIROS sonham ser médicos e quantos médicos sonham ser engenheiros? Quantos cientistas anseiam ser músicos e quantos músicos anseiam ser cientistas? Há milhões e milhões de homens e mulheres descontentes, deprimidos, infelizes, desajustados, cujos talentos, aptidões e "devaneios" (em realidade, as sábias ânsias do Eu Superior) se encontram tristemente desconexos, inadequados à maneira como ganham o pão de cada dia. Não se trata apenas de um deplorável desperdício de potencial humano, é um trágico desperdício da felicidade e alegria humanas, pertencentes a cada indivíduo na Terra, por direito de nascimento.

Assim, antes de ponderar e examinar os códigos de antigas sabedorias apontados pelos astros, você achará sensato e prático primeiro seguir as trilhas metafísicas para o contentamento e felicidade em seu trabalho, uma vez que isto envolve mais de um terço do seu tempo — aprender como melhorar seus assuntos financeiros, considerando a necessidade de uma certa dose de segurança financeira para a mente ter liberdade de voar a reinos mais elevados —, e considerar sua saúde, porque, claro, seu bem-estar físico é prioritário em relação a tudo mais.

Daí por que resolvi apresentar primeiro este capítulo a respeito do amor e a mística do dinheiro, seguindo-se então o capítulo *Uma maçã por dia*, seu manual de saúde astrológico e numerológico. Sem estas três necessidades básicas do corpo e da mente, o espírito não tem disposição para contemplar as águas mais profundas dos mistérios esotéricos. Quando você gosta realmente de seu trabalho, quando pode pagar o aluguel ou a hipoteca em dia e se sente fisicamente exuberante, então pode começar a escalar a montanha para o "Guruísmo". Nota aos dicionários: eu acabei de inventar esta palavra.

Quando me mudei para Cripple Creek, no Colorado, dirigida pelo Guru de turbante, da forma como relatei na Introdução, senti-me uma peregrina espiritual que houvesse localizado o Tibete ou Shangri-lá. De certo modo, senti que muitos segredos e mistérios estavam ocultos entre os pinheiros das encostas — e que o "Guru" tinha razão. Aprendi muito durante meu retiro nas montanhas (que mais tarde se tornaria a minha residência permanente) e anotei tudo no diário que iria se transformar neste livro.

Em minha primeira manhã lá, acordei feliz, respirando o ar puro, cristalino e fresco da montanha. Decidi imediatamente dar um passeio pela cidadezinha, composta por cinco quarteirões de uma rua pavimentada, chamada avenida Bennett. Todas as demais ruas neste vilarejo de cartão de Natal são de terra, mas com sua própria espécie de magia. Sempre que chove, o que acontece quase todo dia (ou seja, diariamente há um arco-íris sobre minha curiosa, deformada e visivelmente antiga casinha de 1890)... as pessoas caminham pelos arredores, sejam turistas ou os cerca de seiscentos moradores permanentes, olhando para o chão de uma forma estranha. Elas procuram pontos azul-celeste — na terra, não acima. Na virada do século, quando esta área era um próspero campo de mineração aurífera do Oeste, o pessoal também garimpava turquesas. Como as pedras eram transportadas em carroças puxadas por jumentos, muitas delas caíram e ficaram incrustadas na terra. Assim, quando as chuvas lavam as estradas de terra, surgem repentinamente pedaços de turquesa, aqui e ali, como uma súbita surpresa de primavera. Todas as tribos indígenas alegam que a turquesa contém poderosas vibrações de boa sorte.

Durante meu passeio em uma chuva fina, ainda manhã cedo, em busca de um pedacinho de sorte na forma de turquesa, choquei-me com o habitante de Cripple Creek menos indicado a se tornar meu primeiro conhecido na que seria minha recém-adotada cidade natal: o chefe do Departamento de Polícia local. Seu nome era — e é — Dale Simpson. Pisciano, de voz suave, sorriso gentil, o amor à conversa tipicamente netuniano — e talento para ser também bom ouvinte.

Apresentamo-nos e depois fizemos uma parada no refeitório do Palace Hotel, com seu pianista dedilhando as teclas, para um bate-papo e uma xícara de café. (Imaginem o chefe de polícia em Nova York tirando uma folga para um café com bolinhos de frigideira, ao som de "Let Me Call You Sweetheart"!)

Tão logo fiquei sabendo que ele era de Peixes, inclinei minha cabeça, cheia de dúvidas.

— Fora de seu elemento — falei, em tom de reprimenda. — Não quero ser rude e nem ofendê-lo, mas não consigo imaginar por que um pisciano como você escolheria um emprego ou uma carreira como chefe de polícia.

Como acontece com a maioria das pessoas regidas pelo planeta Netuno, ele não ficou absolutamente ofendido com meu cândido comentário. Ficou curioso.

— Não entendo muito de astrologia — admitiu, com um sorriso amistoso —, exceto que Peixes é o meu signo. Por que está tão surpresa ao saber meu emprego?

— Bem, porque seria o último emprego que qualquer astrólogo (o que eu sou) aconselharia a um pisciano. Acho que as pessoas devem "trabalhar com amor", que o emprego ou a carreira devem se harmonizar com o caráter, a personalidade e os objetivos íntimos de cada pessoa (ou com os seus sonhos), pois é a única forma de sermos realmente felizes. E... — sorri para ele — não entendo como um pisciano, regido por Netuno, seja feliz desempenhando as obrigações de um chefe de polícia — embora existam outras pessoas, de signos solares diferentes, que achariam tal ocupação estimulante e desafiadora.

— Isso é muito interessante e eu gostaria de lhe dizer por quê. Contudo, poderia antes explicar-me como sabe de tais detalhes?

— Como já falei, sou uma astróloga e estudei o assunto. Fico permanentemente admirada ao ver que as pessoas não levam a astrologia mais a sério, quando é um guia tão confiável para o sucesso em uma carreira, bem como para o sucesso em qualquer outra área da vida. Vários indivíduos estariam mais satisfeitos e bem-sucedidos, por exemplo, se aqueles nascidos para trabalhar em teatro, como atores, diretores, produtores, etc., não seguissem, digamos, a carreira médica; ou aqueles nascidos para a advocacia não estivessem, em vez disso, atuando como paisagistas... e assim por diante. Tais pessoas ficam mais frustradas com as próprias vidas a cada ano, nunca lhes ocorrendo o motivo de não se sentirem realizadas. Elas não percebem que são como peixes fora d'água. Estar totalmente feliz com seu trabalho e ser desafiado por ele é um dos meios mais certos para o sonho de alguém se realizar. Mas você prometeu dizer por que achou minhas palavras interessantes.

— Talvez — murmurou o chefe Simpson, com um natural *insight* netuniano —, um dos motivos por que tantos peixes continuam fora d'água seja o fato dos pais não ajudarem os filhos a descobrir o que querem realmente ser na vida, em vez disso intimidando-os a fim de que se preparem para uma profissão que eles acham certa. Então, o filho só tem escolha quando é tarde demais.

Perguntei-me se fora esse o caso com Dale Simpson e seus pais. Se fora, provavelmente começou muito antes do emprego como chefe de polícia, e concluí que não seria educado perguntar.

— Evidentemente, não vou cometer tal erro com meus filhos — continuou ele, espiando pela tela da porta à entrada do refeitório, como que perdido em seus pensamentos. — Eles é que decidirão quanto a seu futuro.

— É uma atitude muito pisciana — falei —, uma política de lavar as mãos. Com filhos, amigos e parentes. Como Aquário, Peixes acredita no lema "viva e deixe viver". É raro um nativo de Peixes interferir na vida de outra pessoa, exceto para uma sugestão de vez em quando; e, mesmo assim, apenas quando solicitado. Entretanto... por que disse que era interessante? — insisti.

— Porque está absolutamente certa sobre o que disse — respondeu ele lentamente, mostrando certa tristeza. — Não posso afirmar que esta atividade me deixe realizado, em qualquer sentido. Aliás, ela me frustra e drena minha energia.

— Isto acontece porque o crime e castigo ou qualquer espécie de ato disciplinador não constituem desempenhos naturais para o seu temperamento. Você é compreensivo demais para deter os "bandidos". Uma associação com armas e violência, tiros e prisões vai contra a sua própria essência. É de admirar que isso não o tenha deixado doente. Contudo, você daria um bom Sherlock Holmes; tipo detetive, sem a violência e as detenções. Está naturalmente dotado para resolver mistérios. Como pisciano, sua missão pessoal é ajudar outras pessoas a resolverem problemas emocionais e psicológicos, às vezes, simplesmente sendo um ouvinte compreensivo e compassivo. Você deveria se envolver em algo que permitisse à sua imaginação um amplo raio de ação, como uma carreira artística ou coisa assim, no qual pudesse sonhar que descobria respostas espantosas para as coisas. Albert Einstein era pisciano e, sem dúvida, voltou a imaginação para os números, com sua matemática abstrata e as teorias da Relatividade.

— Também acertou quanto à possibilidade de eu ficar doente — assentiu ele. — Já tive um ataque cardíaco brando e uma meia dúzia de outros problemas menores de saúde nos últimos anos. Isso nunca aconteceu comigo antes. Sempre tive uma constituição forte... até recentemente. Ando pensando em me aposentar e encontrar outra coisa para fazer. O que disse me ajudará muito na decisão. Aliás, tudo quanto mencionou sobre nativos de Peixes... compreensão e compaixão... auxiliar os outros em todos aqueles modos... certamente se ajusta a uma mulher de Peixes que conheço aqui na cidade. Seu nome é Ruth Cook, e ela leciona na escola primária. Todos dizem que é a melhor professora do condado. — Ele deu uma risadinha. — Talvez do Estado inteiro. E, como falou, ela adora cada minuto de seu trabalho. Faz o que se ajusta naturalmente ao seu temperamento, não há a menor dúvida. E os alunos de suas classes aprendem de verdade. Ela faz com que *queiram* aprender. São loucos pela professora, pois sabem que ela se preocupa com eles.

— De que signo solar é sua esposa? — perguntei.

— Junie é de Escorpião. Trabalha nos Correios e gosta do que faz. Acho que deve ser um peixe dentro d'água. — Ele riu. — Esse é um bom emprego para Escorpião?

— Excelente. Escorpião é um signo fixo, e os signos fixos são organizadores natos. São bons no que se chama de "vigiar o estoque", peritos em acertar os ponteiros, para que tudo corra normalmente. Fico satisfeita em saber que sua esposa de Escorpião cuida de correspondência. Isso me deixa bem mais tranquila sobre o Pony Express* atual.

*Serviço postal expresso dos Estados Unidos, que empregava pôneis no transporte da correspondência. (*N. da T.*)

— O chefe dos Correios, Bud Sanders, também é Escorpião.

— Que ótimo! Atualmente venho perdendo muita confiança no sistema postal, a ponto de querer enviar cartões de aniversário sob registro. Com *dois* escorpianos atuando aqui, posso deixar de me preocupar. No mês passado, o senador Muskie foi citado no *The New York Times* dizendo que o governo devia entregar o problema da inflação ao serviço postal dos Estados Unidos. O senador disse: "Eles talvez não consigam resolvê-lo, mas certamente reduziriam a velocidade da inflação."

Nós dois rimos.

— Junie substituiu outra amiga nossa, La Verne King, que trabalhou nos Correios durante anos, até se aposentar. La Verne é de Virgem.

— Fantástico! Os nativos de Virgem possuem uma aptidão nata para ordenar o caos. Aposto que todos os códigos de endereçamento postal estavam certos quando ela ainda trabalhava. Chego quase a pensar que alguém por aqui usa a astrologia ao empregar funcionários postais.

Antes que voltasse à sua viatura policial, após a folga para o café comigo, o chefe Simpson disse que gostaria de saber mais sobre astrologia e profissões, caso eu tivesse tempo para lhe explicar algum dia, e então prometi datilografar o assunto para ele.

Adiante darei uma versão ampliada do guia profissional astrológico que preparei para o chefe Simpson, se incluindo todos os doze signos solares.

Antes, no entanto, consideremos as palavras mais verdadeiras já expressas sobre o trabalho, escritas pelo poeta libanês Kahlil Gibran, o qual alertou que uma tarefa deve ser desempenhada com legítimo amor, pois do contrário representa uma perda de tempo e energia; que se você não pode trabalhar com amor, melhor será que nada faça até encontrar esse trabalho, aceitando enquanto isso a caridade daqueles que labutam com amor. Porque, como Gibran expressou tão belamente: "*O pão assado sem amor é um pão amargo, que alimenta apenas metade da fome do homem.*"

Existem milhares de paralelos com essa sabedoria. Se você é um cantor que detesta se apresentar, seu desempenho alimentará apenas metade da fome que a plateia tem por música. Se você é um escritor que secretamente prefere ser um advogado ou um médico, suas palavras escritas alimentarão apenas metade da fome de seus leitores, e seus livros não venderão. Se você é uma professora que deseja ser atriz, suas lições satisfarão apenas metade da fome de seus alunos por conhecimento. E assim por diante. Os exemplos são intermináveis.

O fracasso em alcançar objetivos e a infelicidade desses peixes fora d'água não são uma descoberta nova, de maneira alguma. Às vezes, contudo, uma verdade é tão repetida que perde o significado, seu brilho se torna opaco, e precisa ser restaurado por uma nova imagem — ou uma redescoberta.

Lembre-se de que você nasceu para se sair bem em algum tipo de ocupação, profissão ou carreira. Existe algo que você pode fazer melhor do que ninguém neste mundo ao colocar no que faz seu toque de magia, baseado no caráter individual, personalidade, motivos interiores e sonhos de seu signo solar (baseado também em certos outros aspectos de seu Horóscopo retificado; para começar, porém, o signo solar é um ótimo fator).

O Sol "deixa" um signo e "entra" no seguinte em uma hora diferente de cada dia-cúspide, dependendo do ano. Portanto, se você nasceu em um dia-cúspide (isto é, 20 de abril, 21 de maio, 23 de agosto, etc.), precisará saber a hora e minuto de sua primeira respiração naquele dia-cúspide, para descobrir qual o seu signo solar. Qualquer astrólogo pode lhe fornecer rapidamente essa informação.

Quando você tiver determinado o seu signo solar, use o seguinte guia profissional para iniciar a caminhada em direção às suas Lides de Amor.

Os SIGNOS CARDEAIS são: Áries, Câncer, Libra e Capricórnio.

Se seu signo solar for cardeal, você nasceu para ganhar o pão de cada dia como o LÍDER em pensamento e em ação. Jamais se sentirá realmente satisfeito em uma posição subordinada, seguindo conceitos de outros, a menos que os esteja usando meramente como uma escada para o topo. Para trabalhar com amor, você tem de ser o Grande Chefe ou então o *seu próprio* chefe. Deverá estar à frente das coisas, ser o encarregado — ou ter um emprego próprio como capitão de seu próprio navio, por assim dizer. Trabalhar em uma atividade que o impeça de conceber e explorar as suas próprias ideias resultará em fadiga física, tensão mental e depressão emocional, que consequentemente acarretarão alguma enfermidade física.

RODA CÁRMICA DA VIDA

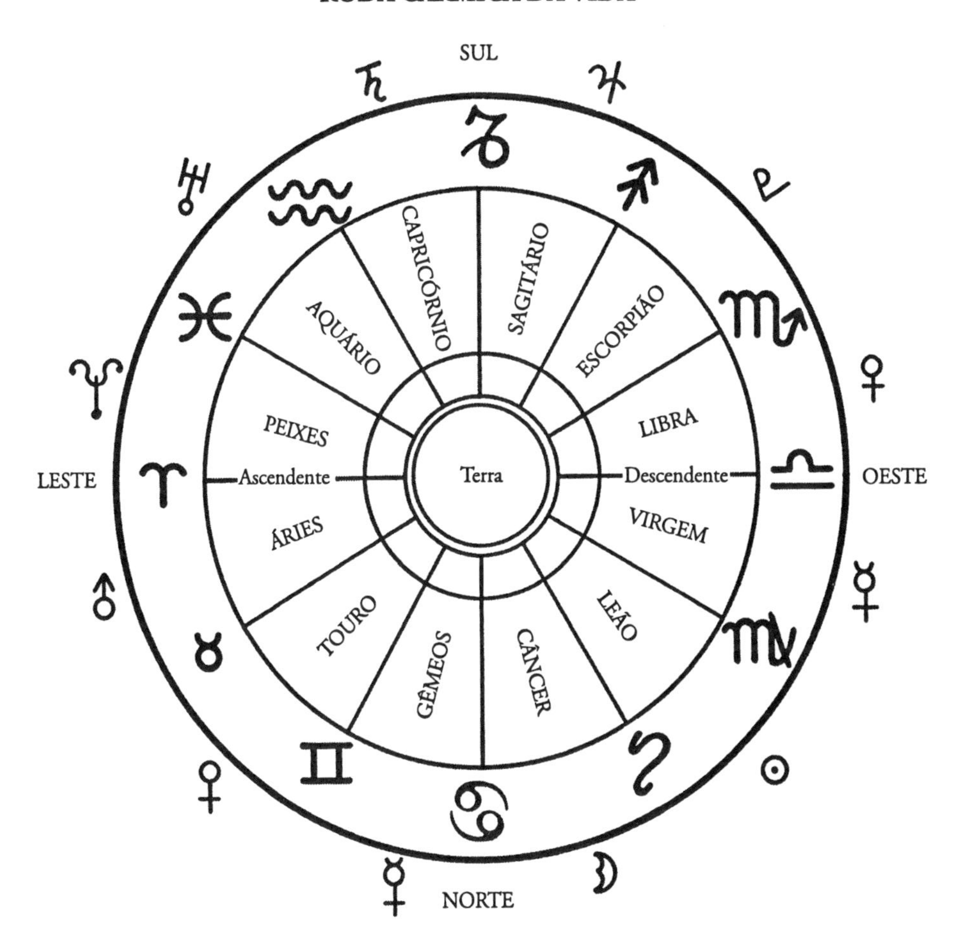

SÍMBOLOS

Áries ♈	**Libra** ♎	**Marte** ♂	**Plutão** ♇
Touro ♉	**Escorpião** ♏	**Vênus** ♀	**Júpter** ♃
Gêmeos ♊	**Sagitário** ♐	**Mercúrio** ☿	**Saturno** ♄
Câncer ♋	**Capricórnio** ♑	**Lua** ☽	**Urano** ♅
Leão ♌	**Aquário** ♒	**Sol** ☉	**Netuno** ♆
Virgem ♍	**Peixes** ♓		

PERÍODOS DE NASCIMENTO NOS SIGNOS SOLARES*

ÁRIES:	Parte de 20 de março até 20 de abril
TOURO:	Parte de 20 de abril até 21 de maio
GÊMEOS:	Parte de 21 de maio até 21 de junho
CÂNCER:	Parte de 21 de junho até 22 de julho
LEÃO:	Parte de 22 de julho até 23 de agosto
VIRGEM:	Parte de 23 de agosto até 23 de setembro
LIBRA:	Parte de 23 de setembro até 23 de outubro
ESCORPIÃO:	Parte de 23 de outubro até 22 de novembro
SAGITÁRIO:	Parte de 22 de novembro até 21 de dezembro
CAPRICÓRNIO:	Parte de 21 de dezembro até 20 de janeiro
AQUÁRIO:	Parte de 20 de janeiro até 19 de fevereiro
PEIXES:	Parte de 19 de fevereiro até 20 de março

Todos os quatro signos cardeais induzem o nativo a liderar ou a ser profissional liberal. Contudo, o *tipo* de trabalho mais harmonioso com o espírito é *individual* a cada um dos quatro signos solares cardeais, dependendo do Elemento do signo, isto é: se você é um signo Líder, cardeal, de FOGO (Áries) — um signo Líder, cardeal, de ÁGUA (Câncer) — um signo Líder, cardeal, de AR (Libra) — ou um signo Líder, cardeal, de TERRA (Capricórnio).

Áries: Você terá sucesso em uma profissão que se harmonize com sua natureza cardeal de FOGO. O fogo se traduz por tudo que seja excitante e capaz de despertar entusiasmo imediato, em si próprio e nos outros. Você precisa "encabeçar a parada montado num cavalo branco", enfeitado com fitas vermelhas e balões cor-de-rosa — e ter oportunidade para exibir seu talento em ir direto ao cerne de qualquer questão. Sua atividade será aquela que lhe permita conquistar a atenção e ser reconhecido, preferencialmente onde existe alguém para protegê-lo afetuosamente de sua frequente boa-fé, inge-

*As datas de entrada mundo Sol em um signo são determinadas pelo movimento do sol e suas posições em relação à Terra. A autora utiliza as datas-padrão de início da regência solar, uniformizando o calendário astrológico. No entanto, essas datas se alteram de ano a ano mudando a data de início de regência solar sobre um determinado signo. Áries, o primeiro dos signos, por exemplo, pode começar tanto no dia 20 quanto nos dias 21, 22 ou 23 de março, coincidindo com o equinócio de outono no Hemisfério Sul e da primavera no Hemisfério Norte e isso determina todo o movimento do Sol em relação aos demais signos do zodíaco. (*N. do R.T.*)

nuidade, generosidade e temeridade — mas sem cerceá-lo, porque você para de funcionar quando não se sente inteiramente livre para se entregar e se mostrar impulsivamente pioneiro em todos os tipos de novos começos. Você inicia qualquer coisa entusiasmadamente e com sucesso. É um grande e perfeito "iniciador". Entretanto, deixe o encerramento de negócios e os acertos finais para os outros, *por favor*. Obrigada.

Câncer: Você estará satisfeito e inspirado em uma profissão que se harmonize com sua natureza cardeal de ÁGUA. A água representa tudo que seja arrebatador, profundo, em constante movimento, com uma aura de mistério para atiçar a imaginação. Em sua ocupação ou carreira, quer seja em educação ou em alguma arte, necessitará de considerável privacidade enquanto trabalha — precisará se esconder dentro de sua carapaça de caranguejo enquanto se move, primeiro para os lados, depois para trás, até finalmente estar perfeito e pronto para um salto à frente. Sua profissão terá que deixar grande espaço à sua vívida imaginação, a fim de que ela se expanda e proporcione bastante tempo para viajar, com mudanças constantes de cenário, embora sempre haja necessidade de uma base doméstica. Você permanecerá deliciosamente satisfeito em uma atividade que lhe permita levar clientes para almoçar, tomar café ou jantar com *bastante* frequência. O trabalho em qualquer campo associado a *comida* ou *dinheiro*, seja de que modo for, é a sua ideia de "paraíso". Você também é soberbamente talhado para o tipo "maternal", "paternal" ou para cuidar dos outros. Câncer se preocupa. Sua atividade será aquela em que poderá manter em segredo a maioria de seus sonhos e planos, até considerar que chegou o momento de implementá-los — uma atividade que acarrete em certa dose de atenção pública (embora você negue esse detalhe!) — e que lhe permita viver perto de sua mãe.

Libra: Você trabalhará com amor em uma profissão que se harmonize com sua natureza cardeal de AR. O ar se traduz por tudo que o mantenha em movimento mental e envolva o intelecto. Você é um árbitro excelente e juiz no "crime e castigo" (mas não na violência). Precisará de algum tipo de válvula de escape para seu senso inato de justiça — a fim de poder equilibrar os prós e contras de tudo e todos à sua volta. Você se sentirá mais realizado e bem-sucedido quando trabalhar em parceria com uma pessoa compatível e harmoniosa (mas que não seja de outro signo cardeal, por favor — a menos que decidam mutuamente, desde o início, quem será o líder. Se for outro libriano, vocês dois *jamais* decidirão!). Você será uma bênção em qualquer carreira que lhe permita acertar disputas entre terceiros, acalmar os ânimos e manter debates e discussões periódicas, seja em trabalho industrial, em venda ou demonstração de cosméticos (Libra é o signo da beleza!), ou mesmo espalhando adubo na fazenda.

Capricórnio: Você trabalhará com amor em uma profissão que se harmonize com sua natureza cardeal de TERRA. A terra se traduz por tudo que seja sólido, estável e prático, com alicerces firmes e um forte potencial de crescimento. Você será mais feliz liderando por trás dos bastidores — na maioria dos casos —, mas sempre existe a exceção da regra. Você nasceu para uma atividade ou carreira onde possa guiar e aconselhar os outros (se não for seu próprio patrão) — onde consiga usar seu vasto estoque de experiência, a fim de confirmar sua indubitável previsão do futuro. A segurança no emprego (ou carreira ou segurança profissional — é tudo a mesma coisa) sempre o atrairá em qualquer atividade. Para você, nada de correr riscos inúteis. Será feliz somente quando envolvido em algo seguro, com o potencial de conduzi-lo ao topo da montanha de sua carreira, aquele ponto para onde se encaminhava desde os 12 anos de idade. Jamais houve qualquer dúvida quanto a isso.

Os SIGNOS FIXOS são: Touro, Leão, Escorpião e Aquário.

Se seu signo solar for fixo, você nasceu para ganhar o pão de cada dia como ORGANIZADOR de pensamento e ação. Jamais será feliz ou conseguirá atingir seus verdadeiros objetivos quando a estrutura organizacional for entregue a terceiros. Para trabalhar com amor, realizar-se em sua carreira ou profissão, você terá que ser o responsável inquestionável pelo sucesso de qualquer companhia ou empreendimento de que seja parte — em seu nome ou no de outrem —, e com surpreendente frequência terá a mesma sorte ao trabalhar para outra pessoa, e não por conta própria. Você só estará plenamente satisfeito quando desempenhar o papel que representa tão bem, por assim dizer: o "assegurador" daqueles que, no zoológico astrológico, precisam de tal pessoa, e Deus sabe que existe uma infinidade *deles*! Você precisa ser aquele que "faz com que tudo aconteça", que adequadamente delega autoridade, o que ata todos os cordões da vela do navio que alguém deixou solta, agitando-se ao vento; a pessoa que comanda a marcha uniforme e eficiente das coisas. Que os Signos Cardeais liderem o desfile, que os Signos Mutáveis se comuniquem a torto e a direito — você precisa se sentir (aliás, *ser*) a rocha em que todos se apóiam, aquele que mantém o centro unido. Ao se envolver permanentemente em qualquer ocupação que não lhe confira autoridade ou responsabilidade sobre o que acontece à sua volta, poderá se ressentir e apresentar cansaço físico, tensão mental e depressão emocional, o que pode resultar em enfermidade crônica.

Todos os quatro signos fixos nasceram para organizar e serem responsáveis pelo desfecho daquilo em que estiverem envolvidos. Contudo, o *tipo* de trabalho mais harmonioso com o espírito é *individual*, e cada um dos quatro signos fixos depende do Elemento do signo, isto é: se você for um signo Organizador, Fixo, de TERRA (Touro) — um signo Organizador, Fixo, de FOGO (Leão) — um signo Organizador, Fixo, de ÁGUA (Escorpião) — ou um signo Organizador, Fixo, de AR (Aquário).

Touro: Você trabalhará com amor em uma profissão que se harmonize com sua natureza fixa de TERRA. A terra se traduz por tudo que seja sólido, estável e prático, com um firme alicerce e um forte potencial de crescimento. Você precisa reunir todos os fatos, depois meditar sobre eles calmamente (e muitas vezes teimosamente!), até considerar que chegou o momento de agir a partir deles, sempre após cautelosa consideração. Você estará satisfeito em qualquer campo que lhe permita conter o comportamento impulsivo dos outros, enquanto constrói um sólido futuro para si mesmo. A estruturação de vastos impérios e operações de firmas importantes, para si mesmo ou para terceiros, constituem uma atração para você, permitindo-lhe sentar-se atrás de uma mesa e trabalhar até altas horas. Você se sentirá profundamente deprimido quando não estiver às voltas com uma carreira ou profissão que cresça e melhore a cada ano que passe, seja como bancário, fazendeiro, agente imobiliário — ou fabricante de ursinhos de pelúcia.

Leão: Você trabalhará com amor em uma profissão que se harmonize com sua natureza fixa de FOGO. O fogo se traduz por tudo que seja excitante, original, ousado e capaz de inspirá-lo constantemente. O trabalho em uma situação que não lhe permita assumir o comando e organizar tudo de modo visível o fará dar seu rugido leonino de irada frustração. Você precisa se expressar aberta e criativamente, de certo modo também artisticamente —

e precisa ser respeitado e apreciado, pois do contrário sentirá que não vale um tostão — para si mesmo ou qualquer outra pessoa. Você sabe como melhor manejar os assuntos e nunca deverá se envolver em uma posição onde terá de seguir ordens baseadas em como os outros acham que tudo deve ser feito. Nove entre dez vezes é você quem tem razão, sem sombra de dúvida — e ser contido em seus esforços para implementar conceitos pessoais sempre expansivos, sempre originais, é algo que o deixará francamente infeliz. Dirigir o espetáculo é uma necessidade primordial para você, e quando por fim instalar-se em uma atividade ou carreira onde seus talentos superiores forem reconhecidos e respeitados, o amor-próprio resultante garantirá seu pleno sucesso. Qualquer ocupação que lhe permita produzir resultados drásticos será a resposta à sua forte necessidade de ter liberdade — ser apenas você mesmo — e mostrar do que é capaz a pessoas que não suspeitam o quão inteligente você é.

Escorpião: Você trabalhará com amor em uma profissão que se harmonize com sua natureza fixa de ÁGUA. A água se traduz por tudo que seja arrebatador, profundo, silenciosamente progressivo, com uma aura de mistério capaz de atiçar as torrentes da imaginação. Seja qual for a carreira que escolher, você precisará ter permissão para penetrar nos altos e baixos dessa atividade, experimentá-la intensamente — e angariar conhecimentos sobre todas as facetas de sua ocupação ou profissão, os quais reterá para uso futuro. Você tem uma convicção íntima (quer a perceba conscientemente ou não) de que "conhecimento é poder" — e o poder conduz ao sucesso. Quando exercida a sua soberba aptidão para "vigiar o estoque", você *realmente* vigia o estoque! Nada escapa ao seu olho de águia. Caso não consiga enxergar algo, *sentirá*, graças ao seu *insight* e intuição altamente desenvolvidos. Você estará bem em qualquer campo que lhe permita investigar seu ativo e passivo, que lhe dê chance de trabalhar sozinho o máximo possível, a fim de que ponha em prática seus inflexíveis padrões de qualidade. Você aplicará seus fortes talentos investigativos em qualquer coisa que tocar, porque não descansa enquanto o mistério, o problema ou a situação perturbadora não forem esclarecidos ou resolvidos. Você prefere empregar seus próprios métodos, ressentindo-se fortemente quando alguém os questiona, inclusive seus superiores, quer trabalhe como artista, político ou encanador.

Você não é o tipo que abandona antigos projetos facilmente, porque sua forte vontade e vigorosas emoções em geral são mediados por uma percepção do valor da cautela e do senso prático. (Eu disse *em geral*!) Consequentemente, talvez não expresse seu desagrado durante muito tempo. Guardará para si mesmo o que sente e parecerá estar de acordo. Entretanto, quando achar que é chegado o momento, quando alcançar uma posição de autossuficiência, deixará bem claro que as coisas têm que ser feitas à sua maneira — ou irá embora. Caso encerrado. Por falar nisso, se o pisciano chefe de polícia Dale Simpson fosse do signo de Capricórnio ou Escorpião, não seria um peixe fora d'água. As funções de detetive e policial não são os únicos empreendimentos harmoniosos para estes últimos dois signos, mas certamente estão entre eles. Um chefe de polícia capricorniano, entretanto, provavelmente só estaria satisfeito quando chegasse a comissário de polícia, e um chefe de polícia escorpiano ficaria fortemente inclinado a talvez usar o emprego como um trampolim para a política. Estes dois signos, contudo, não se perturbariam tanto ante a exposição às cenas de violência inerentes a tais profissões quanto se perturbaria um pisciano. Aliás, Capricórnio e Escorpião achariam mais fácil administrar a punição adequada a criminosos. De fato, seria natural para eles punir qualquer um de nós também, quando errássemos!

Aquário: Você trabalhará com amor na profissão que se harmonizar com sua natureza fixa de AR. O ar se traduz por tudo que seja — no seu caso — imprevisível, heterodoxo, inesperado, mutável — e envolva o intelecto. Você precisa ter liberdade de se concentrar quando tiver vontade, para que possa receber admiráveis lampejos de *insight* e genialidade. Você jamais será feliz ou bem-sucedido em uma ocupação que o leve a se conformar com um esquema rígido. Sim, você tem as qualidades do organizador, porém isso terá que ser à *sua maneira*. A curiosidade o fará inventar novos métodos de fazer as coisas, e você ficará impaciente com um trabalho sempre feito pelos mesmos métodos antigos. Você acrescentará a tudo o seu toque pessoal. Uma vez que sua natureza gregária atrai amigos com facilidade e você gosta das pessoas (se for um Aguadeiro típico), é provável que se torne amigo dos colegas e do chefe. Achará difícil ver a diferença entre eles, em vista de seu carisma fraternal, amplo e normalmente tolerante. Ficará mais satisfeito em um trabalho ou carreira que lhe permita dar respostas principalmente a si mesmo, uma vez que sua brilhante tendência à originalidade precisa de muito espaço e liberdade para transformar antigos métodos em novos e inovadores. Como Signo Fixo, não "terá paciência com pessoas enfadonhas", e quando forçado a seguir ordens que considere ultrapassadas e ineficientes, poderá se ressentir e mostrar-se bastante teimoso — daí o motivo de buscar a liberdade de expressão em sua linha de trabalho, acima da compensação financeira — pelo menos no começo. Você se ajusta a qualquer posição ou carreira que lhe permita separar as peças misturadas do quebra-cabeças, para então transformá-las magicamente em brilhantes soluções — e que lhe permita jogar gude com dropes de chocolate, na folga do almoço.

Os SIGNOS MUTÁVEIS são: Gêmeos, Virgem, Sagitário a Peixes.

Se seu signo for Mutável, você nasceu para ganhar o pão de cada dia como COMUNICADOR do pensamento e da ação. Jamais será feliz quando forçado a se responsabilizar pelo caos à sua volta, quando tiver de trabalhar sentado atrás de uma mesa ou ficar dirigindo alguma coisa. Sentir-se-á infeliz "encabeçando a parada", como os signos cardeais, ou "vigiando o estoque", como os signos fixos. Você precisa circular constantemente, viajar, movimentar-se e comunicar ideias (e ideais) entre os Líderes Cardeais e os Organizadores Fixos. Também será feliz como profissional liberal, desde que esta atividade lhe permita comunicar ao público algum conceito novo e diferente sobre ideias padronizadas, de preferência abstratas ou inspiradoras. Para trabalhar com amor, você deve dispor de total liberdade, ter atividades variadas, mudanças periódicas, muitas folgas para o café, longas horas de almoço e compromissos interessantes. Trabalhar em um emprego que o prenda de algum modo, que o force a se ocupar por completo e ser responsável pelos atos de terceiros poderá resultar em fadiga física, tensão mental e depressão emocional, que poderão redundar em enfermidade crônica.

Todos os quatro signos Mutáveis nasceram para comunicar. Contudo, o *tipo* de trabalho mais harmonioso com o espírito é *individual*, e cada um dos quatro signos mutáveis depende do Elemento do signo, isto é: se você for um signo Comunicador, Mutável, de AR (Gêmeos) — um signo Comunicador, Mutável, de TERRA (Virgem) — um signo Comunicador, Mutável, de FOGO (Sagitário) — ou um signo Comunicador, Mutável, de ÁGUA (Peixes).

Gêmeos: Você trabalhará com amor em uma profissão que se harmonize com sua natureza mutável de AR. O ar se traduz por tudo que seja imprevisível, que o mantenha andando de um lado para outro e desafie seu penetrante intelecto. Embora seja tão versátil, você poderá ser bem-sucedido em qualquer espécie imaginável de empreendimento; de fato, terá êxito tanto publicando um novo dicionário como gastando seu tempo em criar novas páginas de palavras cruzadas. Ser um jogador profissional de bridge ou de xadrez poderia lhe proporcionar certo senso de realização, mas, de qualquer modo, você jogará xadrez mental com os colegas, qualquer que seja o cargo, isso se tiver sorte bastante em conseguir um emprego que o mantenha pelo tempo necessário para se saber que você trabalha ali! Você precisa de uma carreira que lhe permita exercer sua grande capacidade de variação — uma atividade que permita a você e seu Gêmeo (seu próprio *alter ego*) varrerem os cantos empoeirados (simbólica e literalmente) e abrirem as janelas, para deixar entrar o ar fresco de novos pensamentos e ideias. Você estará bem quando puder empregar seu considerável charme e vívida imaginação — onde sua inteligência rápida e agilidade verbal tenham rédea solta. *Nunca* se permita ficar preso a um trabalho onde deverá marcar um relógio de ponto, pois se sentirá infeliz. Conheço um geminiano que orienta estudantes em uma universidade das 9 às 17 horas. A parte de orientação é excelente, porém ele se sente profundamente infeliz com a falta de *mudança* em seu trabalho. Contudo, ele está decidido a continuar lá por mais alguns anos, até colher dos benefícios da aposentadoria. (Ele tem Ascendente Câncer e a Lua no mesmo signo.) Por mais infeliz que esteja, nada fará para perder a segurança da aposentadoria. Ele deixará seu sempre presente Gêmeo sentado atrás da mesa, enquanto o outro Gêmeo começará a buscar alguma coisa nova e excitante para fazer em sua vida.

Virgem: Você trabalhará com amor em uma profissão que se harmonize com sua natureza mutável de TERRA. A terra se traduz por tudo que seja prático, estável, bem planejado e capaz de lhe proporcionar o que você vale. (Você insistirá neste último aspecto.) Entretanto, isto não significa que precise de atividades sufocantes e entediantes. Você necessita de uma chance para purificar a desordem à sua volta, usando seu pensamento perspicaz e seu refinado senso de discriminação. Você estará bem em qualquer atividade que favoreça seu pensamento calmo e suas maneiras brandas, porque *necessita* muito ser *necessitado* — mas que também lhe proporcione muitos períodos de tempo em que fique sozinho, longe dos ruídos atordoantes de pessoas conversando. Sua aptidão em ver erros, seu talento em localizar as falhas que outros deixam de perceber o tornam indispensável onde quer que realize o seu trabalho. Se trabalha por conta própria, digamos, como médico ou advogado, cometerá menos erros de julgamento do que outros nas mesmas profissões — e, no último caso, será um gênio para descobrir os deslizes nas informações do advogado da parte contrária. No primeiro caso, ninguém precisará consultar uma "segunda opinião médica" após o seu diagnóstico, pois você terá considerado cada detalhe de cada sintoma e efetuará todos os exames possíveis antes de dar um veredicto. Você jamais encontrará realização pessoal ou sucesso sendo um líder. É idealmente equipado para deixar outros liderarem, enquanto os ajuda a manter o leme na posição correta. Sua carreira será aquela em que a aptidão para descobrir erros seja um dom indisputável, uma vantagem — e não uma desvantagem — como quando o presidente nativo de Virgem Lyndon Johnson (que era um peixe fora d'água) anunciou alegremente que estava ajudando a resolver o problema de energia elétrica desligando ele mesmo todas as luzes da Casa Branca durante a noite. Presidentes deveriam pertencer a signos cardeais ou fixos, jamais mutáveis. John Kennedy foi uma das exceções à regra. Não obstante, liderou como um *comunicador* mutável, sem a menor dúvida.

Sagitário: Você trabalhará com amor em uma profissão que se harmonize com sua natureza Mutável de FOGO. O fogo se traduz por tudo que seja excitante, original, levemente perigoso ou desafiante tanto físico quanto mentalmente. Você precisa de uma ocupação na qual possa se expressar energicamente, e seu idealismo seja apreciado. Simplesmente, não consegue ficar em um só lugar. Precisa mudar de cenário pelo menos uma vez por ano, e você talvez até pense em se juntar a um circo, como forma de escapar à monotonia que o cerca. Há um ditado entre os astrólogos quanto aos Arqueiros Sagitarianos se aposentarem antes do primeiro emprego, um exagero que explica essa inquietude e necessidade de mudança. Certos Arqueiros saem de casa ainda aos 12 ou 14 anos para perseguir "o sonho impossível". Esperemos que você nunca concretize todos os seus sonhos impossíveis, porque então a vida deixaria de ter atrativos. O sagitariano será capaz de colocar um toque de magia (e o humor circense de um Emmet Kelly) em qualquer profissão que contenha certo grau de risco, desde o mercado de ações ao alpinismo. Seu campo é aquele que o desafia a se arriscar, a jogar na vitória certa do amanhã — onde possa contribuir com sua tríplice bagagem de otimismo, inspiração e idealismo, aí se incluindo, mas não se limitando a isso, esportes, religião (algo que sempre o intrigou) ou viagens espaciais — onde quer que possa lançar aquelas flechas da verdade. O ambiente do lugar em que vai bater ponto entre os períodos de férias deve ser alegre, expansivo, aberto e franco por completo, integrado por pessoas compatíveis. Você detesta os "sonsos", mas se for despedido por acusar seu chefe disso, não se preocupe, porque imediatamente encontrará outro emprego. Quem não desejaria um bem-humorado e encantador cavalo de corridas Centauro nas proximidades? Você é franco em excesso, e agora o ouço se queixar de que sinceridade nunca é demais. Depende do quão brutalmente sincero você seja. Compreenda, as pessoas são sensíveis. Um patrão (ou mesmo um colega) não gosta de ouvir alguém lhe dizer: "Poxa, você é de fato um sujeito atraente, apesar desse enorme calombo na quina do nariz. Não acredito que possam chamá-lo de 'nariz de camelo'." Vá com calma, certo?

Peixes: Você trabalhará com amor em uma profissão que se harmonize com sua natureza Mutável de ÁGUA. A água se traduz por tudo que se mova decididamente ao nosso redor, como acontece com a própria água, com suas muitas camadas e inúmeros níveis, e um tanto misteriosa e flexível. Você seria um incrível apaziguador no *New York Times* ou em uma loja de departamentos — um padre igualmente formidável no confessionário, um excelente psiquiatra, psicólogo ou conselheiro matrimonial.

Seja como for, as pessoas sempre lhe contarão seus problemas, de maneira que você poderá perfeitamente ser pago para ouvi-las, não sendo este um conceito materialista, apenas sensato — porque quem o procurar jamais deixará de ser amplamente beneficiado, e o que você receber geralmente não vai além do que o indivíduo pode desembolsar. Assim, será um dinheiro bem gasto. Com sua natureza, entretanto, é provável que esqueça ou deixe de mandar a conta por seus serviços, exigindo que você tenha um bom contador ou gerente comercial. Consideradas todas as coisas, você talvez se sinta melhor sem cobrar para ser um ouvinte, para ficar em paz com sua consciência, indo ganhar o pão de cada dia em algum campo que necessite urgentemente de sua percepção sensível e incomum aptidão para decifrar mistérios, incluindo uma área como a ciência. Einstein era pisciano, entenda. Ele levou a visão netuniana e avançados conceitos para a matemática, daí resultando a criação de toda uma nova e excitante dimensão de tempo e espaço. Os piscianos adoram nadar em águas artísticas e criativas, onde se sentem indiscutivelmente satisfeitos e à vontade. Contudo, mais nativos de Peixes deveriam mergulhar no oceano da ciência, onde o sexto sentido netuniano, um Terceiro Olho aberto e uma intuição inata são qualidades desesperadamente requeridas para que haja um longamente esperado e utópico casamento entre a ciência e o misticismo. Se estes relutantes parceiros não se casarem logo, a fim de que a tecnologia e a sabedoria esotérica se tornem Um, talvez seja tarde demais para o casamento — e então não haverá nenhum lugar disponível para a lua-de-mel, se entende o que quero dizer. Se você for um pisciano mediúnico, certamente entenderá.

Você sente pouca vontade de liderar qualquer desfile, a menos que seja um daqueles raros e mais agressivos Peixes do tipo "tubarão". Será mais feliz ao auxiliar os outros a encontrarem o caminho para a autodescoberta. Suas maneiras delicadas e humor sutil são uma vantagem em qualquer tipo de negócio. As oportunidades de êxito serão maiores quando escolher uma profissão em que possa desenvolver sua incomum aptidão para sonhar e concretizar esses sonhos. Qualquer atividade que lhe dê oportunidade de demonstrar sua rara tendência para ouvir e compreender e, ao mesmo tempo, alimentar sua imaginação proporcionará a autorrealização. Crianças e adultos perceberão de imediato que você se preocupa realmente com eles, e sua simples presença tem efeito curativo, quer você trabalhe com amor em um hospital ou em um viveiro de plantas. Porque as plantas também saberão que você as ama!

Não adianta fazer uma lista de profissões, carreiras e atividades específicas para cada signo solar, porque isto não importa. Poderá ser qualquer tipo de carreira ou emprego que você imagine, desde que seja o *tipo* de trabalho feito *dentro* da profissão que se harmonize com a sua natureza. Não faz a menor diferença se um signo Cardeal (Áries, Câncer, Libra e Capricórnio) for bombeiro ou trabalhar em uma agência de publicidade, desde que ele ou ela sejam o *chefe* dos bombeiros ou o presidente da agência (ou, pelo menos, estejam no comando de suas principais contas). Não faz a menor diferença se um signo Fixo (Touro, Leão, Escorpião e Aquário) estiver envolvido com uma floricultura ou produzindo laticínios, desde que ele ou ela sejam responsáveis pela organização da produção, bem como incumbidos da atividade. Não faz a menor diferença se um signo Mutável (Gêmeos, Virgem, Sagitário e Peixes) tiver como atividade profissional a escrita, a lei ou altos escalões do governo, desde que ele ou ela possam gastar as horas de trabalho *comunicando-se* com todos, mas não liderando ou sendo responsáveis pelo que está acontecendo. O mesmo virginiano, por exemplo, poderia ser um escritor excelente, necessitando de bem pouca editoração, mas sem jamais tentar dirigir uma editora. O virginiano que seria um meticuloso e bem-sucedido advogado seria infeliz como chefe ou presidente da Ordem dos Advogados. O presidente nativo de Virgem Lyndon Johnson, por exemplo, assim como recebeu tantos elogios por seu bom desempenho como líder do Senado (comunicando-se com outros senadores e funcionários do governo), recebeu inúmeras críticas por sua tentativa de dirigir o país. Siga o caminho natural de seu signo solar. Se você for de Leão, não há nada contra ser fazendeiro, mas certifique-se de que é o dono da fazenda e de que ela é *bem grande*!

☆ ☆ ☆

Como com qualquer outra pessoa, de tempos em tempos imagens vêm à sua mente, o que ocorre desde o ensino fundamental ou médio, lampejos de cenas quase reais. Cenas de si mesmo como senador, ator ou atriz, cientista, chefe de cozinha em um restaurante francês, colunista de jornal, advogado, juiz, professor, telefonista, secretário ou secretária, desenhista, padeiro ou fabricante de velas. Você considerou esses lampejos como "devaneios" ou "desejos". Os desejos são sonhos que temos quando acordados.

Os chamados "devaneios" são instigações de nosso superconsciente, não apenas "desejos" a serem brevemente saboreados e depois voluntariamente esquecidos. Tais imagens originam-se do sábio Anjo de nosso Eu Superior, que nos instiga repetidamente, enviando para a mente um retrato daquilo para o que nascemos, do que temos a fazer para chegar ao lugar que nos foi destinado no quebra-cabeça da Vida.

Alguém que estiver lendo isto talvez diga para si mesmo: "Sou *jovem* demais para perseguir tão altas ambições" ou "Sou *velho* demais para que me aconteça uma coisa assim". Tolice. Conforme aprenderá no capítulo deste livro sobre Imortalidade Física, a idade cronológica é uma total ilusão, feita apenas para *parecer* real por meio da falsa programação do subconsciente coletivo durante séculos. *O que* você faz não tem, em absoluto, qualquer relação com *quando* o faz.

George Bernard Shaw tinha 94 anos quando uma de suas peças foi produzida. Mozart tinha 7 anos quando foi publicada a sua primeira composição. Aos 20 anos, Mickey Mantle fez 23 *home runs** em seu primeiro ano completo como jogador das equipes principais. Golda Meir tinha 71 ao se tornar primeira-ministra de Israel — além de ser uma *mulher*! William Pitt II tinha apenas 24 anos quando se tornou primeiro-ministro da Grã-Bretanha. Ted Williams, aos 42, fez um *home run* em seu último jogo oficial como batedor de beisebol. Benjamin Franklin tornou-se colunista de jornal quando tinha 16 anos — e estruturador da Constituição dos Estados Unidos aos 81. Uma conhecida minha chamada Rachel planejara ser concertista de piano, mas mudou subitamente de objetivo, porque adorava cozinhar e fazer biscoitos para os amigos. Seus negócios hoje rendem 7 milhões de dólares por ano. Ela não achou que era muito jovem ou muito velha. Simplesmente seguiu os próprios devaneios com persistência.

Você diz que *tentou* seguir as imagens de seus devaneios, mas que elas têm sido uma orientação falsa em seu destino, porque insistentemente fracassa em concretizá-las? Diz que por isso ainda não pôde manifestar seu milagre pessoal? Esse não é motivo, apenas uma desculpa.

Era uma vez um jovem nascido de pais paupérrimos. Ele não pôde frequentar uma escola, de maneira que aprendeu sozinho. Sonhou ser advogado, mas ninguém o contrataria. Quando completou o serviço militar, decidiu empregar os conhecimentos de direito, adquiridos como autodidata, para entrar na política, e então candidatou-se a uma vaga no Senado. Foi derrotado pela maioria.

Assim, afastou-se temporariamente do direito e da política, tornado-se comerciante. Seu negócio foi à bancarrota e ele passou os 17 anos seguintes pagando dívidas contraídas e trabalhando em qualquer atividade que surgisse. No entanto, os devaneios continuaram a atordoá-lo.

Apaixonou-se, casou-se, lutou para sustentar a família e novamente se voltou para a política — como candidato ao Congresso. Foi eleito por estreita margem, mas quando concorreu a uma reeleição, foi humilhantemente derrotado.

Em seguida, tentou obter uma colocação no Departamento de Terras dos Estados Unidos, mas foi recusado. Parecia que era ridicularizado em todas as tentativas, em virtude do passado de pobreza, da falta de instrução e traquejo social. Ele manteve a cabeça erguida, ignorou o orgulho ferido e

*No beisebol, jogada que permite ao batedor completar o circuito das bases. (*N. da T.*)

decidiu se candidatar ao Senado dos Estados Unidos. Amigos e inimigos, inclusive os familiares, riam às suas costas. Foi novamente derrotado.

Posteriormente, foi indicado para vice-presidente, na convenção política de um grande partido. Na votação final, tornou a perder — para um político desconhecido. Concorrendo novamente ao Senado, lançou-se em uma campanha que penetrou na imaginação de toda uma nação, mas que apenas resultou em mais uma derrota.

Ainda assim, ele nunca deixou de seguir seus "devaneios". Não ficou ruminando os fracassos. Continuou, intensa e energicamente, a perseguir os ideais e princípios em que acreditava. Por fim, aos 50 anos, de coração magoado e assustado por repetidas derrotas, mas ainda fortemente apegado ao caminho que lhe tinha sido destinado na vida, Abraham Lincoln se tornou presidente dos Estados Unidos.

Ao final dos anos 1970 e começo da década de 1980, um estudante de Harvard chamado William Gates tomou a corajosa decisão de abandonar a universidade e seguir sua visão pessoal. Seu sonho era produzir *microchips* de computador mais poderosos, um *chip* que pudesse dizer ao computador o que fazer e como. Após desistir do futuro certo que seu diploma de Harvard lhe conferiria, ele se juntou a dois brilhantes jovens de grande genialidade e formou uma companhia, chamada Microsoft. A IBM arrendou a inovação de Gates para seus próprios computadores, e em 1986, cerca de três anos após ele enfrentar sua difícil decisão, a companhia que fundara já gerava vários milhões de dólares anualmente e suas cotas pessoais valiam $ 540 milhões. Ele seguiu seu sonho. Acreditou em sua visão. Os devaneios eram reais para ele. William Gates aceitou as lampejantes mensagens de seu Eu Superior, a verdadeira profecia de seu futuro. Você tem ouvido as suas?

Não rejeite seus devaneios, considerando-os pensamentos inofensivos e impotentes. Procure *ouvi-los* com seu interior. *Veja-os* com seu Terceiro Olho da sabedoria. "Que ouçam aqueles que têm ouvidos; que vejam aqueles que têm olhos." Siga seus "devaneios", enérgica, intensa e persistentemente — com coragem, mesmo que isto signifique um *temporário* sacrifício de sua segurança financeira. Seus "devaneios" são o mapa impresso para o êxito e a felicidade. Acredite neles. Acredite em si mesmo. Então, siga "a segunda estrela, a partir da direita... em linha reta até o amanhecer!".

☆ ☆ ☆

Existe uma mística envolvendo o dinheiro que a maioria das pessoas jamais percebe. Ele é mais do que apenas papel e moeda. Como meio de troca entre pessoas do mundo inteiro, possui um indisfarçável poder próprio, e quando o segredo desse poder é identificado e aplicado, ele se multiplica espantosamente por vários meios. Uma coisa é aprender o segredo do dinheiro, outra é usar o conhecimento deste segredo — frequentemente de difícil captação, por muitos motivos que iremos agora analisar, a fim de eliminá-los —, sendo este o único meio para você conquistar a verdadeira segurança e liberdade financeiras simultaneamente. Aqui vai um poema, expressando poeticamente o segredo do dinheiro. Em seguida, descobriremos seu lado prático.

☆ ☆ ☆

...e esta noite eu recordo

os borbulhantes momentos agridoces
em que um cansado estranho nos detém na rua
e nos pede uma nota, uma moeda,
um semelhante terreno, de rumo incerto por algum tempo.

sempre sorrimos, depois dando os perdidos cinco dólares
ou dez... ou vinte

embora estejamos quebrados,
sendo aqueles nossos últimos cinco... ou dez... ou vinte

então, quando ele fica chocado, como sempre acontece,
a gente explica, por cima do ombro:

"Ouça, se você quiser um pouco mais,
Dê metade disso para alguém,
Sem poupar para o dia de azar!
Porque azar rima com penar
...e dar com respirar!"

☆ ☆ ☆

O emprego do guia profissional astrológico que o conduzirá ao seu "trabalho de amor" é um conhecimento proveitoso, porém não podemos fugir ao fato de que tudo está ligado ao sucesso, àquilo que para a maioria das pessoas significa dinheiro ou segurança financeira — uma associação a que dificilmente escapamos em nossa sociedade atual. Ninguém será de muita ajuda, para si mesmo e para os outros, nos dias de hoje, se caminhar descalço por estradas de terra ou pregar e ensinar ao longo das praias. Até um saco de dormir e uma tigela de sopa para o necessitado exigem dinheiro. E existem ainda aquelas organizações dedicadas a salvar da aniquilação o planeta em que vivemos. Também para ser alcançado esse milagre é preciso dinheiro.

Pouca chance haverá para a sobrevivência, seja de indivíduos ou do planeta, se não nos unirmos todos com rapidez suficiente e detivermos os cataclismos iminentes, naturais e produzidos pelo homem. Como aconteceu um dia na Atlântida, chegamos novamente ao último momento, por uma infinidade de motivos, que vão da chuva ácida à insanidade da corrida armamentista nuclear. O possível *Götterdämmerung* agora está sendo medido em anos, não em séculos. Portanto, e já que o próprio Tempo se tornou o Grande Ditador, precisamos da energia verde do dinheiro para fazermos uma diferença no *tempo... neste* tempo, neste momento. Há dinheiro suficiente para isso, se for manejado de modo diferente, em vez de acumulado por poucos. Nada existe de negativo em se ter dinheiro, apenas no modo como é gasto ou usado por quem o possua. O movimento Greenpeace, por exemplo, precisa da energia verde do dinheiro para prosseguir em seus esforços tendo em vista a salvação das baleias, golfinhos e focas de um extermínio cruel e impiedosa extinção. Precisamos urgentemente de organizações como o Greenpeace, o Sierra Club e todos os dedicados grupos semelhantes a estes — e *eles* necessitam de *dinheiro*. Um pequeno, mas vigoroso poema, escrito por Robert A. Brewer, editor-consultor deste livro e biólogo marinho, expressa com perfeita clareza o que tento comunicar.

> onde estava você,
> quando as grandes baleias gritavam por misericórdia
> e os peixes desapareciam
>   de nossos rios e correntes envenenadas?

você escreveu uma carta?
cantou uma canção?
        ou limitou-se a ficar calado,
dizendo a si mesmo
        que sua carta não seria lida
e sua canção não seria ouvida?

onde estava você
quando a Terra começou a morrer?

☆☆☆

Em realidade, existem apenas três motivos pelos quais alguém trabalha:

(1) O motivo mais comum que leva alguém a trabalhar é a conquista do pão de cada dia, para suas necessidades básicas, fundamentais para a sobrevivência e a capacidade de continuar trabalhando, a fim de ganhar dinheiro suficiente para as necessidades básicas, para a pessoa poder continuar trabalhando e ganhar dinheiro para as... e assim por diante. É a chamada existência rotineira, muito bem denominada, aliás.

(2) Tornar-se imensamente rico — ou famoso. Seja qual for o objetivo — o primeiro, o segundo ou ambos —, tais pessoas incluem-se na mesma categoria.

(3) O caso em que um indivíduo não permite se esquecer de quem realmente é, algo que certamente ocorrerá se não puder executar a tarefa que desempenha, porque o trabalho é para ele uma obsessão, um sonho que o consome — e não age assim para ganhar o pão de cada dia, mas porque isso lhe proporciona "flores para a alma". Ele agiria dessa maneira mesmo sem receber qualquer pagamento; faria isso porque *não* pode deixar de fazê-lo. Em poucas palavras, ele simplesmente adora o que faz. Sua ocupação é trabalhar com amor. Portanto, com toda a segurança, alcançará uma realização interior, sucesso visível — e se for legitimamente dedicado ao sonho, ganhará também montanhas de dinheiro, por uma Lei Universal.

(4) Aqui situam-se os raros que herdam dinheiro e que, de fato, não trabalham em coisa alguma, mas contratam pessoas com a incumbência de impedir que sua herança desapareça e para garantir que a riqueza aumente por meio de investimentos. Mal vale a pena considerar tais criaturas, uma vez que existem tão poucas. Os filhos de opulentos construtores de impérios dificilmente herdam, junto com o dinheiro, a impulsionadora ambição dos pais (ou a obsessão por um sonho). Ocasionalmente, um neto herda a tendência, mas...

Evidentemente, torna-se necessário algum milagre gigantesco para transformar ou converter todas as pessoas entediadas, melancólicas e frustradas do Grupo 1 — e todas as tensas e hiperativas criaturas do Grupo 2 — nas felizardas do Grupo 3. Concorda? Claro que não ia ser fácil, uma vez que os Grupos 1 e 2 possuem a mesma cegueira para a realidade da Mística do Dinheiro.

Você imagina que todos fariam um intenso esforço para se tornar parte do Grupo 3? Seria lógico. Entretanto, nem sempre é o que acontece. Compreenda, as pessoas do Grupo 2 acham que não precisam se juntar ao Grupo 3 por julgarem já possuir a fórmula do sucesso, embora estejam gravemente enganadas. As pessoas igualmente desencaminhadas do Grupo 1 não têm certeza *daquilo* que querem, e, ainda que tenham, a necessidade de sobrevivência ganha prioridade, porque, individualmente, o emprego ideal, para elas, nem sempre surge nos classificados durante a mesma semana em que vence o aluguel. Assim começa a interminável existência rotineira. E como, infelizmente, os humanos são criaturas de hábitos, bem...

A Lei Universal relacionada ao dinheiro é misteriosamente contraditória. Não ligue para todos esses livros que lhe ensinam como adquiri-lo. Pouco importa qual a fórmula aconselhada neles, *não será trabalhando arduamente que você fará dinheiro.*

As imensas fortunas da América (e a mesma regra se aplica a outros países) sempre foram e sempre serão construídas sobre o alicerce enganosamente frágil de um sonho, por homens que trabalharam com amor e estavam obcecados por uma ideia. Quando acrescentaram a letra "L", de amor*, a ideia*, esta se tornou um *ideal* que, inevitável e miraculosamente, produziu benefíci-

*Em inglês, *love* e *idea*, respectivamente. (*N. da T.*)

os para o mundo, ao mesmo tempo em que produzia um fluxo interminável de dinheiro. *Mulheres* obcecadas por uma ideia-ideal que resultou na transformação do mundo e acúmulo de fortuna? A nenhuma delas isso foi permitido, mas o seu momento se aproxima rapidamente, porque "os sonhos das mulheres são feitos de matéria mais rija em breve, serão manifestados". (Acho que seria correto plagiar uma linha de meus próprios poemas, não é?)

Consideremos a grande fortuna acumulada por pessoas do Grupo 3, como Frank W. Woolworth, Andrew Carnegie, George Westinghouse, o Henry Ford "original" e John D. Rockefeller — e Howard Hughes. (Refiro-me ao Hughes Júnior, *não* ao mais velho. Este último pertenceu ao Grupo 2 — e pouco importam as coisas negativas que você ouviu dizer sobre o anterior. Noventa por cento do que dizem são mentiras e distorções deliberadas.)

Tais fortunas incalculáveis foram feitas por homens que pouco estavam ligando para ganhar dinheiro. Sua única preocupação era o sonho, a ideia transmutada em ideal ao adicionar amor ao que faziam. Então, o dinheiro materializou-se em quantidades espantosas e sempre crescentes, sob o que a ciência da metafísica chama de Lei Universal da Atração Magnética — e a primeira regra desta lei é trabalhar com amor —, para insistir em seus devaneios até que eles o levem ao trabalho com amor.

São bem raros os indivíduos pertencentes ao Grupo 2 que, tendo o dinheiro como única meta, tiveram êxito em alcançar permanentemente o objetivo de acumular fortuna. A maioria fracassa estrondosamente, sem jamais se aproximar do sonho de ser rei Midas e ter o respectivo ouro. A maior parte dos que temporariamente *parecem* vitoriosos não conseguiram manter sua fortuna. Como esta não lhes dá uma felicidade legítima, é inevitável que a depressão interior os leve a algum movimento errado que, com o tempo, resultará na perda da riqueza, em vários sentidos.

Aqueles muito raros que não deixam de acumular dinheiro e que não passam pelo infortúnio de perder a riqueza terminam como criaturas patéticas, tomadas por abjeta infelicidade, parecendo e comportando-se como (vai aqui um único exemplo) o "pobre" J. Paul Getty, que, apesar de sua imensa fortuna, recusou-se a pagar o resgate pela vida do neto até que os raptores lhe enviaram a orelha do jovem pelo correio. Terminar como esses poucos indivíduos que se apegam ao dinheiro (mas não podem levá-lo consigo quando morrem) dificilmente seria o desejo de qualquer pessoa saudável que percebesse o futuro certo de semelhante avareza. O personagem Scrooge, de Charles Dickens, foi mais do que um ser fictício a ser lembrado na época natalina. Ele é um protótipo das pessoas do Grupo 2 em cada sociedade, talvez algo exagerado em sua representação, mas bastante real.

Quando a Mística do Dinheiro é ignorada, seja por ambição ou ignorância da Lei, o dinheiro ganho vai diminuindo aos poucos ou fica acumulado, em nível de estagnação, dentro do espírito daquele que o guarda, produzindo todas as angústias que acompanham o *medo da perda*.

"Ó, vós de pouca fé! Por que tanto vos preocupais com vossas riquezas?", gritou Francisco de Assis no Vaticano, dirigindo-se aos bispos e cardeais cobertos de jóias, que enrubesceram de vergonha e transbordaram de fúria por aquele monge maltrapilho e descalço ousar criticar seus "superiores religiosos".

Quanto a Francisco de Assis, lembremo-nos de que alguns se lançam em um trabalho com amor sem acumular montanhas de dinheiro. Entretanto, isto não é uma negação das Leis da Mística do Dinheiro. Acontece por escolha pessoal, porque estes raros descobrem ao longo do caminho, sem que seja sua intenção, algo de igual importância para eles individualmente: que uma modesta segurança financeira permite se recolherem da loucura da sociedade periodicamente, a fim de comungarem com a Natureza. Ao mesmo tempo, essa parca segurança financeira também permite que dediquem muito de seu tempo ao alívio do sofrimento daqueles que ainda vivem nas trevas da ignorância, isto é, são monges, assistentes sociais e professores voluntários, que gostam do que fazem. (Atualmente, a maioria dos professores recebe salários ínfimos, portanto, *tem* de se classificar nesta categoria — ou abandonar a profissão.)

A Lei Universal que diz respeito ao dinheiro é simples, como simples são todas as grandes verdades — isto é, o Preceito Áureo do Nazareno e a Oração de Gettysburg, de Lincoln. Infelizmente, *simplicidade* é justamente a qualidade que tanto dificulta o domínio da sabedoria antiga pelos humanos. Estou falando de humanos adultos. As crianças sabem captá-la rapidamente e de forma natural, até que o poder de sua inocência seja aos poucos diluído e por fim destruído pelo processo do crescimento, por meio do constante condicionamento e programação de suas mentes com mentiras ditas pelos adultos (que um dia também foram crianças). Um círculo vicioso.

De fato, a Mística do Dinheiro é tão simples que você precisará se esforçar muito para segui-la e praticar suas regras, experimentando muito sofrimento mental e emocional durante o processo — até por fim escapar à garra mortífera do *medo da perda* e vencê-lo. Para que se torne um alegre membro da fraternidade da Mística do Dinheiro, você precisará, como em tudo mais, pagar suas dívidas.

A primeira regra é descobrir que tipo de emprego irá permitir-lhe trabalhar com amor, desta forma passando para o Grupo 3. A segunda regra é doar. Uma vez seguida a primeira regra, você logo estará ganhando dinheiro muito além do necessário para suprir suas necessidades básicas. Após ter saldado suas dívidas e cuidado do essencial para viver (que inclui também férias, descanso, viagem e "flores para a alma"), dê *metade* do que sobrou de seus ganhos por meio do trabalho com amor. Solte o dinheiro. Repito: *solte-o.*

METADE?! Posso sentir seu espanto. Ouço-o nas vozes e o vejo nas faces de cada um que estiver lendo... sinto em suas mentes. Exato, *metade*. Não houve nenhum erro tipográfico. Apenas... *doar*? Isso mesmo, apenas doar. Depois que houver gastado livremente na compra de suas razoáveis exigências para a felicidade pessoal, o que pode incluir um chalé no País de Gales, no que me diz respeito. Desde que não se concentre em acumular dinheiro e investir, a fim de que "dinheiro faça dinheiro" (o que é contra a Lei Universal), pouco importa que o dê ou gaste — ele continuará a aumentar. A parte doada — em oposição ao ato de gastá-lo livremente — é uma injeção vital para a continuação do fluxo e exigida pela Lei do Carma para a felicidade pessoal, a recompensa da iluminação espiritual.

Como já falei, a Lei é tão absolutamente *simples* que você terá grande dificuldade para (1) compreendê-la, (2) acreditar nela e (3) praticá-la.

Depois que você, aberta e livremente (não cautelosa e temerosamente), experimentá-la *uma vez*, não precisará mais de palavras convincentes, porque então esta Lei admirável começará a fazer efeito. Dentro de um curto período (que pode variar, dependendo de vários fatores), o dinheiro que você doou de forma "louca", "ingênua" e "extravagante" não apenas retornará às suas mãos, como retornará em doses aumentadas, frequentemente triplicadas ou quadruplicadas... de uma forma e de uma fonte completamente inesperadas.

Jamais *empreste* dinheiro. *Dê*. Ele voltará, e sempre multiplicado, mas (e isto é importante) não necessariamente ou sempre da mesma fonte que o recebeu — raramente da pessoa a quem o deu. Ele retornará do próprio Universo, que é sincronizado às consonâncias da Lei de Doar.

A Mística do Dinheiro pode provocar alguns estremecimentos em corretores de ações, banqueiros e companhias de seguro, mas não há necessidade disso. Desaparecido o choque inicial, os corretores perceberão que investimentos em novas companhias e corporações talvez não satisfaçam os requisitos espirituais exigidos pelo ato de doar, mas que satisfazem ao requisito da Mística do Dinheiro sobre a *circulação* da energia verde no Universo. O que eles fizerem com seus fundos pessoais pode então seguir a lei da circulação, junto à vitalizante Lei de Doar. No tocante às companhias de seguro e vendedores, eles poderão acalmar seus temores se souberem que o seguro razoável de famílias e pessoas que estão muito doentes para trabalhar certamente é aceitável. As grandes fortunas em seguros é que infringem as leis da Mística do Dinheiro, fazendo com que parentes desejem a morte da pessoa segurada, brigando descaradamente entre si... e muitas vezes cheguem ao assassinato.

Banqueiros? Eles não precisam se preocupar demais. O que perderem nos juros de contas de poupança desnecessariamente gordas será mais do que compensado pelo fluxo crescente de novas contas correntes, que é o resultado do gastar e doar. Os banqueiros têm todas as suas apostas cobertas! O que quero dizer ao falar na harmonia da Lei de Doar? A Natureza inteira doa livremente, do contrário não teríamos campos, flores ou frutos. Nem árvores. Sintonizar-se com este Doar todo-abrangente, que retorna multiplicado, é tornar-se uno com a própria Natureza. A macieira não diz: "Darei apenas aos merecedores." Tampouco o diz a vaca mansa, de olhos castanhos, em relação a seu leite. Porque, se não desse livremente, a macieira morreria; o leite da vaca (como o dinheiro acumulado) secaria, e ela adoeceria. O Sol também é um Doador — de luz e calor — brilhando da mesma forma para o bom e o mau, com a mesma energia doadora de vida. Na existência, tudo depende da doação para existir.

O segredo da Mística do Dinheiro é que a energia verde do dinheiro viajava em um círculo magnético. Deixe que o dinheiro se vá, e ele seguirá esse círculo invisível de pura e poderosa energia, retornando infalivelmente a você, multiplicado, fluindo por você e refluindo em sua trilha circular (como o mistério do bumerangue) — para tornar a voltar. Mais e mais, continuamente, sem fim. Você então se tornará o centro dessa energia, o catalisador de seu fluxo — e ele nunca cessará de voltar às suas mãos, cada vez em maior quantidade. O pão lançado às águas retornará, como ensinou o carpinteiro, incluindo o pão de cada dia que você ganhou ao trabalhar com amor. Ele só cessará quando você também parar de doar. Então, acontecerá um curto-circuito no círculo mágico. Lembre-se, a Lei opera sob o princípio da energia eletromagnética, muito semelhante à corrente alternada de Nikola Tesla. Não permita que uma soma temporariamente pequena o impeça de dar. Se tiver apenas 20 dólares, gaste ou solte — circule — dez dólares. A palavra-chave é que sua pequena quantia será *temporária*.

É difícil desfazer-se subitamente do dinheiro e descobrir o milagre de como, em resultado, literalmente obterá riqueza. Desde a infância, você foi condicionado e programado para ser "frugal, cauteloso e econômico — para ser prático e apegar-se ao seu dinheiro". Em consequência, será natural achar que é uma asneira absoluta o que escrevo aqui. Contudo, espero que pense o contrário. Talvez ache que o conselho de "desfazer-se" — doar — ou mesmo gastar (conforme apontei, o Universo não quer saber, desde que você lance esse dinheiro, de alguma forma, novamente ao mundo) seja uma maneira ridícula de obter dinheiro. Se alguém lhe dissesse — quando possui apenas 400 dólares, digamos, e portanto não tem o suficiente para comprar ou mesmo alugar a casa dos seus sonhos — para gastar 200 desses 400 dólares na compra de um abajur especial, edredom ou poltrona para a casa, a fim de *garantir* que logo estaria morando nela, você talvez respondesse: "Como poderei *ter* dinheiro, se jogar fora ou gastar o pouco que possuo? Não faz sentido. É ser extravagante!"

Pense o que quiser. Como falei, tenho certeza de que estará convencido da verdade da Mística do Dinheiro tão logo a experimente. Posso apenas dizer-lhe, por experiência própria, que a lei da Mística do Dinheiro jamais falhou comigo. Entretanto, falo apenas por mim mesma. Se você ainda sofre a tensão do medo da perda, por que não *experimenta*? Converse com seu próprio eu. Ficará surpreso ante o que acontece com o você-de-você.

Eu desejaria fazer todos compreenderem o quanto é excitante nos sincronizarmos com a harmonia do Universo que pulsa à nossa volta — uma sintonia por meio da doação. Há um alucinante senso de euforia quando nos sentimos libertos das correntes que nos prendem ao papel verde denominado dinheiro — quando por fim compreendemos que a maneira mais segura e rápida de *consegui-lo* é *doando-o*. Isto é LIBERDADE! É uma percepção arrebatadora e súbita — um *saber* — de que não mais estamos atados à desesperada necessidade de temer e adorar o dinheiro. Você ficará agradavelmente surpreso ao perceber, por fim, que aquilo é apenas papel! Aliás, um papel sujo e amarrotado. Como uma embalagem de chiclete que se joga fora. Não há maneira possível de expressar tal sentimento em palavras. Você precisa arriscar e sentir a pontada de dor inicial ao doá-lo, e experimentar por si mesmo. Siga a lei da Mística do Dinheiro e veja o que acontece com você, com o "eu" que imaginava conhecer.

Pessoas muito ricas, como os Rockefeller, os Ford, os Kennedy, e assim por diante, sempre doaram e, no entanto, seu acúmulo de dinheiro nunca cessou. Claro que, para a maioria, o motivo tem estado relacionado com a eliminação de impostos incobráveis sobre as sociedades de capital. Entretanto, aí está uma das coisas mais estranhas sobre a Mística do Dinheiro. Suas leis não se preocupam com o motivo, desde que tenha sido posto em movimento o círculo de energia magnética — bastando para isto a circulação da energia verde, de volta ao Universo de onde veio. O motivo para dar importa, é claro, ao progresso do coração e do espírito. Entretanto, o motivo não afeta a ação de bumerangue da rota circular e retorno multiplicado do dinheiro. Talvez a Lei não seja afetada pelo motivo porque o próprio ato de deixar o dinheiro circular, em si, cria uma energia tão intensa que neutraliza todos os motivos, voltando-se para o bem. Compete a você usá-la ou não para penetrar o mistério do dinheiro. O livre-arbítrio é um dom precioso.

A alquimia astrológica que permite à humanidade dar o grande salto para o Grupo 3 está explicada. Quando descobrir qual trabalho você realizará com amor, em pouco tempo passará a acumular suficiente energia verde para iniciar seu próprio círculo mágico de doar. Entretanto, ninguém pode forçá-lo à iluminação, nem eu nem ninguém mais. O tempo para o conhecimento/crescimento é individual, ditado por seu próprio Eu Superior. Este é sempre o melhor caminho. Julgue por si mesmo. Isso intensifica a intuição e a faz crescer.

Um Mantra para a Mística do Dinheiro

Estive arruinado, mas nunca fui pobre. Estar arruinado é uma condição temporária. Ser pobre é um estado de espírito.

— Mike Todd

☆☆☆

2

UMA MAÇÃ POR DIA

Um guia astrológico e numerológico
de saúde, incluindo o vegetarianismo...
e outros problemas atuais, com suas
soluções esotéricas, holísticas

UMA MAÇÃ POR DIA

...mantém o médico ausente

...o mais persistente fragmento de memória
de quando comecei a falar
é a lembrança... após aprender a andar,
de todos temendo que a pneumonia
me pegasse, por ficar na chuva

antes disso, eu engatinhava para a chuva, em estado de graça

e eles sempre avisando...
"seguramente, irá pegar pneumonia"

mas falavam acentuando o "p" e dobrando o "e"
para me fazerem rir
e durante anos, foi como falei... pee-nee-mo-nia

"seguramente, irá pegar pee-nee-mo-nia"
eu estalava o dedo e contava a minhas bonecas

AQUELA GAROTINHA e suas bonecas eram as vítimas de uma epidemia altamente contagiosa: o medo do médico. Com absoluta veracidade, a astrologia ensina (dando um exemplo) que se o nascimento não estiver associado a nenhum mau aspecto ligado ao Ascendente e/ou à 6ª Casa (da saúde) em Peixes ou Gêmeos — e não houver planetas afligidos por algo maléfico em Peixes e Gêmeos (Gêmeos rege os pulmões, com Peixes associado pela cruz mutável de partes correlatas do corpo) —, de maneira alguma você será vítima da "pee-nee-mo-nia" ou mesmo da pneumonia. Pouco importando se a frase anterior soe como grego para o leigo em astrologia, você pode crer nisto como verdade absoluta, sem exceções.

Não havendo qualquer mau aspecto em Gêmeos-Peixes no Mapa Natal, você poderá dormir uma noite na chuva ou ser apanhado por uma tempestade de neve, pois não terá pneumonia. Da mesma forma, se não houver em seu Mapa Natal qualquer aspecto desfavorável envolvendo Peixes-Gêmeos (e isto deixará a Sociedade Americana de Câncer roxa de raiva), *quaisquer* que forem os seus aspectos ao nascer, você não terá câncer de pulmão, mesmo que alguém fume ao seu lado ou haja várias pessoas fumando no mesmo aposento (o último horrendo alerta provém dos deuses de jaleco da SAC). A única maneira de ser afetado como "fumante passivo" será achar desagradável o cheiro do tabaco. Alguns acham, outros não. Pessoalmente, acho ofensivo o cheiro do álcool, mas isto certamente não irá fazer com que eu me torne alcoólatra. A exposição dos pulmões ao monóxido de carbono emitido por carros e ônibus, incluindo a poluição industrial, é prejudicial a todos nós, porém se uma pessoa acende um cigarro em uma mesa próxima, isso não quer dizer que você *terá* câncer de pulmão. O fato de tanta gente acreditar em alegação tão ridícula e infundada como essa é um exemplo de como se torna fácil hipnotizar ou programar o cérebro humano com mentiras repetidas de qualquer espécie.

Evidentemente, é verdade que o fumo não beneficia seus pulmões ou quaisquer outros órgãos que podem ser os elos fracos em sua cadeia orgânica — e não fumar ou fumar com moderação cigarros com baixo teor de alcatrão, sem inalar, é a melhor escolha para sua saúde geral —, mas não haverá câncer de pulmão presumindo-se um Mapa Natal como o antes mencionado. Mesmo sem isso, você não será afetado de maneira alguma por um fumante no mesmo aposento, assim como não seria afetado (embora pudesse ficar mais ou menos ofendido) pelo cheiro dos vapores do álcool ou, se for vegetariano, pelo cheiro da preparação de carne nas proximidades.

Cada profissão tem suas falhas — e sua ovelha negra. A profissão médica não é exceção, embora os criadores de sua imagem desejassem que acreditássemos o contrário. Como a esposa de César, a medicina moderna tem estado "acima de críticas" há meio século ou mais.

Nem sempre foi assim. O pêndulo oscila. Durante a época da Guerra Civil e pela virada do século, a credibilidade das profissões médicas era questionável, para se dizer o mínimo. Os médicos inseriam enormes anúncios em jornais e pregavam vistosos pôsteres (que você talvez já tenha visto reproduzidos no papel de parede das salas de descanso de certos restaurantes) oferecendo panaceias médicas que, segundo alegavam, curavam simultaneamente seu dedo do pé machucado e dores crônicas nas costas, sangramentos nasais e prisão de ventre, faziam uma cabeleira luxuriante brotar de uma cabeça calva, eliminavam urticária e comichões, mau hálito e roncos noturnos — *além* de resolverem problemas conjugais. Deve-se admitir que se um elixir fizesse tudo isso, sem dúvida tornaria substancialmente mais feliz o casamento de qualquer um!

Os pacientes eram "sangrados" por sanguessugas tipo Drácula, as quais eram presas à pele a fim de remover impurezas do organismo. Quando um solitário e dedicado médico, Dr. Ignaz Semmelweis, ousou sugerir (e provou) que menos mulheres morreriam da infecção denominada "febre puerperal" se os médicos e parteiras atendentes simplesmente lavassem as mãos com uma solução de cloreto de cal antes de se entregarem ao seu trabalho durante um parto, imediatamente ele se tornou um pária na comunidade médica. A morte em um asilo de loucos foi a recompensa a ele conferida pelos colegas de profissão por sua admirável contribuição à vida.

Então, a AMA foi idealizada e nasceu (espero que por meio daqueles que antes lavaram as mãos) a poderosa Associação Médica Americana — com seus membros logo alinhados em espírito com a FDA (Administração de Drogas e Alimentos), em uma mútua missão de eliminar a prescrição de remédios falsos e limpar a péssima imagem que então a prática médica carregava, devido à livre ação de curandeiros e dos alquimistas farmacêuticos. Foram estabelecidas escolas de medicina com rígidos padrões acadêmicos, impostas altas normas éticas... e abracadabra! A sujeira desapareceu, substituída por higiênicos dogmas e práticas médicas, posteriormente glamorizados pelos esterilizados laboratórios e salas de cirurgia em cromado no recém-emergente e excitante campo da pesquisa médica. Lenta, mas seguramente, a medicina alcançou um status praticamente de religião, sustentada por congregações de pacientes reverenciando seus sumos sacerdotes de jalecos brancos, os quais não suportavam a menor crítica sobre si mesmos ou sua profissão e, de fato, exigiam uma espécie de respeito que beirava a idolatria. Quem ousaria contradizer alguém que iniciasse uma conversa com: "Bem, meu *médico* me disse que..."? Bem poucos.

Agora, o pêndulo está oscilando em uma nova e diferente direção. Ainda existem aqueles médicos sinceros, genuinamente dedicados à sua profissão de curar. Entretanto, os processos por imperícia e negligência médica estão aumentando firmemente, são relatos nos meios de comunicação, e o público em geral aos poucos vai percebendo que o médico de família das pinturas de Norman Rockwell, o clínico carinhosamente lembrado, teve o destino do dinossauro. Hoje vivemos na era dos especialistas.

Os profissionais da classe médica que curam fraturas, substituem membros amputados em acidentes, reparam rostos feridos e desfigurados, tratam de queimaduras graves, removem balas e órgãos perigosamente enfermos ou com rupturas e fazem corações bater novamente, após haverem parado, merecem o nosso respeito, nosso apoio e, inclusive, nossa afeição.

Ainda existem, aqui e ali, profissionais e compassivos médicos que produzem milagres de curas, como os Drs. James Huperich e Raymond Wong, do Centro Médico Presbiteriano de Hollywood, um paraíso que cura, onde encontramos pessoas dedicadas como Carmen Sosa, sob a esclarecida orientação de uma equipe hospitalar que conta com pessoas do porte de Sy Schneider. Menciono apenas membros da equipe médica com quem tive experiência pessoal, embora existam muitos outros, sem dúvida. A vida de meu filho Michael foi literalmente salva por eles neste centro médico em particular. Não obstante, a cada ano fica inegavelmente mais difícil localizar um médico sinceramente dedicado.

Todos estamos bem a par das muitas mortes e deformidades causadas por profissionais médicos e farmacêuticos para que nos sintamos à vontade e nos ajoelhemos diante dos sumos-sacerdotes da medicina com o mesmo grau de respeito que eles esperavam de nós no passado.

Em consequência, um crescente número de pessoas está se voltando para a homeopatia e a medicina holística, uma revolução semeada pela popularidade de livros sobre o "profeta adormecido", Edgar Cayce, e que mais tarde prosperou devido ao movimento de volta à Natureza dos anos 1960, o qual não se perdeu no esquecimento, mas conquista novos apóstolos a cada ano que passa.

Não queremos perder nossos bons médicos e não queremos que o oscilante pêndulo da História nos leve de volta aos elixires e sanguessugas do século XIX. Queremos um meio-termo feliz, se possível — uma mudança na direção da medicina capaz de nos dar o que ela sempre prometeu e nunca cumpriu: boa saúde permanente, com prioridade para a prática da prevenção e não para o diagnóstico e tratamento, como acontece com a homeopatia e a astrologia médica. (Nós nem mesmo teríamos a atual aprovação parcial da acupuntura pela profissão médica se o ex-presidente Richard Nixon não houvesse adoecido ao visitar a China e ficasse convencido de sua eficácia.)

Não, nós não queremos oscilar de volta às práticas médicas do século XIX, mas oscilar para um período ainda anterior, como a China antiga, talvez não fosse má ideia.

Na China da antiguidade havia três tipos de médicos. Os da primeira espécie apenas curavam a doença e, dos três tipos, eram os inferiores. A segunda espécie incluía os peritos em diagnosticar uma doença, não somente após ela ter se manifestado, mas pouco *antes* do seu surgimento. Tal profissional situava-se em um alto posto da escala médica. O mais especializado, mais venerável e mais respeitado era o médico que mantinha seus pacientes tão saudáveis que eles nunca apresentavam qualquer forma de enfermidade, antes de mais nada um ideal taoísta. Este "sistema de castas" médico tinha sua lógica.

A questão ia mais longe ainda. Um médico da China antiga (oh, atrasem o relógio!) só recebia pagamento quando seus doentes ficavam bons, depois que os curava — e, em alguns distritos, o médico se via na estrita obrigação de fazer compensações ou restituições financeiras, caso o paciente piorasse ou continuasse doente sob seus cuidados. Então, considerava-se que, se ele não mantinha os pacientes saudáveis, era inteiramente responsável pelas doenças que apresentassem.

A cada morte de paciente, era pendurada uma lanterna de determinado formato à porta do consultório do médico atendente. Assim, um médico com demasiadas lanternas penduradas à sua porta certamente não era muito requisitado. Os médicos que hoje se queixam do alto custo dos seguros originados pelos processos por imperícia deveriam ficar contentes por não estarem clinicando na China antiga, onde seus colegas eram responsabilizados por tudo (injustamente), sem que os pacientes fossem acusados por sua própria atitude mental, que contribuía para que a enfermidade permanecesse. Por que tudo deve se situar em um ou outro extremo? Um pouco de cada seria muito melhor, com médicos e pacientes assumindo *igual responsabilidade* pela boa saúde.

Se me permitem uma respeitosa sugestão à profissão médica, os clínicos e cirurgiões muito se beneficiariam se dessem mais atenção ao pai-fundador de sua profissão — Hipócrates —, que baseou seu conhecimento na astrologia. Cada médico, ao receber seu diploma em qualquer que seja a especialidade, antes de assumir o autoritário papel de nos ditar ordens sobre nossos corpos (certamente um precioso bem, de posse privativa), faz o "Juramento de Hipócrates". Assim sendo, seria demais pedir que a sabedoria do conselho deste pai-fundador fosse respeitada e seguida na prática da medicina?

Consideremos algo dessa sabedoria de Hipócrates. Ele anotou em seus diários que "Aquele que pratica a medicina sem o benefício do movimento das estrelas e planetas é um tolo". Nada de circunlóquios ou frases ininteligíveis aqui. (Mais ou menos como a conhecida frase que diz: "Aquele que representa a si mesmo em um tribunal de justiça tem um tolo por advogado.") Hipócrates ainda registrou firmemente este aviso: "Não toque com ferro aquela parte do corpo regida pelo signo em que a Lua estiver transitando."

Este conselho talvez requeira certa interpretação para os militantes na arte de curar, pois eles ignoraram por tanto tempo a sabedoria astrológica de seu pai-fundador, que não possuem a menor pista para a tradução de suas palavras.

O significado é este: Não se deve efetuar uma cirurgia com uma faca (ferro) na parte do corpo do paciente que esteja regida pelo (associada com o) signo astrológico através do qual a Lua esteja passando no momento. A Lua permanece aproximadamente dois dias e meio em cada signo, uma informação que pode ser facilmente obtida em uma Efeméride, calculada por astrônomos.

Segundo Hipócrates, e repetidamente provado em cirurgia, a desobediência a esta lei resultará inevitavelmente em uma das três consequências em qualquer intervenção cirúrgica feita no período errado: (1) complicações, incluindo-se infecção; (2) cura e recuperação lenta e dolorosa; e (3) morte. O último dos três resultados possíveis da desobediência à lei escuda-se na tão comum e conhecida explicação médica: "A operação foi um sucesso, mas o paciente faleceu." Nesse caso, a morte pode ser resultado de causas variadas, incluindo o anestésico administrado. Os resultados das duas primeiras complicações são muitíssimo mais frequentes, sendo raro o resultado da terceira. Não obstante, a observância do aviso de Hipócrates é, claramente, a decisão mais sábia.

Alguns exemplos: quando a Lua está em Touro, regendo o pescoço e a garganta, não deve ser efetuada uma amigdalectomia. Quando a Lua está passando através de Escorpião, regente dos órgãos reprodutores, uma cirurgia de próstata ou uma histerectomia (remoção das trompas, ovários ou útero) estariam fora de questão. Com a Lua transitando em Capricórnio ou Áries, o primeiro regendo os dentes e ossos, o último regendo a cabeça em geral, não deveria ser efetuada nenhuma cirurgia dental ou qualquer outra relacionada aos ossos ou a alguma parte da cabeça. E assim por diante. Mais além, neste capítulo, há uma lista das várias partes do corpo regidas pelos doze signos respectivos.

Pessoalmente, nunca aceito conselho algum sem antes investigar sua validade, e isso inclui o conselho astrológico de Hipócrates. Tampouco deixo de acreditar neste conselho, enquanto não o checar em um grau satisfatório. Investiguei o aviso de Hipócrates no tocante a esta particular lei e descobri que, em todas as vezes, era válido. Darei aqui apenas alguns exemplos, entre os muitos que verifiquei.

Jeff Chandler, astro de cinema dos anos 1950, foi hospitalizado para uma cirurgia na coluna, devido a um deslocamento de disco. Tratava-se de um procedimento cirúrgico relativamente simples, requerendo apenas alguns dias de internação. Ele faleceu na mesa de operações, devido a "causas desconhecidas". Nesse dia, a Lua transitava pelo signo de Leão, regente do coração, das costas e da coluna.

Bertha Todd, primeira esposa do produtor de *A volta ao mundo em 80 dias*, Michael Todd, mais tarde casado com Elizabeth Taylor, cortou o dedo em um vidro quebrado. No dia seguinte, resolveu ir ao pronto-socorro de um hospital de Los Angeles, onde o interno de plantão fecharia o corte com uma sutura, algo inteiramente corriqueiro. A caminho do hospital, Bertha e seu advogado pararam para um café, em uma loja de conveniências em Beverly Hills. Quando chegaram ao pronto-socorro, Bertha receou que as suturas pudessem ser dolorosas, de modo que solicitou um anestésico. Deram-lhe dois, mas não fizeram efeito. O terceiro aliviou-a de todas as dores. Ela faleceu em poucos minutos. Nesse dia, a Lua transitava pelo signo de Gêmeos, regente dos ombros, braços, mãos e dedos. Com Bertha Todd e Jeff Chandler, "as operações foram um sucesso, mas o paciente morreu".

Uma amiga íntima, residente em Pittsburgh, por sugestão de seu médico enviou os dois filhos ao hospital, para extraírem as amígdalas simultaneamente. Um deles apresentava uma séria inflamação das amígdalas, o caso do outro era menos grave. Na época, não faz muito tempo, os médicos aconselhavam este tipo de cirurgia por atacado (sendo que apenas recentemente se mostraram contrários a isso). Quem tivesse quatro filhos, podia perfeitamente enfiar os quatro em camisolões verdes e arrancar-lhes as amígdalas ao mesmo tempo. Os que podiam dispensar a cirurgia no momento "sem a menor dúvida precisariam dela eventualmente". Somente mais tarde os médicos decidiram que as amígdalas têm uma tarefa a desempenhar no organismo e jamais devem ser removidas, exceto em casos de total necessidade. Naquela época, entretanto, era aconselhada a amigdalectomia por atacado. Era mais eficiente e prático. Havia ainda a vantagem de uma diminuição nos honorários do cirurgião pela remoção múltipla, em oposição ao custo de uma única amigdalectomia.

No dia em que as duas crianças foram hospitalizadas, a Lua passava pelo signo de Touro, que, como já mencionei, é regente do pescoço e da garganta. Uma das crianças apresentou séria infecção, como complicação da cirurgia, passando muito mal por algum tempo, mas por fim reagindo ao tratamento com antibióticos. A outra criança, uma menina, teve uma longa recuperação — cinco semanas internadas —, período em que foi descoberto ter permanecido uma parte da amígdala, que precisou ser removida em uma segunda intervenção.

A comunidade médica admite abertamente que pelo menos cinco por cento das mortes em hospitais são classificadas como "inexplicáveis". Poderia o conselho astrológico de Hipócrates explicá-las? Eles jamais saberão, a menos que façam uma tentativa para descobrir. Os médicos não precisam saltar subitamente para a prática da sabedoria de Hipócrates, tornando-se astrólogos. Seria esperar demais. Entretanto, um mínimo das obrigações no Juramento de Hipócrates seria uma observação cuidadosamente controlada dos históricos dos pacientes e de operações cirúrgicas atuais, para uma checagem dos resultados. Tudo de que precisam é uma Efeméride ou Almanaque — e algumas breves palavras explicativas de qualquer astrólogo competente.

Uma vez que a Lua, como já disse, permanece em um determinado signo por somente dois dias e meio, uma operação *necessária* (muitas delas não o são) não precisaria ser adiada por um longo período por aqueles que respeitam Hipócrates. Se a profissão médica não protege seus pacientes, estes talvez possam se proteger programando as operações a que serão submetidos e fornecendo ao médico alguma justificativa plausível como: "Se não tirar minhas férias esta semana, não poderei tirá-las pelo resto do ano. Gostaria que adiasse a cirurgia por apenas três dias, doutor." Ou: "É mais conveniente para mim — e minha família — ser operado na próxima sexta-feira, em vez de terça." Tudo que um paciente precisa para vencer o sistema é uma desculpa criativa, uma Efeméride ou Almanaque — mais um salutar respeito pelo próprio corpo, a percepção de que cada um deve decidir o que será feito consigo mesmo. Não seria prudente pedir uma reprogramação da cirurgia com a justificativa: "Compreenda, doutor, meu astrólogo disse que..." A comunidade médica ainda não está tão iluminada assim. Um dia talvez esteja.

Presumindo que você tenha sorte e encontre um médico pelo menos parcialmente compreensivo quanto à sua recusa por uma determinada data para a cirurgia, ele ou ela talvez queiram saber os seus motivos. Aqui vai o fundamento que sustenta o conselho de Hipócrates: "Não toque com ferro aquela parte do corpo regida pelo signo em que a Lua estiver transitando."

Até mesmo os cientistas mais céticos admitem e percebem hoje que a Lua controla as marés, bem como o período de abertura e fechamento das ostras. Qualquer chefe de polícia poderá lhe contar que o departamento receia as noites de lua cheia, porque elas produzem uma forte "maré" de atividade criminosa, enchendo os fichários policiais com o dobro ou o triplo de crimes, em comparação com outras ocasiões. A Lua também controla os ciclos menstruais mensais das mulheres.

Ora, se é fato reconhecido que a Lua tem o poder de movimentar todas as grandes massas líquidas dos oceanos da Terra, e sendo um fato igualmente reconhecido que mais de 85 por cento do corpo humano consistem em líquido, a Lua controla seu corpo e emoções a um nível que a maioria das pessoas nem imagina.

A cirurgia interrompe os ainda não descobertos *fluxos de maré* do organismo pelo processo antinatural de abri-lo e permitir a entrada do ar. Em resultado, aquelas partes do corpo regidas pelo signo astrológico em que a Lua estiver transitando no momento são especialmente sensíveis e vulneráveis. Isto explicaria o conselho de Hipócrates com clareza suficiente, inclusive para a mente fechada da maioria da classe médica, e com maior clareza ainda para um médico ou cirurgião de mente aberta.

A medicina sempre tratou a enfermidade que o paciente apresenta. A astrologia médica e a homeopatia tratam o paciente que apresenta a enfermidade — e aí temos uma vasta, vital diferença. Seu Mapa Natal individual (Natividade ou Horóscopo) indica, no momento em que respirou pela primeira vez nesta Terra, os elos fracos nas reações em cadeia de seu corpo. Daí por que a astrologia médica é mais preocupada com o *diagnóstico* e *prevenção* da doença do que com o tratamento. Se, ao nascimento, for sabido que a Natividade de um bebê indica uma forte predisposição ao diabetes, por exemplo, os pais poderão controlar a dieta deste pequenino ser humano com antecedência bastante para evitar que esse futuro adulto venha a apresentar a moléstia. "Um grama de prevenção vale um quilo de cura" é um provérbio verdadeiro.

Lembremo-nos de que os astros influenciam, mas não compelem. Traduzido, isto significa que sua Natividade ou Horóscopo aponta quais enfermidades e acidentes seu corpo está *inclinado* a sofrer. Se você tomar as medidas preventivas adequadas, estes avisos astrológicos natais terão cumprido seu objetivo. Então, você *não* ficará doente na maneira indicada pelo Horóscopo sobre a *inclinação* do corpo. Entretanto, caso *não* tome tais medidas preventivas (por ignorar avisos de sua Natividade), seu corpo se sentirá inclinado a responder às "atrações" eletromagnéticas, e o que antes não passava de apenas possibilidade, acabará se tornando realidade.

Nada existe de fatalista na astrologia. No comportamento dos humanos é que reside a responsabilidade por tragédias preditas — na recusa desses humanos em aceitar os conselhos e avisos de seu mapa de nascimento ou a orientação astrológica que evitaria a ocorrência de *todos* os eventos negativos previstos no Horóscopo, não apenas a saúde envolvida.

A astrologia médica proporciona à profissão médica (se estes profissionais simplesmente a aceitassem e reconhecessem) a verdadeira causa original do colapso de certos órgãos em cada organismo individual. A própria doença física, sem uma só exceção, é o resultado da causa inicial de certas atitudes mentais e emocionais. Como exemplos, a semente emocional que causa a artrite é o ressentimento, amargura e frustração que uma pessoa represa dentro de si — sem expressá-los abertamente. Seja franco, diga o que você sente — ou arranje um saco de couro para treinamento de pugilista.

As enfermidades e ataques cardíacos são causados: (a) pela ânsia solitária, decorrente de não ser amado, (b) pela incapacidade de dar ou retribuir amor ou (c) pela incapacidade de amar a si mesmo. A emoção do amor e o órgão humano do coração são inseparáveis.

A raiva é mortal e rápida em seu efeito. Quando você fica realmente violento e furioso com alguém ou alguma coisa — estou falando de uma fúria devastadora, seja ou não justificada, se foi guardada dentro de si ou expelida —, essa fúria gera bílis, e o acúmulo da bílis provocada pela raiva raramente consome mais que alguns meses, por vezes apenas semanas. O resultado? Uma lancinante dor na vesícula e o surgimento de cálculos biliares. O perdão é tanto prático quanto espiritual, visto que não fortalece apenas a alma, mas mantém o corpo saudável. Este é um preço alto demais para se pagar pela raiva. Se você já sentiu dor na vesícula, ou se já teve cálculos, pergunte a si mesmo com quem ou com o quê estava furiosamente irritado algumas semanas ou poucos meses antes do ataque. Não lhe custará muito lembrar. A recordação da raiva, forte o bastante para gerar bílis (suprimidas ou exprimidas), permanece com você algum tempo. Pense bem nisso. Ficará surpreso e também aprenderá uma lição importante sobre a fúria descontrolada. Ela afeta igualmente o baço. Por que acha que o termo "bilioso" descreve uma pessoa irascível, de mau gênio?

Seu Mapa Natal revela, infalivelmente, não apenas sua suscetibilidade a certas doenças e acidentes, os órgãos que compõem os elos fracos nas reações em cadeia de seu organismo, mas também as atitudes mentais e emocionais responsáveis pela atração do acidente ou infecção por partes específicas de seu corpo. Além disso, o Mapa Natal contém o conhecimento da *ocasião* da enfermidade e possível acidente, indicando *quando* você estará mais vulnerável a um ou outro, de modo a poder preveni-los ou desviá-los por meio de uma mudança antecipada em seu comportamento mental e/ou emocional, apontado como a causa iniciadora.

Se o acidente ou a doença já aconteceram, a Natividade indicará que atitudes mentais ou emocionais devem ser modificadas a fim de que seja invertido o progresso da doença ou promovida uma cura mais rápida das partes do corpo afetadas. Por vezes, seu próprio instinto causa uma inversão e acontece o que os doutores chamam de "remissão espontânea", o termo médico empregado quando não é encontrada nenhuma causa aparente para a recuperação. A astrologia analisa acuradamente o caráter, a personalidade, os recursos e as debilidades físicas, e muito mais — porém é igualmente proveitosa como dispositivo de cronometragem.

☆☆☆

Nunca esqueça que você *é* aquilo que *come* e aquilo que *pensa*. O alimento introduzido no organismo é que, gradualmente... lenta, mas seguramente... forma seus padrões de pensamento. E seus pensamentos, sejam conscientes ou subconscientes, têm o controle absoluto da saúde de seu organismo ou da falta dela.

Uma maçã por dia, conforme diz o velho provérbio, pode muito bem manter o médico a distância, porque fruta é o alimento mais benéfico ao bem-estar de seu corpo. É bom tornar-se vegetariano, porém o objetivo definitivo será tornar-se um "frugívoro"... e até mesmo parcialmente "respiratoriano" extraindo do próprio ar que respira todas as necessidades do organismo (presumindo-se que atualmente encontremos algum ar livre de poluição — exceto em lugares como Cripple Creek, no Colorado, 3 mil metros acima do nível do mar, com ar puro e limpo). A pessoa que se empenha em ter uma saúde perfeita e permanente passa aos poucos a ser um frugívoro em tempo integral e respirador de meio expediente, agora não mais precisando matar para sustentar a vida. A denominada cadeia alimentar (destruição da vida para manter a vida) não é tão inocente e nem um padrão da Natureza, como você foi programado para acreditar — nem tão necessário como lhe foi ensinado.

A conquista desse bem-estar definitivo não pode ser feita da noite para o dia. São precisos pelo menos 15 anos — e uma mudança de atitude ou padrões de pensamento. A decisão repentina de se tornar um vegetariano, por exemplo, após comer carne durante muitos anos, pode chocar o organismo e produzir doenças sérias, como acontece com tanta frequência, fazendo as pessoas crerem, enganosamente, que o vegetarianismo "faz mal".

Antes de começar a se tornar vegetariano, é necessário que a pessoa deseje sê-lo pelos motivos corretos. O primeiro deles é uma compaixão legítima por nossos irmãos animais. Pouparíamos muito tempo se eu citasse aqui uma entrevista, no *New York Times*, com um rancheiro inculto — talvez sentindo as sensações iniciais da compaixão —, ainda não esclarecido quanto à real crueldade do matadouro e criação de gado.

Na entrevista, o rancheiro discutia sobre suas vacas com o repórter. Ele falava sobre como são criados os bezerros, em termos de despesas, lucros e perdas; quanto se gasta para que seus corpos mortos, bem como os de bois e vacas (fígado, hambúrguer, bife e rosbife), permitam que alguém possa se sustentar como rancheiro. Tudo quanto ele dizia na entrevista aplicava-se igualmente a leitões e porcos (costeletas de porco, mocotós, presunto e bacon).

— É curioso — disse o rancheiro ao repórter —, mas a gente quase fica sentimental com as crias. Sabia que as vacas distinguem seu próprio bezerro em uma manada de mil ou mais? E então, quando os separamos nos currais de embarque, as mães ficam do lado de fora, junto à cerca, apenas mugindo e berrando, em sons que nunca ouvimos uma vaca emitir. É como se elas soubessem o que está acontecendo. Algumas vezes, ficam ali por uma semana ou mais, após o embarque das crias, sem comerem absolutamente nada. Algumas delas, com a garganta arranhada e inchada de tanto mugir, nem mesmo conseguem engolir. Chega um momento em que precisamos afastá-las dali para que não morram de fome. (Prejuízos maiores e nenhum lucro — não se pode admitir *isso*.)

Você aprendeu que seu organismo precisa de proteínas (carne), a fim de ficar saudável. Ensinaram-lhe um mito. Em linguagem clara, uma mentira — semelhante às sanguessugas do século XIX.

Pouco importa aquilo em que cresceu acreditando; decepar a cabeça de um peru ou galinha também produz dor e sofrimento.

Os peixes morrem mais lentamente, depois que suas bocas frágeis são dilaceradas pela farpa aguçada do anzol, ou, se apanhados em uma rede, saltitando em agonia, debatendo-se em busca de "ar" — a água, para eles. Os peixes são uma parte importante no equilíbrio da Natureza, desempenham funções vitais nadando em rios, correntes, lagos e mares, durante seu breve período de vida. E, por falar nisto, Jesus não era pescador. Em vez disto, magnetizou alguns de seus apóstolos para deixarem de matar a vida marinha, prometendo torná-los "pescadores de homens". Não há registro de que ele tenha comido carne de qualquer espécie.

Quanto aos peixes, nem todos são canibais, devorando uns aos outros. Muitos são vegetarianos, sobrevivendo com a ingestão de algas e outros tipos de vegetais que crescem no mar. As baleias comem toneladas de plâncton, que também fornece mais de 70 por cento do oxigênio consumido pelos humanos, mas estão desaparecendo rapidamente devido à poluição causada pelo homem.

Vale notar que a porcentagem de peixes carnívoros em relação aos vegetarianos aproxima-se da porcentagem atual de carnívoros humanos em relação aos vegetarianos. Existem outras reflexões significativas entre hábitos animais e humanos, sendo que os primeiros imitam os segundos, e não o contrário. Não tenho tempo, espaço ou vontade para aqui discutir com os evolucionistas, porém é esta a situação.

Os gorilas, por exemplo, são animais vegetarianos e muito gentis, como descobriu a especialista em primatas Diane Fossey, após observá-los de perto durante vários anos. O mesmo se pode dizer dos chimpanzés. Entretanto, quando um chimpanzé, tomado por um estado perverso de humor, mata espontânea e antinaturalmente um animal e se diverte em comê-lo (embora seu surpreso estômago possa deixá-lo doente), de imediato é glorificado pelos outros chimpanzés (embora permaneçam vegetarianos), temido, respeitado e tornado o macho dominante do grupo — até que outro chimpanzé macho imite seu capricho. Então, o novo assassino é que se torna o macho dominante. Um claro reflexo espelhado do comportamento humano.

Existem muitos exemplos no mundo dos peixes e animais provando que o aspecto carnívoro da "cadeia alimentar", tão venerado pelos biólogos, *não é uma necessidade para a sobrevivência saudável*. Animais da selva que comem a carne de outros animais? Ao contrário do que você aprendeu na escola sobre a teoria de Darwin, o homem ensinou os animais a serem carnívoros. Não havia sangue derramado no Éden quando esta Terra era um "Paraíso Terreno", muitos milhões de anos antes dos períodos atlantes, lemurianos e paleolíticos. Veremos mais a respeito no Capítulo 8. Se vacas e bezerros, cordeiros e ovelhas, macacos e gorilas, girafas e hipopótamos (mamães, papais e bebês) podem sobreviver em boa saúde como vegetarianos, não há motivos para que leões, tigres, leopardos e outros animais não possam fazer o mesmo, necessitando apenas de tempo suficiente para que seus órgãos digestivos sejam restaurados ao estado original.

Você já se perguntou por que a Igreja Católica aconselha seus seguidores a celebrarem a Quaresma abstendo-se de carne vermelha, como uma atitude reverente? Pergunte a qualquer jesuíta qual o motivo por trás desse edito de Roma e, no mínimo, ouvirá algo de um duplo sentido absolutamente fascinante.

Uma vez que tenho dado neste livro alguns beliscões críticos na Igreja Católica, ela merece um tapinha afetuoso nas antigas costas quando está correta. A posição assumida pela Igreja Romana em 1987 contra a inseminação artificial, mães de aluguel e bebês de proveta demonstra que, quanto a essas questões morais, a Igreja está vibrando em harmonia com a Lei Universal. A criação de uma nova vida sem a força energética eletromagnética positivo-negativa, trocada em uma união homem-mulher, constitui decidida desobediência à Lei da Natureza, por sua vez *também* à Lei de nossos Criadores, uma desobediência que poderá ter graves e imprevistas repercussões. Este não é o lugar para lidarmos com o assunto em profundidade — trata-se de uma discussão pertencente a futuros livros —, mas, nesse ínterim, alguém pode estabelecer uma rápida iluminação, a fim de que tais práticas espiritualmente perigosas possam ser detidas.

Da mesma forma acertada, a Igreja Romana se manifesta contrária à engenharia genética que nossos "cientistas loucos" vêm agora executando na flora e na fauna, certamente perturbando o equilíbrio da Natureza, pois causa grande sofrimento a animais indefesos.

Por vezes, os tratamentos oferecidos por uma classe médica específica fazem com que nos perguntemos se não estamos vivendo no que algum dia será considerado a "Idade Média da medicina". Uma amiga minha do Colorado adoeceu à vários anos, vitimada por um persistente vírus adquirido no Oriente. Ela ficou progressivamente mais debilitada e a dor espalhava-se por todo o seu corpo. Por algum tempo, ponderou sobre o tratamento homeopático recomendado por um médico holístico de quem eu lhe falara, mas finalmente decidiu-se por uma série de clínicas caras. Na última clínica, o médico prescreveu-lhe uma dieta de 30 dias, durante os quais ela nada mais comia além de *carne crua*. Senti uma mescla de profunda tristeza e intensa revolta quando minha amiga faleceu, meses depois. Passou-se algum tempo até que eu pudesse passar por um hospital sem sentir uma forte raiva.

Ar fresco, frutas e vegetais, além de bastante sono, são os requisitos para que o corpo se cure das doenças. E o que acontece quando você está em um hospital, a fim de ficar bom? As janelas são firmemente trancadas a chave, impedindo a passagem da menor brisa de ar puro, enquanto o paciente permanece ali, respirando o próprio monóxido de carbono insalubre de sua respiração.

A dieta hospitalar, com raras exceções, consiste de carne vermelha, mal cozida e sangrenta, frequentemente fria. O açúcar refinado é usado sem moderação, mesmo na salada de atum de inúmeros hospitais. Isto faz com que nos perguntemos se os nutricionistas se diplomaram em algum curso-relâmpago de uma cadeia de estabelecimentos de fast-food. Dormir? É difícil, se não impossível, dormir, para que o organismo inicie seu processo de cura, quando o paciente se vê periodicamente despertado para a tomada de temperatura (em horários de conveniência do hospital, não da sua) ou pelos alto-falantes instalados em cada aposento para a chamada de médicos ou enfermeiras, dispositivos estes que o despertam em sobressalto, fazendo o astral mergulhar de volta ao corpo com um espasmo.

☆☆☆

Mesmo que os sentimentos por nossos irmãos peixes, aves e demais animais alvoreçam dentro de seu coração e sua alma e que sua mente comece a perceber o dano imenso feito ao seu organismo por comer carnes traumatizadas de todas as espécies, você não pode se tornar vegetariano subitamente. Como falei antes, isso pode ser perigoso para o seu organismo já poluído. Como também mencionei anteriormente, são precisos 15 anos para completar o ciclo. Aqui está o caminho recomendado por um de meus Avatares pessoais, um praticante de Hatha Ioga. (O número de anos é importante, relacionado à numerologia, a questões espirituais e também às necessidades do corpo físico.)

O meio ideal para purificar o templo, que é seu corpo, da impureza de anos comendo carne animal é começar eliminando toda "carne vermelha" — assada, em bife, hambúrguer, carne de porco, presunto e bacon — por um *período de cinco anos*. Durante esses cinco anos, coma peixe e aves, vegetais e frutas, pães, cereais e alimentos derivados (ovos, leite, queijo). Um dia por semana, nesse período, introduza em seu organismo, como alimentação, apenas frutas e/ou sucos de frutas frescas. Isto permitirá que você se acostume gradualmente à fruta, evitando o resultado negativo do intestino apanhado de surpresa e reagindo com diarreia.

No decorrer de um *segundo* período de cinco anos, elimine o peixe, aves e ovos (ovos de galinha não fertilizados, naturalmente), mas continue ingerindo todo tipo de frutas e vegetais — pães, cereais e laticínios como leite e queijo. Novamente, escolha um dia na semana para consumir apenas frutas e/ou sucos de frutas no decorrer desse período.

No *terceiro* período de cinco anos, você estará pronto para eliminar todos os vegetais que crescem *debaixo* da terra — juntamente à carne vermelha, peixe, aves e ovos. Sua dieta agora consistirá apenas de vegetais que se desenvolvam *acima* do solo, frutas, pães, cereais, leite e queijo. Como aconteceu em cada um dos dois períodos anteriores, torne a selecionar um dia por semana a fim de consumir somente frutas e sucos de frutas.

Você então passou 15 anos preparando seu sistema físico para se sustentar apenas de frutas, agora eliminando *todos* os vegetais, *todos* os laticínios — e comendo pães e cereais somente quando deles necessitar. Você se tornou um frugívoro. Lembre-se de que uma dieta frugívora deve incluir grande quantidade de tomates e nozes de toda espécie, junto a outras frutas. Algumas pessoas alegam que a fruta foi o alimento colocado nesta Terra desde o começo, sendo o único "alimento" que o organismo requer. Entretanto, compreenda, a fruta não é simplesmente um alimento. Não faz parte da "cadeia alimentar", em sua definição usual. Essencialmente, a fruta é um *limpador* — um purificador do organismo. Seu organismo pode cuidar das próprias necessidades, envolvendo sangue, tecidos, etc. Não obstante, ele precisa do suprimento purificador da fruta. Conheço inúmeras pessoas (em sua maioria gurus) que são frugívoras puras, indivíduos espantosamente fortes e saudáveis. (Ainda não cheguei lá, estou apenas no segundo período de cinco anos.)

Quando você se torna um frugívoro, lenta e seguramente, as fezes e a urina não têm odor, e a pele é limpa, os olhos brilham, a mente fica mais alerta. O importante a recordar é que tornar-se vegetariano e frugívoro pode ser prejudicial à sua saúde, a menos que avance aos poucos, suavemente, percorrendo um período seguro de 15 anos de purificação. Então, você pode se tornar um "respirador", extraindo todas as necessidades de seu organismo de adequada respiração de ar puro e Prana (a energia de Força Vital) — e ocasional ou periodicamente comendo frutas, a fim de limpar as impurezas do organismo, na proporção de uma semana em cada mês.

Você talvez julgue ser impossível sobreviver apenas do ar respirado, mas isto pode ser feito, sob as condições adequadas. Uma mulher chamada Therese Neuman, da Bavária, cuidadosamente observada por vários médicos respeitáveis, viveu por 20 anos sem alimento — bebendo apenas água fresca e comendo uma única hóstia de comunhão por dia. Sua morte foi relacionada a um acidente, não causada por doença. Sabe-se que São Francisco de Assis jejuava frequentemente (sendo ele um respirador), 9030 a dias seguidos, sem resultados negativos para a saúde. Foi após esses longos períodos de jejum e respiração que seus monges o viram levitando. Infelizmente, tanto a água pura como o ar puro estão com suprimento escasso atualmente em nosso planeta, de modo que um respirador total talvez tenha de esperar até um milagre de inversão, na Era de Aquário. Até lá, tornar-se frugívoro já é um passo gigantesco para o benefício de corpo, mente e alma.

Todos esses caminhos para a boa saúde permanente — por favor, não se esqueça! — devem ser trilhados com cautela e bom senso. Existem alguns fanáticos em questão de saúde, verdadeiramente obcecados pelo conceito do vegetarianismo, que querem transformar os filhos recém-nascidos em vegetarianos logo na primeira alimentação. Isso é extremamente perigoso. O bebê herdou "os pecados da carne" de seus pais e ancestrais, e, tanto quanto um adulto, não suportaria uma súbita dieta vegetariana. O mesmo sistema de *três estágios* é seguro, mas com bebês e crianças, segundo meu Avatar iogue, deve evoluir na forma seguinte: dois períodos iniciais de *seis* anos e um período final de *sete* anos, adotando o mesmo regime alimentar dos três períodos de cinco anos para adultos, totalizando 19 anos de preparação, seja qual for a idade da criança ao ser iniciado o programa. Se a purificação começar desde o nascimento, então o bebê deverá ser alimentado diariamente com todos os tipos de laticínios, todos os vegetais, frutas, pão e cereais, *mais* peixe e aves — eliminando-se apenas a carne vermelha durante os primeiros seis anos, e assim por diante, até que no *segundo* período de seis anos adota-se o regime alimentar do segundo período de *cinco* anos para adultos, e no período final de *sete* anos as mesmas normas do período final de *cinco* anos para adultos.

As raças consumidoras de carne sempre foram belicosas e agressivas — no decorrer de toda a História —, ao passo que as raças não comedoras de carne foram passivas e pacíficas. Quanto a caçadas, sendo uma nativa de Áries, raramente entro em discussões com caçadores. Poderiam explodir demasiados fogos de artifício marcianos. A justificativa de muitos caçadores para o assassinato da vida selvagem — de que estão "eliminando o excesso populacional, do contrário não haveria alimento suficiente e os animais morreriam de qualquer maneira" — faz-me acreditar que seus padrões de pensamento estão quase unidos à ideia de que o assassinato é igualmente uma forma "prática e humana" para "eliminar" áreas superpovoadas da China e da Índia, juntamente com as favelas e guetos da América. Em nível mundial, a humanidade (aqui, parece apropriado o termo chauvinista) sempre considerou a guerra uma solução "ideal" para "eliminar" a população. A Natureza, em si, é plenamente capaz de resolver seus próprios problemas, sem precisar da "ajuda" do homem, aí compreendidos assassinatos e carnificinas. Mas um chefe *cherokee* tem um adesivo no para-choque, dizendo: "JUNTE-SE AO EXÉRCITO. CONHEÇA O MUNDO. VISITE LUGARES EXÓTICOS E ENCONTRE PESSOAS INTERESSANTES — DEPOIS, MATE-AS."

Pessoalmente, conheço vários caçadores que também são pessoas gentis, delicadas, generosas e realmente bondosas, possuindo apenas essa única cegueira. Não obstante, embora ame profunda e sinceramente o Colorado e minha cidade natal de Cripple Creek, planejo ir à Califórnia ou a Nova York durante a temporada de caça por lá.

Minha lenda *cherokee* favorita, que em realidade é uma história verídica, transmitida através de muitas gerações, fala de um índio vegetariano, chamado Pé-de-Neve, que não matava nenhuma criatura. Quando os alces na floresta perto de sua tenda envelheciam e sentiam a morte próxima, iam até Pé-de-Neve, ajoelhavam-se diante dele, fitavam-no por um longo e imóvel momento com seus suaves olhos castanhos... e então morriam. Era a maneira de oferecerem a ele seus corpos mortos, para serem usados na confecção de roupas que o protegeriam contra o frio e mocassins para os pés... em gratidão por Pé-de-Neve não os ter caçado, permitindo a ele e a sua família viverem em paz nas vastidões selvagens, por toda a vida que lhes cabia.

☆☆☆

A Era de Aquário trará novos milagres ao campo da medicina, surpreendentes segredos da Natureza para a cura e o bem-estar. Há centenas deles, porém mencionarei apenas um aqui: a magia da cenoura. No ano de 1985, John e Margaret Blamford, ela aproximando-se da "idade" cronológica ilusória de 40 anos, e ele aproximando-se da "idade" cronológica ilusória dos 50, estavam desesperados para ter o filho que com tanta ânsia desejavam. Os médicos haviam falado que Margaret era "velha demais" para ser mãe sem riscos, e que a contagem de espermatozoides de John era demasiado baixa para que ele se tornasse pai.

Com sua intuição de mulher e o inexplicável instinto feminino, Margaret pensou nos coelhos e seus espantosos padrões reprodutores. Sabia que todo coelho domesticado come cenouras e, então, colocou seu marido em uma dieta de cenouras durantes vários meses. Todos os dias, o homem faminto comia cenouras sob várias formas — raladas em saladas, cortadas em cubos, cozidas e cruas entre as refeições. Uma estrita dieta apenas de cenouras.

Magia! A receita dos coelhos funcionou como um encantamento, uma vez que o mastigador de cenouras John e sua esposa de inclinação esotérica Margaret, naturais de Trent, na Inglaterra, tornaram-se os orgulhosos pais de uma linda e saudável menininha. Margaret não era "biruta" — ela simplesmente se voltara para seu Eu Superior, e em sua mente consciente brotara um dos segredos da Mãe Natureza. Em seu livro *Why Us?*, o Dr. Andrew Stanway explica, nesse guia prático para casais sem filhos, que a cenoura contém um abundante suprimento de zinco, conhecido por vitalizar e aumentar a contagem de espermatozoides nos homens. Os coelhos e lebres não domesticados, que correm livremente pelas florestas, ingerem poucas cenouras — se é que consomem alguma — e nem de longe se reproduzem com a mesma frequência que os domesticados roedores de cenouras.

Após ouvirem que não havia esperança, os Blamford finalmente realizaram o seu sonho, imitando os coelhos. Entretanto, a astrobiologia poderia produzir o mesmo milagre para casais sem filhos por motivos outros que não a baixa contagem de espermatozoides, embora não a excluindo. A astrobiologia (ver o Posfácio) é igualmente tão confiável e proveitosa para casais que queiram conceber como para aqueles que a usam sob a forma de um confiável e seguro controle de natalidade. Conforme diz o velho provérbio, "todos os caminhos levam a Roma".

☆☆☆

Os cabelos talvez não estejam intimamente relacionados à saúde, mas não resisto à tentação de fornecer esta "dica" astrológica. Se seus cabelos são curtos (homem ou mulher) e você gostaria de mantê-los nesse comprimento sem tantas viagens ao barbeiro ou cabeleireiro, corte-os no ápice ou dia da lua *cheia*, em qualquer mês. Eles crescerão visivelmente mais devagar, dessa maneira precisando de cortes menos frequentes. Capricornianos, taurinos e virginianos, pensem no dinheiro que irão economizar!

Se você for uma mulher que cortou os cabelos e se arrependeu, estando impaciente para possuir longas tranças novamente, apare as pontas dos cabelos você mesma, *ainda que muito ligeiramente*, apenas pontinhas mínimas, no ápice da lua *nova*, e eles crescerão visivelmente muito mais depressa. Você precisará daquela Efeméride ou Almanaque astrológico por inúmeras razões! Um Almanaque astrológico é anual, podendo ser adquirido em livrarias ou bancas de jornais. No tocante à Efeméride, você precisará apenas da edição que abrange dez anos, não um século. É bem mais barata.

☆☆☆

Agora, daremos algumas normas astrológicas e numerológicas de imenso proveito para a sua saúde geral. Primeiro, o guia astrológico.

Ao ler o que se segue, lembre-se de que sua Natividade calculada individualmente e retificada (com a hora e minuto exatos de sua primeira respiração) contém seu quadro de saúde *completo* e *pessoal*, indicando todos os elos fortes e fracos das reações em cadeia de seu organismo. Estas indicações dos signos solares são apenas genéricas. Contudo, em cerca de oitenta por cento ou mais de casos, as áreas problemáticas estarão centralizadas nas partes do corpo regidas por seu signo solar. Nem sempre, mas geralmente. Apenas não acredite que esta seja a história completa. Para uma análise de saúde total, precisará de um Horóscopo cuidadosamente retificado e de uma competente pessoa treinada em astrologia médica, que o interpretará para você.

Não seria uma bênção se essa competente pessoa fosse um médico por profissão, que também houvesse estudado astrologia? Não seria simplesmente ideal? É muito reduzida a chance de você localizar tal homem, porque existem bem poucos e são tão raros quanto o pássaro dodó, mas a gente pode sonhar, não é mesmo? E os sonhos, não se esqueça, são o primeiro passo para que os desejos se tornem realidade.

☆ ☆ ☆

ASPECTOS DO CORPO REGIDOS PELOS SIGNOS SOLARES

♈	ÁRIES:	cabeça, face (exceto o nariz), hemisférios cerebrais
♉	TOURO:	pescoço, garganta, laringe, amígdala, artérias carótidas e veia jugular
♊	GÊMEOS:	ombros, braços, dedos, pulmões, timo e costelas superiores
♋	CÂNCER:	estômago, diafragma, seios e ducto torácico, sistema linfático
♌	LEÃO:	coração, aorta, costas e medula
♍	VIRGEM:	intestinos grosso e delgado, pâncreas
♎	LIBRA:	rins, equilíbrio e estabilidade — às vezes a pele, por associação
♏	ESCORPIÃO:	nariz, órgãos genitais, colo descendente, reto, sangue, uretra, às vezes as costas, por associação
♐	SAGITÁRIO:	quadris, coxas, fígado, veias, fêmur e região sacra (final da coluna)
♑	CAPRICÓRNIO:	dentes, ossos — as patelas e a pele
♒	AQUÁRIO:	pernas e tornozelos, veias varicosas e sistema circulatório
♓	PEIXES:	os pés e artelhos, *às vezes* pulmões e intestino, por associação — e, na verdade, todo o organismo, no tocante a "vazamentos" e drenagem de fluídos

O que a medicina chama de "partes simpáticas do corpo" vem diretamente das notações astrológicas de Hipócrates. As partes simpáticas do corpo significam que, quando sintomas particulares surgem em uma parte do corpo, seu médico examinará uma das outras três partes "simpáticas" para verificar onde o problema pode ter se iniciado. Você compreenderá isto sem dificuldade estudando o desenho das três cruzes astrológicas da página 105.

Repare que dois de cada quatro signos em cada cruz são *opostos* um ao outro (180° de distância entre si, no círculo do Horóscopo) — e que todos os quatro signos em cada cruz são *quadrados* um ao outro (90° de distância entre si, no círculo do Horóscopo). Veja a roda astrológica, desenhada na página 55. Ela define as partes simpáticas do corpo.

Voltemos agora à página 102 e estudemos as regências de cada parte do corpo pelos signos solares. Daremos aqui alguns exemplos de como isto funciona. Primeiro, a Cruz Cardeal. Examine-a outra vez. Depois, estude as partes do corpo que são regidas por cada um destes quatro signos cardeais.

Áries rege a cabeça, Libra rege os rins e a bexiga. Os sintomas de problemas com os rins e a bexiga de Libra frequentemente começam com fortes *dores de cabeça* (Áries). Câncer rege o estômago. Capricórnio rege a pele (entre outras coisas). Quando você coloca no estômago alimentos desarmônicos ou aos quais é alérgico (Câncer), sua *pele* apresenta urticária (Capricórnio). Uma *dor de dentes* (Capricórnio rege os dentes) faz com que seu rosto e cabeça doam (Áries). Áries e Capricórnio formam uma *quadratura* entre si, enquanto Áries e Libra formam uma *oposição* (são opostos).

Veja agora a Cruz Fixa. Examine-a novamente. Depois estude as partes do corpo regidas por estes quatros signos Fixos particulares.

Aquário rege as pernas. Leão rege o coração (entre outras coisas). Um dos primeiros sintomas de problema cardíaco é dor nas pernas (parte inferior). Leão e Aquário formam *oposição* (são opostos) um ao outro. Touro rege a garganta, pescoço e cordas vocais. Escorpião rege os órgãos sexuais (entre outras coisas). Quando um menino chega à puberdade (uma mudança sexual de Escorpião), suas cordas vocais (Touro) também sofrem uma mudança e a voz de menino se torna grave. Touro e Escorpião formam *oposição* (são opostos) um ao outro. Leão também rege a espinha. Um dos primeiros indícios de meningite *espinhal* é uma *garganta* dolorida (Touro).

Touro e Leão formam uma *quadratura* entre si. Da mesma forma, Leão e Escorpião formam *quadratura* um ao outro, na Cruz Fixa. Escorpião rege o cólon (entre outras coisas). Leão rege as costas e a coluna. Os sintomas de uma séria colite ou infecção do cólon com frequência são primeiro sentidos como dores na área inferior das costas.

Agora, passemos à Cruz Mutável. Olhe novamente para ela. Depois estude as partes do corpo regidas por estes quatro signos Mutáveis.

Peixes rege os pés. Gêmeos rege os pulmões (entre outras coisas). Se você caminhou na chuva durante horas e encharcou os *pés* (Peixes), poderá pegar uma gripe, que talvez leve à pneumonia (Gêmeos-pulmões). Como mencionei antes, isso depende das posições e aspectos planetários no Mapa Natal. Sagitário rege o fígado e forma *quadratura* com Virgem, regendo os intestinos. Os problemas de fígado manifestam-se primeiramente por meio de perturbações intestinais. E por aí vai. Estes são apenas alguns poucos exemplos sobre as partes simpáticas do corpo.

Passemos, agora, aos efeitos físicos dos *Elementos* a que pertence cada signo solar: Fogo, Terra, Ar e Água. (Se ainda não sabe, procure o seu signo solar no Capítulo 1, página 56.)

Signos de Fogo: Áries, o Carneiro — Leão — Sagitário, o Arqueiro

Os signos de Fogo são mais predispostos às enfermidades fulminantes, febres altas e doenças que atacam subitamente as partes do corpo regidas pelo particular signo solar do Elemento Fogo. Em geral, a capacidade de recuperação é forte e rápida. É raro Carneiros, Leões e Arqueiros sofrerem de moléstias crônicas ou prolongadas.

Signos de Terra: Touro — Virgem — Capricórnio, a Cabra

Os signos de Terra são mais predispostos a doenças físicas profundamente enraizadas, levando anos a se desenvolver e, com frequência, tornando-se crônicas por algum tempo. Também tendem à depressão emocional. A capacidade de recuperação para Touros, Virgens e Cabras é forte, mas geralmente lenta.

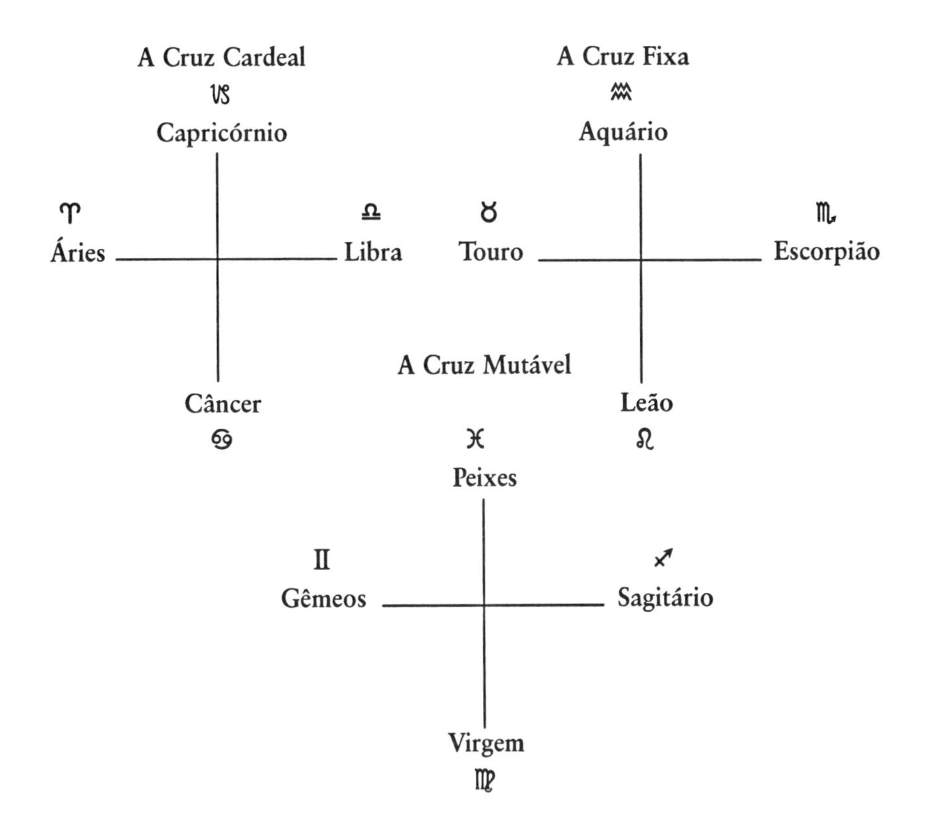

Signos de Ar: Gêmeos — Libra, a Balança — Aquário, o Aguadeiro

Os signos de Ar tendem a sofrer de estresse mental e perturbações psicológicas, colapsos nervosos, dificuldades respiratórias e problemas circulatórios. Os poderes de recuperação são imprevisíveis.

Signos de Água: Câncer, o Caranguejo — Escorpião, a Águia — Peixes

Os signos de Água são propensos a doenças peculiares, de difícil diagnóstico e natureza vaga. Também tendem à melancolia grave. A capacidade de recuperação é inteiramente autocontrolada, seja percebido ou não em nível consciente.

Lembre-se de que sua Natividade individualmente calculada e retificada (o momento exato da primeira respiração) contém sua análise de saúde *completa*, bem como *todos* os elos fortes e fracos nas reações em cadeia de seu organismo. As indicações anteriores sobre signos solares e elementos são apenas genéricas, embora, mais de 75 por cento das vezes, os problemas mais recorrentes e tipos de enfermidades ocorram nas partes do corpo regidas pelo signo solar e pertençam à natureza do Elemento do signo solar. Isto é apenas para você saber que aqui não está toda a história. Nesse meio tempo, a *combinação* destas indicações de signos solares e elementos com a análise numerológica do número simples de seu dia de nascimento, nas interpretações que se seguem, constituirá um guia muito proveitoso e surpreendentemente confiável, como poderá constatar.

☆ ☆ ☆

O verdadeiro sistema de numerologia é definido e explicado no Capítulo 5, sendo que aqui está apenas uma pequena amostra da magia dos números, visto que se relacionam apenas à sua saúde, envolvendo o seu *dia* de nascimento, enquanto o Capítulo 5 contém a explicação completa sobre os números de sua data de nascimento e as revelações numerológicas de seu nome.

Você é um número 1 se nasceu no dia 1º, 10, 19 ou 28 de qualquer mês.
Você é um número 2 se nasceu no dia 2, 11, 20 ou 29 de qualquer mês.
Você é um número 3 se nasceu no dia 3, 12, 21 ou 30 de qualquer mês.
Você é um número 4 se nasceu no dia 4, 13, 22 ou 31 de qualquer mês.
Você é um número 5 se nasceu no dia 5, 14 ou 23 de qualquer mês.
Você é um número 6 se nasceu no dia 6, 15 ou 24 de qualquer mês.
Você é um número 7 se nasceu no dia 7, 16 ou 25 de qualquer mês.
Você é um número 8 se nasceu no dia 8, 17 ou 26 de qualquer mês.
Você é um número 9 se nasceu no dia 9, 18 ou 27 de qualquer mês.

Número 1

As cores que se harmonizam com a vibração do número 1 são: todos os matizes de amarelo dourado ou ensolarado, laranja vivo e púrpura-real.

As pessoas número 1 perceberão uma sutil mudança benéfica em seu bem-estar geral e podem aumentar sua essência positiva usando topázio ou âmbar junto à pele.

A vibração 1 produz uma tendência a problemas cardíacos de alguma forma, como palpitações e circulação irregular — dores na parte inferior das costas, acidentes com a coluna, por vezes pressão alta e astigmatismo, motivo pelo qual deve fazer exames de vista frequentes. As debilidades físicas serão intensificadas por emoções negativas — e diluídas, inclusive evitadas, por emoções positivas, perdão e uma atitude bem-humorada. Às vezes podem emergir perturbações sexuais, como frigidez nas mulheres e impotência nos homens. Entretanto, serão problemas temporários e podem ser revertidos por meio do adequado controle mental. A pessoa número 1 pode atrair a doença, em vista de seu exagerado senso de orgulho e egoísmo. Quando aprender a ser mais tolerante, mais flexível, notará uma acentuada melhora na saúde em geral.

Outubro, novembro e dezembro de *cada ano* são os meses em que a maioria dos sintomas de saúde ruim — física ou mental —, doença ou acidente ataca a pessoa número 1, provocada por atitudes emocionais negativas, depressão, estresse ou excesso de trabalho. A pessoa número 1 deveria aprender a permanecer tranquila a cada ano, com a aproximação desses meses. Após algum tempo, a prática leva à perfeição, e tais pessoas conseguirão apaziguar ou mesmo eliminar a tendência a doenças ou acidentes nessas épocas. O exercício da serenidade deverá começar pelo menos um mês antes de cada um dos mencionados.

Os alimentos que uma pessoa número 1 deverá comer com frequência são: uva-passa, pão de cevada, cevada, laranja, limão e tâmaras. As principais ervas que favorecerão permanentemente a boa saúde da pessoa número 1 são: açafrão, camomila, eufrásia, erva-de-são-joão, cravo-da-índia, noz-moscada, azedas, borragem, raiz de genciana, lavanda, folhas de louro, tomilho, verbena moscada e mirra.

Quando essas ervas forem consumidas em forma líquida por uma pessoa nascida no dia 1º, 10, 19 ou 28 de qualquer mês e qualquer ano, atuarão como tônico e tranquilizador naturais. Poderá ser notada uma radical e rápida mudança quando tomadas três ou quatro colheres (chá) para alívio da ansiedade, tensão, depressão, raiva ou outras perturbações mentais ou emocionais. Uma colher (sopa) do líquido deverá ser tomada duas vezes por semana, regularmente, com doses maiores em caso de estresse ou tensão.

Número 2

As cores que se harmonizam com a vibração do número 2 são: verde-claro, amarelo-pálido, prata, violeta e lavanda.

As pessoas número 2 observam uma sutil e benéfica mudança em seu bem-estar geral e podem acentuar sua essência positiva ao usar esmeraldas, pérolas ou pedras lunares junto à pele.

A vibração 2 produz tendência a problemas estomacais e perturbações digestivas. As pessoas número 2 são suscetíveis ao envenenamento por ptomaína e devem se precaver quanto aos alimentos que ingerem e à água que bebem quando estão em outro país. Há possibilidade de perturbações gástricas e tumores (geralmente benignos). Os seios e o peito são áreas vulneráveis. A maioria das enfermidades das pessoas número 2 é do tipo demorado e crônico, em resultado da ansiedade. Quando aprenderem a amenizar sua ansiedade, a recuperação será muito mais rápida.

Janeiro, fevereiro e julho de *cada ano* são os meses em que as pessoas número 2 apresentam maiores sintomas de saúde ruim — mental ou física —, doença ou acidente, em decorrência de atitudes emocionais negativas, depressão, tensão, ansiedade ou excesso de trabalho. A pessoa número 2 deverá aprender a permanecer tranquila a cada ano, com a aproximação destes meses. Após algum tempo, a prática leva à perfeição, e tais pessoas conseguirão apaziguar ou mesmo eliminar a tendência a doenças ou acidentes nessas épocas do ano. A prática da serenidade deverá começar pelo menos um mês antes de cada um dos mencionados.

Os alimentos que uma pessoa número 2 deverá comer com frequência são: alface, repolho, nabo, pepino e melão. As principais ervas que auxiliarão em uma permanente boa saúde para a pessoa número 2 são: chicória, endívia, semente de colza, colza, erva-de-lua, linhaça, tanchagem-aquática e cinza de salgueiro.

Quando estas ervas forem consumidas em forma líquida por uma pessoa nascida no dia 2, 11, 20 ou 29 de qualquer mês e qualquer ano, elas atuarão como tônico e tranquilizador naturais. Poderá ser notada uma radical e rápida mudança se tomadas três ou quatro colheres (chá) para alívio da ansiedade, tensão, depressão, raiva ou outras perturbações mentais ou emocionais. Uma colher (sopa) do líquido deverá ser tomada duas vezes por semana, regularmente, com doses maiores em caso de estresse ou tensão.

Número 3

As cores que se harmonizam com a vibração do número 3 são: todos os tons outonais, como amarelo e laranja-queimado, ferrugem; e também turquesa e azul-celeste. As pessoas número 3 frequentemente partilham a preferência pelo púrpura com as pessoas número 1.

As pessoas número 3 observam uma sutil e benéfica mudança em seu bem-estar geral e podem acentuar sua essência positiva ao usar a pedra turquesa junto à pele.

A vibração 3 produz tendência a forte tensão do sistema nervoso, em geral provocada por excesso de trabalho ou falta de sono. Estas pessoas são propensas a sérios ataques de ciática e neurites, várias formas de problemas de pele — sendo ainda vulneráveis a acidentes envolvendo os quadris. Podem surgir problemas ligados ao fígado e dores nas coxas ou região dos quadris.

Dezembro, fevereiro, junho e setembro de *cada ano* são os meses em que as pessoas número 3 apresentam maiores sintomas de saúde ruim, mental ou física —, doença ou acidente, em decorrência de atitudes emocionais negativas, depressão, tensão, ansiedade ou excesso de trabalho. A pessoa número 3 deverá aprender a permanecer tranquila a cada ano, com a aproximação desses meses. Após algum tempo, a prática leva à perfeição, e tais pessoas conseguirão apaziguar ou mesmo eliminar a tendência a doenças ou acidentes nessas épocas do ano. A prática da serenidade deverá começar pelo menos um mês antes de cada um dos mencionados.

Os alimentos que uma pessoa número 3 deverá comer com frequência são: beterraba, arando, aspargo, cereja, uva-espim, morango, maçã, amora, pêssego, azeitona, ruibarbo, groselha, romã, endívia, abacaxi, uva, amêndoa, figo, avelã e trigo, bem como todo produto de trigo integral. As ervas que auxiliarão em uma permanente boa saúde para a pessoa número 3 são: borragem, dente-de-leão, pulmonária, salva, hortelã, açafrão, noz-moscada, cravo-da-índia, manjerona e erva-de-são-joão.

Quando estas ervas forem consumidas em forma líquida por uma pessoa nascida no dia 3, 12, 21 e 30 de qualquer mês e qualquer ano, atuarão como tônico e tranquilizante naturais. Poderá ser notada uma radical e rápida mudança se tomadas três ou quatro colheres (chá) para alívio de ansiedade, tensão, depressão, raiva ou outras perturbações mentais ou emocionais. Uma colher (sopa) do líquido deverá ser tomada duas vezes por semana, regularmente, com doses maiores em caso de estresse ou tensão.

Número 4

As cores que se harmonizam com a vibração do número 4 são: azul-elétrico e azul-colbalto, cinza-prateado e verde-mar.

As pessoas número 4 observam uma sutil e benéfica mudança em seu bem-estar geral e podem acentuar sua essência positiva usando junto à pele as pedras: safira, quartzo ou uma pedra contendo uma mescla de azurita e malaquita.

A vibração 4 produz tendência a indisposições misteriosas, de difícil diagnóstico, perturbações mentais, melancolia, anemia, circulação deficiente, dores de cabeça e nas costas, acidentes provenientes da eletricidade ou raios e machucados nas pernas. A pessoa número 4 receberá grandes benefícios em tratamentos elétricos de todo tipo, hipnose e sugestão mental. Devem se precaver firmemente contra a ingestão ou receita de remédios — e embora todos fossem mais saudáveis sendo vegetarianos, as pessoas número 4, em particular, ficarão cronicamente enfermas se não evitarem alimentos muito condimentados e todas as formas de carne vermelha. Suas debilidades físicas serão intensificadas por emoções negativas, e diluídas ou mesmo eliminadas por emoções positivas, um espírito calmo e paciência. Existe uma possibilidade de problemas ligados aos órgãos reprodutores, impotência ocasional nos homens e frigidez nas mulheres, mas esta última pode ser resolvida pela concentração mental e pela compreensão de que o problema é psicológico, não físico.

Janeiro, fevereiro, julho, agosto e setembro de *cada ano* são os meses em que as pessoas número 4 apresentam maiores sintomas de saúde ruim — mental ou física —, doença ou acidente, em decorrência de atitudes emocionais negativas, depressão, tensão ou excesso de trabalho. A pessoa número 4 deverá aprender a permanecer tranquila a cada ano com a aproximação desses meses. Após algum tempo, a prática leva à perfeição, e essas pessoas conseguirão apaziguar ou mesmo eliminar a tendência a doença ou acidentes nessas épocas do ano. A prática da serenidade deverá começar pelo menos um mês antes de cada um dos mencionados.

O alimento que uma pessoa número 4 deverá comer com frequência é o espinafre. As ervas que pagarão um prolongado tributo à permanente boa saúde para a pessoa número 4 são: salva, celidônia-menor, gualtéria, nêspera, musgo-da-islândia e selo-de-salomão.

Quando estas ervas forem consumidas em forma líquida por uma pessoa nascida no dia 4, 13, 22 ou 31 de qualquer mês e qualquer ano, atuarão como tônico e tranquilizante naturais. Poderá ser notada uma rápida e radical mudança se tomadas três ou quatro colheres (chá) para alívio da ansiedade, tensão, depressão, raiva ou outras perturbações mentais ou emocionais. Uma colher (sopa) do líquido deverá ser tomada duas vezes por semana, regularmente, com doses maiores em caso de estresse ou tensão.

Número 5

Assim como as pessoas número 5 podem em geral harmonizar-se com as nascidas sob quaisquer números, normalmente podem usar todas as cores, porém, as que melhor se harmonizam com a aura 5 são: cinza-pérola, verde-claro e prata. *Tais pessoas não devem usar cores escuras*, mesmo quando estas forem dadas como sendo as cores de seu signo solar.

As pessoas número 5 observam uma sutil e benéfica mudança em seu bem-estar geral e podem acentuar sua essência positiva usando águas-marinhas, platina ou prata junto à pele.

A vibração 5 produz a tendência ao desgaste mental e a um enfraquecimento energético que pode levar ao colapso nervoso. A pessoa número 5 vive demasiadamente em função dos nervos, podendo sofrer de insônia, coceira no rosto ou olhos e "dores fantasmas" nos ombros, braços e mãos. Mesmo sob leve pressão, podem ficar irritadiças e nervosas. Quando os eventos em torno delas forem demasiado tensos, devem apelar para as boas maneiras, tentando permanecer calmas e pacientes. O sono, o repouso e um ambiente tranquilo terão um visível efeito terapêutico.

Junho, setembro e dezembro de *cada ano* são os meses em que as pessoas número 5 apresentam maiores sintomas de saúde ruim — mental ou física —, doença ou acidente, em decorrência de atitudes emocionais negativas, depressão, tensão ou excesso de trabalho. A pessoa número 5 deverá aprender a permanecer tranquila a cada ano com a aproximação desses meses. Após algum tempo, essas pessoas conseguirão apaziguar enormemente ou mesmo eliminar a tendência à doença ou acidentes nessa época do ano. A prática da serenidade deverá começar pelo menos um mês antes de cada um dos mencionados.

Os alimentos que uma pessoa número 5 deverá comer com frequência são: cenoura, pastinaga, couve-marinha, aveia, pão de aveia, salsa e oleaginosas de todos os tipos, especialmente avelãs e nozes. As principais ervas que auxiliarão em uma permanente boa saúde para a pessoa número 5 são: manjericão, cogumelos, sementes de alcaravia e tomilho.

Quando estas ervas forem consumidas em forma líquida por uma pessoa nascida no dia 5, 14 ou 23 de qualquer mês e qualquer ano, atuarão como tônico e tranquilizante naturais. Poderá ser notada uma rápida e radical mudança se tomadas três ou quatro colheres (chá) para alívio da ansiedade, tensão, depressão, raiva ou outras perturbações mentais ou emocionais. Uma colher (sopa) do líquido deverá ser tomada duas vezes por semana, regularmente, com doses maiores em caso de estresse ou tensão.

Número 6

As cores que se harmonizam com a vibração do número 6 são: os tons pastel de cada cor, em especial rosa e azul — por vezes tons de terra, como chocolate e verde-escuro, porém, estas são secundárias em relação aos tons pastéis.

As pessoas número 6 observam uma sutil e benéfica mudança em seu bem-estar geral e podem acentuar sua essência positiva usando opalas junto à pele e, às vezes, cobre.

A vibração 6 produz uma tendência a infecções da garganta, nariz e parte superior dos pulmões — também no peito e na área dos seios. As mulheres influenciadas pelo 6 são propensas a problemas nos seios e, algumas vezes, à "febre láctea" por ocasião do parto. São comuns os problemas cardíacos brandos, que levam a uma circulação deficiente do sangue. A bexiga e os rins são vulneráveis, de maneira que as pessoas número 6 devem evitar alimentos açucarados. Como regra geral, essas pessoas possuem uma constituição forte e robusta quando vivem no campo ou fazem visitas frequentes a lugares onde tenham abundância de ar fresco e exercício. Vivendo na cidade, deverão se empenhar para ter fins de semana e férias constantes no campo.

Maio, outubro e novembro de *cada ano* são os meses em que as pessoas número 6 apresentam maiores sintomas de saúde ruim mental ou física —, doença ou acidente, em decorrência de atitudes emocionais negativas, depressão, tensão ou excesso de trabalho. A pessoa número 6 deverá aprender a permanecer tranquila a cada ano com a aproximação desses meses. Após algum tempo, a prática leva à perfeição, e essas pessoas conseguirão apaziguar ou mesmo eliminar a tendência a doença ou acidentes nessas épocas do ano. A prática da serenidade deverá começar pelo menos um mês antes de cada um dos mencionados.

Os alimentos que uma pessoa número 6 deverá comer com frequência são: todos os tipos de feijões, espinafre, pastinaga, melão, maçã, pêssego, abricó, figo, nozes e amêndoas — especialmente as amêndoas. As principais ervas que auxiliarão em uma permanente boa saúde para a pessoa número 6 são: hortelã, agripalma, romã, suco de avenca, samambaia, narciso, tomilho silvestre, musgo, violeta, verbena e folhas de rosa. Não é uma combinação adorável? Felizardas pessoas, as número 6!

Quando estas ervas forem consumidas em forma líquida por uma pessoa nascida no dia 6, 15 ou 24 de qualquer mês e qualquer ano, atuarão como tônico e tranquilizante naturais. Poderá ser notada uma rápida e radical mudança se tomadas três ou quatro colheres (chá) para alívio da ansiedade, tensão, depressão, raiva ou outras perturbações mentais ou emocionais. Uma colher (sopa) do líquido deverá ser tomada duas vezes por semana, regularmente, com doses maiores em caso de estresse ou tensão.

Número 7

As cores que se harmonizam com a vibração do número 7 são: verde-mar, amarelo-claro, água, rosa e branco. As pessoas deste número deveriam evitar o uso do preto *ou cores escuras*, mesmo quando forem as indicadas pelo signo solar.

As pessoas número 7 observam uma sutil e benéfica mudança em seu bem-estar geral e podem acentuar sua essência positiva usando uma ametista ou esmeralda junto à pele. Curiosamente, os nenúfares e a flor-de-lótus elevarão seu espírito quando o coração estiver triste, solitário ou saudoso.

O número 7 contém uma tendência à ansiedade. Estas pessoas são afetadas mais facilmente do que outras por preocupações, aborrecimentos e frustrações. Enquanto seus assuntos pessoais e comerciais estiverem indo normalmente, elas são capazes de produzir uma quantidade extraordinária de trabalho, em casa ou no escritório. Entretanto, ficam preocupadas pelas circunstâncias à sua volta ou pelo comportamento de outras pessoas, tendendo a imaginar que as coisas são piores do que parecem. Então, tornam-se melancólicas, resultando uma extrema fadiga física. Como são suscetíveis ao ambiente, elas absorvem situações e atitudes negativas como uma esponja.

Quando sentem que são realmente necessárias e apreciadas, as pessoas número 7 assumem alegremente qualquer responsabilidade, sendo de uma consciência incomum quanto ao desempenho de seu trabalho. Para elas, é difícil compreender que não são tão fortes fisicamente quanto mentalmente. Com frequência seu corpo é frágil, e a pessoa número 7 abusa da própria força, principal causa de todos os seus problemas de saúde. Elas têm propensão a uma pele extremamente delicada, sensível ao sol e à fricção, talvez apresentando certas peculiaridades quanto à transpiração — comer coisas que não combinam com o aparelho digestivo resulta muitas vezes em bolhas, espinhas e urticárias.

Janeiro, fevereiro, julho e agosto de *cada ano* são os meses em que as pessoas número 7 apresentam maiores sintomas de saúde ruim — mental e física —, doença ou acidente, em decorrência de atitudes emocionais negativas, depressão, tensão, ansiedade ou excesso de trabalho. A pessoa número 7 deverá aprender a permanecer tranquila a cada ano com a aproximação desses meses. Após algum tempo, a prática leva à perfeição, e essas pessoas conseguirão apaziguar enormemente ou mesmo eliminar a tendência da doença ou acidentes nessas épocas do ano. A prática da serenidade deverá começar pelo menos um mês antes de cada um dos mencionados.

Os alimentos que uma pessoa número 7 deverá comer com frequência são: alface, repolho, endívia, pepino, cogumelo, maçã, uva-do-monte e os sucos de todas as frutas. As principais ervas que auxiliarão em uma permanente boa saúde para a pessoa número 7 são: chicória, colza, linhaça e azedas.

Quando estas ervas forem consumidas em forma líquida por uma pessoa nascida no dia 7, 16 ou 25 de qualquer mês e qualquer ano, atuarão como tônico e tranquilizante naturais. Poderá ser notada uma rápida e radical mudança se tomadas três ou quatro colheres (chá) para alívio da ansiedade, tensão, depressão, raiva ou outras perturbações mentais ou emocionais. Uma colher (sopa) do líquido deverá ser tomada duas vezes por semana, regularmente, com doses maiores em caso de estresse ou tensão.

Número 8

As cores que se harmonizam com a vibração do número 8 são: índigo, todos os matizes do marrom, verde-escuro e azul-marinho.

As pessoas número 8 observam uma sutil e benéfica mudança em seu bem-estar geral e podem acentuar sua essência positiva usando um diamante ou ônix junto à pele.

Mais do que as outras, as pessoas número 8 têm propensão a perturbações do fígado, bílis, intestinos e da parte excretora do organismo. Elas possuem ainda tendência a enxaquecas, moléstias do sangue, reumatismo e autoenvenenamento. São aconselhadas a evitar carne de todos os tipos, uma vez que são especialmente alérgicas ao alimento animal.

Janeiro, fevereiro, julho e dezembro de *cada ano* são os meses em que as pessoas número 8 apresentam maiores sintomas de saúde ruim — mental ou física —, doença ou acidente, em decorrência de atitudes emocionais negativas, depressão, tensão, ansiedade ou excesso de trabalho. (As pessoas número 8 são mais atacadas por períodos de depressão séria do que as influenciadas por qualquer outro número.) A pessoa número 8 deverá aprender a permanecer tranquila a cada ano com a aproximação desses meses. Após algum tempo, a prática leva à perfeição, e essas pessoas conseguirão apaziguar ou mesmo eliminar a tendência da doença ou acidentes nessas épocas do ano.

Os alimentos que devem ser comidos com frequência por uma pessoa numero 8 são: espinafre, cenoura e cenoura-silvestre, brócolis e aipo. As principais ervas que auxiliarão em uma permanente boa saúde para a pessoa número 8 são: gualtéria, angélica, salva, banana-da-terra, celidônia-menor, tasneira, bolsa-de-pastor, selo-de-salomão, verbena, flores de sabugueiro e raízes de mandrágora.

Quando estas ervas forem consumidas em forma líquida por uma pessoas nascida no dia 8, 17 ou 26 de qualquer mês e qualquer ano, atuarão como tônico e tranquilizante naturais. Poderá ser notada uma rápida e radical mudança se tomadas três ou quatro colheres (chá) para alívio da ansiedade, tensão, depressão, raiva ou outras perturbações mentais ou emocionais. Uma colher (sopa) do líquido deverá ser tomada duas vezes por semana, regularmente, com doses maiores em casos de tensão ou estresse.

Número 9

As cores que se harmonizam com a vibração do número 9 são: carmim ou vermelho-rubi (sem tons alaranjados), azul puro e branco puro.

As pessoas número 9 observam uma sutil e benéfica mudança em seu bem-estar geral e podem acentuar sua essência positiva usando um rubi junto à pele.

A vibração 9 mostra uma forte tendência a dores de cabeça, febres muito altas, doenças que atacam súbita e fulminantemente, em geral desaparecendo tão depressa quanto apareceram. É muito raro uma pessoa 9 apresentar uma doença que se prolongue ou seja crônica, mas, se isto ocorrer, é muito importante que tal enfermidade seja diagnosticada corretamente, já que se opõe à própria natureza da essência 9. Os poderes recuperativos são vitais e rápidos. As pessoas número 9 raramente escapam do sarampo, catapora, escarlatina e afins. Devem ter cuidado e evitar riscos durante esportes ou atividades semelhantes, uma vez que são propensas a acidentes envolvendo a cabeça, cortes e queimaduras. É possível que tenham problemas dentários acima da média e façam visitas frequentes ao dentista, algo que detestam. As pessoas número 9 são especialmente aconselhadas a evitar alimentos gordurosos, bebidas alcoólicas e vinhos de todo os tipos.

Fevereiro, abril, maio, outubro e novembro de *cada ano* são os meses em que as pessoas número 9 apresentam maiores sintomas de saúde ruim — mental ou física —, doença ou acidente, em decorrência de atitudes emocionais negativas, depressão, tensão, ansiedade ou excesso de trabalho. A pessoa número 9 deverá aprender a permanecer tranquila a cada ano com a aproximação desses meses. Após algum tempo, a prática leva à perfeição, e essas pessoas conseguirão apaziguar ou mesmo eliminar a tendência da doença ou acidentes nessas épocas do ano.

Os alimentos que devem ser comidos com frequência por uma pessoa número 9 são: cebola, alho e ruibarbo, raiz-forte e tomate (a menos que haja alguma alergia a estes, proveniente de algum aspecto planetário no Horóscopo). As principais ervas que auxiliarão em uma permanente boa saúde para a pessoa número 9 são: semente de mostarda, losna, betônica, ranúnculo, heléboro-branco, gengibre, pimenta, giesta, colza, garança, lúpulo, sabugueiro-anão e suco de urtiga.

Quando estas ervas forem consumidas em forma líquida por uma pessoas nascida no dia 9, 18 ou 27 de qualquer mês e qualquer ano, atuarão como tônico e tranquilizante naturais. Poderá ser notada uma rápida e radical mudança se tomadas três ou quatro colheres (chá) para alívio da ansiedade, tensão, depressão, raiva ou outras perturbações mentais ou emocionais. Uma colher (sopa) do líquido deverá ser tomada duas vezes por semana, regularmente, com doses maiores em caso de tensão ou estresse.

☆☆☆

Você perceberá que cores e pedras específicas foram fornecidas no início da análise de saúde e para cada número simples, que acabei de fazer. As cores constituem uma parte de sua aura quando harmoniosamente equilibrada, segundo o *dia* de seu nascimento.

Outra parte de sua aura, quando harmoniosamente equilibrada, é composta das cores de seu signo solar — e uma terceira parte é composta das cores do Ascendente ou signo ascendente, em sua Natividade ou Mapa Natal (Horóscopo). Completando seu arco-íris pessoal (a aura), estão as cores determinadas pelas posições planetárias durante seu nascimento: os signos astrológicos em que os planetas e Luminares (Sol e Lua) estiveram localizados na ocasião de sua primeira respiração.

Contudo, as cores áuricas *predominantes*, com efeito sobre sua tranquilidade e bem-estar, são aquelas representando o *dia* de seu nascimento — seu signo solar — e o Ascendente ou Signo Ascendente de seu Horóscopo. Aqui temos as cores — e pedras — para cada um dos 12 signos solares. Estude esta parte e depois discutiremos como utilizá-las:

ÁRIES:	(Marte)	9	rubi ou vermelho-carmesim, azul puro e branco
TOURO:	(Vênus) Pan-Horus	6	vermelho-rosado, todos os tons de azul, marrom e verde-escuro
GÊMEOS:	(Mercúrio)	5	cinza-pérola, verde-claro e prata
CÂNCER:	(Lua)	2	verde-claro, amarelo-pálido, prata, violeta e lavanda
LEÃO:	(Sol)	1	amarelo-sol, laranja, por vezes púrpura
VIRGEM:	(Mercúrio) Vulcano	5	cinza-pérola e prata (como em Gêmeos, 5) — mas também verde-floresta e branco
LIBRA:	(Vênus)	6	rosa (como em Touro, 6) — mas também tonalidades pastel de todas as cores, particularmente o azul-claro
ESCORPIÃO:	(Plutão)	0	preto, vermelho-sangue, borgonha, vinho e marrom

SAGITÁRIO:	(Júpiter)	3	cores do outono, como amarelo, laranja vivo e ferrugem — também turquesa Sagitário às vezes partilha o amor ao púrpura, como Leão
CAPRICÓRNIO:	(Saturno)	8	índigo, azul-marinho, todas as tonalidades de marrom e verde-escuro
AQUÁRIO:	(Urano)	4	azul-elétrico e azul-cobalto, cinza-prateado e verde-mar
PEIXES:	(Netuno)	7	verde-esmeralda, amarelo-claro, rosa e branco

☆ ☆ ☆

ÁRIES:	rubi	LIBRA:	opala
TOURO:	safira	ESCORPIÃO:	jaspe sanguíneo
GÊMEOS:	água-marinha	SAGITÁRIO:	turquesa
CÂNCER:	pedra lunar e pérolas	CAPRICÓRNIO:	diamante e ônix
LEÃO:	topázio	AQUÁRIO:	azurita/ malaquita (mescla)
VIRGEM:	jade verde ou branca	PEIXES:	esmeralda e ametista

O Capítulo "Arco-íris esquecidos" definirá sua aura mais detalhadamente. Aqui, estamos ocupados unicamente com as cores e pedras preciosas ou gemas que você poderá usar a fim de beneficiar a sua saúde e bem-estar geral, por causa da influência que exercem em suas emoções.

Como usar suas cores, pedras preciosas e gemas pessoais

Por um momento, ignore os *números* que acabaram de ser fornecidos para cada um dos 12 signos solares.

Agora, torne a ler os dois primeiros parágrafos do número simples de sua análise individual de saúde, que lhe dirá como usar as cores, pedras e gemas que vibram com o *dia* de seu nascimento.

Decore as *cores*, *pedras* e *gemas* do signo astrológico que é seu signo solar individual. (Ver página 56, para períodos de nascimento nos signos solares, caso não saiba qual o seu signo solar.)

Se você conhece o Ascendente ou Signo Ascendente de sua Natividade ou Horóscopo, decore também as cores, pedras e gemas desse signo astrológico — mas certifique-se de que seu Mapa Natal foi retificado corretamente, para mais segurança. Se não tem certeza, é mais adequado esquecer o seu Ascendente e usar *apenas* as cores, pedras e gemas do seu *dia* de nascimento (fornecido em cada número simples da análise de saúde) — e as cores, pedras e gemas de seu *signo solar.*

A combinação ou mistura das cores, pedras ou gemas de seu dia de nascimento — seu signo solar — e seu Signo Ascendente (apenas se tiver certeza absoluta deles) será surpreendentemente útil para ajudá-lo a alcançar a tranquilidade emocional necessária, como fundamento de uma boa saúde.

Alguns exemplos

Se você é de Leão, nascido a 13 de agosto, o número de seu nascimento é o número simples 4 (ver página 106). Use as cores e pedras fornecidas para o número simples 4, na análise de saúde — combinando-as com as cores e pedras fornecidas para o signo astrológico de Leão, que é o seu *signo solar* (ver página 119) — então acrescentando as cores e pedras do signo astrológico do Ascendente em seu Horóscopo, presumindo-se que saiba com certeza qual seja ele. (*Se não souber*, como falei, *esqueça*). Use as pedras junto à pele. Use as cores em suas roupas e em seu ambiente tanto quanto possível.

Se você é de Áries, nascido a 27 de março, o número de seu nascimento é o número simples 9 (o dia em que nasceu: 2 + 7 = 9). Use as cores e pedras fornecidas para o número simples 9, na análise de saúde — combinando-as com as cores e pedras que vibram com o signo astrológico de seu Ascendente no Horóscopo, presumindo-se que saiba com certeza qual seja ele. (Se não souber, esqueça). Repare que o número de seu *signo solar* é 9, o mesmo que o número simples 9 do dia de seu nascimento (27 de março: 2 + 7 = 9). Portanto, se você estiver sob uma *dupla* influência 9, tudo quanto foi estabelecido para a análise de saúde do número simples 9, relacionado ao seu dia de nascimento, ficará intensificado.

IMPORTANTE

Lembre-se de que não deve usar o *número* de seu *signo solar* para ler qualquer análise de saúde de número simples, uma vez que *não se ajustará — a menos que seja igual ao número simples de seu dia de nascimento.* Os *números* de cada signo solar são fornecidos *apenas* para guiá-lo no caso de *dupla influência* de um número simples, como o exemplo de Áries no parágrafo anterior.

Alguns exemplos adicionais

Se você é um signo solar Touro, nascido a 7, 16 de maio, ou 25 de abril, o número simples do *dia* de seu nascimento é 7. O número do signo solar para Touro é 6. *Não leia a análise de saúde para o número simples* 6, fornecida neste capítulo — porque não se aplicará a você. Se você é um signo solar Touro, nascido em qualquer dos dias mencionados, cujos algarismos somados deem o número simples 7, leia *apenas* a análise de saúde para o número simples 7, mas combinando as *cores* e *pedras* que foram dadas na análise de saúde do número simples 7 com aquelas fornecidas para o *signo solar* Touro — e aquelas fornecidas para o signo astrológico de seu Ascendente no Horóscopo (caso tenha certeza deste Ascendente). Do contrário, esqueça o Ascendente e use apenas as cores e pedras para o número simples de seu *dia* de nascimento, combinadas às cores e pedras de seu *signo solar.* Use as pedras junto à pele, e use as cores em suas roupas e em seu ambiente o máximo possível.

Um lembrete

Em todos os casos, estude o *tipo* de doença relacionada ao seu Elemento (Fogo, Ar, Terra ou Água), as partes do corpo regidas por seu signo solar, depois estude a análise de saúde do número simples para o *dia* de seu nascimento e, finalmente, as cores, pedras e gemas fornecidas para o seu *dia* de nascimento, seu signo solar e seu Ascendente (caso saiba qual é este), combinando-os entre si.

☆☆☆

Antes de passarmos para outro tema, consideremos a doença ou a desarmonia física, mental e emocional chamada câncer.

Em 1984, um hospital de Los Angeles colocou em prática um experimento com algumas crianças condenadas à morte por "doenças terminais", em sua maioria câncer. Disseram-me que nenhuma delas tinha mais de 12 anos, e isto é importante, como logo veremos. A esses jovens foi pedido para fecharem bem os olhos e depois imaginarem ou visualizarem uma brilhante luz branca. Uma das crianças, um garotinho, foi fotografado para um noticiário de televisão enquanto se concentrava. "Estou vendo ela, estou vendo ela, estou vendo ela!", exclamou ele, extasiadamente, com os olhos bem fechados. Isso me comoveu — e tenho certeza de que a outros espectadores também — até as lágrimas.

O menininho recuperou-se. Quase todas as crianças envolvidas no experimento com a luz branca apresentaram remissão espontânea de suas supostas doenças "terminais".

O ingrediente importante neste conjunto de milagres foi a idade cronológica dos pacientes. Nenhum acima de 12 anos. A glândula pineal é o Terceiro Olho do ensinamento místico. Foi cientificamente descoberto que, em crianças abaixo de 12 anos, a glândula pineal é macia e maleável, como argila. Nos humanos com mais de 12 anos (adultos), essa glândula é dura como pedra, provando o que os pequeninos acreditam, isto é, que a maioria dos adultos "tem pedras na cabeça"*. A glândula pineal é a base da sabedoria espiritual. As crianças têm companheiros imaginários que de fato são reais — elas veem e conversam com pequenas fadas e espíritos da Natureza e contam para os pais que "o tio Charlie [falecido vários anos antes] sentou na minha cama esta noite e me contou histórias". Elas fazem tais coisas até serem repetidamente censuradas pelos adultos: "Por favor, pare de *mentir*! O tio Charlie não poderia ter visitado você. Ele já morreu — e não existem coisas como druidas, fadas e amiguinhos imaginários. Sua amiga 'Peggy' não existe; portanto, pare de falar com ela em voz alta, como tem feito. Os outros vão pensar que você é biruta!" Seu Terceiro Olho se torna duro e impotente, cego para a verdade. Às vezes, repreensão física acompanha as censuras.

Após ter me decidido a mergulhar nas águas profundas da astrologia (e mais tarde explorar as cavernas da numerologia), depois que comecei a

*Tradução literal da expressão em inglês "*to have rocks in the head*", que designa alguém inconsequente ou sem bom senso. (*N. do E.*)

meditar sobre os símbolos astrológicos dos doze signos, eu sempre me perguntava por que o símbolo do signo de Câncer é um caranguejo. Quando perde uma garra, de algum modo o caranguejo marinho rapidamente faz com que cresça uma nova. Por que isso não acontece com os humanos? Lagartos e caranguejos são mais evoluídos do que nós? Um lagarto — ou lagartixa — sabe fazer crescer uma nova cauda, se a original for cortada ou perdida de alguma forma.

Então, agora sabemos que um corpo humano pode perder um dedo e fazer com que cresça um novo. Assim, você acredita que alguém poderia também fazer crescer um braço ou perna novos após tê-los perdido? Ou, inclusive, um novo rim? Se responder "sim", parabéns! Você já é um "druida" honorário (Espírito da Natureza) e em bom caminho para o mundo encantado da iluminação. Se a resposta for "não", tenho uma segunda pergunta para você.

Por que não?

☆☆☆

Um menino de 2 anos com câncer "terminal" insistia em desenhar borboletas com um lápis preto no hospital São Rafael. Vendo claramente o quadro, seu médico, Bernie Siegal, tentou falar aos pais do menino sobre todo o desespero em torno dele (a preocupação e negativismo emitidos por pais e parentes). As borboletas eram as tentativas do garotinho em acreditar no amanhã; os lápis pretos que ele sempre escolhia revelavam que os pensamentos temerosos dos outros se superpunham ao que poderia ter sido o milagre tão facilmente manifestado pela fé, inocência e profunda sabedoria da infância, uma situação que, a esta altura, deveria também ser familiar aos leitores deste capítulo. A parte triste da situação é que os pais do menino, como a maioria dos pais de crianças com supostas "doenças terminais", não perceberam o quanto sua legítima preocupação e o negativismo, ainda que não deliberado, podem ser prejudiciais ao processo natural da cura.

No livro do Dr. Siegal, *Amor, medicina e milagres*, ele fala de sua tentativa de ensinar aos pacientes como se exercitar com meditação e visualização, como retratar os próprios corpos lutando vitoriosamente contra o câncer.

Uma de suas histórias reais é sobre um garotinho com um tumor cerebral. Vários médicos haviam desistido do caso e tinham parado de tratá-lo; a família já se conformara em esperar que ele morresse. Entretanto, este menino abriu seu Terceiro Olho, coisa que os adultos raramente fazem. Começou a imaginar regularmente que suas células eram bombardeadas por foguetes espaciais de videogames. Em pouco tempo, o tumor cerebral e o câncer desapareceram.

Hoje, o Dr. Siegal é um de meus heróis médicos, juntamente com o meu próprio Dr. John Perry, de Hollywood, Califórnia.

O Dr. Perry não percebe o quão maravilhosamente pratica os métodos da cura holística. É algo natural para ele. Como me disse tantas vezes: "Sempre trato meus pacientes como indivíduos completos. *Eles* são a prioridade, não a doença ou infecção que apresentam — porque exatamente a mesma doença ou infecção atuará de maneira inteiramente diversa, de acordo com cada pessoa." Quando seus pacientes têm um bom dia, ele invariavelmente exclama, com sincero prazer: "Isso é simplesmente *formidável*! Você agora está na reta de chegada!" Posso atestar pessoalmente o carisma único e raro que ele possui quanto a fazer cada paciente sentir que, *seja qual for o problema*, a doença não é tão séria assim e, mesmo sendo, certamente é curável e reversível. Trata-se de uma atitude (real, não simulada) que promove um universo inteiro de diferença. Sábia e profissionalmente, o Dr. Perry emprega todos os métodos modernos de diagnóstico e tratamento, todos os benefícios que a medicina pode oferecer, para depois misturá-los a um interesse legítimo e um saber otimista de que a cura *ocorrerá*, desde que o paciente *acredite* nisto. Este é um médico cuja compaixão faz parte de sua própria natureza. Em 1968, ele se tornou um dos dez fundadores da Olimpíada Especial do Oeste para crianças fisicamente deficientes (abrangendo sete estados), a qual, em 1972, passou a ser a Olimpíada Especial da Califórnia. Uma grande parte de seu tempo livre é alegremente dedicada a este projeto, um empreendimento que levou muita felicidade a essas crianças, além de produzir fortes mudanças positivas em suas condições mentais.

Ele adora jogar golfe (a maioria dos médicos faz isso, já que o golfe é um dos passatempos mais relaxantes), mas raramente tem tempo para jogar. Ele adora viajar, porém é muito raro ter uma oportunidade para isso. Sempre há um ou dois pacientes precisando de seus cuidados, de maneira que o Dr. Perry continuamente cancela seus poucos e espaçados compromissos sociais a fim de atender a um chamado domiciliar. (Sim, domiciliar.

Alguns médicos ainda fazem isso.) É fácil ver por que este intenso curador Escorpião é quase capaz de *recuperar* a saúde de seus pacientes. Para ele, qualquer doença, incluindo o câncer, é uma condição antinatural, seu inimigo pessoal, e a boa saúde, um estado natural e normal — não o contrário, como pensam tantos médicos. Um grande número de médicos ficam hipnotizados por estarem sempre envolvidos com a doença e então, subconscientemente, passam a pensar que isto é normal e esperado. Não é difícil alguém passar a ter tal atitude, mas o Dr. John Perry não corre este perigo! Seu ímpeto e sua energia são tão fortes quanto contagiosos. Ele os transmite para todos. Isso contagia quem quer que esteja à sua volta.

☆ ☆ ☆

Um livro que exercerá forte influência sobre sua maneira de pensar, que lhe causará a mais profunda impressão e talvez seja o responsável por modificar sua atitude em relação ao câncer chama-se *A Cancer Therapy: — 50 Cases*, do Dr. Max Gerson.

A pesquisa do Dr. Gerson foi lógica e faz sentido, enfatizando a regra metafísica de que você não pode estar errado em coisa alguma se seguir os *padrões naturais* da Natureza.

Os métodos do Dr. Gerson eram simples e básicos, como também sua teoria, e quando os colocou em prática, foram provados várias e várias vezes.

Ele estava convencido de que o câncer não se espalharia e reverteria completamente se o sistema imunológico do organismo pudesse ser restaurado. E a maneira de conseguir isto, segundo sua crença (provada repetidamente), era eliminando dos pacientes cancerosos todos os líquidos e alimentos de sua dieta, exceto aqueles que fossem ricos em *teor fibroso*: certos cereais, frutas e vegetais frescos e crus, comidos exclusivamente, acompanhados de uma ingestão substancial de várias vitaminas, em especial a C e a E (D-alfa tocoferol E, tocoferóis não misturados), por períodos que iam de 90 dias a mais ou menos seis meses.

A maioria de seus pacientes ficou curada dentro do período de 90 dias. Os pacientes "terminais", em vez de *comerem* as frutas e vegetais frescos e crus, beberam o *suco* das frutas e vegetais, tomaram a dosagem prescrita de vitaminas e não comeram nem beberam mais nada. Demorou mais algum tempo para que eles restaurassem o sistema imunológico do organismo, porém o resultado da reversão da doença foi igual ao das curas mais rápidas. Os do primeiro grupo também beberam o suco das frutas e vegetais frescos, além de os comerem crus, devido ao seu *conteúdo de fibras*. Os dois grupos tomaram muito banho de sol, repousaram e dormiram bastante, beberam quantidades de água fresca e pura — além de receberem dos parentes enormes doses de confiança e otimismo, já que estes acreditavam nos tratamentos do Dr. Gerson. A confiança é altamente contagiosa, sendo também um fator importante na visível e rápida melhora de condição dos pacientes aos cuidados do Dr. Gerson.

Embora na época a categoria médica desse de ombros no tocante às descobertas do Dr. Gerson, finalmente hoje os mesmos médicos recomendam a ingestão de alimentos com alto teor fibroso como "prevenção" do câncer.

Max Gerson não foi nenhum "lançador de nova mania", como disseram alguns de seus inimigos às suas costas (e alguns ainda o fazem). Antes disso, ele foi um profissional, um médico acreditado e interessado, que curou permanentemente a tuberculose da esposa do Dr. Albert Schweitzer, após vários outros médicos terem falhado na tentativa. O Dr. Gerson possui a visão e a inspirada determinação dos pioneiros de qualquer ramo, como foram os casos do proponente da vitamina C, o Dr. Linus Pauling, e de um dos proponentes da vitamina E, o Dr. Shupe, do Canadá.

☆☆☆

Tudo quanto comentei sobre o câncer aplica-se também à aids. (Eu me recuso a dar-lhe letras maiúsculas.) A aids não mata, necessariamente, pela paralisação do sistema imunológico do organismo. Isto, agora, merece maiúsculas. A aids NÃO MATA, NECESSARIAMENTE.

☆☆☆

Quando comecei a escrever este capítulo, por acaso assisti a um especial na televisão sobre a aids.

Quase no encerramento do programa, foi entrevistado um homem diagnosticado como portador de "aids em estágio avançado". Diante das câmeras, seus médicos afirmaram que, dentro de um ano, sua morte era certa. O homem não acreditava neles. Realmente não acreditava. O telespectador podia ver em seus olhos, quando ele declarou firmemente que esperava se curar — e viver. Não sei se o homem era homossexual, heterossexual ou bissexual e, aliás, pouco me importa. Chorei por ele. Não lágrimas de tristeza e compaixão. Foram lágrimas de alegria! Tampouco resisti à tentação de dizer em voz alta para aquele rosto decidido, corajoso e confiante que aparecia na tela da televisão: "Vá em frente! E... espere um milagre!"

☆ ☆ ☆

3

FANTASMAS, GURUS E AVATARES

Os pontos "altos" de força magnética e
frequências vibratórias astrais nas Montanhas Rochosas,
incluindo a clariaudiência e clarividência a
3 mil metros acima do nível do mar

naquela noite, seria um místico arrepio o que senti?
em um refeitório público, era curioso tremer de modo tão chocante,
sentir tais gélidos tremores,
sentada a um metro da lareira crepitante

Eu o vi olhar para você
e você... também olhou para ele

então o que fez ele... um tão estranho homem?

"quando uma entidade astral", falou, "de qualquer nível de
percepção,
seja ela o astral de quem morreu,
de um viajante do espaço... ou somente de alguém que dorme
em algum lugar,

quando essa entidade, fora do corpo,
sob qualquer forma, de qualquer dimensão,
aproxima-se... acerca-se de alguém,
tal entidade vibra em nível tão alto
de unidades de angstrom por segundo
que a frequência vibratória da maioria dos humanos,
que provoca uma sensível queda de temperatura,
como se o vento esfriasse subitamente...
e a mudança é tão brusca e inesperada,
que se poderia... digamos... sentir uma corrente de ar?"

todos riram

então, você sussurrou
"Meu bem, você viu um fantasma?"
e me ofereceu seu suéter

☆☆☆

SE VOCÊ LEU minha Introdução a este livro, o que presumo que tenha feito, sabe que os códigos dos signos das estrelas sobre os quais escrevo me foram revelados nas Montanhas Rochosas, para onde o Guru disse que eu iria, em uma espécie de retiro, a fim de ser instruída. Como também mencionei na Introdução, mantive um diário enquanto estava lá, planejando usar mais tarde aquelas anotações ao escrever um livro sobre minhas experiências. Uma vez que *Signos estelares* é, dessa maneira, baseado nos registros de meu diário, parece-me adequado partilhar com você a situação assombrada do lugar onde, conforme me foi dito, "quando o estudante está pronto, o professor aparece".

De fato, durante meu retiro nas montanhas em Cripple Creek, no Colorado, que posteriormente resolvi tornar minha residência permanente, apareceu mais de um "professor". Lá, tive a experiência de vários encontros arcanos, alguns dos quais serão a base para livros futuros. Segundo diz a lenda, aqueles que possuem um conhecimento dos mistérios mais profundos do macrocosmo do Céu e do microcosmo da Natureza com frequência aninham-se nas quietas florestas das maiores altitudes da Terra, e, como já mencionei, Cripple Creek fica 3 mil metros acima do nível do mar. Eu gostaria de contar o que esses Avatares ou Gurus me ensinaram a respeito de pontos de força magnéticos e espíritos. Devo confessar que nunca acreditara nisso até minha chegada a essa que foi uma antiga cidadezinha de mineração aurífera, localizada nas Rochosas.

Um ponto de força magnética é um lugar onde ocorreram repetidamente intensas emoções, tornando a área ao redor sensível a todos os tipos de vibrações. Como se costuma dizer, a gente pode "sentir isso no ar". As histórias sobre casas mal-assombradas abundam no mundo inteiro, geralmente em lugares onde aconteceram assassinatos ou outros atos maléficos. Ninguém pode caminhar perto dos campos de concentração na Alemanha sem captar as pesadas nuvens de depressão e tragédia. Isto sob o ponto de vista negativo. No lado positivo, também existem outros pontos de força magnética, como igrejas com séculos de idade ou santuários onde milhões de velas tremularam durante centenas de anos e foram ditos milhões de preces, tudo isto deixando suas impressões inconfundíveis nos éteres. Sentimo-nos calmos e em beatitude nestes lugares, da mesma forma como ficamos vagamente perturbados e tristes em outros locais fortemente carregados com as intensas emoções eletromagnéticas de eventos passados.

Dessa maneira, Cripple Creek é um lugar altamente carregado e completamente trepidante por intensas vibrações — vibrações de natureza mesclada. Durante a corrida do ouro em fins dos anos 1880 e década de 1890, as emoções correram à solta nesta cidadezinha das montanhas... e os sonhos se multiplicaram. Houve enormes incêndios, assassinatos, ferventes pregações e ensinamentos religiosos, casas de prostituição, cobiça, luxúria e todas as tremeluzentes fantasias que o ouro sempre insuflou nos corações humanos. Decididamente, um ponto de força magnética.

Cripple Creek foi apelidada de Bacia de Ouro por Winfield Scott Stratton, o rei da mineração aurífera. Seria mera coincidência ou uma sincronicidade mais profunda em laços de sangue harmônicos que o sobrenome de solteira de minha avó materna fosse Stratton — e Stratton também seja o sobrenome intermediário de meu pai?

A área é conhecida como “O Distrito”, nela incluindo-se Cripple Creek, a cidade vizinha Victor, uns oito quilômetros ao sul, e numerosos vilarejos agora desertos, mas outrora cheios de vida, batizados como Independence e Goldfield. Uma das minas de ouro abandonadas entre Cripple Creek e Victor tem o nome de Abraham Lincoln. Existe também a mina de ouro, ainda aberta para turistas, chamada Mollie Kathleen, na montanha Tenderfoot, em direção à cidade, e a mina Stratton, além de inúmeras outras. Em Victor, há um cinema do tempo dos filmes mudos, há muito fechado, cujo nome é Ísis.

O Distrito foi cenário da corrida do ouro ao pico Pike, naquela virada do século. Stratton alegava que Cripple Creek, situada em um vale, era o centro de uma “bacia de ouro” produzida por uma erupção vulcânica de muitos e muitos anos atrás — e que apenas uma fração do ouro havia sido extraída, mesmo durante toda a frenética atividade mineira da década de 1890. Dizem que tudo poderia acontecer novamente, se confirmadas as persistentes predições dos antigos moradores de que o preço do ouro subiria às alturas entre as décadas de 1980 e 1990, tornando a mineração novamente viável em termos econômicos. Para mim, isso é mais do que apenas um desejo. Tenho a intuição de que aí existe algo mais.

Os mineiros são surpreendentemente mediúnicos. Mineiros *sabem* coisas. Eles não compreendem como sabem, apenas sabem. Afinal de contas, foram eles que descobriram e identificaram os esquivos *Tommyknockers*, aqueles duendes minúsculos que pregam peças maliciosas, mas que também, às vezes miraculosamente, protegem os homens que labutam no interior da Terra.

Se "O Distrito" voltar a ser o palco para o segundo ato da mística do ouro, haverá uma lamentável diferença. Os atores principais não estarão montando cavalos para demarcar seus lotes, seguidos por teimosos mas pacientes jumentos, carregados com trouxas de sonhos coloridos. Eles estarão percorrendo o conglomerado controlado de seus domínios em jipes e caminhonetes.

Nesse ínterim, tanto Cripple Creek como a vizinha Victor (onde Lowell Thomas nasceu, foi criado e dirigiu o jornal local, e onde Jack Dempsey treinou para suas lutas) são habitadas atualmente por mais fantasmas do que pessoas — mais fogões enferrujados do que caldeirões de ouro no fim do arco-íris. Dizem que a população de Victor anda pelos 200 ou 300 habitantes, com alguns andarilhos inquietos — e que a de Cripple Creek se situa entre os 700 ou 900, desde que acreditemos nos recenseadores ou nos moradores antigos, que fazem uma contagem mais exata, segundo insistem, porque incluem os animados fantasmas omitidos pelos visitantes não habituados. Lá, eu não omito os fantasmas. Aliás, eu bem que gostaria de *omiti-los*!

É uma diferença considerável, comparando-se aos mais ou menos dez milhões de corpos e almas de Nova York, caso incluamos os que dormem nos subúrbios, nos trens subterrâneos e nas calçadas. Manhattan não possui muitos fantasmas. Uma vez que fantasmas são compostos de uma substância etérea, mais refinada do que a carne, eles provavelmente se diluiriam no ar poluído. Los Angeles é diferente. Hollywood atrai uma estirpe mais robusta de fantasmas, estes conseguindo respirar a poluição industrial e ainda promover um trabalho respeitável de assombração durante a noite.

A maioria das obras de ocultismo diz que espíritos, fantasmas e afins pertencem ao mundo astral dos sonhos, não se sentindo à vontade no plano material, neste nível de terceira dimensão. Parece que isto não mais importa, seja verdade ou mentira, pois começo a concluir que não há diferença entre eles — sonhos e realidade. Ou estes dois conceitos não passam de um reflexo espelhado, quando aquilo em que a gente acredita é, de fato, a coisa oposta?

Quando você dorme à noite, deixando para trás o chamado mundo da "realidade", que irá trocar pelos sonhos, já notou que — mesmo se *esforçando ao máximo* enquanto vai caminhando para o sono, mesmo que procure se apegar à "realidade" dos sons da televisão, ao trânsito ou ao ronco do cachorro — tudo se dilui em esquecimento?

Inversamente, ao acordar de manhã, deixando para trás o chamado mundo dos "sonhos", que irá trocar pela realidade, já notou que — mesmo *se esforçando ao máximo* enquanto caminha para a vigília, mesmo procurando se apegar às visões e sons do "sonho" que acabou de ter — tudo se dilui no esquecimento, exatamente como se diluem as visões e sons da "realidade" quando estava pegando no sono?

Indiscutivelmente, são pontos de vista polarizados, intercambiáveis. Então, o que é "sonho" e o que é "realidade"? Quem pode dizer? Como você saberá que o exato momento de acordar não é o sonho e que o sonho daquela noite não é a verdadeira realidade? Os sábios antigos ensinavam que "os sonhos são a verdadeira realidade". Aristóteles escreveu: "A vida imita a arte... e a arte imita a realidade; portanto, a vida não passa de uma imitação da realidade." A realidade dos sonhos. Em séculos passados, quando oravam, os monges tibetanos cantavam repetidamente: "Este é o mundo da ilusão... este é o mundo da ilusão..."

Suponho que os fundamentalistas da Bíblia, que ainda imaginam Deus como um homem gentil, de barba branca como a neve, considerariam sacrilégio tal intercâmbio. E por falar em Divindade, uma das primeiras coisas que percebi, quando cheguei às gloriosas Rochosas do Colorado, foi um anúncio proclamando o estado como "Nação de Deus". O que me preocupou um pouco foi o indício de exclusividade, pois insinua que Ele não está mais interessado em cidades superpopulosas, lugares em que, evidentemente, está agora sendo ainda mais necessitado.

Talvez Ela esteja cuidando das grandes cidades para Ele. Estou falando de minha Mãe que está no Céu, junto a meu Pai que está lá. Como se pode ver, não sou uma seguidora do conceito patriarcal. É preciso uma força energética positivo-negativa, masculino-feminina, para que seja criada alguma coisa, sejam bebês ou sistemas solares. E qualquer outro conceito é uma negação direta das leis, tanto físicas como metafísicas.

Quando começamos a subir para Cripple Creek, pouco antes de alcançarmos a estrada sinuosa, serpenteante e espiralada chamada Passo Ute, por causa dos índios Ute que outrora viveram na área, passamos por uma cidadezinha chamada Manitou — o que significa "Grande Espírito" ou Deus, mas deveria ser corretamente grafada *Mannitou*, segundo a numerologia. (Você entenderá por que o nome do Grande Espírito contém duas letras "n", em vez de uma, quando estudar o Capítulo 5, "Numerologia".)

Muito bem, quando começamos a passar perto de Mannitou (é melhor não escrevermos errado o nome do Grande Espírito), avistamos à direita algo que os Utes sonharam tornar realidade, conhecido como Jardim dos Deuses. É uma vista fascinante, admirável, de mudo poder e grandeza, mesmo a distância.

Os Utes proibiam que qualquer tribo indígena em guerra penetrasse ali e pisasse aquele solo sagrado. Somente aqueles que estivessem em paz com seus irmãos (e irmãs) tinham permissão de participar dos ritos místicos de iniciação esotérica no interior daquele assombrado e silencioso santuário, com formações rochosas vermelhas de estranho formato, tingidas na tonalidade do sol nascente... tão avermelhadas em matiz como a "argila vermelha de Tara", de Scarlett O'Hara. Em nenhum outro lugar dos arredores a terra tem coloração vermelha... exceto num ponto alguns quilômetros além de Cripple Creek, apropriadamente chamado Desfiladeiro Fantasma. Existem várias teorias geológicas sobre a razão da rocha e da argila vermelhas, porém nenhuma delas é segura.

As violentas trovoadas — ou tempestades elétricas — que ocorrem frequentemente nas montanhas nunca me deixaram amedrontada. Elas me fascinam, me instigam profundamente. O trovão e o raio parecem evocar algum profundo e há muito sepultado senso de poder dentro de mim, como se eu pudesse interrompê-los ou iniciá-los se quisesse. Qualquer um poderia fazer o mesmo também, se recordasse a forma de projetar esse poder. Como uma invisível força energética, há muito possuída, mas depois perdida. A questão é que não sei se me sinto bem ou mal a respeito — se existe um sininho de memória positivo ou negativo ressoando no fundo de minha mente.

☆☆☆

Até aprender sobre frequências vibratórias, eu não encontrava explicação racional para acreditar em fantasmas, embora certamente não fosse uma cética total, pois toda gama de temas místicos e metafísicos já me havia conquistado para o lado do "invisível" muito antes de ir para o Colorado pela primeira vez. Contudo, fantasmas eram... bem, uma outra coisa. Eu sabia que geralmente eram vistos — ou mais frequentemente mencionados — em áreas "assombradas" entre pontos de força magnética que possuem tanto altas vibrações espirituais (igrejas, santuários, etc.) quanto vibrações inferiores de crime e maldade (assassinatos em massa, ritos satânicos, etc.).

Assim, eu não "acreditava" nem mesmo nos fantasmas vistos e ouvidos em minha própria casa "mal-assombrada", lá na avenida Carr — quer eles fossem vistos e ouvidos por mim e outras pessoas — até que um dos gurus que mencionei explicou o caso para mim. Antes disso, eu achava graça e ria, um tanto sem jeito, porque não conseguia explicar o que insistia em acontecer.

Primeiro, havia a "festa". Quase toda noite depois de minha chegada (e menos frequente nas últimas semanas, meses e anos), eu realmente precisava tapar os ouvidos com algodão para conseguir dormir com toda a barulheira. A casa se enchia dos sons de uma festa, incluindo o tilintar de copos, conversas e risos (altos o suficiente para serem ouvidos com clareza, mas demasiado confusos para que se distinguissem as palavras) — e a música de um piano, acompanhado por um homem e uma mulher cantando um dueto em intervalos (de novo, claramente ouvidos, mas muito indistintos para que se adivinhasse a letra das canções).

Aconteceu na primeira noite em que dormi na casa. Meu primeiro pensamento foi que o homem de quem a alugara (mais tarde comprei-a) tinha deixado um rádio ligado em algum lugar. Assim, levantei-me do sofá na sala (onde dormi as primeiras noites, ainda demasiado apreensiva para usar um dos quartos no andar de cima) e fui até a cozinha, que parecia ser de onde vinham os sons. Assim que entrei lá, a festa deu a impressão de ter se transferido para o porão. Trêmula, abri a porta que dava para o porão e adentrei cautelosamente as trevas mais abaixo. Então, os sons pareceram vir da varanda da frente.

Irritada, pensei que talvez os vizinhos, os quais ainda não conhecia, estivessem dando uma festa, sem consideração pelo sossego dos outros. Assim, abri a porta da frente e cheguei à varanda. As duas casas vizinhas estavam escuras e silenciosas, como também as outras no lado contrário da rua. Então, o ruído da festa parou tão subitamente como começara, numa prova de que não poderia se originar de algum rádio acidentalmente deixado pelo senhorio em qualquer ponto dentro da casa.

Em pé na varanda por um momento, espiando para o céu azul da meia-noite, cintilante com cada estrela existente no firmamento (uma visão que eu jamais contemplara através da fumaça de Nova York), ouvi um novo ruído. Parecia o barulho de um rio, pontilhado por um fraco mas distante som de tambor. Devo confessar que, por alguns segundos, fiquei simplesmente apavorada. Após um momento de reflexão, percebi com súbito choque que ouvia o som de meu próprio pulso e batidas cardíacas, ou ritmos fluindo do meu próprio sangue nas veias — em meu ouvido interno. Os sons do silêncio. Absoluto silêncio. Como nunca estivera na noite, em qualquer época da vida, cercada pelo silêncio total, foi uma curiosa e fascinante experiência. "O silêncio é *barulhento* até que nos acostumemos a ele!" pensei, enquanto ouvia os ritmos ruidosos e pulsantes de meu próprio corpo. Então... o zurro de um burro (dão a eles o nome de "canários da montanha") cortou o ar por um segundo. Depois, novamente o silêncio.

Devo ter ficado na varanda por quase meia hora, ponderando sobre "os sons do silêncio". Finalmente, tornei a entrar, fechei a porta, retornei ao sofá, puxei o pesado edredom até o queixo e adormeci. Por bem pouco tempo. Devo ter acordado minutos depois, despertada pelos ruídos da mesma "festa alegre", com tilintar de copos, conversas, risos, piano tocando e canto. O som aumentava mais e mais, enquanto eu me remexia e me virava no sofá, incapaz de dormir, como se um aparelho de televisão estivesse ligado no volume máximo, junto ao sofá. Percebendo agora que de nada adiantava procurar a fonte dos ruídos da festa, virei-me de lado, cobri a orelha exposta com um travesseiro e finalmente tornei a dormir.

Quando relatei o incidente (que ocorreu periodicamente durante um certo tempo... e ainda ocorre, em ocasiões variadas, 15 anos mais tarde), disseram-me que "todos que moraram naquela casa ouviram a mesma festa animada". Vizinhos e outras pessoas informaram que minha casa uma vez, durante uns dois anos, fora usada como uma espécie de anexo da "Old Homestead" (ainda de pé) — chamada a "mais antiga casa de prostituição do Oeste". Evidentemente, todos acreditavam que as ruidosas festas eram promovidas pelos fantasmas (ou astrais) das "damas da noite" de muito tempo atrás, juntamente a seus clientes masculinos. Sorri polidamente; embora não tivesse nenhuma outra explicação lógica para o que eu *sabia* estar ouvindo em noites variadas, de certo modo ainda não podia aceitar plenamente os fantasmas como sendo a causa.

Tampouco fiquei impressionada ao saber que todos os moradores anteriores da casa tinham passado pela mesma experiência. Afinal de contas, não havia qualquer prova real disto, já que nenhum deles estava por lá para confirmar o fato. Tudo poderia consistir apenas em boatos, espalhados pelos crédulos.

Contudo, não demorei muito a receber visitas de tempos em tempos em minha casa "mal-assombrada" de tijolos vermelhos — amigos e parentes de outra cidade. Sempre tive o cuidado de não mencionar a "festa dos fantasmas de Old Homestead". Ainda assim, quase todos os meus hóspedes, com raras exceções, estavam de olhos arregalados durante o café da manhã, após sua primeira noite na casa, mal podendo esperar para me falarem sobre a "barulhenta festa" que meus vizinhos deram naquela mesma noite. Suas descrições combinavam com o que eu tinha ouvido, nos menores detalhes. Uns dois hóspedes foram, inclusive, capazes de identificar um dos duetos (algo que eu nunca conseguira) como sendo *I'll Take You Home Again, Kathleen*. Todos os meus hóspedes acreditavam firmemente na "teoria dos fantasmas" assim que sabiam da história. Eu era a única incrédula, mas começava pouco a pouco a despertar.

Até hoje, nunca ouvi o choro de nenhum bebê em minha casa. Entretanto, quatro hóspedes separados, que passaram cerca de uma semana comigo, no correr dos anos, mal conseguiam dormir à noite, sendo despertados de duas em duas horas por um bebê que chorava e soluçava alto, um som que ora vinha do pé da escada, ora do antigo banheiro.

Enquanto ponderava sobre tudo isso, recordei o que tinha aprendido sobre o som. Seja falado, musical ou qualquer outro, um som, uma vez enviado aos éteres, nunca deixa de existir. Ele apenas passa para frequências mais altas (como o apito para cães, que humanos não ouvem, mas que os caninos captam perfeitamente), até que a audição humana *média* não detecte mais os sons. No entanto, eles continuam lá... em algum lugar. Um livro intitulado *Breakthrough*, publicado por Richard Taplinger, da Taplinger Publishing, em Nova York, infelizmente esgotado (mas talvez ainda encontrado nos sebos), detalha experiências efetuadas por importantes universidades com fitas de gravação virgens e métodos complexos, específicos, para "extrair dos éteres" essas palavras há muito pronunciadas. Segundo informa o livro, captaram-se inúmeras vozes e consideráveis conversas, a maioria em idiomas estrangeiros, mas, evidentemente, não foi possível localizar a fonte ou época em que as palavras foram ditas originalmente. O livro termina citando esses cientistas, comentando que "agora sabemos que podemos gravar dos éteres os sons de frequência elevada, música e palavras produzidos há muito e muito tempo, mas é provável que passem muitos anos até podermos fazer isto *seletivamente*". Isto significa que ainda serão necessárias muito mais experiências para que possamos recuperar com êxito as palavras pronunciadas por Abraham Lincoln no discurso de Gettysburg, embora indiscutivelmente elas continuem vibrando, tão claras como nunca, em algum ponto dos éteres. De qualquer modo, tal magia não é apenas possível, mas provável, sob a influência do curioso, questionante e imprevisível Urano (regente de Aquário).

Tenho a firme sensação de que esse avanço ocorrerá durante a Era de Ouro de Aquário, mas lembre-se de que a Era de Aquário durará uns 2 mil anos. Até ocorrer tal milagre, teremos de confiar apenas naqueles que possuem um grau incomum do que é denominado "clariaudiência" (sensibilidade do ouvido interno), para arrancar os sons de muito tempo atrás dos lugares em que se escondem. Após ponderar sobre tudo isto, finalmente me convenci da realidade dos sons e vozes. Tudo isto faz sentido. Entretanto, para mim era uma decorrência das "frequências superiores" — não de fantasmas reais. Eu ainda tinha muito a aprender.

A festa animada e o bebê chorão não foram os únicos "fantasmas assombradores" de minha casa fora-das-trilhas-do-tempo na avenida Carr. Certa noite, no primeiro ano em que lá residi, dei uma festa para o elenco do famoso melodrama encenado a cada verão no encantador Imperial Hotel, em Cripple Creek. No auge da festa, enquanto os convidados perambulavam por toda a casa (ela se assemelha um pouco a um museu, com um leve cheiro de mofo, repleta de antiguidades), bebendo ponche e mantendo dúzias de conversas em separado, como fazem as pessoas em tais reuniões, todos ouviram uma sonora exclamação e um grito sufocado do jovem casal sentado no antigo e desbotado sofá da sala de estar.

Os dois estavam visivelmente amedrontados; tinham os olhos arregalados e fitavam um canto da sala, pouco além da antiga estufa de lenha Ben Franklin. Estavam sentados eretos e rígidos, olhando hipnoticamente para o mesmo ponto, sem piscar, e assim permaneceram vários minutos, enquanto os outros perguntavam, insistentes:

— O que foi? O que há de errado? O que estão olhando?

A verdade é que nenhum de nós via qualquer coisa incomum naquele canto. Foi a moça quem falou primeiro.

— É um homem... com cabelos pretos e lisos, bigode preto, usando um fraque preto. Ele... parece tão triste! — Então, falou mais alto e visivelmente agitada: — Não o estão vendo? Como é possível? Ele está ali, em pé, olhem! — acrescentou, trêmula e muito perturbada.

— Você também o vê, Paul? — perguntou alguém ao marido dela.

Ele não respondeu. Engoliu em seco algumas vezes, assentiu com a cabeça, para cima e para baixo, encontrando a voz pouco depois.

— O sujeito está ali. Está em pé ali. Como é que não o veem?

Então, alguém sugeriu que Paul fosse até o canto e tocasse o homem para saber o que aconteceria. A essa altura, sua esposa levantou-se abruptamente do sofá, agarrou-lhe o braço e disse:

— Paul, vamos embora daqui. *Agora*! Por favor, leve-me para casa.

Estava tão perturbada que havia lágrimas em seus olhos. O marido assentiu e os dois cruzaram a porta, desceram os degraus da varanda e entraram em seu carro, indo embora sem ao menos dizerem "Adeus" ou "Boa noite" para o resto dos perplexos convidados — ou para mim.

Desde esse incidente — nem sempre, mas quase sempre —, quando eu ou outra pessoa qualquer chegamos àquele canto da sala de estar, para pegar, por exemplo, um livro da estante antiga que fica ali, sentimos um frio de gelar os ossos. Inclusive quando o resto da sala está quentíssimo e na velha estufa Ben Franklin há um soberbo fogo a lenha. Quando falo em frio de gelar os ossos, não estou exagerando. É frio o bastante para dar arrepios, produzidos não só pelo ar inesperadamente gélido, mas pela sensação de inquietude e apreensão — compreensível, claro — por sabermos que naquele lugar foi "visto" um fantasma. Durante muito tempo, fiquei sem entender por que aquele canto era tão frio, algo que só compreendi mais tarde, quando aprendi que "frequências vibratórias elevadas" provocam uma mudança nas correntes de ar e uma queda súbita de temperatura, quando está nas proximidades uma entidade astral de qualquer espécie.

Eu podia explicar o fenômeno dos sons ouvidos por meio da clariaudiência, mas a *visão* de um humano, fosse sólido ou transparente, ainda me perturbava e intrigava. Só compreendi tais fenômenos quando várias outras "visões de fantasmas", bem como sons, me chamaram a atenção. Pessoalmente, nunca "vi" *nada* — nunca vi *ninguém*. Minha experiência em Cripple Creek tem sido a igualmente trêmula da clariaudiência — audição de sons por meio do "ouvido interno", nascidos de uma frequência mais elevada do que a que um ser humano pode ouvir. E quanto a outros "fantasmas"...

Havia Maggie. Ou melhor, *há* Maggie, o inquieto, travesso e adorável fantasma (ou astral) da Sorveteria Sarsaparilla, na avenida Bennett. Maggie ganhou merecida fama ao longo dos anos entre os moradores da cidade, repórteres dos principais jornais do Colorado — e milhares de turistas.

Como ver fantasmas está ficando cada vez mais comum — quase todo mundo já teve alguma experiência com um tipo de fantasma ou astral —, e visto que a explicação para tais visões faz parte das leis metafísicas básicas — e também porque Maggie foi vista e ouvida por tanta gente de credibilidade e integridade indiscutíveis — é importante que você a conheça em maiores detalhes. É claro que estou a par da história de Maggie, mas nem sempre recordo as melhores partes de suas excêntricas manifestações no correr dos anos.

Assim, enquanto escrevia este livro, convoquei Ken e Katherine Hartz, donos do prédio onde fica a Sorveteria Sarsaparilla, e pedi a eles que anotassem o máximo possível sobre Maggie, a fim de que eu pudesse ajudar meus leitores na compreensão de suas espantosas manifestações. Ken e Kathy atenderam ao meu pedido, gravando a história em uma fita e enviando-a para mim. Acho melhor simplesmente deixar Kathy falar, contar a história com suas próprias palavras, em vez de tentar eu mesma contá-la. Em seguida, veremos a explicação fornecida pelos meus gurus.

Por favor, lembrem-se de que Kathy (uma nativa de Virgem) é extremamente crítica sobre a mais leve distorção dos fatos, o tipo de criatura considerada "a honestidade em pessoa", e embora mais sensível e intuitiva do que a média, continua sendo virginiana, propensa a submeter pessoas e coisas a sua investigação microscópica, a suspeitar e questionar, sem aceitar cegamente o que lhe dizem. De fato, Katherine Hartz é a última pessoa que imaginaríamos "vendo fantasmas" — ou mesmo ouvindo-os. Ela é, por natureza, uma criatura Prática, com "P" maiúsculo.

Por Katherine (Kathy) Hartz — Cripple Creek, Colorado

"Como você sabe, Linda, o antigo prédio Farley Lampton, que hoje é propriedade nossa em Cripple Creek, na esquina da avenida Bennett com a rua Três, ficou vazio durante muitos anos antes que o comprássemos e transformássemos seu imenso andar térreo na Sorveteria Sarsaparilla e Loja de Presentes. Foi o primeiro edifício construído após o grande incêndio de 1895, que devastou quase a cidade inteira. O terreno já havia sido limpo e o material de construção já estava pronto para o transporte na montanha Tenderfoot, para começarem a construir na manhã seguinte. Os moradores de Cripple Creek recuperam-se de suas tragédias com grande rapidez. Em vez de cruzarem os braços, chorando e se lamentando pelo fogo que destruíra tudo, começaram a reconstruir a cidade o mais depressa que podiam. Daí o motivo de todos os prédios de tijolos da avenida Bennett terem o ano de 1895 esculpido — o ano de incêndio, e também o da reconstrução de Cripple Creek.

"Claro que nosso prédio é também o maior do condado de Teller. Eu e Ken nunca entendemos como é que ninguém o quis durante todos estes anos. Entretanto, fico feliz por ninguém querê-lo ou comprá-lo, porque o adorei desde o primeiro momento em que o vi. Era o prédio mais lindo, mais lindo! Além disso, enraizado no passado. Lembro-me de que quando você se mudou para cá e queria ir até o correio, vinha andando direto para o Sarsaparilla, entrava, parecia confusa e dizia: 'Não sei por que estou aqui. Fico sempre pensando que o correio é aqui, mas sei que não é!' Você deve ter morado aqui, Linda, nos tempos da corrida do ouro, em outra encarnação, porque o prédio realmente foi o correio durante vários anos, entre 1895 e 1910. Muitos recém-chegados têm cometido o mesmo engano, de modo que talvez tenham vivido aqui também.

"Quando compramos o prédio, uma mulher tinha nele uma loja que vendia pedaços de rochas, e nos contou que havia 'energias' estranhas na construção. Disse que todos percebiam. Entretanto, não fiquei temerosa, porque ela explicou que tais 'energias' eram sempre ouvidas ou sentidas no terceiro andar e, como eu pretendia viver no primeiro enquanto montávamos a loja de presentes e a sorveteria, não parecia haver motivos para me preocupar com 'fantasmas' do terceiro andar. Além do mais, achei a história mais intrigante do que amedrontadora.

"Antes de nos mudarmos para o prédio, Charlie Frizzeli, um conhecido artista local, morava nele com um grupo de amigos. Eles me contaram que certa noite decidiram montar uma espécie de sessão mediúnica no terceiro andar, no grande salão, e que isso os deixara simplesmente apavorados. Ficaram com tanto medo — nunca pude saber detalhes do que aconteceu — que depois disso nenhuma das moças quis ficar mais no interior do prédio; dormiam em carros estacionados na rua. Charlie, então, perguntou:

"— Não tem medo de ficar aqui sozinha quando Ken está em Denver, Kathy?

"As energias do prédio são reais. Muitas pessoas já as sentiram, inclusive eu mesma, para que sejam imaginárias.

(*Kathy é uma virginiana muito precisa*)

"— É claro que não tenho medo — respondi a Charlie. — De maneira alguma. Por que teria? Nada irá me prejudicar. Meu Anjo da Guarda (*Ela se referia ao seu Eu Superior*) está comigo o tempo todo e não permitiria que nenhum mal me acontecesse.

"Charlie e seus amigos mudaram-se dias depois e fiquei sozinha, morando nos fundos do primeiro andar, enquanto Ken estava em Denver, resolvendo nossos negócios, planejando vir a Cripple Creek nos fins de semana para ajudar a supervisionar nossa reforma. Nada aconteceu durante vários dias e concluí que a mulher da loja de pedras devia ter uma imaginação fértil, nada mais que isso, com Charlie e seus amigos apenas querendo me amedrontar — embora houvesse parecido sincero e todos o conhecessem como um sério e franco jovem artista.

"No último dia em que fiquei lá sozinha — ia ao encontro de Ken em Denver, no dia seguinte —, pensei em subir e examinar o segundo e terceiro pavimentos, certificar-me de que todas as janelas estavam fechadas e tudo em seus devidos lugares antes de minha partida para Denver. Assim, subi ao segundo andar e percorri o amplo e longo corredor.

"Verifiquei todas as portas e janelas. Quando já tinha descido metade do corredor, ouvi distintamente o som de saltos altos caminhando bem acima de mim. A princípio, pensei que uma das moças ainda não deixara o quarto que ocupava e estava lá, no terceiro andar, fazendo as malas. Evidentemente, eu precisava ver o que acontecia antes de sair e trancar o prédio. Assim, fui até a escada que leva ao terceiro andar e, para minha surpresa, reparei que havia duas portas dando para lá, ambas envidraçadas. Charlie e seus amigos tinham vedado a primeira com arames de cabides de roupa. Ninguém poderia ter passado por ela e depois pela segunda — que dava diretamente para o terceiro andar —, deixando-a tão fortemente aramada. Os passos ficaram subitamente mais altos, soavam mais perto... mas continuavam acima de mim, ainda vindo do terceiro andar.

"Acho que meu pulso bateu mais depressa, porém, eu não estava amedrontada, apenas um pouco inquieta, talvez, e determinada a subir para o salão do terceiro andar a fim de dar uma espiada. Enquanto procurava desenrolar os arames que vedavam a porta, a fim de passar para o outro lado, os passos cessaram abruptamente. Olhei para cima, através das vidraças das duas portas, e vi uma mulher parada no alto da escada, além da segunda porta. Eu a vi claramente. Era a primeira vez em minha vida que "via um fantasma", porém não sentia medo. Não sei explicar por quê. Tampouco estava descrente. Vi o que vi, tão claro como via qualquer outra coisa — era como ver uma pessoa de carne e osso —, mas no entanto eu sabia que ela era um fantasma, não uma pessoa de verdade. Não me pergunte como eu tinha tal certeza. Eu apenas sabia. (*A própria Kathy, conforme aprendi no correr dos anos, vibra em frequência muito alta.*)

"Ela era linda. Muito bonita mesmo! Parecia ter vinte e poucos anos. De cabelos bem penteados, com enormes e penetrantes olhos castanhos. Era esguia, usava uma blusa branca com pequenas pregas na frente e uma espécie de gola mandarim aberta no pescoço, uma saia de algodão marrom, bordada com pequenos botões de rosa, cuja bainha ficava logo acima dos tornozelos, e calçava botas de salto alto. Evidentemente, eram os saltos altos que eu ouvira caminhando no terceiro andar.

"Fiquei lá, olhando para ela, e ela para mim, durante alguns segundos. Então, nós partilhamos uma... bem, acho que você chamaria de conversa telepática. Eu ouvia a voz dela e, no entanto, de algum modo sabia que a escutava com meu ouvido interior... não é como o chama? Bem, ela disse "olá" e algumas outras palavras que não recordo. Sem pensar nisso, chamei-a de Maggie, ao responder. Nunca pensei em dar-lhe outro nome e, no transcorrer dos anos, ela sempre tem respondido como Maggie. É curioso que cada pessoa em contato com ela, seja vendo-a ou ouvindo-a, sem saber que a chamei de Maggie, instintivamente sempre pense nela ou a mencione como "Meg" ou "Margaret" — nomes relacionados a Maggie. Então... ela tornou-se Maggie para mim, imediatamente.

"Eu lhe disse que sua permanência no prédio era bem-vinda, que me sentia feliz em tê-la ali, mas que precisaria observar certas regras. Falei-lhe, em voz alta:

"— Você pode cuidar do prédio e vigiá-lo, se quiser, Maggie, e também pode tomar conta de nós; isso seria muita gentileza. Porém nenhum de seus amigos fantasmas, nenhuma energia malévola, nada disso poderá ficar aqui. Do contrário, vocês terão que ir embora!

"Disse-lhe em seguida que era mais do que bem-vinda se quisesse ficar e que, se tivesse tempo, inclusive poderia visitar Ken e eu em nossa casa em Denver. Toda a conversa — ou comunicação — que houve girou em torno disso. Como falei, era mais como algo telepático. Após alguns segundos, quando parei de falar, Maggie começou a esmaecer... pouco a pouco. Fiquei lá um momento, pensando na estranheza daquilo, e depois tornei a descer, preparei uma xícara de café... e refleti a respeito um pouco mais.

"No dia seguinte, fui para casa, em Denver. Quando eu e Ken voltamos, na primavera seguinte, tudo no prédio continuava como havíamos deixado. Nenhum indício de violação ou destruição. Contudo, após algumas semanas, começaram a acontecer coisas e soubemos que Maggie andava por ali. Como o perfume. Quando ela está perto, pode-se realmente sentir um perfume muito suave, como uma colônia ou rosas brancas. Nada muito forte e embriagador, apenas uma suave fragrância.

"Durante os anos, Maggie materializou-se para poucas pessoas, porém nunca mais apareceu para mim. Uma de suas manifestações foi testemunhada por um rapaz que trabalhava para nós na sorveteria e morava no prédio, como muitos de nossos jovens fazem no verão.

"Certa noite, tivemos uma grande festa no salão, com uma banda tocando. Todos trajavam longos e antiquados vestidos de baile e dançamos até bem tarde, pois estávamos nos divertindo muito. Na manhã seguinte, bem cedo, esse rapazinho foi a um dos banheiros de cima escovar os dentes e lavar o rosto antes de descer para começar a trabalhar na sorveteria. Enquanto lavava o rosto, ele sentiu alguém às suas costas. Imaginou que fosse um dos outros rapazes que trabalhavam e moravam lá, de modo que se virou, esperando vê-lo. Em vez disso, viu Maggie. Ela se inclinava para frente, tentando ver o que ele fazia. O rapazinho ficou tão apavorado que nem mesmo esperou o café da manhã. Foi embora imediatamente após nos contar a história, muito nervoso, e nunca mais voltou. Parecia intensamente perturbado com a experiência. Segundo disse, os cabelos de Maggie estavam com o mesmo penteado que eu vira, mas as roupas eram diferentes. Ele contou que ela usava um vestido longo, de cetim creme, enfeitado de rendas... como se (foi o que pensamos) houvesse participado de nossa festa naquela noite.

"Maggie é um fantasma benévolo. Compreenda, Linda, ela jamais tentou assustar alguém — e você sabe que nosso prédio tem a mais maravilhosa fama nesse sentido. Ninguém sentiu qualquer perigo ou foi incapaz de dormir lá, coisas do gênero. Quando Maggie está por perto, há sempre uma sensação acolhedora e doce. Muita gente já veio aqui desejando vê-la, para poder retratá-la. Alguns repórteres dos jornais mais importantes trouxeram até mesmo suas máquinas fotográficas e dormiram a noite inteira no grande salão, esperando tirar uma foto dela. Entretanto, ninguém jamais conseguiu fotografá-la. Algum dia, talvez... mas não até hoje.

"Alguém uma vez perguntou se queríamos nos livrar de Maggie, afirmando poder trazer uma pessoa que a exorcizaria. Eu respondi:

"— Ora, mas que tolice! Este é o seu lar. Por que desejaríamos nos livrar dela? Ela é encantadora e muito gentil. Pode ficar aqui pelo tempo que quiser.

"Já dissemos a Maggie que se quiser ir para a dimensão à qual pertence tudo bem para nós. Inclusive, ensinamos a ela como olhar para o céu e ver a luz, coisas assim, e que, se desejar, haverá alguém para lhe dar a mão e levá-la para onde possa estar com seus iguais, até mesmo com pessoas que tenha conhecido. Entretanto, ela parece não querer fazer isso, parece satisfeita em continuar exatamente onde está.

"Às vezes pensamos que ela se foi, após vários meses sem qualquer sensação, qualquer sinal dela, entende? Então, quando menos esperamos, surge uma brisa fria e a fragrância de rosas brancas novamente, suave, ou qualquer outra indicação de que ela continua no prédio.

"Houve uma vez em que contratamos uma nova funcionária, que moraria conosco no prédio durante o verão enquanto trabalhava na sorveteria. O quarto que ela escolheu ficava no segundo andar, perto da escada que dava para o terceiro (ou salão de festas). Enquanto pendurava as roupas no armário, essa moça ouviu uma voz, dizendo muito claramente:

"— Ah, que bom! Você vai ficar conosco! Seja bem-vinda!

"Dizer que ela ficou assustada ou surpresa seria pouco. A jovem desceu para o térreo e disse para as outras garçonetes:

"— Não achei graça nenhuma no que vocês fizeram! Sabem que tenho medo da Maggie e não acho nada divertidas essas brincadeiras!

"As outras responderam que nada haviam feito. Estavam todas trabalhando e ficaram um pouco aborrecidas por ela pensar que mentiam.

"— Não dissemos uma só palavra — repetiram. — Não fomos nós!

"— Está bem — replicou a moça finalmente —, mas não acredito nessa Maggie. Acho tudo isso uma tolice, embora me deixe assustada.

"Dias mais tarde, essa jovem fazia café na sorveteria enquanto dizia para as outras garçonetes que não acreditava em Maggie, pois pensava que as colegas ainda queriam assustá-la. Nesse dia, tínhamos oito mesas para o almoço, com turistas e habitantes de Cripple Creek — e havia cerca de nove jovens trabalhando na cozinha. Já lhe disse que o nome da moça era Laura? Bem, de qualquer modo, Laura insistia em que esse negócio sobre Maggie era um punhado de asneiras, 'eu não acredito nela', etc. etc... e, subitamente, todos os copos em cima do balcão começaram a flutuar, um deles atingindo Laura nas costas. Os copos caíram no chão, porém nenhum se quebrou. Todos na sorveteria presenciaram o fato — e Laura ficou parada no mesmo lugar, com as mãos erguidas, exclamando:

"— Eu acredito, eu acredito em você, Maggie!

"Os fregueses ficaram em estado de choque. Nem preciso dizer que Laura demitiu-se naquela tarde. De vez em quando ela costumava aparecer para saborear um *sundae*, porém nunca ficava muito tempo e sempre se sentava perto da entrada. Não ocupava nenhuma das mesas ao fundo, perto do balcão dos sorvetes. Muita gente da cidade testemunhou esse pequeno show particular de Maggie. Os turistas também viram tudo e alguns deles retornam volta e meia, no verão, para nos recordar o fato.

"Outra coisa que Maggie faz é chamar uma pessoa pelo nome quando menos se espera. Ela fez isso com você uma vez, lembra-se, Linda? Ora, é bastante audível, como sabe. Uma pessoa ouve alguém chamá-la em voz alta, vira-se e não há ninguém. Então, de repente, essa pessoa diz 'Ah, é apenas a Maggie outra vez', e continua o seu trabalho. Quando isso acontece comigo, limito-me a dizer em voz alta: 'Fique quieta, Maggie. Estou trabalhando e agora não tenho tempo para brincadeiras!' Então, ela para de dizer meu nome.

"Há mais uma coisa: Maggie canta. Tem uma adorável e delicada voz de soprano. Canta árias irlandesas, modinhas antigas e canções engraçadas. Várias pessoas, inclusive eu e Ken, já a ouviram cantar e dançar com suas botas de salto alto no grande salão, em ritmo de polca.

"Maggie também costumava tocar concertina. A princípio, eu ignorava o que fosse uma concertina, mas logo fiquei sabendo. Outras pessoas no prédio também ouviram. Nos primeiros quatro ou cinco anos após a nossa mudança, ela de fato tocava esse pequeno instrumento, às vezes bastante alto — em outras, muito baixinho. Contudo, ninguém a ouviu tocar recentemente.

"A questão principal é que Maggie tem uma presença confortadora. Todos dizem que há algo de cordial e gostoso em apenas ficar sentado no Sarsaparilla... apenas sentar-se lá os deixa sentindo-se bem e felizes de algum modo. Você mesma disse isto muitas vezes, Linda. Sei o que eles querem dizer, porque eu e Ken sentimos a mesma coisa. Às vezes, se estou melancólica ou deprimida... quando estou cansada de todo o trabalho que precisa ser feito, em particular na temporada movimentada... ou se me sinto realmente preocupada com qualquer coisa... Maggie aproxima-se... sinto aquela fragrância suave, muito suave, de colônia ou rosas brancas... e sou invadida por uma cálida sensação. Posso ouvi-la dizendo telepaticamente:

"Está tudo bem, Katherine. Eu lhe darei forças. Estou aqui, não precisa se preocupar. Eu cuidarei de você." Isso me dá uma visível sensação de calor, conforto e bondade quando estou só.

"De algum modo, mesmo sem saber quem ou o que Maggie é, ela nunca foi má pessoa. Ela foi — ou ainda é? — uma das criaturas mais gentis que já viveram — ou assombraram — em Cripple Creek. A princípio, fizemos alguma investigação, porém nunca descobrimos nada que desvendasse o mistério. Interrogamos Fergie Ferguson, que era comerciante na época da construção, anos atrás, mas ele disse que nunca ouvira falar de algum assassinato ou tragédia — nem nada semelhante — relacionado a uma mulher jovem. Ficamos sabendo que ali funcionara uma casa funerária em algum tempo, chamada Farley Lampton Funeral Home. Entretanto, foi só o que pudemos descobrir, sem que nada disso explicasse a presença de Maggie.

"Quero encerrar recordando a você que muita gente, ao passar a noite em nosso prédio, ouviu um bebê chorando alto — como aquele que as pessoas ouvem chorando em sua casa, Linda. Eu mesma nunca o ouvi, mas outras pessoas ouviram e isso as perturba, porque dizem que é um choro muito triste e lamentoso. Talvez seja — ou foi — filho da Maggie, mas, naturalmente, não sabemos... e suposições a nada levam. A cada verão, perguntamo-nos o que Maggie fará desta vez no Sarsaparilla. Um novo verão aproxima-se, e esperamos que ela esteja de volta. Sentimos muito a sua falta quando se ausenta. Aliás, todos sentem."

E aí temos a história de Maggie, relatada por sua leal amiga, Katherine Hartz. Por falar nisto, Kenneth, o marido de Kathy, é um comerciante que também dá aulas de astrologia. Seu signo solar é Libra, e acredito que ainda esteja tentando se decidir sobre a existência de Maggie! Claro, Kenneth sabe perfeitamente que ela existe, em certa forma, porém ainda não equilibrou os pratos de sua balança libriana quanto a saber exatamente de onde ela veio... e por que está lá.

☆☆☆

Conforme já disse, somente após aprender sobre frequências vibratórias (unidades de angstrom por segundo) com um de meus gurus no retiro das montanhas, compreendi que os fantasmas são reais, e não imaginários.

Em primeiro lugar, talvez seja proveitoso definirmos as unidades de angstrom. Uma unidade de angstrom é um centésimo milionésimo de centímetro, e é empregada para medir o comprimento das ondas luminosas.

Cada pessoa vibra em uma frequência eletromagnética de unidade de angstrômio (ondas luminosas) por segundo absolutamente individual. Quando essa frequência é intensificada ou elevada, o corpo físico não é visível aos olhos físicos de outra pessoa. Quando diminui-se a frequência, o corpo físico se torna visível novamente ao olho físico.

Consegui compreender isso por meio da analogia com um ventilador. Quando a energia está desligada e você olha para o ventilador, o que vê? Um círculo. Porções desse círculo (as pás do ventilador) são opacas (sólidas) e você não pode enxergar através delas. Outras porções do círculo (os espaços entre as pás) permitem-lhe enxergar o outro lado — ou o que quer que esteja atrás do ventilador. Assim, parte do círculo é visível, e outra parte é invisível. As pás são matéria densa — os espaços entre elas são apenas ar.

Ora, quando você liga o ventilador na velocidade baixa, ele começa a girar com certa frequência e, durante algum tempo, o círculo *parece* ser denso e sólido. Não se consegue enxergar através dele por nenhum ponto. Então, quando você passa para a velocidade alta, a frequência aumenta e o círculo muda, de uma massa *aparentemente* sólida, para um círculo de ar, sem nenhuma obstrução de material denso, permitindo que se veja através do *círculo inteiro*. Parece ilusão de óptica, mas não é. É pura realidade. Qual a diferença entre o círculo sólido do leque, através do qual você *não pode* enxergar, e o círculo vazio, através do qual *pode* enxergar todos os pontos? O *ritmo de velocidade em que as pás estão girando*. Portanto, para que o olho físico enxergue, a diferença entre o visível e o invisível — a velocidade em que o objeto é visto (ou não visto) — é a vibração.

Espero que esta analogia facilite para você a compreensão dos mundos visível e invisível (objetos e pessoas). Para mim, foi ótima.

Uma pessoa na forma astral, esteja ela morta há muito ou pouco tempo — ou simplesmente dormindo e temporariamente fora do corpo — está "girando" tão depressa, vibrando em um ritmo tão maior de ondas luminosas ou unidades de angstrom por segundo, que uma pessoa normal, no mundo físico, não consegue vê-la com sua visão física. Assim, a pessoa na forma astral é invisível.

Por vezes, um homem ou mulher ultrassensitivos aumentam inconscientemente o ritmo de sua frequência por alguns momentos e então conseguem ver, com visão física, formas que permanecem invisíveis a quem não estiver tão refinadamente sintonizado. Em resultado, algumas pessoas podem "ver um fantasma", em certas ocasiões, por breves períodos, em geral apenas segundos. A forma astral assim vista nem sempre pertence a uma "pessoa morta", embora seja a ideia recorrente. No caso de Maggie, o astral pertence sem dúvida a uma mulher há muito falecida, mas em outros casos de "visão de fantasmas", o astral poderia perfeitamente ser o de alguém — em qualquer lugar — que estivesse dormindo no momento, cujo corpo astral estivesse perambulando — um ser extraterrestre (uma criatura espacial) ou um Mestre, um Guru ou um Avatar. No caso da pessoa adormecida, em geral o incidente é puramente acidental, devido à sensitividade de quem a vê, não ao astral de quem dorme.

De qualquer modo, no que diz respeito aos Avatares, eles são capazes de, consciente e deliberadamente, elevar (aumentar) ou baixar (diminuir) a frequência vibratória de seus corpos quando querem ficar invisíveis ou visíveis àqueles menos iluminados e que, portanto, vibram em um ritmo mais baixo de unidades de angstrom por segundo. Esta aptidão vibratória me foi demonstrada por um dos "professores" que apareceram para me instruir no Colorado e, evidentemente, também por Nathan, naquele fantasmagórico dia de ano-novo, no Hollywood Roosevelt Hotel, suíte 1217 — hoje renumerada para suíte 1221 (Ver a Introdução). O choque inicial ao testemunhar semelhante demonstração com os próprios olhos, sem o emprego de qualquer tipo de "drogas alucinógenas", com a mente perfeitamente lúcida, é algo amedrontador, que infunde respeito, confunde o juízo, tão fantástico que não pode ser descrito. Entretanto, após algumas demonstrações, o fenômeno se torna tão natural quanto observar um ventilador elétrico. Sei que alguns leitores talvez não acreditem no que relatei neste parágrafo, mas não posso me permitir esta preocupação. Há algo em mim profundamente enraizado e firme a respeito de honestidade; não costumo inventar histórias. Quer você aceite ou rejeite o que contei, afirmo que tais aparecimentos e desaparecimentos são absolutamente reais e acontecem. Aqueles que já observaram esses "fenômenos" sentem mais ou menos o que teria sentido Abraham Lincoln se alguém lhe passasse uma peça de formato estranho, em plástico duro, e pedisse que a colocasse sobre uma orelha, quando então ouviria Mary Todd falando com ele da Virgínia — ou então lhe mostrasse uma caixa quadrada e lhe dissesse para apertar um botão, e veria o general Lee discursando para suas tropas no Sul. Tudo que seja estranho e misterioso é relativo.

Como sabemos hoje, ouvir sons em frequência mais elevada, como os da animada festa em minha casa "assombrada" de Cripple Creek, tem o nome de clariaudiência. *Ver* um astral que esteja vibrando em frequência mais elevada tem o nome de clarividência. Há pessoas que possuem o dom de clariaudiência, outras o da clarividência, e algumas possuem os dois. Temos ainda as "aparições e desaparições" desejadas deliberadamente por um Mestre, Avatar ou Guru, que podem controlar as próprias frequências vibratórias, tornando-se visíveis ou invisíveis até para quem não possui o dom da clarividência — além de proferirem palavras e sons que podem ser ouvidos até por quem não possua o dom da clariaudiência.

Desta forma, é possível "ouvir" e "ver" um fantasma, algumas vezes separadamente, outras ao mesmo tempo, graças a uma combinação de clariaudiência e clarividência.

Essas entidades podem mover objetos, manipular a matéria? Sim, claro que podem. As entidades astrais de quaisquer das várias espécies já descritas não são apenas "impressões" ou imagens etéreas flutuantes, mas são controladas pelo Eu Superior do astral (ou Espírito), bem como pela mente e alma *ainda existentes e funcionando*. Nenhum destes três morre, cessa de existir ou de funcionar após a morte do corpo carnal, sobre o qual é superposto o astral quando em vida, ajustando-se em aparência exata ao corpo físico. Decididamente, a mente, a alma e o Eu Superior são capazes de manipular a matéria da mesma forma como podem elevar ou baixar a frequência vibratória do astral dos mortos ou do corpo carnal de uma pessoa adormecida.

Se a marionete do ventríloquo se quebrar ou for jogada fora, o ventríloquo ainda pode manipular a matéria, falar, mover uma xícara, ou continuar a fazer tudo o que sempre fez independentemente da marionete descartável? Sem dúvida. *Porque nunca foi a marionete que executou a fala ou qualquer outra ação*. Foi o ventríloquo o responsável todo o tempo — e ele não se tornou inútil quando a marionete (corpo) ficou imprestável. Enquanto o ventríloquo não escolher uma nova marionete para controlar e guiar, disporá de certo tempo livre, por assim dizer. Entretanto, bem poucos donos de marionetes, entre uma e outra encarnação, escolhem a assombração como atividade. Em outras dimensões, há coisas mais produtivas e iluminadoras (para não dizermos interessantes) a fazer. Uma das situações que produzem certas assombrações — embora não todas — é aquela em que a mente e a alma ainda existentes são magnetizadas para um local onde foi experimentada intensa emoção quando o corpo carnal existia. E o Eu Superior (Espírito) deve acompanhá-las, mesmo que muitas vezes relutantemente. Por quê? Livre-arbítrio.

Isto lhe parece estranho — mais ou menos como se o encarregado da correspondência dissesse ao presidente da General Motors o que fazer e este o acompanhasse timidamente, apenas para estar presente caso fosse solicitado? Bem, pois aqui vai uma surpresa. A situação é exatamente essa.

Seu Eu Superior (ou Espírito — ou o Anjo do Eu Superior) está sempre lá, jamais se separa de sua mente e sua alma (que, por falar nisto, estão fora do corpo), seja na vida ou na morte. Sempre lá, amorosamente pronto para guiar e ajudar você a carregar pedras se as coisas ficam difíceis, mas incapaz de usar força para impor sabedoria ou poder (devido ao dom do livre-arbítrio). Este "Anjo da Guarda" — o você real, o você-de-você — possui toda a sabedoria, toda a verdade, toda a inocência e todo o poder. Entretanto, não pode iniciar uma comunicação efetiva. Isto compete a você (e aqui o termo "você" significa sua própria mente — o lado racional ativado pelo seu cérebro — e sua própria alma — cujo Terceiro Olho é o responsável pelo funcionamento). Você deve iniciar a comunicação e estabelecê-la. Com seu livre-arbítrio, deve escolher e decidir se sintonizar ao seu Eu Superior e, portanto, receber todo o poder que sempre lhe pertenceu por direito de nascimento, desde a primeira encarnação em corpo carnal até as encarnações subsequentes, incluindo a presente, é claro. É fato irrevogável que "é a sua vez" de jogar uma partida de xadrez espiritual.

Talvez tudo isto seja de difícil compreensão para você, porém ficará mais claro por meio de um desenho ilustrando a "santíssima trindade" do você-de-você. Na página seguinte encontrará um esboço para ajudar na visualização.

Repare na pirâmide dupla, formada pela conexão entre a "santíssima trindade". Este é um ponto da maior importância, conforme aprenderá no Capítulo 7, "Melodias esquecidas". Repare também que as duas pirâmides assim formadas são de base contra base, não de topo contra topo.

Antes de prosseguirmos, uma palavra relacionada à mente e à alma. Usemos maiúsculas para ficar mais claro. A Mente — de homens e mulheres — é Masculina. Opera por meio do Cérebro Masculino — tanto nos homens quanto nas mulheres.

A Alma — de homens e mulheres — é Feminina. Opera por meio do Terceiro Olho Feminino — tanto nos homens quanto nas mulheres. Daí o motivo, conforme mencionei em algum ponto de outros capítulos, de existir uma parcela masculina em cada mulher e uma parcela feminina em cada homem. Por esta razão é perfeitamente natural e desejável que um homem demonstre compaixão, que chore, aprecie poesia e possua outras características de sensibilidade, sem se considerar "efeminado" por causa desse aspecto de sua natureza. Jesus, por exemplo, chorou.

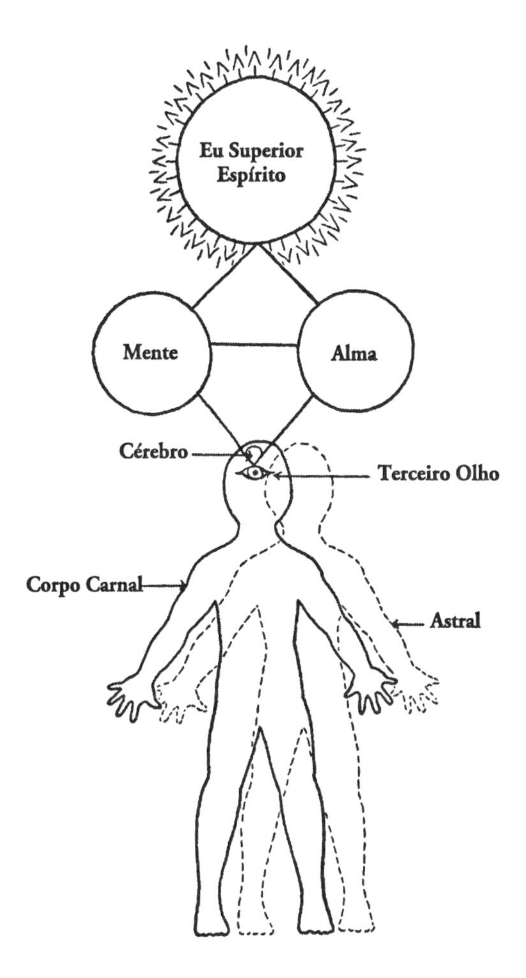

Contudo, em nossa sociedade os garotinhos são continuamente advertidos de que "homem não chora", "homens não se abraçam", "seja um homenzinho...", e assim por diante.

Inversamente, é muito natural e desejável que uma mulher se mostre corajosa e independente, que procure uma carreira ou profissão onde seus talentos e capacidades possam ser usados, sem se considerar "durona" ou "masculinizada" por causa desse lado masculino de sua natureza.

Entretanto, em nossa sociedade, as garotinhas recebem ordens contínuas de "seja bem-comportada", "guarde suas opiniões para você mesma" "não seja como um moleque", e assim por diante.

O núcleo de todos os problemas desta Terra hoje é que a Mente Masculina, operando pelo Cérebro Masculino, permitiu que a tecnologia ultrapassasse a sabedoria espiritual, ao preço da aniquilação iminente.

O surgimento do movimento feminista é um saudável indício de que nossos Criadores tentam semear na mente de todos os terrenos a ideia de que é chegado o momento da Alma Feminina (de homens e mulheres) — operando por meio do Terceiro Olho Feminino — ser igualmente reconhecida. Em outras palavras, o momento da Rainha se assentar em seu trono ao lado do Rei, a fim de que haja Paz permanente no Reino. Reino. Assim denominado por causa dele, observem. Ou para que a vontade de nossos Criadores "seja feita assim na Terra como no Céu".

É trágico algumas mulheres, ansiando por liberdade (justificadamente), acreditarem que o caminho para a liberdade é a sua transformação em homens, então derrotando o inteiro propósito divino e plantando as sementes de uma sociedade matriarcal. Afirmo que seria tão prejudicial para a felicidade humana como o é a sociedade patriarcal sob a qual temos vivido durante tanto e tanto tempo. A causa disso é uma interpretação errônea da palavra "igual". Compreendamos que homens e mulheres não são iguais. Eles são, devem ser e sempre serão *diferentes*. O ideal não é que se tornem um sexo único, mas que permaneçam separados, com direitos e poderes iguais.

Este é o equívoco no pensamento feminino atual. O problema no pensamento do gênero masculino pode ser descrito por uma ilustração dada, creio eu, na seção Áries-Leão, do livro *Os astros comandam o amor.* O Leão (rei) diz para Áries (rainha), em zangada frustração: "Como posso torná-la minha *igual*, se você não reconhece que sou seu *superior*?" Esta declaração machista dispensa interpretação. Ela fala por si mesma e simboliza a zangada frustração do homem na sociedade de hoje.

O que isso tem a ver com o tema deste capítulo? Tudo. O título é *Fantasmas, Gurus e Avatares*, e cada Guru ou Avatar surgido durante meu retiro nas montanhas do Colorado, a fim de ensinar lições "quando o estudante estiver pronto", esforçou-se ao máximo para explicar que o princípio masculino-feminino contido no *yin* e *yang* da arte, da eletricidade, da ciência e da união humana é o cristal prismático através do qual é visto o refletido espectro do arco-íris de todas as verdades.

☆☆☆

A analogia do presidente da General Motors me faz recordar aquilo em que fui instruída — e você talvez ache interessante —, e que se relaciona ao Guru pessoal de alguém, "quando o estudante estiver pronto". Você certamente recorda que, no Prefácio deste livro, aconselhei-o a buscar seu Guru pessoal quando você estiver pronto, o qual lhe ensinará como, finalmente, comunicar-se com o mais confiável Guru de todos — seu Eu Superior.

Após algum tempo, possivelmente após a manifestação de mais de um "professor", que desaparecerão e o deixarão entregue a si mesmo para experimentar suas novas "asas", quando você estiver pronto para se tornar um Iniciado e ser completamente iluminado, são-lhe dados dois Gurus. Nem sempre ao mesmo tempo, mas também nunca muito distantes em termos temporais. Um deles é gentil, paciente, delicado e brando, sem se intrometer — calmo e sossegado, quase ao ponto da timidez. Sua responsabilidade, durante o período em que estará com você, é demonstrar, pelo exemplo apenas, que Ele não deve lhe contar tudo e nem exigir tudo. Compete a ele apenas, calmamente e de forma contínua, demonstrar pelo próprio comportamento o que você deverá imitar. Ele talvez não o corrija, não o "censure" ou aponte sua fraqueza. Quando ele se for, seu coração quase se despedaçará, ao compreender tardiamente qual fora a missão daquela criatura — mas então já terá aprendido muito e começará a caminhar com seus próprios pés.

O outro Guru o deixará irritado, frustrado e aborrecido, mas exigirá — e receberá — seu reverente respeito. Respeito pelo seu intelecto, pelo seu aparentemente interminável conhecimento esotérico e poderes. Ele é como o treinador que deve preparar o cão (não é um exemplo depreciativo) para o "melhor do show". Sua responsabilidade é discipliná-lo severamente, testar sua confiança nele — e em si mesmo — de maneiras bem diversificadas. Você se rebelará antes de se submeter. Quando ele se for, você terá aprendido a lição da humildade, o requisito mais necessário para a iniciação final. Então ele tornará a aparecer, quando você menos esperar, para guiá-lo pelo resto do caminho até à iluminação, não mais parecendo severo e ilusório (a ilusão foi apenas um teste para sua fé) — com olhos brilhantes e maneiras que demonstram a igualdade entre ambos.

Por fim, seu "Guru gentil" voltará a se manifestar, e você não terá palavras para expressar sua felicidade ao vê-lo, e finalmente compreenderá a missão de ambos, então estará preparado.

O plano divino para cada pessoa é que ela alcance a evolução necessária, a fim de que surjam os seus próprios Avatares pessoais. E a missão deles, conforme expliquei, é ensinar você a alcançar a sintonia com o "Guru" definitivo — seu próprio Eu Superior.

Daí o motivo de poder ser enganoso o que tanto é chamado de trans-canalização como de transe-canalização (a canalização por meio de outra pessoa que esteja em transe), e que deve ser abordado com muita cautela. Alguém observou que receber orientação dessa maneira é como discar uma série de números ao acaso em um telefone astral sem ter como verificar quem irá atender à chamada — gostaria de recordar quem disse isso, já que é muito apropriado. Em raras ocasiões a busca de conhecimento por meio de um médium é válida e proveitosa, pois muitos seguiram os ensinamentos de Edgar Cayce. Contudo, tanto Cayce como Jesus de Nazaré conheceram a frustração ao tentarem ajudar e ensinar pessoas que insistiam em confiar no professor para tudo, ignorando a mais importante lição ensinada, expressa nas palavras do Nazareno: "Tudo aquilo que fiz, vós também podeis fazer. Ide e fazei o mesmo — e ainda mais." Você pode esperar a leitura destas palavras várias vezes neste livro. Elas merecem inúmeras repetições.

Os "guias espirituais" de outros níveis de consciência são — nem sempre, mas com grande frequência — falsos e, às vezes, até diabólicos, orientando-o em direção oposta à do topo da montanha que você tanto anseia galgar.

O mais conhecido membro da Grande Fraternidade de Anciãos, à qual pertencem todos os Gurus e Avatares, é o Iniciado chamado conde de St. Germain (o "St." não significa o termo católico de "santo", mas é parte de um sobrenome francês). William Shakespeare, segundo os mais respeitados metafísicos do mundo, foi uma das várias identidades de St. Germain, que, dizem, também foi sir Isaac Newton e sir Francis Bacon.* Estes dois últimos nomes surgem periodicamente em estudos literários de eruditos sobre a obra de Shakespeare, teorizando que um ou outro foi o real autor das peças do bardo. O conde de St. Germain também foi amigo do general Lafayette, que, quando os fundadores dos Estados Unidos se desentendiam e discutiam certos pontos da Declaração de Independência, ergueu-se no fundo do aposento e fez tão apaixonado discurso sobre a Liberdade que,

*O enigma de como um Avatar pode assumir várias identidades durante o mesmo período de tempo é explicado no Capítulo 8.

ao terminar, todos apanharam as penas e assinaram. Fala-se, também, que St. Germain foi o retratado na misteriosa tela de Rembrandt, intitulada *Cavaleiro polonês*. Além disso, foi ele, conforme registra a História, quem alertou Maria Antonieta sobre a iminente Revolução Francesa, porém ela não quis ouvi-lo e terminou perdendo a cabeça na guilhotina. O mesmo aconteceu a seu marido, Luís XIV, e a numerosos outros membros da família real. O filho mais novo do rei, o "delfim desaparecido", foi sequestrado do palácio em uma cesta de lavanderia, e os vários livros escritos sobre o que se supõe ter acontecido a ele me fascinaram nas aulas de História na escola.

Historiadores da época registraram também que foi St. Germain o misterioso alquimista que ensinou a regeneração celular a várias damas da corte francesa, fazendo com que homens de 18 e 20 anos duelassem pelos favores amorosos de tais mulheres, que, cronologicamente, já tinham de 80 a 90 anos. Imagino que fossem todas espiritualmente iluminadas — ou então não teriam dominado essas lições de regeneração dadas pelo "Mestre".

Dentre todas as identidades de St. Germain, a que mais me agrada é a de Isaac Newton, porque quando debatia a validade da astrologia com Edmund Halley (do famoso cometa de Halley), e este ridicularizava tal arte e ciência, Newton venceu a discussão, declarando com simplicidade e firmemente: "Sir, eu estudei o assunto. O senhor, não." Com isto, ele bateu os calcanhares, fez um cumprimento brusco — e saiu.

Dizem que St. Germain ainda continua entre nós, usando uma nova identidade, e tenho motivos para não duvidar disso...

Existem Avatares e Avatares. Alguns possuem seu próprio corpo carnal (vários deles com muitos séculos de idade, segundo o Tempo da Terra, conforme será explicado no Capítulo 8), ao passo que outros assumem o corpo de um terreno, cuja mente e alma formam um perfeito canal, e com o consentimento do Eu Superior (ou Espírito) desse corpo, usando tal pessoa como intermediário para a iluminação do mundo. Isto acontece em certas ocasiões na história da Terra, quando há necessidade de alguma descoberta ou invenção vital para a contínua evolução do mundo. Isto é denominado "ofuscação".

Todos os grandes compositores foram assim "ofuscados" ou "eclipsados" para a canalização da Música dos Mestres, como eles próprios acreditavam, fragmentos de acordes da "Música das Esferas", em um grau que permitia aos terrenos receber tais frequências harmônicas. Hoje, os humanos estariam ainda piores se as grandes sinfonias não tocassem as almas e comovessem o coração de milhões.

Um destes Avatares indiscutivelmente utilizado como canal foi o iugoslavo Nikola Tesla. Muitos acreditam seriamente que Tesla era um extraterrestre. Ele é parte do assombrado cenário de Cripple Creek, onde eu mesma fui canalizada para colocar os signos das estrelas neste livro. Assim, esta é mais uma experiência nas montanhas que irei partilhar com você. Ela começou antes de eu entrar pela primeira vez em minha casa assombrada. Foi em minha primeira viagem, subindo a sinuosa estrada que vai de Colorado Springs para o Tibete ou Shangri-lá em miniatura chamado Cripple Creek.

Como no caso de Kathy Hartz e Maggie, acredito que a história seria melhor narrada nas palavras de um corretor de imóveis, Finbar O'Malley, que me levou de carro montanha acima, após minha chegada, porque o proprietário da casa que eu alugara estava fora da cidade na época. Aqui vai a nossa conversa, no dia em que atravessamos as estrelas, como melhor a recordo. Foi a primeira vez que ouvi falar em Nikola Tesla, e a conversa inclui outro estranho e misterioso incidente, que já deve ter sido experimentado por muitos de vocês.

☆☆☆

Fecharei meus olhos por um momento, a fim de me imaginar no carro com Finbar. Depois anotarei, de memória, a nossa conversa para você. Passamos por Woodland Park, após deixarmos Colorado Springs para trás, e então, ao atingirmos um lugarejo chamado Divide, fizemos uma volta e seguimos por uma longa estrada, marginada de espruces e álamos. Subíamos gradualmente para um lugar 1.500 metros mais alto que Springs. Pode visualizar-nos no carro?

— Cripple Creek — informou-me Finbar — fica a quase 3.200 metros de altitude, no mesmo nível que o céu. Há dias em que as nuvens são tão baixas que a gente pode de fato esticar o braço e tocá-las, se pular um pouco. O lugar onde ficarão está cerca de 3 mil metros acima do nível do mar.

— Exatamente a altitude certa para milagres — respondi com naturalidade.

Arrependi-me em seguida, porque era visível que meu comentário despertaria a curiosidade daquele homem que eu mal conhecia — e não sentia vontade de conhecê-lo melhor. Não que eu tivesse alguma coisa contra Finbar O'Malley, um homem agradável e simpático. Acontece que, afinal de contas, o eu-de-mim viajara para a "Nação de Deus" a fim de conseguir um melhor conhecimento Dele, não de mais estranhos. De estranhos, Nova York está cheia.

— Que espécie de milagres espera que aconteça aqui em cima? — perguntou ele, curioso, embora um pouco cuidadoso.

— Ah, algum tipo de antigo milagre que eu possa encontrar enterrado perto de um pinheiro Bristlecone, por séculos desapercebido. Não me preocupo muito com milagres.

Eu precisava mudar de assunto. Decidi-me pelo tempo.

— Alguém me disse que o céu desaba frequentemente nas montanhas, com violentas tempestades elétricas. É verdade? — acrescentei.

A coisa funcionou.

— Ah, isso acontece talvez uma vez por mês, em certas ocasiões um pouco mais, particularmente no verão. Depende das condições atmosféricas. Como estamos apenas na segunda semana de abril, é provável que ainda veja um bom número de tempestades antes do outono. Aqui em cima, volta e meia temos uma tempestade elétrica no meio do inverno. Enquanto está nevando. Uma coisa infernal. Deixa na gente uma sensação estranha. Em geral, as pessoas não associam os trovões e raios de uma tempestade elétrica com a neve, mas isso acontece aqui em cima, nas montanhas. Segundo dizem, foi por isso que Nikola Tesla veio para cá fazer suas experiências. Por causa das tempestades elétricas a três mil metros de altitude... e ainda mais alto. O pico Pikes, onde dizem que ele realizou alguns de seus espetáculos luminosos, tem quatro mil e poucos metros de altitude.

Nikola Tesla. Eu vi o nome em alguma placa comemorativa quando rodávamos junto ao parque, perto do aeroporto do Colorado Springs, e paramos um ou dois minutos, devido a um carro com o motor afogado à nossa frente. Curiosa, virei-me para Finbar.

— Quem foi ele? — perguntei.

— Uma espécie de cientista ou inventor. O povo diz que era um gênio. Certa vez, ouvi alguém dizer que Tesla seria um homem espacial, como Spock e aqueles personagens dos filmes de televisão sobre guerras intergalácticas. — Finbar deu uma risadinha ante a ideia de algo tão inusitado, e continuou: — Sem dúvida, ele tinha muitos hábitos peculiares. Era mesmo um sujeito excêntrico. Dizem que havia qualquer coisa esquisita com seu ouvido interno, seja lá o que for. O caso é que ele tinha audição tão sensível que podia ouvir uma mosca caminhando sobre a mesa, e isso soava como uma explosão. Dizem também que podia ouvir um relógio a dois ou três aposentos de distância. Ele sofria um bocado por causa dos ouvidos sensíveis, entende? Havia também as visões.

— Visões? — perguntei, sentindo a curiosidade crescer.

— Isso mesmo. Ele inventava todo tipo de dispositivos elétricos. Fazia esboços complicados para carros e aviões movidos a eletricidade e energia solar, coisas em que nunca alguém havia pensado. No entanto, ele não desenhava seus projetos para carros, aviões e espaçonaves elétricos da maneira como faz a maioria das pessoas. Dizia que tivera visões; sempre que tinha uma das tais visões, a coisa toda surgia em sua mente como se fosse uma tela ou coisa assim. E seus "retratos mentais", como ele os chamava, eram absolutamente completos, incluindo os mínimos detalhes. Esquisito mesmo!

Finbar meneou a cabeça. Depois prosseguiu:

— Ele era um médium, místico ou seja lá que nome se queira dar, segundo alegam. Podia prever coisas. Como da vez em que inúmeras pessoas ouviram-no dizer a um amigo que não embarcasse em certo trem. O amigo seguiu o conselho e não embarcou. Horas mais tarde, o trem descarrilou e todos os passageiros morreram.

Finbar tornou a balançar a cabeça, em um gesto de meia descrença e meia admiração. Então prosseguiu com sua dissertação estranhamente familiar. Por que familiar para mim? Seria possível que eu já a conhecesse, em um nível superior? Isso já aconteceu com você? Quero dizer, você ouve alguma coisa pela primeira vez, algo que jamais ouviu antes, mas no entanto sente que já sabia antes que a pessoa termine de contar?

— Foi Tesla quem descobriu a CA, ou corrente alternada, não muito depois de Tom Edison ter descoberto a CC, corrente contínua, como sabe. Acho que Edison não gostou muito disso. Colocou enormes anúncios em jornais de Nova York, dizendo para todos que suas casas podiam incendiar-se até os alicerces se usassem a corrente alternada de Tesla. O velho Tom dizia que era um risco e um perigo, quer fosse usada dentro ou fora de casa. Tesla estava trabalhando para ele fazia algum tempo, mas isso separou os dois. Por fim, George Westinghouse e J.P. Morgan patrocinaram as ideias loucas de Tesla, e então ele veio para cá, para Colorado Springs, construir um laboratório para suas experiências. Mais tarde, provou que sua corrente alternada era segura. É o que todo mundo usa em casa hoje, claro.

Esperei que Finbar continuasse, fascinada, mas eu ainda estava perturbada pela impressão de "isto já aconteceu antes", uma espécie de lampejo de *déjà vu*.

— Dizem que Tesla ficou muito preocupado quando dividiram o átomo. Segundo ele, isso produziria energia nuclear, o que poderia acabar com o mundo. Insistia em convencer J.P. Morgan e seus patrocinadores de que o mundo teria escassez de energia em um futuro próximo, e que a energia nuclear era destrutiva, mas que seu método era seguro e puro. Dizia ser capaz de fornecer a todos a energia de que precisassem sem poluir o ar, algo que, conforme predisse em inícios dos anos 1900, seria um enorme problema antes que o século XX chegasse ao fim. E tinha razão. Uma pena que ninguém o ouvisse. Sem dúvida, é um problema e tanto. Especialmente agora, em Denver. Justamente como em Los Angeles e Nova York, talvez até pior...

Finbar calou-se por um instante. Depois continuou:

— Tesla era um sujeito estranho, sem a menor dúvida. Muito parecido fisicamente com Howard Hughes. E também agia de maneira bem semelhante a ele. Sorumbático e temperamental. Não gostava de apertar as mãos de ninguém. Algo sobre misturar auras, embora eu não tenha muita certeza do que seja uma aura.* Dizem que Tesla escalou o pico Pikes várias vezes e sozinho. Quero dizer, no lado esquerdo, aquele que está sempre coberto de neve. Acho que ele queria fazer algumas de suas experiências malucas com raios. Subia direto ao topo, em meio às piores tempestades que se possa imaginar, segundo o que se conta por aqui. Costumava atrair os raios com a torre que construiu, ajudado pelo dinheiro de J.P. Morgan, lá embaixo, em Springs. Então, depois de uma tempestade, ele corria com seus ajudantes e enfiava lâmpadas no solo. Elas acendiam, da mesma forma como acendem quando postas em um bocal da rede elétrica. Ele as punha no chão.

*Veja o Capítulo 6, "Arco-íris esquecidos".

Não é fantástico? — Finbar novamente abanou a cabeça, em um gesto de descrença e respeito. — Tesla dizia que tinha algo a ver com o campo magnético da Terra.

...então, aconteceu

De repente, sem aviso, ficamos envolvidos em uma nuvem de silêncio, que cresceu e cresceu, parecendo envolver o carro como uma manta acolchoada. O próprio zumbido do motor soava amortecido, distante, muito longe.

Por um momento incomensurável, o silêncio permaneceu, até se tornar incômodo. Finbar nada dizia, com os olhos fixos na estrada, sem pestanejar. Tentei pensar em algo para romper o silêncio entre nós, mas não consegui.

Cortando o silêncio, um relâmpago atravessou o céu como uma serpente acompanhado do estrondo que parecia dividir a massa de nuvens mais acima. O sol escureceu por um aterrador instante, depois voltou a brilhar com força. Nada de chuva. Apenas um clarão de aviso, da espécie que, segundo eu ouvira, às vezes surge como prenúncio de tempestade iminente nessas grandes altitudes. O silêncio continuava. Eu queria interrogar Finbar sobre o súbito raio que parecia tão distante da realidade, aparecendo e desaparecendo tão rapidamente. Entretanto, não conseguia falar. Ele tampouco.

Após algum tempo, finalmente encontrei a voz.

— São 20 minutos *antes* da hora ou 20 minutos *depois*? — perguntei.

O carro ziguezagueou ligeiramente quando Finbar olhou de relance para o relógio em seu pulso esquerdo, depois engoliu em seco, antes de responder.

— Faltam 20 minutos para as 15. — Tornou a olhar o relógio. — Exatamente 20 minutos para as 15 horas — repetiu em voz baixa. — *Cravados*. Como... foi que...?

Então, aconteceu uma coisa tola, algo que faço algumas vezes, embora não seja aquariana. Esqueci o nome de Finbar. Foi aquela espécie de amnésia instantânea que ocorre ocasionalmente com pessoas que acabamos de conhecer (exceto com aquarianos, pois isto acontece com eles o tempo todo!). Tenho certeza de que já aconteceu com você também, deixando-o constrangido para perguntar, e então você se arrisca, esperando estar certo. Se se enganar, a situação... bem, a vontade era que o chão se abrisse para engoli-lo, não é mesmo? Pensei ter recordado o nome dele. Estava enganada.

Dei uma risada.

— É curioso ouvir um irlandês perguntar como eu sabia a hora exata, *Michael* — falei. — Pensei que todo gaélico estivesse a par da superstição do "silêncio súbito". Aliás, foi minha avó irlandesa, cujos pais nasceram no condado de Cork, quem primeiro me contou a respeito.

O homem a meu lado continuou tenso. De fato, estava ainda mais tenso do que antes e sua voz permaneceu muito baixa.

— Quem lhe contou... a respeito de quê?

— A respeito da coisa estranha que às vezes acontece entre duas ou mais pessoas conversando. De repente, há um silêncio mortal que ninguém parece capaz de romper por um longo momento, por mais que se esforce. É como se todos estivessem de lábios selados ou então hipnotizados, em transe. Após o silêncio ficar constrangedor, alguém por fim consegue rompê-lo, dizendo algo. E, em geral, ninguém nem mesmo comenta o sucedido em palavras. Todos continuam discorrendo sobre o que quer que estivesse falando antes que... acontecesse.

Finbar nada disse, mas sua mão sardenta e queimada de sol pressionou mais o volante. Senti-me enrubescer. Teria ele decidido que eu era *pixilated*, o termo gaélico que significa ter os parafusos frouxos? Encerrei minha história nervosamente.

— Minha avó, que eu chamava de mãe-elfo, me contou que quando o silêncio súbito acontece, quase sempre, pelo menos em 95 por cento das vezes, faltam 20 minutos ou passam 20 minutos de uma hora completa. Uma hora qualquer. Venho testando esta teoria durante a maior parte de minha vida, desde que tinha uns 14 anos, sempre que surge um silêncio pesado, quando estou falando com outra pessoa ou para um grupo de pessoas. E ela estava certa. Geralmente é para onde aponta o ponteiro do relógio. Vinte minutos antes ou 20 minutos depois de uma hora completa.

"Houve apenas umas poucas vezes no correr dos anos, acho que umas três, em que isso não funcionou. Vale para o dia e para a noite. Se perguntamos à pessoa com quem conversamos se faltam ou passam 20 minutos, e não estamos usando relógio nem existe um em algum lugar visível, essa pessoa sempre fica assustada — terminei desajeitadamente. — Como aconteceu agora com você."

Finbar continuou calado, embora assentisse com um breve e polido sorriso.

— Sempre me perguntei por que isso acontecia — prossegui, tentando preencher o que agora era um silêncio diferente e decididamente nervoso dentro do carro. — Quero dizer, fiz a experiência inúmeras vezes e inúmeras vezes a vi funcionar, por isso tenho certeza de que deve existir um motivo. Talvez envolvendo leis de física. Ou metafísica. Evidentemente, está relacionado com a quarta dimensão do tempo. Tenho grande interesse por numerologia, porém nunca encontrei uma solução para esse fenômeno nos muitos livros de numerologia que já li. Pretendo estudar melhor o assunto aqui em cima este verão, talvez a Cabala também. Creio que um dia acharei uma resposta. Talvez possa sonhá-la, aqui nas montanhas. Pequenos mistérios como este me deixam intrigada, e não sossego até decifrá-los.

Finbar pigarreou, depois falou, como se não tivesse prestado a mínima atenção ao que eu tinha dito.

— Meu nome é Michael — disse ele, e fez uma pausa. — Michael Finbar O'Malley. Você não teria meios de saber. No entanto, também sabia a hora exata, embora não esteja usando um... hum... creio que explicou mais ou menos como podia adivinhar... mas... você é o que chamam de médium?

De novo, a conversa tomava o rumo errado. Procurei desesperadamente outro tema para mudar de assunto. Quando Finbar mudou a marcha do carro, também mudei de assunto, embora não tão suavemente.

— Não, não sou médium. Isto é, sou tão psíquica quanto qualquer pessoa, apenas abrindo a mente e permitindo a canalização de coisas. Simplesmente, uma questão de se sintonizar com um nível de consciência mais elevado. Não percebi que o tinha chamado de Michael até você fazer a observação.

Uma dupla mentira. Eu *percebera*. E nada neste planeta é uma coincidência. Ou em qualquer outro planeta. Ou em nosso Sistema Solar ou Universo. Seja gigantesco ou microscópico, cada evento é ligado a um padrão cósmico perceptível, invisível, entrelaçado. Entretanto, aquele não era o momento e nem o lugar para tentar desenredar tais complexidades. Procurei soar alegre e segura de mim, enquanto tentava mudar abruptamente de tema.

— Michael é um nome comum. Muita gente se chama Michael. — Então, após brevíssima pausa: — Onde foi que Nikola Tesla morou?

— A maior parte do tempo, em Colorado Springs. De vez em quando, no entanto, ficava em Cripple Creek, se tivesse coisas a fazer nos montes Pisgah ou Tenderfoot... e no pico Pikes. Contudo, ninguém sabe exatamente onde. Talvez porque ele ficava apenas alguns dias, suponho, quando as tempestades eram iminentes.

A apreensão de Finbar pareceu retornar momentaneamente.

— É uma pergunta engraçada — murmurou.

— O que tem de engraçada?

— Bem, talvez não seja engraçada. Acho que a palavra é... estranha.

— Está bem, mas por que estranha?

— Porque você antecipou uma coisa que eu ia lhe dizer, e também pelo fato de...

Ele hesitou. Fiquei calada, esperando, pois parecia o mais sensato a fazer.

— Bem, há um forte rumor de que ele algumas vezes ficou em uma casa assombrada, de tijolos vermelhos, situada diante da escola e do ginásio, entre as ruas Três e Quatro. A casa foi construída ao final da década de 1880 por um joalheiro de Nova York chamado Goldsmith, Goldblatt ou coisa assim. Mais tarde, foi usada como uma espécie de anexo para a Old Homestead, quando eles tinham um excesso de clientes nos fins de semana. Depois disso, tornou-se uma pensão.

— A Old Homestead?

Decididamente, perguntas mais breves pareciam mais seguras. Recordei minha amiga, mencionando a Old Homestead, em Nova York. Seria a minha imaginação, ou Finbar realmente estava falando mais rápido do que o normal, como se tentasse esconder algo?

— Exatamente. Um dos mais antigos prostíbulos no Oeste. Se quiser, passaremos diante dele quando chegarmos a Cripple Creek. Atualmente é um museu. Talvez queira entrar e dar uma espiada. Lá, eles têm guias que explicam detalhes interessantes sobre a proprietária, Pearl DeVere, e toda a agitação durante a corrida do ouro, como as sinetas que as garotas tocavam quando olhavam pela janela e viam os policiais chegando, na calçada da frente. A história de Pearl teve um final triste, mas não vou contá-lo agora e estragar tudo.

Ele aumentou a velocidade do carro, atropelando as palavras, cada vez mais rápidas.

— No interior da casa, a maior parte da mobília ainda é autêntica, dos tempos em que o prostíbulo continuava a funcionar. Se gosta de antiguidades, apreciará um passeio na Old Homestead e também no museu principal, no depósito ferroviário. Victor também tem um museu. E há o Melodrama, no Imperial Hotel de Cripple Creek, logo abaixo da colina, onde fica a casa... em que irá morar.

Estaria eu imaginando novamente, ou ele hesitara?

— O simples ato de entrar no saguão do Imperial nos dá a sensação de que dormimos e acordamos no século XIX. E as peças encenadas...

— Fica para outra ocasião, Finbar — interrompi. — Mais tarde eu gostaria de rodar por aí com você e ver esses lugares ou caminhar por eles sozinha, porém preciso me instalar na casa antes do escurecer.

Por que ele achara estranha minha pergunta sobre Tesla?

— Não posso censurá-la. A noite não é o melhor momento para desfazer as malas em uma casa onde nunca... esteve ou morou antes. Em especial se está sozinha. Afinal, avisaram que uma tempestade está a caminho. Se for uma daquelas terríveis, não seria uma acolhida muito alegre para sua primeira vez nas montanhas. Uma tempestade pode deixar o ambiente muito melancólico. Uma pena.

— Finbar... — Olhei diretamente para ele e falei: — Por que achou estranho eu perguntar onde Nikola Tesla residira quando estava em Cripple Creek?

Ele não respondeu. Pigarreou várias vezes e depois silenciou, como se não me tivesse ouvido. Eu, no entanto, insisti.

— Como se chama a rua onde ficava a pensão em que, segundo disse, ele poderia ter se hospedado? Aquela diante da escola e do ginásio?

Uma longa pausa. Então...

— Avenida Carr. Avenida Carr, 315. Em homenagem ao governador Carr.

Rapidamente, enfiei a mão no bolso de meu blusão vermelho-cereja com capuz de elfo (meu favorito após vários anos, recosturado e remendado), dele tirando uma folha dobrada de papel com anotações. Olhei para ela.

— Avenida Carr, 315? Ora, mas é... o endereço da casa que você me alugou! — exclamei, tremendo ligeiramente, sem nenhum motivo em particular.

— Sim, bem... é — murmurou ele, o rosto ficando corado. — É verdade. Acho que, por isso, algumas pessoas falam que a casa é mal-assombrada, imagino. No entanto, compreenda, não há nenhuma prova real de que Tesla um dia se hospedou lá. Tudo não passa de boatos.

Finbar sorriu tranquilamente para mim.

— Bem, esperemos que os boatos sejam verdadeiros — sorri ao responder, tentando exibir um sorriso radioso, a voz projetando uma alegria que não sentia. — Então, terei algo excitante para escrever aos amigos, lá em Nova York.

Finbar então ofereceu-me um de seus mais amplos sorrisos irlandeses, mostrando que já se recuperara do medo de se tornar o prisioneiro cativo de uma feiticeira dentro de um carro. Evidentemente, com minha falsa reação de naturalidade ante o choque de pensar que Tesla vivera na mesma casa em que eu ficaria sozinha, eu o convencera de que não iria transformá-lo em sapo ou lançar-lhe quaisquer feitiços dos quais ele não pudesse se defender. Sorri de volta, tentando parecer simpática e normal, embora por dentro não me sentisse nem um pouco normal.

De repente, virei-me para ele, enquanto rodávamos pela serpenteante estrada que leva a Cripple Creek. Perguntei:

— Ele já morreu, não? Estou falando de Tesla.

— Ah, sim. Morreu há anos, em Nova York, depois que o governo ou seja lá quem incendiou seu laboratório, queimando-o até os alicerces, com todos os seus documentos e anotações de pesquisa. Dizem que isso simplesmente lhe partiu o coração. Ele voltou para Nova York depois que o velho J.P. Morgan retirou o patrocínio. Então, derrubaram sua torre de raios, ou o que quer que fosse aquilo, montada em Springs. Parece que Morgan ficou assustado quando descobriu que uma das invenções de Tesla era uma engenhoca pela qual bastaria às pessoas ter uma antena em seus quintais para captar toda a energia elétrica necessária para tudo, fosse utilizando-a em uma casa ou uma fazenda. Uma energia captada do ar, sem custar um centavo. Sem dúvida, Morgan achou que isso seria como investir sem ter retorno algum. A essa altura, Edison e o governo estavam de mãos dadas, muito amigos, de modo que ninguém aprovou a ideia de Tesla quanto a distribuir eletricidade ao povo em troca de nada.

"Alguns dizem que Tesla morreu de ataque cardíaco. Ele era um homem quebrado: o coração partido, e as finanças também. Outros dizem que sua morte foi resultante das lesões sofridas ao ser atropelado por um carro quando cruzava a rua perto do New Yorker Hotel, onde estava hospedado. Li em um livro que certas pessoas não acreditavam em atropelamento acidental. Há pessoas que culpam os nazistas, porque ele trabalhava em algo que venceria qualquer guerra para nós. Ele tinha inúmeros patrocinadores. Mark Twain o achava brilhante, e os dois eram excelentes amigos."

Finbar ficou calado por alguns segundos.

— Há também quem acredite que, se não fossem as lesões do acidente, Tesla viveria para sempre... ou que ainda vive. Entretanto, considero isso uma teoria muito avançada, para não dizer mais. Nenhuma pessoa inteligente acreditaria em tal história.

Em vista da última declaração de Finbar, decidi não expressar em voz alta o que pensava, e que era: "Eu acredito."

Ele prosseguiu com sua narrativa enquanto descíamos a avenida Bennett, passando pelo Museu Distrital de Cripple Creek e a estação ferroviária.

— Mas Tesla tinha ainda que pregar uma peça em todo mundo. Seu funeral ocorreu na catedral de St. John the Divine, em Nova York. Compareceram centenas de cientistas e pessoas famosas, além de repórteres e fotógrafos dos jornais e revistas mais importantes do mundo. Todos estavam usando filmes Eastman Kodak em suas câmeras e tiraram várias fotos de Tesla em seu caixão aberto, junto do altar.

"Então, recuaram. Foi uma espécie de momento dramático, porque, logo após baterem a última foto, um raio de sol caiu sobre a cabeça de Tesla, infiltrando-se por um dos vitrais, e todos ouviram o estrondo de um trovão, embora não estivesse chovendo. O curioso, no entanto, foi que todas as fotos batidas... li que foram mais de 50... tinham os negativos borrados. Não se conseguia ver nada. Eastman Kodak não soube explicar o motivo. Assim, de certo modo, Tesla teve a última palavra."

Eu estava calada, pensativa, enquanto Finbar terminava sua história.

— É lamentável que este país tenha suprimido o trabalho de Tesla. Na escola, as crianças nunca ouviram falar dele. Todos os livros didáticos ensinam que Edison descobriu a eletricidade. Entretanto, não teríamos eletricidade, na forma como hoje a consumimos, sem a corrente alternada de Tesla. Pobre sujeito! Dizem que Marconi roubou a invenção de Tesla sobre a energia de ondas curtas, ou rádio, depois que Tesla o deixou entrar em seu laboratório e ver o que ele fazia com todos aqueles experimentos.

— Uma vergonha, América, uma vergonha! — murmurei baixinho.

Finbar não me ouviu. Continuou a falar sobre Tesla, agora fornecendo uma espantosa informação.

— Segundo dizem, Tesla era um homem tímido. A julgar pela única foto que já vi dele, era muito parecido com o tal Howard Hughes, como já falei. Cabelos pretos. Bigodes pretos. Olhos escuros. Ele não gostava de ser fotografado. É possível que tenha sabotado as câmeras na igreja, de algum modo... talvez com uma daquelas ondas eletromagnéticas luminosas que vivia pesquisando em seus laboratórios. Enfim, ninguém jamais conseguiu explicar o ocorrido.

"Há também a invenção em que ele trabalhava quando o tal carro o atropelou. Acho que a chamam de bobina Tesla. Hoje é usada em um processo a que dão o nome de fotografia Kirlian... para tirar fotos da aura humana, seja o que for. Ouvi dizer que essa bobina de Tesla produz alguma espécie de eletricidade estática que, segundo ele, repararia a medula óssea, faria ossos quebrados se recuperarem mais depressa, curaria a artrite e muitas coisas mais. Supõe-se que eliminaria qualquer tipo de dor com apenas uma ou duas aplicações. Além disso, proporcionaria ao indivíduo uma atitude mental positiva, inclusive interrompendo o desejo por bebida e drogas. Presume-se que entre em sintonia com... como era mesmo? Com as frequências vibratórias de cada célula, ou algo assim. Imagino que esses projetos foram queimados quando seu laboratório de Nova York se incendiou, mas há o rumor de que ele teria ensinado a alguém que trabalhava no laboratório a maneira de construir essa bobina... um sujeito que vive no Oeste..."

A voz de Finbar extinguiu-se quando paramos diante de meu novo lar. Não comentei suas últimas palavras. Não havia nada para ser dito. Entretanto, forneciam muito material para reflexão.

☆☆☆

Meditei muitíssimo sobre história de Tesla depois do aparecimento do fantasma em minha casa, que já relatei antes. Poderia aquele fantasma no canto da sala ser o astral de Tesla, assombrando a casa em que vivera um dia? A descrição que Finbar fizera dele coincidia com a visão do amedrontado casal naquela noite. Mais tarde, também li vários livros sobre Tesla e soube que ele gostava de usar roupas a rigor. Era um homem formal. Também um homem solitário. Um canceriano profundamente apegado à mãe. Ela própria também inventara inúmeras coisas, mesmo não sabendo ler. Após ter meditado sobre o "fantasma do canto", assombrando minha casinha perdida-na-poeira-dos-tempos, senti-me mais à vontade. Se fosse Tesla, pensei, gostaria que ele se comunicasse. De fato, finalmente, ele fez isso. Entretanto, esta é uma outra história, que reservarei para um livro futuro.

Certa noite, durante uma tempestade elétrica em Cripple Creek, sentei-me na varanda da frente, espiando os sinuosos relâmpagos branco-amarelados que cruzavam o céu, e recordando de uma lenda. Uma lenda relacionada a um Sacerdote — ou Sacerdotisa? — do perdido continente da Atlântida, que supostamente enterrara, pouco antes daquela região —

um dia promissora — ser inundada, *campos magnéticos* que, durante a Era de Aquário, atrairiam as almas que faziam brilhar na escuridão os raios do Amor e da Luz. A cada ano, mais e mais pensadores da "Nova Era" estão vindo residir em Cripple Creek, em Victor e adjacências.

Em alquimia, o ouro é chamado magnético. E havia Winfield Scott Stratton, o rei da mineração aurífera, que apelidou Cripple Creek de "bacia de ouro", visto que a erupção de um vulcão escavara o vale em que se localiza a cidade. Além disso, Stratton dizia que a corrida do ouro em fins da década de 1890 apenas arranhara a superfície... E o que dizer da possível corrida do ouro predita pelos antigos para estes tempos? (Por que tal pensamento passeia em minha mente como uma mosca?) E o assombrado Jardim dos Deuses, cuja entrada os índios Ute só permitiam àqueles com paz no coração, para que orassem e cantassem mantras...?

Ouro. Magnético. Magnetismo. Alquimia. Nikola Tesla. Os Utes. Pontos de força magnéticos. Clariaudiência. Clarividência. Fantasmas. Vozes. Sons do ontem. Maggie. Vibrações medidas por unidades angstrom de ondas luminosas por segundo.

...campos magnéticos sepultados debaixo da Terra...

Sim, Cripple Creek é um lugar estranhamente assombrado. Oculta tantos segredos, vela tantos mistérios. "Por que estou aqui?", perguntei-me.

Quando cheguei pela primeira vez, naquela primeira manhã em que despertei aqui, ao ver as florestas verde-escuras por toda parte, à volta de tudo, e os picos das montanhas ao fundo, cobertos de neve... senti que havia algo de mágico no lugar.

Esta floresta é primitiva, creio... com pinheiros e cicutas murmurantes. Longfellow. Bem, nada de cicuta. E também nenhum carvalho, nenhum bordo, mas com suficientes e murmurantes pinheiros, espruces e abetos, que encheriam cem contos de fadas de Grimm... com fragrância de alguma ecoada e verde-escura promessa... flutuando na brisa fria e cortante, no puro e cristalino ar da montanha, que cintila feericamente com eletricidade. De fato, um lugar bem adequado para qualquer descoberta pelos astros.

☆☆☆

Durante muitos anos, nunca tive plena certeza do significado exato da palavra *serendipity*. Pensava que se relacionasse com paz ou serenidade (*serenity*). Afinal, *serendipity* contém a palavra *serenity*. Então, um de meus avatares do Colorado deixou em minha varanda uma nota assinada com "*Serendipity*". Um dia, perguntei a ela (este Guru em particular era uma mulher) qual o verdadeiro significado da palavra. Recordo o quanto fiquei fascinada e deliciada com a resposta. Ela explicou que o sentido e origem da palavra eram muito mais excitantes do que *serenity*.

A palavra "*serendipity*" foi cunhada em 1754 por Horace Walpole, extraída de um conto de fadas persa, intitulado *Os três príncipes de Serendip*, em cujo decorrer os três príncipes fazem afortunadas descobertas, miraculosas e inesperadas! Desta maneira, a palavra quer dizer: *aptidão para fazer descobertas afortunadas e mágicas inesperadamente.*

Sem a menor dúvida, meu retiro nas Rochosas foi muitíssimo "serendipitoso", e desejo que minha partilha do assombrado cenário onde nasceram estes signos das estrelas também lhe traga *serendipity*.

Ao encerrar este capítulo sobre Fantasmas, Gurus e Avatares, pontos de força magnéticos e frequências vibratórias, gostaria de deixar com você algumas palavras codificadas em um pequeno verso escrito por um de meus avatares, sob a identidade de Kyril Demys, uma das muitas que atualmente possui na Terra. Embora ele tenha escrito inúmeras outras obras, tão brilhantes quanto inspiradas, e muito mais extensas — tanto no presente como há várias centenas de anos.

a melodia imemorial, não ouvida, cura
a visão curada, invisível, guia
os verdadeiros guias, ignorados, salvam
os salvadores, imortais, sabem...

4

DÉJÀ VU

As leis do carma e da reencarnação:
como os defeitos e qualidades de ontem
podem ser as tristezas e alegrias de hoje...
como equilibrá-los para um presente
e um futuro mais felizes

já aprendi muito
mas muito ainda busco aprofundar

em certas profundezas silenciosas, misteriosamente me atrai buscar
perdidas pérolas de verdade essênia
que primeiro aparecem, depois desaparecem
em rodamoinhos de profunda e verde água

pedaços de amor... brumas de medo
às vezes distorcidos... claros em outras

e sempre a pergunta
por quê?

o que é tão insistente empenho mental?
o que ele me impele a buscar?

será tão só a carência da busca, com a persistência de Áries,
o motivo da contínua existência da humanidade?

não, receio ser algo mais... há muito perdido em esquecida praia
que me instiga e instiga... a explicar... as antigas leis
do carma

☆☆☆

CREIO QUE, como todo mundo, desde o ensino médio me sinto algo intimidada por dicionários, um tanto reverente à erudição daqueles que os compilaram. É preciso coragem para contradizer o dicionário Webster, quase a mesma coragem que precisamos para contradizer a Bíblia.

Edições recentes do Webster finalmente sancionaram a inclusão da palavra "carma". Ótima ideia. Isto prova que o carma se juntou ao desfile de "novas palavras de uso comum". Atualmente, nós a ouvimos por todo lado, mas poucos que a utilizam compreendem plenamente o seu real conceito.

Mesmo quando acham que compreendem, quase sempre estão enganados. Como o Webster. Lamentavelmente, devo lhe dizer que a definição do dicionário sobre carma está... bem... errada.

carma: "*... a força gerada pelos atos de uma pessoa, segundo os conceitos do hinduísmo e do budismo, a fim de se perpetrar a transmigração e a ser determinado o destino do indivíduo em sua próxima existência.*"

Sem a menor dúvida, essa definição contém sérias falhas para qualquer seguidor da fé budista ou hinduísta, mas, afinal de contas, existem outras filosofias que também são baseadas no carma, como a astrologia, a numerologia, a metafísica e — no início, antes que a palavra fosse suprimida e expurgada das Obras Sagradas — o cristianismo.

Talvez o culpado seja o dicionário de Merriam, não o de Webster. A capa diz: *Novo Dicionário Merriam-Webster.* Possuo recordações tão acolhedoras associadas ao bom e velho Webster nos dias escolares — caminhar-por-entre-folhas-vermelhas-e-douradas-do-outono-sentindo-o-cheiro-penetrante-da-temporada-de-futebol-e-a-fumaça-das-fogueiras —, que prefiro responsabilizar Merriam.

Isto posto, o Sr. Merriam não receberá um "A" no boletim por precisão em seu dicionário. Talvez algo acima de "B", porque aprecio a frase de abertura: "*a força gerada pelos atos de uma pessoa*". Tais palavras evocam uma poderosa imagem de como a coisa toda funciona. Porque a lei do carma é, de fato, uma força — uma força composta de energia eletromagnética — sendo gerada pelos atos de uma pessoa, sem qualquer dúvida. Entretanto, isto é somente meia verdade, e metade não é o todo.

Quanto à primeira falha na definição de Merriam, se ele se sentiu forçado a apresentar em seu dicionário a enganosa doutrina da transmigração (embora corretamente baseada em certas crenças hindus e budistas), deveria ser justo o bastante para dar igual espaço ao outro lado da reencarnação, que é, decididamente, antitransmigracionista. Se os compiladores do dicionário estiverem preocupados com tais assuntos, posso assegurar a Merriam que a lógica da verdade do carma deverá prevalecer, e ele não tornará a nascer como tamanduá ou búfalo-da-índia. Na verdade, a pessoa não precisará morrer; este, porém, é um tema profundo que partilharemos em capítulo posterior, intitulado "Imortalidade física". O principal a recordar é que de maneira alguma você tornará a nascer no corpo de um inseto ou animal, de um peixe ou ave.

Para começar, você pode governar e ordenar seu destino pessoal — ser o mestre do próprio destino. Jamais esqueça isso, pois é tão importante para sua felicidade quanto o fim da corrida armamentista ou o fim da chuva ácida causada pelo lixo nuclear é para a sobrevivência deste planeta.

Quer perceba conscientemente ou não, você matriculou-se, *por escolha* (quanto ao Eu Superior), em uma escola espiritual. E a escola do carma (macrocosmo para microcosmo) é exatamente igual a uma escola da Terra, em muitos sentidos. Nas escolas terrenas, quando você termina a quinta série, passa para a sexta (o nível seguinte) — e, se aprendeu particularmente bem, poderá até pular uma série. Entretanto, se ficar *reprovado* na quinta série, o que acontece? Continuará lá até seus professores acharem que aprendeu o suficiente para passar ao nível seguinte. Você não voltará para a quarta ou segunda série ou jardim de infância só porque foi reprovado nos exames da quinta série. E isso encerra a confusão sobre transmigração. Da mesma forma, você não retornará com o corpo de um gafanhoto ou canguru quando ficar reprovado em certo grau (nível) da existência humana. Permanecerá no mesmo tipo geral de ambiente, vida após vida (encarnação após encarnação), até ficar apto para passar em suas provas e avançar para o grau seguinte — ou nível de iluminação — equipado com um templo-corpo formado de substância mais refinada (regeneração celular), uma mente mais evoluída e um espírito mais iluminado, que lhe permitirão enfrentar os desafios dos graus mais elevados, sempre progredindo, a caminho da "universidade" espiritual. Finalmente, receberá o seu diploma de "mestre".

Se você quer saber se o espírito, no passado há muito esquecido, chegou a escolher encarnar em forma mineral ou animal — em vista do refletido no devaneio do poeta: "quando eu era um sapo e você um peixe" —, e se também deseja saber por que metade dos signos astrológicos é representada por animais — por que os animais estão na Terra e o que os manifestou aqui, eras e eras atrás —, saiba que existe uma resposta para tais enigmas. Tudo se relaciona a uma iluminação pessoal e uma instrução esotérica que experimentei, parte da verdadeira história da Gênese. Isto ainda requer maior apoio dos ensinamentos de alguém muito mais esclarecido do que eu, e sinto que essa verificação demorará ainda vários anos. Quando estiver suficientemente instruída e preparada, quando me for dito que chegou o momento, escreverei sobre todos estes "segredos de véspera de Reis". O tema, no entanto, é delicado e complexo. Considerando-se a polêmica que criaria entre os sinceros fundamentalistas da Bíblia e os discípulos de Darwin, teria que ser apresentado como ficção científica. No presente, basta você conscientizar-se de que existe uma explicação para o enigma animal e que esta não contradiz necessariamente nem a teoria da criação nem a teoria da evolução, antes enriquecendo e ampliando as duas, unindo-as em harmonia.

Já que estamos discutindo os animais, no que diz respeito à falsidade da transmigração, eu gostaria de lhe dar a minha resposta (uma vez que tanto se relaciona com o carma quanto com um jogo de palavras) à pergunta que ouvi, literalmente, centenas de vezes: "Por que será que a palavra *God* (Deus ou deus) escrita de trás para frente é *dog* (cão)?" Não se trata de mera coincidência. A menos que sofram severamente espancados, passem fome ou sofram de raiva, os cães demonstram a coisa mais próxima ao "*god-love*" (amor divino) que os humanos possam experimentar. Não importa quanto um cão seja ignorado ou negligenciado, quanto seja asperamente censurado, quão frequentemente você deixe de alimentá-lo ou de lhe dar água quando tem a mente ocupada em outras coisas, ele continua ali, fitando-o com adoração, os olhos transbordando de puro amor. Pouco importa quão maltratado seja um cão, ele continua disposto a defendê-lo, a protegê-lo e amá-lo. Os poços da compreensão e compaixão são de profundidades insondáveis. Um cão perdoa, perdoa e perdoa... interminavelmente. Nada que se faça, excetuando-se violentos e repetidos espancamentos, matará o imperecível amor de um cão e a lealdade ao seu dono ou dona.

Um cão não é apenas o seu melhor amigo, mas também o melhor exemplo que poderá ter sobre o que é o amor. Algumas doutrinas de transmigração ensinam (falsa e incorretamente) que a forma humana é o degrau seguinte a *subir*, partindo da forma do cão. Por mais errada que seja tal doutrina, eu me pergunto por que seus seguidores acreditam que do cão ao humano existe um nível *ascendente*. Os cães são mais pacientes, fiéis, leais e amorosos, perdoando e sendo mais compassivos que a maioria dos humanos — excetuando-se aqueles pobres e torturados cães criados e treinados por *pessoas* para atacar e matar, como o *dobermann* e outros (e aqui incluo os galos de briga, touros em touradas e cobaias para experiências científicas). Emprego o termo "pessoas" em vez de humanos, porque não acho que tais pessoas *sejam* humanas. Há vários níveis abaixo de humanos e muitos níveis abaixo de animais. Aqueles que abusam dos menores e mais indefesos (animais) ou dos inocentes (crianças) têm pesados, pesadíssimos carmas pela frente, e realmente o merecem.

Como falei anteriormente, a definição que o dicionário fornece para carma é correta apenas em parte. Além disso, é enganoso o trecho em que Merriam descreve o carma como "determinando o destino da pessoa".

Uma porção do que considero incorreto e, poderia acrescentar, óbvio, diz respeito à escolha do gênero masculino. Ora, francamente! Vamos aceitar a insinuação de que somente aos homens (indivíduos) é dada a chance de, em uma vida futura, redimir erros passados e presentes? Com o devido respeito, sugiro que os compiladores do dicionário tirem folgas mais longas para o café durante o seu trabalho, a fim de terem tempo de ler um jornal ou revista ocasionais e, desta forma, serem informados sobre a revolução. Refiro-me ao alvorecer da dourada Era de Aquário, que eles parecem não perceber, mesmo que o cérebro masculino seja semeado aos poucos com a exótica e curiosa ideia de que as mulheres têm o mesmo direito aos aspectos positivo-negativos da Vida que os homens — portanto, certamente também têm direito à sua fatia pessoal de carma.

Ora, é verdade que, de fato, o carma "controla o destino", mas isto é apenas parte do quadro, e quando é fornecido apenas um relance parcial da verdade, aqueles que procuram essa verdade ficam com falsas impressões. Neste exemplo, eles são induzidos a crer que seu destino ou sina pessoal é governado *inteiramente* por essa misteriosa força chamada carma. Uma vez que tal força é representada como inteiramente responsável, sem equívocos, basta então esquecê-la. Por que se empenhar, quando nada do que você fizer — ou não fizer — modificará uma só virada da roda cármica, que colocou pessoalmente em movimento há tanto tempo que nem recorda ter-lhe dado o giro inicial?

Eu gostaria de acrescentar muito à definição de carma no dicionário.

Conforme aponta a definição do dicionário, é a força irresistível do carma o *único fator determinante* em seu destino pessoal? Sim e Não. Depende.

O carma é o fator determinante em seu destino *somente quando você permite que o seja*, por ignorar suas leis inflexíveis. Neste sentido, é bem semelhante ao seu Mapa Natal astrológico, que é lógico, posto que seu Horóscopo é simplesmente um quadro, empregando símbolos em código para representarem todas as principais e ainda viáveis vibrações que você instalou à sua volta nesta vida, por meio de atos hoje esquecidos e praticados em uma série de encarnações passadas — com os quais deverá lidar na vida presente.

Quanto menos você acredita na astrologia, mais seu mapa cai como uma luva bem apertada (porque você ainda não aprendeu como passar de peão a rei ou rainha no jogo de xadrez). Sempre é interessante ler o Mapa Natal de um cético e verificar seu choque quando exposto ao menor detalhe de sua vida, algo que o instiga a conhecer mais sobre este "tolo jogo de salão", com a crescente percepção de que a arte e a ciência da astrologia não são uma coisa tola e nem um jogo. (Exceto para aquelas colunas de predição em jornais e revistas, que têm tanto relacionamento com a astrologia quanto o jogo Monopólio tem com transações imobiliárias atuais.)

Compreenda, enquanto você ainda não é iniciado, os movimentos planetários o mantêm "na linha", evitando que se desvie para longe de suas obrigações cármicas. Somente quando acreditar na astrologia — depois de investigá-la — e finalmente compreendê-la (bem como a numerologia), estará liberado das restrições impostas sobre sua pessoa pelo Mapa Natal. Uma antiga sabedoria ensina que "é impossível ler o mapa de um santo". Por quê? Porque o "santo" está *acima* do Mapa Natal, está liberto dele.

A iluminação faz com que sua aura pessoal vibre em um ritmo largamente amplificado de unidades de angstrom por segundo. Essa frequência vibratória o deixa imune às vibrações eletromagnéticas do cosmos que o bombardearam, vibrações moldadas pela posição dos planetas no momento em que você efetuou sua primeira respiração, no instante em que mais de quarenta bilhões de células elétricas em seu cérebro foram programadas, como um computador — e o cérebro é precisamente isso (os computadores feitos pelo homem não passam de uma pálida imitação do cérebro, como discutimos anteriormente).

Pode-se dizer que a iluminação é uma forma de desprogramação, assegurando-lhe imunidade contra o controle do destino pelos movimentos planetários. Pode-se dizer o mesmo sobre a força do carma, que envolve todo esse movimento planetário. Ignore as regras do carma, e ele manterá sua vida em rédeas curtas. Entretanto, quando você amadurece o suficiente para *se preocupar* com o Ontem, Hoje e Amanhã — quando começa a vê-los como um Agora Eterno, sem separar fatias de tempo, então saberá como empunhar as rédeas de seu destino pessoal —, de fato saberá *ordená-lo*, exatamente como deverá ser. "*Busque a verdade, e a verdade o libertará.*" A verdade o libertará do jogo cármico. Para mim, é uma charada eterna a maneira como as pessoas continuam transformando as palavras do humilde carpinteiro de Nazaré em teias de complexidades, se ele tanto se empenhou para torná-las simples e claras.

Um exemplo final do mapa astrológico e a relação deste com seu destino cármico, antes de passarmos para uma definição mais detalhada da palavra carma em si. Imagine seu Horóscopo como um cercadinho infantil cármico, onde você fica confinado para o seu próprio bem (a fim de fazer funcionar o seu carma *necessário*). No exemplo microcósmico do bebê, quando ele fica mais velho compreende mais o mundo, é retirado do cercadinho e tem liberdade para perambular mais ou menos por onde escolher. O mesmo acontece a você quando amadurece espiritualmente e aprende o suficiente para andar por si mesmo e cometer os próprios erros (novo carma), se assim preferir — o que espero que não faça. Diz-se que isto é estar sob a lei do carma *Instantâneo* (com o carma de todas as vidas anteriores já eliminado e inteiramente pago), o qual é um pesado teste da alma em si, conforme logo veremos. Antes, contudo, o que é exatamente o carma?

A lei do carma baseia-se solidamente no eixo da lei de causa e efeito de Newton: para cada ação, existe uma reação. John magoa Mary, e Mary (em uma existência futura) conhece John em um novo corpo, com nome diferente (às vezes um diferente sexo), e magoa John de volta, devido a uma vaga percepção (em nível subconsciente, não consciente) de que ele a magoara anteriormente. Então, surge uma nova vida para ambos, sendo agora a vez de John tornar a magoar Mary — depois de Mary magoar John —, cada um deles se tornando o canal para o carma-bumerangue do outro, em uma cadeia de vidas melancólicas e aparentemente intermináveis (encarnações).

Essa corrente de carma só pode ser rompida de duas maneiras.

1. John é a pessoa que foi ferida mais recentemente (em uma vida anterior). Ele está iluminado pela verdade da lei cármica e se recusa a continuar um canal para o carma de Mary. Percebe que sua ânsia inexplicável de magoá-la é algo como que "nivelar-se a ela" (ele sente isto subconscientemente), mas toma uma decisão *consciente* de não ser mais um canal para a retribuição cármica de Mary (o que ela faria, sob a lei cármica). Com efeito, Mary é *perdoada* por John, e então a cadeia do carma se rompe (Mary tem sorte). Um rompimento de corrente cármica proporciona liberdade às duas pessoas que estavam ligadas a ela.

2. John ainda não está suficientemente iluminado para se comportar segundo o descrito no parágrafo anterior, mas Mary se encontra iluminada para a verdade da lei cármica, de modo que reage à mágoa a ela infligida por John dizendo a si mesma (e sendo *sincera*): "O que devo ter feito a essa pessoa para que ela me magoe? Nada fiz nesta vida para causar tal sofrimento, porém devo tê-la magoado em uma vida anterior, pois do contrário não me encontraria agora nesta posição. Qualquer que seja a minha sorte, boa ou ruim, eu mesma é que a provoco, ao iniciar uma ação semelhante, em uma encarnação anterior. Assim, não apenas mereço isto, mas talvez mais." Em outras palavras, Mary está querendo pagar sua dívida cármica, sincera e espontaneamente, sem amargura nem ressentimento. Quando ela aceita a mágoa com *sua responsabilidade própria* e não guarda um ressentimento que seria plantado como semente, no fundo do coração, sendo portanto retido na memória subconsciente da próxima vida, *rompe a cadeia do carma* por meio de uma espécie diferente de perdão — graças a uma compreensão que será levada para a próxima existência, quando tornar a encontrar John.

É assim que funciona. A corrente cármica pode ser rompida tanto por uma como por outra pessoa presa a ela (e, naturalmente, seus laços cármicos com muitas pessoas, não somente uma). Ela poderá ser rompida seja pelo *doador* potencial do carma, seja pelo *receptor* potencial desse carma.

Lembre-se, você não tem sorte — seja boa ou má — que não mereça, oriunda de suas ações nesta vida ou em uma anterior. Cada ação posta em movimento permanecerá em movimento até ser negada por um equilíbrio das leis de causa e efeito — um nivelamento do débito cármico. É inescapável. Em um momento, darei outro exemplo de como equilibrar o seu carma. O que causa toda a confusão é o esquecimento. A amnésia cármica é algo trágico. Para que uma pessoa aprenda por meio de uma experiência passada, é necessário recordar certas lições dessa experiência. Se ao menos pudéssemos recordar um pouco mais, possuiríamos mais de nós mesmos. Diz-se que a simples *crença* na reencarnação aos poucos produz a lembrança de vidas passadas, como um dom a um espírito iluminado.

Assim, você precisa se tornar *iluminado* para receber o dom da memória cármica, ser capaz de, *seletivamente*, ligar e desligar essa memória — da mesma forma como sintoniza e desliga uma estação de rádio ou um canal de televisão. Do contrário, a mente e o cérebro tornam-se caóticos, levando à insanidade. Imagine como seria se você *não* pudesse sintonizar uma estação de rádio ou canal de televisão *seletivamente* e fosse bombardeado ao mesmo tempo por todas as estações ou canais. O que visse e ouvisse seria uma confusão aterradora e caótica, sem nenhum sentido. Daí por que, em seu nível atual de envolvimento, você está protegido dessa certeira insanidade provocada pela memória cármica simultânea, graças a uma forma de amnésia espiritual, até começar a vibrar em frequência alta o bastante para se tornar *seletivo* na ligação cármica.

Não é difícil captarmos o padrão do carma. Qual é a força misteriosa posta em movimento por suas ações? O carma. Como é controlada e dirigida esta força? Pelo Anjo Superior de Si Mesmo, o professor de sua sala de aula espiritual. Como você rompe a cadeia do carma? Entrando em contato com seu Eu Superior, sintonizando-o na frequência correta, como em uma estação de rádio ou canal de televisão. Como conseguir isto? Pela energia eletromagnética — atração magnética. Onde obter esta energia? No *desejo*. Ao querer — necessitar — buscar — desejar intensamente. O desejo intenso gera uma onda de energia que se junta a outras do mesmo nível de frequência, ocorrendo graus variados de iluminação.

Novamente, "busca a verdade, que a verdade te libertará". Os primeiros passos para a busca da verdade são: ansiar, querer, necessitar e desejar. Lendo todos os livros que encontrar sobre carma e reencarnação. Se seu desejo de *saber* for sincero e intenso, não mera curiosidade sem objetivo, você começará a ter lampejos de *déjà vu*, que poderão orientá-lo para os domínios da autodescoberta necessária, a fim de que recorde seletivamente o que aconteceu há muito e muito tempo passado. Você terá *ordenado* essa memória, a recordação cármica — e a captará. "Pede e receberás" Nada mais simples.

Pode parecer complexo, mas é *tão* simples que frequentemente a compreensão torna-se difícil, a menos que você se transforme em uma "criancinha" — o requisito de Galileu para "entrar no Reino" (do seu Eu Superior).

Nada acontece imediatamente, mas acabará acontecendo, e será uma excitante surpresa. Você mesmo verá. Nesta Era de Aquário, o tempo em que todos os círculos cármicos ficarão completos se aproxima, em que todos os Eus Gêmeos, separados há muitas e muitas eras, tornarão a se encontrar e se unir perfeitamente, em Unicidade, produzindo assim a definitiva Harmonia do Universo. Cedo virá o tempo em que a recordação clara e plena, imagens vívidas de *déjà vu* substituirão a amnésia cármica presente, e recordações de caminhos uma vez percorridos ficarão juntos novamente em nítido foco, por escolha, a fim de que todos possam visitar eventos preciosos de vidas passadas, há muito esquecidos. A máquina do tempo, idealizada por H.G.Wells, não é um instrumento científico, uma invenção executada segundo as leis da física, mas um método de viagem para *dentro de si mesmo*, baseado nas leis da metafísica (*além* da física). Como o próprio Wells escreveu: "... dia virá em que tornaremos a caminhar por cenas desvanecidas... estirar membros que julgávamos desativados... e sentir o calor do sol de um milhão de anos passados."

Nesse ínterim...

... enquanto você pratica para receber lampejos de vidas anteriores e tem êxito ao consegui-los de tempos em tempos, existe um eficiente método alternativo de equilibrar o seu carma. Primeiro, quando algo fortemente negativo lhe acontecer, *conscientize-se* de que infligiu a mesma espécie de sofrimento a alguém (muito provavelmente àquela mesma pessoa) em uma existência anterior, porque do contrário *não o estaria recebendo agora*. Aceite a *plena responsabilidade* pela situação negativa, embora pareça, *superficialmente*, que você não a causou. Remova de seu coração e de sua mente *toda* a amargura e ressentimento por quem o magoou e *saiba* que ele ou ela (não compreendendo o primeiro método de romper a cadeia cármica que descrevi há pouco) é meramente o canal para este particular carma que você colocou em movimento em uma vida anterior, pouca diferença fazendo se agora recorda ou não ter feito isso.

Essa aceitação plena e sincera (deve ser legítima e profundamente sentida, não apenas uma atuação) por si só irá aliviar consideravelmente a carga do carma particular que você experimenta, algo que sentirá em seguida. Com frequência, a pessoa ficará confusa ou vagamente envergonhada, interrompendo a ação negativa, imediata ou gradualmente.

Passo seguinte: medite sobre a *polaridade* da ação negativa — a coisa que agora lhe acontece, mas que você fez a alguém em outra encarnação — e execute a ação polarizada (ou várias) da qualidade oposta, visando uma ou várias pessoas, incluindo aquela que está causando seu sofrimento. Com frequência, isto equilibrará os pratos da balança do carma, e então a causa de seu sofrimento será removida permanentemente, com a situação tornando a dar uma rápida reviravolta (em geral chocante). Você verá agora dois breves exemplos disto.

Esta é uma história verídica. Um amigo meu de Charleston, na Virgínia Ocidental, ficou transtornado quando os médicos lhe disseram que havia contraído uma enfermidade rara e incurável que, em menos de um ano, o deixaria paralítico. Ele primeiro aceitou sua responsabilidade por tal carma. Conscientizou-se de que causara a paralisia em alguém (ou várias pessoas) em uma vida anterior; ao conscientizar-se da situação, a *re*-ação à ação iniciada em outra vida seria tentar equilibrar agora os pratos da balança, sob a lei cármica. (A lei cármica é absolutamente impessoal.) Ele pode ter iniciado essa ação como um motorista que atropelou e fugiu, escapando do local do acidente e deixando sua vítima paralisada. Pode ter infligido a paralisia a outra pessoa por meio do futebol ou do boxe. Ele pode, inclusive, ter sido um dos romanos incumbidos de atirar os cristãos aos leões no Coliseu. Meu amigo meditou em várias formas de *ação polarizada*, e tomou uma decisão.

Pediu demissão do emprego, acarretando um substancial prejuízo financeiro, enquanto sofria dores crescentes. Então, ofereceu seus serviços a um hospital de crianças aleijadas em uma cidade próxima, ganhando um salário tão modesto que mal lhe permitia pagar o aluguel de um pequeno quarto mobiliado próximo ao hospital. Ele leu em voz alta para as crianças, ajudou-as em sua terapia física e fez vários trabalhos subalternos, desagradáveis, mas necessários. Durante a primeira semana, ficou tão comovido com os sorrisos e atitudes conformadas das crianças, muitas delas diagnosticadas como terminais, que esqueceu a própria doença, exceto à noite, quando a dor parecia lhe atacar os membros com mais intensidade, dificultando seu sono. Três meses após começar a trabalhar com as crianças aleijadas, notou que sua dor diminuíra substancialmente. Duas semanas mais tarde, não sentia o menor desconforto. Voltando a Charleston para uma série programada de exames médicos e tratamentos, seu médico, atônito, comunicou-lhe que todos os sinais da terrível doença haviam desaparecido. “Remissão espontânea”, foi o que comentou o médico, a respeito de sua total recuperação (é o termo clínico para milagre). Como falei, a lei cármica é impessoal. Ela não se preocupa com *como* são equilibrados os pratos da balança, quer apenas que *estejam equilibrados*.

Eis aqui um outro exemplo de carma que foi suspenso. Quando é dito a uma mulher que ela é estéril, que não pode conceber um filho por qualquer motivo médico (exceto um útero invertido), existe uma causa cármica para essa tragédia de ânsia não satisfeita. Ela pode tanto ter se recusado repetidamente a gerar filhos em várias vidas passadas, por razões egoístas, quanto ter abusado deles de alguma forma. Então, decide adotar uma criança. (Não estou deixando o marido fora disto, apenas me concentrando no carma individual da mulher, neste exemplo.) O que acontece depois da adoção? Um médico, amigo meu de Nova York, e outro da Califórnia me informaram que 75 a 85 por cento das mulheres diagnosticadas como estéreis (incluindo as que possuem um marido com baixa contagem de espermatozoides) que adotam uma criança, logo depois, para sua felicidade, acabam ficando grávidas.

A mulher tornou-se estéril devido ao seu carma, professor de suas aulas na classe espiritual, a fim de que ela compreendesse o que é ser sozinha e sem filhos e, consequentemente, carregasse essa memória subconsciente para a próxima existência, durante a qual não se recusaria a ter filhos e nem os maltrataria. Entretanto, se indica que *já aprendeu* esta lição cármica de compensação, tomando uma criança órfã para lhe dar amor, a carga cármica é suspensa. Naturalmente, o carma do marido é também suspenso, uma vez que se acha entrelaçado ao dela.

Naqueles casos em que a adoção acontece e a mulher não engravida, então a ação contra crianças, em uma vida anterior, foi extremamente negativa (talvez até assassinato), resultando em um carma que requer mais de um ato de expiação, em mais de uma encarnação, a fim de que haja o equilíbrio. Assim mesmo, o fato de acolher um bebê necessitado de amor e cuidados, de tratá-lo como seu, faz com que as dívidas cármicas sejam gradualmente apagadas, encaminhando-se para uma completa absolvição. Pelo menos ela está caminhando para frente, em vez de para trás... ou de ficar parada no mesmo lugar.

O número de exemplos de carma equivale ao número de pessoas nesta Terra, cada um dos casos com milhares de facetas maiores e menores de causa e efeito cármicos entrelaçando os eventos em suas vidas. A única forma instantânea e arrasadora de romper cada cadeia cármica é perdoando todos aqueles que o magoam, *antes* deles pedirem — e mesmo que eles *nunca* peçam. O perdão romperá não apenas a sua cadeia cármica, mas também a deles, a menos e até que eles saiam correndo para construir um novo carma pessoal — e a menos e até que você faça o mesmo.

Se alguém lhe rouba algo, fique certo de que você roubou alguém, provavelmente a pessoa que agora lhe causa o dano, fosse qual fosse o nome e o corpo (o templo da alma) em que ela residia durante um relacionamento em uma existência passada. Quando você recebe gentileza e compaixão, ajuda financeira — ou qualquer espécie de favor *aparentemente* não merecido —

de alguém nesta vida, esse favor não é imerecido, de maneira alguma. Pode ter certeza de que você prestou o mesmo serviço a essa pessoa em uma encarnação anterior. Então, pela lei cármica, esse alguém é agora magnetizado para devolvê-lo. Compreenda, isto funciona nos dois sentidos. O padrão John-magoa-Mary, Mary-magoa-John pode também ser a cadeia cármica John-*ajuda*-Mary, Mary-*ajuda*-John, e aí temos a "cadeia de ouro que une".

De novo, as palavras do Nazareno foram simples e claras. "Fazei o bem a todos aqueles que vos odeiam e dizem toda espécie de maldades contra vós... se um homem esbofeteia vossa face direita, oferecei-lhe a face esquerda... e se algum homem lançar a lei contra vós e ficar com vosso capote, deixai-o ter também o vosso manto... *Não* resistais ao mal." Em outras palavras, pague com dignidade suas dívidas cármicas, sem queixas, sem amargura ou ressentimento, e a submissão cármica será miraculosamente suspensa — presumindo-se que sua sincera aceitação se concretizará em um ato positivo que equilibrará a ação negativa anterior nos pratos da balança cármica. Primeiro, aceitar. Depois, perdoar. E, finalmente, compensar. Tornar-se uno, sintonizado consigo mesmo.

Em referência a certos movimentos religiosos modernos, eu poderia acrescentar que apenas dizer a frase: "Aceito Jesus como meu Salvador e Deus como meu Rei" não constitui um mantra mágico que removerá responsabilidades cármicas. Tal indolência espiritual não produz milagres. Você nunca ouviu tais pessoas citando Jesus no que diz respeito à falha principal da filosofia que seguem, ouviu? "Não julgueis, para não serdes julgados." O mantra "Jesus salva" frequentemente soa mais como uma ameaça não pronunciada do que como uma bênção. "Creia como eu creio, ou queimará no fogo do inferno..." e "...tudo quanto precisa para alcançar a felicidade é repetir umas poucas palavras... depressa!" Receio que a coisa não seja bem assim. E sobre aqueles que creem no ensinamento de outros avatares que não o Nazareno? Aqueles que seguem os preceitos igualmente sábios de Maomé e de Buda (profundamente sábios, isto é, excluindo-se a falsa doutrina da transmigração, que pode ter sido uma distorção do ensinamento original)?

O frequentemente mal compreendido e mal interpretado "*olho por olho, dente por dente*" do Antigo Testamento *não* significa que a retribuição e a retaliação sejam aconselhados. Ele se refere à lei do carma, à lei de causa e efeito. Para cada ação, existe uma *re*ação igual. Tire a visão de alguém, e você perderá a sua (a menos que aprenda como fazer a compensação e cancele o carma). Arranque de alguém um só dente, com intenção maldosa, e um dia, em algum lugar, de algum modo, essa pessoa ficará com um dente seu... etc., seja qual for a lesão, o roubo, a mágoa infligidos a outro indivíduo.

Você poderia perguntar: "Que diferença fará se eu tiver que pagar mais tarde pelo que faço agora, se não poderei recordar o que foi em uma vida futura?" Faz alguma diferença para alguém que você viu sofrendo uma séria aflição nesta vida presente? É claro que faz uma grande diferença. E fará para você também — *mais tarde*. A pessoa sofredora que você viu no presente daria tudo para poder modificar o passado que provocou esse sofrimento — tarde demais. As pessoas esquecem que estão preparando o seu *mais tarde* exatamente no *agora*.

A reencarnação e a lei do carma explicam, total e claramente, o motivo para as diferenças entre o vidente e o cego, o saudável e o inválido, o pobre e o rico, o sociável e o solitário. Entretanto, quando pedimos aos líderes de todas as religiões e credos atuais uma explicação sobre um julgamento tão aparentemente injusto e cruel (presumindo-se apenas *uma* vida ou existência) por parte de uma divindade supremamente benigna, eles respondem, lacônicos: "Sem comentários." Ou então: "Não nos compete questionar tais coisas." Minha resposta a estes últimos é: Não vamos questionar? Era só o que faltava! O Nazareno aconselhou, especificamente, que devemos "buscar a verdade".

Será que estes líderes religiosos estão defendendo uma espécie de lei espiritual, baseada em "o que quer que eles digam poderá incriminá-los", sob o risco de expor a falta de alicerce sob seus ensinamentos morais? Esse sólido alicerce, belamente justo e lógico, é o carma — seus mapas rodoviários sendo a astrologia e a numerologia, conceitos mantidos pelos essênios, que estavam entre aqueles com quem Jesus aprendeu durante seus 18 "anos perdidos", e cujos relatos foram suprimidos pelos que praticaram uma cirurgia espiritual nas palavras de Galileu, conforme estão escritas nos "novos testamentos" de seus discípulos.

A verdade que sempre devemos lembrar sobre o carma é que todo homem e toda mulher iniciam juntos a longa jornada, e cada um chegará *positivamente* ao mesmo destino em um tempo individual, pelo sistema de viagem escolhido individualmente, por um trajeto individualmente selecionado e usando um também individualmente selecionado mapa rodoviário (crença religiosa). Isto foi expresso de maneira sucinta pelo poeta Kahlil Gibran: "Você não pode ascender além do mais elevado que existe dentro de si — nem pode descer além do mais baixo que existe dentro de si." Todos nos encaminhamos para o mesmo destino, com uma chegada assegurada igualmente para cada um, pouco importando a forma escolhida de viajar.

Os conceitos de carma, reencarnação, astrologia e numerologia foram suprimidos da Bíblia cristã por meio da limpeza pagã efetuada pelos primitivos "pais" da Igreja (o sistema patriarcal jamais permitiu as mães da Igreja) em várias épocas no passado, incluindo o Concílio de Trento, no ano 300, e o Concílio de Constantinopla, no ano 553, auxiliados pelo imperador Justiniano e a imperatriz Teodora, os quais insistiram em que toda referência a tais conceitos fosse removida das Obras Sagradas. O papa aquiesceu. Felizmente, em sua pressa, esses sacrílegos cirurgiões esqueceram alguns, como os versos do Eclesiastes, descrevendo a astrologia e os movimentos planetários relacionados ao comportamento humano... e vários discursos breves entre Jesus e seus discípulos, referindo-se a encarnações múltiplas... para citar dois exemplos apenas.

☆☆☆

Na canção "People", da peça musical e filme *Funny Girl*, a garota genial observa que os "apaixonados são pessoas de muita sorte... as pessoas de maior sorte do mundo". É claro que são.

No sentido cármico, os que amam são pessoas de muita sorte, as mais afortunadas entre todas as que fazem a longa e cansativa jornada de volta ao lar. Devido às cadeias negativas de seu carma mútuo, eles podem sofrer mais do que os outros, porém também se rejubilam em níveis mais elevados de êxtase, devido às recompensas positivas do carma. São abençoados com um desejo mais intenso (energia, lembra-se?) de puxar as cortinas que ocultam relacionamentos anteriores, partilhados em prévias encarnações. Instintivamente, eles são mais perceptíveis sobre como se sintonizarem com os Anjos de seus Eus Superiores.

Todos os apaixonados são unidos pelos cordões prateados (e acordes musicais) do *déjà vu*, as memórias partilhadas de ternura e paixão, passadas e recíprocas — sim, e de sofrimento e dor, passados e recíprocos também — percebidas em um breve mas intenso lampejo durante aqueles momentos encantados em que se fitam profundamente dentro dos olhos, porque os olhos são as janelas da alma... e do espírito.

Poucos autores modernos escreveram sobre o carma (excetuando-se os recomendados na seção "Para o progresso do peregrino", no final deste livro), mas vários poetas o usaram como base para suas obras. Elizabeth Barrett e Robert Browning foram Eus Gêmeos, e o familiar soneto *Como eu te amo?*, de Elizabeth, possui um tema cármico, como também este trecho de um poema de Rossetti...

Estive aqui outrora...
Conheço a relva além da porta,
o doce, intenso aroma,
o ciciante som, as luzes junto ao mar.

Tu foste minha antes,
como ou quando, eu não sei dizer,
mas então, ao planar da andorinha,
o pescoço giraste...
E isso eu sabia de antemão.

Embora a idade, fé ou credo
possam agora nos manter separados...
Um viaja na montanha, o outro, no lago
para o bem de seu amor, insisto em
te reclamar,
talvez por mais vidas ainda adiado,
muito há para aprender e muito a esquecer
até chegado o tempo de te tomar,
mas o tempo virá... oh, sim!
virá o tempo!

☆ ☆ ☆

No referente à 14ª linha destes versos de Rossetti, esse encontro *não* precisa ser "por mais vidas ainda adiado". Quando os que amam compreendem como empregar a lei do carma, talvez não seja necessária a espera — a plenitude é alcançada para ambos na presente encarnação, quando eles ouvem os sussurros dos Anjos Superiores de si mesmos... e perdoam um ao outro.

Se, por acaso, você já discutiu sobre a reencarnação ou o carma com alguém que lhes nega a existência, peça a essa pessoa que explique ou forneça um motivo para o *déjà vu*, esses inexplicáveis mas muito vívidos e reais — e frequentemente bastante provados — relances de outro tempo e outro lugar que acontecem inesperadamente. Milhões de pessoas com vida pública ou privada, de Ralph Waldo Emerson a Henry Ford, General Patton e muitos outros, já experimentaram a recordação de tal *déjà vu*. A fim de convencer seus interlocutores sobre a verdade do carma, poderá ler a respeito nos livros enumerados na seção "Para o progresso do peregrino", em seguida ao Capítulo 8, e, entre eles, *Reincarnation in World Thought*, editado por Cranston & Head, ou *The Phoenix Fire Mystery,* especialmente o primeiro, que é meu favorito, embora o segundo seja igualmente esclarecedor. Talvez estejam esgotados no momento, mas qualquer boa livraria conseguirá localizá-los para você por meio de seus "informantes".

Um pós-escrito: Enquanto escrevia este capítulo, encontrei outro dicionário em minhas estantes, e estava certa ao responsabilizar Merriam em vez de Webster pela definição do carma que forneci inicialmente! Este dicionário é intitulado *Webster's New World Dictionary* — sem qualquer menção a Merriam. Embora ainda com certo toque chauvinista,* a definição de Webster omite a transmigração e propõe um claro e correto significado da palavra.

carma: *a totalidade das ações de uma pessoa em qualquer dos estados sucessivos de sua existência, considerada como determinante de seu destino na próxima.*

"Exato"

☆ ☆ ☆

*No original inglês, os possessivos na definição do dicionário (*sua* e *seu,* respectivamente) estão grafados no masculino *his*. (*N. da T.*)

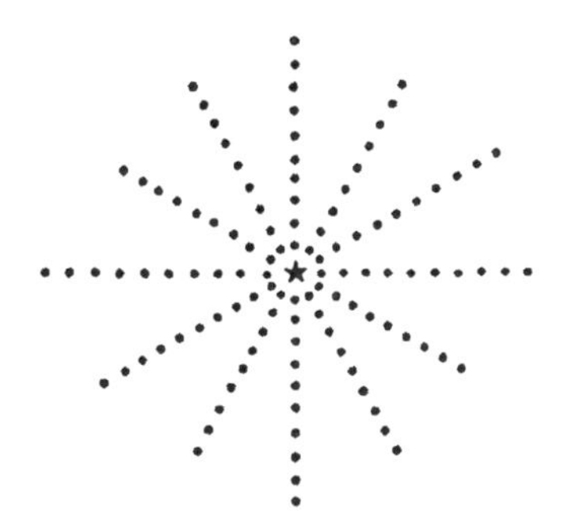

5

ENQUANTO A ALMA DORMITA

O estudo da numerologia,
baseado nos ensinamentos da
cabala hebraica e do alfabeto caldeu...
o único sistema verdadeiro e
correto dos números

Significados místicos e aplicações práticas dos números

...pois não ensinavam os Iniciados egípcios:
"põe os mistérios da sabedoria em prática
e todo o mal desertará de ti"?

numerológica contém duas palavras:
mágica e lógica
sim, é sábia a ciência dos números,
como sabia Einstein, o "Abstrato Al"
no País das Maravilhas da matemática superior

tudo no Céu e na Terra
é ordenado pela numérica disciplina
... e as leis da metafísica
são tão inflexíveis e confiáveis
como as que governam a física ordinária
da matéria

os números não são mortos — não, as cifras vivem!
e dão à mente que busca o conhecer
crescentes respostas ao alvorecer
do espírito.

"... enquanto a alma dormita,
em números fala-nos Deus"

PARA COMEÇAR, torna-se necessário apontar certos fatos sobre o escasso conhecimento da muito difamada arte e ciência da numerologia por parte daqueles que podem ter sido induzidos a erros no passado.

Existem vários alfabetos numéricos e sistemas de cálculo numerológicos, além de uma infinidade de livros escritos a respeito. Isto é lamentável, porque *somente um* alfabeto numérico é válido — aquele que foi transmitido pelos caldeus antigos e pela cabala hebraica. Da mesma forma, existe apenas um sistema de cálculo numerológico verdadeiro e confiável — o sistema cabalista e caldeu, também empregado pelos essênios, aqueles que ensinaram a Jesus de Nazaré durante seus 18 "anos perdidos".

Na sociedade atual, a maioria das pessoas mostra pela numerologia uma atitude que vai do divertido ceticismo à descrença e ridículo totais. Não as censuro. Na maior parte dos livros escritos sobre o tema existe muito material para divertimento, razão pela qual o assunto é encarado com descrença e ceticismo. Em sua maioria, são tão confiáveis quanto seria um sistema e alfabeto numérico que você inventasse.

Em decorrência, a numerologia tem sido considerada apenas uma espécie de jogo de salão, com o emprego de números da sorte para apostas em loterias e corridas de cavalos ("números quentes" baseados em falsos sistemas e alfabetos). Em geral, a numerologia é uma brincadeira, não muito distante da adivinhação — mais ou menos "uma coisa divertida". A fim de não permitir que a reputação da numerologia fique pior, creio ser hora de tentar explicar a única numerologia verdadeira, esperando que seu conhecimento remova parte do estigma existente contra uma arte e ciência extraordinariamente proveitosa quando uma pessoa aprende a usar o sistema e alfabeto corretos, e observa a infalibilidade com que funciona.

São vários os meios pelos quais a verdade da numerologia é distorcida, mas basta saber que um guia confiável para os livros *errados* sobre numerologia é o alfabeto numérico que eles contêm. Quando você ler algo sobre o tema da numerologia com base nos valores numéricos de cada letra *que não sejam os dados a seguir*, o sistema ensinado em tal livro *não* funcionará, não é de confiança, e o estudo de tal sistema numerológico será pura perda de tempo. Usar qualquer alfabeto numérico que não o dado a seguir, e esperar que seus cálculos numerológicos estejam certos e sejam proveitosos, é o mesmo que aplicar a astrologia em sua vida baseando-se em um livro que descreva Áries como tímido, Leão como introvertido, Gêmeos como estável e tacanho, e Capricórnio como impulsivo e extravagante, por exemplo. Os alfabetos numéricos errados conferem à numerologia uma fama tão lamentável quanto a que as predições astrológicas do jornal diário conferem à astrologia — embora as predições *mensais* em um sentido geral, baseadas apenas no signo solar, tenham uma validade limitada. Temos aqui o correto alfabeto numérico cabalista caldeu-hebraico.

Alfabeto numérico cabalista caldeu-hebraico

A – 1	H – 5	O – 7	V – 6
B – 2	I – 1	P – 8	W – 6
C – 3	J – 1	Q – 1	X – 5
D – 4	K – 2	R – 2	Y – 1
E – 5	L – 3	S – 3	Z – 7
F – 8	M – 4	T – 4	
G – 3	N – 5	U – 6	

Antes que você deposite sua confiança neste sistema numerológico, deve tentar por si próprio os seus cálculos. Então, poderá descobrir *como* ele funciona — porém, mais importante ainda é saber *se* funciona. Não deve acreditar em minhas palavras ou na de qualquer outra pessoa, mas apenas em sua própria experiência. Pessoalmente, nunca fui uma verdadeira cética a respeito da numerologia, mas sempre sinto necessidade de saber o *motivo* de qualquer ciência esotérica e preciso testá-la repetidamente para me certificar de que é válida. Muitas figuras históricas conhecidas demonstraram total confiança no poder dos números (incluindo os fundadores da América, conforme ficaremos sabendo no Capítulo 7, "Melodias esquecidas"), mas eu sempre precisei experimentar tudo por mim mesma antes de confiar por completo. Tive atitude idêntica em relação à astrologia quando ela me atraiu pela primeira vez. Após dedicar tempo a estudá-la e fazer mapas para pessoas conhecidas, pude ver que as dúvidas eram supérfluas. Ela simplesmente funciona.

Conforme falei no Prefácio deste livro, e vale a pena repetir, há uma multiplicidade de signos dos astros e códigos universais que estão além da astrologia, embora inseparáveis dela. Cada signo astrológico tem seu planeta regente, e cada planeta vibra ao seu próprio *número*. Embora parecendo não relacionados às influências planetárias, a numerologia, o som, a música e a cor *iniciaram-se* dos Luminares (Sol e Lua), bem como dos planetas — e constituem os signos estelares da sabedoria.

O rei Salomão pediu a Deus que lhe concedesse sabedoria, "como o maior dom que poderia receber", e este dom lhe foi dado simplesmente porque ele o pediu. "*Pedi e recebereis.*" "*Batei e abrir-se-vos-á.*" "*Buscai a verdade, e a verdade vos libertará.*"

No Livro de Salomão, incluído nos Apócrifos, o rei Salomão, "o Sábio", expressa sua gratidão por este dom do "conhecimento infalível de todas as coisas que são"... "todas as coisas que são secretas ou manifestas"... nas seguintes palavras:

> Agradeço a Ti, Ó Grande Criador do Universo, por me teres ensinado os segredos dos Planetas, a fim de que eu possa conhecer os Tempos e Estações das coisas, os segredos dos corações dos homens, seus pensamentos e a natureza de seus seres. Tu me deste este conhecimento, que é o alicerce de minha Sabedoria.

A astrologia é inseparável da numerologia, e Salomão foi de fato um rei sábio, auxiliado em seus pensamentos e atos por estas duas artes e ciências. No entanto, que pena! Também foi um chauvinista ("Os segredos dos corações dos *homens*"), criado no seio de uma sociedade patriarcal. Nossa Mãe que está no Céu perdoou Salomão e todos os Seus filhos que Dela se desviaram não intencionalmente. Então, também perdoo — a ele e a eles.

Quanto ao chauvinismo não intencional do rei Salomão, merece uma rápida, mas pertinente, digressão. *Você sabia que todos os versos rimados de Mamãe Gansa são enigmas para serem resolvidos?* Alguns deles têm fácil decodificação, outros são mais difíceis. Eu gostaria de partilhar com você este verso em especial, que oculta mais do que um mistério. Antes de mais nada, compreenda que Humpty Dumpty é um símbolo da nossa Terra. Então, leia "entre as linhas". Eu fornecerei uma pista para a decodificação da primeira camada da mensagem em meu autocomposto segundo verso.

Humpty Dumpty sentou-se em um muro
Humpty Dumpty levou um grande *tombo*

Todos os cavalos e homens do rei
Não puderam juntar Humpty novamente.

Não, todos os cavalos e homens do rei
não puderam juntar Humpty novamente,
enquanto todas as mulheres da rainha não perdoaram
todos os homens do rei.

Então, o milagre do amor curou todas as dores de Humpty,
deixando-o inteiro e perfeito outra vez.

☆☆☆

É desconhecida a origem dos números, embora seja certo que Hermes Thoth sabia muito sobre eles, eras atrás, antes da Atlântida. Os antigos caldeus, egípcios, hindus, essênios e todos os sábios do mundo árabe eram mestres nos significados ocultos dos números. Alguns desses eruditos descobriram o que hoje é conhecido como Precessão dos Equinócios, calculando que acontece a cada 25.920 anos.* Como chegaram a tal resultado, é um mistério. Pela observação? Essa resposta requereria que eles permanecessem nos mesmos corpos carnais além dos aproximadamente 26 mil anos de precessão. Seria possível eles terem feito cálculos em grau tão refinado sem instrumentos? Nossa ciência moderna, após trabalhar por séculos, nada mais conseguiu provar senão a exatidão dos cálculos desses homens da antiguidade.

Certas coisas devem ser simplesmente aceitas, com a certeza de que as respostas se revelarão por si mesmas... no tempo oportuno. Por que tudo, como observado poética e astrologicamente no Livro de Eclesiastes, de nossas Obras Sagradas, tem seu tempo oportuno. "Para tudo há uma estação, e um tempo para cada propósito sob os céus..."

O estudo e a aplicação prática da numerologia não contrariam as crenças religiosas, quaisquer que sejam. Trata-se, apenas, de uma dentre as inúmeras facetas dos harmônicos do Universo e sincronização com as leis da Natureza. Os terrenos atraem o sofrimento para si mesmos ao não seguirem essas leis tão lógicas e simples. Se aprendessem a se harmonizar com elas, alcançariam a felicidade, a saúde e o sucesso, em vez de um sonho sempre acenando e aparentemente impossível. As pessoas acham que a Natureza e a "Sina" são injustas, cruéis e impiedosas, mas *ainda assim, continuam sem querer dar-se o tempo e o trabalho de aprender em que direção se movem tais forças irresistíveis.*

A maioria dos que rezam "Seja feita a Vossa vontade assim na Terra como no Céu" não tem a menor intenção de tentar descobrir apenas *qual é* essa "vontade", obedecida no "Céu" mas infringida pelos terrenos a todo momento em suas vidas. Em essência, todas as religiões organizadas são monumentos ao mistério e ao desconhecido, *mesmo que o mistério já desvendado habite dentro de cada homem e cada mulher.* "Busca primeiro o Reino inte-

*A precessão foi corretamente determinada pelos principais centros astronômicos do mundo e compreende o terceiro movimento da Terra — junto à rotação e a translação — e é calculada pelo deslocamento em 360 graus do planeta em torno de seu próprio eixo, feito em ciclos de exatos 25.920 anos, de acordo com os dados coletados pelo telescópio espacial Hubble. A precessão determina a duração das Eras Astrológicas em ciclos de 2.160 anos cada uma. (*N. do R. T.*)

rior, e todas estas coisas ser-te-ão acrescentadas." Os terrenos experimentaram cada credo espiritual, mas fracassaram em encontrar o conforto necessário. As chaves ou "signos dos astros" (sinais dos astros) para os mistérios do Universo foram outrora confiadas a sacerdotes, rabinos e prelados, que há muito e muito perderam a verdade em seus claustros e mosteiros — ou a sepultaram em suas cerimônias secretas e rituais amortalhados.

A astrologia e a numerologia estão eternamente entrelaçadas e interconectadas. O verdadeiro ano solar começa quando o Sol entra no equinócio da primavera, entre os dias 21 e 23 de março de cada ano, depois percorre cada signo astrológico do zodíaco, com 30 graus cada um, um após o outro, de Áries a Peixes, o que leva pouco menos de 365 dias e meio, e torna o nosso ano do calendário popularmente aceito (embora um tanto incorretamente) como sendo de 365 dias.

A cada 24 horas, a Terra gira sobre o próprio eixo, enquanto os 12 signos, por seu turno, passam uma vez sobre cada porção deste planeta. Simultaneamente, a Lua gira em torno da Terra, formando um mês lunar de 28 dias — exatamente como os ponteiros das horas, minutos e segundos de um relógio.

Cada signo astrológico tem seu regente planetário. E cada planeta vibra em um certo *número*.

9 é o número do planeta Marte, regente de Áries.

6 é o número do planeta Vênus, regente de Touro e Libra

(até que Pan-Horus, o verdadeiro regente de Touro, seja descoberto).

5 é o número do planeta Mercúrio, regente de Gêmeos e Virgem.

(até que Vulcano, o verdadeiro regente de Virgem, seja descoberto).

7 é o número do planeta Netuno, regente de Peixes.

8 é o número do planeta Saturno, regente de Capricórnio.

4 é o número do planeta Urano, regente de Aquário.

3 é o número do planeta Júpiter, regente de Sagitário.

2 é o número da Lua, regente de Câncer.

1 é o número do Sol, regente de Leão.

0 (zero) é o poderoso número de Plutão, regente de Escorpião.

Lembre-se, eu lhe disse que todos os códigos dos signos dos astros começam com os planetas. A frequência vibratória então continua em uma imutável direção — ou padrão — magnética.

É muito importante que você mantenha bem claro em sua mente, enquanto estiver lendo as páginas seguintes com referências ao "homem-banqueta de três pernas", que não me reporto ao "homem evolucionário" no sentido em que os darwinistas e evolucionistas interpretam sua origem e existência. A teoria de Darwin é parcialmente correta e parcialmente incorreta. A falha principal está na omissão de um fato vital, que é o verdadeiro "elo perdido" na cadeia que tentaram forjar sobre a gênese de um enigma, o qual compreendem apenas de modo vago e tentaram resolver usando as conclusões de geologia e arqueologia, mas reunindo apenas os "ossos do corpo da verdade completa".

Estão corretos na teoria dos vários estágios do processo evolucionário do homem (mas totalmente incorretos no referente a animais), embora omitam a peça mais importante do quebra-cabeça: como o homem pré-histórico tomou esse rumo. Eles parecem dar a entender que o "homem das cavernas" evoluiu de animais, deixando sem resposta as perguntas sobre de onde vieram os animais e por que ainda estão aqui. Você é capaz de lidar com uma declaração espantosa? Não encontramos as respostas em quaisquer dos livros escritos por evolucionistas, geólogos ou arqueólogos, mas nem precisamos encontrá-las, porque *sabemos cada detalhe de todas as respostas*. Só que as esquecemos. A missão deste livro, assim como dos dois que o seguirão, é *ensinar você a recordá-las*.

As respostas que já sabe, mas esqueceu (assim como o homem das cavernas esqueceu a maneira de contar), e que serão fornecidas em livros futuros, não contradizem a teoria de Darwin, apenas a enriquecem e lhe proporcionam o fundamento necessário.

Nesse ínterim, permita-me recordar-lhe novamente que o homem-banqueta de três pernas a que me refiro nas poucas páginas seguintes diz a respeito do homem *depois da queda* da inocência e da sabedoria. (Se você possui a primeira, possuirá automaticamente a segunda.)

Tal perda ocorreu não uma, porém muitas vezes neste planeta — e cada vez dá início a um cataclismo terrestre de proporções tão gigantescas e destruidoras que somente alguns humanos sobrevivem, dispersos por todo o mundo, separados, solitários, perdidos e incapazes de se comunicarem. Em sua desesperada luta pela dura sobrevivência (aqueles que possuem o instinto de sobrevivência, porque outros desistem rapidamente), e também sofrendo mutações provocadas pelo cataclismo, eles desenvolvem uma amnésia gradual de todo o conhecimento anterior. Um conhecimento que devem recuperar lenta e penosamente. Esses anjos caídos, essas almas perdidas constituem o chamado "homem das cavernas" do período paleolítico.

Por exemplo, cada planeta e constelação precisam ser redescobertos, a fim de que seja readquirida a sabedoria da astrologia e astronomia. A mesma coisa deve ser feita em relação à sabedoria dos números. O sistema numérico, tanto da numerologia como da matemática tridimensional, deve, a cada vez, ser novamente descoberto e aprendido (como o homem-banqueta de três pernas, da ilustração adiante).

Então, tem início o processo do que é chamado evolução, descrito com grande precisão pelos proponentes do evolucionismo. Juntamente, começa o processo de reaprender e recordar o AMOR, uma palavra que desperta desdém entre os historiadores, geólogos e arqueólogos, que consideram insignificante o fato de que a palavra AMOR* está contida na palavra EVOLUÇÃO. Eles nem ao menos discutem o assunto, acreditando que seja mera coincidência e, portanto, permanecem cegos à sua urgente mensagem. Não é por coincidência que EVOLUÇÃO contenha AMOR, e sim graças à sabedoria e à verdade presente nos eternos códigos estelares.

Geograficamente, a evolução progride em diferentes velocidades e de diferentes maneiras. Uma pista: a palavra "inca", relacionada aos antigos incas, significa "os perdidos". Outra pista: a "criatura" conhecida como Sasquatch — ou Pé-grande — é muito mais do que a maioria das pessoas define como criatura. E por falar nisto, a palavra CRIATURA contém a

***Love*, no original em inglês. (*N. da T.*)

palavra CRIAR. Por que você não dedica algum tempo a pensar nisto? Uma previsão e uma promessa: muito em breve, um leonino descobrirá inúmeros segredos do Pé-grande, evento predito pela decodificação do mistério da Esfinge egípcia, o homem-leão guardando a Grande Pirâmide de Gizé. E agora, conheçamos o nosso "homem-banqueta de três pernas".

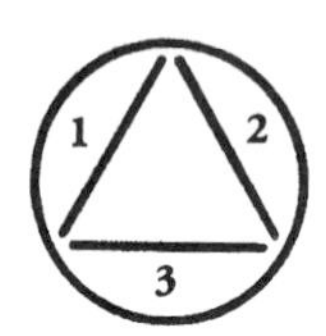

Os números 1-2-3 foram os primeiros que o homem compreendeu. Ele colocou no chão um graveto representando a si mesmo — ou o número 1. Depois colocou outro graveto no chão, representando sua companheira. Assim, conseguiu o número 2 — ou dois gravetos. Uniu as pontas dos dois gravetos, que representavam ele próprio e sua companheira, de modo a se tocarem no alto e ficando afastados em baixo, na forma de uma tenda. A seguir, colocou um terceiro graveto no chão, horizontalmente, ao fundo, representando o filho. Então, o total dos três gravetos compôs um triângu lo, o mais antigo símbolo espiritual conhecido: pai — mãe — filho *logos*. Em pouco tempo, nosso homem, que lentamente compreendia, desenhou um círculo à volta dos gravetos, a fim de proteger o trio dos perigos representados por estranhos e também do mal. Então, erguendo os três gravetos pelas extremidades, contemplou o círculo — e nascia o conceito da primeira banqueta de três pernas.

Durante eras, o número 7 foi considerado o número do mistério, simbolizando o lado *espiritual* das coisas — ao passo que o 9, o fim ou a finalidade da série sobre a qual são construídos todos os nossos cálculos materialistas, é considerado por um igual número de eras, o número da energia elétrica e de toda a vida sobre este planeta, em um sentido *material*. O número 0 representa poder (o motivo de ser o número do planeta Plutão, regente de Escorpião, uma vez que Plutão é considerado o mais poderoso de todos os planetas). Quanto mais zeros forem acrescentados a um número, mais "poderoso" ele se torna. De 1 para 10, para 100, para 1.000, para 100.000, para 1.000.000, etc. O número 0 é considerado o número da Eternidade (o Agora Eterno?) — a serpente comendo a própria cauda. Energia positiva abastecendo energia negativa, resultando daí uma terceira energia, a qual é ambas e nenhuma delas, e todo-poderosa.

É muito significativo que Friedrich Kekulé, autor da monumental descoberta da estrutura anelar do benzeno — assim pavimentando o caminho para o aspecto teorético da química orgânica —, tenha sonhado repetidamente com "uma serpente devorando a própria cauda" pouco antes de tecer o conceito. Seu Eu Superior enviava-lhe uma mensagem em código morse.

O número 1 é o primeiro compreendido por nosso homem-banqueta de três pernas. Segundo os antigos, ele representa a Causa Primeva, o Criador ou Deus, dê você o nome que preferir.

Quando tomamos o número 1 e a ele adicionamos o símbolo da Eternidade — 0 —, em um numeral representando 1.000.000 ou mais, dividindo-o a seguir pelo número místico 7 (representando o lado espiritual das coisas), temos o número 142857, que, desde o início dos tempos, foi chamado o "número sagrado". Por exemplo:

7 | 1.000.000

142857

Adicione quantos zeros você quiser e continue dividindo por 7, por toda a eternidade, que sempre terá repetições do mesmo número sagrado. Por que este é um "número sagrado"? Porque estes algarismos, se somados um a um, fornecem o número duplo 27. Quando somamos o 2 e o 7 de 27, terminamos com 9 — o número da energia elétrica e de toda a vida material neste planeta. O mesmo resultado está na Bíblia (não dê importância àquelas implicações satânicas dos filmes de terror, os quais tentam amedrontá-lo), na declaração de que "666 é o número do homem e o número da besta". Claro que é. A soma de 666 dá 18, cuja soma dá 9, que é o número de toda a vida sobre a Terra.

$1 + 4 + 2 + 8 + 5 + 7 = 27 = 9$. Número Sagrado da Eternidade.

Agora, pense nisso! Quando você toma o número da causa primeira ou do *Criador* — 1 —, acrescentando-lhe em seguida os zeros do *poder* e dividindo por 7, que é o número do mistério e do lado *espiritual* das coisas, obtém o número sagrado 142857, que, quando somado, dá o número 9 — da *vida* material. Aí temos toda a história da existência, *n'est-ce pas*?

Por que 7 é o número do mistério, relacionado a questões espirituais? Primeiro, observe os 7 dias da Criação, como mencionados simbolicamente em Gênese — e o 7º Céu, várias vezes mencionados nas Sagradas Obras. As 7 igrejas, os 7 tronos, os 7 Selos, o 7º dia de marcha em torno das muralhas de Jericó — e no 7º dia as muralhas caíram, quando Josué soprou a nota certa em seu chifre de Carneiro. São 7 as gerações do nascimento de Davi ao nascimento de Jesus em Belém ("que nascerá da Casa de Davi").

Ezequiel nos fala dos "sete anjos do Senhor que andam de um lado para outro, por toda a Terra", o que os metafísicos acreditam ser uma referência aos pontos de força magnéticos que se irradiam pela Terra, e que poderiam ser a base para os campos magnéticos de Nikola Tesla na Terra, sobre os quais alicerçou sua descoberta da corrente alternada. Essa força misteriosa é também descrita no Livro de Revelações como "os sete espíritos de Deus enviados por toda a Terra". E... observe todas estas repetições adicionais do número espiritual 7:

Os 7 espíritos da religião egípcia.
Os 7 Anjos dos caldeus.
Os 7 Devas da religião hindu.
Os 7 Sephiroth da cabala hebraica.
Os 7 Amschaspands da fé persa.
Os 7 Arcanjos de Revelação, etc.

Em cada religião, o número 7 simboliza a misteriosa "Força de Deus" ou poder espiritual. É inescapável. Lembre-se: o número do planeta Netuno, regente de Peixes, é 7. O Peixe foi o símbolo do cristianismo durante o tempo de Jesus, que nasceu durante a Era de Peixes (a era anterior a esta Era de Aquário). Os milagres produzidos pelo Nazareno eram todos netunianos, misteriosos e espirituais em essência. (Apenas um ligeiro jogo de palavras aqui — quando você toma a palavra "essência" e retira o "c" de Cristo, a palavra restante é Essênia. E foi entre os membros dessa seita, no alto das montanhas, que Jesus passou muito de seus "anos perdidos", aprendendo numerologia e astrologia, entre outros assuntos.)

Provavelmente foram os essênios que primeiro descobriram algo que caldeus e hindus também sabiam: que o número 7 é o *único número capaz de dividir o número da eternidade* — de continuar-se por quanto tempo dure o número representando a eternidade, e ainda mais, que a cada adição de si mesmo produz o número 9, que é a base de todos os cálculos materiais e todo o edifício do qual a vida humana depende e onde o pensamento humano encontra expressão. Ainda mais estranho: os astrônomos ficam perplexos ante a semana de sete dias, primeiramente concebida no Livro de Gênese, uma vez que o período de sete dias não se ajusta precisamente a meses ou estações do ano. Diz-se que ele é "um número que o homem não adotaria naturalmente".

Pessoalmente, o número *material* 9 me fascina ainda mais do que as mágicas facetas do número espiritual 7, acho que antes de mais nada por ser o número de meu planeta favorito — Marte, regente de meu signo solar, Áries. O número 9 pode produzir mais "truques mágicos" do que o 7, ao se revelar o número da energia elétrica, o Alfa e Ômega (começo e fim de tudo) — e de toda a vida humana sobre a Terra, no plano material de existência. Façamos o 9 mostrar alguns de seus truques.

Para começar, quando adicionamos todos os algarismos de nosso sistema numeral — 1 + 2 + 3 + 4 + 5 + 6 + 7 + 8 + 9 —, obtemos o número 45; ao somarmos o 4 e o 5, obtemos *nove*. Não há maneira de escapar a isto ou de negá-lo. Nesta Terceira Dimensão, vivemos dentro de um nível de envolvimento em que o 9 é o Grande Chefe.

O número 9 não pode ser destruído, pouco importando quantas vezes o multipliquemos ou o adicionemos a seu próprio múltiplo, *o que não acontece a nenhum outro número*. Duas vezes 9 é igual a 18, que, somado, dá 9. Três vezes 9 é 27, que, somado, dá 9. Quatro vezes 9 é 36, que, somado (ou reduzido), dá o número simples 9 — e assim por diante, até o infinito. Repetindo, o 9 *não pode ser destruído — e tampouco pode ser destruída a vida humana que ele representa.*

Temos os nove dias de orações das novenas na Igreja Católica. Na maçonaria (baseada na astrologia), existe a Ordem dos Nove Cavaleiros Eleitos e, no manejo desta ordem, nove rosas — nove luzes e nove batidas devem ser usadas.

Um Grande Ano Sideral tem 25.920 anos. Quando somados estes algarismos, obtemos 18, que é reduzido ao número simples 9. O Ano Sideral é intimamente relacionado à Precessão dos Equinócios: a duração de tempo requerido para que todos os planetas retornem às suas posições originais e relacionamentos entre si. São necessários 72 anos para completar um grau desta precessão equinocial. 7 + 2 = 9. *Qualquer* número de graus da precessão equinocial é igual a 9. Dois graus, por exemplo, levam 144 anos; três graus 216 anos; cinco graus, 360 anos; dez graus, 720 anos — e assim por diante. Qualquer destes números, quando seus algarismos forem somados ou reduzidos, dará 9. Isto não é casualidade nem coincidência. Faz parte da harmonia sincronizada do Universo.

John Nelson, ex-chefe dos Laboratórios da RCA em Nova York, empregou a astrologia em cálculos meteorológicos para a RCA. Ele me contou que quando dois planetas formam "quadratura" entre si, em uma certa latitude/longitude, ocorre uma tormenta. Em astrologia, no horóscopo humano, uma quadratura é um aspecto de "tensão" — e planetas formando "quadratura" entre si são uma indicação de que estão a exatamente 90 graus de distância um do outro. O número 9 outra vez. (Lembre-se de que isto não é necessariamente negativo, porque as tormentas, com seus raios e trovoadas, "limpam o ar" de maneira extremamente revigorante.)

Os peritos e pesquisadores dos ciclos de governo observaram que mudanças importantes, com devastadoras implicações mundiais, ocorrem na Terra a cada 180 anos. 1 + 8 + 0 = 9. Os 360 graus do círculo astrológico (ou de qualquer círculo de vida), quando somados os seus algarismos, dão 9. São precisos 9 meses de gestação para que haja o nascimento de uma criança. Em um dia há 86.400 segundos, que somados dão 18 e reduzidos dão 9. Há 24 horas em um dia — e quando somamos 2 e 4, temos 6, que é um 9 invertido, um ponto vital, como breve veremos.

O ritmo de respiração normal em um humano mediano é de 18 por minuto, e 1 + 8 é igual a 9.

O ritmo de batidas cardíacas em um humano mediano é de 72 por minuto. 7 + 2 é igual a 9.

O número médio de batidas cardíacas por hora é de 4.320 — 9 outra vez.

Em 24 horas, seu coração bate uma média de 103.680 vezes — que nos dá 9 novamente.

No mesmo período de 24 horas, a respiração ocorre em uma média de 25.920 vezes — *exatamente o mesmo número de anos que compõem um Grande Ano Sideral!*

Seria de admirar as Escrituras nos dizerem que
666 (9) é o número do homem e da besta?

Em astrologia, os aspectos ou ângulos *harmoniosos* formados entre os planetas são: 30 graus, 60 graus e 120 graus. Seus algarismos somados (ou reduzidos) fornecem o número simples dos *harmoniosos* 6 ou 3. Por outro lado, os aspectos ou ângulos tensos ou *desarmoniosos* formados entre os planetas são: 45 graus, 90 graus e 180 graus — todos eles iguais a 9. Isto indica a importância e conveniência de nos elevarmos *acima* da percepção tridimensional de tempo e suas tensões (9), para um estado de ser mais harmonioso (6). Como falei, em breve teremos mais dados sobre a urgente conexão entre 9, 6 e 3.

Dizem os místicos (e existe evidência científica convincente) que *qualquer das medidas* (dentro e fora) da misteriosa e enigmática Grande Pirâmide de Gizé (construída por Osíris, não por Quéops, e milhões de anos mais cedo do que hoje se acredita) — antes que Quéops e o próprio tempo as modificassem — adicionada a um número múltiplo daria uma soma que, adicionada e reduzida em seguida, forneceria o número simples 9. Em alquimia, o 9 é chamado de Dragão Vermelho.

O Novendial (9) era um período de jejum adotado pela primitiva Igreja Católica Romana para evitar ou prevenir catástrofes e calamidades (cataclismos da Terra) de todos os tipos. Desta cerimônia surgiu a prática das novenas, dos católicos dos dias modernos, cujo ofício tem a duração de nove noites, conforme mencionei anteriormente.

No nono dia, os romanos sepultavam seus mortos. Tanto o primeiro como o segundo templo dos judeus foram destruídos no nono dia do mês a que o povo judeu dá o nome de *av.* (Lembre-se de que o número 9, desde a antiguidade, simbolizou a Alfa e o Ômega, o princípio e o fim.) Hoje, os judeus que seguem a antiga religião ortodoxa hebraica não podem usar o *talit* e o filactério enquanto o sol não se põe, no 9º dia de *av.* Os primitivos escritos hebreus dizem que "Deus" desceu à Terra, caminhou entre os humanos e falou com eles 9 vezes.

Todos estes exemplos das vibrações do número 9 deverão dar-lhe bastante material para reflexão, um verdadeiro banquete numerológico para um *goumert* esotérico. Entretanto, para realmente compreender o número 9, você primeiro deve penetrar no significado dos números 6 e 3, seu relacionamento entre si — e do número 9.

Nove é o número de Marte — agressão, penetração, *homem.* 6 é o número de Vênus — amor, passividade, *mulher* (6 também rege o dinheiro e outras coisas, como 9 também rege outras coisas, só que agora estamos examinando apenas as vibrações *masculino-feminino* do 6 e do 9.) Portanto...

O número 6 simboliza Vênus, amor, mulher.

O número 9 simboliza Marte, conflito, homem.

Quando o número 6 é somado ao número 9, o conflito é destruído, sendo o amor vitorioso. Somados, 6 e 9 dão 15 — e quando somamos o 1 e o 5, temos 6 novamente. Vênus. Amor. *O amor é tudo*. Em qualquer confronto entre Vênus e Marte, é Vênus quem vence no *desfecho final*. É impossível ser de outra forma, de acordo com a Lei Universal.

Certamente, esta é uma mensagem cósmica codificada bastante tranquilizadora, vinda de nossos Criadores.

Temos aqui mais alguns mistérios ocultos nos números 6 e 9. Acabamos de ver o que acontece quando estes dois números são somados. O 6 é o vitorioso. Agora, vamos colocá-los juntos, lado a lado, reparando que cada número é o outro, inverso, como reflexo no espelho.

69

Quando 6 e 9 estão lado a lado, formam o símbolo astrológico do signo de Câncer, representando a genitora.

Câncer: 69

Os dois círculos do símbolo de Câncer, 6 e 9 representam os seios da mãe. A forma total de cada um destes dois números reflete a forma e o contorno geral do espermatozoide. ♋ É algo inteiramente lógico, se pensarmos que os números refletindo os seios femininos e os espermatozoides masculinos, ambos intimamente relacionados ao nascimento, são os números representando os dois criadores da nova vida: a mulher e o homem. Igualmente lógico: o *número* de Câncer é 2.

O signo astrológico de Câncer é regido pela Lua. Nosso primeiro desembarque na Lua aconteceu em julho, mês de Câncer. O ano era 1969, que naturalmente contém 6 e 9 nos dois últimos dígitos. Que “serendipitosa” sincronicidade!

Assim, como agora vemos, 9 é o re-*verso* de 6, sendo 6 o re-*verso* de 9. Traduzindo, isto significa que 9 é um novo *verso* de 6, e que 6 é um novo *verso* de 9. Um “novo verso” (novo poema ou novo som musical) sempre é criado quando qualquer coisa está ao in-*verso*. Há uma mulher em cada homem, e um homem em cada mulher. Portanto, não é errado, mas perfeitamente natural, que um homem seja sensível — e que uma mulher seja corajosa.

O número composto 15, que é obtido pela soma de 9 (homem) e de 6 (mulher), é chamado pelos antigos "o número da magia e do mistério". E, de fato, assim é.

Magia e mistério... sim. Quando um homem e uma mulher se unem por meio do amor, isso é magia! Quando seu mútuo amor induz à união sexual de ambos, o êxtase físico, mental e espiritual é alcançado, sendo concebida uma nova vida... e isso é mistério!

O número 6 e seu "meio número" 3 (representando Júpiter, o planeta da religião e regente de Sagitário) são parte integral matemática do *mistério do 9* — o conceito tridimensional —, com 9 igual a 3 vezes 3, 6 igual a 3 mais 3, e 9 igual a 3 mais 6.

Jesus foi encontrado na Sinagoga discutindo profundos temas esotéricos com os sumos sacerdotes e rabinos quando tinha 12 anos de idade. 12 se reduz ao número 3. Ele iniciou seu ministério e ensinamento à idade de 30 anos — outro 3. Foi crucificado aos 33 anos, que se reduz a 6, este sendo o 9 ao inverso. Sofreu na cruz durante 3 horas. Foi declarado morto na 9ª hora. Ressuscitou no 3º dia.

Somente quando os terrenos aprenderem a re-*versar* (empregar um novo som musical) o número *material* 9, transformando-o no número 6, que é sua polaridade harmoniosa, haverá realmente Paz na Terra. Porque, vale a pena repetir mais uma vez, 6 é o número de Vênus e do Amor... e *o Amor é tudo*.

Já mostrei a você os truques mágicos de que o 9 é capaz. O número 6, o re-*verso* de 9, pode demonstrar um comportamento igualmente mágico. Entretanto, antes de lhe provar isso, consideremos o *Mistério do 9* total.

O *Mistério do 9* é composto de apenas três números, 3-6-9, constituindo o mais profundo de todos os mistérios demonstrados pela matemática (cálculo) e provado pela numerologia (interpretação).

Lembra-se de nosso homem-banqueta de três pernas, que descobriu os números 1-2-3... e depois o 0 (zero)? O que ele não suspeitou, entretanto, foi que apenas aqueles números (1-2-3 e 0) resumissem o nosso inteiro Mundo Tridimensional. (O Mundo Quatridimensional do Agora Eterno é outro assunto.)

Ora, imagine o nosso homem-banqueta de três pernas desde o início, quando colocou o primeiro graveto no chão para representá-lo, concebendo o número 1 (Causa Original ou Criador), depois acrescentando um segundo graveto para representar sua companheira, concebendo o número 2, em seguida colocando horizontalmente um terceiro graveto para representar o filho, assim concebendo o número 3, com os três gravetos formando um triângulo, o mais antigo símbolo conhecido de todas as religiões. E finalmente conceitualizando o número 0, ao desenhar um círculo à volta dos três gravetos no chão, a fim de proteger os três de todo mal. Agora, medite sobre este desenho por um momento

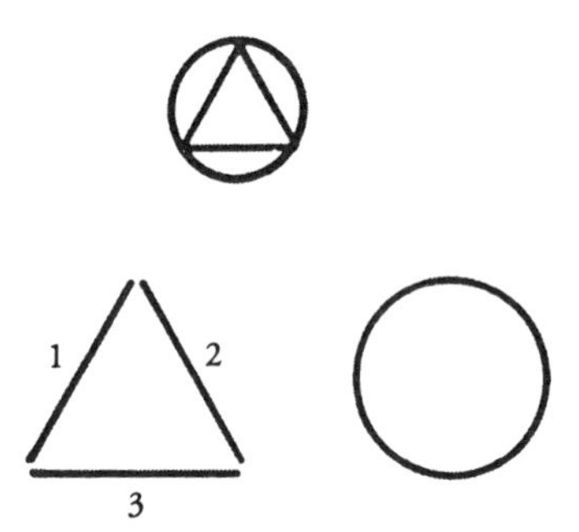

Código: 1-2-3-0

Meditei sobre o assunto em uma noite durante meu retiro em Cripple Creek até adormecer. Ao acordar na manhã seguinte, rabisquei algumas notas no bloco ao lado da cama, e dias mais tarde comecei a desenhar os números e as letras do alfabeto, fazendo o que, pelo menos para mim, era uma profunda descoberta. Sem dúvida, todos os matemáticos estão cônscios disso, e, com toda certeza, Einstein, o "Abstrato Al", também estava — mas aquilo era novidade para *mim*, tão iluminadora que me senti como se sentiu Cristóvão Colombo ao provar que o mundo era redondo! Aqui está a minha descoberta: cada número, de 0 a 9 — e cada letra do alfabeto anglo-saxão, de A a Z —, nasceu do triângulo ou do círculo — ou pode ser transmutado neles. De fato, tudo em nossa percepção, tridimensional, se reduzido à sua base primária, incluindo o retângulo, octógono, pentágono, hexágono, etc., pode ser *codificado* como a chave Universal de 1-2-3-0 ou:

Não é excitante? Isto eleva meus pensamentos em direção a todos os tipos de mistérios da existência. Como exemplo, desenharei para você apenas três números e três letras do alfabeto. Faça depois o restante, como um quebra-cabeça. É divertido!

3

4

6

R

S

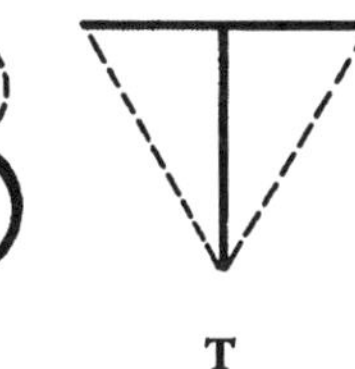

T

Surge a pergunta: como seriam os símbolos na percepção da *Quarta* Dimensão? Eu costumava meditar bastante sobre o fato de que somos objetos tridimensionais, e quando a Luz (o Sol) brilha "através" de nós, lançamos uma sombra *bidimensional*. Assim, não haveria um Eu *tetradimensional*, com uma Luz ainda mais brilhante do que o nosso Sol, fazendo-o lançar as "sombras" de um eu e você *tridimensionais*? E... talvez também seres *pentadimensionais*, lançando as "sombras" de nossos *Eus Tetradimensionais*, etc., sempre subindo, e ainda além, em níveis mais elevados, uma vez que só podemos contar até 9 nesta percepção Tridimensional.

Com que se parece o número *acima* de 9? Com zero — 0 —, o círculo. Não existe linha reta. Finalmente, cada Alfa (o início) encontra o seu Ômega (o fim) e se une a ele, formando um círculo. Portanto, se você estivesse a uma altitude razoável e "olhasse para baixo", em linha supostamente reta, constataria não existir começo nem fim para ela, afinal: o Nazareno disse "*Eu sou o Alfa e o Ômega*". O Começo e o Fim são a mesma coisa. O círculo pleno da serpente.

Tudo isto tem relação com o Agora Eterno, a descoberta einsteiniana de que Passado, Presente e Futuro não são fatias separadas de Tempo, todos são Um — e simultâneos. Veremos mais a respeito em capítulos posteriores. Por ora, retornemos ao Código Universal.

Código Universal: 1-2-3-0. Some os números e você terá 6 — Amor.

1 + 2 + 3 + 0 igual a 6

Agora, imaginemos a palavra AMOR. (Lembre-se: 6 = Vênus = Amor).

Eis aqui um dos truques que, como lhe disse, o número 6 pode fazer — porém, isto é parte do *Mistério do 9*, conforme verá.

A fórmula de nossa Percepção Tridimensional é 1-2-3-0, e esta fórmula é igual a 6. Amor. Assim, tomaremos o Código Universal para amor e combinaremos seus números — ou dígitos —, somando-os depois em colunas.

0-1-2-3 = Amor. Abaixo estão todas as variações numéricas do Amor.

0123	1032	2310	3210
0132	1023	2301	3201
0231	1320	2103	3102
0213	1302	2130	3120
0321	1203	2013	3012
0312	1230	2031	3021
1332 = 9	7110 = 9	12888 = 27 = 9	18666 = 27 = 9

Ora, se você estivesse somando colunas de dinheiro, haveria uma enorme diferença entre 1.332 dólares e 18.666 dólares. Para o Universo, no entanto, tudo é 9. Note que existem 6 combinações para cada coluna e 24 combinações múltiplas (2 + 4 = 6), bem como 96 dígitos em todas as colunas (9 + 6 = 15 = 6). Não existe maneira de separarmos a estranha conexão do 3, 6 e 9.

Multiplicação por 3	Multiplicação por 6	Multiplicação por 9
2 × 3 = 6 – 6	2 × 6 = 12 – 3	2 × 9 = 18 – 9
3 × 3 = 9 – 9	3 × 6 = 18 – 9	3 × 9 = 27 – 9
4 × 3 = 12 – 3	4 × 6 = 24 – 6	4 × 9 = 36 – 9
5 × 3 = 15 – 6	5 × 6 = 30 – 3	5 × 9 = 45 – 9
6 × 3 = 18 – 9	6 × 6 = 36 – 9	6 × 9 = 54 – 9
7 × 3 = 21 – 3	7 × 6 = 42 – 6	7 × 9 = 63 – 9
8 × 3 = 24 – 6	8 × 6 = 48 – 3	8 × 9 = 72 – 9
9 × 3 = 27 – 9	9 × 6 = 54 – 9	9 × 9 = 81 – 9
Total: 51 = 6	Total: 48 = 12 = 3	Total: 72 = 9

Repare que o número 3 repete o padrão vertical de 6-9-3 (de cima a baixo) e assim por diante, não importa quantas vezes seja multiplicado. Quanto ao número 6, repete o padrão de 3-9-6 e assim por diante, não importa quantas vezes seja multiplicado. Tudo isso faz parte do *Mistério do 9, sendo que 3 e 6 são uma parte integral dele*. Quanto à coluna 9, o padrão apresenta a figura 9-9-9-9 vertical e indestrutivelmente.

Para maior clareza, torno a me repetir.

O número 6 simboliza:	Vênus	Amor	Mulher ♀
O número 9 simboliza:	Marte	Conflito	Homem ♂

Conforme já demonstrei, esses números de sexualidade equivalem um ao outro da mesma forma que representam a si mesmos, uma vez que 9 de cabeça para baixo é 6 — e 6 de cabeça para cima é 9. Assim, 9 é um 6 ao re-*verso* (um novo verso) e 6 é um 9 ao re-*verso*.

Olhando-se novamente para as tábuas de multiplicação dos números 3, 6, e 9, bem como seus padrões sequenciais, vemos, mais uma vez, que o padrão de sequência para 3 é 693-693, repetidamente. O padrão de sequência para o 6 é 396-396-396, repetidamente. E, conforme já vimos, com o 9 se encontra sempre, eternamente, um 9. (Eu me refiro ao padrão de sequência de números lidos verticalmente na última coluna de cada tábua.) Agora, experimente você mesmo um teste similar de multiplicação, utilizando 3 outros números de sua escolha que não sejam estes três. Verificará que não existe qualquer padrão. Encontrará apenas um grupo de números sem relação uns com os outros.

Nenhum outro número, nem mesmo o 7 espiritual, pode produzir a multiplicação mágica que demonstramos com o 3-6-9 do Mistério do Nove Tridimensional. Por falar nisso, 3 mais 3 é igual a 6. Seis mais 6 é igual a 12 (que se reduz a 3)... exatamente como 3 mais 9. E 3 mais 6 é igual a 9. Os números 3, 6 e 9 não podem ser divorciados ou separados de qualquer modo matemático. E estes números-mistérios são *três*. Lembre-se do 1-2-3-0 do Código Universal, que é também formado por *três* números, mais o 0 do poder intensificado.

Eu diria que agora concordamos que o 9 é o rei dos números. Se você precisar de provas adicionais sobre ser correto o 9 reger toda a vida e energia elétrica neste planeta, pondere isto: 9 é o único número capaz de *dar vida a qualquer outro*, porque quando o 9 *se soma* a cada número, este número *não fica perdido*. O 9 lhe devolve sua identidade e sua "vida".

9 mais 1 = 10 = 1 novamente
9 mais 2 = 11 = 2 novamente
9 mais 3 = 12 = 3 novamente
9 mais 4 = 13 = 4 novamente
9 mais 5 = 14 = 5 novamente
9 mais 6 = 15 = 6 novamente
9 mais 7 = 16 = 7 novamente
9 mais 8 = 17 = 8 novamente

Nenhum outro número, somado a outros números, tem este poder.

Mais uma mágica com números, outra mensagem cósmica para o amanhã. Ponderemos novamente sobre a demonstração de que o número 9 (guerra, conflito e agressão) jamais pode ser vitorioso contra o número 6 (amor e paz), porque quando somamos 6 mais 9, conseguimos 15 — e então, ao somarmos o 1 e o 5, teremos 6 novamente.

A seguir, adicionaremos o vencedor 6 ao número espiritual 7. Seis mais 7 é igual a 13 — e o 1 mais 3 do 13, se somados, dão 4. O número 4 é atribuído a Urano, planeta regente de Aquário. Não é uma boa notícia sobre o futuro desta "imprevisível" (exceto pelo uso da numerologia) Era de Aquário? Durante a era aquariana regida por Urano (4), o Amor (6) e a iluminação espiritual (7), chegado o ato final, derrotarão a guerra, o conflito, a agressão e a tecnologia, pouco importando o quanto *pareçam* perder a batalha durante esses períodos de prova. A Terra *não* será destruída pela insanidade nuclear e nem por cataclismos da Natureza, os quais deve suportar devido ao seu carma. Claro que poderemos ter prejuízos e tragédias incalculáveis se os terrenos não interromperem seu comportamento negativo em tempo — mas, na análise final, o amor e a paz triunfarão!

Não pode ser de outro modo, uma vez que tudo foi organizado pela ordem matemática e inflexível do Universo e seus harmônicos. Assim, o código numerológico cósmico para o futuro da Era de Aquário abre a porta para um amanhã feliz, pouco importando os medos do hoje. Poliana adoraria! O mesmo se pode dizer do "Abstrato Al" Einstein. Aposto como ele já sabia disto há muitos e muitos anos. A meditação na maravilha dos números pode fazer seus pensamentos pairarem alto, como se tivessem asas, além de poderem voar para o lugar onde nascem todos os mistérios! Portanto... durma em paz esta noite, sonhe com 6 e 7.

☆ ☆ ☆

Muito bem, leitor, está pronto? Nossa aula de numerologia prática e aplicada vai começar, de maneira que aprenderá a usar o poder oculto dos números em sua vida quando precisar de uma pequena mágica extra. Primeiro, há certas regras que precisa conhecer antes de passar às instruções reais para o cálculo.

Leia novamente a última frase, bem devagar, por favor. Grata!

Espero que as lições sejam divertidas. Assim deveriam ser todas as lições, que, em geral, se tornam tediosas porque os professores esqueceram a sabedoria socrática do aprendizado — e os estudantes podem percebê-lo. Tudo quanto um instrutor precisa fazer é *ajudá-lo a recordar o que você já sabe*. Portanto... aprender é recordar.

Um eco desse sábio método de instrução socrático chega a nós após séculos, desde Diógenes, o excêntrico grego que perambulava carregando uma lanterna, a fim de encontrar um homem inteiramente honesto. (E possivelmente teria mais sorte se houvesse procurado entre o sexo feminino. Perdão, mas não resisti a este pequeno e sarcástico comentário feminista!) De qualquer modo, quando caminhava certa manhã por uma estrada poeirenta, em sua cansativa busca, Diógenes encontrou um muito entediado

Alexandre, o Grande, que já havia conquistado a maior parte do mundo antes de completar 30 anos — e tiveram uma espécie de diálogo rápido. Por fim, muito impressionado com a intensa e determinada dedicação do novo amigo àquele objetivo, Alexandre perguntou a Diógenes se poderia fazer alguma coisa para ajudá-lo.

— Apenas não me tape a luz do sol — replicou Diógenes.

Eis o que todos os professores deviam fazer: permitir que a "luz" de seus alunos brilhe para que eles, lenta mas seguramente, recuperem o conhecimento sepultado na memória subconsciente. Daí o motivo por que, com a numerologia como nosso tema, primeiramente quero fornecer as regras básicas, em seguida os métodos de cálculo, mais alguns exemplos de como isto é feito, para finalmente ficar de lado e permitir que você "recorde" a refinada sintonia de interpretar as definições dos números a partir da página.

Para começar, você logo perceberá — ao encerrarmos as regras e passarmos à ação — que utilizarei bastante a palavra "entidade", a qual tentarei explicar. Da mesma forma que um bebê possui um Mapa Natal ao nascer, um musical da Broadway, uma firma, um livro ou qualquer evento (casamento, compra de casa, etc.) que "nasce" ou se consome em determinado *tempo* também possui um Mapa Natal (Horóscopo), segundo a astrologia. Na numerologia, essas já mencionadas "entidades" igualmente possuem relativos ao seu *nome* e ao *dia* em que nasceram, números-chave representativos, exatamente como para uma pessoa.

Consideremos, por exemplo, *E o vento levou*, de Margaret Mitchell, o musical *Minha bela dama,* a firma corretora de ações de Paine Webber e outras entidades, tais como o dia de seu casamento, a data em que conheceu uma determinada pessoa, etc. Todos são "entidades", cada uma com seu *número de nascimento* representativo (o *dia* da incorporação — ou do evento) e/ou um *número do nome.*

Antes de demonstrar como encontrar seu número de nascimento e seu número de nome (tanto o número simples quanto o composto), você deve memorizar as seguintes regras básicas de numerologia.

Os números duplos ou compostos 11 e 22 são denominados números mestres. Isto significa que, *quando adicionados a outro número, não devem ser reduzidos*, isto é, o número 11 não pode ser somado (1 + 1) ou reduzido ao número 2. O número 22 tampouco pode ser somado (2 + 2) ou reduzido ao número 4. Esses dois números mestres devem ser sempre adicionados a outros números no processo numerológico, como 11 e 22. Somente quando o *total* do valor numérico do *nome* é 11 e 22, estes números são somados e produzem os números simples 2 ou 4, como número-chave do nome — e somente quando uma pessoa *nasceu* nos dias 11 ou 22, estes números são reduzidos a 2 ou 4, para fornecerem o número-chave simples de nascimento. (Darei alguns exemplos disto mais adiante.)

É importante ler os dois últimos parágrafos relacionados aos números 11 e 22 algumas vezes para ter certeza de que entendeu completamente, a fim de não esquecer esta regra vital da numerologia quando começar a fazer seus próprios cálculos.

Um lembrete final sobre o significado da palavra "entidade". Quando você ler as definições de número simples e número composto representando uma *entidade*, deve fazê-lo com um senso de interpretação ligeiramente diferente daquele que usar quando elas estiverem representando uma *pessoa*. Com a prática, adquirirá uma certa intuição neste ponto. Há algumas declarações nas definições dos números simples e compostos, dadas mais adiante neste capítulo, que descrevem claramente uma pessoa e não uma coisa, mas elas também contêm certas afirmações básicas que se aplicam a uma *entidade*. Para dominar a arte e ciência da numerologia, você precisará aderir à técnica da *interpretação intuitiva*, e gradualmente encontrará facilidade para *adaptar* as sementes ou fundamentos de uma definição ou análise de um número, de maneira a se ajustarem aos objetivos, motivos e *caráter geral ou personalidade* da "entidade" que procura compreender.

Os números simples de 1 a 9 são denominados números radicais e indicam o que a pessoa ou entidade parece ser aos olhos dos outros ou do mundo. Os números duplos ou compostos indicam as influências cármicas ocultas por trás dos bastidores, por assim dizer, e prenunciam o destino do indivíduo ou entidade. Assim, quando esse destino for negativo, fornecerei, nas definições dos números compostos, a maneira pela qual tais correntes cármicas podem ser controladas e voltadas para uma direção nova e mais afortunada. Lembre-se sempre de que, em última análise, você é o responsável pelo seu próprio destino, o capitão de sua alma e sua sina. Ao empregar certas disciplinas, você não precisa se submeter cegamente ao carma negativo, pois aprenderá a diluir os efeitos por meio de seus atos — compreendendo como equilibrar os pratos da balança. (Ver Capítulo 4.)

Mais uma vez, tenha em mente o seguinte: Os números *simples* representam o que uma pessoa ou entidade *parece ser* aos olhos dos outros. São os números da individualidade e personalidade.Os números duplos ou *compostos* revelam ou indicam as influências cármicas e prenunciam o destino da pessoa ou entidade, o qual pode ser controlado e, eventualmente, neutralizado, se observado o conselho dado nas definições destes números. Você encontrará as definições dos números simples e compostos perto do final deste capítulo. Só precisará lê-las após aprender a calcular seus próprios números.

Outra maneira de expressar a diferença entre os números simples e compostos: os números simples de 1 a 9 pertencem ao lado físico ou material de pessoas e entidades, ao passo que os números compostos (números duplos) pertencem mais ao lado espiritual da vida, como o carma. Pode-se dizer que os planetas e signos astrológicos — e os números compreendendo a numerologia — são os símbolos para a linguagem de nossos Criadores. Conforme foi escrito no início deste capítulo, "Enquanto a alma dormita, em números fala-nos Deus".

Quando aprender a usar a numerologia, seguindo as instruções fornecidas para os cálculos, verá que é algo surpreendentemente prático. Não somente descobrirá mais sobre si mesmo e os outros, incluindo as igualmente importantes entidades em sua vida (títulos de livros e datas para noites de autógrafos, caso for um escritor; títulos de filmes ou peças e datas de *premières*, se for um produtor, etc.), como poderá também observar padrões cármicos e ser capaz de escolher *dias favoráveis* para todos os eventos ou encontros importantes: assinatura de documentos, início de viagens e coisas assim, bem como os dias favoráveis para formar sociedades comerciais, iniciar novos projetos, etc. As datas numerológicas afortunadas podem ser particularmente proveitosas e benéficas no tocante a questões jurídicas, no que diz respeito a advogados — *e* seus clientes, quando for possível a seleção de tais datas. Naturalmente, haverá ocasiões em que será impossível a escolha, mas, sendo possível, seria mais prudente guiar-se pela numerologia, da maneira como irá aprender — ou recordar —, terminando por descobrir que tal conhecimento é de valor inestimável. (As datas numerológicas favoráveis em geral coincidem com os trânsitos e aspectos progressivos harmoniosos em seu Horóscopo.)

Agora, estamos prontos para aprender (recordar) como descobrir seus números-chave Simples e Composto, bem como os de outras pessoas e entidades.

Novamente, aqui vai o alfabeto impresso anteriormente neste capítulo, agora repetido para sua conveniência.

Alfabeto

A = 1	N = 5
B = 2	O = 7
C = 3	P = 8
D = 4	Q = 1
E = 5	R = 2
F = 8	S = 3
G = 3	T = 4
H = 5	U = 6
I = 1	V = 6
J = 1	W = 6
K = 2	X = 5
L = 3	Y = 1
M = 4	Z = 7

Você provavelmente reparou que não existe nenhuma letra igual ao número 9. A explicação aceita, transmitida oralmente por séculos, é que, segundo se diz nas ordens esotéricas mais secretas, o número 9 é sinônimo do "nome-mistério" do Poder Supremo sobre a vida, o qual contém 9 letras. Desta maneira, não poderia ser representado por uma única letra do alfabeto. Aceito esta razão, visto que não possuo o conhecimento para refutá-lo e que o sistema funciona sem que o 9 seja usado como valor para uma única letra do alfabeto.

Desta maneira, se o número *simples* do *nome* da pessoa ou entidade analisada for 9 ou se o *número de nascimento* simples da pessoa ou entidade for 9 (caso o nascimento tenha sido nos dias 9, 18 ou 27 de um dado mês), deverá ser usado o significado para o número simples 9 dado nas definições para números simples, à página 243.

Exemplos

Comecemos com uma pessoa interessante e famosa: Abraham Lincoln.

Estude cuidadosamente este exemplo. Repare que abaixo de cada letra do nome está o valor numérico dessa letra. Tais números são então somados horizontalmente e dão um número composto, totalizado abaixo, em seguida reduzido a um número simples. (Ver Abraham.) Faça o mesmo com cada nome (ou palavras, tratando-se de entidade) separadamente. Por fim, some os *números simples* de cada nome (ou palavra), para chegar aos *números-chave* finais. Note como isto é feito no exemplo seguinte.

Após calcular o número-chave composto do nome (ou título, frase, seja o que for), some os dois números do número-chave composto, a fim de chegar ao número-chave *simples*. Se estudar cuidadosamente o exemplo fornecido para o nome de Abraham Lincoln, tudo ficará claro.

A B R A H A M L I N C O L N — Nascido a 12 de fevereiro
1 + 2 = 3

O número-chave composto de *nascimento* é 12.
O número-chave simples de *nascimento* é 3.

A B R A H A M	L I N C O L N	
1 2 2 1 5 1 4	3 1 5 3 7 3 5	7 + 9 = 16
Total: 16 = 7	Total: 27 = 9	1 + 6 = 7

O número-chave composto do *nome* é 16.
O número-chave simples do *nome* é 7.

Desta maneira, os números-chave de Abraham Lincoln são 12 e 3 (números de nascimento), e 16 e 7 (números do nome); 12-16-3-7.

Não passe adiante do exemplo de Abraham Lincoln enquanto não estiver absolutamente certo de que compreendeu como foram calculados os quatros números-chave finais, mesmo que leve cinco minutos para compreender inteiramente estas etapas — ou duas horas. Não leia mais até que cada etapa fique inteiramente clara para você.

Viu como foi alcançado cada um dos quatro números-chave de Abraham Lincoln? Tem *certeza*? Muito bem, então podemos passar a uma definição *parcial* destes números representando Abraham Lincoln.

Tomemos primeiro os números-chave do *nome* — o simples 7 e o composto 16.

Após você ter lido a definição do número simples 7 nas páginas de definição, perto do final deste capítulo, verá que ela se ajusta perfeitamente à *personalidade e caráter* do presidente da Guerra Civil — conforme ele *parecia aos outros.*

A definição 7 (fornecida perto do final deste capítulo) nos diz que Lincoln "tinha sonhos notáveis". Que possuía "um magnetismo calmante e tranquilizador, com grande influência sobre os demais" — que "detestava trilhar um caminho comum, tendo ideias peculiares sobre religião e pontos de vista políticos únicos, heterodoxos". A definição nos diz que Lincoln "mostrava pouca preocupação com bens materiais" — e que favorecia os outros com sua "simpática compreensão da dor e do sofrimento". Diz ainda, que os outros frequentemente o "sobrecarregavam com suas questões e problemas". A análise do número simples 7 nos afirma que Lincoln não era "julgador ou preconceituoso", que era "tolerante com os pontos de vista alheios". Isto resume com precisão a personalidade do homem, não acha?

O número-chave *composto* do nome de Abraham Lincoln é 16. Entre outras revelações, este número cármico é simbolizado como a Torre Destruída — "uma Torre fulminada pelo raio, da qual cai um homem, com uma coroa na cabeça. Uma estranha fatalidade aguarda a pessoa — há uma ameaça de derrota dos seus planos". Tudo isso se ajusta claramente ao presidente Lincoln. A análise completa do número composto 16, perto do final deste capítulo, também contém o método pelo qual Lincoln evitaria o destino cármico negativo do 16 (ou poderia tê-lo diluído bastante), algo que ele não fez. A análise do 16 explica a maneira pela qual ele preferiu *não* evitar ou neutralizar seu carma. (Uma delas, não seguindo os avisos contidos em seus sonhos.)

Também contida na definição do número-chave *simples* 7 de Lincoln (de seu nome) está o aviso para *não* usar roupas negras ou escuras, mas é claro que estas foram as únicas cores que Lincoln usou — fraque preto, calças pretas e cartola preta (que eram o costume em sua época). Outras pessoas aliviavam o preto ocasionalmente com outras cores em sua vida pessoal. Lincoln jamais fez isso.

Passando dos *números-chave do nome* (simples e composto) de Abraham Lincoln, estudaremos agora seus *números de nascimento*. As pessoas nascidas em um dia cujo número é simples não possuem um número de nascimento composto — apenas um número é de nascimento simples. Entretanto, as nascidas em um dia cujo número é duplo tanto possuem um *número de nascimento* simples como um composto. Lincoln estava neste último grupo.

O *dia* do nascimento de Lincoln é 12 de fevereiro. Portanto, o número-chave *composto* de seu *nascimento* é 12 — e o número-chave *simples* de seu *nascimento* é 3 (somando-se o 1 e o 2 do 12).

Após ler o significado do número simples 3 e do número composto 12 nas definições de números simples e compostos, começando nas páginas 243 e 263, terá um retrato ainda mais claro do homem. Leia toda a análise do 3 e do 12, para um quadro total. *Em parte*, o 3 indica uma pessoa que baseia cada ato em um "grande ideal" — sendo "de fala chocantemente rude". As pessoas 3 são desafiadas a "provas de força física". Lincoln fez várias dessas provas em sua juventude; e temos ainda o Lincoln lenhador, que derrotava todos os participantes em concursos de rachar lenha — e também queda de braço. O número 3 descreve uma curiosa mistura do "filósofo sábio e do palhaço otimista". Uma descrição apropriada para Lincoln. A definição 3 revela também que tais pessoas são "oprimidas quando lhes negam condições de um aprimoramento do aprendizado". Pensemos em Lincoln, que praticamente não teve estudos formais, oprimido por esta falha. Entretanto, ele não permitiu que isso o derrotasse. Dedicou-se ao estudo de leis sozinho, com um esforço sobre-humano, para se tornar o advogado mais brilhante de sua época — um excelente exemplo para quem também possui o número-chave simples 3, de Lincoln. (As pessoas 3 são intensamente determinadas a obter uma instrução superior e, portanto, em geral a *conseguem*, porém ficam mais profundamente decepcionadas do que as outras caso isto lhes seja negado.)

Abraham Lincoln era aquariano. Você verá, na análise incluída do número simples 3, que este número é *harmonioso* com seu signo solar de Aquário.

Quanto ao *número de nascimento* composto (12), estude a definição e aprenderá muito mais sobre Lincoln. Um olhar *parcial* ao seu significado dirá: "O Sacrifício da Vítima — alguém que é sacrificado para os planos e intrigas de outros." Todos que já estudaram a história americana e estejam familiarizados com a enorme quantidade de intrigas políticas e maquinações à volta de sua presidência perceberão rapidamente o quanto isto é apropriado.

Estude esta breve amostra da análise dos números de *nascimento* e números do *nome* de Abraham Lincoln cuidadosamente, até compreendê-la bem. Esta é a melhor maneira de aprender todas as nuanças para calcular os números-chave da pessoa ou entidade que lhe interessa, em especial os seus próprios.

Vejamos agora o exemplo do astro de cinema americano Robert Redford, e calculemos os números-chave de seu nome. Aqui, demonstraremos a importância da regra sobre a não redução do número mestre. Segundo vimos anteriormente, os números mestres são o 11 e o 22. Eles não devem ser reduzidos, mas sim adicionados a outros números.

R O B E R T	R E D F O R D	
2 7 2 5 2 4	2 5 4 8 7 2 4	22 + 5 = 27
Total: 22 = 22	Total: 32 = 5	27 = 9

A esta altura, você já aprendeu o suficiente para ver que o número-chave simples para o nome de Robert Redford é 9 e que o número-chave composto é 27. Em parte, a definição do número 27 diz que "as faculdades criativas semearam boas sementes, que resultarão em excelente colheita". O restante da definição se ajusta igualmente a Robert Redford, *mas* se você *reduziu* o 22 de Robert a 4, somando-o depois ao 5 de Redford, ainda assim continuará obtendo o número-chave simples 9 — mas terá *perdido* a influência mais *importante* da vida dele, que é a do número composto 27.

Lembre-se de que só deve reduzir os números mestres 11 e 22 se eles forem *números-chave*. Estes números mestres devem ser somados ou reduzidos para você obter o *número-chave simples final* do nome ou do dia do nascimento. Em outras palavras, repetindo o que escrevi anteriormente, se o número-chave composto do nome for 11 ou 22 (após serem somados os números simples dos vários nomes), o 11 ou 22 poderão então ser reduzidos a 2 ou 4, para ser criado o *número-chave simples*. Da mesma forma, se uma pessoa nasceu no dia 11 ou 22 do mês, então o 11 ou 22 é o *número-chave* composto do *nascimento*; e para chegar ao número-chave simples do nascimento, você pode somar o 11 para obter o simples 2, ou 22 para obter o simples 4. A única vez em que *não se deve* reduzir estes dois números mestres é quando eles forem somados como partes separadas de um nome de pessoa ou entidade com várias palavras, tal como no exemplo de Robert Redford que acabei de demonstrar. Estude isto novamente até compreender perfeitamente a regra sobre o 11 e o 22.

Após ajudá-lo a encontrar seu brilho próprio, demonstrarei mais alguns exemplos de pessoas e entidades — isto é, demonstrando o sistema de calcular os números-chave, como fiz com Robert Redford e Abraham Lincoln —, só que não fornecerei nenhuma pista sobre as *interpretações* dos números-chave. Desta vez, você já estará em condições de fazer isso sozinho, pois estudou as definições para números simples e compostos que começam nas páginas 243 e 263.

Lembre-se de que, ao analisar uma *pessoa*, as definições encontradas são autoexplicativas. Entretanto, ao analisar uma *entidade*, você terá que, intuitivamente, "pinçar" o que, nas definições, se ajusta mais especificamente a uma *entidade*. Você irá aprender (recordar) a maneira de "ler as entrelinhas", em um sentido metafísico, condensando as definições para "pessoa" de maneira a descreverem mais breve e claramente uma "coisa" — um evento ou uma entidade.

Primeiro, tentaremos com mais algumas pessoas. Depois será a vez de entidades. Após reforçar o conhecimento sobre estes cálculos e sobre as definições dos números-chave por meio destes exemplos adicionais, estará pronto para começar a penetrar nos mistérios de seu próprio nome, dos nomes de amigos e parentes — e de suas próprias entidades especiais (corporações, livros, peças, datas e eventos especiais, etc.).

E L I Z A B E T H T A Y L O R Nascimento: 27 de fevereiro
$2 + 7 = 9$

Número-chave simples de *nascimento*: 9
Número-chave composto de *nascimento*: 27

Agora, calculemos os números-chave simples e composto do *nome* de Elizabeth.

E L I Z A B E T H	T A Y L O R	
5 3 1 7 1 2 5 4 5	4 1 1 3 7 2	$6 + 9 = 15$
Total: 33 = 6	Total: 8 = 9	$1 + 5 = 6$

Número-chave simples do *nome*: 6
Número-chave composto do *nome*: 15

Desta maneira, os quatro números-chave de Elizabeth (para o nascimento e o nome) são: o simples 9 e o simples 6; o composto 27 e o composto 15. Lembre-se de que os números *simples*, tanto do nascimento como do nome, descrevem a personalidade e caráter da pessoa ou entidade conforme parecem aos outros — e os números *compostos*, tanto do nascimento como do nome, representam o caminho cármico do destino, que está oculto ou sepultado.

Portanto, os quatro números-chave de Elizabeth são 9, 27, 6 e 15. O 9 e o 6 descrevem sua personalidade e comportamento exterior. O 15 e o 27 representam seu destino cármico oculto. Não resisto a um comentário, embora tenha prometido que não o ajudaria mais com as definições. Elizabeth, apesar de pisciana, tem lampejos ou acessos ocasionais de ação que sempre me intrigaram. O 9, como seu número de nascimento simples, responde ao enigma de uma vez por todas. (Após ler as definições para números simples, que lhe permitirão comparar o signo solar da pessoa com seu número — ou números — simples, você perceberá isso.)

Experimentemos com mais dois nomes muito conhecidos. Isto me faz recordar a antiga piada de *vaudeville*, que você provavelmente já ouviu, a respeito do forasteiro perdido em Nova York que perguntou ao ambulante italiano que empurrava sua carrocinha como chegar ao Carnegie Hall. O homem ergueu as mãos no ar e exclamou: "Treine, treine, treine!" Há uma moral nesta piada. Estou lhe dando todos estes exemplos a fim de que você treine, treine, treine — a única maneira não apenas para ser suficientemente bom a fim de dar um concerto no Carnegie Hall, como também de dominar a antiga arte e ciência da numerologia. Vamos, então, ao nome de mais uma artista do cinema americano.

J A N E F O N D A — Nascimento: 21 de dezembro
$2 + 1 = 3$

Número-chave simples de *nascimento*: 3
Número-chave composto de *nascimento*: 21

J A N E	F O N D A	
1 1 5 5	8 7 5 4 1	3 + 7 = 10
Total: 12 = 3	Total: 25 = 7	1 + 0 = 1

Número-chave simples do *nome*: 1
Número-chave composto do *nome*: 10

Os quatro números-chave de Jane Fonda são 1, 3, 10 e 21. (Verifique os significados.) Os números-chave simples 1 e 3 descrevem como a personalidade e caráter de Jane parecem aos outros — e os números-chave compostos 10 e 21 representam seu caminho cármico do destino, que está oculto ou sepultado.

S A M U E L   C L E M E N S   Nascimento: 30 de novembro
3 + 0 = 3

Número-chave simples de *nascimento*: 3
Número-chave composto de *nascimento*: 30

S A M U E L	C L E M E N S	
3 1 4 6 5 3	3 3 5 4 5 5 3	22 + 1 = 23
Total: 22 = 22	Total: 28 = 10 = 1	2 + 3 = 5

Número-chave simples do *nome*: 5
Número-chave composto do *nome*: 23

Desta maneira, os números-chave de Samuel Clemens são 3, 5, 23 e 30. (Verifique os significados que se ajustam.)

Não obstante, o escritor Samuel Clemens *mudou seu nome* para Mark Twain. Ao fazer isto, não melhorou muito suas vibrações — o 23 é um número excelente para o sucesso —, embora ele possa ter se tornado, com a mudança, um pouco mais gregário e menos "eremita" do que costumam ser as pessoas do número 30. Ainda assim, a mudança para Mark Twain produziu uma distinta vantagem — a aquisição do número composto 17, que (como você verá nas definições) *garantiu ao nome uma vida após a morte de Sam Clemens.*

M A R K	T W A I N	
4 1 2 2	4 6 1 1 5	9 + 8 = 17
Total: 9	Total = 17 = 8	1 + 7 = 8

Número-chave simples do *nome*: 8
Número-chave composto do *nome*: 17

Após ler as definições para estes números, você também perceberá que Samuel Clemens ajudou-se bastante em questões de autodisciplina quando o novo nome — Mark Twain — o influenciou com o número simples 8. Entretanto, infelizmente, também acrescentou a tristeza e depressão do 8, juntamente com suas vibrações de opulência.

Jane Fonda é sagitariana. Também o era Samuel Clemens, conhecido ainda por Mark Twain. Estes dois Arqueiros são influenciados pelo número simples 3. No caso de ambos, o 3 tem uma *dupla influência*, uma vez que 3 é o número do planeta Júpiter, que, por seu turno, rege Sagitário.

Tentemos, agora, algumas entidades. Já tivemos exemplos suficientes com nomes de pessoas. Vejamos *Gone With the Wind* (*E o vento levou...* no Brasil):

G O N E	W I T H	T H E	W I N D
3 7 5 5	6 1 4 5	4 5 5	6 1 5 4
Total: 20 = 2	Total: 16 = 7	Total: 14 = 5	Total: 16 = 7

2 + 7 + 5 + 7 = 21

Número-chave composto do título: 21
Número-chave simples do título: 3

Verifique os números-chave para este clássico norte-americano sobre o velho sul, para ver como se ajustam perfeitamente ao filme e ao livro. Observe, em particular, o significado de 21.

Vejamos agora *My Fair Lady* (*Minha bela dama*, no Brasil), um musical da Broadway e um filme imensamente popular e de enorme sucesso.

M Y	F A I R	L A D Y	
4 1	8 1 1 2	3 1 4 1	5 + 3 + 9 = 17
Total: 5	Total: 12 = 3	Total: 9	

Número-chave composto do título: 17
Número-chave simples do título: 8

À medida que for se iniciando em numerologia, você perceberá que, ao interpretar uma entidade, como *Gone With the Wind* e *My Fair Lady*, o número-chave composto é, frequentemente, mais descritivo e revelador do que o número-chave simples. Os números simples do nascimento e/ou nomes de entidades também são válidos, mas, por vezes é preciso um pequeno trabalho intuitivo para ajustá-los, uma vez que entidades possuem múltiplas facetas, não conhecidas do público em geral. Não obstante, os números-chave compostos revelarão o destino da entidade.

Outro exemplo de entidade é a casa corretora de ações de...

P A I N E   W E B B E R
8 1 1 5 5   6 5 2 2 5 2   2 + 22 = 24
Total: 20 = 2   Total: 22 = 22 (aqui, 22 não pode ser reduzido)

Verifique o significado do número composto 24, e então perceberá por que Paine Webber é uma firma de tanto sucesso.

Experimentemos mais um exemplo para pessoa, uma vez que nos ensina uma importantíssima lição de coragem. Helen Keller era canceriana, e seu signo solar ajudou-a a lutar para superar a desvantagem de ser cega, surda e muda. A essência de Câncer é ultrassensível — motivo pelo qual Helen foi capaz de receber as mensagens que eram pacientemente transmitidas por sua professora Annie Sullivan — e Câncer é tenaz. Sem estas qualidades lunares de sensibilidade, imaginação e tenacidade, Helen poderia nunca ter encontrado um caminho para sair de seu mundo escuro e silencioso. Contudo, ela contou também com a ajuda de seus números, cuja influência a beneficiou.

H E L E N   K E L L E R   Nascimento: 27 de junho
2 + 7 = 9

Número-chave simples de *nascimento*: 9
Número-chave composto de *nascimento*: 27

H E L E N   K E L L E R
5 5 3 5 5   2 5 3 3 5 2   5 + 2 = 7
Total: 23 = 5   Total: 20 = 2

Número-chave simples do *nome*: 7
Número-chave do *nome*.

Os números-chave simples e composto do nome e nascimento de Helen Keller mantiveram as influências benéficas de seu sensível, intuitivo e tenaz signo solar canceriano. (Leia as definições para os números de Helen Keller na seção que começa nas páginas 243 e 263.) O 7, que é o número de Peixes, regido por Netuno, deu a ela a força espiritual de que necessitava. O 9, que é o número de Áries regido por Marte, deu-lhe a vitalidade física e impulso de que também precisava, bem como a férrea determinação para mantê-la lutando contra "o impossível".

Por fim, seu número-chave composto de nascimento — o 27 — determinou a vitória sobre seus problemas — o triunfo glorioso do espírito, enquanto ela mantinha plateias fascinadas pelo mundo inteiro, ao demonstrar como transpusera obstáculos "intransponíveis" para encontrar a felicidade. Helen Keller fez acreditar em milagres todos que a viram.

Os números simples de cada nome do nome completo — ou de cada palavra em um título ou frase — não significam absolutamente nada. Ignore-os. O "total" composto de números de cada nome e cada obra — isto é, o 23 de Helen e o 20 de Keller, ou, digamos, o 33 de Elizabeth e o 18 de Taylor — carrega somente uma influência branda e secundária, cujo efeito não é muito forte, sendo em geral diminuído pela força e influências vibratórias mais potentes, obtidas com a soma deles a um número simples com posterior adição aos números simples para a criação de um *número-chave* composto. As influências mais importantes a serem consideradas são sempre os *números-chave* (composto e simples), tanto do nascimento como do nome.

Os números anteriores merecem pouca atenção não só por serem menos pessoais e individuais do que os números-chave, mas porque, afinal de contas, toda Elizabeth é um 33 e cada pessoa com o sobrenome Taylor será um 18, por exemplo. De qualquer modo, 33 é um número altamente refinado, subliminar ou não, o qual eu não rejeitaria, por mais que seja abrandado ou neutralizado pelos mais fortes números-chave do nascimento e do nome.

☆ ☆ ☆

Quando a numerologia é empregada para selecionar o nome de uma firma, companhia ou empreendimento, o título de um livro ou de uma peça — com vistas à mudança de um nome ou de sua grafia —, não esqueça esta regra básica. A numerologia "funciona" por meio da vibração magnética. Antes de explicar este ponto, permita-me dar alguns exemplos.

Há dois anos, almocei em Nova York com o gerente da loja de departamentos Bonwit Teller e um dos compradores da Bloomingdale's. Falávamos sobre o que as pessoas que trabalham no comércio (incluindo gerentes de lojas de móveis e eletrodomésticos) chamam de "segredo do nove". Digamos que o preço de um artigo é dez dólares e não está vendendo. Após muitos anos de experiências, os comerciantes descobriram o fato espantoso, provado incontáveis vezes, de que podem realmente *elevar* esse preço para 11 ou 12 dólares — desde que a etiqueta do preço indique $10,99 ou $11,99. Quase imediatamente, o tal artigo começa a vender com rapidez, após andar em passo de tartaruga durante semanas ou mesmo meses.

No correr dos anos, experientes compradores e gerentes de lojas de departamentos abrangendo qualquer ramo, de sapatarias a butiques, sabem que tudo de que precisam para promover um artigo anteriormente impopular é baixar seu preço — ou *elevá-lo* — em centavos, acrescentando-lhe 99, isto é: 7,99; 21,99; 149,99 dólares, etc. Os dois homens admitiam que, embora todos no comércio estivessem a par deste fato, não entendiam o *motivo*. (12,96 dólares ou 12,94 dólares não funcionam.) Nada que já tivessem aprendido sobre psicologia do cliente explicava por que uma pessoa se mostrava mais disposta a pagar um preço maior do que um menor, desde que esse preço terminasse em 99 *centavos*. Eu lhes expliquei o motivo. Não sei se acreditaram, mas acharam-no fascinante.

Você já sabe que 9 é o número de Marte — ação. Uma vez que os números falam diretamente ao subconsciente, quando o cliente vê o número 9, especialmente se repetido duas ou mais vezes, uma mensagem de ação é instantaneamente irradiada pela rede telepática cerebral, dizendo: "Compre agora — mova-se agora — aja agora", e a mente consciente tende a obedecer a esse condicionamento ou programação subliminar, fazendo com que o cliente efetue a compra impulsivamente, não todas as vezes, é claro, mas com frequência suficiente para refletir na receita do estabelecimento.

Isto tem muito a ver com a maneira pela qual a numerologia funciona, por meio da frequência vibracional ocasionada pela *repetição constante* de um número — a marca deixada pela repetição da vibração nos éteres (e mentes subconscientes em toda parte) é essencial, para que seja plenamente eficaz. Em outras palavras, quanto maior a frequência com que você envia uma vibração de um determinado número simples ou composto, via palavra falada, escrita ou impressa, mais poderosa é a sua influência. Assim, não adianta muito escolher um nome para uma loja ou outra coisa qualquer — inclusive modificar a vibração numérica de seu próprio nome — se você for o único que souber disso.

Samuel Clemens não receberia o benefício adicional do 17 de Mark Twain (prometendo que seu nome sobreviveria após sua morte) se mantivesse a mudança em segredo. Ao contrário, "Mark Twain" foi impresso vezes sem conta em centenas de milhares de livros (até milhões) — e de várias outras maneiras no correr dos anos, incluindo-se suas participações em eventos nos quais se apresentava como "Mark Twain".

Dessa maneira, quando você já tiver os números-chave que considera afortunados e harmoniosos com seus objetivos pessoais —, e *especialmente* quando adotar uma nova vibração, pela escolha de um novo nome para uma entidade, pela adição de um nome ou inicial ao seu próprio, ou pela mudança na grafia de um nome, não espere ver muita diferença, a menos que faça um esforço especial para "irradiar a nova vibração", a fim de que ela se imprima nos éteres e alcance o subconsciente do maior número possível de pessoas, *à la* Mark Twain. Assine seu novo nome (ou o título de uma entidade) sempre que puder, imprima o novo nome em cartões comerciais, que serão distribuídos ao máximo, certifique-se de ser apresentado pelo novo nome em encontros de negócios e funções sociais — tenha seus cheques bancários impressos com o novo nome —, e *aumente o poder desse nome a cada oportunidade que vier ao seu encontro, em todos os sentidos possíveis.*

Quando estiver considerando a adoção de uma nova influência vibracional pela troca dos números-chave de seu nome, poderá usar várias maneiras para fazê-lo. Naturalmente, poucas pessoas desejariam alterar completamente o sobrenome. Entretanto, alguns sobrenomes são adaptáveis, podendo ser-lhes subtraída ou adicionada uma letra, a fim de que a pessoa possa obter um número-chave simples e/ou composto mais favorável.

Muitas pessoas preferirão obter a nova vibração *subtraindo* um dos *dois* nomes "iniciais" ou "dados" — ou adicionando um novo primeiro nome.

Também é possível simplesmente acrescentar uma inicial entre o primeiro e o último nome, para que consiga a desejada influência numérica. Quando for tomado qualquer destes dois passos, como já expliquei, você poderá intensificar o poder do novo nome mandando imprimi-lo em cheques, timbres de cartas, correspondência e cartões comerciais. Entretanto, a adição de um novo primeiro nome — ou a adição de uma *inicial* (uma letra somente) entre o primeiro e último nome — terá menos chance de intensificação de poder, porque você perderá a energia magnética adicional de seu nome quando usado em apresentações a terceiros — e pelo fato de os outros *pensarem* em você dessa maneira.

É raro as pessoas usarem *dois* primeiros nomes em uma apresentação e ainda mais raro que, em tais apresentações, seja usada uma inicial entre o prenome e o sobrenome. Se você mudar um nome de John Mendenhall para John L. Mendenhall, a fim de obter o mágico número-chave composto 15, em vez do número 12 correspondente a John Mendenhall, não é provável que seus amigos e conhecidos o apresentem como "John L. Mendenhall" — o mais comum seria eles continuarem a *chamá-lo* John Mendenhall e ainda *pensarem* em você dessa maneira. Embora tenha o novo nome com a inicial L. adicional impresso em talões de cheque e similares, perderá parte do poder oriundo das vibrações repetidas.

A "exceção da regra" acontece quando os dois primeiros nomes são separados por um hífen ou consistem dos nomes duplos mais comumente pensados e pronunciados, como Mary Ellen, Mary Kathleen, etc. No caso dos nomes duplos, empregue o seu julgamento lógico.

É verdade que poderá acrescentar uma inicial e, ainda assim, apenas por suas repetições *impressas*, observar mudanças notáveis em sua vida, porém as mudanças com maiores possibilidades de uma intensificação de poder são: (a) *remover* um dos seus primeiros nomes, presumindo-se que possua dois e presumindo-se que essa remoção confira o desejado novo valor numérico — (b) *adicionar* um novo primeiro nome (de preferência com um hífen, isto é, Mary-Jane, ou unido, como Maryjane), presumindo-se que você já possua um, e insistir com os outros para que a tratem dessa forma — ou (c) *alterar* a grafia, seja do primeiro ou do último nome (sobrenome).

Você talvez possua dois primeiros nomes "dados" mais um sobrenome e descubra que, usando apenas a *inicial* do segundo nome, alcance para os três nomes o número simples e/ou composto que deseja — ou, *inversamente*, descubra, caso já use somente a inicial do segundo nome (e isto lhe dê um número-chave indesejável), que *grafar inteiramente o segundo nome* e insistir em que os outros o tratem desta maneira (empregando também todos os outros métodos que descrevi para aumentar o poder) permitirá obter o resultado que deseja.

De qualquer modo, a maneira mais efetiva de efetuar uma mudança é adotando um primeiro nome diferente ou similar — ou modificando a *grafia*, seja do primeiro nome ou do sobrenome. Não sendo possível ou desejável qualquer destes dois métodos, você poderá empregar os outros que ilustrei.

O ponto principal a recordar é que deve fazer tudo ao seu alcance para intensificar o número de vezes em que a energia magnética do novo nome será impressa nos éteres — e na mente dos outros. Esperemos que aprecie o desafio do nome que possui agora e não decida mudá-lo, mas sim tirar o melhor partido possível de sua influência. Obviamente, isto é bem menos trabalhoso, e você deve continuar com seu nome, se achar que pode manejá-lo — *exceto pelas regras que se aplicam* aos estranhos números 4 e 8. Escrevi a respeito deles na página 283, em seguida às definições dos números-chave simples e compostos. Assim, certifique-se de que lerá sobre estes dois números caso seu nome (ou *dia* de nascimento) produza um número simples 4 ou 8.

O motivo pelo qual os números-chave de seu dia de nascimento exercem uma influência mais forte em sua vida do que os números-chave de seu nome é que, obviamente, enquanto lhe é possível modificar a influência vibratória do nome, modificando-lhe a grafia de algum modo, jamais poderá mudar o dia em que nasceu.

Você deve estar questionando: "Todos os primeiros nomes são somados ao último (ou sobrenome) para obtermos os números-chave?" A resposta é que se você está determinando as influências numéricas dos números simples e compostos em sua vida — se está satisfeito com eles ou quer modificá-los —, *o primeiro nome ou nomes mais usados* é que devem ser somados ao sobrenome ou último nome, para obter os números-chave que o representem.

Além disso, as pessoas com títulos precisam considerá-los antes de seus nomes, como um número *adicional*. Por exemplo, você já estudou a ilustração dos números-chave do nome e nascimento de Abraham Lincoln e seus significados. Entretanto, ele também era frequentemente chamado (nos Estados Unidos) de "*president* Lincoln".

P R E S I D E N T	L I N C O L N	
8 2 5 3 1 4 5 5 4	3 1 5 3 7 3 5	1 + 9 = 10
Total: 37 = 10 =1	Total: 27 = 9	1 + 0 = 1

Número-chave simples: 1
Número-chave composto: 10

Quando você tiver lido a definição do número simples 1 e a do número composto 10, constatará prontamente como este título e o nome — *president* Lincoln —, bem como os números-chave por eles produzidos como uma influência *adicional* no caminho da vida de Lincoln, foram muito favoráveis a ele, ajudando-o a superar algumas das influências negativas dos números-chave de seu nome e nascimento, conferindo-lhe a força para desempenhar sua missão. Contudo, ele foi *influenciado simultaneamente* pelo número composto 12 do nascimento e pelo número composto 16, conforme ilustrado pelos eventos que relatei anteriormente, incluindo o seu assassinato — e também as várias derrotas políticas, sérias e dolorosas, que sofreu antes de subir à presidência.

Por causa disso, uma pessoa que tenha calculado os números-chave simples e composto do nascimento e do nome deverá também calcular seu título e sobrenome conjuntamente, a fim de descobrir a *influência adicional* destes números-chave adicionais, uma vez que o título de uma pessoa é usado com tanta frequência — ou impresso nos éteres. O que foi dito para "*president* Lincoln" também é válido para "senador Kennedy", "congressista Luce", etc.

Outro exemplo do que acabei de mencionar diz respeito aos médicos. Se o nome de um médico é John Perry, por exemplo, os números-chave simples e composto desse nome certamente influenciarão sua vida. Contudo, ele é chamado e conhecido como "Dr. Perry", tão frequentemente como John Perry. Talvez "Dr. Perry" seja de uso ainda mais frequente. Assim, o cálculo dos números-chave para "Dr. Perry" é importante como uma influência secundária. Os números-chave simples e composto dos dois nomes devem ser levados em conta, uma vez que ambos exercem poder sobre a vida. O mesmo pode ser dito sobre professores. Um homem chamado James Dorchester por inúmeras pessoas também pode ser chamado de "professor Dorchester" com idêntica frequência, de maneira que ele deve considerar os números-chave para os dois nomes. Voltando ao título de "doutor", você deveria fazer os cálculos para "Doutor Perry" ou "Dr. Perry"? É preferível o último, porque a abreviatura é quase sempre usada quando escrito o nome; quando as pessoas o *pronunciam*, raramente pensam que a palavra possui seis letras, apoiando-se no retrato mental de “Dr.”.

No caso de um militar, a regra a seguir é a mesma. Douglas MacArthur, por exemplo, também era chamado frequentemente de “general MacArthur”, de maneira que ambos os nomes influenciariam sua vida. Seja o título general, tenente, sargento, guarda-marinha ou o que for, normalmente devem ser usados tanto o primeiro e último nomes dados, como o título, isto é, Henry Miller e tenente Miller.

Se o nome de uma mulher é Penelope Mason e quase todos os seus conhecidos a chamam pelo diminutivo de “Penny” — ou Penny Mason —, então o último é o *nome mais usado* (aquele de vibrações repetidas mais frequentemente nos éteres, a fim de intensificar o poder dos números que o representam) — e, consequentemente, o nome a ser usado em cálculos numéricos.

Outra pergunta que algumas pessoas podem fazer é: como calcular os números-chave de um nome que contenha duas palavras no sobrenome? A maneira mais clara de responder a isto é com o exemplo seguinte, onde uso o nome de um amigo meu, Philip di Franco. É o “di Franco”, que cria o problema. Deverá ele tratar “di Franco” como uma só palavra — ou duas? A resposta é: *como duas palavras*.

P H I L I P	D I	F R A N C O	
8 5 1 3 1 8	4 1	8 2 1 5 3 7	2 + 6 = 8
Total: 26	5	Total: 26	2 + 6 = 8
			8 + 5 + 8 = 21
			2 + 1 = 3

Número-chave simples do nome: 3
Número-chave composto do nome: 21

Façamos agora o cálculo de “di Franco” como sobrenome de *uma palavra*.

P H I L I P	D I F R A N C O	
8 5 1 3 1 8	4 1 8 2 1 5 3 7	2 + 6 = 8
Total: 26	Total: 31	3 + 1 = 4
		8 + 4 = 12
		1 + 2 = 3

Número-chave simples do nome: 3
Número-chave composto de nome: 12

Repare na diferença entre os números-chave de Philip nos casos em que seu sobrenome é tratado como uma ou duas palavras. O número simples 3 o descreve perfeitamente, sendo o número-chave nos dois cálculos. Entretanto, leia o significado para o número composto 21 e para o número composto 12. Quem trocaria o 21 pelo invertido 12? Além do mais, a julgar pela vida que levou até aqui, o 21 se ajusta muito mais ao seu padrão cármico do que o 12.

Resumindo, quem tiver um sobrenome de duas palavras deverá tratá-lo como sendo de duas palavras — não de apenas uma — ao calcular os números-chave simples e composto de seu nome completo.

O conselho seguinte provavelmente é a parte mais vital da numerologia para você compreender. Diz respeito ao que acontece quando você altera os números-chave simples e composto que o representam ao mudar, de um modo ou de outro, o valor numérico de seu nome.

Digamos que uma atriz ou cantora acrescente a letra E ao seu prenome ou sobrenome, esforçando-se ao máximo para *intensificar o poder* dos novos números, criado pela mudança deste nome. Primeiro, ela deve lembrar que *leva tempo*, em geral de alguns meses a um ano, para que as novas vibrações comecem, perceptivelmente, a afetá-la e a seu padrão de vida. E quando ocorrer esta mudança, ela *não deverá esperar que sua vida se torne, repentina e permanentemente, um mar de rosas.*

Digamos que ela comece a experimentar vários eventos e oportunidades que orientem sua carreira para o sucesso, que sua situação financeira mude de negativa para substancialmente positiva, que ela faça menos inimigos do que antes e um número maior de amigos; que, então, inesperadamente, seu casamento termine em divórcio *por qualquer número de motivos* relacionados ao seu marido, à atitude ou comportamento dela (observados em seu Mapa Natal astrológico) — e essa mulher não tenha um astrólogo para aconselhá-la. Ela poderá, então, começar a responsabilizar a mudança de nome pelo divórcio, porque imaginou que adicionando um “E” ao seu nome produziria números-chave novos e mais favoráveis, garantindo assim que nada de natureza negativa voltaria a ocorrer em sua vida. Ela está errada. Nada no mundo poderia dar essa espécie de seguro contra qualquer decepção isolada causada por seu carma.

A numerologia não tem o poder de apagar completamente o carma

O que a numerologia pode fazer em sua vida (tem poder para tal) é remover quaisquer obstáculos *desnecessários* de seu caminho a fim de que seus negócios e assuntos pessoais marchem com mais uniformidade — e também *permitir* que você extraia plena vantagem de seu potencial, conforme revelado em seu Horóscopo, ao remover restrições frustrantes que o impedem de atingir seus objetivos e, mais importante, de desempenhar sua missão individual nesta Terra. Este erro de interpretação foi cometido por uma bela e talentosa cantora cujo nome era um 12 e se tornou um 17 pela adição da letra "E". Foi uma mudança evidentemente benéfica, porém ela não soube interpretá-la com acerto, como descrevi, e mais tarde eliminou o "E". Nunca deveria ter feito isso.

Quando você modifica seus números-chave, percebe uma grande diferença, uma melhoria acentuada em todos os seus assuntos. Entretanto, cada vez que der uma topada e machucar o dedão ou que alguém roubar sua carteira quando você estiver voltando do teatro para casa, não lance a culpa na numerologia. Uma palavra aos inteligentes seria o suficiente. Só os não esclarecidos esperariam um "paraíso terrestre" pelo simples acréscimo do poder positivo dos números na vida — e eles *são* um poder muito positivo quando adequadamente empregados e adequadamente compreendidos. Entretanto, eles não podem — e não devem — substituir sua *responsabilidade* individual e pessoal para fazer todas as coisas necessárias a fim de alcançar felicidade, alegria e sucesso. Se a numerologia sufocasse seu livre-arbítrio em tal extensão, ela não seria uma força positiva no Universo, mas negativa, resultando apenas em um adiamento das inevitáveis responsabilidades cármicas para uma encarnação futura — e isto é contrário ao seu propósito de existir como um valioso guia para homens e mulheres em sua caminhada para a verdade e autopercepção.

☆☆☆

Quando você estiver calculando os números-chave do nome de uma pessoa ou de uma "entidade" e conseguir um número-chave simples (e nenhum número-chave composto), o que fará? Deve admitir que a pessoa ou entidade possui apenas uma influência de número simples? Caso o cálculo seja para uma pessoa, deve ela permanecer frustrada ao não descobrir qual poderia ser o mistério cármico contido nas definições de números compostos? Não.

Em casos semelhantes, eis o que você fará. Explicarei dando o exemplo de meu próprio nome — e de meus primeiros dois livros como exemplos de "entidades".

L I N D A	G O O D M A N	
3 1 5 4 1	3 7 7 4 4 1 5	5 + 4 = 9
Total: 14 = 5	Total: 31 = 4	

Número-chave simples: 9
Número-chave composto: nenhum

Usando o nome de Linda Goodman como nosso exemplo, eis o que fazer se o nome que você estiver calculando fornecer apenas um número-chave simples, sem lhe dar um número-chave composto. Poderá fazer algo que não tem validade *a não ser neste particular exemplo*. Tome os números do total composto dos dois nomes, *adicione-os*, e então terá um *número*-chave composto.

Exemplo: Linda é um 14. Goodman é um 31.

$$\begin{array}{r} 14 \\ +\ 31 \\ \hline 45 \end{array}$$

Assim, 45 se torna o número-chave composto de Linda Goodman. Se você observar este número nas definições fornecidas para os números compostos, começando na página 263, verá que 45 tem o mesmo valor (ou vibração) que o número 27. Assim, o número-chave composto de meu *nome* é 27.

L I N D A	G O O D M A N' S	S U N	S I G N S
3 1 5 4 1	3 7 7 4 4 1 5 3	3 6 5	3 1 3 5 3
Total: 14 = 5	Total: 34 = 7	Total: 14 = 5	Total: 15 = 6

5 + 7 + 5 + 6 = 23

O número-chave composto do título deste livro é 23, o que muito me agradou. O motivo pelo qual eu e meu editor decidimos usar o possessivo e intitulá-lo "*Linda Goodman's Sun Signs*" (Signos solares de Linda Goodman), em vez de "*Sun Signs*" (Signos solares), de Linda Goodman, foi que o título anterior é um 23 — e o título seguinte (*Sun Signs*, apenas) é um 11. Eu não me sentia muito satisfeita com o 11, e por isso o título oficial incluiu todas as quatros palavras. Isso significava que a vibração do número 23 receberia um grande acréscimo de poder a cada livro impresso (e lido) — sendo ainda escrito nas listas de best sellers com esse título de quatro palavras, etc.

Houve, no entanto, inúmeros releases, entrevistas e vários artigos elogiosos sobre o livro, nos quais ele era mencionado simplesmente como *Sun Signs*. Os leitores também se referiam ao livro, em comentários entre si, pelo título de duas palavras: "Você já leu *Sun Signs*?", ou "Pode me emprestar seu exemplar de *Sun Signs*?" Cada vez que a vibração magnética do 11 era transmitida desta maneira, sua influência sobre o livro aumentava.

Após ler a definição, verá por que isso não foi muito favorável, enquanto que certos aspectos de meu relacionamento com meus editores — mais tarde — refletiram o lado negativo do número composto 11, embora o número-chave composto do título de quatro palavras, o favorável 23, equilibrasse a situação até certo ponto.

Eu procuro aprender pela experiência, de modo que, quando me decidi por um título para o próximo livro, quis ter certeza de que a vibração fosse tão favorável quanto harmoniosa com — ou sem — meu nome fazendo parte do título, uma vez que meus editores insistiam em que o possessivo "Linda Goodman's" o integrasse. Contudo, eu sabia que algumas pessoas continuariam se referindo a ele *sem* o uso da forma possessiva "Linda Goodman's". Isto me levou a finalmente escolher *Linda Goodman's Love Signs* (*Os astros comandam o amor*), uma vez que a vibração de "*Love Signs*" apenas, mesmo não sendo o título oficial, é igualmente favorável:

L I N D A	G O O D M A N' S	L O V E	S I G N S
3 1 5 4 1	3 7 7 4 4 1 5 3	3 7 6 5	3 1 3 5 3
Total: 14 = 5	Total: 34 = 7	Total: 21 = 3	Total: 15 = 6

5 + 7 + 3 + 6 = 21

O número-chave composto para este título de quatro palavras é 21, um número muitíssimo favorável. Se as pessoas começassem a se referir a ele pelo título "não oficial" de *Love Signs* apenas, eu sabia que o livro seria influenciado pelo forte número simples 9 (o 3 de *"Love"* mais o 6 de *"Signs"*, igual a 9).

Lembre-se, no entanto, da regra a seguir, quando você tem um número-chave simples, mas *não* um número-chave composto. Basta somar os números compostos dos nomes (neste caso, as palavras *"Love"* e *"Signs"*) e o total resultante será o número-chave composto.

Então, como o número composto de *Love* é 21, e o número composto de *Signs* é 15...

$$\begin{array}{r} 21 \\ +\ 15 \\ \hline 36 \end{array}$$

Conforme você verá nas definições de números compostos, tanto o número 36 quanto o número composto de meu nome, 45, é igual a 27, um número muitíssimo afortunado.

Inúmeras pessoas associam a numerologia a "números de sorte". Em numerologia, não existe a garantia de que um número sempre dê sorte. Contudo, o número-chave simples do dia de seu nascimento vibra harmoniosamente com você na maioria das situações. Portanto, quando você marca compromissos importantes para um dia do mês que se harmonize com seu dia de nascimento, em geral nem sempre as coisas acontecem de maneira favorável.

Por exemplo, se você nasceu no dia 1, 10 ou 19 de qualquer mês, é influenciado pelo número simples 1 e deve tentar marcar encontros importantes em um desses dias. Se tivesse nascido no dia 2, 11, 20 ou 29, seria influenciado pelo número simples 2 e deveria procurar marcar os encontros importantes para qualquer desses dias — e assim por diante, em relação a todos os números. (Excetuando-se os números cármicos 4 e 8, por motivos que serão explicados a partir da página 283.) Chamaremos de "regra zebra" à regra descrita neste parágrafo. O motivo é que precisa de um nome, porque mais tarde voltarei a me referir brevemente a ela.

Os números-chave prioritários, simples e compostos, de seu nascimento são derivados do *dia* de seu nascimento.

Contudo, se preferir, você pode calcular a data de nascimento *inteira*, a fim de encontrar um número-chave simples *secundário* (personalidade e caráter) e um número-chave composto *secundário* (carma e destino). Por vezes, este método secundário de usar a data inteira de nascimento propicia uma influência subliminar muito branda. Em outras, ele intensificará espantosamente as influências dos números-chave prioritários do *dia* de nascimento, como no exemplo seguinte de uma pessoa que conheço, empregando-se a regra zebra.

Esta pessoa é de Leão, nascida a 13 de agosto de 1945. O número-chave simples do *dia* de seu nascimento é 4 — o número-chave composto do *dia* de seu nascimento é 13. Estes são seus números de nascimento prioritários.

Agora, empregaremos sua data de nascimento inteira para chegarmos aos seus números-chave simples e composto secundários. Dia 13 de agosto de 1945.

Em primeiro lugar, agosto é o 8º mês do ano. O número 8 tem um relacionamento com o número-chave simples 4 (do *dia* de nascimento), conforme verá ao ler a seção sobre os estranhos números 4 e 8, que começa à página 283. As pessoas influenciadas pelo 4 e 8 descobrirão que estes dois números aparecem e se repetem misteriosamente.

O ano, 1945, somado (ou reduzido), dá 19, que se reduz a 10, que é reduzido ao número simples 1. (O sistema caldeu não emprega o valor numérico das *letras* do mês, mas sim sua sequência numérica: janeiro é o 1º mês — número 1 — etc.) Vejamos, agora, como calcular a data de nascimento inteira do leonino:

4 (número simples do *dia* do nascimento)
8 (agosto é o 8º mês)
1 (número simples reduzido de 1945)
———
Total: 13 = 4

Assim, os números-chave simples e composto prioritários e secundários deste particular nativo de Leão são:

DIA DO NASCIMENTO	DATA COMPLETA DO NASCIMENTO
(Número-chave prioritários)	(Secundário)
Número-chave simples: 4	Número-chave simples: 4
Número-chave composto: 13	Número-chave composto: 13

Simplesmente extraordinário! O *nome* deste leonino (não fornecido aqui por motivos de privacidade) também cria os números simples 4 e 8. Os nomes e datas de nascimento da maioria de seus parentes próximos também geram 4 e 8. Da mesma forma, ao longo de sua vida seus números de telefone e endereços dão 4 e 8. Quando tiver lido a seção sobre os números 4 e 8, você descobrirá que este é um exemplo perfeito da influência desses "números de sina" (não necessariamente negativos).

Voltemos à regra zebra. Quando você aplicá-la, use o número-chave simples do *dia* do nascimento, mas use também o número-chave simples da data completa do nascimento.

Entretanto, *jamais* use a data completa do nascimento para calcular seu número simples com a finalidade de uma análise de sua *saúde*. (Ver o Capítulo 2: "Uma maçã por dia", que contém um mapa para ajudá-lo a determinar seu número simples, com vistas a uma análise de saúde.)

Quando você usar todos estes códigos numerológicos de sabedoria dos signos astrais e acrescentar sua descrição de signo solar, contida em meu livro (ou qualquer outro bom livro de astrologia), terá um retrato mais completo de seu eu, complexo e multifacetado

"Você é galáxias intermináveis, porém viu apenas uma estrela."

— de *Sun Signs*

Todos esses cálculos podem parecer muito trabalhosos, mas se você seguir as várias regras para intensificação do poder de seus números, o esforço valerá a pena, muitas e muitas vezes.

Após dominar os cálculos numéricos (muito mais fáceis do que parecem à primeira vista), poderá ver em que direção aquelas "poderosas forças invisíveis" descritas no início deste capítulo estarão fluindo, permitindo que você flua com elas e entre em sintonia com a harmonia do Universo. Descobrirá, em grande parte, a forma de controlar eventos, em vez de ser controlado por eles, simplesmente pela compreensão de como modificar uma parte importante de sua "sina" por meio da troca de seus números. Você também ficará sabendo mais a respeito das pessoas a quem ama. E, finalmente, poderá decodificar certos segredos numerológicos sobre seu carma, pois cada um destes números compostos contém o próprio mistério, ensinando-lhe a se beneficiar dos aspectos positivos dos números — e, finalmente, a apagar os aspectos negativos·

☆ ☆ ☆

Um aviso: certos livros de numerologia colocam uma forte ênfase em seus números "compatíveis", garantindo indicar-lhe qual o número das pessoas com quem se dará melhor com base em seu número simples de nome ou de nascimento.

A compatibilidade numerológica não funciona num nível seguro de confiabilidade, sendo imprudência basear seus relacionamentos sobre este galho fraco da árvore da numerologia.

A compatibilidade numérica fundamenta-se no que parece ser lógico, daí por que você talvez se decepcione. Por exemplo, esses livros lhe dizem que uma pessoa número 1 é compatível com uma pessoa número 9. Dizem que tal acontece porque 1 é o número do Sol (regente de Leão) e 9 é o número de Marte (regente de Áries), o que equivale a dizer que Leão e Áries são compatíveis — e decididamente o são.

Suponhamos, no entanto, que a pessoa número 1 seja canceriana e a pessoa número 9 uma libriana. Os signos solares de Câncer e Libra geralmente *não* são harmoniosos ou compatíveis, e o poder da influência deste signo solar terá prioridade sobre a alegada compatibilidade (ou incompatibilidade) numérica.

O caráter e personalidade de seu signo solar também dominarão a análise de personalidade dos números simples e de seu nome e nascimento — embora estes últimos sejam de grande valia para ajudá-lo a compreender uma *faceta adicional* de sua personalidade total. Este relacionamento entre o signo solar e os números-chave simples do nome e nascimento está explicado na análise de cada número-chave simples, que começa na página 243, a qual lhe diz como seu número-chave simples se choca ou se funde com sua personalidade normal do signo solar.

☆ ☆ ☆

As definições dos números simples e dos números duplos ou compostos são baseadas no tarô e em escritos antigos e, como o valor numérico das letras do alfabeto, *não pertencem* a qualquer numerologia individual. Cada astrólogo ou numerologista individual acrescenta seu próprio estilo de expressão a tais definições, porém o fundamento básico destas é tão antigo como o próprio pensamento. Como alguém que procura a verdade e uma orientação nos planetas e nos números, você pode (e deve) desenvolver sua forma pessoal de interpretação esotérica, "lendo as entrelinhas" quando estiver tentando aplicar as definições a uma pessoa, evento ou situação específicas. Em outras palavras, você tem a obrigação e a responsabilidade pessoais de acrescentar *seu esforço próprio* ao processo, aguçando a intuição pelo estudo e emprego destes códigos de sabedoria dos signos astrais.

Perde-se na antiguidade a origem do alfabeto cabalístico hebreu e caldeu. Acredita-se que o sistema tenha se originado entre os caldeus, os quais eram iniciados em numerosas artes e ciências mágicas, mais tarde tendo-o transmitido aos hebreus — este conhecimento tornando-se parte da cabala hebraica. Entretanto, ninguém sabe ao certo quem o criou. A palavra "cabala" é grafada de várias maneiras, em sua tradução do hebraico para o inglês (e também para o português), mas eu prefiro esta forma, porque dá origem ao número composto 10 — e você verá como isto tem lógica após ler a definição para este número.

E agora passemos às definições dos números simples.

Definições dos números simples

O número 1

O número 1 vibra com o Sol. Representa criatividade, proteção e benevolência. É o número da ação original, a base iniciadora de todos ou outros números.

Uma pessoa ou entidade é influenciada pelo número 1 quando nasce nos dia 1, 10, 19 ou 28 de qualquer mês, em qualquer ano. Pessoas ou entidades nascidas no dia 1 carregam a marca distintiva do número 1. O mesmo acontece às nascidas nos dias 10, 19 ou 28 do mês, mas, *além disso*, elas serão desafiadas a penetrar no mistério cármico do número *composto* — 10, 19 ou 28, seja qual for o caso — em suas vidas. O mesmo se pode dizer dos números simples e composto do *nome* da pessoa ou entidade sendo analisada.

As atitudes e características do número 1 serão periodicamente demonstradas e *interagirão* com a personalidade da pessoa ou entidade em formas diferentes, dependendo do signo solar individual.

Quando o signo solar e:

LEÃO: A vibração 1 *intensifica* os traços de personalidade do signo solar.

AQUÁRIO: A vibração 1 por vezes se *opõe* aos motivos do signo solar, mas, com esforço, pode ser usada para *equilibrar* a natureza do signo solar.

ÁRIES, SAGITÁRIO, GÊMEOS, LIBRA: A vibração 1 *harmoniza-se bem* com o caráter, motivos e padrões de personalidade do signo solar.

ESCORPIÃO, TOURO, VIRGEM, CÂNCER, PEIXES, CAPRICÓRNIO: A vibração 1 oferece um *brusco contraste* com os instintos básicos do signo solar. Quando ela às vezes emerge na personalidade, o comportamento é tão incomum, no tocante às atitudes normais ou naturais do signo solar da pessoa ou entidade, que espanta os outros e muitas vezes surpreende também a pessoa número 1.

Significado da vibração 1

A seguinte definição do número 1 tanto se aplica a pessoas como a entidades. A pessoa 1 possui um forte senso de valor pessoal e mostra acentuado desdém pela crítica. Uma pessoa 1 exige — e geralmente consegue — respeito; ela insistirá em organizar e controlar tudo e todos à sua volta. O desejo subjacente é para ser inventiva, criativa e fortemente original. Tais pessoas mostram pontos de vista muito decididos e podem ser teimosas quando contrariadas. Detestam restrições e devem sentir-se livres. Quase sempre alcançam algum posto de autoridade em qualquer empreendimento. Caso contrário, ficam magoadas em um canto, afagando o ego ferido e as ambições frustradas. Elas insistem em ser respeitadas pelo parceiro, amigos, parentes, colegas de trabalho — e até mesmo pelo chefe!

Elas protegerão os fracos, defenderão os oprimidos e carregarão o peso para os outros, desde que "os outros" façam exatamente o que elas ordenam. Elas sabem de tudo melhor do que ninguém e consideram as próprias opiniões superiores, senão perfeitas. Grande parte do tempo elas estão certas, o que irrita, compreensivelmente, as pessoas a quem incutem ordens. São fortes ao passar instruções. Entretanto, são incrivelmente suscetíveis ao elogio (quando sincero, não falso — e elas sabem detectar a diferença). Uma apreciação legítima fará com que se mostrem reverentes, procurando agradar. O orgulho é o seu ponto mais fraco. Se o orgulho for ferido, a pessoa 1 perde todas as suas qualidades, tornando-se sumamente antipática. Quando apreciada e respeitada, ninguém mais benevolente e generosa do que ela. No entanto, sabe ser perigosa, se ignorada. Amar e ser amada é uma necessidade tão vital para tal pessoa como o próprio ar que respira.

Embora o orgulho desta pessoa seja ferido facilmente, os inimigos são rapidamente perdoados, depois de se humilharem e pedirem desculpas. A única maneira de vencer em um confronto com esta pessoa é a outra de se mostrar humilde e se arrepender, para então ser elegantemente desculpada. A pessoa número 1 não aprecia a familiaridade com estranhos, porém é extremamente cordial e afetuosa com aqueles a quem ama e em quem confia. Ela tem predileção por crianças e pessoas jovens, porém é comum haver alguma tristeza ligada a um filho. A pessoa 1 aprecia roupas e joias finas, carros suntuosos, etc. Até mesmo um monge enclausurado, possuidor de uma vibração 1, manterá sua veste remendada, e o cordão à volta da cintura nunca estará dilacerado ou esfiapado. Todas as pessoas número 1 são dotadas de um visível e inato senso de dignidade.

O número 2

O número 2 vibra com a Lua. Representa a imaginação, progenitura e sensibilidade. O 2 é o número da concepção, do nascimento e dos sonhos.

Uma pessoa ou entidade influenciada pelo número 2 é aquela nascida nos dias 2, 11, 20 ou 29 de cada mês, em qualquer ano. As pessoas nascidas no dia 2 carregam a marca distintiva do número 2. O mesmo se aplica às nascidas nos dias 11, 20 ou 29 do mês, mas estas, além disso, serão desafiadas a penetrar no mistério cármico do número composto — 11, 20 ou 29, segundo o caso — em suas vidas. O mesmo se pode dizer dos números simples e composto do *nome* da pessoa ou entidade sendo analisada.

As atitudes e características do número 2 serão periodicamente demonstradas e *interagirão* com a personalidade de formas diferentes, dependendo do signo solar individual.

Quando o signo solar é:

CÂNCER: a vibração 2 *intensifica* os traços de personalidade do signo solar.

CAPRICÓRNIO: A vibração 2 por vezes se *opõe* aos motivos do signo solar, mas, com esforço, pode ser usada para *equilibrar* a natureza do signo solar.

ESCORPIÃO, PEIXES, VIRGEM, TOURO: A vibração 2 *harmoniza-se bem* com o caráter, motivos e padrões de personalidade do signo solar.

ÁRIES, LIBRA, GÊMEOS, SAGITÁRIO, AQUÁRIO, LEÃO: A vibração 2 oferece um *brusco contraste* com os instintos básicos do signo solar. Quando ela às vezes emerge na personalidade, o comportamento é tão incomum, no que concerne às atitudes normais ou naturais do signo solar da pessoa ou entidade, que espanta os outros e muitas vezes surpreende também a pessoa número 2.

Significado da vibração 2

A seguinte definição do número 2 tanto se aplica a pessoas quanto a entidades. As pessoas 2 são sonhadoras, com tendência a temer o desconhecido e o não familiar. São extremamente imaginativas e inventivas, porém não tão empenhadas como deveriam quando se trata de dar andamento a seus planos e ideias. A maioria das pessoas número 2 (não todas, é claro) raramente é tão forte como aquelas nascidas sob os números de nascimento simples: 1, 9, 3 ou 6.

Estas pessoas têm natureza muito romântica, e mantém em segredo seu lado mediúnico. Sua intuição é altamente desenvolvida. Uma coisa que a pessoa 2 deve evitar é "temer sombras de medos". A pessoa 2 receia qualquer espécie concebível de perda: perda de amor, de bens, de dinheiro, de amizades, de empregos — perda de entes queridos através da morte ou qualquer tipo de separação. Estas pessoas precisam de um lar-base e, embora adorem viajar pelo mundo tão frequentemente quanto permitam as finanças, precisam ter um lar para onde voltar. De maneira alguma uma pessoa 2 poderia ser um "soldado da fortuna", para quem o lar é onde penduramos o chapéu. São criaturas fanaticamente dedicadas aos pais ou envolvidas com eles (seja em sentido positivo ou negativo), especialmente a mãe. Elas próprias são pais ideais, mas precisam aprender a não prejudicar os filhos devido a seu amor possessivo.

Esta é a vibração da "canja de galinha", uma vez que todas as pessoas 2 são extremamente preocupadas com o bem-estar de amigos e parentes. Elas vivem ao redor de todos, cuidando para que não peguem um resfriado, não gastem o dinheiro tolamente, etc. "Tome sua canja de galinha quente e calce suas botas para não pegar uma pneumonia e morrer." As pessoas número 2 são extremamente cautelosas, detestando jogar ou se arriscar. Amam o dinheiro, mas gostam de acumulá-lo em um cofre, com toda segurança, e então investi-lo em coisas sólidas, para que possa render por meio de juros e dividendos. A vibração 2 é de natureza reservada, nunca permite que alguém saiba qual será o seu próximo movimento. São peritas em extrair segredos dos outros, porém não permitem que sua privacidade seja invadida. Andam de um lado para outro, recuam, mas de repente saltam para frente, de maneira surpreendentemente agressiva, na direção de seu objetivo. O dinheiro parece aderir a elas como cola, e dificilmente uma pessoa número 2 (ou número 8) será encontrada na fila do auxílio-desemprego ou da sopa dos pobres. Tais indivíduos são caridosos (em particular com a família) e propensos a comandar projetos de caridade, porém estremecem só de pensar que eles próprios possam vir a aceitar a caridade alheia. Isto insinua uma falha em proteger os bens, o que constitui um pecado mortal para a vibração 2. Se a pessoa número 2 aprender a superar o medo, a possessividade e a cautela desnecessárias, sua imaginação, adaptabilidade e intuição poderá levá-la a concretizar todos os seus inúmeros sonhos.

O número 3

O número 3 vibra com o planeta Júpiter. Representa idealismo, educação superior, viagens internacionais e religião. O 3 é o número do otimismo, movimento, expansão — e da santa trindade "corpo, mente e espírito".

Uma pessoa ou entidade é influenciada pelo número 3 quando nasce nos dias 3, 12, 21, ou 30 de qualquer mês, em qualquer ano. Pessoas ou entidades nascidas no dia 3 carregam a marca distintiva do número 3. O mesmo acontece às nascidas nos dias 12, 21 e 30 do mês, mas, além disso, estas serão desafiadas a penetrar no mistério cármico do número composto — 12, 21 e 30, seja qual for o caso — em suas vidas. O mesmo se pode dizer dos números simples e composto do *nome* da pessoa ou entidade analisada.

As atitudes e características do número 3 serão periodicamente demonstradas, e *interagirão* com a personalidade da pessoa ou entidade em formas diferentes, dependendo do signo solar individual.

Quando o signo solar é:

SAGITÁRIO: A vibração 3 *intensifica* os traços de personalidade do signo solar.

GÊMEOS: A vibração 3 por vezes se *opõe* aos motivos do signo solar, mas, com esforço, pode ser usada para *equilibrar* a natureza do signo solar.

ÁRIES, LEÃO, AQUÁRIO, LIBRA: A vibração 3 *harmoniza-se bem* com o caráter, motivos e padrões de personalidade do signo solar.

PEIXES, VIRGEM, CAPRICÓRNIO, ESCORPIÃO, TOURO, CÂNCER: A vibração 3 oferece um *brusco contraste* com os instintos básicos do signo solar. Quando ela às vezes emerge na personalidade, o comportamento é tão incomum, no que diz respeito às atitudes normais ou naturais do signo solar da pessoa ou entidade, que espanta os outros e muitas vezes surpreende também a própria pessoa número 3.

Significado da vibração 3

A seguinte definição do número 3 tanto se aplica a pessoas como a entidades. A pessoa 3 baseia toda ação (mesmo quando se equivoca e a ação é negativa) num grande ideal. Ela tem a verdade em alta conta e nada menos do que a verdade a satisfará, quer a procure em um caso sentimental, uma carreira, na amizade, política ou religião. Não são facilmente enganadas por respostas evasivas ou simulações, sendo capazes de apontar uma mentira, uma distorção ou desonestidade a um quilômetro de distância. Algumas destas pessoas alcançam o objetivo da verdade, outras se enganam ao crerem nas próprias ilusões, porém nunca cessam de procurar. A vibração 3 é fortemente independente, busca a total liberdade da fala e movimentos, não podendo ser confinada. A viagem é uma necessidade absoluta para elas, porque gostam de se reunir aos outros e ver o mundo, aprender tudo que existe para ser aprendido sobre cada país e seu povo, cada conceito intelectual, cada filosofia.

Elas tendem a ver o lado positivo de tudo, um otimismo contagiante. Os próprios nativos de Capricórnio possuindo um número 3 de nascimento ficarão chocados com estes repentes ocasionais de puro otimismo de Poliana.

Em vista da insistente busca pela verdade, a pessoa 3 tanto pode ser do tipo agnóstico, ateu, como intensamente devotada a um princípio religioso, isto é: freiras, ministros, monges, rabinos e padres. A religião é uma parte importante na vida de uma pessoa ou entidade 3, seja ardente e fanaticamente aceita ou amargamente rejeitada. A atitude jamais é neutra.

Os desafios físicos inspiram as pessoas ou entidades 3, de maneira que o esporte desempenha um papel relevante. A vibração 3 é singularmente rude no falar, indulgente a uma falta e ultrajada com hipocrisia de qualquer tipo. Tais pessoas sentem um verdadeiro amor por animais, sendo forte a sua tendência para defender o humano indefeso com a mesma lealdade que demonstram por seus cães, cavalos e outros animais de estimação. Existe uma acentuada indiferença aos laços familiares, e o casamento só funciona quando há plena liberdade. A vibração 3 está associada a provas de força física, jogo e riscos, seja em cassinos ou no mercado de ações. A pessoa ou entidade 3 aceitará um risco ou aposta sobre qualquer coisa. Seu otimismo borbulhante é deliciosamente contagiante.

É comum pessoas ou entidades 3 mostrarem uma curiosa mistura de sábio filósofo com palhaço otimista, às vezes faltando certo senso de responsabilidade. Alguns dos objetivos, sonhos e ambições são sérios; outros são tolos e frívolos. Significa muito para a pessoa 3 ser instruída, e tais criaturas sentem-se humilhadas quando, por qualquer motivo, lhes são negados os caminhos do aprendizado superior. Elas dão excelentes "advogados de poltrona" ou magistrados profissionais, uma vez que o planeta Júpiter, representado pelo 3, rege a lei.

O número 4

O número 4 vibra com o planeta Urano. Representa individualismo, originalidade, criatividade e tolerância. O 4 é o número do comportamento anticonvencional, de eventos súbitos, inesperados — e também de genialidade.

Uma pessoa ou entidade é influenciada pelo número 4 quando nasce nos dias 4, 13, 22 ou 31 de qualquer mês, em qualquer ano. Pessoas ou entidades nascidas no dia 4 carregam a marca distintiva do número 4. O mesmo acontece à nascidas nos dias 13, 22 ou 31 do mês, mas, além disso, elas serão desafiadas a penetrar no mistério cármico do número composto — 13, 22, ou 31, conforme o caso — em suas vidas. O mesmo se pode dizer dos números simples e composto do *nome* da pessoa ou entidade analisada.

As atitudes e características do número 4 serão periodicamente demonstradas e *interagirão* com a personalidade da pessoa ou entidade em formas diferentes, dependendo do signo solar individual.

Quando o signo solar é:

AQUÁRIO: A vibração 4 *intensifica* os traços da personalidade do signo solar.

LEÃO: A vibração 4 por vezes se *opõe* aos motivos do signo solar, mas, com esforço, pode ser usada para *equilibrar* a natureza do signo solar.

GÊMEOS, LIBRA, ÁRIES, SAGITÁRIO: A vibração 4 *harmoniza-se bem* com o caráter, motivos e padrões de personalidade do signo solar.

ESCORPIÃO, TOURO, CÂNCER, VIRGEM, CAPRICÓRNIO, PEIXES: A vibração 4 oferece um *brusco contraste* com os instintos básicos do signo solar. Quando ela às vezes emerge na personalidade, o comportamento é tão incomum, no que se refere às atitudes normais ou naturais do signo solar da pessoa ou entidade, que espanta os outros e muitas vezes surpreende também a pessoa número 4.

Significado da vibração 4

A seguinte definição do número 4 tanto se aplica a pessoas como a entidades. As pessoas número 4 raramente são compreendidas por seus amigos e familiares. Apresentam-se como um enigma a todos que conhecem. Fazem suas próprias regras, as quais nem sempre seguem aquelas impostas pela sociedade. Cada pensamento e ato de tais pessoas é colorido por uma acentuada individualidade. Se existe uma forma diferente de fazer alguma coisa, a pessoa 4 a fará. Sua maneira de falar e suas atitudes costumam chocar os outros, e muitas vezes parece que isto é feito deliberadamente. Claro que é. A pessoa 4 vive no futuro, preocupa-se pouco com o presente. Elas estão anos-luz à frente dos outros, em questões de ideias e ideais. Acompanhando esta característica, há um talento inato para a profecia, para saber o que acontecerá amanhã, muito antes que esse amanhã chegue. Seu estilo de vida vai do excêntrico ao bizarro, mas, no entanto, suas ideias "malucas" obtêm mais êxitos do que fracassos.

Tudo que se distancie do costumeiro representa um forte apelo à natureza questionadora e curiosa da pessoa 4. Por exemplo, se no Horóscopo dessa pessoa houver um Júpiter bem orientado, ela tem uma excelente possibilidade de ser a primeira criatura a conhecer e fazer amizade com o Abominável Homem das Neves — ou localizar Nessie, o monstro do lago Ness, e nadar em companhia dele. Se ela tiver também o Sol ou a Lua em Escorpião, a descoberta de tais seres, se tentada, quase certamente será bem-sucedida. Isto acontece porque essas incríveis e não provadas teorias chamadas não científicas jamais detêm a pessoa número 4, instigando-a em vez disto, pois para ela é real o que a mente concebe. Afirmar que uma coisa é impossível apenas incentiva a decisão da pessoa 4 em provar que *é possível*. A frase "missão impossível" faz ecoar os grandes sinos do desafio mental no fundo da alma de uma pessoa número 4.

Embora a vibração 4 advogue mudança em cada área da vida, da política à arte, estas pessoas são curiosamente relutantes em aceitar modificações em seus hábitos pessoais, que são um tanto fixos. Elas podem se mostrar bastante obstinadas quando os outros querem lhes dar ordens ou procuram moldá-las em um padrão socialmente mais aceitável. Uma vez que os profetas raramente são aplaudidos em sua própria época, e como a pessoa número 4 vive em um futuro muito distante, suas maiores e mais verdadeiras visões são frequentemente ridicularizadas ou ignoradas. Essas pessoas são fascinadas pelos ÓVNIs, e seu desejo secreto é entrar em contato com seres de outros planetas e embarcar em discos voadores, esperando nunca mais retornar ao caos que é a Terra. Movimentos reformistas, como os favoráveis à liberação feminina e aos direitos iguais para as minorias, constituem uma atração para as pessoas 4, que são genuinamente dedicadas à tolerância e à fraternidade. A amizade é vital para a vibração 4, de modo que estas pessoas — não sempre, mas em geral — têm numerosos amigos em todas as camadas da vida. O dinheiro pouco significa para elas; provavelmente reuniriam reis com mendigos, porque não se incomodam com distinções de classe, não têm vontade de impressionar ninguém e dormiriam do mesmo jeito em um furgão, uma tenda, um saco de dormir ou uma mansão. Não que tenham preconceitos contra o conforto e a riqueza; apenas *não reparam* no ambiente à sua volta. São indivíduos que vivem mais na própria imaginação. Uma de suas melhores qualidades é a tendência a "viver e deixar viver". A pessoa 4 pouco está ligando para o que você fizer ou disser, por mais ultrajante que seja contra os princípios dela — e espera receber o mesmo tratamento de sua parte.

O número 5

O número 5 vibra com o planeta Mercúrio. Representa a comunicação, o movimento e a versatilidade. É o número do intelecto e também da expressão escrita e oral.

Uma pessoa ou entidade é influenciada pelo número 5 quando nasce nos dias 5, 14 ou 23 de qualquer mês, em qualquer ano. Pessoas ou entidades nascidas no dia 5 carregam a marca distintiva do número 5. O mesmo acontece às nascidas nos dias 14 ou 23, mas, além disso, elas serão desafiadas a penetrar no mistério cármico do número composto — 14 ou 23, conforme o caso — em suas vidas. O mesmo se pode dizer dos números simples e compostos do *nome* da pessoa ou entidade sendo analisada.

As atitudes e características do número 5 serão periodicamente demonstradas, e *interagirão* com a personalidade da pessoa ou entidade em formas diferentes, dependendo do signo solar individual.

Quando o signo solar é:

GÊMEOS, VIRGEM: A vibração 4 *intensifica* os traços de personalidade do signo solar.

SAGITÁRIO, PEIXES: A vibração 5 por vezes se *opõe* aos motivos do signo solar, mas, com esforço, pode ser usada para *equilibrar* a natureza do signo solar.

ÁRIES, TOURO, CÂNCER, LEÃO, LIBRA, ESCORPIÃO, CAPRICÓRNIO, AQUÁRIO: A vibração 5 oferece um *brusco contraste* com os instintos básicos do signo solar. Quando ela às vezes emerge na personalidade, o comportamento é tão incomum, no tocante às atitudes normais ou naturais do signo solar da pessoa ou entidade, que espanta os outros e muitas vezes surpreende também a pessoa número 5.

Significado da vibração 5

A seguinte definição do número 5 tanto se aplica a pessoas como a entidades. A pessoa 5 possui grande dose de encanto natural e, como regra geral, tem uma cortesia inata. São criaturas que detectam erros e falhas com rapidez, não hesitando em apontá-los quando os encontram. A vibração 5 é supercrítica e incapaz de ignorar erros (tanto seus como dos outros), associando-se ao amor pelo movimento e viagens. A mudança é uma necessidade incessante para as pessoas 5: de cenário, de relacionamentos, residência, crenças espirituais ou políticas, etc. Há uma arraigada tendência em exagerar na análise de pessoas e situações. Para as pessoas 5, é difícil submeter-se aos sentimentos e à intuição; o intelecto procura encontrar respostas lógicas. Esta obsessão pela análise pode deteriorar relacionamentos pessoais para aqueles que se deixam controlar pela vibração 5. O próprio amor pode se desgastar sob um escrutínio tão contínuo (e geralmente desnecessário). O amor é feito de instinto e sentimentos, não de lógica. As pessoas 5 tendem a "dissecar o amor", em vez de simplesmente o aceitarem, deixar que se torne parte delas, sem questionar seus motivos. O amor nada tem a ver com a lógica. A maioria das pessoas aprecia a companhia de outra com a vibração 5, uma vez que, exteriormente, este indivíduo é de um fascínio e simpatia fora do comum. Uma vez que a vibração 5 é a do intelecto, aqueles sob esta influência possuem grande inteligência, em geral acima da média, e são extremamente brilhantes e mentalmente ágeis. Nada escapa a tais criaturas. Elas parecem sintonizadas aos menores detalhes. Quando circunstâncias financeiras ou de outra natureza não lhes permitem viagens constantes, elas satisfazem o desejo de deslocamento viajando mentalmente. Uma vez que possuem mentes tão aguçadas, seus "devaneios" são vívidos o suficiente para satisfazer a ânsia incansável de seu íntimo, pelo menos por algum tempo.

Segundo os antigos, o número 5 tem uma associação com o que é chamado "magia da terra". Curiosamente, o número 5 confere uma ânsia por acreditar em magia, elfos, fadas e mistérios da Natureza, juntamente com uma necessidade de observar tudo através de um microscópio mental, duas características que se situam em polaridade direta entre si, fazendo com que aqueles sob a influência do 5 sintam dificuldades em compreender a si mesmos. Por vezes, as pessoas 5 são altamente tensas; vivem com os nervos à flor da pele e anseiam por agitação. São ágeis de pensamento e decisão, sendo em geral impulsivos. Possuem um agudo senso para novas ideias e invenções, gostam de enfrentar riscos e são especuladores natos. A escrita, publicidade, relações públicas e editoração são atividades afortunadas para o 5. As pessoas sob esta vibração têm uma admirável elasticidade de pontos de vista e aptidão para se recuperar prontamente dos golpes do destino, sem deixar nelas impressões que durem muito tempo.

O número 6

O número 6 vibra com o planeta Vênus. Representa a essência e compaixão femininas e (até Vênus abdicar de sua regência de Touro, quando for descoberto o planeta Pan-Horus) também o dinheiro. O 6 é o número do amor e do romance.

Uma pessoa ou entidade é influenciada pelo número 6 quando nasce nos dias 6, 15, ou 24 de qualquer mês, em qualquer ano. Pessoas ou entidades nascidas no dia 6 carregam a marca distintiva do número 6. O mesmo acontecerá às nascidas nos dias 15 ou 24 do mês, mas, além disso, elas serão desafiadas a penetrar no mistério cármico do número composto — 15 ou 24, conforme o caso — em suas vidas. O mesmo se pode dizer dos números simples e composto do *nome* da pessoa ou entidade sendo analisada.

As atitudes e características do número 6 serão periodicamente demonstradas e *interagirão* com a personalidade da pessoa ou entidade em formas diferentes, dependendo do signo solar individual.

Quando o signo solar é:

AQUÁRIO, TOURO, LIBRA: A vibração 6 *intensifica* os traços de personalidade do signo solar.

ESCORPIÃO, ÁRIES: A vibração 6 por vezes se *opõe* aos motivos do signo solar, mas, com esforço, pode ser usada para *equilibrar* a natureza do signo solar.

QUALQUER OUTRO SIGNO: A vibração 6, às vezes, *harmoniza-se* com os padrões de caráter e personalidade do signo solar, mas, em outras, *contrasta bruscamente* com esse caráter e personalidade. Nesta última situação, o comportamento é tão incomum, se comparado ao normal, que surpreende os outros e, com frequência, também a pessoa 6.

Significado da vibração 6

A seguinte definição do número 6 tanto se aplica a pessoas como a entidades. As pessoas 6 parecem atrair os outros magneticamente. São amadas sinceramente por amigos e conhecidos — e quando elas próprias se prendem a alguém, mostram grande dedicação pelo ser amado. Em sua natureza amorosa há mais idealismo e afeição do que sensualidade. Estas pessoas são de um romantismo inato, com um forte toque sentimental, por mais que tentem negá-lo ou escondê-lo. A vibração 6 confere amor à arte e profunda afinidade pela música. Estas pessoas apreciam lares bonitos, com mobiliário de bom gosto, tons pastéis e harmonia em seu ambiente.

Elas adoram receber amigos e fazer os outros felizes, e não conseguem suportar discórdia, discussões, grosserias ou crises de ciúmes — embora possam se mostrar bastante ciumentas se ameaçadas pela perda de alguém (ou alguma coisa) a quem amem. A vibração 6 faz amigos com facilidade, tendendo a se divertir em apaziguar brigas entre eles, associados comerciais e parentes, quando então parece dócil e pacata como um cordeirinho — até que sua faceta obstinada emerja. Então, tais pessoas nada têm de doces!

O dinheiro costuma vir para elas sem esforço, algumas vezes por meio de seus talentos e aptidões pessoais, outras vezes por herança ou por intermédio de amigos ou parentes ricos. Entretanto, devem se precaver contra uma tendência a extremos de extravagância ou avareza. Raramente elas mostram uma atitude neutra em relação a finanças. É um extremo ou o outro, revezando-se de tempos em tempos. É pronunciado o amor à beleza, em todos os sentidos e em cada setor da vida. A maioria das pessoas 6 sente um arraigado amor à Natureza; elas adoram passar tempos no campo, perto de florestas silenciosas e de correntes melodiosas, o que tem um efeito calmante sobre suas emoções. Uma atração pelo luxo marca a vibração 6. Para tais pessoas, a feiura é extremamente insultante. Admiram o bom gosto e rejeitam o que é ruidoso ou vulgar. Em geral, suas maneiras são impecáveis, comumente se mostrando polidas em suas relações com os outros. Contudo, se algo as toca fortemente, não hesitam em emitir suas opiniões. Elas gostam de discutir, de debater política e outros assuntos, em geral saindo vencedoras, por causa de sua lógica... e seus irresistíveis sorrisos.

O número 7

O número 7 vibra com o planeta Netuno. Representa espiritualidade, sensibilidade, simpatia e mistério. O número 7 é o da ilusão e do delírio, às vezes do engano, mas também é o número da cura, dos milagres e da fé — e dos sonhos que se realizam.

Uma pessoa ou entidade é influenciada pelo número 7 quando nasce nos dias 7, 16 ou 25 de qualquer mês, em qualquer ano. Pessoas ou entidades nascidas no dia 7 carregam a marca distintiva do número 7. O mesmo acontece às nascidas nos dias 16 ou 25 do mês, mas, além disso, elas serão desafiadas a penetrar no mistério cármico do número composto — 16 ou 25, conforme o caso — em suas vidas. O mesmo se pode dizer dos números simples e composto do *nome* da pessoa ou entidade sendo analisada.

As atitudes e características do número 7 serão periodicamente demonstradas e *interagirão* com a personalidade da pessoa ou entidade em formas diferentes, dependendo do signo solar individual.

Quando o signo solar é:

PEIXES: A vibração 7 *intensifica* os traços de personalidade do signo solar.

VIRGEM: A vibração 7 por vezes se *opõe* aos motivos do signo solar, mas, com esforço, pode ser usada para *equilibrar* a natureza do signo solar.

ESCORPIÃO, CÂNCER, CAPRICÓRNIO, TOURO: A vibração 7 *harmoniza-se bem* com o caráter, motivos e padrões de personalidade do signo solar.

GÊMEOS, SAGITÁRIO, AQUÁRIO, ÁRIES, LIBRA, LEÃO: A vibração 7 oferece um *brusco contraste* com os instintos básicos do signo solar. Quando ela às vezes emerge na personalidade, o comportamento é tão incomum, no que diz respeito às atitudes normais ou naturais do signo solar da pessoa ou entidade, que espanta os outros e muitas vezes surpreende também a pessoa número 7.

Significado da vibração 7

A seguinte definição do número 7 tanto se aplica a pessoas como a entidades. A pessoa 7 tende a ter sonhos notáveis. Às vezes, elas comentam o que sonharam, mas outras vezes guardam para si. De qualquer modo, costumam sonhar mais do que a maioria. Secretamente, possuem um profundo interesse por mistérios esotéricos, mitologia, espaçonaves ou óvnis e tudo que é desconhecido. É comum terem o dom da intuição e clarividência, bem como um certo magnetismo calmante, que possui grande influência sobre os demais. Em geral, basta a sua presença para que uma pessoa perturbada fique mais calma. A vibração 7 está associada a ideias peculiares sobre religião, uma repulsa em seguir a trilha já batida pelos outros e uma tendência a adotar crenças políticas que sejam únicas e, de certo modo, heterodoxas. Não é incomum uma pessoa 7 descobrir, fundar ou acreditar em um novo conceito religioso.

A pessoa 7 poderá viajar bastante em alguma época da vida ou ler avidamente livros sobre pessoas do exterior e terras distantes. Muitas pessoas influenciadas pela vibração 7 sentem forte atração pelo mar, envolvendo-se, em alguma época, com barcos a vela, esportes náuticos ou a Marinha. Há uma tendência à ansiedade sobre o futuro, daí por que uma pessoa 7 precisa saber que conta com uma rocha de segurança financeira em algum lugar nos bastidores, que não será carregada pelas águas do destino.

No entanto, é pequena a sua preocupação por bens materiais ou acúmulo de riqueza. A pessoa 7 pode ganhar grandes somas de dinheiro por suas ideias originais, mas provavelmente fará contribuições substanciais a instituições de caridade. Quando tais indivíduos gravitam para as artes, revelam-se excelentes dançarinos, cantores, poetas, escritores, atores ou atrizes.

À sua maneira sossegada e retraída, a pessoa influenciada pelo número 7 tem ambições que não discute com os outros, as quais são sempre baseadas em uma perspectiva filosófica. Tais criaturas confortam os outros com a graça de sua solidária compreensão da dor e do sofrimento, de modo que amigos, parentes e companheiros de trabalho costumam confidenciar-lhes os seus problemas. Na vibração 7 existe uma forte tendência à privacidade, e tais pessoas preferem guardar para si mesmas os seus problemas. Elas fogem de perguntas indiscretas, sentem horror por qualquer espécie de vigilância ou algo que considerem uma invasão de sua privacidade.

Maneiras refinadas, temperamento artístico e natureza sensível compõem a essência 7 — e não permita que tais pessoas o enganem com seu temperamento às vezes taciturno. Você ficaria surpreso se adivinhasse os estranhos pensamentos que cruzam suas mentes quando elas estão em comunicação consigo mesmas. Se puder induzi-las a falar sobre o que pensam, não apenas ficaria atônito, mas também fascinado, ao desvendar os segredos do mundo netuniano. Entretanto, uma pessoa 7 primeiro deverá considerá-lo de confiança antes de lhe contar a respeito dessas correntes interiores de contemplação... e você terá que merecer essa confiança, não se mostrando crítico nem preconceituoso. Uma pessoa 7 raramente é uma ou outra dessas coisas.

O número 8

O número 8 vibra com o planeta Saturno. Representa sabedoria, aprendizado por meio da experiência, estabilidade, paciência e responsabilidade. O 8 é também o número da segurança financeira, da cautela, da restrição, da autodisciplina e do autocontrole.

Uma pessoa ou entidade é influenciada pelo número 8 quando nasce nos dias 8, 17 ou 26 de qualquer mês, em qualquer ano. Pessoas ou entidades nascidas no dia 8 carregam a marca distintiva do número 8. O mesmo acontece às nascidas nos dias 17 ou 26 do mês, mas, além disso, elas serão desafiadas a penetrar no mistério cármico do número composto — 17 ou 26, conforme o caso — em suas vidas. O mesmo se pode dizer dos números simples e composto do nome da pessoa ou entidade sendo analisada.

As atitudes e características do número 8 serão periodicamente demonstradas e *interagirão* com a personalidade da pessoa ou entidade em formas diferentes, dependendo do signo solar individual.

Quando o signo solar é:

CAPRICÓRNIO: A vibração 8 *intensifica* os traços de personalidade do signo solar.

CÂNCER: A vibração 8 por vezes se *opõe* aos motivos do signo solar, mas, com esforço, pode ser usada para *equilibrar* a natureza do signo solar.

PEIXES, ESCORPIÃO, VIRGEM, TOURO: A vibração 8 *harmoniza-se bem* com o caráter, motivos e padrões de personalidade do signo solar.

ÁRIES, LIBRA, GÊMEOS, LEÃO, SAGITÁRIO, AQUÁRIO: A vibração 8 oferece um *brusco contraste* com os instintos básicos do signo solar. Quando ela às vezes emerge na personalidade, o comportamento é tão incomum, no que tange às atitudes normais ou naturais do signo solar da pessoa, que espanta os outros e muitas vezes surpreende também a pessoa número 8.

Significado da vibração 8

A seguinte definição do número 8 tanto se aplica a pessoas como a entidades. As pessoas 8 são normalmente sossegadas, reservadas e tímidas. Evidentemente, elas não avançam impetuosamente, mas devagar e com segurança, chegando aonde querem ir sem que nada as impeça de alcançar aquilo que almejam. A timidez e a precaução são disfarces para o forte ímpeto de alcançarem o topo de sua profissão ou carreira. São professores e conselheiros excelentes, a *maioria* pode ter êxito no duro jogo da política (embora, de vez em quando, haja uma maçã estragada no cesto), e costumam se exceder em tudo que requeira paciência e dedução inteligente.

As pessoas influenciadas pela vibração 8 podem ter saúde deficiente na infância, porém ficam mais robustas quando chegam à maturidade, sendo comum a longevidade de homens e mulheres número 8. Tais criaturas não se incomodam de esperar que seus planos frutifiquem e sabem usar sabiamente esse tempo de espera. É raro encontrar uma pessoa 8 procrastinando ou "vadiando". Elas possuem um senso inato de dever e responsabilidade que não permite uma atitude despreocupada perante a vida, como se poderia esperar a seu respeito. Em sua maioria, os nascidos sob a influência 8 são tão dignos de confiança como um relógio de pé dos tempos do vovô e de convívio tão aconchegante como um edredom da vovó. Estas pessoas possuem um forte senso de humor, mas é preciso que alguém as force a evidenciá-lo, porque se trata de algo muito sutil e nunca óbvio. Elas se portam como se pouco ligassem para a opinião alheia, despreocupadas quanto a cumprimentos. Contudo, no fundo, dão importância ao que pensam a seu respeito, e, se os cumprimentos forem sinceros, sabem apreciá-los secretamente, embora escondendo este prazer, por temerem que os outros as considerem fracas. E isto é a última coisa que um indivíduo número 8 desejaria.

Embora a vibração 8 — como todas as vibrações de nascimento com número simples — sempre interaja com o signo solar da pessoa (e as características nem sempre estão presentes, apenas emergindo de vez em quando), a maioria das pessoas 8 possui uma natureza muito profunda e intensa, com grande força interior. É comum desempenharem um importante papel no drama da vida, muitas vezes sendo o instrumento do destino para os outros. Há uma tendência ao fanatismo religioso, pois elas se apegam firmemente àquilo em que acreditam, enfrentando toda oposição. Estas pessoas são amigos afetuosos, porém amargos inimigos.

Embora a pessoa 8 possa parecer fria e resguardada com aqueles a quem ama e em quem confia, também pode ser timidamente afetuosa e calorosamente dedicada. São pessoas que costumam ser solitárias, necessitando desesperadamente de amor e capazes dos maiores sacrifícios por um ideal, uma ambição ou por aqueles sob sua dependência. Tornam-se mais jovens de aparência e comportamento à medida que envelhecem — aos 50, sua aparência e atitudes são mais jovens do que quando tinham 20 anos. São tão exigentes consigo mesmas quanto com os outros, mas, apesar de todas as atitudes exteriores de sabedoria e maturidade, autocontrole e disciplina, o coração da pessoa número 8 é solitário e ansioso — elas precisam aprender que correr atrás da felicidade não é um pecado.

O número 9

O número 9 vibra com o planeta Marte. Representa a ação agressiva, penetração, coragem e conflito. O 9 é o número da originalidade e iniciativa, embora também possua os traços contraditórios da vulnerabilidade e ingenuidade.

Uma pessoa ou entidade é influenciada pelo número 9 quando nasce nos dias 9, 18 ou 27 de qualquer mês, em qualquer ano. Pessoas ou entidades nascidas no dia 9 carregam a marca distintiva do número 9. O mesmo acontece às nascidas nos dias 18 ou 27 do mês, mas, além disso, elas serão desafiadas a penetrar no mistério cármico do número *composto* — 18 ou 27, conforme o caso — em suas vidas. O mesmo se pode dizer dos números simples e compostos do *nome* da pessoa ou entidade sendo analisada.

As atitudes e características do número 9 serão periodicamente demonstradas e *interagirão* com a personalidade da pessoa ou entidade em formas diferentes, dependendo do signo solar individual.

Quando o signo solar é:

ÁRIES: A vibração 9 *intensifica* os traços de personalidade do signo solar.

LIBRA: A vibração 9 por vezes se *opõe* aos motivos do signo solar, mas, com esforço, pode ser usada para *equilibrar* a natureza do signo solar.

LEÃO, GÊMEOS, SAGITÁRIO, AQUÁRIO: A vibração 9 *harmoniza-se bem* com o caráter, motivos e padrões de personalidade do signo solar.

CAPRICÓRNIO, CÂNCER, TOURO, VIRGEM, ESCORPIÃO E PEIXES: A vibração 9 oferece um *brusco contraste* com os instintos básicos do signo solar. Quando ela às vezes emerge na personalidade, o comportamento é tão incomum, no que se refere às atitudes normais ou naturais do signo solar da pessoa ou entidade, que espanta os outros e muitas vezes surpreende também a pessoa número 9.

Significado da vibração 9

A seguinte definição do número 9 tanto se aplica a pessoas como a entidades. As pessoas 9 não são obstinadas, mas mostram determinação em conseguir o que querem, e nisto há uma diferença. A obstinação reage, ao passo que a determinação inicia. O 9 confere tendência à impulsividade e decisões súbitas, mais tarde lamentadas. Embora haja frequentes explosões temperamentais, estas pessoas perdoam com rapidez e esquecem uma ofensa. São vulneráveis aos inimigos, porque seu primeiro instinto é confiar em qualquer um. Uma vez que são tão francas, esperam o mesmo dos outros — e isto nem sempre acontece. A hipocrisia e a manipulação sempre são um choque para as pessoas 9. Em geral, são incapazes de tal comportamento, de maneira que a desonestidade alheia volta e meia as apanha desprevenidas, até que aprendam a ser mais cautelosas.

Uma das qualidades mais benéficas da vibração 9 é a aptidão para ir diretamente à essência de uma situação. As pessoas sob esta influência não perdem tempo em rodeios e no lento processo analítico. A regência marciana do 9 permite que tais pessoas cheguem diretamente ao ponto com rapidez, tornando-as extremamente impacientes com pensadores lentos, algo que não as ajuda a vencer em concursos de popularidade. De fato, a impaciência com os erros alheios e falhas de pensamento que as pessoas 9 enxergam instantaneamente é uma das características que elas têm maior dificuldade para controlar.

O dito familiar "transparente como água" descreve a personalidade 9 com perfeição (quando ela emerge para interagir com a natureza do signo solar), devido a uma total falta de malícia. É contra a própria essência da vibração 9 tramar complexas estratégias ou armar jogos para conseguir dos outros o que quer. É muito mais fácil para as pessoas desta influência simplesmente exigir o que desejam! Uma vez que a outra pessoa não espera uma atitude tão franca e direta, em geral aquelas pertencentes à vibração 9 conseguem o que querem ao apanhar a oposição desprevenida. Muitos são tocados pela visível vulnerabilidade e qualidade infantil da pessoa 9, o que lhes desperta a vontade de protegê-la; outros veem tais qualidades como tolice, um dos motivos pelo qual as pessoas 9 raramente são de fato respeitadas por amigos e companheiros de trabalho — até que o temperamento de Marte e o espírito corajoso irrompam como um grito de guerra, e aqueles que subestimaram a energia pura do 9 levam um choque súbito e dão um passo atrás.

Existe uma forte tendência à vaidade. Superficialmente, parece ser assim. As pessoas 9, contudo, não são fúteis, embora deem a impressão de uma preocupação constante com a aparência. A verdadeira razão desta atitude é o temor à rejeição, porque, por trás de toda a sua fanfarronice, aqueles sob a influência da vibração 9 estremecem interiormente com sua falta de confiança. Por mais autosuficientes que pareçam ser, estas pessoas precisam ouvir constantemente que são amadas, respeitadas, admiradas e queridas. No fundo, são criaturas muito inseguras, apesar de seu ar independente e agressivo. Generosas diante de um erro e normalmente extravagantes em questões de dinheiro (a menos que, na maioria das vezes, o signo solar cancele esta característica, a qual, em raras ocasiões, ainda se torna evidente nos que nasceram com o número 9), as pessoas 9 não precisam de lições sobre doar. Seu primeiro instinto é doar sem se incomodar, deixando que o amanhã cuide de tudo.

Definições dos números compostos

10

A Roda da Fortuna

O 10 é simbolizado por Ísis e Osíris. Um número de ascensão e queda, segundo o desejo pessoal. O nome se tornará conhecido pelo bem ou pelo mal, dependendo da ação escolhida. O 10 é capaz de despertar reações extremas de amor ou ódio — de respeito ou medo. Não há meio-termo entre honra ou desonra. Todo evento é *auto*determinado. O 10 é o símbolo do amor e da luz, que tudo criam. Visualize, e se materializará. Ordene, e será atendido. O poder para manifestar conceitos criativos em realidade é inerente, porém, é preciso o emprego da sabedoria, uma vez que o poder para a criação absoluta contém o poder polarizado para a destruição absoluta. A autodisciplina e a compaixão infinita devem acompanhar o dom do primeiro e evitar a tragédia do segundo. A *disciplina deve preceder o domínio.* Infelizmente, certas pessoas 10 não percebem seu potencial de poder e, em decorrência, guardam sentimentos de frustração profundamente enraizados, fazendo com que se sintam defraudadas e, por vezes, se portem orgulhosa e arrogantemente, para encobrir esses desnecessários sentimentos de inferioridade.

11

Um Leão Amordaçado — Um Punho Fechado

Este é um número de provações ocultas e traição. Representa dois membros do mesmo sexo ou de sexos opostos — ou duas situações opostas. Em cada caso, falta a compatibilidade de interesses, devendo ser conquistada a interferência de uma terceira força. As dificuldades também podem surgir da *ilusão* de separação. É preciso unir objetivos divididos, para evitar a noção de algo frustrado e incompleto. A terceira força interferente pode ser uma pessoa ou uma ideia; pode assumir a forma de uma recusa em ver o outro lado como um obstáculo à harmonia. A origem da força separadora precisa ser identificada, e deve-se tentar o comprometimento. Ocasionalmente, desejos conflitantes dentro do próprio eu são vistos como em um reflexo de espelho. Duas forças ou dois desejos estão separados e precisam se unir se definitivamente para que haja felicidade. No entanto, cada um precisa permanecer individual, mesmo após estarem unidos, porque cada um possui o próprio valor.

12

O Sacrifício — A Vítima

A pessoa será sacrificada periodicamente, devido aos planos e intrigas de terceiros. O número 12 aconselha a necessidade de ficar alerta a cada situação, a ter cautela contra a bajulação daqueles que querem alcançar os próprios objetivos. Desconfie daqueles que oferecem uma alta posição; analise o motivo cuidadosamente. Embora nem sempre haja segundas intenções, o prevenido vale por dois. Há um grau de ansiedade mental causada pela necessidade de sacrificar objetivos pessoais à ambição alheia. Um significado secundário deste número deve também ser considerado. O dígito 1 é o professor (seja ele uma pessoa ou a Vida em si). O dígito 2 é o estudante, submisso e de joelhos. Às vezes, os resultados da forte tensão emocional e angústia mental são a amnésia, esquecimento de lições anteriormente aprendidas. O 12 representa o processo educacional em todos os níveis, a submissão da vontade requerida e os sacrifícios essenciais à obtenção de conhecimento e sabedoria, tanto em nível espiritual como intelectual. Quando o intelecto é sacrificado aos sentimentos, a mente será iluminada pelas respostas que busca. Olhe para dentro a fim de encontrar a solução. A atenção dispensada aos requisitos da educação terminará com o sofrimento e trará o sucesso.

13

Regeneração — Mudança

O 13 não é um número azarado, como muitos acreditam. Os antigos alegavam que "àquele que compreende como usar o número 13, será dado poder e domínio". O símbolo do 13 é um esqueleto ou a morte com uma foice, ceifando homens em um campo de relva recém-crescida, no qual cabeças e faces jovens parecem brotar do solo, emergindo em todos os lados. O 13 é um número de revolta, para que o novo solo possa ser cavado. Está associado ao poder que, usado com propósito egoísta, atrairá a destruição sobre si. Há um alerta sobre o desconhecido e o inesperado. Uma adaptação à mudança produzirá agradavelmente a força da vibração 13 e diminuirá qualquer potencial para o negativo. O 13 está associado ao gênio — e também aos exploradores, que rompem a ortodoxia e fazem descobertas de toda espécie. Se você nasceu no dia 13 de qualquer mês — ou se o número-chave composto de seu nome for 13 —, precisará ler atentamente a seção deste capítulo relacionada aos números 4 e 8, que começa na página 283.

14

Movimento — Desafio

A comunicação magnética com o público por meio de escritos, publicações e todos os assuntos relacionados à mídia associam-se ao número 14. Mudanças periódicas nos negócios e parcerias de toda espécie em geral são benéficas. Lidar com temas especulativos dá sorte; da mesma forma, viagens e movimento associados a combinações de pessoas e nações podem ser favoráveis. Por outro lado, os ganhos e perdas às vezes são temporários, resultado das fortes correntes de mudança, sempre presentes. O 14 alerta para o risco de acidentes relacionados aos elementos naturais, isto é, fogo, inundações, terremotos, furacões, tempestades, etc. (Isto não é um ponto absoluto, mas apenas um aviso para ser cauteloso.) Há um elemento de risco envolvido, por confiar na palavra daqueles que manipulam uma situação. É um erro confiar nos outros. Confie na intuição, no eu, na voz interior. A "sorte" do 14 inclui lidar com dinheiro e projetos especulativos ou "apostas", porém existe sempre o risco de perda, devido a informações errôneas de terceiros ou a um excesso de confiança.

15

O Mágico

O 15 é um número de profundo sentido esotérico, é a vibração alquímica pela qual toda magia se manifesta. Este é um número de extrema sorte, levando consigo a essência do encantamento. O 15 associa-se aos "bom-falantes", eloquência no falar e dons para a música, arte e drama. Confere à pessoa ou entidade por ele representada um temperamento dramático e forte magnetismo pessoal; um carisma singularmente coercivo. A vibração 15 é especialmente favorável para obter dinheiro, presentes e favores dos outros, em vista de seu poderoso apelo à natureza altruísta das pessoas. Contudo, não há rosas sem espinhos, e os antigos advertem que o 15 rege os níveis inferiores do ocultismo quando associado aos números simples 4 ou 8. Tais pessoas empregarão qualquer arte mágica — inclusive a magia negra, hipnose e sugestão mental — para atingir seus propósitos. O contrário pode ser também verdadeiro. A pessoa 4 ou 8 será vítima de outros que usem os mesmos métodos. Em resultado, se o 15 for a data de nascimento e o número do *nome* for 4, 13, 22 ou 31, a grafia do nome deverá ser modificada, a fim de ficar igual a um número composto que se reduza ao número simples 1, como 10 ou 19. Se a data de *nascimento* for 15 e o número do *nome* for 8, 17 ou 26, a grafia deverá ser mudada, de maneira a dar o número 6 ou 24. Se o número do *nome* for 15 e a data de nascimento for 4, 13, 22 ou 31 do mês, a grafia do nome deverá ser alterada, para dar um número igual a 6 ou 24. Se o número do *nome* for 15 e a pessoa tiver nascido nos dias 8, 17 ou 26, o número do nome deverá ser modificado, a fim de dar um produto igual a 6 ou 24.

É importante ler a seção que começa na página 283, sobre os números 4 e 8, para uma compreensão maior dos motivos que levam a este conselho.

Excetuando-se este aviso, o número composto 15 é extremamente afortunado. Se você nasceu no dia 15 de qualquer mês e o número composto de seu nome também for 15, será abençoado com o dom de levar grande felicidade aos outros e de lançar muita luz na escuridão, *presumindo-se que não empregue esta vibração mágica e afortunada para fins egoístas.*

16

A Fortaleza Destruída

O número 16 é retratado pelos caldeus antigos como "uma torre atingida pelo raio, da qual um homem está caindo, com uma coroa na cabeça". Ele adverte sobre uma estranha fatalidade, como também risco de acidentes e fracasso de planos pessoais. Se o nome der o número composto 16, evidentemente seria mais prudente alterar sua grafia, para ser evitada esta vibração. Se o nascimento ocorrer no dia 16 de qualquer mês, o desafio do 16 deve ser encarado com cautela, para que seu efeito seja diluído em uma vibração mais branda. A fim de evitar a tendência fatalista do 16 como número de nascimento, a pessoa deve fazer todos os planos com antecipação, certificando-se de que cada possibilidade de fracasso seja prevista e contornada por uma atenção cuidadosa aos detalhes. O 16 traz em si a obrigação e responsabilidade do número simples 7 para *ouvir a voz interior*, que sempre alertará sobre perigos por meio de sonhos ou intuições *a tempo de evitá-los*. A voz interior não deve ser ignorada. Conforme expliquei parcialmente páginas atrás, com relação ao fato do nome "Abraham Lincoln" ser um 16, Lincoln foi repetidamente avisado em sonhos sobre seu assassinato *potencial*, e também por vários "sensitivos" ou "médiuns" que foram levados à Casa Branca por Mary Tedd Lincoln. Ele não seguiu tantas advertências claras, recusando-se a tomar as precauções devidas, de maneira que não conseguiu escapar à sua sina. Entretanto, poderia ser evitado, e é importante para a pessoa cujo número de nascimento seja 16 não esquecer tal aviso. Encontrar felicidade de outras maneiras que não a liderança no topo (a Torre e a Coroa), renunciar à fama e à celebridade são maneiras de diminuir o aspecto negativo do 16. Lincoln não fez isso, achando ser mais importante tentar manter a nação unida do que saborear a realização de uma vida particular, embora só tivesse aceitado a presidência com muita relutância e profunda tristeza.

17

A Estrela dos Magos

Este é um número altamente espiritual, expresso em simbolismo pelos antigos caldeus como a Estrela de Vênus de oito pontas. A Estrela dos Magos é a imagem de amor e paz, prometendo que a pessoa ou entidade por ela representada subirá em espírito acima das provações e dificuldades da juventude, com aptidão para, mais tarde, transpor os fracassos nos relacionamentos pessoais e na carreira. O 17 é "o número da Imortalidade", indicando que o nome da pessoa (ou entidade) sobreviverá após sua morte (caso alguém decida morrer, pois isto *é* uma questão de escolha, como você aprenderá no capítulo "Imortalidade física"). Este é um número composto extremamente afortunado, mas contendo uma advertência. Ele se reduz ao número simples 8, de maneira que é importante para quem tiver um número-chave composto 17 ler a seção sobre os números 4 e 8, no final deste capítulo.

18

Conflito Espiritual-Material

Dentre todos os números compostos, o 18 tem o simbolismo de mais difícil tradução. Os antigos descreviam o número composto 18 com a seguinte imagem: "Uma lua com raios, da qual caem gotas de sangue. Abaixo são vistos um lobo e um cão famintos, colhendo com as bocas abertas as gotas de sangue que caem, enquanto, ainda mais abaixo, vê-se um caranguejo que se apressa em se reunir a eles." O 18 simboliza o materialismo empenhado em destruir o lado espiritual da Natureza. Frequentemente, associa a pessoa ou entidade representada por ele com disputas acirradas no círculo familiar — com guerras, rebeliões sociais e revolução. Em alguns casos, indica a obtenção de dinheiro ou alcance de posição por meio de táticas separatistas, guerra ou outro tipo de conflito. Ele alerta sobre traição e enganos, por parte de "amigos" e inimigos; também indica perigo oriundo dos elementos, como incêndio, inundação, terremotos, tempestades e explosões, choque elétrico ou raio. Se o número composto do nome for 18, a vibração deverá ser imediatamente negada, alterando-se a grafia desse nome, de maneira a dar o total de um número composto mais afortunado. Se o número de nascimento for um 18, a pessoa deve agir com extrema cautela quando enfrentar os desafios e perigos deste número composto. A única maneira de diluir ou diminuir seu efeito sobre a vida é usar meios espirituais — incessante e repetidamente retribuir o engano e ódio dos outros com generosidade, amor e perdão, "oferecendo a outra face", fazendo bem onde haja o mal, trocar crueldade por gentileza, desonestidade por honestidade, desonra por honra. Desta maneira, a vibração 18 pode ser usada com grande sucesso na iluminação e no conhecimento. Aqueles nascidos no dia 18 de qualquer mês, entre encarnações, selecionaram (no nível do Eu Superior) este canal de nascimento como a maior de todas as provas para a alma conquistar merecimento. Outra forma de diluir o aspecto negativo do 18 é substituindo o número do nome (qualquer que seja ele) por algum número composto favorável cuja soma ou redução resulte no número simples 6, pela alteração da grafia do nome. Além da atitude aconselhada antes, isto também contribuirá para transformar a tragédia do 18 em triunfo. Lembra-se do que aprendemos sobre o 6 (Amor), que sempre e sem exceção domina o 9 do conflito? (1 mais 8 igual a 9.) A pessoa nascida no dia 18 de qualquer mês deveria ter a cautela de planejar tudo de importância nos dias 3 ou 6 de qualquer mês, ou em um dia cuja soma dê 3 ou 6, de preferência o 6 — além disto também acrescentando a vibração 6 à vida, em todos os sentidos possíveis, isto é: endereços, números de telefone e qualquer outro meio que possa imaginar (há muitos), a fim de enfatizar e intensificar o poder do número 6 na vida pessoal e na carreira. Dessa maneira, a pessoa pode ser vitoriosa tanto no mundo espiritual como material, acima das restrições do 18.

19

O Príncipe do Céu

O 19 é um dos mais afortunados e favoráveis de todos os números compostos. É simbolizado pelo Sol, sendo denominado o Príncipe do Céu porque indica vitória sobre todos os fracassos e desapontamentos temporais. Ele abençoa a pessoa ou entidade que representa com todo o poder do número composto 10, sem o risco do abuso inerente ao 10. Este número promete felicidade e plenitude — sucesso em todos os empreendimentos, bem como na vida pessoal. Naturalmente, se 19 for o número do nome, deve ser considerado juntamente com o número do nascimento, que pode não ser afortunado. Nada é perfeito, mas apesar das influências de outro número possivelmente negativo, o 19 suavizará o caminho e diluirá grandemente quaisquer vibrações negativas com que a pessoa irá lidar na análise numerológica total.

20

O Despertar

Além de ser chamado "O despertar", esse número composto também é retratado pelos caldeus antigos como "O julgamento". Ele possui uma interpretação peculiar, sendo simbolizado por "um anjo alado que faz soar uma trombeta, enquanto abaixo são vistos um homem, uma mulher e uma criança emergindo de uma tumba, com as mãos postas em oração". Em algum período na experiência da pessoa ou entidade representada pelo número 20, há um poderoso despertar, produzindo um novo propósito, novos planos, novas ambições — o chamado à ação por alguma grande causa ou ideal. Podem surgir atrasos e obstáculos (o desafio do número 20), que podem ser vencidos pela paciência e pela persistente fé no caráter transformador dos poderes da pessoa, como modificador dos fatores negativos. O número 20 traz a bênção de vívidos sonhos precognitivos, mais a aptidão para que os sonhos felizes sejam manifestados e os negativos cancelados. Este não é um número material, sendo imprudente encará-lo como produtor de sucesso financeiro. Se forem necessárias grandes somas de dinheiro para o apoio prático da nova causa ou ideal, então a pessoa deve escolher um número materialista mais positivo, trocando a grafia do nome, presumindo-se que 20 seja o número de *nascimento*. Se o 20 for o número do *nome*, esperemos que o número do nascimento confira uma vibração financeira mais afortunada. De qualquer modo, aqueles que se sentem confortáveis com sua vibração 20 raramente terão preocupações com problemas financeiros. O dinheiro não é importante para eles — e o 20, como regra geral, proverá o suficiente para as necessidades básicas.

21

A Coroa dos Magos

O 21 é retratado como "O universo", sendo também conhecido como "A coroa dos magos". Promete sucesso em geral, garantindo o progresso, honras, recompensas e elevação geral, na vida e na carreira. Indica vitória após uma prolongada luta, porque a "coroa dos magos" só é ganha após uma longa iniciação, muitas provas para a alma e vários outros testes de determinação. Entretanto, a pessoa ou entidade de número 21 pode estar certa da vitória final sobre todos os obstáculos e toda oposição. Trata-se de uma vibração extremamente afortunada — é um número de recompensa cármica.

22

Submissão e Cautela

Os antigos simbolizavam o número 22 por "um bom homem, cego pela loucura dos outros, tendo às costas um saco cheio de erros". Na imagem, ele parece não ter defesa contra um tigre feroz que se prepara para atacá-lo. É um número de advertência contra a ilusão e o delírio. Indica uma boa pessoa (ou entidade) que vive em um paraíso dos tolos; um sonhador que só desperta quando cercado pelo perigo, frequentemente demasiado tarde. Ele alerta contra erros de julgamento, de confiança depositada naqueles que não a merecem. Se 22 for o número de nascimento, a pessoa que ele representa deverá tomar cuidado e estar vigilante (uma vez que o número de nascimento não pode ser alterado) tanto em relação à carreira como a seus assuntos pessoais. Aqui, a obrigação cármica é para estar mais alerta, para conter a "indolência espiritual" e desenvolver mais agressividade espiritual — perceber o próprio poder para modificar coisas e evitar o fracasso, simplesmente ao ordenar que haja o sucesso. Quando for reconhecida, praticada e finalmente dominada esta responsabilidade pessoal, a pessoa 22 estará no controle dos eventos, não mais cega pela loucura dos outros, podendo ver ideias alcançadas e sonhos realizados. Quem tiver nascido no dia 22 de qualquer mês precisa ler atentamente a seção sobre os números 4 e 8, que começa na página 283.

23

A Estrela Real do Leão

Este é um número de recompensa cármica. O 23 não apenas confere uma promessa de sucesso em empreendimentos pessoais e profissionais, mas garante ainda a ajuda de superiores e proteção daqueles situados em postos importantes. É um número de muitíssima sorte, derramando abundância de bênçãos e graças sobre a pessoa ou entidade por ele representada. Como sempre, o 23 deve ser considerado juntamente com outros números-chave simples e compostos para uma análise numerológica global, que, em resultado, pode não ser tão afortunada. Entretanto, outros números não têm muita chance de produzir problemas sérios quando a Estrela Real do Leão estiver presente durante os tempos difíceis. Nenhum número pode desafiar e vencer a força do Leão.

24

Amor — Dinheiro — Criatividade

Este é também um número muito afortunado, mais um número composto de recompensa cármica, justamente merecida em encarnações passadas, em particular se for o dia do nascimento. Ele promete a assistência de pessoas poderosas, indicando uma íntima associação com ocupantes de altos cargos e posições. Intensifica sobremaneira o sucesso financeiro e a aptidão para ter felicidade no amor. Denota ganhos por meio do romance, da lei, das artes, etc., possuindo um magnetismo extremamente atrativo para o sexo oposto. A única advertência relacionada ao número 24 é sobre a autoindulgência e certa arrogância em questões amorosas, financeiras e profissionais, porque tudo favorável chega às mãos da pessoa quase sem esforço. É conveniente lembrar que se houver abuso do número 24 na vida presente, ele poderá reverter para um 18 ou qualquer outro número de nascimento difícil na próxima encarnação. Assim, a pessoa é alertada para não deixar de apreciar os benefícios dos números compostos 23 e 24. Ela deverá evitar que sua boa sorte a torne egoísta ou descuidada no tocante aos valores espirituais. A tentação de se entregar à promiscuidade precisa ser evitada, como também uma tendência à excessiva indulgência de todos os tipos.

25

Discriminação e Análise

O número 25 confere sabedoria espiritual, adquirida por cuidadosa observação de pessoas e coisas. Propicia também o sucesso geral, pelo aprendizado provindo da experiência. A pessoa retira sua força da superação dos desapontamentos no princípio da vida, possuindo a rara qualidade de aprender pelos erros passados. O julgamento é excelente, porém este não é um número material, de modo que lucros financeiros substanciais só poderão ser obtidos por intermédio de outros números compostos na análise numerológica global do nascimento e do nome.

26

Sociedade

De maneira estranha, este número composto vibra com uma espécie única de poder, baseada na compaixão e no desprendimento, com a aptidão de auxiliar os outros, mas nem sempre o Eu. O 26 é cheio de contradições. Adverte sobre perigos, decepções e fracassos, em especial no tocante às ambições. Esses fracassos podem ser originados por maus conselhos, relações com outras pessoas e parcerias ou sociedades infelizes de todos os tipos. Se o 26 for o número-chave composto do nome, seria melhor modificá-lo, para ser obtida uma influência melhor. Se o 26 for o número de nascimento, portanto inalterável, a pessoa é aconselhada a evitar associações e sociedades ou parcerias, prosseguindo sozinha em sua carreira profissional, sem dar ouvidos até mesmo aos bem-intencionados conselhos dos outros, mas seguindo apenas palpites e intuições pessoais — embora estes últimos devam ser cuidadosamente examinados antes de serem postos em execução. A pessoa 26 deveria imediatamente começar a estabilizar seus rendimentos, a poupar dinheiro e não desperdiçá-lo ou investi-lo nas ideias de terceiros. O investimento terá que ser no próprio futuro, na generosidade com os outros, especialmente com os necessitados, mas também deverá ser construída uma base sólida para o futuro pessoal. Se seu *nome* é um 26 ou se você nasceu no dia 26 do mês, deverá ler atentamente a seção sobre os números 4 e 8, no final deste capítulo. (2 mais 6 igual a 8, portanto, 26 = 8.) Trata-se de um importantíssimo conselho para você — ou para alguém de seu conhecimento cujo número seja 4 ou 8, ou que tenha nascido no 8º dia do mês ou em qualquer data que, reduzida, dê 4 ou 8, como os dias 13, 17, 22, 26 ou 31.

27

O Cetro

Este é um número excelente, harmonioso e afortunado, de coragem e poder, com um toque de encantamento. Ele concede à pessoa ou entidade que representa uma promessa de autoridade e comando. Garante grandes recompensas oriundas de trabalhos produtivos, do intelecto e da imaginação. Garante ainda que as faculdades criativas plantem boas sementes, as quais certamente darão uma excelente colheita. A pessoa ou entidade representada pelo número composto 27 deverá sempre dar andamento a seus próprios planos e ideias, não se intimidando ou deixando influenciar pelas diversas opiniões ou oposição de terceiros. O 27 é um número de recompensa cármica, merecida em uma ou mais encarnações anteriores.

28

O Cordeiro Confiante

O 28 é um número de perplexas e frustrantes contradições. Simboliza uma pessoa (ou entidade) refinadamente promissora, inclusive dotada de genialidade, com grandes possibilidades e aptidão para alcançar um impressionante sucesso. A pessoa 28 geralmente consegue este sucesso, mas apenas para ver tudo ser levado por água abaixo — a menos que tenha preparado-se para o futuro. É um número que indica perdas pela confiança depositada nas pessoas erradas, uma forte oposição de inimigos e também competidores nos negócios ou na profissão. Contém também um risco de sérios prejuízos em questões nos tribunais — e a possibilidade da pessoa precisar refazer o caminho da vida vezes sem conta. Se 28 for o número do *nome*, seria preferível alterar a sua grafia, a fim de ser obtido um número mais harmonioso e afortunado. Quando 28 é o número do *nascimento*, e portanto inalterável, precisam ser praticadas e aprendidas as lições cármicas de prudência, cautela e planos bem concebidos. Feito isto, o aspecto negativo da vibração 28 ficará substancialmente diluído. A chave é avaliar antes de prosseguir.

29

A Graça sob Pressão

Entre todos, talvez seja o 29 o número de mais pesado carma. Ele testa a pessoa ou entidade que representa, buscando obter força espiritual por meio de provações e tribulações que parecem a história de Jó, no Antigo Testamento. A vida da pessoa 29 é cheia de incertezas, traições e desilusões provocadas por terceiros, de amigos indignos e de perigos inesperados, além de um considerável pesar e ansiedade causados por membros do sexo oposto. Este é um número que encerra sérias advertências em todas as áreas da vida pessoal e profissional. Quando 29 é o número-chave composto do nome, evidentemente a sua grafia deveria ser alterada, a fim de ser eliminada tão difícil vibração — a menos que seu portador seja masoquista.

Se o 29 for o número de nascimento — e portanto inevitável — é mister um esforço consciente para ser diluída e, eventualmente, negada, neutralizada ou apagada esta carga cármica. É grande a possibilidade de consegui-lo pela escolha de um novo nome (ou de sua nova grafia), cujo resultado seja um número-chave composto fortemente positivo. Além disso, a pessoa nascida no dia 29 de qualquer mês deverá fazer tudo que foi aconselhado no Capítulo 4 a respeito de carma e reencarnação.

No caso específico da vibração 29 (trazendo consigo ainda a vibração secundária do 11, que também deve ser considerada, no que se refere ao modo de ser aliviada a carga cármica), lembre-se de que o desenvolvimento de uma fé absoluta na bondade e poder do Eu, o constante e enérgico cultivo do otimismo atuarão como miraculoso medicamento para os problemas do número 29.

Acontece que as cargas de Jó foram finalmente removidas quando ele aprendeu a aceitar a total responsabilidade por seus problemas, em vez de acusar os outros, ou buscar se vingar dos reveses sofridos. Não somente seu prolongado período de má sorte terminou, como ele recebeu de volta, várias vezes mais, tudo quanto havia perdido. Assim, se você nasceu no dia 29, modifique a vibração de seu nome para um número poderoso, como o 19, por exemplo, procure imitar Jó e logo será tão ou mais feliz do que qualquer pessoa. Curiosamente, o nome "Job" (escrito em sua grafia antiga) dá o poderoso número composto 10 — uma vibração que dificilmente pode ser derrotada.

30

O solitário — meditação

Este é um número de retrospecção, dedução reflexiva e superioridade mental sobre os outros. Contudo, pertence inteiramente ao plano mental, de maneira que aqueles por ele representados costumam deixar de lado todas as coisas materiais, não porque *tenham* de fazê-lo, mas porque assim o *desejam*. Em resultado, o número composto 30 não é afortunado nem desafortunado, pois tanto pode ser uma coisa como outra, de acordo com o desejo da pessoa (ou entidade) que ele representar. A vibração 30 pode ser todo-poderosa, mas em geral é indiferente, segundo a vontade da pessoa. Aqueles cujo nome resulta em 30 ou que nasceram no 30º dia de um mês qualquer costumam ter poucos amigos. Tendem a ser taciturnos e solitários, preferem ficar a sós com os próprios pensamentos. Atividades de cunho social e reuniões públicas não fazem o seu gênero. O 30 não rejeita a felicidade ou o sucesso, mas sua plenitude é encontrada com mais frequência no distanciamento do caos da praça do mercado, a fim de que sua superioridade mental possa criar algo de valor para o mundo, para que possa escrever ideias que talvez modifiquem esse mundo, ou para proteger e desenvolver talentos pessoais, como a arte ou outros dons. Este é um número que indica um padrão de vida solitário, mas frequentemente compensador.

31

O recluso — O Eremita

Os nascidos no dia 31 deverão ler, antes de mais nada, as informações sobre o número composto 30, pois o 31 é bem similar a ele, exceto que a pessoa (ou entidade) representada por este número é ainda mais retraída, autosuficiente, solitária e isolada dos outros. Com grande frequência existe a presença do gênio ou, ao menos, uma inteligência superior. Em algum inesperado período da vida, as brilhantes promessas do mundo serão subitamente rejeitadas pela paz e quietude da Natureza; se a reação ao 31 não for tão evidente, ainda assim haverá um grau de retraimento em relação à sociedade, sob alguma forma. A pessoa 31 muitas vezes tem opiniões fixas, é uma advogada da mudança política, embora permaneça obstinada em hábitos pessoais. Mesmo no meio da multidão, a pessoa 31 costuma experimentar um senso de solidão e isolamento.

32

Comunicação

Este número composto tem o mesmo poder mágico de influenciar as massas que o 14, a mesma ajuda dos poderosos que o 23. Adiciona-se tudo isto à faculdade natural para fascinar os outros com uma fala magnética, o que torna claro o motivo pelo qual o 32 é às vezes conhecido, modernizando-se o simbolismo dos antigos, como "a vibração do político". As complexidades da publicidade, escrita, editoração, rádio e televisão são em geral (mas nem sempre) um livro aberto para a pessoa 32, que tende a trabalhar bem sob pressão. Contudo, há uma nota de advertência soando dentro dessa melodia aparentemente feliz. O 32 é um número muito afortunado quando a pessoa que representa sustenta inflexivelmente as próprias opiniões e julgamento, tanto em questões artísticas ou intangíveis como materiais. Caso contrário, a probabilidade é de que os planos se desfaçam, pela ignorância dos outros.

33

Embora contenha a mesma vibração do 24, o número 33 não tem qualquer significado individual próprio — exceto pela magia do amor, a amplitude da originalidade e criatividade, bem como a promessa de eventual sucesso financeiro, que são mais fortes e acentuados. Em vista do duplo 3, as pessoas cujo nome seja igual a 33 são mais afortunadas em todos os sentidos quando envolvidas em uma parceria harmoniosa de alguma espécie com o sexo oposto, aplicando-se isto à carreira e também a relacionamentos sentimentais e conjugais. Este é um número de bem merecida recompensa cármica. As pessoas 33 devem seguir o conselho de não abusar da sorte espantosa que descerá sobre elas em algum período da vida, caso se entreguem à indolência, à superconfiança e a um sentimento de superioridade. Quando senso de humor e genuína humildade acompanharem a vibração 33, este se torna um número realmente de sorte extraordinária.

34 Tem o mesmo significado do número 25.

35 Tem o mesmo significado do número 26.

36 Tem o mesmo significado do número 27.

37

Este número possui uma potência distinta peculiar. Está associado a uma natureza extremamente sensível, boas e afortunadas amizades, um forte magnetismo com o público, frequentemente na área das artes — e parcerias produtivas de todos os tipos. Ele coloca ênfase no amor e no romance, por vezes superestimando a sexualidade. As atitudes em relação ao sexo podem ser liberais (um aspecto que possivelmente nem sempre estará presente). Existe uma forte necessidade de harmonia nos relacionamentos. A felicidade e o sucesso são alcançados mais facilmente em parceria com outra pessoa do que isoladamente, como indivíduo único.

38 Tem o mesmo significado dos números 11 e 29.

39 Tem o mesmo significado do número 30.

40 Tem o mesmo significado do número 31.

41 Tem o mesmo significado do número 32.

42 Tem o mesmo significado do número 24

43

Diziam os antigos que este é um número desafortunado; se o nome for igual a 43, sua grafia deverá ser mudada, para que o total numerológico tenha mais sorte como número composto. O 43 é simbolizado pela tendência à revolução, rebelião, luta, conflito, guerra. Carrega consigo a vibração do desapontamento e fracasso repetidos.

44 Tem o mesmo significado do número 26.

45 Tem o mesmo significado do número 27.

46 Tem o mesmo significado do número 37.

47 Tem o mesmo significado do número 29.

48 Tem o mesmo significado do número 30.

49 Tem o mesmo significado do número 31.

50 Tem o mesmo significado do número 32.

51

Este número possui uma forte potência, peculiar e única. Está associado à natureza do guerreiro, prometendo um súbito progresso em tudo aquilo que a pessoa empreender. É especialmente favorável aos necessitados de proteção na vida naval ou militar e também aos líderes de qualquer "causa" que não esteja relacionada à guerra. Contudo, encerra também a ameaça de inimigos perigosos e a possibilidade de tentativa de assassinato; desta maneira, caso o nome da pessoa seja igual a 51, é visivelmente prudente a modificação de sua grafia para que dê um número composto de mais segurança — e a pessoa esqueça a glória.

52 Tem o mesmo significado do número 43.

☆☆☆

Repare que os números compostos terminam no 52. Esta é a explicação fornecida pelos antigos. Trata-se de algo um tanto obtuso, porém eu não inventei a numerologia, e, ao testá-la, verifico que realmente funciona, constituindo um guia proveitoso e de confiança. Não procuro penetrar em todos os véus de mistério que cercam o tema.

Segundo os caldeus, após passarmos do número radical 9, multiplicamos o 9 até ser atingido o número composto 45. Então, adicionamos o 7 místico ao 45, produzindo 52, que representa as 52 semanas do nosso ano-calendário. Quando o 52 é multiplicado pelo 7 místico, produz o número 364, equivalente ao número de dias de um ano nos tempos antigos. Os caldeus usavam o 365º dia do ano como um grande feriado festivo (dia santo), durante o qual nenhum trabalho era permitido ao homem, mulher, criança ou animal.

Você talvez ache que aprendeu um pouco mais após ler até aqui. Pois assim é para aqueles inclinados matemática e espiritualmente. Tenha ou não compreendido o motivo para a regra, você deve segui-la. Os números compostos cessam no 52.

Caso seus cálculos resultem em um número composto maior que 52, deve-se somá-lo e então obter um novo número simples e/ou composto.

Exemplo: 53 e 63 se reduzem aos números simples 8 e 9, respectivamente. Outro exemplo: 74 e 87 se reduzem aos números compostos 11 e 15, respectivamente. Assim, quando você lidar com um nome que produza um número-chave composto maior que 52, deverá usar o número simples ou composto equivalente quando somar os dois números do número composto maior que 52.

Você talvez precise de mais alguns exemplos. Se o número-chave composto de seu nome for *maior* do que o número 52, procure encontrar um novo número da maneira seguinte:

53 = Número-chave simples 8. Sem número-chave composto.
54 = Número-chave simples 9. Sem número-chave composto.
55 = Número-chave simples 1. Número-chave composto 10.
56 = Número-chave simples 2. Número-chave composto 11.
57 = Número-chave simples 3. Número-chave composto 12.
58 = Número-chave simples 4. Número-chave composto 13.
59 = Número-chave simples 5. Número-chave composto 14.
60 = Número-chave simples 6. Sem número-chave composto.
etc.

É interessante notar que os antigos diziam: quando o número-chave composto do nome for superior a 52 — e *não for somado* para a obtenção de um novo número-chave composto (como nos exemplos anteriores de 53, 54 e 60), isto indica uma pessoa que pagou a maioria de suas dívidas cármicas e tem menos carma a ser equilibrado do que a pessoa comum. Naturalmente, isto não é válido se você, pessoalmente, decidiu modificar a grafia de seu nome. A situação só se aplica nos casos de um nome dado à pessoa pelo destino, isto é, aquele escolhido pelos pais, guiados por seus respectivos Eus Superiores. (Os números compostos representam o carma da pessoa.)

O número-chave composto do dia do nascimento, é claro, não está envolvido nesta regra, uma vez que o maior número composto de *nascimento* é 31.

Quatro e oito...

Os números da sina e do destino

Estes são conhecidos (em especial quando combinados) como os "números da sina" e "números do carma", caso em que uma sorte difícil parece acompanhar aqueles cujas vidas são dominadas pelo 4 e pelo 8.

Quando o 4 ou o 8 são o número simples do dia de nascimento, como os dias 4, 8, 13, 17, 22, 26 ou 31 de qualquer mês, o número foi escolhido no mais sábio estado de graça entre encarnações. O Eu Superior (alma ou espírito), percebendo que existem pesadas dívidas cármicas a equilibrar, as quais foram adiadas ou ignoradas por demasiadas existências, escolhe o magnético canal de nascimento do 4 ou do 8 a fim de garantir que tais obrigações cármicas, há muito devidas, sejam encaradas e finalmente neutralizadas. A importância total da cadeia cármica é compreendida no nível de percepção entre uma encarnação e outra.

Trata-se de algo análogo à decisão de um estudante que adiou continuamente os estudos para suas provas ou exames, mas que, ao ver aproximar-se a data definitiva, reconhece o momento de levar a coisa a sério e esquecer a indolência — nada mais de fins de semana divertidos, nada mais de vadiagem. O tempo é curto — está na hora de estudar períodos extras e com afinco, dando atenção aos deveres escolares.

Naturalmente, ninguém pode evitar a vibração 4 ou 8 como *número de nascimento* — e nem *deveria* —, pois o 4 ou o 8 garantem que a pessoa influenciada por eles será colocada involuntariamente em situações onde o carma ficará equilibrado na atual existência. Portanto, você deve pensar que não seria correto tentar remover qualquer outra influência 4 ou 8 de sua vida, uma vez que o propósito da existência destes números tem forte conotação espiritual. Entretanto, isto não é necessariamente verdadeiro.

O fato do número simples do nome ser um 4 ou 8 é um assunto inteiramente diverso, pois ninguém escolhe o próprio nome (exceto em determinadas religiões). São os pais que o escolhem (subconscientemente guiados pela poderosa influência dos números de nascimento 4 ou 8 — quando não escolhem às cegas um nome com esta vibração, sem qualquer bom motivo) — e a pessoa se vê forçada a carregá-lo, para o melhor e o pior. Portanto, modificar a grafia do nome, a fim de que resulte em um número simples mais afortunado, não interfere indevidamente com o carma. É uma escolha de livre-arbítrio — e um modo sensato, se for este o desejo, de tornar consideravelmente mais regular e menos fatalista o caminho do indivíduo na existência presente.

Quando o 4 ou 8 forem o número do *nascimento*, a pessoa deverá tomar o cuidado de evitá-los em todos os demais sentidos, como endereço e números de telefone que, somados, deem um número composto capaz de se reduzir ao 4 ou 8 simples. Também deverá se precaver e evitar atitudes ou planos importantes, de eventos significativos, em datas que deem estes dois números, como os dias 4, 8, 13, 17, 22, 26 ou 31. Em geral, as pessoas conseguem manejar a vibração 4 ou 8. É a combinação delas — a duplicação e intensificação do poder do 4 e do 8 — que se torna fortemente fatalista, fazendo com que tais desafortunadas criaturas atraiam uma sorte negativa em dose muito maior do que deveriam, com seu cortejo de perdas, prejuízos, desilusões e desapontamentos.

Consideremos os dois números em separado, uma vez que existe certa diferença entre eles. Começaremos pelo 8.

As pessoas cujo número de nascimento dá 8 parecem influenciadas por uma vibração fatalista mais pronunciada. Elas são mais "Filhas do Destino" do que as pessoas 4. Podem ser tão fortes de caráter, nobres, dedicadas, trabalhadoras árduas e sacrificadas quanto qualquer um (e geralmente ainda mais), porém sentem que não recebem as recompensas a que têm direito ou o reconhecimento merecido. A estrada para o sucesso é muito árdua, pontilhada de obstáculos. Embora frequentemente consigam galgar uma posição de grande autoridade, ficam sobrecarregadas com pesadas responsabilidades, enorme ansiedade e longas horas de trabalho. Não é incomum a pessoa 8 acumular fortuna em alguma época da vida, como parte decidida da influência 8 (dependendo da posição de Júpiter no Mapa Natal), porém a riqueza não lhe traz uma felicidade real ou duradoura. Além disso, é comum ter que pagar um alto preço pelo amor, que quase invariavelmente resulta em sofrimento de alguma espécie.

Vejamos um exemplo. Um homem nascido no dia 8, 17 ou 26 casa-se com uma mulher nascida no dia 4, 13, 22 ou 31 (ou cujo nome seja igual ao número simples 4). Pela combinação do 4 e do 8, o poder destes números se intensifica e o homem 8 experimenta muitos golpes do destino, tensão mental e tristeza emocional na vida de casado.

Segundo a lei da atração magnética, as pessoas 4 e 8 parecem irresistivelmente atraídas para todos os tipos de relacionamento: amor, casamento, amizades e sociedades comerciais, parentes de sangue e afins. A combinação não pode ser considerada afortunada — pelo menos em um senso mundano —, embora seja comum que pessoas 4 e 8 sintam profunda dedicação uma pela outra (isto pode acontecer com uma delas, em grau de quase fanatismo, mesmo que a outra não queira). Será "para o melhor e para o pior", especialmente durante períodos de doenças ou outros infortúnios. Alguns dos maiores exemplos de auto-sacrifício na História são encontrados quando pessoas 8 e 4 se casam. O aspecto mais pronunciado desta combinação no casamento é o sacrifício de alguma espécie. Entretanto, um grande bem pode advir de tal sofrimento: o casal pode ter filhos incomumente bem-dotados — ou produzir o legado de música clássica, poesia, livros memoráveis, peças, etc.

A pessoa 8 que observa os números 8 e 4 influenciando continuamente a vida, no que se relaciona a datas de eventos importantes, números de telefone, endereços, etc., associados a angústia, decepções e má sorte, deveria evitar estes números sempre que possível, alterando a grafia do nome (se esta der os números simples 4 ou 8), endereços, números de telefone, etc. que, somados, deem um número composto capaz de se reduzir ao 4 ou 8. Estas pessoas deveriam evitar compromissos importantes ou planejar eventos significativos para os dias 4, 8, 13, 17, 22, 26 ou 31 do mês — e alterá-los para que produzam o número simples 6 (incluindo o número do nome, se necessário). A pessoa 8 deve marcar todos os planos importantes para os dias 6 ou 24 do mês, exceto o 6 adquirido pelo número composto 15. Leia o motivo para isto na análise do número 15 nas definições para números compostos.

A pessoa 8 que seguir este conselho, alterando os números 4 e 8 em sua vida para o número simples 6, reduzirá substancialmente sua "má sorte" e poderá controlar a curiosa sina que parece acompanhá-la.

De qualquer modo, tais indivíduos talvez não consigam evitar todos os relacionamentos com outras pessoas 4 ou 8, porque a maioria deles tem obrigações cármicas que precisam ser manejadas e resolvidas. A maior parte das pessoas 8 tem amigos, sócios e parentes *íntimos* geralmente nascidos em um dia 4 ou 8, ou com nomes iguais a um destes dois números.

A vibração 4-8 intensifica-se quando a pessoa 8 é dos signos solares de Capricórnio ou Aquário, uma vez que é o número de Saturno (regente de Capricórnio) e 4 é o número de Urano (regente de Aquário).

Há algo muito importante a ser lembrado: algumas pessoas 8 talvez prefiram carregar a *total força e o total significado* da influência 8, não temendo as consequências, por sentirem que, avisadas de antemão, podem manejar o aspecto negativo do 8 — e por desejarem acentuar o poder da riqueza, estabilidade, responsabilidade, etc. que a influência 8 contém. Se uma pessoa 8 tomar tal decisão, deverá fazer tudo que tiver importância nos dias 8, 17 e 26 do mês. Se o *número de nascimento* for 8, elas devem modificar a grafia do nome, para igualmente resultar em um 8 simples (mas não de tal maneira que a grafia do nome dê o composto 26). Agindo assim, elas aumentarão em alta dose suas chances para o sucesso material, porém levarão vidas curiosamente fatalísticas, parecendo "carimbadas pela sina" em qualquer caminho que escolham.

De qualquer maneira, aquelas pessoas 8 que preferirem acentuar o poder do 8 em suas vidas, em vez de abrandá-lo, devem se precaver contra o número 4 sempre que possível — porque é a combinação destes dois números que produz fortes influências magnéticas negativas sobre elas.

Daí o motivo pelo qual as pessoas 4 não devem, em quaisquer circunstâncias, acentuar o poder do número 4, uma vez que um 4 duplo se iguala a um 8. Novamente, elas deverão evitar a combinação destes dois números. Porque um 4 extra aqui e ali, juntamente com o número de nascimento 4 (quando o nascimento ocorrer nos dias 4, 13, 22 ou 31), produzirá uma influência 8 a ser carregada, gerando precisamente uma combinação que os antigos aconselhavam evitar.

Segundo os caldeus, o número 4 como influência de nascimento não influi tão fortemente como o número de nascimento 8. As pessoas com um número 4 de nascimento perceberão que os dias 4, 13, 22 e 31 do mês contêm significados importantes, seja para seus negócios ou assuntos pessoais — por vezes em sentido negativo, porém com igual frequência em sentido positivo. Seus endereços, números de telefone, etc., assim como as datas de nascimento das pessoas que lhes são próximas (em especial os parentes, posto que a combinação 4-8 influencia fortemente o carma do grupo familiar), serão números 4 ou 8, com uma frequência muito maior do que a atribuída à mera coincidência. Caso seu número de nascimento for 4, procure observar e ficará surpreso.

Exemplo: Rua Principal, 1.003 (um 4); Telefone: 689-2402 (que somado dá 31 e reduzido dá 4). Com ou sem o código de endereço postal, às vezes das duas maneiras.

Alguns raros indivíduos que escolhem o número 4 como o canal de nascimento são almas iluminadas que apagaram todo o carma passado, equilibrando-se em vidas anteriores, mas encarnaram na existência presente para "resgatar" um Eu Gêmeo que se tornou — ou corre o risco de se tornar — um anjo caído. Em tais casos, a vibração 4 é escolhida para ajudar a manter esta pessoa na senda da luz; para diminuir a tentação de formar um novo carma negativo, tornando-se desta maneira um anjo caído, na tentativa de salvar a outra metade caída do Eu.

Neste exemplo, o 4 é uma influência extremamente protetora — e em todos os demais casos (que formam a maioria das pessoas 4), o número 4 não deve ser tão temido, mas reconhecido como um proveitoso meio de disciplinar o eu individual na presente encarnação, que, no sentido espiritual, não é uma situação negativa, mas sim bastante positiva.

☆ ☆ ☆

A numerologia e as predições de morte

Um famoso numerólogo autodenominado Cheiro, mundialmente famoso durante a primeira parte do século XX, foi, em minha opinião, um profissional brilhante no sentido técnico, porém um praticante perigosamente negativo. Seus livros contêm inúmeros trechos em que se vangloria sobre quão infalível era em predizer o dia exato da morte para numerosos clientes (em sua maioria, figuras pertencentes à realeza e celebridades mundiais) e seus familiares e amigos. Cheiro possuía a séria mácula do fatalismo esotérico, o que fez com que milhares de pessoas temessem (justificadamente) a astrologia e a numerologia. (Ele também era astrólogo.)

A morte não pode ser prevista nem pela numerologia, nem pela astrologia, e se Cheiro esteve correto em várias ocasiões amplamente alardeadas, foi devido ao resultado da deplorável prática de vários profissionais esotéricos, os quais plantam uma semente negativa na mente do indivíduo, algo que tem poder magnético para realmente produzir o temido evento. É uma forma de hipnose, com potência para fazer as coisas acontecerem, mas que jamais aconteceriam se houvesse uma orientação adequada. Aqueles que fazem tais predições para os que confiadamente procuram por conselho são a causa direta de mortes desnecessárias, programadas nas mentes de boa-fé dos que buscam sua orientação. Falando francamente, tais conselheiros são responsáveis por assassinato culposo.

Jamais acredite em um numerólogo ou astrólogo que se diga capaz de predizer a morte de alguém. Isto é simplesmente impossível. Entretanto, é possível que tais mortes ocorram em decorrência da intensificação fulminante do medo. Nessas ocasiões, quando o profissional ético vê um período perigoso se aproximando na vida do indivíduo, seja este uma pessoa comum, um rei ou presidente, seu dever é alertá-lo sobre o período de provação iminente — *e orientá-lo sobre como agir, para evitar qualquer experiência séria ou fatal*. Deve, ainda, recordar-lhe que esses trânsitos "difíceis" ocorrem periodicamente na vida de qualquer mortal com razoável frequência; assim, nós os contornamos por meio da recanalização da energia planetária indicada — ou não continuaríamos aqui.

Esta situação de "predição da morte" me causa tal preocupação, que desejo fornecer um exemplo específico. Já disse que considero Cheiro um numerólogo brilhante, mas também um fatalista. Ele recomenda certas regras de numerologia das quais discordo francamente — e que, portanto, não fornecerei neste capítulo —, mas elas são uma parcela pequena. Em sua *maior parte* — mesmo que não em totalidade —, os ensinamentos de Cheiro possuem *insight* e são confiáveis. Entretanto, temos que levar o "bolo inteiro" em consideração antes de tirar uma boa fatia, caso você perceba a analogia.

Por exemplo, Cheiro (e ele não é, de *modo algum*, o *único* profissional esotérico, astrólogo ou numerólogo culpado deste comportamento) teve várias sessões com o rei Eduardo VII, da Inglaterra. O rei Eduardo nasceu a 9 de novembro. Portanto, o número-chave simples de seu nascimento era 9. Seu casamento aconteceu no ano de 1863, que Cheiro somou, conseguindo outro 9. Presumia-se que a coroação seria a 27 de junho (que reduzido dá 9), porém ela realmente teve lugar a 9 de agosto, dando outro 9.

Ora, não há dúvida de que o número-chave simples de *nascimento* do rei Eduardo era 9, disto resultando que eventos importantes em sua vida ocorreriam em "dias 9", isto é, nos dias 9, 18 e 27. Cheiro, no entanto, mergulhou em águas esotéricas muito lodosas quando levou este fato ainda mais longe, percebendo o estranho elo de que já lhe falei a respeito do 3, 6 e 9.

Por motivos inexplicáveis que só ele conhecia, Cheiro concluiu que, como existe uma misteriosa conexão entre 6 e 9 (que já expliquei), o rei Eduardo *morreria* quando estes dois números radicais "se unissem" — isto é, que a idade de 69 anos seria um ano fatal para o rei. Ele foi ainda mais longe, afirmando que, como 6 é o número de Touro, sendo maio o mês deste signo solar, o rei Eduardo morreria a 6 de maio, em seu 69° aniversário.

Cheiro fez *repetidamente* esta predição fatal a Eduardo VII, a ponto do rei começar a se referir a ele como "o homem que não me permite viver além dos 69 anos". Vezes sem conta, em vários encontros com o rei, Cheiro insistiu em sua predição de morte, ele próprio declarando que " o rei *nunca esqueceu* a predição fatal".

A 6 de maio, em seu 69° ano de vida, o rei Eduardo adoeceu subitamente — e morreu. Cheiro registra esta "predição vitoriosa", entre outras, em todos os seus livros. O que aconteceu é dolorosamente óbvio. O rei Eduardo foi fortemente hipnotizado, de maneira que seu subconsciente ficou profundamente programado com a semente negativa de que sua morte ocorreria a 6 de maio, em seu 69° ano de vida. Desta maneira, ele não tinha escapatória. A morte aconteceu *única e exclusivamente devido à programação iniciada e constantemente reforçada* por seu numerólogo. Tenho certeza de que Cheiro jamais percebeu ser o culpado pela morte do rei, como também estou certa de que não foi essa a sua intenção. Entretanto, verdade é verdade — e, para mim, a ignorância não é desculpa aceitável.

Pense em quantas pessoas nasceram no dia 9 do mês, às quais aconteceram eventos importantes nos dias 9, 18 ou 27. Segundo a falha na argumentação de Cheiro, *todas* elas devem morrer em um mês regido pelo 6 — no dia 6 desse mês — quando chegarem à idade de 69 anos. Não preciso lhe dizer o quanto *isto* é ridículo. Cheiro baseou sua predição de morte em uma interpretação errônea do elo entre 6 e 9, que não tem base alguma em qualquer sentido esotérico. A mesma espécie de premissas falsas e fracas é empregada por astrólogos que alegam predizer a morte.

O pobre Eduardo foi, de fato, hipnotizado a ponto de concretizar esta falsa predição de morte. Esta história verídica vem provar, mais uma vez, o que você jamais deverá esquecer — o espantoso poder da mente. Aquilo em que *acredita* que vai acontecer *acontecerá*. O que você teme inevitavelmente virá ao seu encontro.

Você pode modificar o chamado "destino" simplesmente modificando seus pensamentos. São os pensamentos que criam o seu ambiente e todos os eventos que nele acontecem, queira você acreditar ou não. Entretanto, não basta modificar os pensamentos. O negativo pode se transformar em positivo por este meio, porém você precisará também tentar equilibrar seu carma por todos os modos explicados no capítulo "Déjà vu". Lembre-se de que a morte é um evento inteiramente controlado por sua própria vontade. Você é a única pessoa que sabe quando morrerá. Não somente *quando* — mas *se*.

Os mistérios do número 12

Antes de encerrarmos este capítulo sobre numerologia, devemos passar algum tempo juntos estudando os vários códigos do número composto 12. Não me refiro à análise do 12 nas definições de números compostos, relacionadas ao carma do indivíduo, mas ao número 12 em si.

> Ao oriente havia três portas, ao norte três portas, ao sul três portas, e ao ocidente três portas. O muro da cidade tinha doze fundamentos, e neles estavam os nomes dos doze apóstolos do Cordeiro.
>
> Apocalipse 21, 13-14

Há 12 signos astrológicos, de Áries até Peixes. A Terra completa uma órbita ao redor do Sol através destes 12 signos, no mesmo tempo que a Lua gasta para orbitar 12 vezes em torno da Terra. O planeta Júpiter é maior do que todos os outros planetas do nosso sistema solar, juntos — e Júpiter leva 12 anos para completar uma órbita ao redor do Sol.

Todos os grandes líderes espirituais tiveram 12 seguidores. As 12 tribos de Israel foram fundadas pelos 12 filhos de Jacó. O povo da Grécia adorava 12 deuses, e 12 eram os príncipes de Ismael. O grande Osíris do Egito tinha 12 seguidores — e o Quetzalcoatl asteca tinha 12 discípulos. Há 12 deuses no zodíaco brâmane.

O rei Artur tinha 12 Cavaleiros da Távola Redonda. Buda tinha 12 discípulos. São 12 os altares de São Jaime, e 12 as divisões do Templo de Salomão.

Uma Junta Diretora é composta de 12 executivos, e são 12 os homens e mulheres de um júri.* Existem 12 sais minerais básicos na medicina homeopática. Quando o ouro é pesado, 12 onças perfazem uma libra. O mesmo é válido no peso dos medicamentos. Em um pé há 12 polegadas. O mais fascinante de tudo é que os minerais da Terra são também regidos pelo número 12. Por exemplo, todos os diamantes têm 12 lados e devem ser cortados ao longo destes 12 eixos.

Conforme sabemos, Jesus escolheu 12 discípulos. A exemplo de todos os líderes espirituais e seus seguidores, Jesus foi o 13° — ou o Mestre. Cada um dos 12 apóstolos representa um dos 12 signos solares. O 13° é o Mestre, que aprendeu a combinar as qualidades positivas de cada um dos 12

*Nos Estados Unidos. No Brasil são 7 os integrantes do Tribunal do Júri. (*N. do E.*)

signos solares e a vencer os traços negativos de cada. O Mestre combina a coragem e a inocência de Áries com a paciência e a estabilidade de Touro, a versatilidade e a agilidade mental de Gêmeos, a sensibilidade e o protecionismo de Câncer, a generosidade, a nobreza e o amor de Leão, a refinada discriminação de Virgem, a equidade e a justiça de Libra, a profundeza de conhecimento de Escorpião, a honestidade e idealismo de Sagitário, a resistência e a sabedoria de Capricórnio, a visão profética e a tolerância de Aquário, mais a compaixão e a iluminação de Peixes.

Ele aprendeu a rejeitar o duro e impulsivo comportamento de Áries, a teimosia de Touro (que é somente a paciência taurina virada pelo avesso), a irresponsabilidade de Gêmeos, os medos e possessividade de Câncer, a arrogância de Leão, a dureza crítica de Virgem, a indecisão de Libra, a vingança e retaliação de Escorpião, a franqueza rude de Sagitário, a frieza e ambição de Capricórnio, o comportamento imprevisível de Aquário, mais a evasividade, a timidez e a ilusão de Peixes. Vê, agora, o motivo pelo qual o número 13 (o Mestre) não é realmente "azarado", como enganosamente acredita muita gente?

Segundo a lenda, cada apóstolo (discípulo) era a plena corporificação (mistura positiva e negativa) de um determinado signo solar. Diz ainda a lenda que Pedro, como se poderia supor, era um impulsivo e ardente Áries. (Não recordo quem era o Leão, mas como não foi Pedro, então ele certamente tinha um Ascendente ou Lua em Leão!) O desafortunado Judas (empregando o lado negativo do signo) era Escorpião. João, o muito amado, era Peixes; Tomás, o dubitativo, era de Virgem, e assim por diante.

Paulo era de Gêmeos — e certamente isto faz sentido. O fluente Paulo, com tal dom para a persuasão verbal, que realizou a quase impossível missão de ensinar aos judeus que a circuncisão era "um requisito para a salvação" — e a igual necessidade de pregar aos gentios que isso *não* era um requisito essencial para salvação. Leia as Epístolas aos Romanos, da autoria de Paulo (Romanos 2: 25-29), e veja como ele manejou astuciosamente esta contradição. Não consigo lê-las sem rir com vontade ao perceber sua destreza mental e as típicas "frases de duplo sentido" geminianas. Em uma causa santa, naturalmente.

Alguns metafísicos extremamente inteligentes e respeitados dos tempos antigos alegaram que João Batista era um profeta escorpiano, com um ardente Lua ou Ascendente em Sagitário, e não se pode discutir o fato de ele ser rude e extremamente franco no falar. Considerando-se seu excêntrico "estilo de vida", provavelmente teve vários planetas em Aquário.

Os mesmos eruditos esotéricos alegaram que tanto Maria, a mãe, como Maria Madalena eram de Áries — e vários livros da autoria de astrônomos (estou tentando localizar um que me foi indicado por um guru), afirmam que o próprio Jesus (embora finalmente o Mestre de todos os 12 signos solares) era de Leão por nascimento, devido a erros em vários calendários do passado e do presente. Os escritores apontam que, além dos erros dos calendários, por eles calculados, os pastores não podiam estar "vigiando seus rebanhos" quando o Anjo apareceu a eles — em meses de inverno. Segundo esses autores, o fim de julho e o mês de agosto eram o período mais provável em que poderiam estar no campo com seus rebanhos, espalhados pelas colinas e terras altas de Jerusalém, Nazaré e Belém, como uma das várias evidências sobre a credibilidade de sua alegação sobre Jesus ser leonino.

Seu conceito dá base à inspirada revelação de Rudolf Steiner sobre Maria, a mãe, e Maria Madalena serem pedaços divididos da alma, espírito ou "Eu Superior" de Ísis, o Eu Gêmeos de Osíris, que foi assassinado e desmembrado em 14 pedaços por seu irmão Set — diz-se que cada vez que um "pedaço" do espírito ou alma de Osíris encarna, o nascimento se daria no signo de Leo, regido pelo Sol. Jesus de Nazaré, segundo se diz, foi um dos 14 pedaços de Osíris encarnados. (Osíris era chamado o "deus-sol".) O mesmo se diz sobre as "duas Marias" que, segundo a profecia, nasceriam no signo de Áries, o Carneiro, regido por Marte, cada vez que elas encarnassem. Diz-se, ainda, que, em cada encarnação das "duas Marias", elas serão a mãe e a companheira, respectivamente, da encarnação de cada um dos 14 pedaços de Osíris. Aprendi com dois de meus gurus que esta profecia tanto um signo solar em Leão quanto um Ascendente em Leão — e um signo solar em Áries *ou* um Ascendente em Áries.

Existem duas estrelas fixas (entre tantas outras como Castor, Pólux, Arcturus, etc.) que os astrônomos batizaram como Ísis e Osíris. Estas duas estrelas fixas — Ísis e Osíris — têm seus movimentos mapeados e, no passado historicamente registrado, apenas duas vezes se aproximaram da Terra: na época do nascimento do bebê em Belém e na época do nascimento de Francesco Bernadone (São Francisco de Assis). Com isto, alega-se que tanto Jesus como Francisco de Assis foram encarnações de um dos 14 pedaços de Osíris. Segundo os metafísicos, tanto o rei Artur como Lancelot (Camelot não foi mito, mas realidade, em um passado jamais registrado) também foram, cada um, um pedaço da alma ou espírito de Osíris — e que Guinevere e a mãe de Artur foram, cada uma, os dois pedaços divididos da alma de Ísis. Dizem, também, que estas duas partes divididas da alma de Ísis, encarnaram como Clara Faverone (a "Dama da Pobreza", de Francisco) e a senhora Pica, mãe de Francisco — novamente apoiando a reencarnação continuada de Ísis como "ao mesmo tempo mãe e 'companheira' ou 'amor' de cada pedaço encarnado de Osíris". Isto explica bem claramente a terrível "pressão" sobre Guinevere para escolher entre Artur e Lancelot, uma vez que seu próprio Eu Superior reconhecia os dois como pedaços reencarnados de Osíris.

Evidentemente, as estrelas fixas chamadas Ísis e Osíris também se aproximaram da Terra em seus movimentos, em uma época não registrada, na época do verdadeiro Camelot. Hoje, os astrônomos que mapearam o movimento destas duas estrelas fixas dizem que elas estarão próximas da Terra pela terceira vez durante a Era de Aquário.

Eles apóiam o que diz a lenda sobre, em alguma época durante a Era de Aquário, os 14 pedaços de Osíris reencarnarem em um homem, que então se reunirá a Ísis, cujas duas peças divididas de alma serão reencarnadas em uma mulher. Então, segundo a profecia, os dois espargirão a Luz do Amor e Pax et Bonum nas trevas da Terra, uma hora crepuscular da história, iniciando os prometidos "dois mil anos de Paz", que começarão na última parte da Era de Aquário.

Parte da lenda Ísis/Osíris é que o conceito para muitas das maiores composições musicais, óperas e obras literárias do mundo (incluindo Shakespeare) foi plantado na mente desses compositores e escritores pelos mestres do carma. Isto, a fim de que tais composições, óperas e obras literárias iluminassem a consciência superior ainda adormecida dos terrenos com as diferentes facetas da história de amor — gravada nas estrelas — dos Eus Gêmeos de Ísis e Osíris, algo que planejo relatar em uma obra futura.

Dizem que entre estes trabalhos literários e musicais contam-se (apenas uma lista parcial) Madame Butterfly e seu tenente Pinkerton, Tristão e Isolda (os nomes "Tristão" e "Isolda" ainda contêm as palavras "Ísis" e "Osíris" em sua grafia), Titânia e Oberon, de *Sonho de uma noite de verão*, Romeu e Julieta, Hamlet e Ofélia, e inúmeros outros. Repare que o nome "Osíris" contém as letras do nome "Ísis". Osíris sempre protegerá o espírito de Ísis dentro do seu — e eles jamais poderão permanecer separados na Terra.

A profecia acrescenta que decidiu-se que os espíritos reunidos de Ísis e Osíris, durante a porção inicial da Era de Aquário, não serão identificados ou reconhecidos como seus eus verdadeiros, para que seja evitada uma repetição dos sombrios pecados da "divinização" e "adoração" — e talvez nem eles próprios estejam conscientes de suas identidades. Entretanto, trabalharão juntos e em harmonia, começando a disseminar a Luz e o Amor de Pax et Bonum (a Paz e o Bem) na escuridão.

Se estas lendas forem verdadeiras, certamente será algo encorajador. Como no antigo e familiar canto natalino "Alegria para o mundo!", a Mãe Terra certamente poderá usar tal iminente benevolência para cicatrizar seus profundos e quase fatais ferimentos. Tampouco será demais repetir que o número 6 (Amor) sempre será vitorioso sobre o número 9 (guerra e conflito), tanto na numerologia como na matemática. A lenda e a mensagem dos números se ajustam perfeitamente, como as peças encaixadas de um quebra-cabeça.

☆☆☆

6

ARCO-ÍRIS ESQUECIDOS

O poder da cor em sua vida...
a aura humana...
perda e ganho permanentes de peso
por meio da cor... e outras magias, incluindo
os poderes das pedras preciosas e dos cristais

talvez Rembrandt e da Vinci usassem cores como joias,
que eram reais... não apenas pintadas,
da maneira como parece a vida através dos cristais da ternura

você sorriu para mim esta noite
ao pé da escada
com tanto amor em seus olhos...

e tudo quanto disse foi...

"caminhemos na floresta amanhã, ao nascer do sol,
apenas você e eu... sozinhos
antes que o mundo desperte
eu lhe mostrarei
como fazer um cervo se aproximar
apenas ficando quieto, muito quieto,
projetando bondade"

e tudo quanto eu disse foi...
"Marcarei o despertador para as cinco"

mas éramos como vitrais
em vermelho-rubi e azul-cobalto
e o coro estava cantando

☆☆☆

TODOS OS QUE AMAM profundamente parecem em ajustada sintonia com as cores do espectro, porque vibram em uma frequência superior. Os vermelhos são mais vermelhos, os azuis são mais azuis e os amarelos são mais vívidos. De fato, todos os sentidos são intensificados pelo amor. As fragrâncias são mais hipnóticas, a música mais inspiradora, os alimentos têm melhor sabor e o sentido do tato é mais intenso. Os Eus Gêmeos vibram em uma frequência ainda mais elevada que a de outros enamorados ou parceiros, e podem frequentemente ver os halos ou auras etéreos do outro.

Eis um dos esquecidos arco-íris — a aura humana. Estendendo-se a aproximadamente 5 a 10 centímetros e *delineando* a cabeça e o corpo encontra-se o que tem o nome de etéreo. Dependendo das condições de seu eu espiritual, o etéreo é visto como cinza esfumaçado, azul, branco, amarelo-pálido ou dourado, sendo melhor percebido pelo olho físico do que a aura em si. Além do etéreo fica a sua aura, contendo cada cor do espectro do arco-íris, algumas brilhantes, outras difusas, em todas as tonalidades de cada uma. Mede, em qualquer parte, de 90 centímetros a 1,5 metros, em circunferência. Sua aura é o você-de-você, absolutamente individual, refletindo a condição de seu corpo *astral*, que se imprime continuamente sobre o corpo físico.

As plantas e os animais (inclusive objetos) também possuem auras. Sob as condições adequadas, você pode vê-las com visão física — geralmente a periférica — ou com o terceiro olho (ou glândula pineal), localizado no centro da testa, entre as sobrancelhas. A declaração do Nazareno: "Que vejam aqueles que têm olhos e que ouçam aqueles que têm ouvidos", refere-se a esse terceiro olho e ao ouvido interior, onde soa a voz clara de seu Eu Superior. Sua aura é uma radiação grande e ovoide, circundando o corpo inteiro, a parte da frente, das costas e dos lados, cujas cores internas refletem precisamente seu estado mental e emocional, bem como a saúde física, em constante mutação. É o seu arco-íris pessoal... ou uma nuvem sombria de doença e depressão.

Há muito e muito tempo, houve uma época em que muitos podiam ver as auras dos outros e quase todos percebiam o etéreo. Este último é a origem do halo, transmitido pela história e pela lenda, exibido ao redor da cabeça de figuras religiosas pelos pintores mestres do passado que, em si, eram canais abertos para os mestres superiores expressarem a verdade. Há muito os terrenos perderam o dom de ver a aura, inclusive o etéreo, embora hoje ainda existam uns raros indivíduos que retiveram a aptidão nas encarnações presentes. Edgar Cayce, o bem-amado místico de Virgínia Beach, foi um deles. Quando criança, podia ver a aura completa em torno das pessoas, admirando-se ao saber que os outros não a viam também. Como via cada pessoa caminhando em um arco-íris de cores e luzes mutantes, imaginava que os outros o vissem igualmente.

Embora você haja perdido *temporariamente* o dom de ver auras, a sua aura é de vital importância para a sua saúde, felicidade e envolvimento espiritual. Ainda que no momento lhe pareça invisível, ela continua ali, e a sabedoria esotérica começa quando você reconhece e compreende a sua existência real. Meus gurus e professores pessoais me aconselharam a repetir o positivo em voz alta, a cada oportunidade, e nunca o negativo, como preparação para que, por fim, eu reivindique este grande dom. Em outras palavras, jamais diga a alguém em voz alta: "Não posso ver auras, nem mesmo o halo etéreo." Em vez disto, repita em voz alta, o mais frequentemente possível, ao discutir tais assuntos com os outros (e mesmo estando sozinho): "*Ainda* não posso ver o etéreo ou a aura humana — mas sei que *logo* verei." Seu subconsciente recolherá a mensagem a qualquer momento, e seu Eu Superior a responderá.

Até que chegue o "logo", você pode fazer inúmeras coisas para descobrir sua percepção da aura — e para proteger, "polir" e purificar seu campo áurico. Todos já notaram o curioso comportamento dos humanos quando estão em um elevador, especialmente se superlotado. Sem exceção, cada pessoa se sente estranhamente introvertida e pouco à vontade, olhando para os pés ou fitando fixamente os números que indicam os andares acima de suas cabeças, aliviadas a cada parada, as feições tão rígidas como se estivessem vigiando a contagem regressiva para a explosão nuclear final — até cada um chegar ao seu andar de destino. Então, a saída é rápida, em geral com um suspiro aliviado.

A superposição e mistura dos campos áuricos dos passageiros em um elevador superlotado é que gera a tensão e inquietude em todos (excetuando-se alguns tagarelas geminianos, acostumados a se misturar com a outra metade de si mesmos). Quando o campo áurico de alguém se sobrepõe ao seu ou encosta nele, você sente instantaneamente, às vezes com intensidade, outras vezes fracamente — porém o contato é sempre percebido. Daí por que, quando alguém anda atrás de você na ponta dos pés, querendo surpreendê-lo ou, simplesmente, passa bem rente às suas costas, você *sente* a sua presença antes mesmo de ver ou ouvir essa pessoa. Um campo áurico diferente penetrou na substância de sua aura. Existem ainda aquelas pessoas que insistem em se aproximar muito quando falam com você, deixando-o pouco à vontade. O que causa esse desconforto é o fato da pessoa ter interpenetrado seu campo áurico com o dela. Os apaixonados, é claro, bem como pais e filhos, acham muito agradável esta superposição, porém, tratando-se de outras pessoas, ela pode causar um extremo desconforto. Quando isto acontece comigo, costumo dizer com um sorriso, o mais cortesmente que posso: "Você penetrou em meu campo áurico — incomoda-se se eu recuar um pouquinho?" Esta reação à proximidade inesperada ou não solicitada é o motivo oculto por trás da frase familiar aos anos 1970 e 1980: "Preciso de espaço" ou "Dê-me espaço."

O material de seu arco-íris pessoal, seu campo áurico, é eletromagnético. Consequentemente, ao se misturar com outras pessoas quando faz compras, quando está trabalhando ou apenas caminhando, sua aura colhe magneticamente amostras diminutas de material áurico alheio — além de ficar saturada das doses magnéticas de suas próprias emoções negativas no decorrer do dia. Então, sua aura precisa ser purificada.

Quando você toma um banho ou ducha (preferentemente uma ducha), todas aquelas pequeninas amostras magnéticas que recolheu dos outros e de seus próprios pensamentos e emoções negativas vão diretamente para o ralo. Isto é o efeito da água sobre o material áurico. Quando ocorre o processo da lavagem, a aura se recolhe lentamente para *dentro* do corpo, de modo que, se você fosse visto por um místico, ele não enxergaria o menor vestígio de sua aura ou seu etéreo. Já reparou que, após tomar um banho de banheira ou ducha, quando sai da água, durante cerca de trinta a sessenta segundos sente-se visivelmente fraco? Isso acontece porque sua aura recuou para dentro. Então, após enxugar-se, o senso de ligeira debilidade é substituído por uma onda de energia e bem-estar. Isso é porque a aura gradualmente projetou-se outra vez, brilhando em seu estado normal, purificada de toda aquela "sujeira" negativa de energia eletromagnética que foi levada pela água.

Esta é a fonte do conselho espiritual "A limpeza está próxima da religiosidade". Durante algum tempo, após um banho de banheira ou ducha, é impossível reter sentimentos negativos de qualquer extensão — aqueles que o bombardeavam antes de você limpar sua aura. Depois disso, você achará impossível sentir aquelas emoções negativas, em qualquer nível. Ficará mais calmo, mais tranquilo e com melhor disposição para lidar com os problemas que criaram sua tensão ou estresse durante várias horas pelo menos, até a aura ficar de novo saturada de "amostrinhas" negativas de outras pessoas e também de suas próprias emoções e pensamento. Embora não compreendam como nem por que isto funciona — e, certamente, jamais pensariam na aura humana —, os médicos de instituições mentais costumam ordenar que pacientes seriamente perturbados fiquem sentados em uma banheira com água morna e corrente durante períodos regulares. A técnica de lançar jatos de água de mangueiras sobre turbas revoltadas é uma coisa deplorável por parte da polícia, porém a água tem o efeito de aquietar a violência e restaurar uma estabilidade temporária. É uma prática lamentável, mas, novamente, foi iniciada porque o efeito da água sobre a aura humana tem sido observado até por aqueles que nunca ouviram o termo "aura" — e muito menos já viram uma.

As tonalidades do espectro do arco-íris e a música das esferas — cor e som — exercem um poder ainda não percebido, porém muito forte, sobre todas as áreas de sua vida, desde a saúde física, mental e emocional aos seus relacionamentos pessoais. Os arco-íris esquecidos e as esquecidas melodias. (O poder do som será discutido em capítulo posterior.)

Consideremos a cor vermelha — vermelho-rubi ou vermelho-carmesim. Ela possui uma extraordinária influência sobre a percepção adormecida, criando vibrações específicas na mente, certas reações naturais. Infelizmente, os encarregados de questões como controle de tráfego não tinham qualquer conhecimento de metafísica quando decidiram usar a cor vermelha para significar "pare", e a cor verde para significar "siga". No subconsciente, o vermelho significa VÁ! VÁ! ATAQUE! A cor verde, pelo contrário, fala ao subconsciente com mensagens relampejadas, como: Fique calmo. PARE. Espere. Descanse.

As pessoas não iluminadas que estabeleceram os sinais de trânsito "pare" e "siga" escolheram o vermelho porque acreditavam que seria interpretado pelo motorista como "Perigo!". Aliás, assim acontece — para a mente *consciente*. Para a mente *subconsciente,* lembre-se, a mensagem *também* é, conforme acabei de indicar: VÁ! VÁ! ATAQUE!

Fiz uma dose razoável de pesquisa a respeito e aprendi que, durante muitos anos, após instalarem as luzes de trânsito verde e vermelha pela primeira vez, era extremamente alto o índice de infrações por "avanço de sinal vermelho", só começando a baixar, muito lentamente, quando os motoristas aos poucos reprogramaram suas reações básicas, internas e subliminares às cores verde e vermelha. No que diz respeito a "avanço de sinal", a maioria dos infratores em geral parece confusa, mostrando-se incapaz de explicar *por que* fez aquilo.

Durante as horas do trânsito congestionado das grandes cidades, há frequentes engarrafamentos associados à falsa mensagem do verde, a chamada luz SIGA. Os carros buzinam repetidamente, em ensurdecedora reclamação contra aquele à sua frente, enquanto este muitas vezes apenas fica ali sentado, como que em transe, olhando par a luz verde que poderia estar dizendo "VÁ" à sua mente consciente, mas que contradiz a mensagem com a reação do *sub*consciente "Calma. Pare e descanse um pouco".

Uma palavra amiga de aviso. Não avance os sinais vermelhos — jamais. Entretanto, se receber ordem de encostar ao meio-fio de um guarda de trânsito que o acusa de avançar o sinal, confesse imediatamente que *avançou* o sinal (caso tenha cometido a infração) — ou diga a ele, cortês e francamente, que não se julga culpado (se não avançou o sinal). Não seria prudente explicar-lhe que você não pode ser inteiramente responsável por seguir suas ânsias subconscientes só porque as pessoas que criaram as luzes do trânsito eram metafisicamente cegas à cor, a menos que esteja querendo uma multa imediata e talvez ainda um exame para verificar sua sobriedade ou sua audição (desde que o guarda não seja de Peixes). Você pode ser uma pessoa esclarecida, porém isto não significa que o mundo inteiro também o seja, em particular a Polícia. Dale Simpson, ex-chefe de polícia de Cripple Creek (ver o Capítulo 1), é um dos poucos homens de farda azul que aceitariam tal explicação, porém é improvável que você avançasse qualquer sinal vermelho por lá. Em Cripple Creek, nem mesmo temos sinais vermelhos. Lá, tudo é verde... e sossegado.

Retornemos, por um momento, ao esquecido arco-íris de sua aura, também denominada envoltório áurico ou campo áurico, com a prova de que em certa época, faz muito tempo, os humanos eram plenamente capazes de ver a aura, como acontecia com Edgar Cayce e outros, mais tarde, que também conseguiam decodificar suas cores-chave. Por exemplo, um certo matiz de verde-limão na aura indica ciúme, sentimentos possessivos; o vermelho-ferrugem-escuro significa raiva; um tom particular de amarelo-mostarda representa o medo; o azul-índigo ou escuro significa depressão; o púrpura indica excitamento sexual; o preto revela profunda melancolia e amargura, um desejo de vingança — e assim por diante.

Nossa linguagem anglo-saxônica herdou esta sabedoria e a transmitiu a pessoas que, hoje, não têm a menor noção do motivo por que empregam frases como: "Ele está verde de inveja", "Ela ficou vermelha de raiva", "Fulano está com um humor negro", "Fulana está roxa de paixão". As pessoas nunca se perguntam por que fazem tais observações. O rosto de um indivíduo realmente fica verde quando ele sente inveja, vermelho quando sente raiva, preto, quando irritado e roxo ou púrpura quando apaixonado? Claro que não. Se uma pessoa usa tais frases para descrever o ânimo de alguém ou seu temporário estado mental, pode estar vendo tais cores na aura da outra com uma visão imperceptível do terceiro olho, ou então reage ao antigo conhecimento e sabedoria ainda inerentes ao que é denominado o "inconsciente coletivo das massas", que contém o indicador de certas cores que se ajustam a determinadas emoções, conforme é revelado pelo esquecido arco-íris do envoltório ou campo áurico.

A cor pode ser usada em cada faceta de sua vida, com resultados espantosos. Apenas recentemente seu poder começa a ser reconhecido pelo mundo médico, por instituições psiquiátricas, pelo mundo da moda, pelo pessoal do marketing e por grandes corporações.

UM SEGREDO MÁGICO

Uma das maiores preocupações do momento nos Estados Unidos, ou melhor, no mundo inteiro, diz respeito à perda ou ganho de peso. Por motivos que logo explicarei, todas as dietas são impotentes para se conseguir uma *permanente* perda ou ganho de peso, sendo que algumas prejudicam a saúde, além de serem frustrantes e de difícil execução. Perda ou ganho de peso duradouros e bem-sucedidos são conseguidos apenas por meio das cores, não das calorias.

Tem-se a impressão de que o mundo é constituído apenas por duas espécies de pessoas: as gorduchas, que querem perder peso, e as magricelas, que querem adquiri-lo — executando-se alguns Bo Derek e Leonardo DiCaprio, que um dia pertenceram ao primeiro ou ao segundo grupo.

O tópico mais popular para livros, artigos em jornais ou revistas e na televisão hoje em dia é a dieta. Dieta, dieta, dieta — exercício, exercício, exercício. Livros e vídeos sobre dieta e ginástica hoje congestionam a praça do mercado mundial, com o desapontador resultado de continuarmos, em geral, os mesmos gorduchos e magricelas de sempre. Aqueles que perdem peso temporariamente voltam a recuperá-lo com rapidez — e aqueles que ganham peso temporariamente tornam a perdê-lo com idêntica rapidez.

Somos bombardeados com ofertas de dietas ricas em proteínas, dietas pobres em proteínas, dietas não proteicas, dietas ricas em carboidratos, dietas pobres em carboidratos e dietas sem carboidratos. Existem dietas extravagantes, como a dieta de abacate, dieta de arroz, dieta de banana, dieta de carne crua — além dos complicados cardápios de dietas, que só podemos seguir adequadamente contratando um *chef* de cozinha ou nutricionista em tempo integral, para planejarem meticulosamente as intricadas fatias e colheradas disto ou daquilo para cada refeição, em cada dia da semana. Temos dietas açucaradas, dietas líquidas — dietas aprovadas por médicos famosos, maníacos da dieta de alimentos naturais e iogues itinerantes. *Nenhuma funciona.* Alguns sistemas e dietas fazem sucesso por breves períodos, mas depois tudo volta à estaca zero e é preciso recomeçar novamente. Gordos e magros recebem também ofertas para ganhar e perder peso (para os homens, ganhar músculos) com corridas, ginástica aeróbica, dança ou cansativos exercícios em máquinas diabólicas.

Algumas pessoas anseiam pela nova mania dietética, enquanto outras praguejam contra ela. Pouco importa a *quantidade* de alimento ingerido, há pessoas que comem como o proverbial cavalo e continuam secas como um trilho. Outras comem como elefantes e assemelham-se a eles. Existem as que contam calorias como se contassem o dinheiro em seus extratos bancários, como também as que ignoram, entupindo-se com todo tipo de quitutes. O vegetariano jura que a carne faz você perder ou ganhar peso (de acordo com o caso pessoal) — e os carnívoros comedores de bife e carne assada franzem o cenho para a "comida de coelho" e brotos de alfafa consumidos pelos primeiros.

Milhões de pessoas passam fome em jejuns periódicos para a perda de peso, mas depois, em uma questão de semanas, toda a gordura retorna. Jejuar é maravilhoso para a purificação do corpo, mente e espírito, uma vez ao mês, durante três dias, mas nada tem a ver, em absoluto, com a perda permanente de peso. Outros milhões tentam *ganhar* peso devorando alimentos ricos em calorias, sem importar-se com o colesterol, mas descobrem que continuam usando colarinho 1, para camisas vendidas apenas na seção de meninos (se homens) ou vestidos vendidos na seção infantil (se mulheres) — ambos os sexos também continuam de peitos chatos.

Então, entram os médicos. (Ajoelhem-se, por favor.) Um lhe diz que seu problema está na tireoide, em seu fígado ou glândula pituitária. Outro diz que você precisa de vitaminas. Um terceiro afirma que vitaminas são perigosas, que tomá-las demais pode ser o motivo real de seu problema de peso.

Os fanáticos por alimentos naturais pregam que você precisa de trigo integral, farelo de trigo, megadoses de vitaminas e nada de laticínios, não importa se você quer ganhar ou perder peso — não há diferença. Alguns "médiuns" estão sempre à espreita na esquina para lhe dizer que seu corpo astral está afligido e que você precisa repetir seus mantras com mais frequência.

Todo o cenário dietético é uma cova de serpentes cheia de contradições, um circo com três picadeiros de confusão e atividade deslocada — exaurindo inteiramente a mente e o espírito, quanto mais o pobre, castigado, esmurrado, massageado, corrido, estirado, dolorido, faminto ou empanzinado corpo. Tudo é desnecessariamente complicado.

Você pertence ao rol dos gordos e gordas que querem emagrecer e ficar esguios? É um dos magras, frágeis, emaciados, ansiando ganhar músculos e corpulência (se for homem) ou curvas e rotundidades (se for mulher)? Ou está absolutamente satisfeito/a com seu corpo perfeito? Se sua resposta for "sim" à última pergunta, salte esta seção, mas leia o resto do capítulo sobre cor. Se sua resposta for "sim" a uma ou outra das duas primeiras perguntas, continue lendo. Você ganhará uma varinha de condão que vem dos dias da antiga alquimia, um dos códigos da sabedoria universal entre os muitos signos estelares que jamais imaginou existir.

Uma página ou mais atrás, declarei que a perda ou ganho de peso duradouros e bem-sucedidos só podem ser atingidos por meio da cor, não das calorias. Uma caloria é simplesmente uma unidade para medição de calor, o que não provoca a perda ou ganho de peso. Um belo dia, os pensadores da Nova Era na profissão médica reconhecerão o fato. Não obstante, *e o que vou dizer é de suma importância,* você *pode* adicionar peso ou perdê-lo *temporariamente* aumentando ou baixando sua ingestão de calorias, porque *seu cérebro é constantemente programado com a informação errônea de que as calorias são a chave para ganhar ou perder quilos.* O cérebro programado é um mestre da ilusão imensamente poderoso. Entretanto, mentira é mentira, verdade é verdade — e a *verdade* é que *calorias nada têm a ver com perda de peso.*

Meu zen-budista hataiogue (ver o prefácio deste livro) me contou, durante nossa esotérica conversa do dia de Ano-novo, que certa vez internara-se no deserto, querendo morrer. (Não tenho certeza de que seja uma história verdadeira ou apenas seu método guru de enviar conceitos metafísicos ao meu espírito.) Segundo ele, permaneceu no deserto "por quatro semanas", com quatro grandes cantis com água para beber de quando em quando — a fim de "manter a lucidez até o fim". A maioria das fantasias, pensamentos e imagens que lhe passaram pela mente foram de verdes e exuberantes florestas e bosques, bem como de cristalinas correntes de água verde-azulada. (Note a visualização natural das cores azul e verde.) Durante sua tentativa de "suicídio" no deserto pela fome, fez amizade com um pequeno e curioso habitante do deserto que lá encontrou e que, segundo contou, comunicou-se silenciosamente com ele. A princípio, meu amigo perdeu peso rapidamente e, entrando na terceira semana, estava tão magro que os ossos furavam a pele. Então, de maneira inesperada e quase tão depressa quanto *perdera* peso, começou a *adquiri-lo*. No final da semana seguinte, ainda sem uma só porção de alimento, apenas bebendo água, seu peso normal já voltara quase todo.

No desfecho de sua história (se verdadeira — ou faz de conta apenas *com o objetivo de ensinar*), o homem do turbante comentou, tranquilamente: "Desta maneira, muitos anos atrás, comecei a compreender que as calorias nada têm a ver, em última análise, com a perda ou ganho de peso, dependendo, é claro, do controle da pessoa sobre seu cérebro erroneamente programado." Ele não acrescentou o segredo da cor à sua instrução esotérica, evidentemente sabendo que eu aprenderia a respeito em breve, durante o retiro nas montanhas que me havia predito, por um professor que surgiria sem que eu o procurasse.

Discutiremos a ilusão das calorias mais tarde, porque primeiro consideraremos a relação da cor com o peso. Tanto as pessoas com excesso quanto com falta de peso sofrem da mesma doença: um desequilíbrio de cor na aura humana. Elas sucumbiram à FHC — Falta de Harmonia da Cor. E que efeito tem a cor na perda ou no ganho de peso?

O alimento (pouco importa quantas calorias contenha) nada mais é do que luz e cor. A planta em crescimento (fruta ou vegetal) absorve luz do Sol pelo processo da fotossíntese, transmutando a luz em cores particulares. Quando você introduz alimento em seu corpo e o digere, o material se rompe, decompõe-se e volta a ser luz e cor. A luz e a cor formam o elo entre ideia e forma, consciência e supraconsciência (seu Eu Superior), da mesma forma como existe um relacionamento direto na planta em crescimento entre a luz e a emergência da cor.

A condição FHC do peso deficiente nos magros, que tentam e tentam, jamais conseguindo reter o peso ideal, *pouco importa quantas ca-*

lorias consumam, é o resultado de um desequilíbrio de cor áurica, devido a uma falta do raio verde-azulado. Para devolver o equilíbrio da cor em suas auras, os magros devem introduzir em seus corpos, durante um período padronizado de tempo (e de maneiras específicas), o raio colorido *verde-azulado*. Yin.

O mesmo acontece na condição FHC do excesso de peso nos gordos, que tentam e tentam, jamais conseguindo afastar a gordura, *pouco importa quantas calorias a menos consumam.* É o resultado de um desequilíbrio de cor áurica, devido a uma falta de raio *vermelho-dourado* em suas auras. A fim de devolver o equilíbrio da cor em suas auras, os gordos devem introduzir em seus corpos, durante um período padronizado de tempo (e de maneiras específicas), o raio colorido *vermelho-dourado*. Yang.

Há uma fórmula em três etapas para que sejam levados ao corpo afligido pela FHC os necessários raios verde-azulados (para ganhar peso) ou os raios vermelho-dourados (para perder peso). Seguido fielmente o processo, você ficará em sintonia com a cor respectiva, vibrando nela e absorvendo-a na dosagem suficiente.

Primeiro, a fórmula da cor para os que estão acima do peso, que querem *perder* peso. Depois, a fórmula da cor para os magros, que querem *ganhar* peso.

Se você seguir estritamente as instruções seguintes, não somente perderá peso sem perigo e com surpreendente rapidez, como permanecerá com o peso ideal para sua estrutura óssea e altura individuais durante um prolongado período, muitas vezes permanentemente — até e a menos que a sua aura se torne novamente desequilibrada pela absorção de yin em demasia e yang em quantidade insuficiente —, ou até que abuse do processo de comer, assim permitindo que seu cérebro programado o/a faça acreditar outra vez (falsamente) que calorias acrescentam quilos. Quando isto acontecer, é claro, você deverá curar sua FHC da mesma maneira. Entretanto, é raro que tal ocorra, uma vez você tenha equilibrado o seu arco-íris áurico pessoal. Posso garantir que ficará admirado/a ante a rapidez e eficiência com que esta “dieta da cor” eliminará seu peso excessivo. É um método de sucesso tão extraordinário, que você ficará quase fanático por ele, perguntando-se por que se torturou tanto com jejuns e todas aquelas “dietas de moda” ineficazes e às vezes perigosas.

O ARCO-ÍRIS ESQUECIDO E MÁGICO PARA PESSOAS ACIMA DO PESO

Você precisará de certo equipamento, mas o pouco tempo e trabalho despendidos para obtê-lo compensará tudo. Precisará de: (a) uma luminária de metal, do tipo usado pelos datilógrafos, preferentemente de latão ou metal pintado de branco ou vermelho, com suporte de borracha flexível que permita a torção para cima, para baixo ou para os lados — e com uma base firme, tendo pelo menos seis centímetros de circunferência (a fim de que não tombe em cima da cama); e (b) uma lâmpada vermelha, *não translúcida*, mas *opaca*, como aquelas usadas para sinalizar as SAÍDAS nos cinemas. Deverá ser de 100 watts, e em caso algum pode-se usar outra com menos de 75 watts. A maioria das lojas especializadas possui tais lâmpadas ou poderá encomendá-las para você.

Você precisará também de: (a) um pequeno toca-fitas, podendo ser do tipo walkman, com fones de ouvido, a menos que tenha alto-falantes estéreo em seu quarto, que servirão da mesma forma; e (b) um ou dois cassetes com música de batidas pronunciadas de tambor — *música vermelha marciana* (falaremos mais adiante a respeito). O melhor e mais eficiente é uma fita com marchas de John Philip Sousa — ou fitas de rock barulhento, com ritmo pesado, bateria bem destacada, etc. Uma fita de bandas de um desfile ou uma parada, que você mesmo tenha gravado, fará efeito idêntico.

O equipamento final de que precisará: quatro copos de 225 a 280 gramas, de vidro vermelho-rubi (não serve vermelho-laranja). Uma vez que copos vermelho-rubi não são vendidos em qualquer parte, podem ser encomendados em uma loja de departamentos ou loja de artigos de vidro. Os copos de plástico vermelho poderão servir, se forem do tamanho certo e sua cor for vermelho-rubi ou vermelho-carmesim, *nunca* vermelho-laranja. Você precisará também de uma ampulheta — ou despertador que possa ser programado para tocar.

OS TRÊS ESTÁGIOS PARA SEU MILAGRE DO ARCO-ÍRIS ESQUECIDO.

Estes três estágios devem ser seguidos sem qualquer interrupção na rotina diária, de maneira a estabelecer uma reação padronizada ao tratamento pela cor. No caso do tratamento vermelho-dourado-amarelo a fim de perder peso, a exposição aos necessários raios coloridos deve ser observada pelo menos durante 45 ou 54 dias, se preciso — mas não precisará ir além de 63 dias. Lembre-se de que, para curar sua FHC e restaurar o equilíbrio da cor em sua aura, você deverá tomar seus banhos de cor-música *à mesma hora cada dia*, o que permitirá a seu organismo estabelecer a necessária reação condicionada. Os momentos de maior poder para este recarregamento das cores de sua aura com os raios energizantes são ao nascer do sol, meio-dia em ponto e pôr do sol — ou tão próximo destes períodos quanto possível. Escolha qual deles se ajustará melhor à sua programação diária e fixe-se nesse horário a cada dia.

ESTÁGIO 1

Vá para seu quarto e escureça-o, descendo as persianas e puxando as cortinas. Tire toda a roupa e deite-se na cama, com seu pequeno toca-fitas. (A menos que tenha alto-falantes estéreo no quarto, que cumprem a mesma finalidade.) *Certifique-se de que em sua mesinha-de-cabeceira, ao lado da cama, haja um relógio de mostrador grande,* para que possa ver as horas sem dificuldade, com a ampulheta ou o despertador ao lado dele. Introduza a fita no toca-fitas e coloque os fones de ouvido.

Coloque sua pequena luminária metálica com a lâmpada vermelha entre os joelhos. Mantenha-a com firmeza entre os joelhos (ou coxas), de maneira que não tombe, usando o suporte flexível para lançar a claridade da lâmpada vermelha diretamente para seu plexo solar (entre o osso esterno e o umbigo), a uma distância da pele de cerca de cinqüenta centímetros.

Programe o despertador (ou ampulheta) para 15 minutos, ligando em seguida o toca-fitas e a luminária. Relaxe seu corpo nu e apague da mente todos os pensamentos negativos. Permita que a música vermelha marciana penetre em seu "ouvido interior" pelos fones de ouvido o mais alto que puder, sem que haja desconforto, enquanto seu plexo solar estiver sendo banhado na luz vermelha. É bom ficar de olhos fechados, embora não seja absolutamente necessário.

Terminado o período dos 15 minutos indicado pelo despertador e pelo mostrador do relógio (uma dupla segurança para a marcação correta do tempo), deixe a pequena luminária *deitada de lado,* aos pés da cama, de modo que a luz vermelha da lâmpada fique a uns 45 centímetros das solas dos pés (enquanto ainda estiver deitado/a de costas). Marque o despertador para mais outros 15 minutos e relaxe, apagando todos os pensamentos negativos de sua mente, enquanto continua a ouvir a música vermelha marciana pelos fones de ouvido e enquanto o banho de cor vermelha penetra pelas solas dos pés (espalhando-se para todas as outras partes do corpo).

Quando terminar o segundo período de 15 minutos de seu banho de cor, conforme indicado pelo despertador e visto no mostrador do relógio (uma dupla segurança, para a marcação correta do tempo), desligue a lâmpada vermelha e o toca-fitas.

Este é o fim do Estágio 1, que lhe tomou apenas 30 minutos ao todo, somente meia hora de seu dia de trabalho. Lembre-se, uma vez ao dia, em qualquer um dos horários indicados — nascer do sol, meio-dia ou pôr do sol (ou tão perto destes momentos quanto possível, de modo que seja sempre à mesma hora, todos os dias) —, você deve tomar seu banho de cor — durante não menos de 45 dias, 54 se necessário, não mais de 63.

Um rápido resumo do Estágio 1: 15 minutos do raio vermelho energizando seu plexo solar, 15 minutos do banho de cor vermelha nas solas de seus pés, ouvindo pelos fones de ouvido (ou estéreo no quarto) a desafiante e excitante música vermelha marciana durante todo o período de meia hora.

Uma palavra de aviso: após alguns dias do tratamento pelo banho de cor vermelha, caso se sinta febril ou exaurido, troque a lâmpada vermelha por uma *alaranjada* durante dois ou três dias, depois retornando à vermelha. Você pode esperar um aumento de eliminação pelos rins e intestinos, juntamente com um rápido decréscimo de peso durante um período de dias. Entretanto, caso seu corpo reaja e você permaneça com diarreia por mais de um dia, novamente troque a lâmpada vermelha por uma *alaranjada*, prossiga com o tratamento do Estágio 1 por dois ou três dias e depois *retorne* à lâmpada vermelha.

Portadores de hipertensão ou taquicardia (batidas rápidas do coração) devem seguir todo o tratamento do Estágio 1 com uma lâmpada alaranjada, em vez de vermelha. O efeito será ligeiramente mais lento do que com o banho de cor vermelha, mas inteiramente seguro. O vermelho aumenta temporariamente a pressão do sangue, o que de modo algum é prejudicial para a pessoa mediana, mas não é recomendável para aquelas com hipertensão (pressão alta). Nos últimos casos, o Estágio 1 é absolutamente seguro com uma lâmpada *alaranjada* (embora de efeito um pouco mais lento) — porque a cor laranja estimulará o corpo, permitirá à aura absorver o raio vermelho-dourado e intensificará as batidas do pulso, *sem* elevar a pressão arterial. Se você *não* sofre de pressão alta (hipertensão) nem de taquicardia, o banho de cor com a lâmpada *vermelha* é absolutamente seguro para o *período inteiro.*

Estas cargas de luz interestelar irradiam-se para as baterias e aura do corpo, e uma vez que o organismo deve se adaptar gradualmente a estes novos padrões de cores na aura, a *regularidade* e *consistência* destas "cargas cósmicas" diárias são vitais para o sucesso de sua dieta de cor. Não é algo que você possa começar, depois parar, para em seguida recomeçar — pois então todo o efeito se perderá, e não haverá mágica nenhuma. Não comece enquanto não estiver totalmente decidido a completar o ciclo de 45, 54 ou 63 dias, no mesmo horário cada dia, mais os estágios adicionais.

ESTÁGIO 2

Continuamos com a dieta de cor para *perda* de peso. Encha dois dos seus copos de vidro vermelho de 225 a 280 gramas com água engarrafada. Depois coloque-os do lado de fora, onde os raios do Sol incidam sobre eles durante pelo menos três horas, mas de preferência o dia inteiro. Isto solarizará a água com o raio vermelho-dourado. Já foi provado cientificamente que quando a luz do sol atinge a água através de um recipiente de vidro colorido, o conteúdo químico da água fica mensuravelmente alterado, cada vez de maneira diferente, dependendo da cor que a luz solar atravessa a fim de atingir a água. Isto é denominado solarização. Você pode proteger a água de insetos e outras partículas selando o topo do copo com plástico aderente, que não afetará o processo de solarização.

Após solarizar seus dois copos vermelho-rubi com água, coloque-os em algum lugar para que atinjam a temperatura ambiente (a temperatura yang), e coloque os dois outros copos no lado de fora, a fim de também serem solarizados. Desta maneira, você poderá beber dois deliciosos copos de água solarizada em vermelho por dia — de manhã e à noite.

Enquanto dois dos copos estiveram alcançando a temperatura ambiente yang, os dois outros estarão sendo solarizados. Você notará uma diferença revigorante no sabor de sua água solarizada em vermelho. Muitos afirmam que tem o sabor de água fresca tirada de uma fonte ou poço. (Não a refrigere.)

ESTÁGIO 3

Você agora introduziu o raio vermelho-dourado em seu corpo e, por fim, também em sua aura, pelo banho de cor com a lâmpada vermelha — com a música marcial de paradas, vermelha-marciana, de ritmo bem pronunciado de tambores — e a água solarizada em vermelho. Durante este mesmo tratamento de 45, 54 ou 63 dias, repondo a cor de seu arco-íris áurico — a qual lhe causou sua condição de FHC —, você precisa aumentar sua absorção do raio vermelho-dourado por meio do alimento que ingere. É muito simples. Comerá apenas os alimentos de coloração vermelha, dourada, amarela, alaranjada — ou branca. Por que acrescentar o branco? Porque o branco "se libera" e não "prende ou retém". Existem muitos alimentos neste espectro de cor para você escolher. Sem a menor dúvida, não sentirá qualquer pontada de fome.

Você pode comer estes alimentos o quanto quiser, que não ganhará peso. Não precisa prestar atenção à quantidade do alimento ingerido — ou ao teor de calorias. Quando completar o ciclo de cor mínimo de 45 dias e máximo de 63, poderá comer qualquer dos alimentos que constam da lista vermelho-dourado — *mais* qualquer dos que constam da lista verde-azulada (fornecida após a lista de alimentos vermelho-dourados). De fato, no final do ciclo você pode comer o que quiser.

Darei aqui uma lista parcial dos alimentos no espectro vermelho-dourado, os quais poderão ser comidos equilibrada ou gulosamente, dependendo de seu estado de ânimo e de sua preferência. Poderá adicionar à lista quaisquer outros alimentos que quiser, desde que tenham a coloração vermelha, dourada, amarela, alaranjada ou branca. *Não coma* alimentos de cor verde, azul, verde-azulada, verde-amarelada ou castanha (marrom).

Lista de alimentos para quem está acima do peso

Beterraba
Repolho vermelho
Morangos
Tomates
Cebolas vermelhas
Mostarda e ketchup
Nectarinas
Cerejas
Rabanetes
Pizza
Espaguete
Chili
Lasanha — sem espinafre ou verduras
Manteiga — (sim, manteiga!)
Vinho tinto — uvas vermelhas
Suco de uvas vermelhas
Arandos
Leite — especialmente o creme
Romãs
Framboesas vermelhas
Waffles e panquecas com mel, *não* xarope
Pipoca
Mamão
Abricós
Bananas
Milho
Cenoura
Grapefruit
Limões — limonada
Laranjas
Pimentão amarelo — pimentão vermelho
Manga
Nabo — inhame
Ruibarbo
Abóbora (*não* a verde)
Maionese
Miúdos de frango
Muffins de aveia
Todos os queijos, inclusive requeijão
Ovos em qualquer forma
Mel
Caviar vermelho
Qualquer tipo de arroz (exceto o castanho)
Melancia
Melão amarelo — abacaxi
Galinha — massa amarela e caldo de galinha
Arroz branco ou vermelho — creme de arroz se feito com mel
Sorvete de baunilha e mel
Todos os cereais derivados de trigo ou aveia
Biscoitos
Pêssegos
Todas as batatas — exceto fritas (mas sem comer as cascas das de pele marrom)

Permita-me uma explicação sobre as cascas e peles dos alimentos, no tocante ao que existe em seu interior. É claro que a melancia tem a casca verde, porém é vermelha por dentro. Uma vez que ninguém come a casca da melancia, pode-se comer sua polpa vermelha sem susto. Podem, também, comer as peles das batatas de casca *vermelha, bem como* o interior de tais batatas — e também o *interior* das batatas de pele marrom, mas *não* suas cascas ou peles marrons; uma vez que o marrom é parte do espectro verde-azulado, em correspondência com a Natureza e todas as plantas verdes em crescimento, que são mescladas ao marrom (como as árvores e similares), a tonalidade marrom ou castanha não deve ser ingerida. Pessoas acima do peso podem comer com segurança *quaisquer frutas e vegetais de casca e pele vermelhas ou amarelas, a menos que o interior delas seja parte do espectro verde-azulado*. O *abacate* é fruto proibido, sendo castanho no exterior e uma combinação de verde e verde-amarelado do interior. Conforme você verá, ele consta na lista para os magros. Os gordos podem comer um caldo dourado de galinha — mas não o marrom. Podem comer galinha, mas não peixe. Você precisará esperar até sua FHC estar curada antes de voltar ao seu *sushi-bar* favorito ou restaurante japonês. (Sim, mesmo frutos do mar, como os camarões, pertencem à lista dos magros, pouca diferença faz as estrias alaranjadas do lado de fora.)

Estude a lista, use sua imaginação para acrescentar outros alimentos e verá que a dieta de cor não o deixará "sentindo-se faminto". Esqueça aquelas "saladas redutoras" e outras coisas verdes que sempre imaginou adequadas à perda de peso. Elas fazem apenas o efeito oposto, aumentando peso à sua já sobrecarregada FHC. Agora, aqui vão mais algumas outras normas sobre a terapia da cor.

Os produtos feitos com açúcar refinado (branco) e ou farinha são proibidos a gordos e magros, enquanto estiverem submetidos ao tratamento pela cor. O açúcar e farinha destroem o equilíbrio da cor em seu corpo e sua aura, embora o açúcar refinado não adicione peso, como você foi erroneamente levado a crer — ou seu cérebro programado nesse sentido. Alguns doces feitos com o mel amarelo-dourado classificam-se no espectro colorido adequado para a *perda* de peso — e o açúcar marrom ou mascavo, bem como os produtos feitos com ele, estão no espectro colorido adequado para *ganhar* peso. Todos os *substitutos* do açúcar são proibidos a gordos e magros — e mesmo quando você se tornar perfeitamente equilibrado, com sua FHC curada, o açúcar refinado, produtos de trigo branco e substitutos do açúcar não deverão ser consumidos, puramente por motivos de saúde.

Você talvez pense que a carne vermelha deveria pertencer à lista de alimentos para gordos, no tratamento pela cor, simplesmente por causa da tonalidade vermelha (do sangue do pobre animal, naturalmente). Entretanto, todas as carnes vermelhas são tabu para os tratamentos pela cor em gordos e magros — não porque a cor esteja certa ou errada, mas porque o choque ocasionado pela reação química de seu organismo a esta carne (apodrecida) *curada* de mamíferos (nossos irmãos e irmãs animais) perturba todo o processo de cura em qualquer tipo de enfermidade, incluindo FHC — além de ser prejudicial à saúde em geral. Mesmo que você não sinta vontade de se tornar vegetariano, não espere que o tratamento pela cor funcione, se comer carne vermelha durante o período do ciclo de cor.

As sugestões de reforço para o mágico programa da *perda de peso* pela cor são:

1. Usar roupas vermelhas, amarelas, cor de ouro, alaranjadas ou brancas o mais frequentemente que puder — e usar roupas verdes, azuis, verde-azuladas, amarelo-esverdeadas, turquesa, marrons ou pretas o mais raramente possível.

2. Visualizar mentalmente o banho de cor vermelha, duas vezes ao dia. Certifique-se de que os períodos de visualização sejam à mesma hora, em cada dia. Em pé, respire profunda e corretamente por um minuto. A seguir, visualize uma luz vermelho-carmesim ou vermelho-rubi subindo do solo (deve fazer isto dentro de casa) e adquirindo intensidade, enquanto as ondas vermelhas de cor envolvem seu corpo externamente, até chegarem ao alto de sua cabeça — por um minuto inteiro. Encerre a visualização imaginando — por um minuto inteiro — a mesma energia vibrante e vermelha brilhando do alto de sua cabeça para baixo e penetrando em cada célula, cada órgão dentro de seu organismo, enquanto respira profunda e corretamente por todo esse minuto. A visualização da cor leva apenas dois minutos, duas vezes ao dia — quatro minutos ao todo.

3. Quando fora de casa, seja inverno ou verão, use o mais frequentemente possível óculos para o sol em tonalidade dourada, amarela, laranja, rosa

e vermelho. O espectro de cor, que entra em seu corpo através da retina, é um reforço poderoso.

Após cerca de uma semana com a sugestão de reforço número 2, duas vezes ao dia, em uma hora conveniente, no lar ou no escritório, você ficará surpreso ante a rapidez com que domina a visualização. Chegará ao ponto de parecer que realmente vê os raios vermelhos com sua visão física, da mesma forma como, um dia, será capaz de ver auras.

Os três passos delineados aqui, além dos reforços, compreendem a antiga alquimia do tratamento pela cor para a FHC de gordos, a fim de que possam perder peso, corretamente e em segurança, de maneira simples e sem dor. Tais sugestões nada contêm que prejudique sua saúde. Resumamos a fórmula:

1. Meia hora diária para seus banhos de cor — e os tratamentos de música yang.

2. Dois copos de água solarizada por dia.

3. Comer apenas os alimentos do espectro vermelho-dourado-amarelo-laranja-branco. Os três reforços: vestimenta, visualização de cor e óculos para o sol.

Você ficará atônito ao perceber quão rápido este segredo da cor o faz perder quilos exatamente onde eles deveriam desaparecer, e não nos lugares errados. É tão misterioso quanto excitante ver isto funcionando. Na primeira vez que se deitar na cama, com sua lâmpada vermelha e a música marciana, você terá a sensação de estar agindo um tanto tolamente. Contudo, é apenas impressão.

Antes de começar, experimente um par de jeans que precisa ser fechado à cintura com um alfinete de segurança, por estar pequeno e demasiado apertado para seu corpo com excesso de peso (seja este um excesso de cinco, trinta ou mais quilos). Tome uma ducha assim que terminar seu banho de cor-música. (Isto, presumindo-se que tenha tomado dois copos de água solarizada vermelha no dia anterior.) Depois da ducha, enxugue-se e experimente o jeans novamente.

Após o primeiro, segundo ou terceiro tratamento (com frequência, logo após o primeiro), você terá a surpresa de descobrir que, embora o jeans ainda fique um pouco apertado para deixá-lo à vontade, ao menos poderá vesti-lo e fechar a cintura, dispensando o alfinete de fraldas. Aproximadamente uma semana mais tarde, você poderá fechar a cintura do jeans confortavelmente — e usá-lo. Duas semanas mais tarde, você tratará sua lâmpada vermelha e os copos vermelhos como se fossem lascas do diamante Hope, com agradecida reverência, enquanto os quilos se derretem, sem que passe fome nem jejue e comendo os alimentos vermelho-dourados na quantidade que quiser, ao sentir fome. Sim, é decididamente mágico!

Por que a música? Porque a cor e o som são igualmente importantes ao bem-estar humano — e cada som ou tipo de música vibra com uma determinada cor. Assim, o processo se acelera quando você introduz em seu organismo as tonalidades do espectro necessárias temporariamente ausentes (as quais aos poucos se manifestarão no arco-íris pessoal de sua aura) por meio da cor em si e da música ou vibração *sonora* dessa cor. Som e cor são inseparáveis.

O MÁGICO E ESQUECIDO TRATAMENTO ARCO-ÍRIS PARA MAGROS

Esta fórmula será fácil — fácil para a autora, pelo menos! O tratamento pela cor para a FHC daqueles com peso a menos é, precisamente, passo a passo, o mesmo descrito para gordos, com as seguintes exceções. Leia os três Estágios que acabei de descrever para a condição FHC no *excesso de peso*, modificando apenas estes aspectos da fórmula:

ESTÁGIO 1

Use uma lâmpada *azul*, em vez da vermelha. Certifique-se de que tenha de 75 a 100 watts e seja opaca, em vez de transparente. A luminária a ser usada em seus banhos de cor deverá ser metálica, pintada em marrom, cor de bronze ou qualquer tonalidade de azul ou verde.

Em vez das fitas cassete vermelho marcianas de bandas de desfile (*rock-and-roll* barulhento ou qualquer outra música bem ritmada, com batidas de tambores), irá usar gravações de calmantes sons oceânicos ou cantos de pássaros, encontradas em uma série de fitas de música ambiental vendidas na maioria das lojas de discos — ou gravações da suave *música verde-azulada de Vênus*, executadas em instrumentos de corda, como violinos, etc., às vezes chamada "música para amar"... ou arranjos orquestrais de peças como *Clair de Lune*, *Sonata ao Luar*, etc.

ESTÁGIO 2

Em vez dos copos na tonalidade vermelho-rubi, você precisará de quatro copos de vidro de 225 a 280 gramas, na cor azul-cobalto ou azul-elétrico (um tom de azul vivo e vibrante, mas não azul-escuro). Excetuando-se a cor dos copos, a fórmula para a água solarizada será seguida exatamente segundo o processo dado para gordos, com esta única exceção: em seu caso, não deverá beber a água à temperatura ambiente, mas bem gelada. Refrigere sua água solarizada *azul* enquanto os dois outros copos estiverem sendo solarizados.

ESTÁGIO 3

No referente aos três reforços sugeridos para o tratamento pela cor para os gordos, os magros devem modificar as instruções da maneira seguinte: o mais frequentemente que puder, use roupas em qualquer tom de azul, verde, turquesa, verde-azulado, amarelo esverdeado, marrom ou preto. *Evite* ao máximo roupas em qualquer tom de vermelho, amarelo, dourado, laranja ou branco. É uma estranha contradição que pessoas gordas gostem de usar preto, acreditando que assim pareçam mais magras. E parecem mesmo. O preto faz com que *pareçam* magras — mas, inversamente, "prende" e retém, provocando o ganho de peso na terapia da cor. O oposto é verdadeiro para o branco — as magras nunca devem usá-lo enquanto estiverem na "dieta" terapêutica da cor, pois isso deverá caber às gordinhas (pouco importando se acreditam que o branco as faça parecerem *corpulentas*), que serão grandemente ajudadas no seu propósito de perder peso.

A sugestão de reforço sobre os óculos de sol também é alterada para os magros, evidentemente. Estes deverão usar óculos de sol em qualquer matiz de azul, verde, fumaça ou castanho (nada de vidros em tonalidades amarelas ou rosadas).

Quanto ao reforço sobre a visualização, incluem-se as instruções sobre respiração e imaginação da cor fornecida para os gordos, trocando-se a cor visualizada de vermelho para verde-floresta, azul-cobalto, azul-elétrico ou azul-celeste. Além disso, enquanto os gordos devem fazer o reforço de visualização em pé sobre o chão, as pessoas que quiserem *ganhar* peso deverão fazê-lo em pé e descalças sobre a relva verde, sempre que possível. Os raios verdes da relva penetram pelas solas dos pés, juntamente com a imagem mental verde-azulada de azul ou verde, que aumenta em muito a "ingestão" do espectro verde-azulado.

Como já falei, o tratamento de cor para pessoas gordas deve ser seguido por 45, 54 ou 63 dias — excluindo-se quaisquer números intermediários de dias, porque eles se combinam com o raio vermelho-dourado. Entretanto, o tratamento para os magros que querem *adquirir* peso deverá ser seguido por um período mínimo de 42, 51 dias se necessário — jamais excedendo sessenta dias. São excluídos quaisquer números de dias intermediários, porque eles vibram com o raio verde-azulado.

Em ambos os casos de FHC, se você falhar um ou dois dias, deverá começar tudo novamente, porque terá interrompido a continuidade necessária no aspecto da reação condicionada à terapia da cor. Daí por que só deverá começar seu tratamento pela cor quando estiver preparado para se dedicar integralmente ao programa e observar estritamente os três Estágios da fórmula.

A última modificação para magros, diferindo dos requisitos de cor para gordos, é a lista de alimentos. Se você faz parte do grupo de magros e quer *ganhar* peso, deve comer *somente* os alimentos de coloração azul, verde, verde-azulada, amarelo-esverdeada ou marrom, ingerindo-os tão frequentemente e em tanta quantidade quanto possível. *Evite* todos os alimentos de coloração vermelha, laranja, dourada, amarela ou branca. Aqui vai uma lista parcial de alimentos que permitirão aos magros sofrendo de FHC equilibrar suas auras pela ingestão do ausente e necessário espectro de cor azul-verde-marrom. Você pode adicionar quaisquer outros alimentos de sua preferência, posto que esta não é uma lista completa, mas desde que tenham coloração azul, verde ou marrom. Incluindo o chocolate (preparado com açúcar castanho ou mascavo). *Nada de mel.* Lembre-se de que os produtos com açúcar refinado e farinha não o farão ganhar peso, como lhe foi erradamente ensinado, mas concorrerão para o desequilíbrio da harmonia cromática que você procura.

Lista de alimentos para magros

Brócolis
Uva-do-monte
Uvas verdes ou azuis
Ameixas
Amora-preta
Molho marrom — arroz marrom
Repolho verde
Sashimi (*não* o arroz branco *sushi*)
Café
Aspargos
Espinafre
Peles de batatas de casca marrom, *não* o seu interior
Pimentão verde
Cebolinha verde
Suco de uva azul
Quaisquer doces
Couve-de-bruxelas

Cáli
Massa com espinafre verde ou pasta
Chocolate em pó para bebidas frias (Yin) — misturadas a água, não a leite
Aipo
Abacate
Pastinaga — salsa
Ervilha
Feijão verde
Feijão-de-lima
Todas as frutas e vegetais, de casca ou pele azul, marrom ou verde
Margarina
Caviar preto
Manteiga de amendoim

Limão
Kiwi
Melão verde
Alcachofra
Maçãs de casca verde
Pepino
Folhas de mostarda
Alface
Picles — azeitonas
Peixe de qualquer tipo — exceto frito
Qualquer comida japonesa — exceto arroz branco
Arroz marrom
Nozes de pistache
Todas as outras nozes de que você gostar
Doces feitos com açúcar mascavo ou xaropes

Desta maneira você se sentará em um restaurante e pede uma salada de espinafre ou abacate sobre folhas de alface, enquanto todos se perguntam por que faz "dieta" se já é tão "magra", pois não percebem que esse escasso almoço faz com que *ganhe* peso. Magia!

Por que a manteiga não faz gordos ganharem peso — e por que a vocês, magros, foi dito que devem comer margarina para ganhar peso? Porque a manteiga irradia amarelo e a margarina irradia verde-azulado sob uma luz fluorescente. De fato, isto geraria muita tagarelice — os gordos se entupindo de batatas assadas, amaciadas na manteiga e creme de leite (sem cebolinhas verdes), com os magros comendo apenas as *peles* marrons das batatas e mascando toda aquela "comida de dieta", como alface, verduras, picles e azeitonas.

Lembre-se de que a cor da dieta não funcionará se você praticar apenas uma de suas fases, isto é: água solarizada — *ou* os alimentos — *ou* o banho de cor. Todos os três Estágios devem ser parte do tratamento completo. Quanto a chás, agora que você se tornou um perito em cores, tenho certeza de que pode identificar todos os tipos disponíveis de chá, desde o raio vermelho-dourado ao raio verde-azulado. Entretanto, lembre-se de que os gordos devem beber seus chás (e outros líquidos) quentes, uma vez que carecem do raio yang vermelho-dourado — ao passo que os magros devem beber seus chás (e outros líquidos) frios, porque carecem do raio yin verde-azulado.

Lembre-se, ainda, de que o raio vermelho-dourado é yang e que o raio verde-azulado é yin. Verde é a cor do espectro que equilibra o fígado e o baço, ativando a glândula pituitária, estimulando seu potencial de crescimento — e uma ação lenta da pituitária é o problema de inúmeras pessoas excessivamente magras. O raio vermelho-dourado estimula a pituitária no sentido inverso.

Retornando à ilusão das calorias, que são unidades para medição do calor e nada mais, pouco importando a falsa programação da ciência até esta data: você ainda acredita que é o consumo excessivo de calorias o responsável por seu aumento de peso, a paixão por doces, etc. — e que, cortando drasticamente as calorias, massas, *milkshakes* e similares, sem dúvida perderá peso?

Considere os animais volumosos da Terra, como o elefante, o rinoceronte e o hipopótamo — aí se incluindo também o pré-histórico dinossauro. Tais animais precisam de toneladas de peso para cobrir seu gigantesco esqueleto. No entanto, você já viu um elefante comendo tortas de maçã e *sundaes* de morango — ou um hipopótamo mastigando uma torrada com manteiga?

O que comem os elefantes e outros enormes animais, que precisam de toneladas de peso para sobreviver? Eles comem *exclusivamente* o raio da cor azul-verde-marrom. O mesmo se diz das vacas e touros. Pondere a pura e simples lógica disso. E não esqueça as monstruosas baleias, que também pesam muitas toneladas, e cuja dieta consiste inteiramente do raio na cor verde-azulada e pequeninos peixes (que estão entre os alimentos a serem consumidos por aqueles que querem *ganhar* peso). Não se pode discutir com a sábia Mãe Natureza. Compreenda, os animais de grande porte nunca foram programados com a mentira de que a ingestão de calorias provoca o ganho de peso, de maneira que continuam vivendo alegremente e mascando vegetais marrons e verde-azulados, contendo um teor calórico quase igual a zero e ficando mais pesados a cada mastigada.

Recordo nossa pequena amiga, a vespa (que talvez permaneça pequena, porque se entope o dia inteiro com o pólen amarelo de porções e porções de flores de laranjeira e muitas outras, vermelhas, douradas e amarelas!) Lembro-me dela no contexto da programação. Segundo todas as inflexíveis regras da aerodinâmica e leis da física, e de conformidade com o peso do corpo em relação à envergadura das asas, as vespas não podem voar. Entretanto, ninguém lhes disse isso, de modo que as criaturinhas voam para cá e para lá, beatificamente ignorantes do "fato" de que não podem voar.

Eu me pergunto se o antigo truísmo "a ignorância é uma bênção" poderia ser usado no que se refere à programação do erro no cérebro humano. Quebrar um espelho realmente atrai sete anos de azar? Quando um gato preto cruza o seu caminho, seguramente você logo terá notícia de uma morte? Se você acredita, sim, acontecerá. Assim como calorias engordam, caso você queira acreditar. A verdadeira definição de superstição é: programação da mente. Acha que não? Reflita nisto. Um familiar termo de computador é GIGO (*garbage in — garbage out**,) significando que os "fatos" surgidos na tela do computador são apenas tão confiáveis como a informação que foi programada em seu interior. O mesmo se pode dizer do cérebro humano, do qual o computador eletrônico não passa de pálida imitação.

Devemos, então, jogar a ilusão GIGO das calorias dentro da cesta de lixo das falsidades médicas? Sim, claro que devemos! Quando você completar seu tratamento de cor para seja qual for a FHC que possa ter, finalmente compreenderá a verdade sobre o mito calórico, e esperemos que, no futuro, não sucumba à falsa programação a que esteve sujeito a vida inteira. Assim, depois que tiver sua aura novamente com uma perfeita harmonia de cor, poderá comer tudo quanto quiser, sem que, subconscientemente — e conscientemente —, *espere* ganhar peso, porque isso não irá acontecer!

Uma última sugestão para os rechonchudos. Depois que seu tratamento pela cor com o raio vermelho-dourado tiver equilibrado seu arco-íris

*Lixo entra — Lixo sai. (*N. da T.*)

áurico e você estiver com o peso ideal para sua estrutura de corpo individual, é possível que — semanas ou meses mais tarde — de repente sinta desejos de comer uma montanha de alimentos que, antes, acreditava erradamente serem engordativas. Atirar-se a tal banquete, presumindo-se que seu cérebro erradamente programado ainda não tenha captado de todo a mentira da ingestão de calorias, fará com que se sinta como um sapo, com o estômago prestes a explodir, inchado como um balão. Programação. Nada mais do que programação. No entanto, a inchação parece e oferece uma sensação de bem *real*. Não entre em pânico. Relaxe. Você pode apagar rapidamente a programação falsa, bem como a visível e imediata reação de seu corpo a ela. Além disso, não precisará retornar ao tratamento dos 45, 54 ou 63 dias, com seus três estágios e mais as sugestões para reforçá-lo.

Tudo que precisa para equilibrar a situação é deitar-se em sua cama, vendo televisão ou lendo tranquilamente, enquanto absorve o raio vermelho pelas solas dos pés (conforme foi detalhado no Estágio 1) durante mais ou menos meia hora. Na manhã seguinte, você acorda, vai ao banheiro, toma uma ducha — sai de lá e se olha de perfil no espelho. Abracadabra! Seu estômago ligeiramente arredondado da noite anterior estará liso e chato novamente. *Decididamente* mágico! E com que rapidez! Um banquete pantagruélico poderá requerer duas ou três noites deste reforço, porém nunca mais do que isso — e geralmente uma é o bastante. Contudo, não permita que este banho de cor *parcial* em vermelho o faça continuar com seu errôneo GIGO calórico. Seu objetivo, lembre-se, é *livrar-se* permanentemente do GIGO em seu cérebro. Aliás, não considere este banho de cor parcial como *substituto* para os três estágios e reforços do tratamento de cor para a FHC, uma vez que ele só faz efeito *depois* de você ter seguido *completamente* o programa dos 45, 54 ou 63 dias.

Nota: no que se relaciona à parte da água solarizada, no tratamento pela cor, ocorreu-me que você poderia se perguntar se poderá solarizar a água em seus copos vermelho-rubi (ou azul-cobalto) em um dia nublado. A resposta é: sim, poderá. A luz do Sol, com o poder de solarizar a água, será tão eficaz em um dia nublado como em um dia ensolarado — e, em um sentido um tanto menor, mesmo no dia chuvoso. Neste último caso, em vista do menor poder de solarização, beba, em vez de dois, três ou quatro copos de água solarizada azul ou vermelha no dia seguinte.

Por falar nisso, caso tenha ficado amedrontado por histórias assustadoras pró e contra — envolvendo não apenas as calorias, mas também os riscos do colesterol e a necessidade de proteínas, não se inquiete. Relaxe. *Esverdeie-se* ou *azule-se*. Os metafísicos e astrólogos médicos sabem que os perigos do colesterol são exagerados e que necessidade de proteínas é a mesma espécie de falsa programação, como o poder das calorias. (Os elefantes não comem "a dosagem mínima de proteínas por dia" e continuam passando muito bem, obrigado. Eles têm uma looooonga vida.) Entretanto, se você ainda acredita em tais mentiras, poderá se acalmar ao saber que os ovos e queijos constam da lista de alimentos para gordos e que a *aparente* falta de muitas proteínas na lista não poderá prejudicá-lo em um período de apenas 45, 54 ou 63 dias.

Outra prova do poder do raio vermelho para a perda de peso e do raio azul para adquiri-lo: o efeito Doppler, como foi denominado pela ciência. Em fins da década de 1890, o Dr. Johann Christian Doppler descobriu um importante efeito relacionado às ondas luminosas, as quais contêm todo o espectro do arco-íris, mais os raios infravermelho e ultravioleta. Ele observou que, à medida que se aproxima de uma pessoa ou objeto, mais *azul* a luz fica — e quanto mais se afasta, mais *vermelha* se torna. O vermelho é a cor que *joga fora*, ao passo que o azul é a cor que *absorve* e *retém*.

Quando duas pessoas estão investigando suas aptidões telepáticas e laços psíquicos, por meio de experiências a distância, usando a PES ou telepatia — enviando e recebendo mensagens —, o remetente *deverá enviar no raio vermelho*, e o receptor *deverá receber no raio azul*.

Um último lembrete no que se refere à cromoterapia. Aqueles que sofrem de FHC deverão ler tudo que foi aconselhado *tanto* para os gordos *quanto* para os magros, seja qual for o grupo a que pertençam, porque (a) ficarão sabendo o que *não* fazer e (b) poderão evitar um pertinente fato relacionado à total condição das duas espécies de FHC.

Agora que você percebeu como se tornar uma Bo Derek ou um Leonardo DiCaprio, podemos continuar com alguns outros aspectos do relacionamento entre sua saúde, felicidade, bem-estar — e a cor. Retornemos à discussão sobre a profissão médica atual, iniciada no capítulo precedente "Uma maçã por dia", mas agora associando-a à cor.

☆☆☆

Antes de mais nada, você precisa compreender que é uma santíssima trindade, composta de corpo, mente e alma. Seu espírito (o anjo de seu Eu Superior) monitora os três, porém não faz parte integral do Você Terreno.

Esta Santíssima Trindade é de todo inseparável e se pelo menos a medicina alopata percebesse e compreendesse esta verdade vital, estaríamos quase chegando ao objetivo — a permanente boa saúde. Entretanto, a medicina alopata (ao contrário da medicina homeopática e holística, bem como da astrologia médica) encara as três partes da trindade como se cada uma delas fosse individual, facetas autossuportantes de um ser humano, sem compreender que não podem ser separadas.

Os médicos cuidam do corpo, os psicólogos cuidam da mente e a religião cuida da alma — separadamente. Tal prática e pensamento errôneos tornam extremamente difícil a tarefa do espírito (seu Eu Superior ou superconsciente). A Santíssima Trindade deveria ser tratada em um sentido homeopático. Conforme acentuei no Capítulo 3, a medicina alopata cuida da doença que o paciente apresenta, ao passo que a homeopata cuida da pessoa inteira que tem a doença em sua aura, refletindo os problemas nas duas outras partes da Santíssima Trindade.

Quando apenas *uma* das três partes da trindade do corpo, mente e alma falha ou para de funcionar adequadamente, as outras duas a imitam rapidamente. Lembre-se de que as três são inseparáveis. Inversamente, quando uma das três for correta e adequadamente curada, as outras duas também a imitarão. As palavras-chave são "correta e adequadamente" — por meio do pensamento, da cor e da música.

Você talvez já saiba que pesquisas desenvolveram um instrumento denominado Aurotone, que torna *visíveis* o som e a música — também tornando a cor *audível*. Ele reproduz sons e notas musicais em cor, transferindo cada cor para um som equivalente; cada som ou nota musical para uma cor equivalente. Entretanto, você talvez não saiba que o pensamento em si produz cor, e reage à cor. *Pensamento é cor. O pensamento possui cor.*

Em decorrência, tanto a cor como a música ou o pensamento podem ser usados com sucesso para restaurar o equilíbrio da harmonia em seu corpo e sua aura. E quando dois são usados — ou todos os três —, o poder de cura e ajustamento da harmonia áurica individual é intensificado. Seria conveniente você ler este parágrafo várias vezes antes de entendê-lo a fundo.

Um breve exemplo das revelações do Aurotone: o dó maior vibra como vermelho, a nota mi vibra como amarelo, a nota sol vibra como azul, etc.

Cada nota musical da escala também vibra com um determinado planeta e signo astrológico.

Consequentemente, é concebível a um músico compor e tocar sua Natividade ou Mapa Natal pessoal por meio de seus vários posicionamentos e aspectos dos planetas natais, incluindo também os acordes harmoniosos e os dissonantes indicados por seu Horóscopo (que, na realidade, é um quadro simbólico das encarnações passadas). Ao ouvir tal música, você instiga profundamente seu Espírito, em recognição e inspiração. Embora passar uma Natividade para a música seja um tremendo trabalho musical, isto pode ser feito, e seria maravilhoso uma pessoa possuir o Eu individual e pessoal como música, não acha? O compositor Robert Ellis, de Seattle, em Washington, atualmente trabalha neste excitante projeto, e, tenho certeza, você breve estará ouvindo mais a respeito.

A cor e a música (teremos mais sobre música no próximo capítulo, "Melodias esquecidas") desempenham um papel vital na evolução física e no envolvimento espiritual do homem e da mulher, estejam eles ou não cientes disto. As sete notas da escala musical e as sete cores visíveis do espectro do arco-íris têm um efeito direto no que a filosofia hindu denomina os sete corpos sutis que circundam e interpenetram o corpo carnal, sendo as frequências e radiações eletromagnéticas destes sete corpos sutis responsáveis pela substância colorida de sua aura — seu campo áurico ou seu envoltório áurico. Goethe, o grande metafísico, ensinava que todas as frequências de cor da luz branca são elevadas ou baixadas segundo as necessidades da evolução de nosso planeta Terra, assim como em todas as Terras de incontáveis sistemas solares.

Atualmente, parece estar acontecendo uma espécie de troca. Muitos psicólogos tentam se tornar psiquiatras — e muitos psiquiatras tentam se tornar psicólogos. Pelo menos, ambos investigam o humano interna e externamente. Eles desejam, sinceramente, liberar o estresse e tensão de seus pacientes, mas ainda não sabem como lhes ensinar a fazer isso por si mesmos. De qualquer modo, temos uma duvida de gratidão com estes dedicados profissionais por disseminarem a importante mensagem de que as emoções dos homens e mulheres contribuem mais para as doenças do que os micróbios em seus corpos — embora eles ainda não tenham percebido que as primeiras constituem as causas e os últimos os efeitos. A mente materializa os germes, fazendo com que se manifestem. A mente também faz com que os germes no corpo sejam virulentos ou impotentes e inofensivos.

Tudo é uma questão de estado mental, outra expressão para sua resistência "física" à doença. Muitos médicos são constantemente expostos aos germes de moléstias altamente contagiosas sem que "peguem" a moléstia. Quando você procura ajudar outras pessoas, a resistência de seu organismo se torna mais forte.

A ingestão de alimentos nada mais é do que a decomposição de vibrações de cores. Uma enfermidade inicialmente tratada com sucesso impressionante, mas temporário, por drogas, quimioterapia, produtos químicos e antibióticos, deve ser tratada, para uma cura *permanente,* pela mudança nas frequências de cor-som dos pacientes, a qual equilibra a harmonia da cor em suas respectivas auras. Isto faz parte da medicina da Nova Era, e, quando compreendido, os séculos XIX e XX serão desdenhosamente considerados a "Idade Média da medicina".

Seja nos tumores benignos ou malignos, encontra-se presente uma desarmonia de cor, gerando grave estresse e tensão, desta maneira fazendo com que as células cancerosas se multipliquem. A correta aplicação do som (música) e da cor pode inverter o progresso da doença e transformar as células cancerosas em normais. É natureza de cada célula do organismo, sua tendência natural, o retorno à estrutura normal e à frequência vibratória própria quando corrigido o desajuste da cor, sendo inúmeros os meios para que tal seja conseguido. Infelizmente, aqui não há espaço suficiente para entrarmos a fundo no assunto. A terapia pela cor, ou cromoterapia, como é denominada, abrange um imenso, detalhado e específico campo de conhecimento, e requer por si só um livro inteiro, sem dúvida bastante volumoso.

No momento, não tenho qualquer plano para escrever tal livro, mas se me decidisse a escrevê-lo, posso dizer-lhe uma coisa. Antes de tentar aconselhar o público em geral sobre tema tão delicado e complexo como a terapia pela cor — ou cromoterapia — com vistas ao *tratamento de órgãos enfermos* (o que pode ser tão prejudicial à saúde como terapêutico e proveitoso), eu primeiro estudaria o assunto atentamente durante vários anos; em seguida, consultaria aqueles que o estudaram por várias décadas. Somente após essa preparação, ousaria aconselhar homens e mulheres sobre como usarem a cor na cura de uma enfermidade grave em alguma parte do corpo pelo emprego de prismas, telas, lâmpadas ou filtros coloridos — ou visualizarem por si sós a cor dirigida a vária partes do corpo e a determinados órgãos.

Tentar escrever ou ensinar a respeito de uma questão tão complexa e inerentemente médica pode ser uma prática perigosa para um leigo se ele estiver ensinando algo específico. A categoria médica, entretanto, não se preocuparia com isso, porque eles acreditam que o tema inteiro é inofensivo e divertido. Acontece que não é.

O que você acha que aconteceria se alguém o aconselhasse a tomar determinada prescrição química para certa enfermidade, mas essa medicação fosse para uma doença inteiramente diferente? Se seguisse tal conselho tão mal-intencionado, como afirmaria qualquer bom médico, você terminaria seriamente doente — poderia até morrer.

O que os médicos — e o público em geral — não percebem é que a terapia pela cor tem poder muito maior (para o bem e para o mal) para curar ou prejudicar o organismo do que a prescrição química de um médico. *Muitíssimo* maior. Desta forma, você pode imaginar no que pode resultar o conselho de uma cor *errada* para a cura de órgãos físicos do corpo (ou da mente, por falar nisso) se tal conselho for dado por alguém que apenas passou pela superfície do vasto estudo da cromoterapia, acreditando-se já apto para transmiti-lo aos outros. Alarmantemente, há vários homens e mulheres que, nos dois últimos anos — e no momento — estão tratando indivíduos, fazendo preleções ou seminários, com apenas um conhecimento fragmentado e superficial do que se consideram capazes de ensinar. Há dúzias de livros escritos sobre o assunto, muitos deles em total desacordo sobre qual cor pode curar ou prejudicar qual órgão do corpo. Não existe maneira de se saber quais desses livros foram lidos por amadores que, fascinados por sua recente descoberta de questões esotéricas, sentem-se qualificados para instruir os outros sobre cura e visualização pela cor.

Em sua maioria, estes despreparados e ignorantes instrutores são pessoas bem-intencionadas e não pretendem prejudicar seus ouvintes ou alunos, mas é exatamente isso que acontece, devido à sua bem-intencionada ignorância.

No momento, não acredito que sou qualificada (e talvez nunca o seja), embora tenha sido parcialmente instruída por cromoterapeutas europeus, possuidores de diplomas médicos e que também são médicos praticantes. Assim, aqueles que forem à conferência errada ou escolherem o livro errado para ler podem prejudicar aqueles que ouvem o conselho errado sobre cores em um seminário. Quanto à dieta da cor que foi dada neste capítulo, tenho certeza de que nenhum médico discordaria dos alimentos indicados para gordos e magros durante o período sugerido de tempo. As duas listas contêm alimentos saudáveis. Quanto às preciosas "proteínas" e coisas similares que os médicos têm em alta conta, quando você retornar ao peso normal terá todo o direito de acreditar ou não na crença médica pró ou contra proteínas, carboidratos, colesterol, etc.

No que se refere à crescente importância da cor entre todos os segmentos da sociedade, os hospitais finalmente reconheceram o poder do verde para suavizar e acalmar, daí por que agora os cirurgiões usam máscaras, gorros e aventais verdes. Aliás, as paredes na maioria dos hospitais também são pintadas nesta cor. Há muito tempo, as instituições mentais descobriram que, colocados em um quarto onde tudo seja verde ou azul, durante o período agudo de crise, os maníaco-depressivos se acalmam quase imediatamente; colocados em um quarto todo pintado de vermelho e amarelo vivos, os pacientes no estágio depressivo de silenciosa inatividade e alheamento quase imediatamente saem de seus transes catatônicos, tornando-se alegres e ativos.

Se você for a um importante encontro de negócios ou a um evento social, pense na imagem que quer ou precisa projetar e na imagem que *não* quer projetar. Se pretende oferecer uma imagem agressiva, use vermelho — e visualize vermelho. Se preferir mostrar uma imagem intelectual, use azul (mas não azul-escuro) — e visualize azul. Querendo exibir otimismo, use amarelo ou laranja — e visualize estas cores. Quando precisar mostrar uma imagem de calma, de alguém que procura resolver temas agitados, use verde (mas não verde-limão) — e visualize verde. Quando quiser ser amado e projetar amor, use rosa vivo ou rosa-claro — e visualize esses matizes do arco-íris.

Tenho um amigo em Nova York, um artista-fotógrafo, que certa vez quis ter todo o seu grande apartamento pintado de cinza. As paredes e teto foram pintados de cinza, como cinza eram as cortinas, carpete, móveis estofados, almofadas e cúpulas de abajures — em tonalidades variadas. Ele pretendia todo aquele conjunto em cinza formando uma espécie de fundo, conforme disse, para seus visitantes, hóspedes, colegas de negócios e amigos. Afirmou que as pessoas acrescentariam o colorido pelas roupas que usassem, como joias brilhantes e vivas em ambiente suave de cinza. Inegavelmente, foi um conceito belo e artístico, mas quando estava sozinho em seu apartamento cinza, ele ficava tão deprimido que não podia criar nem trabalhar. Após alguns meses, chamou um decorador para mudar o esquema de cores.

Por falar em joias, os egípcios usavam as gemas e pedras preciosas como um reforço no tratamento das enfermidades. Esta prática ainda persiste hoje no Egito e na China, recentemente espalhando-se pela Europa e Estados Unidos, onde a "pessoa mediana" está cada vez mais ciente e fascinada pelas várias magias possíveis com o uso adequado das pedras. As pedras preciosas são concentradas, puras e de cor única, não mesclada; assim, se não forem adulteradas, têm um poderoso efeito sobre o organismo. Veja o capítulo intitulado "Uma maçã por dia" e o Capítulo 5, com referência às joias que deverá usar junto à pele — não para curar enfermidades (porque isto requer cores específicas para moléstias específicas) —, mas para que se harmonizem com a sua personalidade individual e acentuem as qualidades positivas que você possui, conferidas pelo *dia* de seu nascimento *e* seu signo solar combinados.

Quando uma determinada pedra preciosa é girada, são liberados os raios coloridos em seu âmago. Os egípcios e outros povos orientais estão cientes de que os planetas influenciam profundamente o comportamento humano, em um sentido físico, emocional e espiritual — e as pedras preciosas e gemas possuem o mesmo raio colorido do planeta com o qual vibram. (Novamente, reporte-se aos Capítulos 2 e 5.) Consequentemente, as pedras usadas contra a pele exercem a mesma influência que os planetas, só que mais branda, muito menos substancial. Não obstante, os efeitos podem ser percebidos e sentidos.

Os cristais e metais puros, sem liga, são os materiais inanimados que possuem as mais elevadas proporções de substância etéreas na Natureza. As ligas não possuem uma unidade coesa, porque emanam dois tipos de vibração. Daí o motivo dos antigos alquimistas, curadores egípcios e videntes usarem somente cristais altamente refrativos e metais sem liga em seu trabalho. Esta sua crença não pode ser considerada mera superstição, porque o eletricista moderno também descobriu que baterias e circuitos requerem igualmente metais puros e sem liga — sendo o cristal empregado como detector no telégrafo sem fio, devido à sua sensibilidade às vibrações etéreas.

Por isto, o cristal e as pedras preciosas puras foram sempre considerados as mais mágicas das substâncias físicas — porque são os mais mensuravelmente etéreos. Compreende agora por que os "videntes" dos tempos antigos usavam uma bola de cristal puro como ponto focal de meditação? Fica claro que não se trata de charlatanismo, como o assunto parece ser visto pelos céticos do esoterismo.

Há muito que os metafísicos conhecem a qualidade comunicativa do quartzo, mas só recentemente outros (os que ridicularizam a metafísica) descobriram como utilizar as qualidades comunicativas do cristal de quartzo em relógios e marcadores de tempo. Eles não perceberam ainda que apenas arranharam a superfície da mágica do quartzo. Na época da Atlântida, mais de quinhentas horas de dados falados podiam ser gravadas em um pedaço de cristal não muito maior do que a unha do polegar. Aqueles que acham difícil acreditar nisso deveriam se perguntar (sendo o tempo tão relativo) se o rei Henrique VIII, da Inglaterra, não reagiria da mesma forma à informação de que muitas horas de dados falados — ou música — podiam ser gravadas (e ouvidas) em uma fina fita marrom. O próprio material da fita de gravação seria um choque e tanto para o rei, quanto mais os "truques mágicos" que ele poderia fazer. A "fantasia" de ontem se torna a ciência de amanhã.

Existem alguns testes que você pode experimentar a fim de provar certas verdades sobre a cor, e aqui vão apenas dois deles. A cor possui temperatura. Vermelho, laranja, amarelo e infravermelho são as cores "quentes", produtoras de calor, que cria fortes reações químicas na carne do corpo. O vermelho misturado ao amarelo (criando o laranja) tem a temperatura mais alta. Azul, violeta, ultravioleta e, em menor grau, o verde, são as cores "frias". Você pode medir a temperatura da cor colocando um termômetro em um copo de água solarizada em vermelho — ou em copo de água solarizada em azul. O termômetro colocado na água solarizada em vermelho marcará mais do que aquele colocado no copo de água solarizada em azul.

Antes de colocar um termômetro em um copo de água solarizada azul ou vermelha, certifique-se de que a água está à temperatura ambiente, sem ser retirada da exposição à quente luz solar ou da geladeira.

A luz colorida e a branca também possuem força e peso. Você poderá provar isto medindo o grau de força ou peso da luz branca (ou luz colorida, através de lentes coloridas) com o uso de uma lanterna elétrica e uma balança de graduação sensível. A balança penderá na direção da luz, em maior ou menor grau, de acordo com a utilização da luz branca ou da luz colorida. Para sua experiência, use uma balança de farmácia, sensível e perfeitamente regulada.

Falando novamente sobre o Egito, em certos templos do país os arqueólogos descobriram evidências convincentes de que aposentos particulares tinham sido construídos de uma forma tal que permitiam a entrada dos raios solares decompostos nas sete cores do espectro. Uma vez que esses eram templos curadores, os "médicos" da época diagnosticavam que cor ou cores faltavam na aura do indivíduo, enviando o paciente a um aposento onde ele absorveria o raio ou os raios coloridos necessários para lhe ser restaurada a saúde. Ali o paciente tomava um banho de cor. Esta foi também uma das muitas facetas da construção da Grande Pirâmide de Gizé, um mistério demasiado profundo para ser tratado neste livro, neste momento. (E faz muito, muito tempo, o Nilo era azul... muito azul!)

Embora eu acredite em apenas uma *parte* da teoria darwinista da evolução (o motivo será fornecido em um livro futuro), antropólogos e darwinistas alegaram, corretamente, que o que tinham chamado de homem pré-histórico — e que eu chamo de "terrenos pós-queda", após um importante desastre no planeta — não podia ver cores. Eles discerniam apenas o preto e o branco. Segundo os antropólogos, a aptidão para distinguir a cor "desenvolveu-se lentamente". Não é verdade. A aptidão para ver a cor esteve presente "no começo", sendo perdida após a queda, e está *retornando* lentamente. Hoje, temos os dois extremos: aqueles que são "cegos à cor", uma espécie de retorno ao passado, e aqueles raros, como Edgar Cayce, que podem ver a aura humana porque foram dotados com a percepção extrassensorial da cor, uma espécie de lampejo no futuro. Durante a Era de Aquário, homens e mulheres precisarão aumentar seu senso e sua percepção física sobre a cor, se todos tivermos que nos ajustar aos crescentes desafios da ciência — alguns positivos, outros negativos — disseminados pela inerente curiosidade deste período da história regido por Urano. Cor e música, nosso reconhecimento do poder de ambas e nosso uso adequado de ambas... o que nos salvará do *Götterdämmerung*.

Com referência a esta necessidade, milagres extraordinários aguardam aqueles que agora começam a estudar e compreender a cor. A vida em si é cor — e, por causa disto, a cor pode prolongar a vida, pela cura do equilíbrio impróprio da coloração da aura humana, ou destruí-la, criando um desequilíbrio de coloração áurica. Vários metafísicos de renome, entre eles Goethe, Steiner e F.M. Alexandre, declararam que, se o controle da cor primária na aura de um indivíduo não for perturbado, então essa pessoa, com sua aura equilibrada, jamais precisará ficar doente ou envelhecer. Lembre-se de não confundir a idade cronológica com amadurecimento. Aqui, o significado não é o de envelhecer após uma saudável maturidade.

As sete cores do espectro e os raios de cor invisível devem vibrar, em cada pessoa, ritmada e harmoniosamente por intermédio da aura. Se perturbados esse ritmo e harmonia, ocorre o desequilíbrio, provocando a doença — e quando o desequilíbrio é muito forte, ocorre a morte. Entretanto, na harmonia rítmica musical das cores equilibradas da aura, a morte é abolida, podendo ser alcançada a vida eterna. Homens e mulheres podem viver no mesmo corpo físico eternamente. Não há necessidade de *envelhecer* quando não existe percepção de tempo. Quando sua aura estiver com as cores equilibradas, quando seus pensamentos forem da cor adequada e você usar sua sabedoria colorida para manter em harmonia a Santíssima Trindade de seu corpo, mente e alma, você poderá viver para sempre, desde que os loucos nucleares não nos façam explodir, atirando-nos involuntariamente em outra dimensão. Entretanto... boas-novas! Eles não farão isto, pelos motivos fornecidos nas análises dos números 6 e 9, no Capítulo 5 sobre numerologia.

A imortalidade física é explicada no final deste livro; como adquiri-la, os segredos daqueles que já a atingiram, uma vez que isto será possível e alcançável quando todos chegarem ao estado iluminado da vida eterna no mesmo corpo físico, melhorado e aperfeiçoado. Entretanto, não vá direto ao assunto agora, saltando os capítulos intermediários. Se quiser penetrar com sucesso nos mistérios da imortalidade física, precisará compreender o que contêm os capítulos seguintes. Neste exato momento, tudo quanto precisa perceber — e *saber* — é que ninguém tem necessidade de adoecer, envelhecer ou morrer.

Com tudo quanto foi dito, programamos a informação sobre arco-íris esquecidos em nosso computador cerebral e passaremos agora às esquecidas melodias e harmonias, ou sincronizações do Universo. Mozart, Beethoven e outros "mestres" musicais se juntarão astralmente a nós, enquanto descobrimos como foi construída a Grande Pirâmide de Gizé, com aquelas pedras tão pesadas e perfeitamente unidas, como Josué fez ruírem as muralhas de Jericó e muitos outros signos estelares de magia, mistério e sabedoria antiga.

7

MELODIAS ESQUECIDAS

Comunicação harmônica entre os humanos...
o poder do silêncio, do som e da música...
a sincronicidade e unicidade do Universo...
como usá-los para produzir
magias e milagres

Harmônicos naturais
e
notas dissonantes

os olhos dele eram suaves
mas sua voz atirava fogo quando disse...

"na Natureza e na humana natureza
tudo se compõe de Cor e Som... são estes
os esquecidos arco-íris e esquecidas melodias
da harmonia universal

"a força vital emana
do som em alta frequência... e da música
cada 'nota' correspondendo a cada 'tom' de cor
e você deve sempre lembrar que
para criar qualquer prismado espectro
precisa haver uma Luz
não há cores vistas à noite
sem a Luz"

pensei então nos vitrais da capela
na igreja de São Rafael
em como... escura... pareceu-me a capela à noite
quando Luz alguma brilhava através deles
e no quão silente, quão menos santo era o lugar

sem o canto das freiras

COR E SOM. O espectro do arco-íris e a música das esferas. No capítulo anterior, "Arco-íris esquecidos", aprendemos a importância da cor para a própria vida. De igual importância é o som, mas, embora enfatizado com tanta simplicidade e tão diretamente, os terrenos perderam o seu grande significado.

No Princípio era a Palavra...

Nosso Universo foi criado pelo som. Como o foram todos os demais universos. Nossos Criadores não agiram. Falaram. Disseram: "Haja luz", e houve luz. Do caos e dos abismos da escuridão foram formados todos os sistemas solares produzidos pela palavra falada de nossos Criadores — os dois —, segundo ainda nos contam as escrituras cristãs. Você não acha que, a esta altura, com todo o sacrílego corte efetuado nas obras sagradas, os pronomes no plural teriam sido removidos pelos patriarcas? Evidentemente, certas palavras de verdade têm uma proteção divina, não sendo removidas com facilidade. Estas aderem às páginas como cola, ao longo das eras. Por exemplo, como já registramos em capítulo anterior, existem pronomes contraditórios na Bíblia, logo a partir do "princípio".

> E disse Deus: *Façamos* o homem à *nossa* imagem, conforme à *nossa* semelhança.
>
> Gênesis 1,26

(Estaria ele talvez falando para si mesmo?)

> Criou, pois, Deus, o homem à sua imagem; à imagem de Deus o criou, homem e mulher os criou.
>
> Gênesis 1,27

Eu sempre quis debater este ponto com um padre ou jesuíta, um rabino ou um bispo mórmon, porém isto apenas nos levaria de volta aos círculos de argumentação programada em tais teólogos desencaminhados. Eles casualmente rejeitam o "façamos" e o "nossa" que constam no Gênesis, da mesma forma como no Novo Testamento mencionam superficialmente os 18 anos perdidos de Jesus. É melhor "não mexer em casa de marimbondos". Não obstante, o verbo no plural e o possessivo também no plural continuam lá, lampejando verdade, com teimosa determinação, quase como se as próprias palavras tivessem vida — e realmente têm.

Da mesma forma como há *tons* de *cores* no espectro do arco-íris que não são vistos com a visão física, como o ultravioleta e infravermelho, existem *cores* de *tons* na música das esferas que não podem ser ouvidas pela audição física. "No Princípio", certos sons produziam nos éteres conjuntos diferentes de frequência vibratória. Alguns deles eram de frequência tão baixa que formavam partículas do que denominamos "matéria" ou substância física. Não haveria luz, como a conhecemos, sem a existência de partículas diminutas de matéria para refleti-la nos éteres.

Há uma íntima conexão entre cor, som e todas as demais expressões de vida. O som está em um nível mais baixo da escala, logo acima da forma e substância da matéria. Consequentemente, o som é o intermediário entre o nível mais alto de idéias abstratas na mente — e a forma concreta. O som é capaz de moldar os éteres em formas, e, por intermédio delas, o poder correspondente da mente pode produzir uma impressão sobre a matéria física.

Os humanos não fazem ideia do poder dos sons que criam e enviam pelos éteres por sua palavra falada. Se fizessem, compreenderiam rapidamente que qualquer coisa pode ser materializada pelo processo de imaginá-la vívida e intensamente, emitindo os sons em voz alta ou palavras que a descrevem — para, finalmente, observarem a materialização de um objeto ou evento reais sobre o nível da matéria física. A "varinha de condão" é a energia da mente e a energia do som. Conforme provou Einstein, e a ciência moderna agora aceita, energia e matéria são intercambiáveis.

O fundamento sob este processo, contudo, deve ser forte e resistente ou tudo "desmoronaria", sem qualquer efeito, exatamente como desmorona uma casa quando os alicerces afundam. Este alicerce é a confiança absoluta em *saber* que, "se tiveres fé do tamanho de um grão de mostarda, *nada* te será impossível". Uma vez construído o alicerce e permanecendo firme, os três degraus — de imagem na mente, ordem por meio da palavra falada e manifestação no mundo físico — permitem que qualquer homem ou mulher crie seus próprios milagres.

Não obstante, como tudo mais, a magia está sujeita à primeira lei, tanto de física, como de metafísica — a lei da polaridade —, significando que, quando usados estes três degraus, e aquilo imaginado na mente e ordenado pela palavra falada (perceba você ou não o que está fazendo) for negativo de algum modo, a própria coisa que não deseja que aconteça acontecerá com igual certeza. Esta lei imutável é descrita (mas raramente seguida) em frases como "o que você teme virá ao seu encontro", e no aviso do presidente Roosevelt, durante a Segunda Guerra Mundial, de que "nada temos a temer senão o medo em si".

O medo é uma emoção tão poderosa que realmente projeta um odor ou cheiro bastante desagradável. Os animais farejam o medo em um humano ou outro animal instantaneamente. Talvez você não perceba, porém o medo é também uma fé poderosíssima, capaz de literalmente mudar a lei da física. O medo é a *fé no negativo,* e uma crença forte manifesta sua imagem tão rápida e certeiramente quando projetada pela corrente negativa como quando projetada pela positiva.

Muita gente que conheço anseia desesperadamente por algo, como o casamento com uma determinada pessoa. Então, devido ao medo e à dúvida, usa a poderosa varinha de condão da imagem-ordem-manifestação para produzir justamente o oposto, que certamente acontecerá. Depois, tais pessoas perguntam por que isto ocorre. Acusam alguma deidade pela ausência da felicidade ou qualquer força a que denominam "sina" ou "destino", quando o tempo todo foram elas as únicas responsáveis pelo desfecho. Quando não, lançam a culpa na astrologia, sem perceber que tudo que a astrologia pode fazer é indicar a *época* de certas fortes *oportunidades,* tornando muito mais fácil o processo imagem-ordem-manisfestação. Entretanto, *os astros influenciam, mas não compelem*, e, em última análise, o livre-arbítrio pode funcionar contra as oportunidades positivas apresentadas pelas vibrações cósmicas dos planetas (a música das esferas). O lado bom é que o livre-arbítrio também pode mitigar algumas indicações astrológicas negativas (as notas dissonantes na sinfonia do som, seja ele silencioso ou audível). Você é o produtor e o diretor do drama de sua vida. Você escolhe o elenco de todos os personagens que irão se misturar e representar a seu lado. A astrologia escreveu o *script* na hora de seu nascimento, por incumbência sua ou de seus atos em uma encarnação anterior. No drama da vida presente, entretanto, você tanto pode produzi-lo como jogá-lo fora e escrever um novo (como às vezes fazem muitos produtores microcósmicos em Hollywood). Sendo você o protagonista do espetáculo, às vezes lhe é difícil perceber quantos "chapéus vai usar" na produção. Se percebesse, saberia que pode modificar qualquer cena — a qualquer momento que desejar.

A diferença entre avatares ou gurus e o terreno normal é que os primeiros têm o terceiro olho aberto. Eles "ouvem a música" e, desta maneira, encontram-se plenamente cientes de que podem lançar-se no palco da vida, em uma peça ou drama, possuidores do poder e autoridade para alterar o que quer que desejarem, se o desejarem com intensidade suficiente. Como? Trocando a melodia não ouvida, ao sintonizarem com o "titereiro", o Eu Superior ou espírito, e ordenando uma troca de enredo ou mesmo uma substituição de um dos personagens sempre que quiserem. Sem desejar, sem esperar, sem rezar. Ordenando, comandando — dispondo.

Lembra-se de quando, no prefácio deste livro, o guru me chamou a atenção para o fato de que a palavra SIMULTANEAMENTE de fato significa *o tempo é uma mentira*, uma insinuação da unidade de medida angstrom, das ondas luminosas? Por exemplo, as energias de força vital demonstradas pela pesquisa de Cleve Backster (detalhadas mais adiante, neste capítulo), causando a comunicação entre seres humanos, entre plantas, entre plantas e seres humanos e entre todas as entidades vivas, usadas pelos golfinhos também em um sentido telepático, ocorrem *simultaneamente* ou com a velocidade da luz, sem DEMANDAR TEMPO. Imaginar e dispor são, da mesma forma, cumpridos *simultaneamente*, manifestando-se mais tarde "no tempo", por vezes também simultaneamente.

Com referência aos vários temas musicais na harmonia da vida, os quais soam por meio da astrologia, você sabia que todos os monarcas britânicos são coroados em uma hora calculada pelos astrólogos? Eles sempre foram e continuam sendo coroados desta maneira. Quando o príncipe Charles subir ao trono, a coroa será colocada em sua cabeça no momento em que astrólogos britânicos (por trás dos panos) calcularem como propício. A astrologia é totalmente respeitável na Inglaterra, mesmo entre a realeza — e também na Europa, Índia, China e no mundo árabe.

Quase todas as estações de televisão definem a astrologia como "jogos de diversões". Os médiuns são apresentados de maneira séria em programas de televisão, em especial nos filmes de detetives, com as predições ou visões sempre se revelando corretas — como demonstrado no livro *Minhas vidas*, de Shirley MacLaine (e assim deveria ser). Entretanto, tratando-se de astrologia, os códigos da televisão sofrem uma drástica mudança. Uma antiga norma da Comissão Federal de Comunicações, ainda observada por estações individuais e cadeias de televisão, reza que a astrologia *não pode ser apresentada na televisão sem um aviso impresso na tela dizendo aos telespectadores que ela está sendo apresentada como puro entretenimento, não devendo ser encarada como ciência séria.*

Há muito tempo Ronald Reagan acredita na astrologia e confiou nela para orientar suas principais decisões durante várias décadas. Há uma grande fotografia de Reagan pendurada na parede do gabinete do astrólogo californiano Carroll Righter, juntamente com fotos de seus outros clientes — e, sob a orientação de Carroll Righter, Ronald Reagan quis que seu juramento como governador da Califórnia fosse prestado no estranho horário de 24h30. Da mesma forma, ele quis prestar seu juramento como presidente dos Estados Unidos em uma cerimônia *separada* e *precisamente* às 11h57 do dia anterior ao da cerimônia oficial de juramento. Desta maneira, ele fez o juramento de posse duas vezes.

Não é nova a crença dos altos governantes na astrologia. O presidente Franklin Roosevelt consultava astrólogos regularmente. O mesmo fazia o presidente Abraham Lincoln. George Washington e nossos pais fundadores eram astrólogos. O ex-vice-presidente Walter Mondale escreveu-me para declarar o quanto achara proveitosos meus livros *Seu futuro astrológico* e *Os astros comandam o amor.* O ex-vice-presidente Nelson Rockefeller foi meu cliente astrólogico, tendo escrito para mim em duas ocasiões, solicitando uma orientação astrológica. Evangeline Adams, a popular astróloga de Nova York, que aconselhava personalidades como J. P. Morgan, o qual nada fazia no mercado de ações sem ouvi-la, era neta do presidente John Quincy Adams e bisneta do presidente John Adams.

O poder das energias mentais negativas (acordes musicais dissonantes) de uma pessoa sobre as vibrações astrológicas acontece com frequência no que se refere a mudanças e progressões financeiras observadas em determinadas épocas no Mapa Natal individual. Usando tais vibrações financeiras como exemplo, as pessoas nunca percebem que é impossível ordenarem riqueza enquanto imaginam pobreza. Conforme disse certa vez o produtor Mike Todd: "Jamais vi alguém economizar para um dia de dificuldades sem que o dia de dificuldades chegasse na época programada." Raramente seriam ditas palavras mais verdadeiras. Não é fácil caminhar na corda bamba ou no estreito limite entre a segurança espiritual do *conhecimento* absoluto e a insegurança mundana da cautela, mas o perfeito equilíbrio requer muita prática em uma "corda bamba", como poderia dizer-lhe qualquer artista circense.

Consideremos agora as seguintes evidências do poder do som. Em primeiro lugar, você talvez se interrogue sobre o poder do som, comparado ao poder da cor, mas não deveria fazê-lo, porque cada cor corresponde a uma certa nota ou acorde, e cada nota ou acorde corresponde a uma certa cor. Assim, tanto faz você usar o poder do vermelho pela cor ou pelo som correspondente de certas palavras vermelhas ou seu respectivo acorde musical na clave de dó maior, dá tudo no mesmo.

Uma descoberta relativamente recente é o instrumento denominado Eidofone. Consiste em uma superfície de tambor fortemente estirada, coberta uniformemente com uma substância semelhante a pasta, muito moldável. Sons e palavras são proferidos por baixo do tambor por vozes humanas (palavras positivas, felizes) — e os sons dessas palavras faladas produzem lindas formas na pasta flexível, réplicas exatas de árvores, samambaias e flores, como existem na Natureza.

Se for espalhada areia na superfície do tambor, em vez da substância pastosa, então os sons de palavras "felizes", pronunciadas debaixo do tambor, fazem com que a areia produza desenhos geométricos precisos, em vez de formas de plantas. Estas formas receberam a denominação de figuras Chladni, em homenagem a seu descobridor original, o inventor Ernst Chladni, que iluminou o final do século XVII e princípios do século XVIII com vários segredos ambientais.

Quando são pronunciadas debaixo do tambor palavras feias, obscenas ou vulgares, criando sons dissonantes ou desarmônicos, tanto a pasta como a areia formam padrões caóticos, sem qualquer formato ou delineamento.

Tem sido repetidamente observado e cuidadosamente registrado que as plantas crescem mais depressa e ficam mais saudáveis e maiores quando a "música dos mestres" é tocada continuamente perto delas, em sinfonias e similares. Se a música alta e dissonante do rock for tocada continuamente perto das plantas, elas ficam raquíticas, crescem muito lentamente e apresentam um crescimento deficiente, com a altura total de 5 a dez centímetros menor que a das palavras *acalentadas* pelos acordes harmoniosos da música sinfônica.

Uma evidência maior do poder do som é impossível. Presumindo-se que você não viva o tempo todo na cidade, já reparou no coro do canto dos pássaros, como um coral de mil elfos, durante o dia inteiro na primavera?

Já reparou que o canto dos pássaros cessa durante os meses do verão, exceto ao alvorecer e ao entardecer? Quando estiver fazendo um piquenique na floresta ou em seu quintal, em uma tarde de verão, ouvirá apenas um ocasional e fraco trinado no alto das árvores mais frondosas. Nunca se perguntou por quê?

Existe uma razão mágica para este pouco conhecido fenômeno da Natureza. O canto dos pássaros estabelece uma particular vibração sonora que estimula o crescimento dos brotos nas árvores, plantas e flores, de maneira que esse canto é razoavelmente constante durante o dia inteiro na primavera enquanto está ocorrendo o crescimento de novas folhas.

No verão, o canto dos pássaros cessa, exceto ao raiar do dia e ao crepúsculo — e às vezes, quando a folhagem ainda não desabrochou de todo, eles cantam também durante as primeiras horas das manhãs de verão. Com todas as folhas crescidas, a atividade química das árvores, relva, plantas e flores sofre modificações a cada dia do verão — ao alvorecer e ao anoitecer. À noite, toda planta viva exala dióxido de carbono. Ao alvorecer e no início da manhã, as plantas exalam oxigênio puro. Os momentos de tais trocas de atividade são anunciados pelos pássaros; em realidade, são estimuladas pelos trinados sonoros das aves, mas as regras estéreis da biologia reconhecem apenas sua sincronicidade, ignorando tipicamente a clara evidência de causa e efeito, não sabendo como oferecer qualquer outro motivo para a precisa cronometragem da Natureza sobre as flutuações sazonais e diárias do canto dos pássaros. Nos meses de verão, naturalmente, os tão queridos amigos de penas de São Francisco voam para o sul, onde outros milagres verdes precisam dos sinais para crescimento, fornecidos pelo som de seu canto.

Não é maravilhoso saber que os pássaros dizem à relva, plantas, árvores e flores quando crescer, emitindo os sons necessários à sua atividade química pelo canto — o dia inteiro na primavera, ao alvorecer e anoitecer no verão? Como pode alguém pensar que os pássaros levam vidas inúteis e preguiçosas? Há um motivo para o seu canto! Estou certa de que São Francisco de Assis sabia tudo sobre esta verdade da Natureza.

De fato, a Natureza consiste de muitos acordes musicais, muitos sons, incluindo-se o canto das aves. Medite sobre esta maravilhosa prova da maneira como o som se imprime nos éteres, para manifestar a importância de todas as coisas que crescem. O canto dos pássaros é necessário à Natureza ao ar livre; de outro modo, várias condições climáticas, inesperadas e fora da estação, frequentemente deteriam o crescimento — e as plantas de estufa, cultivadas artificialmente, cresceriam mais luxuriantes se fossem tocadas para elas gravações do canto dos pássaros.

Por que as crianças não aprendem esta magia natural na escola? Porque, infelizmente, muitas verdades ainda não são ensinadas nas escolas. Elas ainda ensinam às crianças que Thomas Edison foi o "inventor da eletricidade", apenas uma meia-verdade, jamais explicando que Edison simplesmente utilizou a corrente contínua em sua invenção da lâmpada elétrica, ao passo que Nikola Tesla descobriu a corrente alternada, que é hoje usada quase que exclusivamente.

Nossos muitíssimos mal remunerados professores e educadores merecem uma grande dose de nossa simpatia por seu trabalho ingrato, em particular nos dias de hoje, ante a explosão de gravidez na adolescência e crianças viciadas em drogas que ameaça destruir todo o sistema educacional.

Nossas escolas estão graduando 7 *mil* crianças por ano (como em 1987) que não sabem ler e são classificadas como iletradas. Sim, existe uma crise, gerando sérias notas discordantes na harmonia do Universo.

Você acredita que as crianças gostariam de aprender a ler e estariam menos concentradas em sexo se não fossem tão bombardeadas pelo tema, pela mídia e nas salas de aula? Que talvez não estivessem tão desesperadas na busca do "outro mundo" das drogas se aprendessem a respeito de todos os demais mundos bem debaixo de seus narizes, transbordantes de mistérios, de maravilhas e promessas para o amanhã?

É possível que essa juventude esteja francamente *entediada* com o aprendizado estéril, buscando a liberação proporcionada pelo sexo e pelas drogas, programada incessantemente em suas mentes jovens. Essa liberação resulta em uma crise adicional, pelo crescimento aos trancos e barrancos — o estresse juvenil. Os psicólogos de crianças e adolescentes não sabem como lidar com isso. Talvez tanto o tédio como o estresse dos mais novos terminassem se a eles fosse explicada a magia do Universo, os seus milagres, sendo-lhes também ensinado a como entrar em sintonia com seus poderosos Eus Superiores. Desta maneira, o *Götterdämmerung* nuclear iminente, programado pelos adultos, seria transformado em uma era dourada de "incessantes maravilhas".

A taxa de suicídio de adolescentes, que duplicou durante a década passada, a segunda mais alta causa da mortalidade entre os 12 e 19 anos de idade, cairia acentuadamente se os jovens fossem inspirados com o futuro excitante dos arco-íris e melodias há muito esquecidos, em vez de ficarem na expectativa da destruição nuclear.

Nesse ínterim, um adolescente em algum lugar tira a própria vida, suicida-se, a cada nove minutos. *A cada nove minutos*. O que esteve você fazendo ontem? Fosse o que fosse, enquanto você fazia alguma coisa, 72 adolescentes acabavam com a própria vida. Hoje também. E amanhã, mais 72 deles. E depois de amanhã...

Se você estiver lendo este livro e tiver entre 12 e 19 anos, você já pensou em suicídio? Enquanto a revolve no cérebro, imaginando que se matar seria como chutar a bola para marcar seu gol final — ou pelo menos para empatar a contagem e ficar quite (com este mundo infernal e todos que nele estão) —, tenho uma história muito íntima e pessoal a partilhar com você.

Certa noite, faz alguns anos, mas não muitos (e também não pela primeira vez), também decidi procurar o esquecimento total. Na minha cabeça, seria como estar em um país mil vezes mais intrigante, para não dizer mais pacífico, em vez de continuar nadando de um lado para outro, tentando ficar na superfície e evitar os tubarões nas águas caóticas daquela confusão que ameaçava me afogar, tanto em um sentido pessoal como geral, entende? Fiquei pensando no que um amargurado que conheci disse: "No mundo existem apenas dois tipos de gente: os cretinos e as vítimas." Não será difícil adivinhar a que grupo eu pertencia.

Uma vez que não possuo o que é preciso para constar do primeiro grupo, estava saturada de ficar no segundo e fazia sentido ir para algum outro lugar onde houvesse um clube diferente ao qual me juntar — e onde não houvesse nenhum dos dois já conhecidos. Eu não tinha muita certeza sobre que direção tomar depois de morta, porém tampouco tinha certeza sobre que direção tomar aqui, porque quando pensava que já havia aprendido as regras do jogo, chegava o intervalo, e os jogadores mudavam de lado.

Em realidade, os motivos não são importantes. Deus sabe que há montes deles sobrando, não é mesmo? Na época, eu morava em Nova York. (Aliás, um bom motivo!)

Eu havia lido um anúncio no jornal sobre um número de telefone de um grupo para prevenção do suicídio chamado "Por que se matar?" (WKY)*. Assim, disquei o número, decidida a verificar se funcionava e curiosa em saber se alguém teria um argumento lógico contra a minha decisão. Era uma manhã de domingo. Um sombrio domingo.

O telefone chamou várias vezes, e então foi ativada uma mensagem gravada. Uma agradável voz de homem, com sotaque sulista, disse as seguintes palavras: "Bom dia! Aqui fala um amigo que você não conhece. Estamos realmente interessados em conversar com você sobre os motivos pelos quais deseja morrer. Por favor, ligue para nós de segunda a sexta-feira, entre 10 e 16 horas. A próxima quinta-feira cai no dia de Ação de Graças, de maneira que estaremos fechados o dia inteiro. Tchau!"

Caí na gargalhada. Não podia me controlar, porque aquilo era mesmo hilariante. Então, caminhei até o espelho e fitei o rosto que olhava para mim, sem perceber que também olhava meu terceiro olho. Mais tarde, percebi que era este o motivo de surgirem minhas melhores ideias quando me

*Iniciais de "*Why Kill Yourself?*" (*N. da T.*)

fito no espelho, lavando o rosto, escovando os cabelos, os dentes ou aplicando a maquiagem. Isto já aconteceu com você? (Se você for um menino ou um homem, seria como quando está se barbeando ou enxugando a barba com o secador?)

Bem, de qualquer modo, falei para minha imagem no espelho: "Escute aqui, cabeça oca, como agora já sabe que não pode decolar em uma viagem astral permanente (presumindo-se que queira discutir os planos para a viagem com outra pessoa antes disso) até as 10 ou depois das 16 horas — e nunca nos fins de semana ou feriados —, por que não espera um pouco mais e verifica se este mundo (palavrão suprimido) miserável e de pernas para o ar não tem algo mais divertido a oferecer? Não cancele sua viagem para o cemitério, basta adiá-la e... quem sabe? Talvez o Universo faça uma mágica e coloque um guru para você no parque MacArthur. O guru para lhe dizer por que alguém deixou a torta na chuva *e ajudá-la* a recordar a receita para que possa assar outra torta igual." Adiei — e a coisa funcionou.

A torta não tinha ficado estragada, apenas um pouco úmida. E descobri mais coisas engraçadas para me divertir. De fato, descobri que há mais coisas para se rir do que para chorar neste asilo de loucos onde os lúcidos ficam trancafiados (pessoas protestando contra a loucura nuclear) e os verdadeiros malucos andam soltos por aí. Então, fiquei envolvida pelo desafio de fazer a situação chegar ao reverso ou re-*verso*; não demorou muito, isso ficou tão excitante como participar de uma trama para fugir de Alcatraz, como naquele velho filme de Clint Eastwood.

Há muitas coisas para rir à sua espera. Não apenas gargalhadas, mas também alguns poucos milagres garantidos, em tamanhos, cores e sons variados, que realmente o levarão longe — não em um ataúde, mas em uma máquina do tempo viável, capaz de levá-lo em viagens que farão uma "viagem" de ácido parecer tão insossa como o chá de sassafrás que a mãe do Coelho Peter costumava preparar. Eu lhe garanto isso, palavras de druida — e tenho a mania de não quebrar a palavra. Confie em mim, certo? Não. Jogue fora o ponto de interrogação, transforme-o em um ponto. *Confie em mim.*

De qualquer modo, hoje em dia as pessoas esquecem rapidamente os funerais, talvez porque se confundam, separando as mortes reais daquelas vistas nos filmes e televisão. Parece que elas todas se fundem, de maneira que não provocam mais o mesmo efeito de choque de antigamente. Isto significa que aqueles desumanos nojentos a quem você queria *real-*

mente mostrar o quanto é *realmente* infeliz *realmente* nem entenderiam sua mensagem. Eles apenas esperariam que você brotasse de novo para a vida, como Bobby Ewin, em *Dallas*, com um dramático gesto de despedida e (admita) suplicando um pouco de compreensão e simpatia sinceras, justamente como se fosse parte do sonho de alguém. Este mundo de hoje é muito esquisito, não há duvida. Entretanto, a esquisitice pode ser fascinante, caso você não perca o senso de humor. Além do mais, veja só o que estaria fazendo às baleias e golfinhos. Quem mais aprenderá a falar com eles, se você não aprender?

Perambule por este País das Maravilhas, como fez Alice, em tortuosos caminhos, bata um papo com lagartas sugando narguilés, passe um carão na Rainha de Copas e ajude o Chapeleiro Maluco a resolver seu problema de tempo, regulando-lhe o relógio de bolso para o agora eterno. Alice divertiu-se a valer, claro que sim, enquanto tudo ficava mais e mais curioso à sua volta. Você pode fazer o mesmo.

Agora, olhe para seu terceiro olho no espelho (fica entre as sobrancelhas) e capte alguns fragmentos do futuro. Leia este capítulo até o fim (e os outros também), pedale sua bicicleta, converse com uma árvore ou planta, pinte seu quarto de amarelo, verifique seus números cármicos, arranje uma placa púrpura para você (no final deste capítulo) e use-a para abrandar a pessoa que, embora tão excitada, age tão insensivelmente; ensine alguns truques novos a seu cachorro. Lembre-se que se você não quer mais viver neste mundo-ainda-não-de-todo-esquecido-por-Deus você se tornará apenas mais um dado estatístico. Poderá pensar em quinze milhões de outras coisas mais satisfatórias que ser um simples número. Estatísticas nunca serão divertidas e, Deus sabe, não fazem ninguém rir. Falarei disso mais adiante. Agora, preciso voltar a falar francamente para adultos envolvidos em empreendimentos triviais com o seu amanhã, e verei se posso vencê-los em seu próprio jogo. São eles que precisam de ajuda, não você. Quero dizer, pelo menos quando estiver sendo o verdadeiro você-de-você, se é que me entende — e sei que me entende.

☆☆☆

Os crescendos discordantes e acordes dissonantes do abuso sexual e das drogas estão perturbando a harmonia do Universo, porque os humanos são parte inseparável da sinfonia.

A guerra contra as drogas seria ganha com mais rapidez e eficiência se nosso governo detivesse o rendoso suprimento de drogas que inunda o país — ele pode fazer isso, se quiser — ou pelo menos acabasse com o lucro astronômico do tráfico, como foi feito na Inglaterra, com a instalação de clínicas onde os viciados podem comprar drogas legalmente até que, aos poucos, consigam curar-se de seu vício. Se os traficantes não puderem mais acumular montanhas de dinheiro negociando drogas, então deixarão as outras pessoas em paz, em sua ânsia de conquistar novos viciados. Nada mais simples. É preciso uma boa quantidade de crimes para patrocinar um hábito que você deseja perder, mas que, nesse meio tempo, o força a conseguir, de qualquer jeito, *mil dólares por dia* — ou mais. O preço logo subirá para dois mil dólares diários, depois três. Os traficantes de droga são como os contrabandistas de bebida durante a proibição; nunca estão satisfeitos com seu lucro — sempre querem mais. É algo tão lógico que a gente se sente idiota ao comentá-lo.

O gigantesco "Frankenstein inteiramente fora de controle" que são as drogas, afligindo nossas crianças de hoje juntamente a seus pais, é responsabilidade direta de nosso governo. Ele tem uma imensa dívida cármica para com os americanos. Os personagens principais do primeiro ato do trágico drama das drogas são os funcionários do serviço de informações, o pessoal militar e um punhado de cientistas trabalhando direta ou indiretamente para o governo dos Estados Unidos desde princípios dos anos 1950. Agora que a coisa ficou tão descontrolada, ameaçando destruir a própria América, acredito que seja dever de nosso governo fazer um genuíno e gigantesco esforço para aceitar a responsabilidade e reparar os danos — porém ele jamais conseguirá ser bem-sucedido nessa missão enquanto não tiver a elegância de trazer para si esse dever.

Há certos fatos tão simples e óbvios que o próprio Chapeleiro Maluco, tomando chá em uma festinha no jardim das rosas da Casa Branca, poderia enxergar o lógico. Entretanto, existem aqueles que parecem muito mais loucos do que o Chapeleiro de *Alice no país das maravilhas*, os que foram incumbidos das coisas em Washington nas duas últimas décadas.

É hora de a Casa Branca empenhar-se seriamente, baseando-se não apenas em relações públicas políticas, com o objetivo de ajudar os indefesos homens, mulheres e crianças americanos viciados em drogas. Tal responsabilidade merece ampla margem de prioridade sobre o estoque de ogivas nucleares, dos quais agora já possuímos o suficiente para explodir dez universos.

Quanto às notas dissonantes na sinfonia da harmonia universal, soadas pelo abuso sexual, novamente a palavra "abuso" é aplicada aos adultos, não às crianças. Os propostos programas de educação sexual são claramente necessários se não quisermos que jovenzinhas continuem ficando grávidas em tão clamorosa quantidade. Entretanto, os proponentes da educação sexual esquecem alguns pontos com o louco frenesi sobre o projeto.

Uma coisa que vem sendo deixada de lado é o velho ditado: "mais vale prevenir do que remediar", pouco importando o que está sendo prevenido ou remediado. Ninguém parece perceber ou jamais abordou o fato de que a gravidez entre adolescentes nos anos 1940 e 1950, época em que *não* havia educação sexual nas escolas, estava longe de assumir as proporções epidêmicas dos anos 1980. Aqueles que gritam pró e contra a educação sexual ignoram a causa real de toda esta intensificada atividade sexual entre os mais jovens. A educação sexual é necessária, uma vez que o incêndio está fora de controle, porém não foi a falta dessa educação nas escolas que ateou o fogo — como também não foi o que o fez ficar fora de controle.

Nada irá mudar, com ou sem educação sexual nas escolas, enquanto não for reconhecido o verdadeiro motivo pelo qual as crianças atualmente estão concentradas em sexo de modo tão obsessivo.

Elas vêm sendo saturadas por um vagalhão de material sexualmente estimulante. Com tais imagens sexuais flutuando à volta de suas cabeças, em que mais poderiam estar pensando — margaridas e coelhinhos? Lamentar o fato de que crianças aos 10 e 12 anos estão ficando sexualmente ativas é como enfiar um carneiro branco em um monte de estrume e depois censurá-lo por estar tão sujo. Acusar a falta de educação sexual como responsável pelos incêndios sexuais fora de controle que lavram pelas escolas é apenas uma fachada para a causa verdadeira.

Ensinar sexo na escola é uma coisa. Ensinar valores morais, outra. Mesmo no ensino fundamental, talvez já seja tarde demais para este último item. Que eu saiba, uma das grandes e reais sabedorias da Igreja Católica, disseminada entre as falhas que ela partilha com outras religiões ortodoxas, exclusive com a Igreja Romana, é o truísmo de "*Dê-me uma criança até seus 7 anos*". Isto significa que a Santa Madre Igreja (mérito aos patriarcas, pela correção do termo) descobriu, pela experiência de séculos, que os valores morais de ensinamentos religiosos cultivados na mente de uma criança do nascimento aos 7 anos quase sempre permanecem no correr dos anos seguintes, apesar das influências conflitantes sociais e ambientais.

A Igreja está astrologicamente certa. (Existe um profundo mistério metafísico por trás dessa idade de 7 anos, revelado em *Gooberz.*)

Se, nas escolas, fossem ensinadas revelações de inteligência cósmica, empregando-se o extraordinariamente eficiente método socrático de perguntar em vez de contar, as crianças da Era de Aquário *permaneceriam crianças* enquanto amadurecessem, retendo o poder de transformar esta Nova Era naquilo que pretenderam nossos Criadores.

Que cintilante lampejo de amor e luz iluminaria nossas escolas se houvesse aulas de astrologia esotérica (não a sua forma distorcida e falha, atualmente praticada por charlatães), numerologia, magia natural, as maravilhas da unicidade do Universo, os arco-íris esquecidos e as esquecidas melodias da cor e do som — e saúde holística! Então, as crianças ficariam de tal modo fascinadas, inspiradas e instigadas, que não teriam tempo nem interesse disponíveis para a atividade sexual prematura ou experiências com drogas. Estas coisas seriam rapidamente ignoradas no excitamento de produzir milagres.

Crianças entendem milagres. Bem, pelo menos até que seu terceiro olho seja selado pelos pais, parentes e professores. Todas elas voltariam para casa com boletins cheios de notas "A" se, em vez de ficarem cortando rãs indefesas na aula de biologia estudassem por que as rãs e grilos cantam à noite, por que os pássaros cantam ao alvorecer. Acha que estou imaginando uma utopia ou Shangri-lá? Bem, estou. Contudo, por que utopia e Shangri-lá (Venha a nós o Vosso Reino, assim na Terra como no Céu) teriam permissão para existir somente em um vago e indefinido Futuro? Por que não no Presente, uma vez que passado, presente e futuro são todos um — outra brilhante verdade não ensinada às crianças em nossa sociedade. Uma vergonha! As crianças não somente captariam rapidamente o conceito, como até poderiam ensinar uma ou duas coisinhas aos professores sobre a relatividade de Einstein e o Agora Eterno.

Não haveria uma criança, um só menino ou menina, que não ficasse muitíssimo mais interessada e empolgada pela maneira como Josué fez as muralhas de Jericó desmoronarem (falarei a respeito mais adiante, neste capítulo) — ou pelas fascinantes pesquisas sobre a inteligência das plantas feitas por Sir Bose (da Índia), Dr. Harold Burr, Cleve Backster e outros — do que por longas e explícitas explanações sobre a penetração sexual entre humanos. Estaremos abordando em pouco os dois primeiros pontos — o último é algo que as crianças aprenderão por si mesmas quando amadurecerem e começarem a amar. A Mãe Natureza é uma professora incomparável, insuperável na sala de aula sobre amor. Aliás, a verdade é que amor não pode ser ensinado. Trata-se de algo que acontece naturalmente, como o sexo, quando as crianças não são bombardeadas prematuramente com o tema. Primeiro amor, depois sexo. Tudo gira de cabeça para baixo, quando a ordem natural destas duas profundas experiências é invertida — não sendo fácil fazer a situação readquirir a posição normal.

O canto das aves é somente um dos muitos fenômenos à nossa volta enfatizando a importância do som. Seria um assunto facilmente compreendido pelas crianças, mas, aparentemente, é simples e direto demais para que a maioria dos botânicos capte seu profundo significado.

O som produziu a construção da Grande Pirâmide de Gizé. A pirâmide original, mais tarde alterada estruturalmente por faraós posteriores, foi construída por Osíris, não por Quéops (Khufu), muitos milhões de anos antes da data calculada erroneamente por nossos geólogos e atualmente aceita. Osíris sabia como utilizar a potentíssima força do som, de harmonias e entonações cantadas. Aquelas pedras enormes, tão perfeitamente alinhadas — por um poder que a ciência moderna ignora; uma façanha de engenharia que essa ciência moderna não teria possibilidades de realizar —, foram levitadas até a posição precisa graças a certos sons ou mantras cantados ou salmodiados por Osíris e seu Eu Gêmeo, Ísis (o nome dela está contido no dele), em momentos astrológicos de complicadíssimos cálculos, orientados por certos alinhamentos do Sol, da Lua e dos planetas.

Alguns dos mais extraordinários sons da harmonia do Universo são os *sons do silêncio*, e um deles é... a fala dos golfinhos. Estas belas criaturas do mar existem há talvez sessenta milhões de anos (ou ainda mais) — tempo da Terra suficiente para terem acumulado montanhas de sabedoria. Os golfinhos emitem certos sons, porém é a sua comunicação telepática, o som de seu silêncio, que biólogos marinhos de visão se empenham tão arduamente em decodificar. Os golfinhos podem falar, mas você teria que conversar na própria linguagem deles — a telepática. Alguns humanos já receberam suas mensagens, e também alguns que eram *quase* humanos, pouco antes de o serem completamente.

Explicarei o que quero dizer. Se você viu o filme *Jornada nas estrelas III*, certamente recordará a cena em que Spock nada em um tanque e, debaixo d'água, "fala" com um golfinho cativo ali. O animal responde a Spock, que depois volta para junto do capitão Kirk e traduz para ele o que ouviu — algo que, naturalmente, é a pura verdade.

É a ficção — ou ficção científica — que sempre se torna realidade no futuro. Aqui vai, no entanto, algo que, decididamente, nada tem de fictício.

Um amigo meu da Califórnia, que é também amigo do homem que fabrica as chapas púrpura (abordadas no final deste capítulo) e que não deseja ver seu nome divulgado aqui, porque ainda não está inteiramente pronto para publicar suas descobertas, contou-me uma espantosa história verídica sobre experiências com golfinhos na Rússia, e algumas aqui nos Estados Unidos, mas altamente secretas.

Sem dúvida, você sabe que existem os "acessíveis" e os "durões" em cada agência governamental, seja nos nossos FBI e CIA ou na KGB da Rússia. Quer no governo ou na religião organizada, sempre existem os "mocinhos" e os "vilões", assim como os "médios", que não são uma coisa nem outra.

Em vista de sua amizade com o parente de um agente "mocinho" da KGB russa, meu amigo conseguiu obter permissão para entrar nesse país e observar algumas de suas experiências com golfinhos, bem como os seus resultados. Trata-se de projetos de pesquisa abrangendo a metafísica e temas correlatos, levados a efeito na União Soviética, que vão muito além dos descritos por Sheila Ostrander e Lynn Schroeder em seu livro *Psychic Discoveries Behind the Iron Curtain* ("Descobertas psíquicas por trás da Cortina de Ferro").

O que se segue é apenas uma pequena parte do experimento do som de golfinhos: mulheres grávidas são colocadas na água a cada dia de sua gravidez, junto de um golfinho. Um biólogo marinho está presente todas as vezes, por medida de segurança. A mulher permanece na água de 15 a 20 minutos, todos os dias. Durante estas visitas, o golfinho comunica-se com o feto. Para ser mais exata (porque o feto ainda não é humano e a vida real só começa com o hálito de vida, sua primeira respiração, quando ele, uma criaturinha essencialmente respiradora de água, passa a ser respiradora de ar), de alguma forma o golfinho (por intermédio daquela mesma energia de força vital conectando todas as coisas vivas, conforme observou Cleve Backster) programa uma porção dos quarenta e tantos bilhões de células elétricas no cérebro do feto durante essas visitas pré-natais.

O bebê nasce então *debaixo d'água* (em um tanque esterilizado, sem o golfinho, evidentemente). Acontece todo tipo de coisas maravilhosas quando um bebê nasce desta maneira, mas este não é lugar para descrever todas elas. De qualquer modo, esta espécie de nascimento evita a respiração imprópria neste diminuto humano, além de eliminar o trauma terrivelmente prejudicial do nascimento convencional. Tais bebês não choram e podem dormir com os rostos na água durante vários minutos e por várias semanas, gradualmente ajustando-se à respiração no ar. Não existe medo nem susto neste tipo de nascimento suave, sendo recomendado — somente sob os cuidados de um perito — para todos os partos.

Estes bebês russos, com os quais um golfinho se comunicou pré-natalmente — pelas células cerebrais do feto, claro —, tornam-se "supercrianças". Em todos os sentidos imagináveis. Meu amigo garante ter visto com seus próprios olhos um destes bebês nascidos-submersos, programados por golfinhos, que, com a idade de 12 semanas, andava e falava com a facilidade de uma criança normal de 3 anos.

Acha difícil acreditar nisso? Um bebê terreno é capaz de tais poderes, mesmo *sem* a comunicação com o golfinho — e de muito *mais*, se tiver a ajuda destas sábias criaturas oceânicas. O programa *60 minutos*, da rede CBS, entrevistou um garoto americano de 10 anos de idade que é um gênio extraordinário. Quando ele tinha apenas *7 semanas de idade*, já dizia claramente "olá" para o pai e repetia distintamente outras palavras poucas semanas mais tarde. Aos 3 anos e meio, em vez de rabiscar com lápis de cor, ele lia biografias de Albert Einstein e Nikola Tesla.

Neste alvorecer da Era de Aquário, o mundo está realmente pleno de maravilhas. Meu amigo disse que os metafísicos russos afirmam ser teoricamente possível que uma criança treinada por um golfinho seja capaz, aos 12 anos de idade, de usar seu terceiro olho como um raio laser e desmaterializar ou neutralizar mísseis nucleares em voo. Isto faz com que pareça impotente o projeto "Guerra nas Estrelas", de nosso Departamento de Defesa. Seria muito mais barato e muito mais seguro experimentar com bebês-golfinhos — pela causa da paz, não acha? Não há evidências de que os russos estejam fazendo tais experimentos por alguma outra causa além da paz. De fato, o motivo de sua pesquisa psíquica ter sido tão bem-sucedida até então deriva do fato de que os pesquisadores compreendem bem as leis universais que governam tais questões

— e não teriam avançado até tão longe se tivessem como alvo um objetivo que não fosse positivo. Talvez isso aconteça porque tem sido predito que a Rússia um dia será "o país mais espiritualizado do mundo", finalmente alinhando-se com a América na luta contra forças negativas ameaçando a sobrevivência da Terra.

☆ ☆ ☆

Jim Cummings, um amigo de golfinhos, tem escrito que eles se comunicam por um rico e variado conjunto de sons — e "parece que também desenvolveram (ou talvez nunca tenham abandonado) a aptidão de partilhar informação telepaticamente. Os humanos agora percebem que, quando silenciam a incessante tagarelice verbal ecoando em seus cérebros transbordantes de linguagem, há um modo mais calmo e mais universal de comunicação e conhecimento aguardando ser captado".

No que se relaciona a golfinhos, há coisas maravilhosas que estão sendo concretizadas por Joan Ocean e Jean-Luc Bozzoli, por meio de sua *Conexão golfinho*, em Laguna Beach, na Califórnia.

Joan recebe comunicações dos golfinhos, algumas delas de natureza técnica, que são passadas a cientistas, a fim de serem interpretadas e aplicadas. Ela não está sozinha. No Colorado, na Califórnia, na Flórida e na Austrália, pessoas relatam mensagens de golfinhos, referentes a interações sociais, história humana e música.

Joan é levada em passeios por golfinhos, admirando-se com a sua incrível força, combinada a sensíveis e sincronizados movimentos. Jean-Luc sentiu que a variedade de vibrações audíveis e de sonar enchendo a água era como "estar no meio de um concerto".

Como têm aprendido aqueles envolvidos na *Conexão golfinho*, há *toda* uma diferença para a pessoa simples que vive na magia.

☆ ☆ ☆

Pensei ser um desejo muito incomum
ir à aula em uma escola para peixes
e achei que você devia estar brincando comigo

mas você disse, com toda seriedade

não é nenhuma brincadeira
os peixes são mais sábios do que julgam as pessoas

será esta a sua secreta incumbência?
tentará ensinar golfinhos a falar?

você me fitou diretamente nos olhos
quando então respondeu

se eu tentar ser amigo de um golfinho
nada pretenderei ensinar a tal criatura
mais evoluída do que jamais serão os humanos
pelo contrário, tentarei aprender
todos os níveis de *insight* e camadas de sabedoria
que um golfinho fosse bondoso o suficiente
para partilhar *comigo*
treinar golfinhos para missões secretas?
antes os treinaria para continuarem livres
quero dizer... se chegasse a conhecer um deles
e então nós dois
tomaríamos juntos uma xícara de chá

então você sorriu
e mudou de assunto...

— de *Gooberz*

☆☆☆

Felix Mendelssohn, o bisneto do compositor, começou fazendo experiências com o poder do som por causa de seu interesse no reconhecido fenômeno do poder das notas musicais quando cantadas em certos tons. Ele estava fascinado pelo fato de o som produzido por uma determinada nota em certa escala musical ser capaz de estilhaçar um copo instantaneamente — cada copo possuindo sua frequência vibratória própria, com reação exclusivamente ao exato som musical correspondente.

Cada objeto material e cada ser humano vibram em uma frequência individual de unidades de angstrom por segundo, uma medida para ondas luminosas, conforme aprendemos no Capítulo 3, "Fantasmas, gurus e avatares" — a qual responderá a essa frequência individual particular, se produzida por um som. Daí por que, quando estamos em um salão de concertos, ouvindo uma sinfonia, às vezes sentimos um tinido na nuca. Em algum lugar, dentro dos acordes e sons enchendo o salão, ouvimos a nossa frequência pessoal, justamente como quando um copo se estilhaça, reagindo à sua tão individual frequência sonora.

Antes de Maria Callas, houve Rosa Ponselle. A própria Maria a considerou "a maior cantora entre todas nós". Ponselle (1897-1981) possuía uma voz incomparável. Em 1954, a RCA tentou gravar um disco com ela, em sua casa de Baltimore, mas a voz de Rosa Ponselle estilhaçou mais do que um simples copo. Estilhaçou todo o equipamento da RCA!

☆ ☆ ☆

A pesquisa de Mendelssohn, conduzida com seu terceiro olho inteiramente aberto, levou-o a concluir que o relato bíblico de Josué e o desmoronamento das muralhas de Jericó era literal, não simbólico. Como ele sabia, e como sabe qualquer um que passou pelo Exército, quando um grupo de soldados está marchando "no compasso", ritmadamente — esquerdo, direito, esquerdo, direito —, em direção a uma ponte construída apressadamente, o sargento grita a ordem "Desmarcar passo!" antes que os homens cheguem à ponte, em especial se for frágil. Por quê? Porque o *ritmo* de todos aqueles pés batendo no chão ao mesmo tempo, "no compasso", produz uma vibração que tem o poder de danificar ou destruir a estrutura da ponte.

Mendelssohn então concluiu que os exércitos dirigidos por Josué se aproximaram das muralhas de Jericó "marcando passo", todos ao mesmo tempo — milhares de pés batendo no chão em uníssono —, o que produzia uma poderosa e particular vibração na Terra, de maneira que, quando Josué (conhecedor de metafísica) então soprou uma determinada nota na trombeta, a combinação dos pés marchando ritmadamente e da *frequência individual* da nota ou tom da estrutura da muralha, soada claramente na trombeta, fez com que as muralhas de Jericó reagissem, "desmoronando", desta maneira cumprindo uma lei natural de harmonia. É agradavelmente apropriado que o descendente de um compositor musical — um "Mestre musical" — descobrisse esta verdade sobre o som, no que se refere a Josué.

O mesmo princípio se aplica a certas frequências sonoras ritmadas entoadas sacramente por Osíris e possuindo a poderosa energia para mover pedras e rochas imensas, levitando-as até seu preciso alinhamento, na construção da Grande Pirâmide de Gizé.

Se a ciência moderna se recusa a aceitar a lógica da descoberta de Mendelssohn sobre o motivo do desmoronamento das muralhas de Jericó — ou a lógica de que a pirâmide foi construída por pedras que levitavam aos sons e entonações musicais —, pode-se deduzir que tal acontece porque estes eventos tiveram lugar há muito e muito tempo, na remota antiguidade. Entretanto, isso não explica por que a magia natural do canto dos pássaros e o moderno Eidofone são também ignorados pelos rapazes de microscópios, metros, calculadoras e computadores, os quais ainda não podem perceber ou compreender as formas definidas e radiações produzidas nos éteres pelo som — inclusive (e talvez especialmente) por nossas palavras faladas. Podemos apenas esperar que alguém em breve arranque as vendas e óculos escuros do dogma que eles usam ou, segundo a proporção em que está marchando a tecnologia atual, seremos catapultados de volta à Idade da Pedra, nas asas gloriosas da ciência, antes de termos chance de experimentar o país das maravilhas da nova e dourada Era de Aquário. Há indícios positivos de que o necessário milagre possa ocorrer em tempo. Lendo-se as entrelinhas de publicações médicas e científicas de princípios da década de 1980, surgem insinuações de que alguns poucos sonolentos terceiros olhos estão sendo gradualmente despertados.

Conforme mencionei em um capítulo anterior, ainda possuímos a compensadora graça da música dos "mestres", dirigida à mente dos grandes compositores do passado, que eram puros canais, nascidos com um natural gênio musical.

Essas arrebatadoras sinfonias, óperas, obras como o *Messias*, a música eternamente elevadora das canções de Natal e de certos antigos hinos religiosos foram canalizados até nós com o propósito de guiar humanos de mente materialista pela senda da iluminação gradual, em um sentido sutil, subliminar, através destas tão altas frequências vibratórias sonoras. Até então, houve êxito, pelo menos para abrandar um pouco os humanos selvagens, que precisam ser mais abrandados do que os chamados "animais selvagens". Esta forma de iluminação teve início durante a Idade Média, graças à música sacra da Igreja Católica, intensificando-se durante a existência de homens como Mozart, Albinoni, Bach, Brahms, Mendelssohn, Tchaikovsky, Puccini, Sibelius e uma longa lista de outros mais. O envolvimento dos terrenos, por meio da "música dos mestres", teve a ajuda da "arte dos mestres", quando os poderes superiores usaram o gênio artístico de pintores como Rubens, Miguel Ângelo, Rembrandt e Leonardo da Vinci como canais das harmonias da cor e forma em direção à mente humana, juntamente às harmonias do som, por meio da música. Fazendo eco à sinfonia da iluminação, surgiram os poetas, começando por Shakespeare, e ainda antes, com o drama grego e romano, que foram similarmente canalizados para fazer brilhar a luz da harmonia do ritmo e da rima das palavras no seio da escuridão da Terra.

Sem estas impressões harmônicas sobre os éteres, manifestadas nas formas e padrões da música, arte e poesia, os "progressos" científicos e tecnológicos feitos pelo homem há muito teriam destruído toda a vida deste planeta, como atualmente ameaçam fazer. Entretanto, uma ameaça não passa de ameaça. A evidência de que isso não resultará em aniquilação é fornecida no Capítulo 5, "Numerologia". Já em 1987, emergiu um novo líder russo, Gorbachev, dando toda a indicação de uma tentativa sincera de passar por cima de velhas discórdias — se pelo menos puder ser concretizada uma legítima comunhão, baseada no pleno reconhecimento de erros passados (por ambos os lados) antes que se inicie o projeto "Guerra nas Estrelas", tão acalentado por certos loucos. Então, talvez esta última insanidade nuclear possa ser desenvolvida em um roteiro de *Jornada nas estrelas*,* ao qual pertence — opinião esta partilhada por Carl Sagan, inimigo da astrologia mas, mesmo assim, brilhante astrônomo escorpiano que tal-

* Sejam pacientes, *trekkies*. Contem até dez. Esperem.

vez ainda venha a ser iluminado para a mensagem da *verdadeira* astrologia, que (como ele bem sabe) é a mãe da astronomia.

O Escorpião-Águia Sagan sabe, também, que todos os denominados grandes astrônomos do passado, como Johannes Kepler, Galileu, Copérnico, Newton e Tycho Brahe, construtor do primeiro observatório no mundo ocidental, foram astrólogos e nunca ouviram o termo "astronomia" em toda a sua vida. Não é verdade, Carl? Talvez um dia possamos tomar uma xícara de chá de hortelã e discutir isso. Já dispus a sua conversão, de maneira que você não tem saída! A astrologia precisa de mentes como a sua, e felicito-o por ir para a cadeia por se pronunciar contra os testes nucleares.

Nesse ínterim, não esqueça que foi Johannes Kepler, um gênio indiscutível, como você mesmo reconheceu, quem escreveu em suas notas de pesquisa: "Comigo, Saturno e Sol trabalham juntos, em seu aspecto sextil. Escalar montanhas penosamente, tropeçar por campos e encostas rochosas... tais coisas me deliciam. Meu destino é similar; onde outros se desesperam, dinheiro e fama vêm ao meu encontro, embora em modesta medida, e eu enfrento a oposição. A verdadeira astrologia é um sagrado testemunho da obra gloriosa de Deus, e eu, de minha parte, não desejo desmerecê-la." Certamente, você percebeu que ele qualificou sua assertiva com as palavras "verdadeira astrologia", Carl. Foi esta a espécie que acabei de mencionar a você.

No que se refere à minha sugestão de transformar o conceito de Guerra nas Estrelas em um roteiro de *Jornada nas estrelas*, ao qual pertence, apresso-me a garantir aos meus leitores *trekkies* que adoro *Jornada nas estrelas* tanto quanto eles, exceto pelas violentas guerras que às vezes eclodem no espaço. Tenho certeza de que o capitão Kirk concorda comigo, para não falar em Spock, cuja curiosa cabeça certamente é a que tem o formato correto, e que precisa daquelas enormes orelhas para poder ouvir os sons do silêncio no cosmos, sons que vibram nas pulsantes cores e acordes de Pax et Bonum, na frequência superior das ondas luminosas em que Spock é tão finamente sintonizado. Aos poucos, ele chegará a captar a frequência ainda mais elevada da emoção do amor. Em realidade, já captou — apenas finge não ouvi-la. Está aguardando o seu Eu Gêmeo. Como falei, a curiosa cabeça de Spock é a que tem o formato correto, e seu coração, tão grande quanto as orelhas, está igualmente em proporção correta com o restante dele. Spock comunica-se com golfinhos. Escreve até mesmo poesia, e todos sabem que ninguém pode se tornar poeta sem vibrar à harmonia do amor.

Acontece apenas que Spock não se sente atraído por todas aquelas mulheres espaciais de minissaias que batem suas pestanas de longos e espessos cílios a bordo da *Enterprise*. Sei muito bem do que estou falando, porque um de meus gurus pessoais (e também, há muito tempo, de Gene Roddenberry, escritor e produtor de *Jornada nas estrelas*), o Dr. Charles Arthur Musès, foi o editor, por trás dos bastidores, de alguns daqueles primeiros *Jornada nas estrelas* — bem como o instilador de importantes conceitos dramatizados nas sequências, como os benignos alienígenas em "Missão Terra", grande favorito entre os verdadeiros *trekkies*.

Eis aqui outro fascinante exemplo do sincronismo e harmonia do Universo, abrangendo todos os sentidos (inclusive o sexto), a cor e o som, bem como qualquer outra frequência vibratória conhecida. Que eu saiba, trata-se de uma experiência que ainda não foi tentada ou pesquisada, mas que sem dúvida merece séria atenção e estudo por parte dos cientistas da Nova Era.

Tudo que na Terra seja de natureza material tem sua origem nos planetas. Nem sempre foi assim; começou em certa época, mas, de novo, isto é assunto para livros futuros. Cada planeta e cada luminar (Sol e Lua) vibra em certo número correspondente particular, o número vibrando em uma cor, a cor em um mineral e metal, em uma flor, em uma nota ou tom musical, etc. Cada planeta e cada luminar possuem seu próprio padrão individual de frequência, incluindo eu e você, a Biblioteca Pública de Nova York e cada canal de rádio ou televisão — até mesmo seu suco matinal, a geladeira em que ele é mantido frio e todos os copos em seu armário de louças. Os pratos também.

A frequência individual, decuplicada, envolvida na experiência, inicia-se com um dos luminares (Sol-Lua) ou planetas, mas uma vez que Marte é aquele com que me acho mais familiarizada, por ser regente do meu signo solar, prefiro usá-lo para ilustrar meu exemplo desta intrigante vibração múltipla de uma frequência isolada.

Tudo funciona em um padrão similar, embora individual, envolvendo a cor, tom ou nota musical, pedra preciosa, erva, flor, etc., com o Sol, a Lua e outros planetas ou astros. A palavra *planeta* vem do grego antigo, significando "estrela andarilha" (os planetas se movem, as estrelas fixas não) — de maneira que qualquer dos termos é correto, embora o uso popular moderno seja como planeta. Prefiro estrela. Em especial, "estrela andarilha".

Antes de descrever a experiência, devo me desculpar, com pesar (e um tanto sem jeito), por um erro cometido em meus dois últimos livros, *Seu futuro astrológico* e *Os astros comandam o amor*, nos quais indiquei o diamante como a pedra vibrando com Marte-Áries, e o rubi (juntamente com o ônix) como vibrando com Saturno-Capricórnio. Admitir um erro é penoso para os Carneiros, mas pelo menos somos honestos o bastante para fazê-lo francamente, sem nenhum rodeio. Fundamentei-me em uma antiga obra astrológica, que se revelou de confiança no correr dos anos em todos os sentidos, exceto no que se refere a esta particular designação para as pedras preciosas, sendo apontado o meu engano, não faz muito tempo, por um de meus Avatares-Iniciados de autoridade indiscutível, o Dr. Charles Musès. Assim, não tenho alternativa senão ruborizar, dizer sinceramente que lamento e corrigir o erro, aqui e agora.

A verdade, o fato metafísico, é que o diamante vibra com Saturno-Capricórnio, enquanto que o rubi vibra com Marte-Áries.

Qualquer Áries-Carneiro pode perceber por que aceitei o erro daquele antigo tomo, declarando que a pedra preciosa vibrando com a frequência de Marte é o diamante. Compreenda, o diamante é "a substância mais dura conhecida pelo homem", e nós, os Carneiros, adoramos acreditar que somos duros.

Não obstante, mesmo um Carneiro precisa admitir que o velho Saturno de rosto pétreo e gelado, regente de Capricórnio, é... bem... mais duro. Isto, entretanto, somente no sentido material de substância! Afinal de contas, uma pedra é uma pedra. Assim, inclino-me, como tímido cordeirinho branco, à superior sabedoria esotérica de meu Iniciado-Guru e, portanto, desisto de "meu" diamante e o passo às mãos do imponente vovô Saturno.

A verdadeira pedra de Marte é o rubi. Sem dúvida, a cor é lógica. Ah, bem, rubis são bem mais bonitos do que diamantes. Diamantes são demasiado gélidos, com todas aquelas cintilações árticas, não acha? Os rubis são mais calorosos, inclusive mais quentes!

Pois ouçam só uma coisa, companheiros de Áries! O nosso rubi de Marte é empregado no laser, que constitui a *única* força capaz de penetrar a "substância mais dura conhecida pelo homem"— o diamante do Velho Saturno. O guerreiro de Marte pode romper a gélida resistência de Saturno, estilhaçar a restrição e disciplina saturninas com a típica e agressiva penetração marciana. Entenderam? Afinal de contas, Saturno não venceu realmente. Foi um empate.

Infelizmente, contudo, o Capricórnio-Saturno, com aqueles malditos chifres de Cabra, ainda obtém a vitória final. Incomoda-me confessar que, falando numerologicamente, Saturno vibra com o número 8, ao passo que Marte vibra com o número 9 de força vital. E... quando somamos o duplo círculo de serpente, que é o 8 de Saturno, ao 9 de Marte, obtemos o total 17. Após ler o capítulo de numerologia, você saberá o que isto significa. Terminamos somando o 1 e o 7, para obtermos novamente o 8 de Saturno. Droga! Oh, bem, afinal os últimos serão os primeiros, sabe como é. Marte ainda vencerá, você vai ver.

De qualquer modo, você pode continuar usando o ônix para Saturno, porque ele é decididamente a pedra secundária deste planeta. Portanto, e definitivamente, aqui vai a vibração múltipla da frequência isolada de Marte (agora que, segundo espero, meu "fora" anterior ficou totalmente esclarecido para meus leitores). E modificarei a referência feita em meus dois livros anteriores na primeira oportunidade. Prometo.

Marte vibra com o número 9, o qual vibra com a frequência da cor vermelho-carmesim, a qual vibra com o ferro, o qual vibra com o *potente* (!) rubi, o qual vibra com o alho e a cebola, os quais vibram com a margarida, a qual vibra com o dia da semana terça-feira, o qual vibra com o mês de abril, o qual vibra com a nota ou tom musical de dó maior.

Agora, teoricamente, se reunirmos nove pessoas nativas de Áries que tenham nascido cada uma a 9 de abril, em uma terça-feira, e as colocarmos dentro de uma sala em uma terça-feira, 9 de abril, todas usando roupas em puro vermelho-carmesim, com as paredes e teto do aposento pintados de vermelho-carmesim, filtros coloridos de vermelho nas luzes da sala (lâmpadas vermelhas), muitas margaridas, muitos alhos e cebolas (eca!), com uma grande tigela de rubis (e, suponho, guardas no outro lado da porta da sala!), todos os presentes também usando rubis, a sala com bastante mobiliário de ferro, e então fizermos emitir por um instrumento musical (um violino, por exemplo) a nota dó, sustentada por 27 segundos (cuja soma dá 9), todos no aposento, instantânea e simultaneamente, levitarão. Até o teto!

A razão para semelhante teoria da levitação se baseia no grande aumento em intensidade dessa frequência vibracional particular, individual, de muitas camadas. Harmonia novamente. Seria um experimento interessante, sem a menor dúvida. Claro que exigiria alguma pesquisa preliminar e certa colaboração de Harry Winston ou Tiffany's, no tocante aos diamantes. Perdoe-me, eu quis dizer rubis.

Há infinitas demonstrações da bela sincronicidade do Universo, fluindo da harmonia da cor, do som e dos pulsantes ritmos desta maneira postos em movimento, em cada faceta imaginável da vida. Também há os padrões dissonantes, mas, felizmente, tais notas da sinfonia são em menor número e mais do que equilibradas pelos acordes harmoniosos.

Cada palavra escrita recai em padrões harmônicos individuais, sem a percepção consciente do escritor. Existe uma estatística computada que talvez mereça um pouco de atenção. (Os computadores estão revelando mais harmonias e sincronismos do mundo à nossa volta. Enquanto os humanos não perceberem que seus cérebros são computadores superiores, as máquinas continuarão a nos esclarecer.) Por intermédio de computadores, os pesquisadores aprenderam a contar os curiosos padrões das palavras escritas. Um exemplo é o esplêndido e respeitável vocabulário de Shakespeare, que abrangeu 29.060 palavras no total de suas obras. Não obstante, apenas quarenta delas compreendem inteiramente quarenta por cento do texto de todas as suas peças. Imagine só! Quarenta pobres e superempregadas palavras executando quase cinquenta por cento de uma tarefa que emprega... 29.060 operários. Você não sente despertar a sua simpatia por essas quarenta míseras palavras? Talvez elas devessem ser consideradas como abençoadas, em vez de desprezadas. "Muitos são os chamados, mas poucos os escolhidos." Com toda esta evidência de harmonia, você quase acreditaria que palavras são entidades, com mentes absolutamente próprias.

Temos aqui outra surpreendente simetria descoberta pelos computadores, que estão revelando a verdade da harmonia universal, até que o cérebro humano aprenda a se incumbir disto sozinho. Um brilhante professor de Harvard, com o curioso nome de George Kingsley Zipf (1902-1950), decidiu usar o computador para checar os padrões de censo demográfico das cinquenta maiores cidades dos Estados Unidos. Ele começou pelo ano de 1930, quando a maior cidade era Nova York (e continua a ser, claro). A *segunda* maior cidade tinha *metade* da população de Nova York. A *terceira* maior tinha *um terço* da população de Nova York... e assim por diante, caminho abaixo, até a 50ª cidade, que, por incrível que pareça, tinha *exatamente* 1/50 da população de Nova York. Uma série como esta: um meio, um terço, um quarto, um quinto, etc., é denominada "harmônica" (muito apropriadamente).

Originando-se desta e de extensas pesquisas posteriores, nasceu o que muitas pesquisas e experiências com computador denominam a Lei de Zipf. A Lei de Zipf tem fornecido evidência de que qualquer alocação de recursos — seja na população humana, em palavras de livros, máquinas de escrever em lojas, professores em jardins de infância, videoteipes ou ferramentas em uma caixa de ferramentas — *consequentemente se fixa em um arranjo harmônico.*

Certamente, isto deveria acabar com a petulância dos que ainda ridicularizam a lei da harmonia ou não creem na sincronicidade do Universo (teorizadas e escritas pelo Dr. Carl Jung) e instilar nesses incrédulos Tomés um saudável respeito por estes ritmos invisíveis que continuamente pulsam ao nosso redor.

Meditar sobre estas maravilhas é um excelente exercício para o terceiro olho (glândula pineal) e ajuda a conectá-lo à glândula pituitária, uma união que então produzirá notável *insight*. Pondere sobre tais magias quando se deitar à noite para dormir. Descobrirá também que, concentrando-se intensamente em alguma coisa, qualquer coisa, naquele momento flutuante entre o sono e a vigília (entre o mundo material, físico, e os domínios astrais), ao despertar pela manhã terá uma clara resposta ou a solução perfeita para algo que o intrigava ou preocupava, chegada à sua mente enquanto você dormia. Experimente. Funciona.

Tudo quanto seu Eu Superior precisa é de uma ordem sua para produzir todo tipo de "truques" mágicos, da mesma forma como imaginar a hora exata que deseja acordar pela manhã enquanto vai pegando no sono (porque não tem um despertador) funcionará como uma ordem codificada em seu Eu Superior (que pode ver as horas tão claramente quanto você, com sua visão física). Então, o Eu Superior o acordará de manhã, precisamente na hora que você desejava. Costumo fazer isso inúmeras vezes. Nunca experimentou? A técnica efetiva é imaginar vividamente o mostrador do relógio, com os ponteiros marcando o momento em que você quer ser despertado. O Eu Superior, que enxerga muito melhor do que você com seus olhos físicos, *verá* quando os ponteiros do relógio estiverem marcando aquela hora e, delicada e seguramente, o despertará.

Percepção da célula primária

Outra expressão para indicar a harmonia ou sincronismo do Universo é *A unicidade do Universo.*

É esta unicidade que vem sendo estudada e observada por meu amigo e "irmão mais velho" Cleve Backster, de San Diego, na Califórnia, anteriormente de Nova York. Durante muito tempo, a ciência ortodoxa torceu o nariz para os inspirados experimentos de Cleve, uma vez que envolviam matérias (e não matérias) que os cientistas não podiam ver, ouvir ou tocar com os cinco sentidos. Trata-se de um raro cientista que ativou o sexto sentido — o da intuição sensitiva, que conduz à verdade —, embora em Cleve, que tem muito jeito de Spock, esse sentido tenha sido perfeitamente afinado desde o dia em que nasceu como curioso pisciano. Por fim, até mesmo a impecavelmente respeitável e ultraconservadora Associação Americana para o Progresso Científico (AAAS)* se viu forçada a reconhecer seu trabalho pioneiro no campo da pesquisa celular e, adequadamente, embora com certa relutância, denominou-o "pai da percepção da célula primária".

Faz alguns anos, ao ser convidado a falar para este solene grupo em Nova York, Cleve, com seu sutil senso de humor netuniano (parte do sexto sentido), disse à sua platéia de cientistas, após ser devidamente apresentado como o pai da percepção da célula primária, que "a julgar pela maneira como os senhores estão recebendo minha pesquisa, eu me sinto mais como sua mãe solteira".

Em primeiro lugar, já que não há nada de que se envergonhar, e sim de que se orgulhar, deve ser dito desde o início que Cleve não possui um grau, um mestrado ou doutorado em qualquer das "disciplinas" científicas. Embora tivesse estudado engenharia civil, agricultura e psicologia na Texas University, na Texas A&M e no Middlebury College de Vermont, falta-lhe um semestre de créditos para ter o grau de bacharel. Não obstante, Cleve possui um altíssimo "grau" de percepção sensitiva, lógica e senso comum (o qual, sem dúvida, não tem muito de comum).

Quando alguém possui um terceiro olho aberto tão amplamente e funcionando tão eficazmente como o de Backster, a educação superior ortodoxa pode ser mais um entrave do que uma vantagem, ao bloquear a clareza de pensamento, por restringir a imaginação. Da mesma forma como Abraham Lincoln se tornou advogado, Cleve é principalmente autodidata.

*Sigla para *American Association for the Advancement of Science.* (*N. da T.*)

Embora sem pretender ser um Ph.D., uma pessoa precisa ler e estudar muito, porém mais conhecimento real é adquirido se essa pessoa estuda intensamente aquilo que lhe interessa, em vez de ser forçada a ter cursos de estudo prescritos por terceiros para obter "créditos" simplesmente porque foi o costume nas décadas passadas, em um mundo que, em tudo e por tudo, está literal e completamente diferente. A Era de Aquário vem modificando todas as normas.

A maioria daqueles que descobriram ou inventaram conceitos capazes de acelerar a evolução da Terra jamais possuiu o pergaminho que hoje em dia muita gente considera uma necessária apólice de seguro para ter sucesso na carreira. Entretanto, ser privado desse grau máximo pode se transformar em uma vantagem máxima. Tornemos isso uma vantagem máxima.

Se não fosse "privado" do grau de mestrado, em qualquer "disciplina" científica, Cleve Backster, o pai da percepção da célula primária, talvez jamais gerasse este "filho" milagroso, destinado a modificar o processo básico de pensamento da cética ciência moderna — e, certamente, é o que ele está fazendo! Então, os cientistas do mundo inteiro, não mencionando você e eu, jamais saberiam que não se pode cortar um dedo sem que isto seja sentido e registrado pelo aipo e pela couve-de-bruxelas em sua geladeira ou, mais poeticamente, que "não se pode tocar uma flor sem estremecer uma estrela".

Existe sempre uma compensação para cada "maldição" aparente, prestes a torná-la uma bênção. Como na velha história de fadas. Como o belo príncipe saberia que a princesa o amava realmente por si mesmo, se um perverso encantamento não o houvesse transformado em um sapo feio e encalombado, que assim mesmo foi beijado por ela, ainda ignorando que aquilo era uma provação temporária? Aí temos outra "maldição" que, de fato, era uma bênção dissimulada. Estou parecendo Poliana? Nada há de errado nisto. Poliana tinha conceitos muito bem definidos sobre felicidade. Pessoalmente, confiro este "grau ou não grau" de importância aos diplomados do ginásio que, por problemas financeiros, não puderam cursar uma universidade. Vocês, os "privados", devem lembrar-se de que Alexandre, o Grande, conquistou o mundo quando tinha 18 anos sem jamais ter uma só aula sobre "conquistar"!

Cleve Backster, hoje mundialmente reconhecido por desafiar o ceticismo da ciência no tocante à percepção da célula primária, iniciou sua pesquisa de campo às primeiras horas da manhã de 2 de fevereiro de 1966,

"Groundhog's Day"(!),* um dia bem apropriado para o vulcano com orelhas de elfo que, pelo que me consta, bem pode ser Spock disfarçado. (Eu o acuso disso periodicamente.)

Sentado em seu laboratório da Fundação de Pesquisas Backster em Nova York (hoje localizada em San Diego), Cleve estava perdido em um de seus devaneios netunianos quando, por acaso, olhou para uma enorme planta a um canto do laboratório, a qual talvez conversasse amistosamente com ele em qualquer nível astral percorrido mentalmente por meu amigo naquele momento. Para ser precisa, o verdadeiro nome botânico da planta é *Dracaena massangeana*. Uma vez que ela parecia um pouco abatida aos compreensivos olhos do nosso pisciano, ele decidiu aguá-la. Levantando-se para isto, de repente Cleve perguntou-se em quanto tempo a água viajaria das raízes às folhas, que lhe pareciam tão desesperadamente sedentas. Então, após regar a planta, ligou a uma das folhas dois eletrodos polígrafos, certamente sentindo-se tolo ao fazê-lo (um ato que alguém treinado nas "disciplinas" científicas jamais pensaria em executar) — e aguardou, a fim de verificar se a umidade, lenta e gradualmente, modificaria o nível de resistência da planta o suficiente para ser registrado no papel adequado.

Bingo! Ele ficou chocado (até onde um pisciano se choca; é difícil surpreendê-lo) ao ver um imediato padrão de reação da planta, agora mais empertigada, o qual tinha forte semelhança com a reação de um humano sob estímulo emocional. Em seguida, com crescente excitamento e curiosidade, ele quis saber se a planta também produziria no papel de poligrafia uma resposta "humana" a uma ameaça ao seu bem-estar e segurança. Decidiu experimentar, queimando uma de suas folhas.

O que aconteceu então foi muito animador, porque duvido sinceramente que o Peixes de coração mole fosse capaz de levar até o fim esse doloroso ataque à sua estimada *Dracaena*. Cleve não precisou fazê-lo, porque antes mesmo de encontrar um fósforo (ele nem mesmo tinha um isqueiro, já que não fuma, embora seja bastante tolerante, bem diferente desses paranoicos e histéricos ditadores não fumantes), antes de encontrar um fósforo... Bem, deixemos que Cleve conte, em suas próprias palavras. "Na fração de segundo em que visualizei a imagem do fogo, a pena de registrar enlouqueceu, dando um salto para fora do papel. Fiquei de fato atônito."

*"Dia da Marmota." Segundo a tradição, em 2 de fevereiro a marmota emerge da hibernação, mas, se o dia for ensolarado e ela ficar amedrontada com a própria sombra, voltando a hibernar, isto prognostica mais seis semanas de inverno. (*N. da T.*)

Estava claro que, de algum modo, pela comunicação de célula primária, a planta percebera a ameaça à sua segurança. Após esse histórico *Groundhog's Day*, Cleve efetuou cuidadosamente centenas de observações, segundo as chama, em um intenso e organizado esforço para descobrir mais evidências sobre a percepção da célula primária, não apenas na vida das plantas, mas também em frutas e vegetais, ovos frescos, culturas de mofo, iogurte, células de sangue humano, amostras de tecidos e até mesmo espermatozoides.

Backster demonstrou que as plantas caseiras registram visível apreensão quando um cão passa por perto (talvez foram usadas como vaso sanitário do canino descuidado), recebendo também sinais das células agonizantes do sangue que se coagula no corte acidental de um dedo. De significado igualmente vital, com referência à prova da sincronicidade e unicidade do Universo, é o fato de que elas mostram sinais de angústia em resposta a ameaças contra a vida das células de *qualquer membro da comunidade viva*. Cleve descobriu, ainda, que as plantas conseguem captar sinais da comunicação por pensamento humano a distâncias consideráveis. Elas registram "prazer" sobre a intenção de Cleve voltar a regá-las quando estava a 24 quilômetros de distância, no instante em que projetara tal imagem na mente.

Imagens e sentimentos experimentados individualmente pelas plantas e por elas recebidos dos outros não consistem de palavras faladas, evidentemente. É claro que as plantas não fizeram um curso de linguagem e, portanto, não compreendem palavras e frases como "uma de suas folhas está prestes a ser queimada" ou "aguarde um pouco, sei que está com sede, mas a água já está a caminho... P.S.: Amo você.", mas quando tais atos são visualizados mentalmente por quem diz as palavras, a tradução para prazer, consolo ou amor é rápida e direta.

Backster denominou tais fenômenos de "primários" pelo fato de que esta percepção se aplica às células que ele monitora, pouco importando suas respectivas funções biológicas individuais. Ele descobriu reações similares na ameba, no paramécio e em todos os demais organismos de célula única que pesquisou. Sem sucesso, tentou bloquear os sinais trocados usando uma tela Faraday, gaiolas e recipientes forrados de chumbo. Ainda assim, a comunicação continuava a fluir sem interrupção — da mesma forma como tentativas para "bloquear a comunicação invisível entre humanos, em experimentos PES, não têm o mesmo efeito sobre estes "comprimentos de ondas astrais". A conclusão a que Cleve chegou, em uma deficiente exposição da realidade (à maneira de Spock), é que "por mais incrível que pareça à imaginação, tem-se a impressão de existir um sinal de força vital, unindo toda a criação".

O que hoje parece incrível amanhã será cotidiano. Os humanos se acostumam a milagres com grande rapidez. As incríveis descobertas da eletricidade, do rádio, telefone e televisão parecem hoje tão excitantes aos humanos como pular amarelinha. Não vemos ninguém cair de joelhos, em êxtase e maravilhado, quando atende ao telefone, liga o rádio ou, ligando a televisão, contempla uma imagem que surge na tela "como por magia". As pessoas entediam-se com a magia quase imediatamente após ela se manifestar. Entretanto, talvez seja isto que faça o espírito humano ir em frente e para o alto, buscando uma nova magia e procurando novos milagres.

Algumas das descobertas de Cleve são divertidas, mas de sério significado, como as reviravoltas vegetais. Eletrodos são afixados a três espécies diferentes de vegetais frescos. Então "alguém" (não Cleve, que é demasiado compreensivo com seus novos amigos), outra pessoa qualquer, seleciona um dos três vegetais a ser postos em água fervendo, como fazem os restaurantes com aquelas pobres lagostas vivas. O vegetal selecionado "desmaia", antes mesmo de ser tocado, no instante em que a mente do selecionador o escolhe — isto é, registra no papel milimetrado um súbito salto para cima, seguido abruptamente de uma linha reta, indicando "inconsciência". Os outros vegetais continuam a traçar seus gráficos ininterruptamente nos floreados costumeiros — até que o infortunado companheiro seja "fervido": então, reagem com agitação. Ovos também "desmaiam", quando é mentalmente decidido apanhá-los e quebrá-los. Da mesma forma, eles registram uma resposta "nervosa" quando outro ovo é realmente quebrado em sua proximidade.

Sem dúvida, é uma confortadora descoberta para mim, uma vez que odeio colocar cenouras em um liquidificador, cortar um tomate em rodelas, e coisas assim. Agora, sei que eles passam para uma espécie de coma anestésico tão logo "percebem" o que está para acontecer, desta maneira não "sentem" coisa alguma. Cleve acredita que deveríamos comunicar antecipadamente ao alimento que ele está prestes a se tornar parte da cadeia alimentar, a fim de que ele possa se colocar em um estado de desmaio ou coma, protetor e indolor. Isto é o que os antigos monges tibetanos costumavam fazer: desculpavam-se em voz alta com o alimento antes de ele ser preparado e comido. Espero que as pobres lagostas tenham tempo para desmaiar antes de serem fervidas vivas.

Enquanto estamos no tema do "desmaio", certa tarde Cleve recebeu, no laboratório onde conduz todas as suas pesquisas, a visita de uma senhora de uma universidade canadense, a qual estava envolvida em botânica e "trabalho com plantas". Ela estava curiosa, querendo observar uma das demonstrações das plantas. Embora deteste esse tipo de coisa, porque nunca sabe que tipo de negatividade e ceticismo pode estar na mente do observador (capaz de conduzir a demonstração em curto-circuito), Cleve prontificou-se cortesmente a fazer-lhe a vontade, com certas reservas.

Na hora aprazada, a mulher bateu à porta. Cleve convidou-a a entrar e a levou diretamente para o laboratório, onde ela se sentou para observar. Ele então afixou várias plantas aos eletrodos e esperou. Esperou. Esperou. Nenhuma planta registrava um só traçado de "desmaios". As agulhas simplesmente não se moviam no papel milimetrado. Sentindo-se constrangido, ao mesmo tempo que irritado e perplexo (ele jamais presenciara uma não resposta total como aquela), Cleve remexeu nos eletrodos por um momento, até finalmente desistir. As plantas não estavam "falando". Haviam interrompido qualquer comunicação, ponto final. E isso foi tudo. Se elas haviam "desmaiado", especulou Cleve para si mesmo, fora antes da aplicação dos eletrodos, provavelmente no instante em que a mulher batera à porta, com pensamentos errantes flutuando em sua mente. Entretanto, que tipo de pensamentos errantes? Logo descobriremos.

Após alguns minutos de polida troca de amenidades, Cleve perguntou à senhora visitante que tipo exato de trabalho ela executava em seu campo, na universidade. "Ah, a maior parte das vezes", replicou ela alegremente, "eu colho plantas, depois levo-as para o laboratório, coloco-as no forno e as asso, para que eliminem todo o líquido e obtenham o peso seco." Mistério resolvido. As amedrontadas plantas haviam captado, pelo estranho código morse de percepção vegetal, que a "malvada feiticeira do norte" entrara no laboratório e poderia desejar assá-las, transformando-as em biscoitos crocantes. Assim, "perderam os sentidos", em uma trêmula combinação de pavor e autodefesa. Imediatamente após a mulher abandonar o laboratório, um preocupado Cleve correu de volta a suas traumatizadas plantas — e lá estavam elas, novamente rabiscando seu padrão normal de "tranquilidade" no papel milimetrado, não mais necessitando de uma Quinta Emenda botânica! Claro que isto é divertido, mas também de uma séria importância. De fato, as plantas podem absorver todo tipo de coisas na aura emocional dos humanos que delas se aproximam.

Conforme mencionei no Prefácio e repeti um pouco antes neste mesmo capítulo, a palavra SIMULTANEAMENTE significa "o tempo é uma mentira" ou AUSÊNCIA DE TEMPO, e a força energética da comunicação por trás da percepção da célula evidentemente viaja mais depressa do que a velocidade da luz, uma vez que as reações das plantas sempre acontecem "simultaneamente" ao pensamento na mente ou do trauma sofrido por qualquer coisa viva.

Backster efetuou tantas centenas de testes, demonstrações e observações, cada qual mais excitante do que o outro, que seria impossível incluir uma descrição detalhada de todos eles neste capítulo. Não obstante, aí vão mais alguns, explicados resumidamente.

Um ovo não fertilizado reage com pulsações que coincidem com *as batidas cardíacas de um embrião de galinha*; pouco importa o fato de que não esteja fertilizado e que (em uma dupla checagem disto), mesmo ao exame microscópico, o seu conteúdo não mostre evidência dos inícios de uma divisão celular fisicamente provada, responsável pelas pulsações. Temos aí mais uma prova de que a impregnação masculina não rege a vida, mas que a vida em si é governada pelo princípio ou essência feminina, que possui a sutil semente da futura vida ainda antes do princípio masculino entrar em cena. Também é mais evidência de que objetos materiais, coisas ou pessoas existem como uma impressão nos éteres antes da manifestação em matéria física ocorrer pelo uso de energias superiores. Um galo acasalando com uma galinha é somente uma dessas energias, mas o evento futuro já está presente na aura feminina.

Em seu experimento original publicado, Cleve instalou um dispositivo automático em um aposento separado, perto do laboratório, que despeja xícaras de diminutos camarões marinhos na água fervente a intervalos irregulares. As plantas afixadas a eletrodos, em seu laboratório, reagem com intensa agitação no papel milimetrado no exato instante em que os pequeninos camarões entram em contato com a água fervente.

Antes de lhe dar um exemplo final das observações monitoradas de Backster, eu gostaria que você imaginasse o seu laboratório, em San Diego. Está cheio de criaturas, de peixes a enguias elétricas, plantas por todos os lados, equipamento de monitoração por televisão, microscópios e aquários de vidro, com um ET empalhado (o tão conhecido extraterrestre) supervisionando as operações — um presente meu, em um certo *Groundhog's Day*. Quando uma pessoa caminha pelo laboratório, deve abrir passagem cautelosamente, a fim de examinar todas as plantas e alquimias que estão acontecendo ali, porque, se não houver cautela, poderá tropeçar na enorme tartaruga que se arrasta preguiçosamente pelo lugar, sempre e para onde quer que a leve sua fantasia, às vezes brincando de esconde-esconde em sua carapaça com seu amigo e companheiro Sam, o superinteligente e algo arrogante gato siamês de Cleve. Sempre que apareço por lá, vêm-me à mente aquelas linhas de Lewis Carroll: "Não podia ir um pouco mais depressa?, disse a savelha à lesma. Há um porco-do-mar bem atrás de mim, e está pisando na minha cauda." E mudo "porco-do-mar" para "tartaruga" porque Sam vive usando a cauda para implicar com o pobre bicho, nas maneiras mais variadas e inventivas e qualquer dia a tartaruga irá, não pisar-lhe na cauda, mas puxá-la para dentro de sua carapaça. *Miau!*

Aqui vai mais um experimento de Backster, um dos quais ele não aprecia e não gosta de ver, mas de grande significado para a unicidade do universo.

Agentes de polícia e alunos de vários estados observaram esta experiência: seis dos oficiais tiram a sorte para decidir quem será o "assassino". Este agente assim escolhido ao acaso arranca então do solo uma de duas plantas que estiveram "simpatizando-se", uma ao lado da outra, durante várias semanas ou meses no laboratório. O "assassino" destroça as folhas da planta arrancada e, em outros sentidos, assassina violentamente a pobre vítima verde. Algumas horas mais tarde, cinco dos oficiais entram no aposento, um de cada vez, onde se encontra a "planta testemunha", afixada a um eletrodo. Ela continua traçando seu padrão normal e individual na folha milimetrada, sem mostrar reação. Entretanto, quando entra na sala o agente que assassinou a amiga da planta, a planta testemunha reage imediatamente, com uma forte resposta de "agitação".

Um policial que observava uma destas demonstrações no laboratório de Backster coçou a cabeça quando tudo terminou, murmurando: "Minha nossa! Já pensaram que um dia, no futuro próximo um homem pode ser condenado por homicídio em um tribunal pelo testemunho de uma petúnia?" Acredito que sim, policial. Esta é a Era de Aquário. A planta testemunha apresentaria idêntica reação se um humano fosse assassinado diante de seus "olhos", mas, naturalmente, Cleve não pretende efetuar nenhum teste para prová-lo. Entretanto, os detetives que investigam um homicídio, enquanto recolhem impressões digitais na cena do crime, bem poderiam olhar ao redor e verificar se ali existe alguma planta. Depois, levariam essa ou essas plantas ao laboratório de Backster para um teste na presença de alguns suspeitos, em uma espécie de "identificação de suspeitos enfileirados por uma planta". Os resultados, embora atualmente sem nenhum valor legal, seriam pelo menos... interessantes. O mesmo poderia ocorrer com uma amada planta dentro de casa, testemunhando um abuso contra crianças ou contra uma esposa. As possibilidades são intermináveis.

Existem apenas alguns exemplos das observações da pesquisa de Backster, variando de camarões e ovos a glóbulos sanguíneos humanos e espermatozoides, todos eles capazes de "reconhecer" seus doadores. Se você quiser saber mais sobre o trabalho de Cleve, ele foi parcialmente descrito no fascinante livro *The Secret Life of Plants* ("A vida secreta das plantas"), da autoria de Peter Tompkins e Christopher Bird. Entretanto, esse trabalho será melhor documentado e mais aprofundado, envolvendo interessantes dados subsidiários humanos, bem como os aspectos técnicos da pesquisa, em um livro atualmente projetado para publicação em futuro próximo.

Nesse meio tempo, se você possui uma mente técnica e aprecia aquelas compridas palavras da terminologia científica, tente obter um exemplar de *Biocommunications Capability: Human Donors and In Vitro Leukocytes*, trabalho escrito por Backster e Stephen White, e apresentado por Cleve durante várias conferências.

No passado, a ação a distância foi atribuída a forças gravitacionais, originadas dos luminares e planetas — uma correta atribuição. Entretanto, a pesquisa sobre a percepção da célula primária, feita por Backster, revela que isto é também uma característica de um campo *não material*, onde o campo gravitacional é localizado pela planta viva. O significado da pesquisa da Fundação Backster — que, apesar de seus grandes passos, está nos estágios iniciais, com mundos de excitantes descobertas pela frente — é que ela estabeleceu o fato de que as plantas são sencientes, isto é, que possuem o que só poderia ser denominado "sentimentos".

As plantas são criaturas sem nervos, dependendo, portanto, das auxinas que desenvolveu para atingir o crescimento, o fototropismo, definhamento, etc. No entanto, os testes de Cleve têm mostrado que elas exibem reações definidas e simpáticas a eventos benévolos ou malévolos que ocorrem em células vivas, animais, humanos e outras plantas em seu ambiente — e a distância.

Uma vez que às plantas faltam órgãos "sensoriais", suas reações a sentimentos não podem ser definidas como "impressões sensoriais". Elas devem ser descritas como evidência de um campo de força vital ainda desconhecido e inidentificado pelos cientistas ortodoxos, mas há eras conhecido pelos metafísicos. O que, exatamente, é esta força vital? Um acorde musical ainda não ouvido, um espectro de cor ainda invisível, aguardando a descoberta humana, mas operando em perfeita harmonia até que tal descoberta seja feita pelos terrenos de boa vontade.

O Dr. Arthur Galston, fisiólogo de plantas em Yale, durante anos foi um crítico franco não apenas das descobertas de Cleve Backster sobre a percepção da célula primária, mas também da unicidade do Universo em todas as suas várias facetas, citado por dizer que estas harmonias de comunicação eram "tolice perniciosa". A colorida frase de duas palavras, embora algo ácidas, de certo modo retiniu como um toque de falsa conclusão em meu interior quando a ouvi pela primeira vez. Então, decidi apelar novamente para o bom e velho pai-elfo Webster.

> *pernicioso*: que causa grande mal, desnutrição e ruína; mortal e fatal.
> *tolice*: absurdo; uma trivialidade não possuindo valor ou importância relativos.
>
> — *Webster, Noah*

Meu caro Dr. Galston, com o devido respeito, como algo trivial, de nenhuma importância ou valor, poderia matar, causar grande mal, destruição e ruína? Pobre homem, não devemos ser muito duros com ele só porque não domina adequadamente o uso da linguagem. Todos cometemos erros. Ele talvez se desculpe, alegando que não lê muito. Está ocupado demais, manuseando os órgãos de plantas e voando para convenções e seminários a fim de esguichar suas uvas azedas sobre as miraculosas pesquisas da Era de Aquário, para ter tempo de bisbilhotar em bibliotecas de publicações científicas com atenção suficiente.

Se o caro doutor houvesse lido meu primeiro livro, Seu futuro astrológico (o que é altamente improvável), teria ficado a par de várias descobertas fascinantes que o preparariam para o tipo de revelações da pesquisa de Backster — como as que se seguem.

Por exemplo, uma vez que o Dr. Galston frequentemente ridiculariza a astrologia, em 1953, o Dr. Frank A. Brown Jr., da Northwestern University, fez uma espantosa descoberta enquanto estava entregue à experiência com a "fisiologia" de algumas ostras. A ciência ortodoxa sempre presumiu (pela "atenta" metodologia do Dr. Galston) que as ostras se abrem e fecham com o ciclo das marés de seu local de nascimento. Entretanto, quando as ostras do Dr. Brown foram tiradas das águas de Long Island Sound e colocadas em um tanque de água, no seu laboratório de Evanston, no Illinois, emergiu um estranho padrão.

O novo lar das ostras foi mantido em temperatura uniforme, sendo a sala iluminada com uma luz mortiça e permanente. Durante duas semanas, as ostras deslocadas abriram e fecharam as conchas ao mesmo ritmo das marés de Long Island Sound, a 1.600 quilômetros de distância. Então, de repente se fecharam de todo, e assim permaneceram durante várias horas.

Precisamente quando o Dr. Brown e sua equipe de pesquisas se dispunham a dar por encerrado o caso das ostras saudosas do lar, aconteceu com eles o mesmo fato estranho que a Cleve Backster naquele *Groundhog's Day* de 1966. As ostras voltaram a se abrir, franca e inesperadamente, para espanto e surpresa do Dr. Brown (como ocorreu com Backster). Exatamente quatro horas após a maré alta em Long Island Sound — *no preciso momento em que haveria uma maré alta em Evanston, no Illinois, caso esse lugar fosse no litoral* — iniciou-se um novo ciclo.

As ostras estavam se adaptando em ritmo àquela nova latitude e longitude geográficas. Movidas por que força? Pela força magnética da Lua, evidentemente. Por fim, o Dr. Brown teve de concluir que "os ciclos de energia das ostras são regidos pelo misterioso sinal lunar que controla as marés".

Mais tarde, o falecido Harold Saxton Burr, professor emérito de anatomia na Faculdade de Medicina em Yale, a própria *alma mater* do Dr. Galston, declarava que "um complexo campo magnético não apenas estabelece os padrões do cérebro humano ao nascimento (astrologia, Dr. Galston), como continua a regulá-lo e controlá-lo durante a vida". Afirmou o Dr. Burr que "o sistema nervoso central humano é um soberbo receptor de energias eletromagnéticas, o mais refinado na Natureza".

Nós podemos ter um andar mais gracioso, porém, ouvimos o mesmo tambor que as ostras e as plantas. Passando da astrologia às plantas (uma distância bem curta), o seu Dr. Burr, Dr. Galston, não somente reconheceu que os 42 bilhões de células em nosso cérebro formam uma miríade de circuitos possíveis, pelos quais a eletricidade pode ser canalizada, como também, entre seus inúmeros projetos pesquisados — levados a efeito com a mente aberta e um terceiro olho muito ativo —, elaborou um mapa contínuo por dez anos registrando a atividade elétrica potencial exibida por uma *árvore*, com resultados extraordinários que nada tinham de tolo nem de pernicioso.

Também houve o cientista indiano sir Jagadis Chandra Bose, que seguiu meticulosamente a sagrada metodologia científica de Galston e utilizou uma instrumentação extremamente sofisticada em suas experiências com a vida vegetal. Ele fez tudo estritamente pelo manual de Galston, e seus resultados foram, em essência, os mesmos de Backster, levando-o a declarar, com absoluta certeza, que "as plantas experimentam, definitivamente, um equivalente das emoções" — essas perniciosas pestinhas.

Pontos de polaridade Norte-Sul

Uma das facetas da sincronicidade universal, impressionante evidência da harmonia do Universo, é o mistério Norte-Sul. Meu aprendizado inicial a respeito aconteceu em uma manhã de primavera, na rua 57 Oeste, em 1963, quando encontrei meu primeiro Iniciado, na época disfarçado em manso e humilde empregado do *New York Times.* (Lembre-se, no Capítulo 3 eu lhe contei que todos os gurus possuem uma "fachada" que os ajuda a manter oculta sua verdadeira identidade.) Tentei as experiências que ele sugeriu, e nunca me decepcionei.

Após vários meses ponderando sobre o lado impressionante dos experimentos, localizei um livro publicado na Índia na virada do século, explicando a base do mistério Norte-Sul; dois anos mais tarde, Joe Goodavage publicou seu maravilhoso livro, *Astrologia: ritmos e ciclos cósmicos*, tendo eu o prazer de constatar que também ele estava ciente desta mágica harmonia de polaridade.

Embora o que eu aprendi inicialmente sobre o mistério Norte-Sul fosse mais tarde corroborado pelo livro de hataioga publicado na Índia, pelo clássico do ocultismo de Goodavage e várias outras obras metafísicas com as quais entrei em contato desde então, sempre terei recordações mais amplas do excitamento sentido naquela manhã encantada em que meu bem-amado "primeiro Guru" me revelou os seus segredos.

Imagino que a maioria de meus leitores já sabe que a água, no hemisfério Norte, escoa-se pelo ralo girando na direção dos ponteiros do relógio — e em direção contrária no hemisfério Sul. *Inversamente*, os furacões e tornados no hemisfério Norte giram contra os ponteiros do relógio, enquanto que no hemisfério Sul giram no sentido dos ponteiros — exatamente o oposto das direções que a água toma nos hemisférios Norte-Sul em relação à água que flui para o ralo.

Os astrólogos mapeiam o curso dos planetas, corretamente, no sentido contrário aos dos ponteiros do relógio, sobre a roda ou círculo astrológico, embora admitiam (como os astrônomos) que as "Eras" (Era de Peixes, Era de Aquário, etc.) se movam no sentido dos ponteiros do relógio. O que alguém escreveu na Bíblia cristã sobre "rodas dentro de rodas"?.

Tudo isso faz parte da harmonia de um Universo funcionante, nada podendo interromper ou interferir neste processo — exceto uma coisa que logo saberemos. Como esta lei inflexível afeta os eventos mundanos sobre a Terra e de que maneira afeta você, como indivíduo? Magneticamente. E de modo muito mais importante do que os suspeitados por todos, com exceção de alguns poucos Iniciados.

A lei universal estabelece que, no hemisfério Norte, o Norte sempre foi e sempre será dominante sobre o Sul. Quando uma oposição ou conflito ocorre entre eles, o Norte invariavelmente vencerá — podendo também haver um empate ou acordo, de maneira que *ninguém vença*. Entretanto, seja qual for a situação, o Sul não pode dominar ou vencer o Norte.

No hemisfério Sul, a lei é polarizada — isto é, de efeito oposto. No hemisfério Sul, o Sul sempre foi e sempre será dominante sobre o Norte. Em caso de uma oposição ou conflito entre eles, o Sul sempre vencerá — podendo ainda haver um empate ou acordo, de maneira que *ninguém vença.* Entretanto, seja qual for a situação, o Norte não pode dominar ou vencer o Sul — no hemisfério Sul.

Em última análise, contudo, o Norte é superior — em um sentido universal — porque, quando uma oposição ou conflito ocorre entre o *hemisfério Norte e o hemisfério Sul, o Norte possuirá a vibração dominante e será vitorioso — ou o desfecho será um "empate", quando então nenhum dos dois vencerá.*

Como evidência da última parte desta lei de polaridade Norte-Sul, nenhuma civilização já se originou no hemisfério Sul; todas elas tiveram origem no hemisfério Norte. Toda nação moderna hoje existente ao sul do Equador foi originalmente descoberta e fundada por pessoas do hemisfério Norte. Esta dominância do Norte (no hemisfério Norte) e do Sul (no hemisfério Sul) — e a dominância final do Norte sobre o Sul *entre* os dois hemisférios — manifesta-se em cada sentido macroscópico e microscópico entre cidades, estados, nações e indivíduos, no que se relaciona a oposições ou conflitos — de guerras a discussões e debates pessoais.

Examinemos maiores evidências desta inflexível lei universal de harmonia. A Guerra Civil dos Estados Unidos. A guerra entre os estados da América. Embora possam existir ainda alguns poucos rebeldes obstinados que secretamente continuam cantando *Poupem seu dinheiro confederado, rapazes, o Sul tornará a se levantar* (canção escrita por minha amiga "Hank" Fort, uma mulher sulista), isto não pode acontecer. O Sul perdeu, o Norte venceu, o desfecho decidido ainda antes da guerra estourar.

Todos os "gurus" religiosos ou ocultistas dos países orientais estão bem cientes desta lei da polaridade. Devido à ignorância de nossos atuais líderes americanos sobre esta lei (quando não havia uma diferença genuína entre a política do Norte e do Sul da Coreia ou do Vietnã), os Estados Unidos da América foram manobrados e manipulados para lutar ao lado da Coreia *do Sul* e do Vietnã *do Sul* — sendo então a "mais poderosa nação do mundo" humilhada pela impossibilidade de sair vitoriosa sobre a Coreia do Norte ou o Vietnã do Norte. Nossa derrota, como a sina dos rebeldes na Guerra Civil, já estava decidida antes que o conflito acontecesse. Se nossos atuais líderes políticos abrissem seu terceiro olho e se iniciassem nas verdades esotéricas, como nossos pais fundadores, além de deixarem de ridicularizar tudo que seja metafísico como "tolice perniciosa", à maneira do nosso recentemente convertido Dr. Arthur Galston, não haveria necessidade de tais derrotas ocorrerem. Melhor ainda, o conflito cessaria, substituído pela paz, ao se tornarem eles plenamente iluminados.

Como apontou Goodavage, a iluminação espiritual move-se na direção leste e a civilização na direção oeste sobre a esfera terrestre. Na questão de dominância, se os limites de duas nações ocuparem as mesmas latitudes gerais, então a lei da polaridade, em qualquer que seja o hemisfério, aplica-se à *cidade capital* das nações ou países assim geograficamente localizados.

No hemisfério Norte, a China mantém dominância sobre a Índia e prossegue sem sucesso em sua rivalidade com a Rússia, estando Pequim ao *norte* de Nova Délhi, na Índia — e ao *sul* de Moscou; da mesma forma, ao sul de Washington, D.C., assim como a Índia fica ao *sul* de Pequim, Moscou e Washington. Contudo, uma vez que Moscou e Pequim se situam ao *norte* de Washington, D.C., os Estados Unidos jamais alcançarão a dominância (seja política ou espiritual) sobre a China e a Rússia enquanto nossa capital não se mudar para o Alasca, ao *norte* das capitais desses dois países.

Os grandes exércitos da França e da Alemanha eram fortes e favorecidos quando invadiram a Rússia, tendo suas derrotas sido atribuídas às condições de tempo adversas. Antes disto, eles foram derrotados pela lei universal de polaridade Norte-Sul, uma vez que a Rússia se situa ao *norte* das duas nações. No tocante à poderosa Rússia, com milhões de homens para lutar contra os poucos defensores da diminuta Finlândia, foi impossível à União Soviética dizer-se vitoriosa sobre este pequeno país ao *norte* dela. O "grande" exército russo não pôde derrotar os finlandeses.

Meditem sobre as polaridades Norte-Sul, e tirem suas próprias conclusões. A Nicarágua fica ao *sul* de Israel, no hemisfério Norte, e também ao sul dos Estados Unidos. Não obstante, os contras estão "por todo o território", de maneira que a resolução do conflito *dentro* deste país é uma rara escolha de livre-arbítrio, presumindo-se que outros países ao norte cuidem da própria vida.

Ainda no hemisfério Norte, deveria ser importante para os líderes mundiais o fato de que Teerã, a capital do Irã, fica ao *norte* de Bagdá, capital do Iraque. A pobre Cuba fica ao sul de todas as maiores potências do Hemisfério Norte, por necessidade precisando alinhar-se com os Estados Unidos ou com a Rússia. Fidel Castro tentou uma aliança com os primeiros, resultando que a nossa CIA, com seus parceiros do crime organizado, tentaram matá-lo de várias maneiras, em inúmeras ocasiões. Até os inimigos de Castro enxergariam a lógica e a necessidade de então se voltar para a Rússia.

Castro possui sua carga de culpas e defeitos (não é o que todos possuímos, incluindo-se alguns de nossos presidentes?), porém, em sua última visita aos EUA, insistiu em ser levado ao Lincoln Memorial, em Washington, antes de voltar ao hotel, permanecendo lá quase uma hora, chorando abertamente. Não posso culpar o homem por admirar e respeitar Lincoln. Teria sido algum golpe publicitário? Talvez. Não tenho como saber ao certo. Evidentemente, Castro não é nenhum "Honesto Abe", porém tampouco é a encarnação do demônio, e as paredes de seu gabinete são cobertas de fotografias de Abraham Lincoln, não de antigos líderes cubanos.

Por falar em Lincoln e truques de publicidade, o jantar anual do Dia de Lincoln, em sua cidade natal de Springfield, em Illinois, poderia ajustar-se perfeitamente a tal descrição. Em realidade, não passa de uma plataforma política para os farejadores da mídia em busca de candidatos potenciais a presidente. Compareci ao jantar do Dia de Lincoln, em 1986. Havia quinhentos comensais ouvindo a costumeira banda da Guerra Civil tocando *Glória, Aleluia* e aplaudindo os apaixonados discursos sobre Lincoln libertando os escravos. Não obstante, naquele imenso salão havia apenas dois rostos negros visíveis em um oceano de rostos brancos, perto do palco, onde as câmeras de TV pudessem apanhá-los. *Apenas dois.*

O que se pode, no entanto, esperar desses "guardiães e protetores" da imagem de Abraham Lincoln — os pais da cidade e curadores do museu de Springfield —, os quais recentemente aprovaram a instalação de *iluminação a neon* na casa de Lincoln, na rua Oito? Quando a visitei, antecipando a experiência de comovente nostalgia, não estava bem certa se me encontrava no lar de Mary e Abe ou no supermercado Red Apple.

Se os líderes mundiais fossem mais metafisicamente orientados, descobririam ser significativo e profético que a nação de Israel fique ao *norte* da

Arábia Saudita — e que, da mesma forma, Tel Aviv esteja ao *norte* do Cairo, no Egito. Sim, Tel Aviv fica ao *sul* de Beirute, capital do Líbano — enquanto Beirute está ao *norte* do Cairo, Egito. Com tão complexos e entrelaçados exemplos da lei universal de polaridade Norte-Sul, não é de admirar que a luta no Oriente Médio pareça fadada a perpetuar-se até todas essas nações perceberem que enfrentam uma situação de não vencedores e estendam uma ponte de paz entre si, em um espírito de compromisso e respeito pelas crenças religiosas uns dos outros.

No hemisfério Sul, sob a lei inversa ou oposta da polaridade Norte-Sul, com o Sul sendo superior ou tendo dominação sobre o Norte, consideremos estas possibilidades geográficas: embora situada ao *sul* de todas as grandes potências do hemisfério *Norte*, portanto nunca podendo derrotá-las, a África do Sul também se situa ao *norte* da Nova Zelândia e partes da Austrália e Argentina, que lhe são dominantes, segundo a lei de polaridade *inversa* para o hemisfério Sul. Mesmo jamais sendo conquistada por qualquer outra nação africana, a nação européia que é a África do Sul não terá chance de vencer em um conflito com as grandes potências do hemisfério Norte, e certamente diz respeito à atual desaprovação do *apartheid* pelo hemisfério Norte.

Os Estados Unidos dominam tradicionalmente o México, ao passo que o México, por sua vez, domina seus vizinhos para o sul, exceto aqueles situados no hemisfério Sul, onde se inverte a situação.

E o que dizer sobre a Guerra da Independência entre o México e a Espanha, na qual o primeiro conquistou sua independência? Uma lei universal nunca é unidimensional — existem vários níveis de complexa interpretação de "dominância", em raras ocasiões. No que se refere a esta, de fato a Espanha está ao norte do México, no hemisfério Norte, e deveria sair vitoriosa, pensaria você. Pois estaria enganado.

Em primeiro lugar, as guerras por independência, sendo assim encarado o conflito, possuem uma tonalidade de significado diferente. Neste exemplo, estando a Espanha ao norte do México, no hemisfério Norte, e portanto possuindo (como ainda possui) dominância sobre o país mexicano ao sul — por que o México conquistou sua independência? A resposta é que, embora ficasse independente com este tipo de conflito, diferente do conflito de outras guerras, onde duas nações (ou povos) *separadas* estão em luta, o México não escapou à *influência* da Espanha. Antes do conflito da independência, o México se compunha de várias tribos de índios mexicanos e lá era falado um igual número de dialetos. Após conquistar a independência, o México permaneceu sob a influência da Espanha, em sentido tanto cultural como político. E que idioma é hoje falado no México? O idioma da Espanha — o espanhol. Agora que o México é um país distinto, na hipótese de deflagração de uma guerra entre estas duas *nações distintas*, a Espanha sem dúvida venceria — podendo até surgir um empate ou acordo entre os dois, sem que nenhum lado vencesse. A regra Norte-Sul é enfatizada com este exemplo.

O Canadá pode perfeitamente ser o país do futuro, no hemisfério Norte. Esta nação ainda não desenvolveu plenamente seu potencial. Situado no hemisfério Norte, ao norte dos Estados Unidos, o Canadá sempre leva a melhor em várias negociações com os Estados Unidos, embora esta seja uma nação mais poderosa e desenvolvida industrialmente.

Não, não esqueci a cavalgada de Paul Revere à meia-noite, nem o rei George da Inglaterra e aquele outro George que congelou os dedos dos pés ao cruzar o Delaware. Mais tarde.

Como a lei da polaridade afeta o homem e mulher médios? Fortemente. Ela age com tal força que, de fato, cheguei a vacilar em expor este segredo em letras impressas, temendo que meus leitores o apontassem, solucionassem seu enigma e o aplicassem em todos os tipos de meios, eficientes, mas bizarros. A lei funciona, por exemplo, nos tribunais de justiça? Sim, funciona. Então, posso imaginar os advogados de defesa e acusação discutindo sobre qual de suas equipes legais tomaria assento ao *norte* do tribunal (garantindo a vitória sobre o outro lado — ou um empate, talvez acordo?) e qual de suas equipes legais tomaria assento ao *sul* da sala de julgamentos, condenando-se a perder sua causa. Existem ainda as várias nuanças quanto ao júri sentar-se ao norte do acusado, ou ao sul, talvez fazendo com que os advogados de defesa insistam em remover os assentos dos jurados para o outro lado da sala. E o juiz, onde ficará sentado, em relação à pessoa que está sendo julgada? Neste hemisfério, naturalmente a acusação preferiria ver o juiz sentar-se ao norte do acusado — mas nem tudo é como a gente quer, e o juiz que se sente onde queira, ponto final. Poderia você imaginar a reação de um juiz se lhe fosse solicitado pela acusação ou pela defesa que mudasse seu assento para o lado oposto do tribunal? Horror! Uma cena extraída diretamente de Gilbert e Sullivan...

O que foi dito, relacionado aos assentos na posição Norte-Sul da defesa e acusação dentro de um tribunal, nada tem de pilhéria e exerceria uma influência absoluta no desfecho de um julgamento. De qualquer modo, em seu lugar eu finalmente deixaria de dar o trabalho de provocar semelhante confusão ao perceber que, existindo tão poucos acusadores na iminência da abertura de seu terceiro olho, e havendo tantos defensores ainda anos-luz atrás da iluminação espiritual, não seria criado nenhum problema capaz de dar preocupação.

A mesma regra se aplica à junta diretora das corporações. Eles não percebem a importância da localização de seus assentos. E também o Congresso. Como a Câmara Municipal. Os encontros pessoais e particulares entre nossos presidentes americanos e os chefes de outras potências mundiais. Se eles compreendessem o quanto é vital a posição sentada Norte-Sul, seja qual for o hemisfério onde a conferência tenha lugar, haveria um mundo de diferença no desfecho do assunto.

Ainda há mais: nossos presidentes americanos poderiam considerar que, dentre todos os líderes mundiais com que se encontram, aqueles da China e da Rússia poderiam perfeitamente ter escolhido seus assentos com antecipação, em conferências anteriores. A China, porque os orientais estão cientes da lei da polaridade (admitam-no abertamente ou não); e a Rússia, porque a União Soviética há muito vem conduzindo uma extensa pesquisa sobre temas metafísicos e esotéricos, situando-se consideravelmente à frente dos Estados Unidos em tais experimentos, pois seus líderes percebem que a tecnologia pode ser tornada impotente por uma Lei Superior posta em prática. Em conclusão, nossos presidentes deveriam acautelar-se quanto ao lugar em que se sentam, chegado o momento de encontros importantes para a paz e a sobrevivência mundiais. A primeira dama talvez gostasse de levar uma bússola na sacola de viagem do presidente, quando ele voasse para uma destas conferências. Seria muito mais importante do que algumas camisas e meias limpas.

A lei funciona com igual força em sua sala de estar, um escritório ou na casa de um amigo — qualquer lugar, enfim. Acredite em mim, porque a experimentei centenas de vezes, fosse com os estranhos ou com aqueles mais chegados a mim. Quando tenho uma diferença de opinião séria ou branda, experimento sentar-me ao norte da pessoa, e quando consigo isso, sempre venço a discussão ou então surge um empate e, finalmente, essa pessoa acaba aceitando meu ponto de vista. Entretanto, nas vezes em que sou incapaz de manipular minha posição, sendo forçada a debater sentada ao sul da pessoa que está me fazendo passar "maus momentos" sobre alguma coisa, sempre perco — ou, pelo menos, jamais venço. De novo, quero enfatizar que, embora isto possa parecer divertido, trata-se de algo muito sério e muito real.

Posso imaginar, quando este livro for publicado, os casais disputando a poltrona ao norte ou a posição norte no sofá — não se falando em quem irá dormir para o norte ou sul da cama à noite, em relação à posição do cônjuge amado. Talvez eu pareça estar discutindo tudo isto com hilaridade, porém não existe nada tão sério quanto o presente assunto, nunca se esqueça. Se encarar como brincadeira o que está lendo, terminará se lamentando!

Analisemos agora a Guerra Revolucionária com a Inglaterra, nossa "mãe pátria". Naturalmente, tanto os Estados Unidos como a Inglaterra situam-se no hemisfério Norte. Londres fica ao norte, não apenas de nossa capital, Washington, D.C., como também de Boston, Filadélfia e Plymouth Rock. Pois o que aconteceu aqui? Conquistamos nossa independência da Inglaterra e também vencemos a infame guerra de 1812 com a Grã-Bretanha. Seremos imunes a esta poderosa e inflexível lei universal da dominância Norte-Sul? Sim, somos. Isso o surpreende?

Para começar, a verdadeira América pertencia aos nossos irmãos e irmãs índios americanos. Segundo a lei de polaridade Norte-Sul, desafortunada, mas, naturalmente, eles perderam o país para um punhado de ingleses e alguns franceses que chegaram aqui e literalmente roubaram a América de seus donos por direito, em várias guerras brutais e violentas com os peles-vermelhas — porque Londres fica ao *norte* da América. O desfecho não poderia ter sido diferente. Neste caso — dos índios americanos perdendo seu orgulhoso país para os ingleses —, a lei zumbia harmoniosamente, ainda que possa ter soado como notas desafinadas e acordes dissonantes para os infortunados índios.

Os descendentes atuais daqueles bravos índios devem se perguntar como o roubo vergonhoso de seu país foi permitido por qualquer espécie de lei ou harmonia universal, se a palavra "harmonia" é sinônimo da palavra "paz". É compreensível que eles queiram questionar a justiça de semelhante lei.

Poderia dar-se o caso de que o Eu Superior dos índios americanos e o Eu Superior daqueles soldados nascidos na Inglaterra que lutaram contra eles tivessem uma lei maior em mente — que os Eus Superiores dos dois lados conhecessem o futuro da América e o soubessem em mãos de alguns poucos Iniciados e Avatares, estes com o mais glorioso sonho, desde o sonho original do Éden?

Certamente o futuro da América estava em mãos de tais criaturas. George Washington, Thomas Jefferson, Benjamin Franklin, John Adams e outros estruturadores da nossa Constituição eram (estão ouvindo, Carl Sagan e Arthur Galston?) *astrólogos*. Eram rosacruzes e maçons de elevado grau — todos eles, incluindo-se Lafayette. Escolheram pela astrologia o nascimento dos Estados Unidos da América, guiados por profundos mistérios ocultos no desenho do grande selo desta nação.

O sonho tremulante destes pais fundadores da América, destes estruturadores da Constituição e da Declaração de Independência, de maneira alguma foi frágil. O sonho deles possuía uma força infinita e ilimitada — o grande poder de *despedaçar, pela primeira vez*, a inflexível lei universal Norte-Sul, uma permissão dada por nossos Criadores, uma vez em cada era ou coisa assim, tendo em vista o objetivo maior do amor e da paz sobre a Terra. Moisés não "quebrou a lei" (de física), dividindo o mar Vermelho?

Nenhuma outra nação, nenhum outro país, desde o próprio começo dos tempos nesta Terra, possuiu o poder de romper tão completamente a lei universal da polaridade Norte-Sul. Somente a América, em sua separação da Inglaterra e subsequente guerra com a Grã-Bretanha, em 1812, venceu — foi vitoriosa nas duas vezes, a despeito de se achar geograficamente situada na "posição do perdedor" no hemisfério Norte, ao sul do conflito.

A América possuiu esse poder porque nenhuma outra nação, nenhum outro país, desde o começo dos tempos nesta Terra, foi fundado sob princípios semelhantes aos Estados Unidos da América.

Abraham Lincoln, o visionário e ultrassensível líder da América, tido pelos metafísicos como um dos 14 pedaços da alma de Osíris, conhecia este segredo esotérico. Sua voz tremia quando pronunciou aquelas vibrantes palavras em Gettysburg: "Há 87 anos, nossos pais geraram uma nova nação neste continente, concebida em liberdade e consagrada ao propósito de que *todos os homens sejam criados iguais*. Estamos agora empenhados em uma grande guerra civil, testando se esta nação ou *qualquer outra assim concebida e assim consagrada* pode perdurar."

Sim. Lincoln conhecia a importância cósmica de não permitir que esta nação "do povo, pelo povo, para o povo" se extinguisse da face da Terra.

Nossa Constituição, com sua garantia de liberdade de expressão e de religião, é diferente de qualquer Constituição de qualquer outra nação já fundada na Terra. E, ainda mais importante, este é o único país completamente não étnico no mundo.

Não existe isto de "como um americano", no sentido de que existem franceses, italianos, alemães, russos, japoneses, etc. Outros países, outras nações *aceitam* imigrantes, mas os imigrantes *são* a América. Inexistem outros tipos de americanos.

Os americanos são índios (das duas espécies, da Índia e nossos irmãos e irmãs peles-vermelhas). Os americanos são franceses, irlandeses, escoceses, galeses, russos, ingleses, italianos, alemães, cubanos, mexicanos, espanhóis, chineses, japoneses, suíços, australianos, finlandeses, poloneses, iugoslavos, esquimós, e qualquer outro grupo étnico existente na Terra.

Jamais houve antes um país fundado com base no sonho de se tornar um lar *para cada homem e mulher, cada único terreno,* pouco importando sua nacionalidade, fé, credo ou cor. O sonho de nossos pais fundadores foi estabelecer uma nação que testasse o grande ideal de fraternidade de *todas as raças,* trabalhando juntas *como uma.* Nossos Criadores abençoaram este corajoso sonho de boa vontade e liberdade totalmente abrangente, protegendo-o ao subtraí-lo do jugo da lei universal da polaridade Norte-Sul.

Os Estados Unidos continuam sendo divinamente protegidos, por causa de seu sonho original. Pouco importam os escândalos sociais, Watergate e Irangate. Os chamados santos e santas têm as almas continuamente testadas. Continuamos sendo o único país do mundo inteiro onde tanto pensadores brilhantes, homens e mulheres, como pensadores desencaminhados podem falar aberta e francamente, dizer o que bem quiserem — seja contra ou a favor de nosso governo —, da mesma forma como podem falar os porta-vozes da mídia. A América continuará a ser divinamente protegida *enquanto a nossa Primeira Emenda, garantindo a liberdade de expressão*, permanecer intacta. Para mantê-la assim, vale a pena suportarmos toda a fealdade impressa e falada com a proteção dessa Primeira Emenda. E vale também a pena recordarmos a ressoante declaração de Voltaire: "Posso desaprovar o que você diz, mas defenderei até a morte o seu direito de dizê-lo."

Tocando
águias musicais

Segundo aprendemos pela singular exceção à lei Norte-Sul, a América é uma nação mística, sendo esta a intenção de nossos pais fundadores, os maçons-livres, rosacruzes e astrólogos coloniais, que perceberam as harmonias do Universo à sua volta e basearam seu sonho para a América em códigos esotéricos, moldados na harmonia da astrologia e numerologia.

O Mapa Natal dos Estados Unidos foi cuidadosamente escolhido, a fim de que essa nação recém-nascida recebesse o signo solar canceriano de 4 de julho de 1776, sua data selecionada de nascimento, com o fim de instilar as tradições históricas e culturais inerentes ao signo de Câncer, regido pela Lua. A data de nascimento desses "sete homens sábios" foi escolhida de modo que o regente de seu signo solar canceriano, a Lua, no signo astrológico de Aquário, abençoasse a América com os ideais aquarianos de tolerância e fraternidade, um toque de gênio e as qualidades progressivas e intuitivas de Aquário. A Lua rege as emoções. Desta maneira, nossos antepassados planejaram que as emoções do povo da América amadureceriam em tempo para se combinar às poderosas vibrações da Era de Aquário em aproximação, que, como astrólogos, eles sabiam ser a era seguinte na Terra — a fim de que a América liderasse o mundo em Luz e Verdade, durante a nova Idade do Ouro.

O Mapa Natal foi selecionado com a Lua aquariana adestrando harmoniosamente o Ascendente da nação — Gêmeos. O Ascendente Gêmeos (ou signo Ascendente) foi escolhido astrologicamente para dar à América versatilidade, inteligência, adaptabilidade para mudar a eloquência de expressão. Entretanto, como um país possui o mesmo livre-arbítrio que os indivíduos, infelizmente escolhemos no passado o uso de nosso Ascendente Gêmeos em sua vibração negativa de impostura, com sua típica loquacidade regida por Mercúrio, falando "pelos dois cantos da boca ao mesmo tempo", pregando igualdade enquanto nega o direito de voto, primeiro às mulheres, depois aos nossos cidadãos negros.

O signo de Aquário na Casa 9, a da religião, bafejou a América com a tolerância semeada por Urano, no que se refere às muitas e distintas crenças de seu povo. O signo de Peixes, regendo a Casa 10 da América, fez com que fôssemos conduzidos por "pais" ou presidentes alternadamente compassivos, espirituais — e trapaceiros. Tivemos alguns deste último tipo. Contudo, tivemos também nossos presidentes espiritualizados. Desde o nosso primeiro, George Washington, um pisciano, sincronizado com a

Natividade de nosso país no início. "Câncer cuida" é um comum e antigo ditado astrológico, referindo-se à essência da "mãe judia" do signo de Câncer. A América canceriana deu início aos "*care packages*" (embalagens de socorro), e, simbolicamente, continuamos alimentando o mundo com sopa de frango. Nosso sistema monetário reflete o amor canceriano pela segurança financeira, porém esse Ascendente Gêmeos e a Lua aquariana levaram a América a endividar-se. Como qualquer canceriano, a imagem da América para o mundo é temperamental, indo da depressão ao humor, sempre sugerindo a guarda de segredos, mas então o Ascendente Gêmeos começa a falar, e tudo fica à mostra.

Os místicos filósofos que fundaram a América, aqueles antepassados iluminados de nosso país, também desenharam o grande selo dos Estados Unidos com base nos mesmos princípios metafísicos, símbolo que oculta certos mistérios da herança espiritual da América. Seus projetistas acreditavam que, à altura da Era de Aquário, todos os americanos teriam evoluído ao ponto de compreenderem seus segredos, e, de fato, atualmente temos visto uma crescente onda de temas místicos. (O grande selo é reproduzido na nota americana de um dólar.)

Há vários livros disponíveis que falam das várias facetas dos significados místicos de nosso grande selo, incluindo-se a obra de Goodavage — mas nem todas essas publicações concordam em cada pequeno detalhe. Outra fonte de informação é uma reimpressão do exemplar "Spring 1952", de uma revista intitulada *Egypt*, disponível no Departamento do Tesouro dos Estados Unidos.

Você nunca se perguntou por que o grande selo dos Estados Unidos mostra uma pirâmide egípcia encimada por um olho misterioso? Antes de poder entender este código secreto, saiba que existem três tipos de carma. Em um sentido estratificado, cada terreno vive dentro destas três influências cármicas: (a) carma pessoal, individual, (b) carma nacional e (c) carma étnico ou racial.

Traduzindo os códigos do grande selo, a pirâmide e o olho simbólico significam que os Estados Unidos estão vivendo o carma da antiga Atlântida, sepultada no leito do oceano Pacífico, aguardando ser descoberta. Muito após o assassinato de Osíris, foi Ísis quem transmitiu os seus princípios sobre o governo ideal aos fundadores da Atlântida. A América é a Atlântida reencarnada, que, em si, foi o reencarnado Egito de muitas eras, quando era governado por Ísis e Osíris.

O que por alguns foi chamado de "olho místico", acima da pirâmide e no lado inverso do selo, representa o *Olho de Horus*, em geral desenhado como ... mas foi decidido por nossos antepassados, os seus projetistas, que esta versão ficaria por demais oculta para o público em geral, ainda não esclarecido, de modo que ele foi transformado num "olho comum", fato que o deixou ainda mais enigmático, uma vez que um olho comum não tem nenhum precedente histórico com qualquer genuína relevância mística.

Horus foi o filho de Ísis e Osíris, cuja história trágica relatarei com outros "segredos da Noite de Reis", em obra posterior. Segundo os "Irmãos Anciãos" de sabedoria, atualmente na Terra, os Altos Sacerdotes e Altas Sacerdotisas da Atlântida que fracassaram em alertar o povo a tempo para evitar os cataclismos naturais que provocaram a Grande Inundação reencarnarão na Era de Aquário, a fim de que possam ter uma segunda chance de alertar o povo, de ensinar-lhe os preceitos necessários para que evitem uma repetição da tragédia da Atlântida — os códigos dos signos estelares da sabedoria antiga, contendo as chaves da iluminação.

A pirâmide e o *Olho de Horus* estão no lado inverso do selo. Na parte anterior vê-se a águia americana, adotada como símbolo dos Estados Unidos da América por um ato do Congresso de junho de 1782. A águia é outro eco ou reflexo de *Horus*, o qual é retratado em inúmeros hieróglifos egípcios com a cabeça de um falcão, pertencente à família dos rapinantes ou da águia.

Ela é também o símbolo de Escorpião, a essência mais elevada de Escorpião — seus níveis inferiores são o lagarto cinza e o escorpião. (Todo este trio de Escorpião é simbolizado pela Serpente da Sabedoria devorando a própria cauda.) O Horus Escorpião Águia representa igualmente a fênix, ave mística com o poder de renascer das próprias cinzas, código esotérico tanto da reencarnação como da imortalidade, outro lembrete de que os Estados Unidos estão vivendo o carma da Atlântida.

O nome HORUS, se colocarmos duas letras ao re-*verso* (escrevendo um novo verso ou poema), torna-se HOURS,* daí por que Horus, nos ensinamentos secretos, é o Mestre da eternidade, o regente do agora eterno ou dimensão superior do tempo, mistério oculto que às vezes é escrito para nós nas iniciais codificadas MOE (*Master of Eternity*) encimadas pela pirâmide.

*"Horas", no original. *(N. da T.)*

E PLURIBUS UNUM
ANNUIT COEPTIS
MDCCLXXVI
NOVUS ORDO SECLORUM

O valor numerológico de Horus é 23. Estude seu significado à página 273. Osíris é um 17 — e Ísis é o número simples 8, símbolo da serpente dupla que devora a própria cauda, representando a eternidade e a imortalidade. O 17 de Osíris também fica reduzido ao número simples 8. Conforme aprendemos no Capítulo 5, o número 8 é o número de Saturno — e a reencarnação é regida por Saturno e Plutão, este último sendo o planeta regente de Escorpião. Somados, os números de Ísis e Osíris dão 16 ("queda de um lugar alto"), que se reduz a 7, o número espiritual (Capítulo 5).

O planeta seguinte a ser descoberto eventualmente será chamado Vulcano, a *deusa* manca do trovão, porque Vulcano é um planeta feminino, o verdadeiro regente de Virgem. Em seguida a este, será descoberto o planeta Pan-Horus, verdadeiro regente de Touro, que proclamará a compreensão da Terra sobre o agora eterno, colocando todos os terrenos em uma dimensão superior de tempo, incluindo a gravitação — e o seu controle.

Existem duas escolas de prognosticação, com referência a estes dois planetas ou "astros andarilhos". A outra escola alega e prediz que as descobertas serão feitas em ordem inversa, sendo Pan-Horus descoberto primeiro, depois Vulcano. Posto que nenhum dos dois foi ainda avistado, e sendo eu forte advogada do livre-arbítrio, que me permite escolher entre certa ou errada, lanço firmemente o meu voto pessoal por Vulcano primeiro, *depois* Pan-Horus. Algum taurino quer apostar? Prometo perder com elegância — *ou* ser uma generosa e humilde vencedora.

A águia (representando os Estados Unidos da América, no grande selo) suporta o escudo, aqui um código procurando mostrar que nossos antepassados pretendiam um país forte em se defender, mas também sempre pronto a defender e apoiar as nações e povos menos afortunados.

A legenda *E Pluribus Unum* ("Entre muitos, um"), escrita na fita que a águia tem presa no bico, não se refere somente à nação única, composta pelas 13 colônias, como muita gente acredita. O código esotérico desta frase indica ser o sonho original da América que aqueles conceitos sobre os quais fora fundada finalmente se disseminassem, incluindo todas as nações — e isto, então, as unificaria em Uma.

As flechas de defesa contra o ataque, aferradas pela garra esquerda da águia, nas décadas passadas foram excessiva e frequentemente vistas com significado distorcido — simbolizando a guerra —, quando não era necessária a guerra, sendo, desse modo, uma perversão de seu simbolismo original. Elas também são proféticas quanto a ser essencial a Guerra Civil manter o centro unido, uma necessidade cumprida com êxito, mas também profundamente lamentada por Lincoln.

É muito importante registrar que a cabeça da águia norte-americana olha para a *direita*, em direção à garra direita, que segura o ramo de oliveira da Paz. Em breve falaremos mais sobre a direção da cabeça da águia.

A nuvem brilhante acima de sua cabeça, brasonada por 13 estrelas representando os 13 Estados originais, representava várias coisas, porém nenhuma tão significativa como sua mensagem codificada de ser o que nossos antepassados viram como "a coroa de eras incontáveis", a reencarnação de um eterno ideal, a posse do poder de romper a lei universal da polaridade Norte-Sul, o mesmo ideal (embora com ainda mais camadas de verdade e amor) sustentado no início pelos fundadores do continente perdido da Atlântida antes que o livre-arbítrio dessa terra e sua gente um dia feliz os levasse à sua trágica inundação.

Se você estudou atentamente as seções sobre numerologia no Capítulo 5, poderá adivinhar o motivo para e a importância da repetição do número composto 13, tanto na face como no verso do grande selo. Repare quantas repetições existem desse número.

Há 13 estrelas no halo circular do Sol doador de vida, acima da cabeça da águia. O número total de listras no escudo da águia é 13, novamente representando as 13 colônias originais. O ramo de oliveira da paz, preso à garra direita da águia, contém 13 folhas e 13 bagos. Há 13 flechas aferradas à garra esquerda da águia — e 13 letras na legenda *E Pluribus Unum*. Todas estas repetições do número 13 são vistas na face do selo.

No verso, há 13 camadas de pedra da pirâmide *in*acabada. Você não imagina por que ela foi deixada inacabada, nesta imagem projetada pelos místicos que fundaram a América? A legenda *Annuit Coeptis* contém 13 letras. A correta interpretação destas duas palavras é: *O divino favoreceu nosso empreendimento*.

As palavras impressas na fita como divisa, abaixo da pirâmide, *Novus Ordo Seclorum*, significam *A nova ordem das eras*. Abandonando o número 13 um momento apenas, o valor numerológico de Novus Ordo Seclorum é 17 (você pode ler seu significado na página 269) — o *mesmo* número composto possuído por Osíris, cujos ideais e ensinamento do governo perfeito compreendem, em realidade, o que nossos fundadores quiseram dizer com *A nova ordem das eras.*

Voltemos ao número 13. Leia primeiro o significado deste número misterioso à página 265. Em seguida, no mesmo Capítulo 5, leia a seção concernente ao número composto 12, que amplia a explicação do número 13, também à página 265.

Outro significado estratificado da frequente repetição do 13 em nosso grande selo, como sabia a astróloga Nora Forrest, é que nossos pais fundadores remontaram o sonho e o direito de nascimento da América não às conhecidas 12 tribos de Israel, mas à menos conhecida 13ª tribo, da qual Manassés era o líder. Aliás, o general George Washington e 12 de seus generais eram maçons, portanto em número de 13. "Àqueles que compreenderem o número 13 é dado grande poder e domínio."

O poder final do 13 foi manifestado quando da assinatura da Declaração da Independência da América, à hora em que o Sol se situava exatamente aos 13 graus de Câncer.

Outro código secreto, além da "adaptabilidade à mudança", está por trás da seleção de um Ascendente Gêmeos para o Mapa Natal dos EUA. Gêmeos é um signo dual ou duplo, simbolizando o dia em que os americanos alcançarão a iluminação, percebendo que matéria e energia são polaridades inseparáveis da mesma realidade. (Dois são um.) Quando nos aproximarmos desta grande verdade, tanto científica como espiritualmente, segundo nos está gentilmente ensinando o trabalho de Cleve Backster, trilharemos o caminho certo para nos tornarmos imortais. (Ver o Capítulo 8.)

Na Terra, as forças das trevas não dormem; estão sempre trabalhando com afinco, sob o adágio de que "a luz atrai a escuridão". Por duas vezes, em 1792 e 1884, o Congresso tentou aprovar uma lei omitindo o verso do grande selo (com a pirâmide), porque era um enigma para os não iluminados. Em 1884, os líderes da América não tinham o menor indício do motivo que levara nossos antepassados a idealizarem uma imagem com tais subtons tão metafísicos e egípcios. Afinal, que relacionamento poderia haver entre o Egito e os Estados Unidos? Para alguns deles, isso era extremamente constrangedor, em particular se não podiam explicá-lo ou decodificar sua mensagem. Entretanto, a proteção Divina prevaleceu e, por motivos agora esquecidos, essa lei jamais foi aprovada; hoje, a América possui o único selo oficial existente composto por duas faces.

O grande selo dos Estados Unidos da América, a "nova Atlântida", contém toda a heráldica, o drama e o mistério esotérico do sonho americano, concebido por mestres da astrologia e numerologia, guardando um profundo significado oculto que tem marcado com firmeza o nosso caráter nacional, mesmo que nem nossos atuais líderes nem o povo americano tenham consciência disto.

Placas púrpura para purpúreos leprechauns

Já aprendemos que cada objeto material e cada ser humano vibram a uma frequência individual de unidades de angstrom (ondas luminosas) por segundo. Esta é a energia de força vital responsável pela harmonia e sincronicidade universais, os arco-íris esquecidos e esquecidas melodias criando a unicidade do Universo, estabelecida pelas descobertas da percepção da célula primária, de Cleve Backster. Na Índia, essa força vital tem o nome de *prana*, mas, seja qual for sua denominação, você não poderia viver sem ela e, no momento, usa apenas uma fração de seu poder.

Sua mente tridimensional pode usá-la para entrar em sintonia com a consciência cósmica quadridimensional (seu Eu Superior), permitindo-lhe "ver a luz", ficar em sintonia com a harmonia do Universo, uma vez que todos os milagres nascem dentro destas cores e acordes, aí também sendo concebidas todas as magias. São muitos os meios de sintonia. Não apenas um ou dois. Muitos.

Um deles é a descoberta da Era de Aquário, inspirada por Tesla, a que denominarei "as placas púrpura", na falta de melhor termo. Essas placas têm sido canalizadas dos domínios superiores para a Terra pela mente e cérebro de um homem que conheceu Nikola Tesla e estudou suas descobertas em profundidade — mas que prefere permanecer anônimo, como acontece a tantos cancerianos de profundo *insight*.

Estas placas de alumínio anodizado são feitas em dois tamanhos, um medindo aproximadamente 7,5 x 13 centímetros (3 x 5 polegadas), a outra medindo cerca de 28 cm x 28 cm (11 x 11 polegadas). Basta uma das placas menores para que sejam criadas montanhas de magia, porém acho melhor ter os dois tamanhos, por vários motivos. As placas foram anodizadas com a cor violeta, que é o raio curativo do espectro do arco-íris. Sua estrutura atômica foi alterada, de maneira que elas ficam em ressonância com uma vibração de alta frequência da força de energia vital, de um modo complexo, em conexão com a conhecida energia dos íons negativos. As "placas púrpura de energia" (nome com que as batizei) possuem um campo energético capaz de penetrar qualquer coisa viva — planta, animal ou homem.

A energia de força vital ou *prana* pode ser medida de várias maneiras. Uma delas é pelo equipamento radiônico. Utilizando-se este sistema de mensuração, o nível de energia de um homem ou mulher ainda não plenamente iluminados registraria, digamos, 20 na escala. Quando a tal pessoa é entregue uma placa púrpura, a leitura aumenta instantaneamente para 90 ou 95. A graduação não permanece nesse nível, mas o uso continuado da placa aos poucos eleva a energia da pessoa para cem, permanentemente. Iluminação. E ainda acima de cem, uma vez que a energia de força vital não pode ser totalmente medida por qualquer dispositivo conhecido de nossos dias. Assim, o uso desta "magia" da Nova Era finalmente elevará a taxa de frequência de suas unidades de angstrom por segundo, o que é evidente benefício para sua evolução espiritual, assim como para sua caminhada em direção à regeneração celular (ver Capítulo 8).

O funcionamento exato das placas não deve preocupá-lo tanto como aquilo que elas conseguem fazer por você. São tantos os minimilagres que elas podem produzir (alguns dos quais você descobrirá por si mesmo), que se torna difícil detalhar todos eles. Mencionarei apenas alguns.

Em primeiro lugar, o que é mais importante, as placas elevam, devagar, mas com plena certeza, a frequência vibratória daqueles que as usam, sendo isto de significado essencial. Elas reduzem as vibrações negativas do alimento, água, outros líquidos e tabaco. Muita gente que as possui em tamanhos maiores costuma colocar sobre elas os alimentos ainda na sacola do supermercado durante uns 15 minutos. É comum viajantes descobrirem que a água de um país estrangeiro lhes faz mal, mas isto não acontecerá se a água for energizada por uma placa púrpura durante dois ou três minutos. Os cigarros ficam menos tóxicos depois de colocados sobre a placa por cerca de 15 minutos. O abacaxi, por exemplo, perderá o sabor ácido, tornando-se adocicado.

A magia que, pessoalmente, achei mais proveitosa, diz respeito à dor. (Os Carneiros-Áries têm um limite de dor muito baixo!) Quando uma placa é colocada sobre um corte ou queimadura, ou amarrada com uma fita ou barbante sobre o local de alguma dor em qualquer parte do corpo, a cura é perceptivelmente acelerada, e a dor se reduz acentuadamente, quando não é eliminada com espantosa rapidez, em geral dentro de cinco a dez minutos, raramente indo além de 20. Isto é alcançado pela energia da placa, devolvendo o ritmo vibratório normal das células ou tecido machucado; assim, a cura e o desaparecimento da dor acontecem porque a área afligida recuperou o equilíbrio adequado.

Um dos operários contratados pelo mestre-de-obras na remodelação de minha casa no Colorado certo dia apareceu para trabalhar com uma "enxaqueca infernal" e estava prestes a tirar um dia de folga, quando amarrei uma "placa púrpura mágica" (do tamanho menor) sobre sua cabeça, usando o cinto de um roupão de banho. Ele ficou parecendo Spock, quando este e Kirk se preparavam para visitar o século XX, no filme *Jornada nas estrelas IV*. Pedi-lhe que a deixasse na cabeça por 15 minutos. Ele se sentiu meio ridículo, mas concordou. Menos de cinco minutos depois, quando lhe perguntei pela dor de cabeça, ele estava no alto de uma escada, pregando pregos. Baixou os olhos para mim, sorriu e disse: "Acabou. Sumiu completamente!"

"Muito bem, então devolva minha placa púrpura", falei, sorrindo de volta, satisfeita como sempre, ao observar a interminável magia. Ele respondeu, com total seriedade: "De maneira nenhuma vai tê-la de volta! Vou ficar com a placa o dia inteiro, e vou levá-la para casa!" Ele falava apenas com ar meio sério, claro, mas eu lhe dei a placa de presente, deixando-o tão eufórico como se houvesse ganhado uma varinha de condão — o que, de certo modo, a placa realmente é. Ao tratar um amigo com uma placa de energia púrpura você será pressionado a dá-la a ele, de maneira que é prudente ter várias à mão, para o caso de uma emergência. O incidente que acabei de relatar é apenas um entre as mais de cem dores de cabeça que observei serem curadas instantaneamente pela placa púrpura no correr dos anos.

Entre literalmente milhares de outros exemplos, houve uma vez em que um amigo cortava lenha para mim e "distendeu o braço". A parte superior do braço doía terrivelmente e ele estava prestes a ser levado de carro até Woodland Park para ver um médico. Pedi-lhe que se sentasse no sofá, preparei-lhe uma xícara de chá quente e amarrei uma placa púrpura em seu braço. Quando ele terminou de tomar o chá (com uma fatia de bolo), a dor desaparecera completamente e, cinco minutos depois, voltava ao pátio dos fundos para cortar lenha de novo. Medicina da Nova Era!

Uma das magias de que me vali inúmeras vezes é a capacidade da energia da placa em remover quase instantaneamente a sensação de náusea. Sempre que sinto uma forte náusea, qualquer que seja o motivo, corro a pegar uma placa púrpura, deito-me de costas na cama e coloco a placa sobre meu plexo solar. A placa de tamanho grande em geral funciona mais depressa neste caso, porém uma pequena também faz efeito, apenas demorando mais alguns minutos. O uso da placa desta maneira faz com que toda a sensação de náusea desapareça dentro de não mais de cinco minutos, às vezes um ou dois, em outras até em trinta segundos. Não sei o que faria sem ter à mão este confiável aliviador de náuseas e dor quando preciso dele com pressa. Minhas amigas com "enjoos matinais" devido à gravidez tratam suas placas como se fossem joias preciosas.

Alguns amigos meus costumam dormir com a placa enfiada na fronha do travesseiro (no lado de baixo, não naquele em que se coloca a cabeça) a noite inteira. A energia atravessa tudo e qualquer coisa, exceto metal. As pessoas acordam pela manhã com mais energia, sentem-se com se tivessem dormido oito horas de sono corrido, ainda que tenham dormido menos. Algumas poucas pessoas não conseguem elevar seu ritmo vibratório desta maneira porque, sendo demasiado sensíveis à energia, ficam acordadas a noite inteira! De qualquer modo, o uso das placas deveria se limitar a uma ou duas noites por semana e quando for importante acordar cedo na manhã seguinte com uma carga extra de energia, com vistas a algum compromisso ou encontro importante nesse dia.

No que se refere à elevação da frequência vibratória com as placas, há pessoas que sentem acentuado aumento de energia física e menos fadiga colocando uma no bolso da saia ou da blusa por trinta minutos a uma hora, duas vezes ao dia. Cada indivíduo é diferente, e a experimentação com as placas dirá rapidamente a cada um qual a forma mais eficaz de usá-las, com referência à sua reação pessoal.

Além de remover praticamente todos os tipos de dor de modo quase instantâneo — e além de todos os milagres menores manifestados — as placas de energia púrpura têm um uso particular que verifiquei ser quase inacreditável, realmente espantoso, mas perceptível e infalivelmente verdadeiro. Imagino que não haja como convencê-lo da validade disto, a menos que você faça uma experiência pessoal.

Já sabemos que cada pessoa vibra em uma frequência individual de ondas luminosas, uma verdade ou fato metafísico que é o fundamento de vasta quantidade de "magia" ignorada e insuspeitada. Os nativos das selvas civilizadas frequentemente impedem que missionários e outros visitantes tirem suas fotos com uma câmera, por motivos criados em suas mentes "não civilizadas" (não entulhadas pela fumaça mental da civilização) e cultivadas pelo sexto sentido e terceiro olho mais atuantes nesses terrenos. Eles alegam que quem os fotografa de alguma forma misteriosa "está lhes roubando um pedaço da alma".

Não é verdade. Contudo, o fotógrafo está "roubando" seu ritmo de frequência, algo que nada tem de misterioso para quem compreenda a frequência vibratória que estivemos discutindo. De algum modo, pelo processo da fotografia, a frequência individual da pessoa retratada fica impressa tanto no positivo como no negativo da foto. Assim, esta particular magia da placa púrpura só funciona quando o "negativo" da foto positiva não foi destruído e se sabe existir em algum lugar, seja em casa ou mesmo nos arquivos do fotógrafo que bateu a foto original — ou quando se usa um filme Polaroid, que contém na própria fotografia tanto o positivo como o negativo, face contra face.

Digamos que um filho, um marido, ou pessoa amada ou um amigo (talvez um empregador, um vizinho ou colega de trabalho) esteja se portando de maneira muito negativa e exasperante, como acontece com todos nós de tempos em tempos, sendo a natureza humana do jeito que é. Você pode, literalmente, modificar essa pessoa por completo mudando sua atitude de negativo para positivo — não permanentemente, mas até a próxima vez — ao usar sua placa de energia púrpura da maneira que se segue. (Contudo, não diga à pessoa o que está fazendo.)

Coloque uma foto Polaroid ou a impressão positiva de uma foto cujo negativo você sabe ainda existir, não tendo sido destruído, sobre uma placa púrpura de tamanho pequeno, com a face para baixo. Deixe a foto ali *por não mais de uma hora*. Em geral, dentro de aproximadamente 15 a 20 minutos, a atitude da pessoa sofrerá uma modificação extraordinária, ela se transformará inteiramente de implicante, teimosa, egoísta, irritada, rabugenta ou antipática, para cortês, alegre, desprendida, simpática e agradável. Você precisará fazer a experiência para comprovar a pura maravilha disto. Em minutos, a pessoa telefonará para você ou virá lhe falar, dependendo de onde e como o "desentendimento" aconteceu (ou você mesmo pode tomar a iniciativa do contato), demonstrando uma total mudança de atitude, com frequência desculpando-se pelas palavras ou comportamento negativos anteriores. Das primeiras vezes em que isto acontecer, você ficará francamente atônito, quase amedrontado por este tipo de poder energético. Poderá ainda, se preferir, manifestar esta magia *antes* de se comunicar com determinada pessoa, a fim de garantir que o telefonema ou encontro seja harmonioso. Lembre-se de nunca dizer a ela o que está fazendo. A mente da pessoa poderá bloquear ou negar a infusão da energia positiva.

Este tipo de energização com a placa púrpura nunca deverá ser tentado por motivos triviais — somente quando for genuinamente importante modificar as vibrações entre você e a outra pessoa. Aliás, isto não deve ser encarado como alguma espécie de "magia negra" para forçar uma pessoa a modificar suas decisões de livre-arbítrio, porque não funcionará. Trata-se de magia branca, capaz de apenas temporariamente, por certo período, mudar o ritmo vibratório da pessoa do negativo para o positivo. Em outras palavras, se alguém se recusou a fazer sua vontade, esta magia *pode* provocar uma mudança no coração ou na mente *apenas se a pessoa-indivíduo deseja modificar seu coração ou sua mente e não percebe conscientemente tal desejo.* Caso contrário, este processo *não* provocará uma mudança no coração ou na mente, embora *manifeste* o feliz resultado de criar um novo nível de compreensão entre vocês dois, uma espécie de trégua ou de paz, permitindo que ambos consigam manejar seus desejos conflitantes e resolver seus desentendimentos de maneira amistosa, sem rancor ou má vontade.

Eis aqui apenas um entre muitos exemplos de minha experiência pessoal. Uma amiga minha que mora em Colorado Springs visitou-me certo dia em Cripple Creek, debulhada em lágrimas. Seu marido, a quem ela amava profundamente, tornara-se alcoólatra. Minha amiga já tentara tudo, porém nada o convencia a parar de beber, embora ele fosse basicamente um "homem religioso", de bom coração, que admitia querer largar a bebida, mas sem conseguir fazê-lo. Perguntei à minha amiga se poderia emprestar-me um retrato dele durante alguns dias.

Ela me fitou com surpresa, mas entregou-me uma foto Polaroid que tinha na bolsa. Então, com compreensível curiosidade, perguntou o que eu pretendia fazer com a foto de seu marido. Sabendo que ela ainda não atingira um nível de iluminação suficiente para compreender as poderosas frequências de harmonia no Universo, e pressentindo que sua descrença poderia provocar uma espécie de "curto-circuito" no que eu planejava, dei-lhe uma resposta enigmática. Apenas sorri, dizendo: "Ah, vou apenas fazer um pouquinho de 'magia branca'."

Ela foi embora e, nessa noite, coloquei a foto de seu marido sobre uma de minhas placas púrpura de tamanho menor, deixando-a lá por uma hora inteira. Jamais havia usado o processo da fotografia dessa maneira, de modo que não tinha certeza do que podia — ou não — acontecer.

Na manhã seguinte, minha amiga telefonou do restaurante onde trabalhava em um estado combinado de felicidade e perplexidade. "Você não pode imaginar o que aconteceu uma hora atrás!", exclamou. "Jim (não é o verdadeiro nome dele) esteve aqui em sua hora de almoço e me disse que resolveu parar de beber 'de estalo' e que começará a ir à igreja todos os domingos! Sei que ele realmente pretende fazer o que disse. Nunca se mostrou tão sério a respeito antes. O que fez você para que isso acontecesse?"

Respondi que ficava muito satisfeita com a notícia, mas que ela não se preocupasse com o "motivo" da coisa — apenas esperasse, para verificar até onde seu marido falava sério. Dois meses mais tarde, recebi sua visita novamente em Cripple Creek. "Jim" a fazia acompanhá-lo à igreja cada domingo e não provara uma só gota de bebida. Um ano mais tarde, ele continuava sóbrio. Então, deixei-a acreditar que eu tinha "rezado" usando a foto dele, a qual lhe devolvi. Dois anos após este período de abstinência, ele voltou a beber. Foi quando contei para minha amiga a história da placa púrpura, sendo recompensada por ouvi-la expressar uma fé absoluta na magia, sem mostrar qualquer ceticismo.

Embora a essa altura seu marido fora morar em outro estado e eles estivessem legalmente separados, minha amiga pediu-me uma placa púrpura e dei-lhe uma, advertindo que nada poderia lhe predizer — posto que aquele não era o seu uso "comum" — no que dizia respeito ao tempo necessário para a magia manifestar-se, tratando-se de um caso de alcoolismo. Em vez dos costumeiros 15 a 20 minutos ou coisa assim, talvez o tratamento tivesse que ser bem mais prolongado, uma vez por dia ou várias vezes por semana. Ela compreendeu. Isso foi no ano passado. Uma semana atrás, ela ligou para mim na Califórnia contando que "Jim" voltara para casa e agora estava permanentemente curado. Ele se internara em uma clínica para cura em outro estado e só quisera voltar ao se saber livre da vontade de beber. Então agora tão felizes como dois besourinhos no cantinho, como costumava dizer minha mãe-elfo irlandesa. Naturalmente, não posso garantir que a placa púrpura sempre cura o alcoolismo, mas claro está que não causa qualquer dano... e, quem sabe? Para isso é que existe a experimentação.

O motivo de não se poder deixar uma foto sobre a placa por um período superior a uma hora de cada vez (e, de preferência, não mais do que uma ou duas vezes por semana) é que certas pessoas são extremamente sensíveis à sua energia. Uma "exposição" exagerada pode fazer com que o indivíduo assim "tratado" apresente nervosismo ou hipertensão. Se alguém usa a experiência da foto com más intenções *deliberadamente*, tal reação *não* acontecerá, porque a lei do Universo relacionada à energia de força vital bloqueará absolutamente esse resultado, devolvendo a tensão para o usuário. Esta é uma lei de magia inquebrantável, caso alguém tente usar tão sagrada força vital para o mal. Só devemos nos preocupar com a superexposição quando o motivo foi em benefício de alguém; então, a tensão será sentida brevemente, porque a superexposição não foi intencional. Do contrário, o usuário poderá ter muitíssimo a lamentar, por tentar prejudicar outra pessoa. A sensibilidade de certos indivíduos a estas energias tem sido demonstrada pelo que ocorre quando as placas são colocadas nas proximidades de pacientes mentalmente perturbados. Eles reagem de várias formas, mas sempre *intensamente*, daí ser aconselhável não demorar mais de meia hora de cada vez ao usar fotos de pessoas com distúrbios mentais sérios e às quais você gostaria de ajudar.

Enquanto você pondera no que, percebo, talvez considera uma energia fantástica contida nas placas púrpura, em particular quando empregada com fotografias, é bom saber que, há vários anos, cientistas têm feito bem-sucedidos experimentos na erradicação de insetos ao irradiarem uma *fotografia* das lavouras atacadas. Cientistas ortodoxos, quero dizer. (Eu sabia que isto deixaria alguns de vocês se sentindo melhor!) E por falar nisto, não importa se a foto que você expuser a estas energias de força vital foi recentemente — na véspera — ou quando a pessoa retratada era criança ou bebê. A frequência vibratória individual não muda.

Em minhas observações pessoais por mais de dez anos, a única dor ou desconforto que o campo de força da energia púrpura não aliviou foram de torções musculares, um disco ou vértebra deslocados. Quaisquer outras dores são francamente aliviadas ou desaparecem por completo. Quase esqueço uma mensagem especial para os amantes das plantas. Reguem suas plantas com água tratada sobre uma placa — e reparem na diferença do crescimento de suas amiguinhas. Além disto, colocar uma placa púrpura debaixo de flores frescas que vieram do florista fará com que elas durem quase o dobro antes de começarem a definhar. No que se relaciona a plantas, existem outras pequeninas magias desenvolvidas pelo mesmo pesquisador inspirado em Nikola Tesla, juntamente com várias outras inovações energéticas.

Não há qualquer registro de cura médica atribuída às energias da placa púrpura. De maneira alguma elas são destinadas a substituir o tratamento adequado de problemas sérios de saúde por médico holístico profissional, e tenho certeza de que meus leitores possuem o discernimento para perceber que certos sintomas, como dores no peito, por exemplo, merecem uma imediata atenção médica. Entretanto, para as outras magias como as que descrevi aqui, você descobrirá por si mesmo o quão eficazes podem ser as placas púrpura, e jamais ficará sem uma delas após ver o que conseguem fazer — muito mais, eu garanto, do que os medicamentos vendidos "por baixo do balcão", aclamados por vasta publicidade em todos os meios de comunicação sem qualquer objeção da classe médica.

Um último caso sobre as energias de força vital das placas púrpura (você também descobrirá vários outros usos pessoalmente): uma professora do

Colorado, amiga minha, descobriu o remédio perfeito para combater alunos do ensino básico que se mostram travessos e perturbam a aula. Em sua classe há uma cadeira com uma almofada no assento. Ninguém tem permissão para tocar a almofada ou se aproximar da cadeira. Foi batizada de "almofada mágica boazinha". Qualquer aluno que se porte mal é convidado a se sentar na "almofada mágica boazinha" por 15 minutos. Quando a criança volta à sua carteira, está transformada (ao menos temporariamente!) em um perfeito anjinho. Naturalmente, uma das placas maiores é colocada debaixo da almofada. Minha amiga professora descobriu sua maneira pessoal de produzir magia púrpura.

As placas têm sido usadas por muitas pessoas há mais de 15 anos — tenho a minha há mais de dez — e continuam funcionando eficientemente após todo esse tempo. Uma vez alterada a estrutura dos átomos do alumínio, ela permanece nessa condição, talvez indefinidamente. As placas não são "carregadas", mas simplesmente alteradas para vibrarem com a energia de força vital do Universo — o que Nikola Tesla denominou "energia grátis".

Traduzindo minha escolha pessoal de placas "púrpura" para descrever estas energias (talvez porque meu conto de fadas predileto quando criança fosse sobre um "elfo púrpura chamado Leser") na cor verdadeira das chapas — que é o "tom" musical de violeta no espectro do arco-íris —, ela representa o sétimo raio e a "chama violeta" do Avatar-Iniciado, o conde de St. Germain. Em metafísica, violeta é o raio curativo do espectro

☆ ☆ ☆

Se você que está lendo este livro for um homem e, por acaso, uma noite volte do trabalho para casa e encontre a mulher amada à sua espera com uma placa púrpura atada à volta da cabeça, para depois descobrir que ela mudou sua aconchegante poltrona favorita para o lado sul da lareira sem qualquer motivo racional, não entre em pânico e não fique pensando que ETs pousaram ali, forçando-a a tão estranho comportamento.

Uma vez que existe atualmente tanta controvérsia no ar entre astrônomos e astrólogos sobre a data real e científica da Era de Aquário e este livro parece estar tão envolvido com ela —, acho que terminarei esta seção com algumas linhas extraídas de *Gooberz*, em uma tentativa de transpor o abismo entre os prós e contras da data real, marcando o início da nova e dourada Era.

☆☆☆

não dê ouvidos
àqueles presumidos profetas e Cassandras
    que discutem interminável e monotonamente
sobre a Era de Aquário, tecnicamente, ainda não ter chegado

        que murmuram e discutem entre si
        sobre a firme e astronômica Precessão dos Equinócios
        ignorando a Procissão de Crianças Uranianas
        seguindo entre a solidão com velas acesas,
                                        cantando Paz

tudo que pedimos... é que a Paz tenha vez

estamos bem dentro de um orbe de influência
    astrológica
daquelas vibrações imprevisíveis de Aquário
sobre tal questão...
uma questão de fatos astronômicos e astrológicos
estamos agora tão perto deles quanto estava a Terra
das trementes vibrações da Era de Peixes

quando o Peixe simbólico da Cristandade
começou a nadar nas águas lodosas da ignorância
    neste escuro e lúgubre planeta
com Maria e José chegando esfalfados a Belém
à estalagem apinhada onde não havia vaga
com o mesmo problema da superpopulação
sem espaço

para os famintos e sem lar
ou os desesperadamente oprimidos
em nossos egoístas, buscadores corações

não há vaga para quem usa vestes de uma pele diferente
ou quem ouve o chamado de um tambor distante

não há vaga para os que seguem uma estrela diferente
seja a Estrela de Davi
ou a estrela índia Hopi da crença da colheita

então, é de espantar que tenhamos uma revolução sexual
que estremeçamos sob o trovão uraniano
da individualidade de penteados, música, roupas, política
e convicções religiosas?

com mulheres reivindicando o sacerdócio e o ministério e
badernas em *campus*, apresentando os anos 1970,
cobrando seu pedágio

não viram nada disso chegando, Sr. Gallup e Sr. Poll?
não sentiram o Estado de Kent chegando?
ou vocês menosprezam as estrelas — também ignorando
os planetas
como costumam fazer os cegos astrônomos e outros
cientistas?

vejo-os todos engatinhando
em seu Jardim de Infância do Conhecimento

professores e psicanalistas
cientistas e astrônomos
sociólogos e apuradores de votos
e um político ocasional

brincando com a Verdade
como brincam as crianças com cubos coloridos
de letras A B C
para Apatia — Babel — e Cegueira

então, quando seus cubos desmoronam
por muita ênfase em Equinócios Equatoriais e que tais
ficam irados em petulância infantil
e batem na cabeça um do outro
com contundentes lascas de fatos de madeira

não *me* batam na cabeça com seus cubos A B C
coloridos de meias-verdades
seus discípulos de Tomé, o que duvidava

não romperão os duros chifres do Carneiro!

a Era de Aquário está aqui!

e seu orbe pulsante, forte e contraditório
mesclado aos raios solares do rugente Leão
...Leão, o signo a que Aquário se opõe...

é ominoso, se não for seguido

trancar a Nova Era em seus armários científicos
com tediosos, maçantes dados técnicos
não a fará desaparecer

sim, está aqui a vibração de Aquário
pertíssimo demais para consolo...

ela incendeia minha alma
e minha mente cauteriza
com questões não respondidas

☆ ☆ ☆

O poder
dos sons e das palavras

O que são lexigramas? Os lexigramas podem ser empregados de várias maneiras para solucionar enigmas e penetrar mistérios. Podemos lexigramar uma palavra, um nome, um título ou uma frase. Como acontece a outros segredos ocultistas, o lexigrama por vezes se esconde sob a suave máscara dos anagramas, que constituem um jogo de palavras para exercício intelectual e divertimento. Os lexigramas, entretanto, *não* são uma forma de diversão ou de ginástica intelectual. Eles sondam por trás dos anagramas, descobrindo conhecimento e sabedoria mais elevados onde se ocultam muitos mistérios esotéricos, insuspeitados e, portanto, indescobertos.

Claro está que nem toda palavra de seu dicionário (inglês) se presta a um lexigrama válido ou revelador, porém muitas delas são uma espécie de poema ou verso concentrados, mascarando imagens e conceitos simbólicos.

Costumamos ouvir a expressão "língua morta", como também a expressão "língua viva". A primeira se refere a uma linguagem não mais utilizada, tendo valor real apenas para os eruditos. A segunda, acredita-se significar "uma língua ainda escrita e falada". Não obstante, quando aplicada ao inglês, a expressão "língua viva" oculta mais camadas de significado do que pareceria à primeira vista.

Formada do alfabeto anglo-saxônico, a língua inglesa tem, literalmente, *vida*. Todos os demais idiomas, sejam eles baseados no alfabeto anglo-saxônico ou qualquer outro, apenas *existem*, não são verdadeiramente VIVOS, no sentido a que me refiro — e que isto não seja encarado como um preconceito da parte de uma pessoa de fala inglesa. *Os lexigramas não funcionam, não são válidos em qualquer outra língua que não seja a inglesa.* Entretanto, seja qual for sua reação inicial, tente aceitar a premissa de que o inglês — sim, o inglês — foi a primeira língua falada nesta Terra — e em todas as outras Terras, em todos os sistemas solares e universos.

O fato de os lexigramas funcionarem e serem válidos apenas se empregados na língua inglesa é algo para ser ponderado seriamente, porque o motivo por trás disto talvez seja o mais profundo de todos os mistérios. Isto será discutido mais adiante, porque antes precisamos compreender por que as palavras não são apenas marcas impressas em uma página, mas entidades vivas, capazes de mágicas insuspeitadas.*

---

*Como exemplo do processo denominado LEXIGRAMA pela autora, forneceremos adiante o "lexigrama" da palavra *Abortions* (Abortos), mantido no original e com a respectiva tradução ao lado, em vista da impraticabilidade de sua versão exata para o português. (*N. da T.*)

palavras divinas, palavras sublimes... sagradas, sagradas palavras!
um desenho vale dez mil palavras

assim dizem os sábios orientais... e portanto são superiores
não, não... que vergonha!
porque precisamos de palavras para falar... até dessa antiga
pretensão

da escondida glória de cada história
que refulge em palavras, palavras, palavras!
do milagre da alegria da Páscoa
superando a tristeza mórbida da morte
que é contado em palavras, palavras, palavras!

palavras têm asas, como pássaros
para voar pelo céu da mente

...sê tu tão Sábio como a Serpente
ao mesmo tempo inofensivo como a pomba...

palavras... esses garranchos herméticos em um papel
guardando a sabedoria de cada era
a experiência e ensino de cada sábio

oh! belo rimado e do correto balanceio das palavras!
potentes palavras, que ecoam com verdade
palavras que cantam, com certeza!
sim, palavras que ecoam e palavras que cantam
palavras de primavera e de cada coisa boa... como gatinhos

Kahlil Gibran, o místico do Líbano, escreveu que “pensamentos são como pássaros, que, quando aprisionados em uma gaiola de palavras, podem realmente distender as asas, mas não voar”. Contudo, ao analisarmos as palavras, ao “jogarmos” com elas, os pensamentos resultantes são liberados e *podem* voar, não somente “acima do arco-íris”, mas imensuráveis quilômetros além.

Qualquer pessoa pode voar em meio ao nascer do sol de uma altamente recompensadora viagem astral simplesmente se concentrando (conforme mencionei no Capítulo 1) em por que a palavra IDEIA, pertencente ao domínio do material, poderia se tornar um IDEAL subtraindo-se um I e adicionando-se o L de liberdade, pertencente ao domínio do espiritual.

Da mesma forma, a palavra RUÍNA, significando "deterioramento", é capaz de se tornar a palavra ANUIR pela reversão de suas letras. Um *reverso*. Um novo verso escrito! Esta percepção nos leva rapidamente ao pensamento de que se duas pessoas (ou duas nações) deterioram seu relacionamento, tudo de que precisam para sanar essa ruína é colocar seus pontos de vista ao re-verso, *anuir*, para que o acordo retorne. Ou, como aconselhavam os índios americanos, que cada um caminhe um quilômetro nos mocassins do outro.

Não é apenas lendo livros, mas também pela silenciosa contemplação das palavras, que você pode receber *insights*, ocasionalmente até conseguindo penetrar na verdade e falsidade do mito e da lenda. Há muito tesouro enterrado nessa área — e também em questões omitidas da História quando relatadas por aqueles que ignoravam certos eventos passados, assim como por aqueles empenhados em impedir que gerações futuras delas tomem conhecimento.

Em uma sondagem da História, sabemos que a Igreja da Inglaterra foi fundada quando o rei Henrique VIII se divorciou de sua esposa Catarina de Aragão, que não lhe dera filhos homens, a fim de poder se casar com Ana Bolena. O divórcio de Henrique VIII deixou tão ultrajado o papa em Roma, que este declarou, do Vaticano, estar o rei daí em diante excomungado pela Igreja Católica. Arrogante e pouco se importando, Henrique VIII fundou sua própria igreja, a Igreja da Inglaterra, da qual se fez o chefe, abdicando de sua fidelidade ao papa. Quando a Igreja da Inglaterra formou o seu ramo americano, este tomou o nome de Igreja Episcopal. A palavra EPISCOPAL contém as letras das palavras SAIA O PAPA,* o que inegavelmente aconteceu. Também contém a palavra ASCO, que foi literalmente o que Henrique demonstrou por Catarina, a qual terminou seus dias reclusa em uma CELA. Por que EPISCOPAL também contém ECLIPSE é algo que merece ser estudado e ponderado em mais profundidade. Aqui vai uma indicação.

*"EPISCOPAL" e "LOSE A POPE", no original em inglês. (*N. do R. T.*)

Algum dia, em breve, escreverei um livro sobre o segredo longamente mantido e "eclipsado" nos relatos históricos sobre o fato de Ana sofrer um aborto na prisão, onde fora posta por Henrique, esperando o momento de colocar sua cabeça no CEPO, a fim de ser executada.

Em vez disso, pouco antes de ser decapitada, ela deu à luz um bebê prematuro, de cabelos ruivos e do sexo masculino, filho do serralheiro-carcereiro da prisão, Moner Hughes, o qual contrabandeou a criança para fora do calabouço e deu-lhe o nome de William Moner, a fim de esconder a verdade a Henrique. Essa criança se tornou adulta e, por sua vez, teve um filho, chamado Moner Hughes, o ancestral de Howard Hughes. Portanto, a palavra ECLIPSE pertence à palavra EPISCOPAL por mais de um motivo.

O reconhecimento básico da vida pode ser melhor compreendido pela análise das palavras do que pela leitura apenas superficial destas em todos os livros já escritos (incluindo-se este), porque desta maneira você aos poucos vai revivendo seu adormecido sexto sentido. Por sua vez, ele suavemente o impelirá a abrir o terceiro olho, permitindo-lhe erguer camada após camada dos mistérios que envolvem sua vida — os enigmas do Céu e do inferno, bem como de tudo entre ambos, incluindo as complexidades e entrelaçamentos dos relacionamentos humanos. Quando você ficar perito nesta análise e jogo de palavras, poderá aprender tanto quanto o mais sábio Guru seria capaz de lhe ensinar. Já que este processo possui tão singular chave de código para a verdade, tomemos a palavra *Guru*, em si, como exemplo de uma das múltiplas facetas deste jogo fascinante, ligeiramente diferente da troca *básica* de letras.

Em voz alta, pronuncie separadamente cada uma das quatro letras que formam a palavra GURU, assim: G-U-R-U. Faça isso três vezes. Ao serem pronunciadas separadamente, em voz alta, estas quatro letras formam nos éteres um "som" falado, dando a impressão de que a palavra Guru está dizendo: "Poxa! Você é... você!"* Acontece que é precisamente a missão de qualquer Guru — levar você à percepção de que também é um Avatar. Você também é um Guru. Você também é um Messias.

---

*Intraduzível para o português. Em inglês, pronunciar a palavra GURU soaria como: "Gi-iu-er-iu." Tal fonética poderia, também, ser transcrita ortograficamente como "*Gee! You are... you!*" (Poxa! Você é... você!). *(N. da T.)*

Como acontece em todas as formas deste processo, aparentemente inocente e simples meditação desta *única palavra* contorce nossos pensamentos para uma verdade mais elevada. Você não acredita que é um Messias? Pois você é! E a "segunda vinda" não foi destinada a ser o surgimento de um homem da Galileia, com barba e vestes brancas, planando nos ares ao descer dos céus. Ele pode — ou não — estar na Terra agora, em um corpo físico, porém somente alguns poucos Iniciados conhecem sua identidade, para que possam proteger a verdade que ele ensinou e tornará a ensinar contra uma nova distorção provocada pela malogrante doutrina da "Divindade".

Sim, Jesus foi "o filho de Deus", mas também você é o filho ou a filha — de Deus. Até agora, ainda o "filho pródigo" ou "filha pródiga" — mas, não obstante, o filho de nossos Criadores, nossa Mãe e nosso Pai "Que estão no Céu", sejam eles denominados Deus, Jeová ou o Todo-Poderoso. A Divindade implica que "a imitação de Cristo" é uma busca desesperançada, condenada ao fracasso, porque como pode o "humilde você", apenas um humano, conseguir um dia se aproximar da benevolência, do "poder e da glória" daquele que foi "o filho de Deus"? Jesus nasceu para recordar a todas as pessoas o seu direito original à divindade, para falar aos dormitantes "anjos" dentro delas — seus Eus Superiores.

O Nazareno empenhou-se em torná-lo claro a cada vez que dizia "Faça-se segundo a tua fé". Em outras palavras: "Não o estou curando porque sou especial ou estou acima de você. Sua própria *fé* é que me fez *poder* curá-lo." Entretanto, os seres humanos espiritualmente preguiçosos continuam respondendo com "Mestre, cura-me!" Isto porque a doutrina da Divindade não requer a disciplina necessária para a autocura. Seria muito mais fácil apenas deixar que ele praticasse a cura. Jesus disse, repetidamente: "Todas as coisas que tenho feito, *vós* podeis fazê-las também. Ide e fazei o mesmo — *e ainda mais*." Ora, como poderiam quaisquer palavras ser mais claras do que estas? No entanto, o povo continuava a pedir: "Mestre, cura-me!"

Jesus era "somente" humano, apenas um homem, ainda que altamente iluminado, cuja missão na Terra era ensinar a cada alma que a mágica por ele produzida estava ao alcance de todas as pessoas que se dispusessem a ouvir o anjo dormitando em seu interior e praticassem as mesmas disciplinas que ele: dar, cuidar, compadecer-se, perdoar, ser desprendido e, acima de tudo, amar.

Jesus era humano, porém Jesus, "o Cristo", era uma pessoa diferente (embora ocupando o mesmo corpo carnal) — um ser que alcançara o poder da imortalidade (ver o Capítulo 8) pelo domínio do corpo físico e da harmoniosa comunicação com seu espírito ou Eu Superior, o que você também pode fazer.

A "segunda vinda" não é o que agora se espera, assim como a verdadeira missão da criança nascida em Belém não era a que Jesus esperava que fosse, há dois mil anos. A "segunda vinda" se dará no coração de cada homem e cada mulher sobre a Terra, desde que possuam intenções boas, puras e desprendidas: "Eis que vos trago novas de grande alegria," disse o Anjo, "...aos *homens de boa vontade.*" Esta é, ainda, a reverente revelação da Páscoa, que será reconhecida quando todos perceberem que também são "messias" — deuses e deusas (sem ninguém abaixo ou acima de outro), dotados de grandes poderes dos quais há muito se esqueceram.

Páginas atrás, aprendemos a grande importância do som em relação à harmonia e sincronicidade do Universo. Isso deveria tê-lo preparado para, em seguida, compreender o potentíssimo poder das palavras em si. Entretanto, *por que* vibrarão as palavras com tal potência? Por que guardam segredos tão insuspeitados? Por que podem decifrar tantos enigmas e mistérios, ao mesmo tempo capazes de infligir tanta dor e criar tamanha confusão? De onde vieram essas entidades vivas chamadas palavras?

Antes de respondermos a tais perguntas, talvez você necessite de alguma espécie de amortecedor, alguma base sobre as leis da física e metafísica. Acredito que a maneira mais eficaz de conseguirmos isto será você me dando sua palavra — palavra de honra de druida — de que meditará por vários minutos sobre as seguintes frases que já leu nas páginas iniciais de "Melodias Esquecidas" antes de prosseguir com a leitura. Promete? Leia-as novamente e, de fato, *medite.*

Eu me refiro a estas frases:

"Assim como existem *tons* de *cores* no espectro do arco-íris que não podem ser vistos com a visão física — como o infravermelho e o ultravioleta —, existem *cores* de *tons* na Música das Esferas que não podem ser ouvidas com a audição física. 'No Princípio', certos sons produziam conjuntos diferentes de frequências vibratórias nos éteres. Alguns deles eram de frequência tão baixa que formavam partículas do que denominamos "matéria" ou substância física.

"Não haveria luz, como a conhecemos, sem que houvesse fragmentos diminutos de matéria nos éteres para refleti-la.

"Há uma íntima conexão entre cor, som e todas as demais expressões de vida. O som se situa em um nível inferior da escala, logo acima da *forma e substância de matéria.* Em resultado, o *som* é o intermediário entre o nível superior de ideias abstratas na Mente e a *forma concreta.*

"O som é capaz de moldar os éteres em *formas*, pelas quais o poder correspondente da mente (em especial a mente de nossos Criadores) pode *deixar nos éteres uma impressão que pode se manifestar em matéria física.*"

Leu várias vezes o que foi dito acima e memorizou tudo? Ótimo, então podemos continuar.

Em seguida ao cataclismo da linguagem na torre de Babel (e cataclismo contém a palavra "asilo", instituição para internar loucos), em seguida a esse *assassinato da música do idioma inglês,** transpirou um imenso evento cósmico de vasta importância para a Terra e os terrenos.

Devido à destruição da rima, os ritmos e tons musicais do inglês primordial infligiram danos tão severos à sincronicidade universal, produzindo um curto-circuito nas comunicações anteriormente harmoniosas entre os terrenos, que nossos Criadores manifestaram, divinamente, os espíritos minúsculos da Natureza, chamados druidas pelos celtas, com *d* minúsculo, que foram e continuam sendo entidades *plenamente reais* — também tímidos e sossegados.

Lembre-se que, no Princípio, nossos Criadores pronunciavam determinados sons, os quais produziram conjuntos diferentes de frequências vibratórias nos éteres. *Alguns desses sons eram de frequência tão baixa que formaram partículas do que denominamos matéria ou substância física.*

Desta maneira foram criadas as diminutas palavras druidas.

Muitas tribos índias davam a seu "deus" o nome de *Manitou.*** Entretanto, os índios algonquianos foram os primeiros a empregar tal nome. Os *Manitous* foram concebidos por eles como *espíritos da Natureza, de influência tanto boa quanto má.* Assim, as pequeninas palavras druidas podem também ser chamadas elfos, duendes ou *manitous.* (Eles não gostam de letras maiúsculas, preferindo sempre a caixa-baixa, uma vez que não querem chamar a atenção sobre si mesmos.) Entretanto, a palavra está grafada de modo

*Este livro foi publicado originalmente em inglês. (*N. da T.*)

**Em português, "manitu". *(N. da T.)*

errado no dicionário. Por motivos numerológicos (mágicos e lógicos, lembra-se?), tanto *Manitou* como *manitou* devem ser escritos com dois *n*... como em *Mannitou*, *mannitou* e *mannitous*. Isso confere a *mannitou* (e *Mannitou*, o "deus" de algumas tribos) a vibração 33 — e dá ao plural *mannitous* uma vibração de 36. Esses dois números compostos são supremamente apropriados, como você constatará consultando as definições no Capítulo 5.

Os espíritos da Natureza, os druidas, foram incumbidos da sagrada missão de esconder e proteger o alfabeto anglo-saxão até que soasse o momento pré-ordenado para que ele ressuscitasse e, aos poucos, fosse replantado no inconsciente coletivo dos humanos. Quando isto aconteceu, o alfabeto anglo-saxão começou a tomar uma encruzilhada errada na estrada, por assim dizer, decompondo-se em várias linguagens novas, como o latim, o grego, alemão, francês, italiano, etc. Foi preciso algum tempo para que a essência básica da fala inglesa retornasse à consciência humana, encarnando-se primeiro em uma forma denominada "olde English" (inglês antigo).

Neste ponto da "torcida" da língua inglesa, como possuíam (e ainda possuem) poderes mágicos conferidos por seus — e nossos — Criadores, os druidas multiplicaram-se ou "clonaram-se" numa espécie de desesperada tentativa mística e espiritual para manter a situação sob controle. Para isto, eles *materializaram-se*, superpuseram-se a cada palavra, a fim de proteger cada uma delas contra o esquecimento, ao mesmo tempo fazendo com que tais palavras assumissem, gradualmente, sua forma e *som* anteriores.

Os druidas assumiram sua missão de "materializar-se", clonar-se e superpor-se a palavras individuais nas regiões célticas onde o "olde English" começava a *reaparecer*: Inglaterra, Irlanda, Escócia e Gales. Após um curto tempo, as palavras-pequeninos espíritos da Natureza ficaram tão hipnotizadas e intrincadas dentro desta missão (mais ou menos como os nossos próprios espíritos ao criarem corpos carnais: ver o Capítulo 8), que isso, de certo modo, tornou-se um divertido jogo para eles. De vez em quando, perdendo a perspectiva, como criancinhas traquinas, eles começavam a fazer pequenas e inesperadas minitravessuras como os humanos que os "usavam" — que os falavam. Quando os druidas eram falados (como palavras), passavam a criar uma ação, a materializar-se, por assim dizer, no significado da "palavra falada", enquanto os terrenos lançavam os pequeninos espíritos da Natureza dos éteres, *como sons*. Talvez, quem sabe, eles sentissem ser isto um benefício adicional aos humanos, porque os ajudava a aprender o *poder* das palavras que falavam e, desta maneira, guiavam-nos delicadamente de volta à recordação da pureza primordial da língua inglesa.

Agora, compreende por que as pessoas da Inglaterra, Gales, Escócia e Irlanda têm suas lendas e histórias sobre fadas, druidas, elfos, leprechauns, duendes, etc.? Alguns deles orientam os humanos até caldeirões de ouro, uns lhes pregam peças, conduzindo-os a um fim ilusório do arco-íris, outros azedam o leite das vacas e fazem os humanos levarem tombos nos quais machucam fortemente cotovelos e joelhos. O povo miúdo de boa índole, o que se superpôs a palavras harmoniosas, confere montes de boa sorte. Os miúdos desafortunados e sacrificados, que de boa vontade se prestaram a "materializar" palavras feias e desarmoniosas, superpondo-se a elas, desempenham sua missão em versão polarizada, produzindo pequenos aborrecimentos e incômodos aos humanos que impensadamente os lançam aos ares sob a forma de sons desagradáveis. É provável que muitas vezes eles aterrem sobre as cabeças pequeninas ao caírem de volta, o que, como seria lógico, os deixa ocasionalmente mal-humorados.

Você continua não acreditando que essas palavras-druidas, espíritos da Natureza, possuem poderes mágicos? Acha que estou brincando, procurando ser divertida, ao lhe contar histórias de fadas? Lembra-se da evidência científica sobre o Eidofone, que leu em páginas anteriores? Leia novamente o que foi dito sobre tal evidência. Agora. Leia mais uma vez. *Medite.*

Francamente, não estou brincando, querendo ser divertida ou narrando-lhe contos de fadas — mesmo que tais histórias sejam, admitidamente, a respeito de fadas, espíritos da Natureza e do povo miúdo. Estou sendo absolutamente séria. Tão séria quanto o foram James Barrie e Lewis Carrol ao escreverem *Peter Pan*, *Alice no País das Maravilhas* e *Alice através do espelho.*

Ignorava que esses livros fossem sérios, assim como fascinantes e imaginativos? Oh, pois eles são, eles são! Apenas, leva algum tempo para que os adultos aprendam a ler nas entrelinhas de tais obras e descobrir aí as mensagens reais. Quando Peter e Wendy, Miguel e João começam a voar pelo quarto, eles estão levitando, entende? Quando Alice cresce a uma altura descomunal e depois fica baixinha, está visitando vários níveis astrais. Quando Peter fala de ficar eternamente criança e nunca se tornar adulto, está expressando os princípios explicados no capítulo seguinte, "Imortalidade

Física". Se você tornar a ler estes livros, agora com terceiro olho aberto e o sexto sentido tinindo, poderá vê-los sob uma luz inteiramente nova.

O que estou relatando a você é tão sério e real como qualquer outra coisa que eu já tenha escrito, por exemplo, quanto a Áries ser impulsivo, Câncer temperamental, Libra indeciso, etc. — tudo isso, segundo presumo, já descoberto por você como verdadeiro e fidedigno. Confie em mim. E, principalmente, confie em si mesmo. Interrogue seu Eu Superior. Repetindo o meu próprio eu e o Galileu talvez pela centésima vez neste livro, "Que aqueles que tenham olhos vejam — que aqueles que tenham ouvidos ouçam". (E que todos os outros se tornem rapidamente iluminados.)

Os druidas gostavam de empregar palavras identificatórias de maneira curiosa. E continuam gostando. Isso deixa seus coraçõezinhos felizes. Compreenda, eles, ou melhor, as palavras druidas passaram a pensar em si mesmas como quase humanas, referindo-se "umas" às "outras" da mesma forma que nós. Elas pensam em "si mesmas" exatamente como eu, você ou qualquer outro. Entretanto, ao contrário dos humanos, elas são dolorosamente cientes da necessidade de separação dentro de tais palavras — e do motivo para a necessidade.

O motivo é o Mistério da Serpente. "Sede, portanto, sábios como serpentes, e inofensivos como pombas." "Vossos olhos serão abertos e sereis como deuses." (Referência ao terceiro olho.) A questão é que existem duas serpentes "boas" e uma serpente "má", totalizando três, e isso nos faz recuar à muito distorcida e deturpada história do Gênese. A distinção entre e a identificação das três serpentes serão relatadas em um livro posterior. No momento, você precisa apenas compreender que foi a serpente "má" que tentou manter oculta a verdade dentro destes pronomes usados com tanta frequência: nós (próprios), ele (próprio), você (próprio), ela (própria) e eu (próprio). Para não mencionar o seu Eu Superior.

Breve voltaremos a essa serpente, enovelada e esperando que exponhamos sua tentada impostura no decorrer de eras passadas.

Uma vez que o "espírito" é apenas outro termo para denominar o povo miúdo ou espíritos da Natureza (druidas), e uma vez que os humanos possuem um espírito (que é o Eu Superior ou Superego), segue-se logicamente que, da mesma forma como as pequeninas palavras-espírito são elfos, os espíritos dos humanos *também podem ser chamados elfos*. Imaginemos então (e, de fato, é a realidade) que cada diminuta palavra druida possua um espírito todo próprio — e, para diferenciá-lo do espírito humano, os espíritos dos druidas serão grafados com inicial minúscula.

Os dois tipos de elfos — espíritos da *Natureza* e espíritos dos *humanos* — possuem poderes mágicos, não? É claro que possuem.

Webster: elfo ou *sprite*; espírito da Natureza, druida; *exercem poderes mágicos.*

Desta maneira, o você-de-você, o Anjo Superior do seu eu, é, em realidade, um ELFO muito poderoso.

Seu cérebro, conforme foi indicado em um capítulo anterior, na verdade é um aparelho elétrico contendo mais de 40 bilhões de células elétricas, cada uma com um fraco campo eletromagnético continuamente emitindo débeis sinais na parte de rádio do espectro sonoro, em uma frequência entre 1 e 30 hertz. Os sinais de seu coração, da mesma forma, jazem neste fraco campo eletromagnético.

Lembre-se destas palavras — novamente: "No Princípio, certos sons produziram conjuntos diferentes de frequências vibratórias nos éteres — alguns deles de *frequência tão baixa* que formaram partículas de *matéria* ou *substância física*." (Desta maneira é que os elfos foram criados!)

O campo de baixa frequência pode possivelmente ser usado para *controle externo da mente* e plausivelmente também para plantar percepções no cérebro (semeadas por Gurus?). Uma vez que a Terra, em si, gera um fraco sinal eletromagnético no baixíssimo alcance de 1 a 30 hertz, certas condições naturais podem desencadear reações nos humanos e, com muita certeza, "criam" ou produzem a "matéria física" de plantas, árvores e flores.

Agora, vejamos a "coincidência", que não é uma coincidência e sim uma das pequenas "traquinadas" dos druidas-palavras. Sabe que nome os cientistas dão a esse campo de *frequência extrabaixa* quando conversam entre si sobre ele? Eles o indicam por suas iniciais — ELF!!* Muito apropriado, não concorda? Acabei de ouvir Nahtan sussurrando em meu interior "*Exato*".

"No Princípio era a Palavra..." "E Deus falou a palavra..." "A Palavra

*Em inglês: *Extra Low Frequency*. Em português, a sigla *elf* quer dizer "elfo". *(N. da T.)*

se tornou carne, e habitou entre nós." (Esta última citação mergulha em águas muito fundas e não pode ser interpretada nesta presente obra.) A palavra, a palavra, a palavra! No princípio houve uma Palavra... um Som... um acorde de Música... capaz de criar e manifestar matéria, extraindo-a dos éteres. *A Palavra da Criação.* O acorde perdido. Evidentemente, uma poderosa palavra-elfo de tremenda força... (som de frequência extrabaixa — elfo, lembra-se?)

Assim como foram incumbidos da tarefa — por nossos e seus Criadores — de guardar e proteger a língua inglesa durante incontáveis eras, os pequeninos druidas, espíritos da Natureza, também receberam a mais sagrada e venerada das missões: ocultar dos terrenos ainda sem iluminação a própria Palavra da Criação, já que estes poderiam utilizá-la para uma inconcebível destruição. Eles cumpriram sua missão, os pequeninos druidas-palavras, mantendo oculta esta palavra até dos mais iluminados Avatares e Iniciados. Mantiveram a Palavra sepultada, revelando aos humanos todas as demais, uma de cada vez, no correr dos séculos.

E *onde* os druidas guardaram a Palavra, a fim de protegê-la? A resposta talvez seja um mistério insondável, e enquanto estou aqui sentada, datilografando esta página, eu lhe direi francamente, palavra de druida, que ainda não fui "canalizada" para revelar seu paradeiro. Naturalmente, a localização geográfica é apenas o passo inicial de uma longa e secreta fórmula alquímica requerida para decodificar a Palavra, a qual só pode ser revelada a dois outrora "anjos perdidos" que novamente se tornaram imortais (ver o Capítulo 8).

A análise espiralada de uma palavra pode resultar em um breve e rápido lampejo de viajem mental-astral ou uma longa jornada de volta à verdade sepultada dentro de seu subconsciente adormecido. Tomemos como exemplo uma particular palavra de sete letras, concorda? Sim, façamos isto. Porque a palavra que tenho em mente é uma que, no momento, vem causando uma vasta dose de trágica controvérsia no mundo inteiro, tanto em sentido religioso como médico: abortos.

Examinaremos o plural da palavra, não o singular, uma vez que tentaremos descobrir se a palavra nos leva à iluminação, fornecendo-nos uma resposta cósmica de confiança aos prós e contras da questão — e essa questão não diz respeito a um aborto único (para o qual pode haver inúmeras justificativas), mas a abortos, no plural, já que atualmente essa prática é atacada pelos adeptos do Direito à Vida e defendida pelos que advogam o direito das mulheres a seus próprios corpos.

São os abortos moralmente defensáveis, ou um pecado contra indefesas vidas humanas? Abortos são *assassinatos*? Como sempre, a palavra em si possui a resposta, visto que define o próprio significado oculto dentro das letras alfabéticas que a compõem. A palavra "abortos" oferece-nos uma solução em código para a devastadora questão do aborto, plantada pela recente emancipação das mulheres. Algumas de vocês ficarão grandemente consoladas pela resposta que esta análise fornece com tanta clareza; outras (e outros) ficarão ressentidas com a resposta. Falando para este último grupo, por favor, tenham em mente que a resposta não tem qualquer relação com meus sentimentos pessoais, preconceitos ou falta de preconceitos. A resposta vem diretamente da sabedoria das palavras druidas. Se você se recusa a reconhecer a evidência do poder dessas palavras, será melhor pular várias páginas, aquelas em que é exposta a questão do aborto. Ao contrário, se você sente respeito pelas palavras druidas e sua sagrada missão envolvendo o idioma inglês, constatará que "abortos" será uma nova evidência disto.*

Mais um pedido. Se você é adepto do Direito à Vida e ficar ofendido a qualquer altura, ao longo do nosso caminho tortuoso, fique conosco. Não detesta ser considerado/a preconceituoso/a? A única maneira de provar que não merece tão insultante rótulo será, *primeiro*, ficando bem atento/a, de mente aberta para o conselho oferecido pelas palavras druidas e, logo em seguida, pela astrologia — para *depois* tomar sua decisão, baseando-se em toda a informação disponível, não apenas em parte dela. Este pedido se estende também aos leitores católicos.

A análise de *abortos* não usa de evasivas para responder à questão. Sua revelação é absolutamente enfática, não deixando lugar a dúvidas ou discussões.

---

*Conforme declarado no início desta seção, estas análises, denominadas *lexigramas* pela autora, não são válidas em outra língua além do inglês. Assim, é a título de exemplo que será "lexigramada" a palavra *abortos*, com a respectiva análise mantida no idioma original e traduzida ao lado, em benefício dos leitores de língua portuguesa. (*N. da T.*)

ABORTIONS — ABORTOS

A palavra se decompõe (lexigrama) nas palavras seguintes:

IT IS TORN. IT IS NOT BORN. IT IS A ROBOT
Ele está lacerado. Ele não nasceu. Ele é um robô
A ROBOT IS NOT BORN — NO SIN
Um robô não nasce — sem pecado
IS ABORTION A SIN? NO, IT IS NOT A SIN
O aborto é um pecado? Não, não é um pecado

Católicos e simpatizantes do Direito à Vida, fiquem conosco, por favor. Vamos ainda mais alto, para descobrir por que este lexigrama diz o que diz. Este é o real valor dos lexigramas no idioma inglês: empregá-los para que se alcem a uma consciência superior, por meio de mais reflexões sinuosas, baseadas na revelação inicial da análise da palavra.

Primeiro, consultemos as páginas do manual do bom e velho Noah Webster. O *Webster* tem os seguintes comentários para nos ajudar a definir por que o lexigrama de *Abortions* classificou como robô a entidade que é abortada.

> Robô: uma máquina que *parece* um ser humano e desempenha vários *atos* de um ser humano, mas *não possui emoções humanas*. Um mecanismo dirigido por *controles automáticos*.
>
> — *Webster* (os itálicos são meus)

As palavras-druidas não erram; elas tinham algum motivo para esconder o termo robô dentro da palavra abortos, a fim de descreverem a entidade sendo abortada. As palavras bebê, infante, criança, e inclusive feto, estavam ausentes quando a palavra *abortos* (*abortions*) surgiu no idioma.

A definição do *Webster* sobre "robô" tem relação com o feto no útero? Sim, tem. O feto *parece* um humano e desempenha vários *atos* de um humano enquanto imerso no fluido dentro do útero, mas também *não possui emoções humanas*, sendo dirigido, decididamente, por *controles automáticos*, controles estes nas mãos de um particular espírito ou Eu Superior, que decidiu construir essa casa, esse templo carnal (o corpo é o templo da alma, do espírito e da mente) e nele residir quando completado. Portanto, o espírito é o senhorio-proprietário da casa ou templo carnal sendo construído, tendo os pais como arquitetos, estes, porém, sempre usando os diagramas do espírito que ordenou a construção deste templo de carne.

Agora,voemos ainda mais, penetrando em uma verdade superior, que nos conduz à verdade mística ou espiritual, fundamentada nas sagradas obras cristãs e na astrologia (e mãe da astronomia, e não o contrário), na religião, matemática e toda a ciência.

O "milagre do nascimento". O que é, precisamente, este milagre? É o trêmulo respeito sentido pela mãe e espectadores ante o sagrado instante em que o bebê aspira seu *primeiro hálito de vida*, aquele mágico momento quando o que de fato era um "ser de respiração aquática" se transforma e se transmuta miraculosamente em um humano de respiração aérea — e *nasce uma nova vida.* A vida renovando-se outra vez.

Conforme reconhece a ciência médica, ocorrem tremendas mudanças biológicas, químicas e fisiológicas no organismo do recém-nascido no instante em que ele aspira a *primeira respiração de vida.* Voltando às escrituras, elas não se referem a Deus dizendo "E eu soprarei neles o fôlego da vida..."?

Conectando-se com a astrologia, é neste momento que são programados os mais de 40 bilhões de células eletromagnéticas do cérebro, como um computador (do que o cérebro humano é o protótipo final). Esta programação é feita pelas invisíveis mas poderosas frequências cósmicas — ou ondas luminosas — que emanam do Sol, da Lua e dos planetas, em um padrão comensurado com suas posições no espaço e seus aspectos entre si, matemática e astronomicamente medidos nesse instante de Tempo carregado de magnetismo. Então, o humano ora nascido sentirá um forte "puxão" eletromagnético (que pode ser aceito ou rejeitado, graças à dádiva sagrada do livre-arbítrio) sempre que, no futuro, o Sol, a Lua e os planetas entrarem em conflito ou harmonia com suas posições "no céu", na hora do nascimento, programadas no cérebro-computador.

Conectando-se em seguida com a metafísica, igualmente é nesse mágico o instante em que o espírito e sua mente e alma individuais, das quais jamais se separa (e que sempre permanecem fora do corpo), se ligam ou aderem ao templo corporal do agora bebê humano, uma santíssima trindade cuja construção foi ordenada aproximadamente nove meses antes.

A forma em círculo é apenas simbólica. Seu espírito tem o formato de seu corpo carnal, que fora criado à semelhança do espírito.

Os três círculos simbólicos compreendendo a *pirâmide superior* nunca estão separados, seja durante a vida do "marionete" corpo carnal ou após a sua morte.

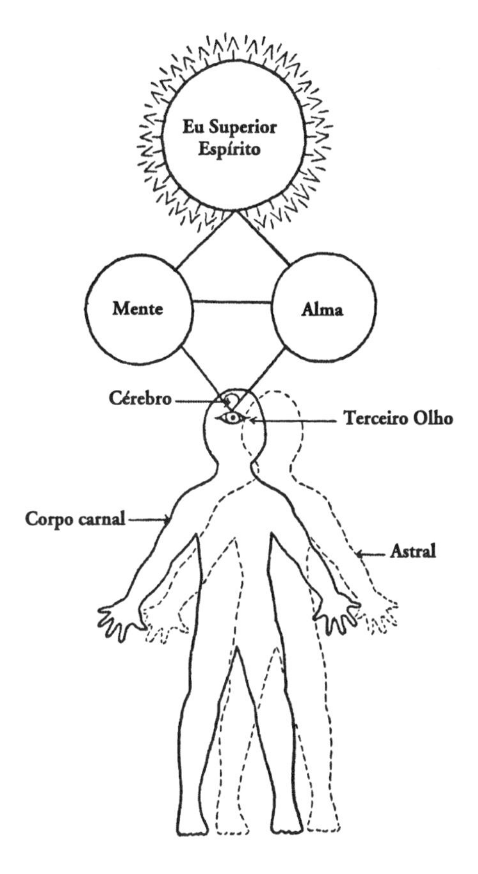

Desta maneira, você pode ver que a entidade chamada "feto" pela ciência médica e "robô" pelos lexigramas não é humana — não está viva — até o instante da primeira respiração, quando o cérebro é programado, quando ocorre o primeiro "alento de vida". Este é o motivo, por falar nisso, pelo qual seu Horóscopo ou Natividade não estará corretamente calculado sem o tedioso trabalho do astrólogo em retificar o momento exato do nascimento, o instante da primeira respiração, que raramente é o mesmo fornecido pela certidão de nascimento ou pela "memória da mãe". Uma vez que são muito raros os astrólogos que dominaram a arte e ciência da retificação, isto origina um problema. Pessoalmente, não calculo nem interpreto uma Natividade que não pude retificar, encontrando esse exato instante de *vida real*. Embora me conte entre os que dominaram a retificação, isto tanto pode consumir apenas algumas horas (se estou com sorte), como vários dias ou semanas em algumas Natividades, a fim de se conseguir uma retificação fidedigna. Cada Mapa Natal é um desafio individual.

A controvérsia sobre o aborto é como muitas outras coisas mais neste planeta. Ela se concentra com tal intensidade na carne, que ignora o Espírito. Fala-se exageradamente sobre os prólogos de inversão-espelhada do nascimento e da morte desnecessária (ver o Capítulo 8) e dá-se muito pouca atenção ao grande drama intermediário.

De fato, é muito triste construir amorosamente um templo que um espírito, mente e alma pretendem possuir, um santuário tecido de sonhos ternos e delicados, e então, por qualquer uma entre variadas razões, ver desaparecer esse sonho de um templo corpóreo. Contudo, isso não é o fim do mundo. A situação é agonizante, porém não é o *fim* — de coisa alguma.

Poucas experiências são mais devastadoras emocionalmente do que o aborto acidental da "casa" carnal que estava destinada a ser ocupada por um bebê intensamente desejado. Esta é uma das mais dolorosas provações suportadas por um homem e uma mulher que se amam. Entretanto, o sofrimento seria muito menor se eles percebessem que, uma vez cicatrizada a ferida do pesar e desapontamento, outro templo corpóreo de carne pode ser designado e construído, uma nova "casa" erigida pelo mesmo diagrama — para ser a morada da *mesmíssima* e igualmente desapontada trindade de espírito, mente e alma. Então, quando fundidos ao novo templo corpóreo em sua primeira respiração, espírito, mente e alma irão criar o mesmo bebê humano que acreditavam, enganosamente, ter perdido. Se esses pais enlutados compreendessem isto, ficariam profundamente consolados pela percepção de que não existe motivo real para tal pesar — exceto pelo período de espera de mais nove meses, sem dúvida um muito breve período, ainda que mensurado pelo tempo da Terra.

Não quero invadir a privacidade dos pais fornecendo seus nomes, mas conheço um casal, que mora em Ohio, que ficou em êxtase quando foi concebido seu primeiro filho. Ansiavam pelo nascimento do bebê, tomados de intensa alegria e felicidade. Então, algumas semanas antes da data do parto, os médicos disseram à mãe que o "bebê" morrera, que ela carregava um feto morto — um *robô*, lembre-se. Na língua inglesa não existem palavras druidas capazes de descrever a angústia e bravura de ambos os pais, em especial da mãe. Quem encontrará palavras para descrever o que ela sentiu durante seu primeiro, longo e doloroso trabalho de parto, sabendo que, no final das dores, não haveria nenhuma alegria, nenhuma vida?

Esta corajosa mãe suportou a infelicidade e a dor física, sofrendo sozinha sua grande prova para a alma. Nem mesmo seu marido, também abalado pela tristeza, poderia conceber o que, de fato, aquilo representava para ela. Falei para a mãe que seu bebê, um "robô" feminino, não estava morto; que, por causa do amor e coragem do casal, eles em breve teriam um bebê-milagre, que ela (seu espírito) mudara de ideia e desejava uma data diferente de nascimento, por complexas razões astrológicas, que ela retornaria aos pais se seu desejo (a energia eletromagnética de ambos) permanecesse forte o suficiente. Ela acreditou em mim. Rapidamente, aprendeu a *conhecer* este fato, não apenas a "esperá-lo".

Um ano mais tarde, no *mesmo dia* do parto anterior, ela deu à luz uma linda e saudável garotinha. O bebê-milagre deles voltara. Exatamente o *mesmo* bebê (espírito, mente e alma) que julgavam perdido, com o mesmo esquema geral do templo corpóreo (Horóscopo), com apenas dois pequenos melhoramentos arquitetônicos (planetários), e as mesmas janelas de vidraças coloridas (os olhos, as janelas da alma). Tudo que a garotinha fez (seu Espírito) foi decidir chegar um pouco mais tarde, apenas isso.

Este tipo de milagre tem se manifestado centenas de milhares de vezes no mundo inteiro, manifestando-se um número de vezes ainda maior se os pais de um templo corpóreo de carne considerado perdido por causa de um aborto espontâneo ou outro motivo reconhecem a verdade.

Planejar a visita (vinda) de alguém muito querido e depois saber que essa chegada foi adiada indefinidamente sem dúvida é razão para um profundo desapontamento, mas *ninguém morreu*! E quanto mais intensamente for visualizada a ocorrência dessa adiada visita, tanto mais cedo se manifestará o feliz evento. Os adiamentos da reunião são motivados pela falha em se reconhecer a insignificância do *quando*.

Eu já disse que existem poucas coisas mais tristes (aos ainda não iluminados) do que a perda involuntária do templo corpóreo (casa) parcialmente construído de um bebê desejado com grande ansiedade antes que a nova vida humana tenha tido uma chance de ocupar essa moradia. Entretanto, há muitas coisas mais tristes e devastadoras à vida em si do que o aborto deliberado de uma "casa indesejada" (o qual impedirá que um robô se torne vivo e humano à primeira respiração), como por exemplo, o pesadelo hediondo do abuso infligido aos filhos não desejados, para mencionar apenas um deles.

Destruir templos corpóreos não é uma boa coisa. Evidentemente, trata-se de um desperdício tão sem sentido quanto construir uma casa nova para derrubá-la antes que alguém tenha chance de morar nela. (A morte de adultos é igualmente um desperdício e destruição sem sentido de "casas" ou templos corpóreos. (ver o Capítulo 8.) Essa destruição abortiva de um robô, um templo sob construção, talvez possa receber corretamente o estigma de vandalismo, porém não é assassinato.

O robô ou templo carnal assim destruído estava apenas *destinado* a ser residência de um humano no momento de se fundir a um espírito, mente e alma determinados, os quais, de qualquer modo, teriam passado todo o seu tempo fora de casa (templo corpóreo). Quando a pretendida residência não se torna mais disponível ao ser derrubada (abortada), esses três inseparáveis simplesmente dispõem a construção de uma casa nova, às vezes no mesmo local, utilizando os mesmos arquitetos-pais, outras vezes em uma vizinhança, cidade, estado ou país diferentes, usando novos arquitetos — tudo dependendo inteiramente do grau de desejo (energia eletromagnética) dos pais.

Muitas pessoas ignoram que, quando um homem e uma mulher se acasalam, uma poderosa luz áurica é enviada aos éteres, visível a milhões de trindades de espíritos, mentes e almas, que estão à espera de um canal de nascimento. Se o acasalamento é motivado apenas pela luxúria, e nada mais, as cores áuricas do espectro são turvas e indistintas, de uma tonalidade vermelho-ferruginosa, atraindo como canal um espírito que não está altamente evoluído, mas que merece ter o seu giro na roda cármica da vida.

Quando um homem e uma mulher se unem em amor e ternura, a brilhante luz áurica projetada por tão trêmula e arrebatadora união atrairá um espírito muito mais evoluído, o qual escolhe aquele casal como canal de nascimento. Isto é o que significa ser um "filho de amor", não requerendo, necessariamente, um pedaço de papel chamado certidão de casamento. Nem os espíritos nem nossos Criadores dão qualquer atenção a pedaços de papel, posto que muitos "documentados" acasalam-se apenas pelo desejo. Os canais genitores são assim *escolhidos* pelos espíritos à espera de encarnação.

Quanto aos abortos, os humanos deviam se preocupar mais com o espírito e menos com o templo carnal ou corpos. A longo prazo, seria grandemente proveitoso para todos os envolvidos, incluindo-se futuros templos corpóreos, que, como todas as casas, fossem consideravelmente melhorados se projetados por arquitetos iluminados, trabalhando em harmonia com o proprietário-senhorio. É triste e irônico ao mesmo tempo que os desencaminhados defensores do Direito à Vida destruam e queimem clínicas de abortos em retaliação contra aqueles que destroem corpos carnais por vontade própria. Esses adeptos do Direito à Vida estarão criando um pesado carma para si mesmos com este tipo de "vingança". Não estariam talvez equilibrando o carma de seu próprio malogro em preservar uma nova vida que, tão errônea, cruel e iradamente tentavam defender? É assim que funciona a lei do carma, nesta encarnação ou na próxima.

Retornando dessa longa viagem iniciada por uma só palavra, quando a palavra "abortos" foi criada já continha dentro de si a resposta à controvérsia do aborto antes mesmo que ela se tornasse um tema para debates.

Desde que consigo recordar, procuro penetrar na quarta dimensão do tempo, que é um agora eterno, onde passado, presente e futuro se unem em um, não formando fatias separadas de "tempo". Einstein, o "abstrato Al", chegou mais perto disso do que ninguém, mas mesmo sua Teoria da Relatividade deixa alguns véus escondendo ainda a total verdade, ou, pelo menos, uma clara compreensão disso.

O tempo do relógio apenas cria mais emaranhados na teia de aranha. Suponho que seja por isto que raramente ouço rádio. De tantos em tantos minutos, o locutor ou DJ faz uma interrupção a fim de anunciar: "Agora, daremos a hora certa. Neste momento, são..." Quem se preocupa com isso? Eu não ligo a mínima.

Daí por que mantenho todos os relógios de minha casa assombrada-por-Tesla e fora-das-trilhas-do-tempo, em Cripple Creek, incluindo o relógio de pé que fica no canto, regulados em uma hora diferente — e incorreta. Assim, quando este último soa, não fico em pânico, imaginado o pouco "tempo" que me resta para fazer qualquer coisa que ainda não fiz, entende? Quando fico nervosa sobre tempo, constato que me encontro mais atrasada que de costume para compromissos e coisas assim apenas por estar *ciente* dele. Conto com os amigos para "me levarem à igreja — ao aeroporto ou aonde quer que seja — em tempo".

Meu amigo e irmão mais velho faz de conta, Cleve Backster, o pesquisador "tipo Spock" sobre quem você leu páginas atrás, simplesmente tem obsessão pelo tempo. Quando me visita, faz absoluta questão de chegar ao aeroporto, para a viagem de volta, pelo menos duas horas antes do programado para seu avião decolar, criando a necessidade de vagar por aqueles horríveis cafés do aeroporto durante a eternidade-e-mais-um-dia. Cheguei a um ponto em que me recuso a acompanhá-lo ao aeroporto. Despeço-me dele à porta de casa e o despacho em um táxi ou no carro de algum amigo — deixando-o gastar suas ociosas horas de espera no terminal que tiver escolhido.

Howard Hughes costumava dizer constantemente aos amigos íntimos (ele tinha apenas — isto é, *tem* — um ou dois deles) que o "tempo está do *nosso* lado". Bem, o tempo talvez esteja do lado de Howard, inclusive agora — (sim, outro enigma) —, porém, decididamente, não está do *meu* lado. Nunca esteve. Nunca estará. Eu e o tempo não somos aliados. Somos cautelosos inimigos, engajados em uma interminável guerra fria, por trás de uma escura cortina de inominável medo.

Para entendermos que passado, presente e futuro são apenas um, primeiro precisamos compreender que nenhum dos três existe de fato, seja em realidade... e também em relatividade. Vamos tentar provar isso?

Muito bem, agora responda às perguntas seguintes apenas com "sim" ou "não". Não vale uma resposta mais detalhada. Apenas um simples "sim" ou "não".

Considere o presente. Admitiria que o presente nada mais é do que uma *corrente móvel do futuro que se torna passado*? ERROU! Essa palavra estava no futuro antes que você a lesse, mas se tornou instantaneamente passado *quando* a leu. *Nada* para, nem mesmo o tique-taque do relógio. *Tudo* permanece em movimento, *constantemente*. Portanto, de novo, admite que o presente só pode ser definido como uma *corrente constantemente móvel do futuro-que-se-torna-passado*, jamais parando, nem mesmo por uma fração de segundo?

Portanto, podemos ignorar o presente, uma vez que ele não existe. Correto?

Agora, movamo-nos também, em uma corrente constantemente móvel, para considerar o passado e o futuro.

Admitirá que o que agora denomina passado foi o que uma vez denominou futuro? Pense. O passado foi futuro alguma vez?

Pergunta seguinte. Admitirá que o que agora denomina futuro é algo que um dia *certamente* denominará passado?

Então, e portanto seguindo a pura lógica, admitirá, ainda, que o passado representa, *igualmente*, tanto quanto o futuro em si? Admitirá que, seguindo a mesma pura lógica, o futuro representa, *igualmente*, tanto quanto o passado em si? Que estes dois impostores são *intercambiáveis* e totalmente iguais?

Então, eles não existem como entidades separadas, correto? Um pode cancelar o outro — exceto por esse instante denominado presente, quando um está se tornando o outro, algo que não existe, como acabamos de provar! Certo? Assim, lançamos todos os três ao nada. Nós os transformamos em nada.

Aqui, uma segunda garfada de alimento místico para refletir, e sobre o que você talvez queira ruminar e ponderar.

Sente-se em algum lugar de maneira que haja uma parede *atrás* de você e um relógio à sua *frente*. A parede está às suas costas e o relógio diante de seus olhos, à sua frente.

Agora, tornemos a expressão "atrás de você" sinônima de passado. Tornemos a expressão "diante de seus olhos" ou "à sua frente" sinônima de futuro. Isto ficou claro?

Pois bem, uma pessoa caminha até você, aproxima-se do lugar em que está sentado/a e pergunta: "*Onde* está a parede?" Naturalmente você responderá: "A parede está *atrás* de mim." (Atrás sendo sinônimo de passado, lembre-se.)

Então, essa pessoa pergunta: "Onde está o relógio?" Olhando diretamente para a frente, para o relógio em cima da mesa, Naturalmente você responderá: "O relógio está *diante* de mim." (Diante sendo sinônimo de futuro, lembre-se.)

Agora, imagine (imagine intensamente) que você tem dois olhos atrás da cabeça, desempenhando exatamente a mesma função que os dois olhos de seu rosto. Fixou bem o quadro em sua mente?

Se conseguiu fixar bem o quadro, saberá que os olhos de seu rosto e os de trás da cabeça estão, *ambos*, jogando imagens simultâneas em seu cérebro, os olhos frontais projetando a imagem do relógio — os olhos traseiros projetando uma imagem da parede atrás de você. Para a finalidade desta ilustração, digamos duas imagens simultâneas, uma superpondo-se à outra.

Agora, alguém caminha em sua direção, até onde se sentou, e pergunta: "Onde está a parede? Está à frente ou atrás de você?"

Sua resposta teria de ser: "Não entendo o que quer dizer. A parede *está.*"

Então, essa pessoa pergunta: "Onde está o relógio? Está à frente ou atrás de você?" Sua resposta teria de ser a mesma: "Não entendo o que quer dizer. O relógio *está.*"

Seu motivo de não entender as perguntas ou ser incapaz de responder a elas seria o fato de jamais compreender o que significa "atrás de você" ou "à frente de você". Isto, porque somente experimentou aquelas duas imagens simultâneas. Desta maneira, não tem meios para interpretar as situações "atrás" e "à frente". Sua experiência única consistiria em *desligar uma imagem seletivamente em favor da outra sempre que se decidisse a isto — ou anular (apagar) as duas ao mesmo tempo quando estivesse com vontade de fazê-lo.*

Ao ler os quatro últimos parágrafos, substitua as palavras "atrás de você" e "à frente" ou "adiante de você" por *passado* e *futuro,* respectivamente, e leia em voz alta. Isto não fará com que *compreenda* inteiramente, porém o deixará um pouco mais perto disto. A ideia, no entanto, só funcionará se substituir as palavras, conforme falei — depois lendo os parágrafos *em voz alta.*

Após ponderar sobre estas duas ginásticas mentais de impacto, você eventualmente tonificará os músculos da alma — de maneira simbólica — e começará a alcançar, com maior facilidade, respostas cada vez mais altas sobre o agora eterno.

Por falar nisto, percebeu, por conta própria, que, no exemplo relógio-parede, colocar um deles atrás de você (passado) ou à sua frente (futuro) *depende inteiramente da direção para onde olha*? Em outras palavras, alguém que estivesse sentado na sala, de maneira a se encontrar olhando na direção oposta, descobriria que o que você denominou "à frente" (futuro) seria "atrás" (passado) — e o que você denominou "atrás" (passado) seria "à frente" ou "diante dela" (futuro). Assim, o passado e o futuro *são o mesmo* para duas pessoas voltadas em direções opostas. Tudo é relativo. Novamente, de volta ao "Abstrato Al"...

☆☆☆

Por falar em relógios, tempo e coisas relativas, lembra-se de eu lhe ter dito no Capítulo 3 ("Fantasmas, gurus e avatares") que finalmente fora iluminada pela solução do fenômeno "20 antes e 20 depois", o qual discutiria com Finbar O'Malley na manhã em que ele me levara de carro até Cripple Creek? Se você não descobriu a solução por sua própria expansão mental, aqui vai o que aprendi durante meu retiro nas montanhas.

Em meio a um breve contato com um de meus "professores" lá, começamos a debater essa antiga "superstição" gaélica. (A esta altura, por favor, leia novamente. Começa na página 156, Capítulo 3.)

Por que esse estranho *silêncio* ocorre periodicamente a um grupo de pessoas, e o que significa?

— Isto acontece quando atlantes estão reunidos e conversando — disseram-me. — O mistério das memórias contidas no que tem sido chamado "inconsciente coletivo das massas" ou "memória racial" nunca foi inteiramente explicado ou penetrado. Neste caso, o que acontece é uma súbita emersão de uma memória grupal profundamente sepultada desencadeada pela mesma "força" que faz você despertar a certa hora da manhã, programada mentalmente na noite anterior, para quando os ponteiros do relógio marcassem essa hora. É uma "memória de raça" subconsciente coletiva sobre a tragédia da terrível inundação da Atlântida.

"Diz a lenda, veridicamente, que a inundação da Atlântida começou, conforme medida pelo tempo da Terra ou "tempo do relógio", 20 minutos antes das 8 horas (ah, o relógio!), e que, 20 minutos depois das 8, aquele uma vez belo continente da Atlântida estava submerso sob o que hoje é o oceano *Atlântico* (assim chamado apenas por este motivo), o inteiro cataclismo começando e terminando no que pareceu 'um piscar de olhos' — levou apenas quarenta minutos ao todo. Pode-se dizer que o fenômeno do 'silêncio' seria interpretado como um gesto *subconsciente de* 'respeito' ou 'recordação da tragédia', como naqueles momentos similares, mas *conscientes*, em que os terrenos observam coletivamente, na igreja ou em caráter nacional, um silêncio reverente por alguma catástrofe importante."

Após ser esclarecida pelo Avatar, perguntei sobre o motivo "científico" dessa rápida inundação de todo um continente, acentuando que ouvira lendas nas quais se dizia que os cientistas atlantes (cuja tecnologia-sem-uma-igual-iluminação-espiritual nossos cientistas atuais estão perigosamente perto de alcançar) causaram o cataclismo da maneira seguinte: por meio de uma fórmula matemática cuidadosamente calculada, eles projetaram e criaram um cristal de enorme tamanho, mas seus cálculos estavam errados, por algum motivo — e então, em vez de produzir a extraordinária força (para várias finalidades) que eles haviam esperado, o cristal de algum modo estilhaçou a crosta da Terra, fazendo com que esta tombasse sobre seu eixo e assim se iniciasse a Era do Gelo.

— Isto é correto — responderam-me enfaticamente. — Quanto à natureza do erro descomunal cometido pelas ciências atlantes, continue conectando seus pensamentos em meditação, ao mesmo tempo que mantém em mente o aspecto de *Tempo*, conforme indicado pelo fenômeno "20 minutos antes e 20 minutos depois". Então, tornaremos a nos encontrar e discutiremos o que descobriu dessa maneira. Lembre-se de que o cataclismo da Atlântida em questão ocorreu vinte minutos antes e até vinte minutos depois das 8 horas, mas que o fenômeno coletivo que tem observado pode ocorrer vinte minutos *antes* — ou *depois de qualquer hora*, como um código astral, conjurando a *posição* dos ponteiros do relógio no momento do trágico evento.

Fiz conforme fui instruída. Meditei. Por algum tempo, não houve qualquer inspiração. Então, certo dia, enquanto contemplava o mostrador do velho relógio de pé, em minha "casa assombrada" de Cripple Creek, talvez assistida pelo "fantasma" de Nikola Tesla no canto da sala de estar (ver o Capítulo 3), comecei a desenhar o mostrador de um relógio em um papel — um enorme mostrador. A seguir, marquei a posição dos ponteiros de um relógio, indicando 7h40 e 8h20 (da manhã ou da noite), que é a mesma posição indicando vinte minutos antes ou depois do meio-dia ou meia-noite. Vi então que, quando virava para baixo ou invertia o mostrador desse relógio, a marcação indicava *dez* minutos antes e *dez* minutos depois das 10 horas — os três dez igualando-se a 12 e reduzindo-se a 3. Exatamente como vinte minutos antes e vinte minutos depois das 8 se igualam a 12 e se reduzem a 3.

Observei, também, que estas quatro marcações, quando conectadas, criavam uma forma de pirâmide dupla, uma contra a outra, segundo mostram os desenhos a seguir

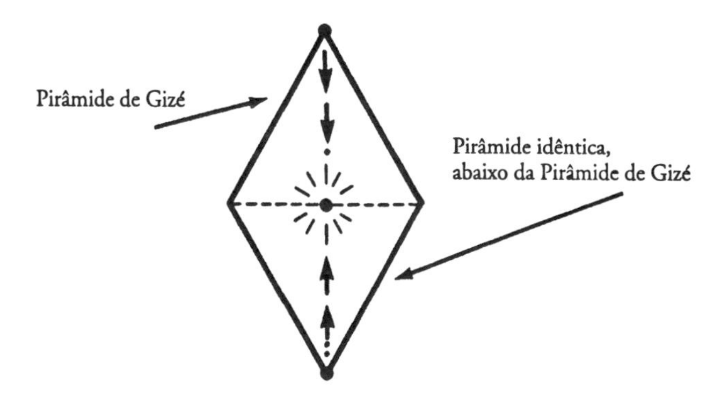

Simultaneamente, o triângulo me fez recordar a Grande Pirâmide de Gizé, projetada e erigida por Osíris *após* a queda da Atlântida. Recordei terem me ensinado que, *abaixo* da Pirâmide de Gizé, existe uma outra pirâmide, construída precisamente nas mesmas medidas daquelas outras acima do solo, unidas *base contra base,* uma façanha de engenharia ainda não compreendida por nossos atuais cientistas. Recordei que também me fora ensinado o motivo pelo qual essas duas pirâmides idênticas haviam sido assim projetadas e construídas, base contra base. Era "para manter a estrela Polar centrada", a fim de serem "prevenidas quaisquer posteriores inclinações axiais dos pólos Norte e Sul".

Eu também aprendi (ou recordei) que os "geradores ocultos existentes na pirâmide de baixo, invisível e desconhecida, emitiam forças poderosíssimas", usadas para orientar as "espaçonaves" daquela época. Outro motivo para a construção base contra base era que isso neutralizava o poder e energia espantosos que de outro modo "escapariam" pelo topo ou ponta de cada pirâmide; então, esse poder e energia espantosos ficavam *centralizados* em um ponto perto da junção base contra base, assim neutralizados e centrados pela lei do *magnetismo* e *do campo magnético*. Esta centragem de energias no "topo" das duas pirâmides permitia que Mestres Avatares de outras Terras, em outros sistemas solares, sob o disfarce de sacerdotes daquela época, curassem pessoas na "Câmara da Rainha".

A fonte desse poder e energia imensuráveis deve ser atribuída às *medidas* únicas da pirâmide (ou pirâmides) de Gizé, a forma em si de algum modo "encurvando as ondas luminosas", de maneira que qualquer coisa no centro dessa energia *controlada* não se *deteriora*. Rabisquei apressadamente

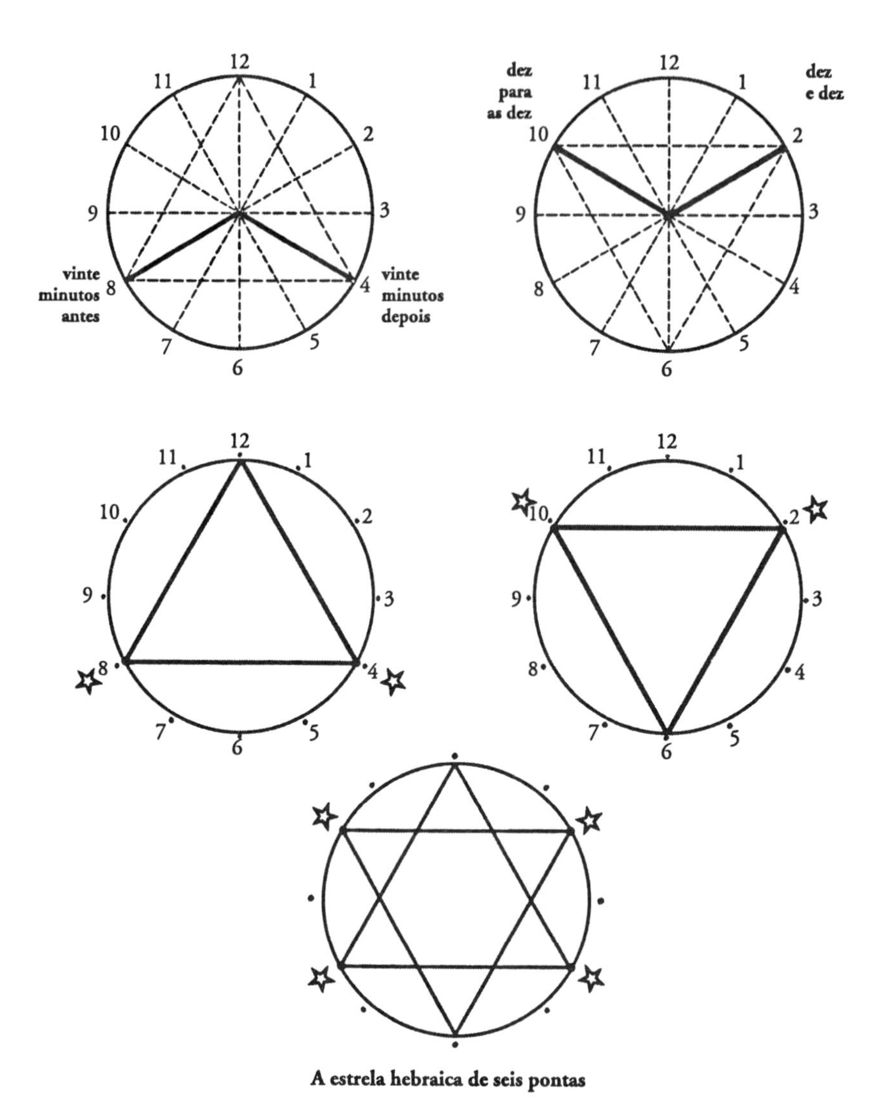

A estrela hebraica de seis pontas

outro desenho, e vi que essa magia piramídica não era um *hexagrama*,* conforme meus primeiros desenhos do mostrador do relógio, mas tinha o *formato de um losango.*

Rapidamente, conectei-me a outra imagem de pensamento e a desenhei no papel. Uma luz relampejou em meu cérebro, mas foi apenas um instante. Depois, escuridão novamente. Entretanto, enquanto a claridade relampejava, percebi que meu desenho em forma de losango criva o número *4*.

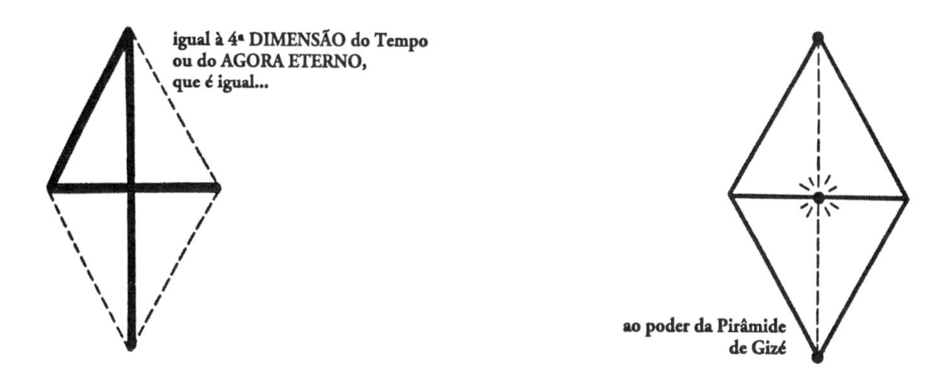

Tornei a olhar de súbito para o LEXIGRAMA das expressões AGORA ETERNO e A GRANDE PIRÂMIDE, percebendo que as palavras adquiriam um novo significado. Mal podia esperar para debater tais descobertas com meu professor. Encontramo-nos no dia seguinte. Quando lhe contei, excitadamente, o que havia alcançado pela meditação-exaltação que me fora aconselhada a fazer, o "Guru" respondeu:

— Você canalizou a verdade. Não em toda a sua complexidade matemática, mas, ainda assim, a verdade. Conhecendo o poder e energia impressionantes criados no topo de um formato piramídico com as medidas exatas da Pirâmide de Gizé (embora ela ainda não houvesse sido construída), os cientistas atlantes erigiram uma enorme *pirâmide de cristal* com essas mesmas medidas. Sobrepondo a ela, como no seu desenho, uma segunda e idêntica pirâmide de cristal, perceberam que isto criava uma estrela de seis pontas, com quatro

*Figura geométrica e símbolo pitagórico, composta de dois triângulos equiláteros que se cortam entre si, cada lado de um paralelo a um lado do outro, os seis pontos coincidindo com os vértices do hexágono. O mesmo que *estrela de Davi.* (*N. da T.*)

pontos de força *adicionais*. Contudo, uma vez que sua tecnologia *não se nivela à sua iluminação espiritual* (exatamente como acontece hoje), eles não descobriram o motivo espiritual por trás da necessidade do *controle* de tal poder e energias da maneira precisa como você ilustrou seu desenho final.

"Em consequência, quando esse cristal atlante foi ativado, a força energética resultante e não checada explodiu, rachando a superfície da Terra e gerando um desvio axial em seu planeta. Desta maneira, a Atlântida foi inundada e destruída. Não será permitido que isto torne a acontecer na Era de Aquário.

— Ora, mas como poderá haver uma repetição do cataclismo atlante — falei —, uma vez que o segredo da pirâmide é conhecido pela maioria dos cientistas atuais, e ninguém recriará tão destrutivo cristal?

— Não precisa acontecer exatamente da mesma maneira — replicou ele tristemente. — Nesta época, a destruição será nuclear, caso não seja prevenida. E a Pirâmide de Gizé não poderá mais reparar o dano, em vista de certas mudanças na sua estrutura efetuadas por vários faraós no decorrer dos séculos. Compreenda, após a queda da Atlântida, Osíris concebeu e erigiu a Pirâmide de Gizé para evitar que se repetisse a *mesma espécie de cataclismo*. Contudo, ela não foi projetada para impedir o tipo de destruição originada pela força nuclear.

Nas semanas que se seguiram a esta conversa com meu professor, conectei imagens de pensamento continuamente. Não conseguia esquecer o termo HEXAGRAMA. Quando criei um lexigrama para "hexagrama" vi que REX... RA e RAM... e então ponderei o enigma do número 6 produzido. Conforme aprendemos no capítulo de numerologia, 6 é o número que representa Vênus. Também é o número do amor e da paz. Então, como seria possível um hexagrama, de *seis* lados, ter causado semelhante tragédia? Espontaneamente, recordei o que me fora ensinado tempos antes — que o nome esotérico masculino-feminino em código para nossos Criadores é RAHRAM, também presente neste lexigrama.

Quando manifestei minha confusão a meu professor, ele disse:

— Você tem o direito de estar intrigada. De fato, é um profundo mistério. A solução é que, no exemplo da Atlântida, o número 6 estava invertido e, por reflexo de espelho, tornou-se 9, com todas as vibrações negativas deste último.

Percebendo a pergunta em meus olhos, ele antecipou a resposta:

— Não. Prefiro não responder à sua pergunta sobre *como*, de que maneira, ocorreu essa inversão 6-9. Você mesma deve canalizar a resposta. Assim está escrito nos Registros Akásicos.

— Refere-se à análise lexigramada da palavra G-U-R-U (Poxa! *Você é... você!*)?* — indaguei.

— Sim — respondeu ele. — Após descobrir a resposta a esta particular pergunta sobre o 6-9, perceberá a identidade do professor de quem aprendeu o *máximo* durante seu retiro nas montanhas.

— Sei quem é ele — repliquei. — Meu Eu Superior, não?

Ele me fitou com ar consternado.

— Enquanto encerrar qualquer afirmação com uma pergunta, como fez agora, nada terá aprendido — respondeu, e se foi.

Durante um longuíssimo período, fiquei ponderando sobre uma segunda parte deste particular mistério do 6-9. De fato, aquilo era muito singular. Um hexagrama, sendo uma figura de seis lados, como o seis (6) representando Vênus, o amor, a paz, mas que, como sempre, não *coincidentemente*, a palavra HEX** esgueirou-se para a língua inglesa, sendo empregada como em: "*I'll place a HEX upon you!*" (Vou rogar uma PRAGA em você!), sem dúvida, uma "maldição" muito negativa. Finalmente, descobria! Por favor, escreva-me e conte quando você também decodificou este mistério e o resolveu.

Mais tarde, meu amigo Philip di Franco canalizou outra faceta deste cintilante mistério do hexagrama e do losango. Ele reparou que todas as fotos de relógios de parede ou de pulso, nos anúncios de publicidade, exibem um mostrador onde *os ponteiros são dispostos marcando vinte minutos depois das oito... ou dez minutos depois das dez*. A explicação fornecida pelos joalheiros é que, "em um sentido visual, fica mais equilibrada e atraente a exposição do relógio ou de seus ponteiros na maneira apresentada pelas fotos". Contudo, será este o motivo *real*? Ou esse motivo real estará sepultado na "memória racial" subconsciente dos joalheiros?

Agora, antes de encerrarmos o mistério do hexagrama, você está preparado para dois mistérios adicionais, relacionados à Atlântida e à anterior Pirâmide de Gizé? Muito bem, abra sua mente, abra seu coração e abra seu terceiro olho, a fim de provar a si mesmo a veracidade dos parágrafos precedentes.

Em primeiro lugar, o hexágono vem antes do hexagrama. Estendendo-se os lados do hexágono, temos então o hexagrama. Medite novamente sobre a dupla pirâmide de cristal dos atlantes. Então, analise (lexigrame) a palavra HEXAGON (hexágono). Ela contém estas palavras: EON GONE (éon

---

*Ver nota na página 421. (*N. da T.*)

**Em inglês — e aqui — no sentido de feitiço, praga, maldição. (*N. da T.*)

transcorrido). Vemos aí um claro código de que, quando os cientistas atlantes, empregando sua tecnologia, iniciaram com o hexágono de cristal, a sussurrante advertência estava ali, dentro da própria palavra, indicando que o passo seguinte de ampliar o hexágono para uma pirâmide dupla, formando um hexagrama, estaria marcando *o fim de um éon*, em breve assinalaria um *éon transcorrido*, com suas possibilidades de futura glória destruídas pela tecnologia não baseada na lei espiritual.

A segunda magia requer que você consiga dois objetos pequenos e de baixo custo, pelos quais aprenderá segredos de valor imensuravelmente maior do que o preço.

Um desses objetos é um pegador de puro cristal austríaco, na forma de um *hexágono*, medindo cinco centímetros, do qual pende uma pequenina bola de cristal. O outro é uma pirâmide, também de puro cristal austríaco, medindo seis centímetros. Os cristais faíscam e reluzem em cintilante luminosidade, exibindo todas as cores do espectro do arco-íris. E, sendo de puro cristal, são sólidos; é um prazer segurá-los.

Pegue o faiscante pegador da bola de cristal, levante-o contra a luz e espie para o fundo chato do objeto. Imediatamente verá, com clareza, a forma do *hexágono* (ver a figura a seguir), em seguida notando que ele se estende e forma a estrela de Davi, de seis pontas (*o hexagrama* — ver a figura a seguir), sussurrando para seu terceiro olho os inúmeros mistérios contidos dentro deste faiscante cristal.

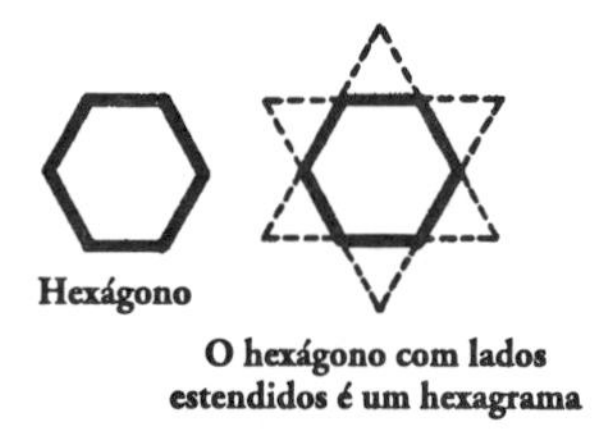

Em seguida, tome a faiscante pirâmide de cristal, que tem quatro lados. Mantenha-a contra a luz, com *uma das arestas* voltada diretamente para seus olhos. Espie através dela. Verá, mágica e miraculosamente, uma segunda pirâmide oculta no interior da primeira. A meditação com estes dois cristais, eu lhe prometo, será um valioso "tônico" para que descubra códigos e mistérios antigos. Há mais alguns que não lhe conto aqui, a fim de que os descubra por si mesmo/a.

☆ ☆ ☆

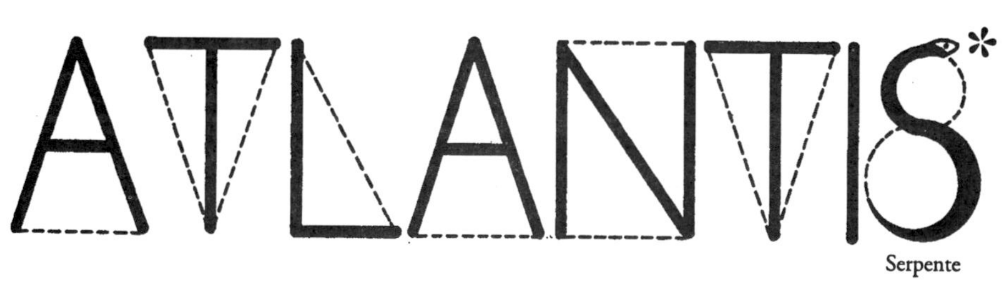

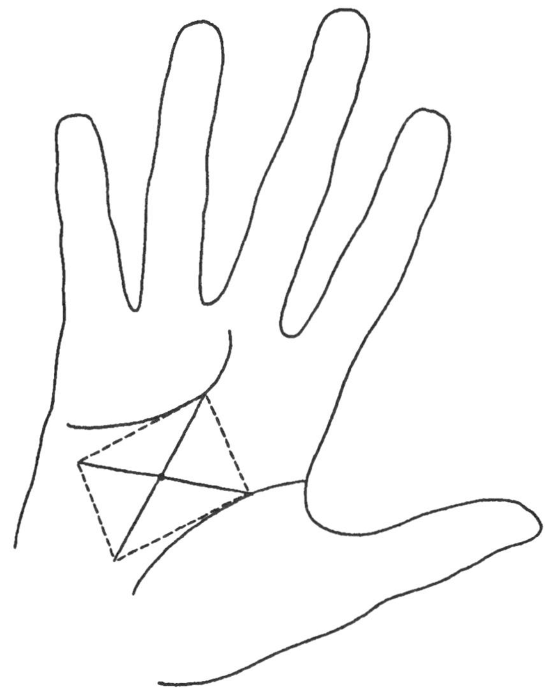

Existe um meio eficaz para impedir quaisquer danos resultantes de enviarmos aos éteres os sons de palavras negativas faladas — e espero que, a esta altura, você compreenda quanto mal isto pode causar realmente, devido às invisíveis mas potentes frequências do som. Existe uma infinidade de palavras e frases negativas que, naturalmente, não podem ser todas registradas

---

*Para melhor compreensão do leitor, mantivemos a ilustração original representando a palavra *Atlantis* (Atlântida, em português). (*N. da T.*)

aqui. Você sabe quais são. Frases como: "Dane-se!"; "Este trabalho me mata!"; "Ele (ou ela) me deixam doente"; "Vamos matar dois coelhos com uma cajadada."; "É a última coisa que eu faria, mas não tenho saída..."; "Deseja mesmo *saber* o que vai acontecer?" (alguma coisa negativa, claro); "Tenho certeza de que ele não vai telefonar"; "Jamais serei capaz de fazer isto direito"; "Eu lhe disse, mas ela jamais compreenderá"; "Nunca chegaremos a tempo ao aeroporto"; "Tenho certeza de que, quando chegarmos lá, o filme já terão começado"; "Não vou poder dormir o suficiente, de modo que amanhã estarei meio morto"; "Veja esta espinha! Vou ficar horrível na festa de amanhã à noite"; "Prefiro vê-lo morto a..." (qualquer coisa). E esta sempre me causa calafrios, mas já ouvi mães dizerem (é uma nova e popular "mania") aos filhos que não se portam direito, em tom de brincadeira e inocentemente, nunca percebendo o que estão fazendo: "Ah, vá brincar no meio do trânsito!"

Após perceber a realidade do poder dos sons e das palavras, mas ainda sem conseguir mudar seus maus hábitos inteiramente, poderá apanhar-se dizendo algo negativo, sem refletir — e ficará preocupado com isso. (Contudo, não vá dizer: "Droga! Eu devia morder a língua por ter dito tal coisa" — ou acabará mordendo a língua e bem sabe o quanto isto pode ser doloroso!) Ao contrário, após pronunciar impulsivamente uma palavra ou frase, basta dizer em voz alta a palavra *anule*. Diga um *anule* para cada palavra negativa da frase que pronunciou, imaginando as palavras sendo eliminadas, apagadas por um raio laser a cada *anule*. Essa palavra tem poder para fazer isso. Você talvez se sinta esquisito a princípio, mas depois de algum tempo verá que vale a pena. Além do mais, os amigos não rirão de você. Eles pensarão apenas que seu comportamento está sendo misterioso, que sabe algo que ignoram — e, claro, você sabe mesmo.

Quando aprender a ler as entrelinhas das definições para os números compostos, no capítulo sobre numerologia (uma vez que cada análise tem inúmeros significados), você compreenderá por que a palavra *anule*, cujo valor numerológico é 20, tem capacidade para apagar um som negativo e, por assim dizer, "limpar o quadro-negro" para o novo nascimento de frequências positivas.

Dois exercícios que você pode aprender com razoável rapidez e que têm o mais forte efeito em sua compreensão dos poderes que possui, ao sintonizar-se com seu Eu Superior, são os que usei no início — e continuo tão surpresa e admirada quanto antes a cada vez que eles provam o quanto são mágicos. Minha admiração nunca cessa. Fico maravilhada a cada vez que isso acontece — e cada vez são todas elas, sem exceção.

O primeiro exercício é uma mágica para recordar algo que esquecemos, e isso acontece com todos nós. Pode ser um número de telefone, o nome de alguém, uma determinada data, um endereço — ou uma palavra ou frase que conhecemos bem mas simplesmente não conseguimos recordar, quando se é um escritor, sentado diante da máquina de escrever, precisando empregar rapidamente aquela palavra ou frase.

O segundo é uma mágica para encontrarmos alguma coisa perdida dentro de casa. (Também funciona para objetos perdidos a distância, porém é mais complicado.) Eu me refiro àquelas vezes em que não achamos uma coisa — ou em que a colocamos de lado, de maneira que *não* está perdida, só esquecemos onde a pusemos — ou àqueles momentos ocasionais em que um papel, um cheque ou qualquer outro item ainda há pouco diante de nossos olhos parece, simplesmente, ter se desmaterializado; aquele objeto apenas não está mais ali. Para onde teria ido? Evidentemente, não ganhou pés e fugiu!

Antes que eu lhe fale dos dois mantras mágicos, você deve estar absolutamente certo de ter compreendido esta regra. Não podemos nos sintonizar com nosso Eu Superior se não *acreditarmos* firmemente que podemos, sem a mais remota sombra de dúvida. Você precisa também compreender que da *primeira vez* em que um "som mágico de mantra" funciona será sempre assim. Depois disso, ele nunca mais deixará de funcionar. Sabe por quê? Porque, quando você constatar que esse poder é real, a última minúscula semente de dúvida terá desaparecido de sua mente consciente. Então, sua confiança será idêntica à de quando pressiona um interruptor de luz *sabendo* que a luz se acenderá, a ponto de nem mesmo pensar a respeito — e certamente sem precisar rezar: "Oh, por favor, *por favor*, que a luz se acenda!" É algo mais ou menos assim.

Nada pode ser mais simples. Você dirá a frase que se aplica ao momento, entre as duas abaixo — *em voz alta*. Então, esquecerá inteiramente o problema e irá fazer outra coisa — qualquer coisa. Dentro de dois a três minutos, no máximo, geralmente em trinta a sessenta segundos, a mágica se manifestará. A palavra, o nome ou seja lá o que não conseguiu recordar relampejará em sua mente como uma lâmpada acesa — ou como um cartão lido no computador. *Bang*! Lá está! Ou o objeto que perdeu ou que não encontra o magnetizará na sua direção. Você dá uma volta ou caminha alguns passos, após dizer seu mantra e rejeitá-lo de sua mente... e BUM! Ali está o objeto, bem à sua frente — com frequência em um lugar onde já o procurara, sem notá-lo. Às vezes, ele virá pelo ar, soprado por uma brisa que entra pela janela aberta, podendo também cair ao chão quando você o tocar. E parece bastante fantástico.

1. Divino Espírito do meu Eu Superior, instantaneamente — já — plante em minha mente e em meu cérebro aquilo que esqueci. Eu *determino* isto, pela graça de Deus. Obrigado!

2. Divino Espírito do meu Eu Superior, instantaneamente — já — leve-me diretamente àquilo que não encontro. Eu *determino* isto, pela graça de Deus. Obrigado!
   (Com este mantra, *visualize o objeto de que fala.*)

Pessoalmente, já desisti de encontrar um meio de expressar plenamente a admiração, o excitamento e gratidão que sinto depois que estas duas mágicas relativamente pequenas se tornaram parte permanente de minha vida diária.

Descobri que tenho dois tipos de amigos e conhecidos. Há os que riem, envergonhados, quando lhes falo sobre esta varinha de condão de palavras (essas palavras faladas são, de fato, uma varinha de condão), e os outros, que acreditam em mim e, com a empolgação, a confiança e inocência de uma criança, imediatamente fazem a experiência, descobrem que ela funciona e não param mais de falar a respeito. Eles me ligam várias vezes por semana e gritam ao telefone: "Consegui de novo! Consegui de novo!" Fico muito satisfeita por eles, evidentemente, mas às vezes gostaria que se acostumassem mais depressa à mágica — que a aceitassem logo como infalível e me dessem um pouco de sossego!

De que tipo é você? Se pertence ao segundo grupo, não é simplesmente maravilhoso não ter que se preocupar quando perde ou esquece alguma coisa — nunca mais?

O melhor disto tudo é que, após dominar estes dois passos iniciais da comunicação com seu Espírito, você pode seguir em frente, criando seus próprios mantras para o milagre que quiser, maior ou menor, o que precisar na vida para sua felicidade, desde que, com isto, não cause a infelicidade de mais alguém. "Para qualquer coisa que desejar, reze como se *já a tivesse recebido*, e certamente a receberá." Este é o tipo de prece que tem poder. Chama-se *determinar*. "Peça, que receberá." "Bata, e lhe será aberto." Todos estes três conselhos do Nazareno referem-se explicitamente ao que você pode esperar, de modo infalível, quando em sintonia com seu Eu Superior e com absoluta confiança. Os milagres maiores demoram um pouco mais de tempo, porém se manifestam com a mesma segurança. O tempo não é importante. Importante é tão somente a certeza do eventual resultado.

8

IMORTALIDADE FÍSICA

Uma transformação de pensamento,
levando à conquista da
regeneração celular

Este capítulo é dedicado a:
Pauline Goodman, Annette e Robert Kemery
os três terrenos mais mágicos que conheço,
com muito amor
e uma promessa para o amanhã

"Estou farta
do abracadabra religioso e espiritual
as igrejas falharam
não vê que *todas as igrejas falharam*?

e a história de todas a mais fantástica
o embuste maior de toda a igreja cristã
é a concepção da ressurreição na Páscoa
que não passa de cruel mentira

uma cruel mentira!

Uma pilhéria sobre enlutados e despojados
uma piada do mais puro mau gosto
e eu lhe digo... *juro* que não serei tão iludida!"

minha voz então se quebrou em amargas farpas
de lembrados invernos ermos e gelados
e não mais pude prosseguir

ele a cabeça lentamente meneou
e sua voz era baixa e
gentil
quando falou...

"não, a ressurreição de Jesus
não é uma piada
mas plenamente literal
mais tangível e real do que
tudo quanto possa sentir você
neste momento...

A Páscoa é Verdade!"

☆☆☆

QUANDO UM prédio antigo, edificado sobre fortes alicerces, ultrapassa sua época e precisa ser destruído, a fim de que em seu lugar seja erigida uma nova construção, existe apenas um meio para realizar essa transformação da matéria. Dinamite. Uma explosão.

Da mesma forma, quando uma mentira antiga, edificada sobre fortes alicerces de mentiras plantadas no subconsciente coletivo durante milhares e milhares de anos, ultrapassa sua época e precisa ser destruída, a fim de que uma nova percepção a substitua, só existe um meio de realizar essa transformação do pensamento. Dinamite. Uma explosão.

As palavras deste capítulo devem ser perfeitamente captadas por seu cérebro erroneamente programado como uma inesperada explosão de dinamite. Uma supercarga, para usar um termo comum de computador, posto que o cérebro é, em última análise, o computador definitivo. Feche sua mente contra o choque inicial, se puder, mas mantenha a alma aberta. Posteriormente, sua mente irá se juntar a ela em uma nova percepção e você experimentará uma transformação de pensamento.

No início, enfrentemos a objeção primordial feita pela maioria das pessoas como seu motivo para crer que a imortalidade física é impossível, por não ser prática. Você então diz para si mesmo: "Ainda que eu quisesse viver eternamente em meu corpo atual, sem o repetido coma da morte e o renascimento, tal coisa jamais seria possível para cada humano sobre a Terra. Já estamos enfrentando a fome mundial que nos espreita, e com novos bebês sendo concebidos e nascendo a cada hora, se todos alcançassem a vida eterna e jamais morressem, a Terra ficaria tão superpovoada que a ideia seria impensável."

Seu argumento é compreensível e parece razoável. Contudo, existe uma solução lindamente harmoniosa, sensata e inclusive lógica para esta aparente falha na imortalidade física para todos — e ela não inclui a proibição de acasalamento e reprodução para homem e mulheres que se tornarem imortais. Os bebês continuarão nascendo. Todavia, não haverá nenhum excesso populacional.

Percebo que isto parece uma contradição, uma dedução falsa, mas não é esse o caso. Embora surpreendentemente simples, a explicação exige um fundamento de estratificado conhecimento esotérico, a fim de que seja adequadamente compreendida. Novamente devo me desculpar por ter de lhe dizer que meus professores me aconselharam a fornecer a resposta no longamente adiado mas já próximo *Gooberz*. O motivo é que tal revelação agora seria prematura. A situação ecoa mais uma vez o antigo adágio, citado com frequência tão necessária neste livro: *Quando o estudante está pronto, o professor aparece.*

Nesse ínterim, você poderá progredir, começando agora a alcançar a vida eterna, se for tal o desejo. No momento em que escolher este caminho e começar a seguir por ele, estará disponível a resposta à questão do excesso populacional — sendo possível que já tenha até encontrado a resposta antes disso.

Até o alvorecer da dourada Era de Aquário, pouquíssimas pessoas sonhavam com a imortalidade física — a vida eterna no mesmo corpo carnal, mas continuamente melhorado e transfigurado. Outros acreditavam ser apenas uma possibilidade para raros Mestres, os fundadores das religiões do mundo (alguns deles). Hoje, contudo, aqueles que ponderam uma semelhante alternativa para si mesmos estão aumentando em número. Há mais pessoas começando a perceber que a imortalidade física é realmente o fundamento da genuína religião.

Sim, imortalidade física — vida eterna, no sentido material — foi o marco original de todas as religiões, desgastado pelos estragos do tempo ilusório e substituído pelo dogma e doutrinas de um falso perecimento. Acuradamente, a Bíblia cristã diz que "Deus colocou a eternidade no coração do homem". E no coração da mulher também.

Entretanto, as religiões atuais e mesmo os novos movimentos ocultistas continuam a vender o conceito da "glória da morte".

Durante anos recentes, ocorreram várias tentativas para ser rompida a rígida e terrível filosofia da mortalidade, retratando-se a experiência da morte como uma coisa quase divertida, com o ser flutuando nos éteres como um balão de gás e olhando para baixo, para o rejeitado casulo de seu corpo carnal — ou voando sonhadoramente, indo e vindo, bem como em torno de Plutão ou da Lua, preso por um cintilante cordão prateado, no que é insinuado como uma espécie de treino prático para a morte.

O "cordão prateado" é realmente visto pelo terceiro olho como de um prata brilhante, possuindo uma capacidade ilimitada de distensão, não sendo apenas um cordão visível — mas também um *acorde* audível (para o ouvido interior) de frequência extremamente alta. Em um dos incidentes dramatizados na minissérie televisada de *Minhas vidas*, a atriz Shirley MacLaine acentuou que sua viagem astral em seu próprio cordão prateado terminara no instante em que imaginara "limitação", quando questionara se seu cordão prateado se estiraria o suficiente para de fato tocar a Lua, da qual se aproximava. Verdade. Um pensamento sobre qualquer espécie de limitação queima instantaneamente o fusível de toda magia, incluindo a mágica realidade da imortalidade física.

Todas essas tentativas para apagar o terror da morte são admiravelmente motivadas. De fato, estão dizendo: "Não tenha medo. Morrer é uma viagem maravilhosa. Você vai adorar!" Tais imagens, no entanto, são impotentes para derrotar e permanentemente destruir a morte. Tudo que conseguem é torná-la um mínimo mais suportável, em nada contribuindo, evidentemente, para consolar os enlutados, aqueles entes queridos sacudidos pela dor e que são deixados para trás quando os mortos partem voando pelo cosmos em seus cordões prateados.

Estas viagens-astrais-em-cordão-prateado podem ocorrer durante o sono ou em transe, sob as condições adequadas, porém não são "minimortes" e muito menos "treinos" para uma final e inevitável "passagem".

Por falar nisso, é interessante e significativo contemplar a semelhança entre o cordão prateado preso ao corpo, durante uma viagem astral (ou morte), o cordão umbilical do recém-nascido, preso à sua mãe, e o cordão entre a nave-mãe (cápsula espacial) e um astronauta pousando na Lua. As três experiências têm íntimo relacionamento.

Os líderes das religiões atuais, nos púlpitos das igrejas, sinagogas e televisão, que tão alegremente vendem a morte como um banquete no céu, em algum ponto no grande-já-a-seguir, falharam tristemente em manifestar a terceira e quarta linhas do Pai-Nosso: "*Venha a nós o Vosso reino, seja feita a Vossa vontade... assim na Terra como no Céu.*" Eles não tiveram êxito em criar o Céu na Terra e nunca terão, da maneira como fazem. As religiões dependem da generosidade de seus vários fundadores Imortais para que tal milagre se manifeste.

Entretanto, não foram os Imortais que plantaram suas doutrinas espirituais desencadeadoras de guerras, doenças, catástrofes, infelicidade pessoal e a "desumanidade do homem para o homem" (e para os animais) na Terra. Tais males são causados por mortais, brincando sem cuidado com seu livre-arbítrio, tratando-o como sucata. E a única forma de se acabar com este inferno na Terra (que, caso você ainda não tenha percebido, é sempre a sua localização geográfica) será transformando-se todos os mortais da Terra em imortais, porque o processo não apenas "enxugará todas as lágrimas de seus olhos", conforme previu João no Apocalipse, mas também eliminará de suas mentes e corações todo o desejo da maldade. "E não haverá mais morte."

A verdade é que, um dia, todos os mortais foram imortais. Inclusive você. Você, que precisa apenas *recordar* e perceber isto, a fim de que a batalha seja vencida, e sua a vitória. A vitória é a transformação de pensamento resultante da compreensão de que a imortalidade física — longevidade perpétua, sem doença ou envelhecimento —, a vida eterna, saudável e jovem em sua carne viva, não é uma fantasia, mas uma possibilidade prática e alcançável.

Os Mestres do Hatha Ioga hindu, que na Índia já a alcançaram (e existem mais deles do que você poderia imaginar), afirmaram que pelo menos metade das pessoas vivas nestes anos 1980 poderá aprender a viver para sempre, em juventude e saúde continuamente crescentes, apenas *conhecendo* esta verdade, que, por seu turno, conferirá o domínio sobre o corpo físico. Naturalmente, há certas disciplinas a seguir, mas o primeiro passo é uma liberação de sua lealdade à morte, insuflada pela religião. Isto exige um imenso esforço, porém a tentativa sem dúvida vale a pena, concorda? Você nada tem a perder, mas muito a ganhar. E, acredite se quiser, morrer requer um esforço muitíssimo maior.

Por quê? Porque a imortalidade física é natural, e a morte é antinatural. Assim, as pessoas precisam exercer tanto esforço (subconsciente) para morrer, que isto lhes causa doença e sofrimento. Pergunte a si mesmo se prefere ficar entre a massa humana que se sujeita como escrava a uma teologia de mortalidade, a qual o condena a finalmente sacrificar ao pó o próprio corpo — ou ao fogo extintor da cremação. Idolatrar a sepultura, se me perdoa a brincadeira sobre assunto tão sério, é uma ofensa grave contra a verdade e a felicidade.

Os sumos sacerdotes da filosofia da mortalidade são as companhias de seguro de vida, que insistem em repetir que "a expectativa de vida é...", e todos aceitam como evangelho esse número ilusório. Na época de Francisco de Assis, a imaginária "expectativa de vida" não ia muito além dos quarenta anos, daí por que eles se casavam aos 12 e 13 anos. Nos tempos de Moisés, essa duração era de cerca de seiscentos anos, sendo de 55 ou sessenta durante a Guerra Civil nos EUA. Hoje, eles ditam que a "expectativa de vida" arbitrária é de oitenta anos, presume-se que baseada na idade das pessoas que morreram a cada década. Obedientemente, então, em submissa maneira de "siga o chefe", homens e mulheres checam no calendário esse ilusório número duplo e, quando vão se aproximando dele, fazem testamento e aguardam a morte.

Alguém certa vez disse que pensamentos são anjos; de fato, alguns o são, como este: você está vivo agora e, portanto, obviamente suas verdadeiras ânsias de viver atuais são mais fortes do que suas ânsias de morrer programadas. Enquanto continuar a reforçar suas ânsias de vida e ignorar ânsias programadas de morte, você continuará vivendo. Leia este pensamento várias vezes até aprender bem o que ele quer dizer.

Você morre porque *acredita que deve morrer*, e acredita nisto porque seu computador cerebral foi falsamente programado no sentido de que isto é uma necessidade. Não apenas o seu cérebro foi programado, mas também a mente e a alma foram sujeitas a uma hipnose maciça, por intermédio de pais, parentes, amigos, rádio, televisão, jornais e revistas. Você morre porque está reagindo e respondendo previsivelmente a uma sugestão pós-hipnótica. Sua mente e sua alma foram submetidas a ela (a alma com mais relutância), mas seu espírito (Eu Superior, anjo da guarda, o você-de-você) sabe melhor. Pergunte ao sábio guru de seu próprio Eu, e ele (ou ela) lhe falará sobre o mito de morrer.

A simples crença na morte é suficiente para matá-lo, mesmo sem acidente ou doença. Trata-se daquilo que a profissão médica classifica como "falecimento sem causas específicas, além da velhice".

Todas as mortes são suicídios, sabia? Cada uma delas. A única diferença é que, entre algumas pessoas, suicídio é uma escolha subconsciente; entre outras, uma escolha consciente. Assim, aqueles que se suicidam e aqueles que sucumbem a um acidente, doença ou "velhice" morrem exatamente pelo mesmo motivo: crença na inevitabilidade da morte. Nos Estados Unidos, o suicídio é contra a lei, sendo crime punível. De certo modo, chega a ser divertido, uma vez que só poderá ser castigado quem falhar na tentativa de suicídio. Os bem-sucedidos, evidentemente, estão fora do alcance da lei. De fato, todas as mortes são contra a lei — a lei da vida eterna —, mas também é tarde demais, depois que "os culpados" escaparem do que a religião e mesmo os novos movimentos ocultistas denominam "a prisão carnal", viajando para uma dimensão diferente.

Ora, temos aqui o verdadeiro culpado: o conceito sobre "prisão carnal". Não é de admirar que todos anseiem escapar, mesmo se mostrando nervosos e apreensivos sobre o que acontece após a "evasão da prisão". Quem quer ficar preso? Entretanto, o corpo carnal, chamado templo da alma, *é* uma prisão? Claro que é, mas somente quando você não compreender o que significa "manter um pé na Terra e um pé no Céu".

Antes de prosseguirmos, compreendamos que os seguintes termos são sinônimos: Eu Superior, anjo da guarda, superego, superconsciente e espírito. Todos são termos para o você-de-você real. São intercambiáveis. Para clareza e brevidade, agora que isto ficou explicado, usarei o termo *espírito* quando me referir ao você-de-você. Lembre-se, no entanto, de que seu espírito não é sinônimo para sua alma, nem a mesma coisa que ela. "Espírito" e "alma" são dois termos diferentes, descrevendo duas partes separadas de sua "santíssima trindade". (Ver o desenho da página 151, Capítulo 3.)

Você foi, certa vez, há incontáveis e esquecidas eras, um espírito. Continua a sê-lo, essencialmente, mas agora é um espírito *mais* uma mente e uma alma — um corpo carnal e um corpo astral. Poder-se-ia dizer que você fez, mais ou menos, um clone de seu Eu. (Seu Eu é outro sinônimo a adicionar aos já mencionados para espírito.)

Empreguei a palavra *clone* porque ela descreve o que estou procurando explicar. Entretanto, jamais esqueça que a tentativa do homem moderno em clonar o corpo carnal vai contra a lei universal. A clonagem só será cumprida com sucesso quando for escolhida, por complexas razões, pelo espírito de um Iniciado, Avatar, Guru, Mestre ou Imortal (estes termos também são sinônimos um do outro). A clonagem tentada pelos não iluminados — e, até esta data, a ciência moderna é tão sinônima de *não iluminado* quanto você possa imaginar — está condenada ao fracasso, destinada a ruir por seu próprio peso de negatividade e será suspensa por nossos Criadores, uma vez que causa um dano irremediável.

Voltando àquelas incontáveis e esquecidas eras, certa vez você foi um puro espírito. Um espírito que existiu em uma dimensão superior, hoje chamada "Céu", onde não havia (há) doença, velhice, morte, assassinato, roubo, inveja, violência ou tudo que seja negativo e infeliz em "Natureza" — e nenhum tempo — com um corpo em todos os sentidos igual ao corpo físico, só que composto de substância mais refinada. Em todos os sentidos, mas com certas diferenças, relacionadas a particulares órgãos do corpo, que por enquanto ainda não precisam preocupá-lo muito. Em aparência, idênticos. É isto que interessa saber.

Um belo dia, nossos Criadores decidiram divinamente criar infinitos zilhões, muitíssimas vezes o número de grãos de areia neste planeta, infinitos zilhões de densas dimensões físicas de matéria, denominadas Édens celestes (cada um em seu respectivo sistema solar) — Édens celestes, chamados Terras somente após a "queda de cada um", provocada quando foram desobedecidas certas leis imutáveis da Mãe Natureza de cada planeta. Anteriormente a essa transgressão, aqui não existia tempo, como tampouco o existia na dimensão astral superior do "Céu". Os Sóis eram dois, de modo que, em resultado, não havia escuridão na face do planeta. Sem escuridão, o tempo não pode ser medido. E a Terra não girava, portanto inexistia gravidade. Sei que tudo isto abre uma caixa de Pandora de perguntas, algumas das quais respondidas mais adiante, neste capítulo. Outras terão que aguardar por livros futuros.

Através do precioso dom do livre-arbítrio, você decidiu, como outros espíritos, existir *parcialmente* neste planeta, nesta reflexão-espelhada da dimensão celeste superior, e parcialmente na dimensão superior em si (o mundo real), por assim dizer, mantendo um pé no Céu e um pé no Éden celeste, ora chamado Terra. Outros Espíritos não fizeram tal escolha, permanecendo, ainda agora... Anjos.

Para cumprir essa existência dual, você criou um corpo material, físico ou carnal à sua própria imagem (imagem de seu espírito), com um corpo astral superposto — funcionando como o veículo para aquelas viagens de vai-e-vem entre dimensões. Novamente, ver o desenho da página 151, Capítulo 3.

Infelizmente, este corpo físico original, devido à desobediência "livre-arbitracional" à lei universal, mais tarde iria multiplicar-se por muitos milhares (em alguns casos, muitos milhões) de sucessivas encarnações.

Seu espírito clonou-se, deu nascimento ou criou este material original que é o corpo físico, imitando o ato de nossos Criadores ao darem nascimento (criarem) a este Éden celeste, neste sistema solar (e em um número infinito de outros), mais tarde chamado Terra. E sendo ele um mundo material de matéria, um mundo físico, esta reflexão-espelhada do "Céu" (a dimensão superior), seu Espírito precisou de um corpo material, físico, carnal, a fim de experimentar suas delícias, que presentemente são chamadas os cinco sentidos: paladar, tato, visão, olfato e audição.

Em realidade, no começo eram seis sentidos, em vez de cinco, a fim de ser mantido "um pé na Terra e um pé no Céu". Já ouviu alguém comentar "Ele deve ter um sexto sentido"? Você talvez pense em seu sexto sentido como o "bom sentido" de recordar, percebendo que pode viajar entre as duas dimensões do Céu e da Terra, indo e vindo tão frequentemente quanto quiser. Às vezes, usando o corpo carnal, em outras o corpo astral ou também os dois ao mesmo tempo, dependendo dos requisitos de alguma viagem em particular. Não esqueça também sua lição de numerologia sobre o número 6 (como em *sexto* sentido), que é o número de Vênus e do amor.

O brilhante cristal do sexto sentido é refletido em vários prismas tais como: as auras humanas e a visão do terceiro olho (seu contato com os reinos superiores), a telepatia, teleportação, psicometria, PES, clariaudiência, clarividência, sensitividade, intuição, etc. Em geral, no entanto, o sexto sentido foi embotado por uma amnésia de mente e alma, velha de eras, que entrou em curto-circuito ou interrompeu a comunicação de ambas com seu espírito.

Os espíritos que preferiram criar e ocupar (em tempo parcial) corpos carnais, a fim de que pudessem experimentar os prazeres dos sentidos — com a perda do *sexto* —, também perderam o contato com suas mentes e almas, em resultado perdendo o controle dos "corpos-marionetes" astral e físico, que uma vez manipularam de modo divino, com a sabedoria do amor e da luz. Eles interromperam a linha de comunicação entre o mundo habitado pelo espírito e o mundo da matéria, habitado pelo corpo físico, juntamente a sua superposta "espaçonave" que é o corpo astral.

Quando a mente e a alma novamente se comunicarem com o espírito, atuando como intermediárias, então esse espírito de novo guiará os corpos astral e físico, manifestando a magia e milagres do antigo mundo de "conto de fadas" da Terra, do qual os contos de fada de antanho são uma transparente imagem, um vago eco.

Cada mente e cada alma finalmente ficaram ofuscadas a tal ponto pelos prazeres substitutos dos cinco sentidos físicos, experimentados pelo corpo material, que esqueceram a posse de um *sexto* sentido pelo corpo astral, sentindo este que lhes permitia uma passagem de ida e volta entre o "Céu" e a "Terra" sem data de cancelamento.

A presença real do espírito também foi esquecida. A comunicação vital com os Criadores foi interrompida. Em vez da intenção original de ser mantido "um pé na Terra e um pé no Céu", os dois "pés" (simbolicamente) ficaram firmemente plantados na Terra. A única viagem entre aqui e outros níveis feita atualmente pelas maioria dos terrenos é pela fugas perigosamente decepcionantes das drogas alucinatórias — em transe — ou durante o sono. Nenhuma destas viagens é satisfatória, uma vez que são seguidas da amnésia espiritual, enquanto que as experiências astrais chamadas sonhos se tornam distorcidas pelo "dispositivo de mesclagem" no cérebro, bem semelhante àquele do telefone do presidente. Seria o mesmo que alguém se divertir muito em uma visita à Europa e nada recordar ao voltar para casa. Não podemos nem mesmo trazer cartões-postais ou fotografias como lembranças de nossas viagens astrais. Talvez um pesadelo ocasional, porém, dificilmente isto seria o ideal.

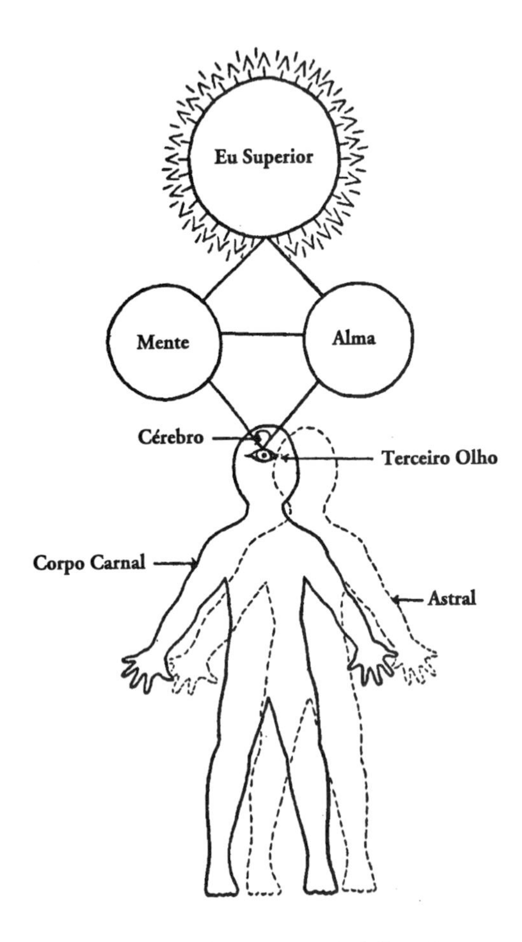

O "círculo" é apenas simbólico. Seu superego ou Eu Superior tem a aparência exata de seu corpo físico. Este foi criado à imagem do Eu Superior, exceto por uma diferença que por ora ainda não o preocupará.

Contudo, sem sono o corpo morreria. Ele é, literalmente, mantido vivo, realimentado e revigorado por estas nebulosas viagens astrais à nossa "pátria celeste". Nem todas as viagens se destinam à dimensão superior de nosso espírito. Algumas se orientam para níveis diferentes de consciência. Poder-se-ia chamá-las de viagem no tempo, uma vez que o corpo astral é transportado, por seu cordão prateado, a experiências de encarnações no passado, presente e futuro, que existem simultaneamente na relatividade de tempo e espaço. Tais viagens são a fonte dos lampejos que todos sentimos periodicamente, que despertam a sensação de "isto aconteceu antes". Você pode ter visitado a próxima sexta-feira em seu sono de quinta passada.

Infelizmente, cada retorno a este mundo cobra um pesado tributo do corpo denso, devido a uma falta de comunicação com nosso Eu Superior (o marioneteiro). Em resultado, o corpo físico precisa ter a bateria recarregada a cada 24 horas aproximadamente. De qualquer modo, as cargas periódicas de sono não são suficientes para conter sua deterioração gradual em decorrência da gravidade. Gravidade física e gravidade mental. Cuidando da segunda, podemos controlar a primeira. Adiante, teremos mais informes sobre a "gravidade" do tema gravidade. Compreendê-lo é uma urgente necessidade para aqueles que escolheram viver em vez de morrer. Assim, voltaremos ao assunto.

Decididamente, o corpo humano é um sistema de energia. Qualquer pessoa pode aprender a desmaterializar e rematerializar a forma humana, se dominar a natureza do corpo como luz. Embora no estado atual de esquecimento de nossos poderes divinos usemos apenas o corpo astral em tais viagens à dimensão superior (e a outros níveis de passado, presente e futuro), é possível ir e vir de lá, carregando *tanto* nosso corpo astral como o físico, após aprendermos como. A metafísica Analee Skarin escreveu que "a morte é a temida porta dos fundos para outros mundos, porém existe uma grande porta da frente para aqueles que superam a gravidade". A porta entre a dimensão superior do "Céu" e da Terra pode ser aberta nos dois sentidos por imortais que percebem seu potencial de vida eterna. Em nível microcósmico, não seria francamente amedrontador e um tanto preocupante se, cada vez que um amigo ou ente querido fosse visitar a Disneylândia ou a tia Ethel, nunca mais voltasse? A situação fica muito mais fascinante para todos quando essas visitas consistem de ida e volta, seja no plano astral ou no plano físico, não concordam?

Discutiremos brevemente o aspecto do "como fazer" sobre a vida eterna e a imortalidade física, porém agora precisamos falar mais do conceito em geral, pelo menos para aqueles leitores ainda em choque ante a simples ideia do assunto merecer maior argumentação, a fim de que possam aplicar um pouco de lógica para medir sua verdade. Claro que há lógica nisto, conforme o leitor logo verá, lógica suficiente (espero) para satisfazer até mesmo a um biólogo ou um físico. Primeiro, no entanto, você precisa se convencer de que isto é atingível, que já possui a vida imortal. Apenas esqueceu que a tem. Procurarei explicar da melhor maneira possível, mas não passo de um canal para a mensagem de um nível superior de consciência, e tudo quanto está ao meu alcance é plantar as sementes. Seu livre-arbítrio é que decidirá se as sementes crescerão, florescerão e frutificarão.

A morte física é antinatural. Não se trata de uma viagem grátis para o Céu, como a maioria das religiões faz crer, porque a consequência da morte é o nascimento repetido em corpos carnais, até que o indivíduo fique iluminado para a verdade. "Buscai a verdade e ela vos libertará." Este conselho do Avatar-Iniciado Jesus nunca será repetido com a frequência necessária. As pessoas da época de Jesus não teriam compreendido a verdade integral em seu estágio de evolução, de modo que se tornava necessário distribuir-lhes sabedoria sob a forma de parábolas, muitas delas parecendo enigmas místicos — e não eram outra coisa.

A vida eterna é natural, e isto sempre foi, é e será uma verdade. Você está agora, como sempre esteve, em harmonia com ela, porém foi programado para acreditar o contrário. Esta falsa crença é que gradualmente lhe destrói o corpo, embora ele tenha sido destinado a sobreviver pelo tempo de sobrevivência da Terra.

A diferença entre uma pessoa e outra — entre um mortal e um imortal, por exemplo — é o que eles pensam a respeito. Quaisquer pensamentos e ideias existentes na mente têm o poder de produzir resultados diretos no corpo. O corpo é totalmente obediente às ideias e pensamentos na mente. Portanto, o que você costuma pensar rotineiramente se tornará dominante, possuindo o grande poder de controlar seu corpo.

No que a maioria das pessoas pensa rotineiramente, após um certo número cronologicamente ilusório chamado "idade"? Na morte. Assim, o corpo obedece, fica doente e morre.

Aqueles que estiverem levando a sério estes comentários sobre imortalidade física poderão se perguntar: "Como isso afeta a lei do carma?" É uma excelente pergunta.

Ninguém escapa à lei do carma, quer escolha permitir que seu corpo atual viva, quer escolha permitir que ele morra — mas todos experimentamos recompensas cármicas, assim como retribuições do carma. Contudo, há maneiras de diluir estas últimas, inclusive de eliminá-las. (Ver o Capítulo 4, "Déjà vu".)

O fato de você escolher a vida eterna em seu corpo carnal presente não eliminará seu carma. De qualquer modo, irá pagá-lo (e recebê-lo), de maneira que nada será mudado neste ponto, exceto que o próprio ato de escolher *não* morrer, a própria percepção de que a morte não é uma necessidade, levará uma grande dose do carma desagradável de encarnações passadas.

A suprema demonstração disso é o incidente dos dois criminosos que foram crucificados com o Nazareno. Traduzindo o incidente para o idioma moderno, um dos criminosos começou a menosprezar Jesus sarcasticamente, enquanto este pendia da cruz em agonia, recordando-lhe que, se era o suposto "filho de Deus", por que não invocava seu Pai onipotente por um milagre que os salvasse? O outro criminoso prontamente saiu em defesa de Jesus, dizendo mais ou menos o seguinte: "Deixe-o em paz! Nós dois merecemos estar aqui, porque cometemos grandes pecados. Ele, em troca, é inocente, não deveria ser questionado!" Em resultado, o Nazareno se virou para este segundo homem e lhe disse: "Em verdade te digo que ainda hoje estarás comigo no Céu."

Sei que a maioria das traduções emprega a palavra *paraíso*, em vez de "Céu", mas acredito que Jesus tenha usado o último termo. Assim como paraíso, a palavra *Céu* tem um significado de iluminação espiritual. Os metafísicos traduzem este incidente da crucifixão como alegórico da "remissão espontânea" do carma. Em outras palavras, o próprio *ato de fé* demonstrado pelo segundo criminoso — total fé em um homem que era menosprezado por todos, que havia sido abandonado por seus poucos amigos, aparentemente não possuindo qualquer poder e parecendo impotente para salvar os outros ou a si mesmo — foi um ato de fé tão poderoso, tão pulsante de convicção e inocência, em face de todas as provas contrárias, que equilibrou os pratos da balança cármica do homem, permitindo que esse particular corpo físico morresse inteiramente livre das cadeias do carma (até e a menos que, em futura encarnação, ele criasse novo carma para si mesmo).

Sem dúvida, é justo presumir que quem ousa enfrentar amigos, parentes e o mundo de hoje com uma crença franca, declarada e confiante na imortalidade física, a despeito de toda a vasta programação contrária, está demonstrando um ato de fé com peso na balança cármica igual ao do homem crucificado ao lado de Jesus.

O risco de criar um novo carma negativo (tornando-se um anjo caído) sempre existe para o homem ou mulher que escolher (outra vez) a imortalidade, assim como aconteceu quando nosso espírito escolheu, originalmente, passar um *período parcial* no corpo carnal, físico. Nada mudou, só que a opção pela vida eterna permite uma nova oportunidade para a pessoa também optar por não criar um novo carma negativo.

Faça esta pergunta a si mesmo: não é mais provável uma pessoa criar um novo carma negativo quando ainda sofre de amnésia espiritual sobre encarnações passadas (não recorda que transgressão originou a "má sorte" presente) e não mostra demasiado interesse por uma vaga e incerta encarnação futura, por saber que os atos negativos atuais devem ser expiados e equilibrados? A atitude dessa pessoa não seria do tipo "estou pouco ligando"?

Inversamente, quando uma pessoa demonstra o grande ato de fé, acreditando inteiramente na imortalidade física e praticando-a, sabendo portanto que agora está sob a lei do carma "instantâneo" — e que a balança cármica será equilibrada, não em alguma difusa vida futura, mas na presente e continuada, com recordação plena, o pagamento cármico ocorrendo na identidade e corpo carnal presentes —, não seria bem *menos* provável que criasse um novo carma negativo, e muito *mais* provável que tentasse sinceramente criar um novo carma *positivo*? Há demasiados livros sobre carma que esquecem de ensinar a existência da causa e efeito cármicos, tanto positivos quanto negativos.

Desta maneira, quando a imortalidade física for escolhida e alcançada por mais e mais terrenos, o comportamento negativo que provoca a infelicidade da Terra irá diminuindo aos poucos, até cessar por completo. A poluição do planeta acabará quando os responsáveis por ela se tornarem imortais, compreendendo que eles próprios, não as "gerações futuras", é que herdarão as terras devastadas pela loucura nuclear e outras formas da destruição da água e do ar em nosso ambiente.

Temos medo da chuva ácida e dos buracos sendo feitos na camada de ozônio da Terra, como tememos a extinção das espécies animais e uma multidão de atos de violência e crueldade para com a Mãe Natureza e suas criaturas. No entanto, a crença de que a morte é inevitável — de que a morte está além do controle do indivíduo — continua sendo o maior assassino de todos. A crença de que "Deus" está fora, em algum lugar, não na Terra, não dentro do corpo carnal. Por sorte, aos poucos esta crença é substituída pela alvorada da percepção de que cada homem e cada mulher são Deus para seus próprios corpos. Claramente, os imortais têm a maior motivação pela ecologia, pela sanidade na política, pela tecnologia que ajuda sem matar, pela prosperidade universal.

Os humanos imortais também possuem todo o tempo da Terra de que precisam para dominar técnicas de purificação corporal, incluindo o domínio dos hábitos alimentares e do sono, com recordação consciente da experiência astral. O que quero dizer por domínio dos hábitos alimentares está explicado no Capítulo 4. A alimentação imprópria e a falta de controle sobre o sono são barreiras à percepção total.

Muita gente não deseja vencer a morte e viver para sempre, imaginando uma vida em corpos envelhecidos e doentes, mas isto é uma contradição direta do significado real da imortalidade física.

Seu corpo foi gloriosamente destinado por seu espírito a ser eterno, assim como o corpo de seu espírito foi gloriosamente destinado à eternidade por nossos Criadores. O corpo carnal é uma bateria eletromagnética autossustentável, sempre capaz de ser recarregado de energia, continuamente melhorado e transmutado em perfeição, por meio do processo da regeneração celular. E tudo isto começa em sua mente.

Pelo processo da regeneração celular, você tanto consegue (a) a prevenção da idade ou (b) a inversão da idade, se necessário, como a libertação de seu corpo material de qualquer doença e imperfeição. Não olhe para o médico. Olhe para si mesmo. "Médico, cura-te a ti mesmo." A escolha é sua, apenas sua, tenha você 18 ou 80 anos, pela medida cronológica ilusória. Se tiver 18 anos, precisa aprender a como *evitar* o envelhecimento, a fim de vencer a doença e a morte. Se tem 80, precisa aprender a como *inverter* o envelhecimento, a fim de vencer a doença e a morte. São polaridades simples da mesma magia.

A verdade eterna e suprimida, há muito sepultada, é que você pode existir dentro de seu corpo atual e melhorá-lo continuamente, por tantos séculos ou eras quantos desejar — o caminho total para a eternidade ou para sempre —, mantendo-se saudável, jovem e funcionando integralmente, projetando e realmente *sendo* da idade cronológica que desejar, baseado no conceito humano destes "números" impotentes. Certos Mestres Avatares e Iniciados que se tornaram fisicamente imortais por vontade própria, escolheram projetar e *ser*, pelo período breve ou longo que preferiram, a "imagem" atual da idade cronologicamente ilusória de 40, 50 ou 60 anos, a fim de que os ainda mortais demonstrem respeito, e, desta maneira, aprendam suas lições. (É difícil possuir vários mestrados e doutorados com uma *aparência* de 20 ou 30 anos.) Contudo, em última análise, cada recente imortal — seja homem ou mulher — pode preferir projetar e *ser* de qualquer "idade" cronológica vista individualmente como ideal, trocando os números segundo sua vontade, de "tempos" em "tempos". Mais ou menos como controlar a água de sua pia de quente para fria ou morna, segundo sua necessidade do momento.

Queira você ou não acreditar nisto (eu acredito, porque tenho motivos de sobra para tal), muitos entre nós já são imortais. E antes de serem imortais, não eram diferentes de você ou de mim. Um dos problemas de conquistar a vida eterna no mesmo corpo físico, enquanto tantos milhões de mortais não possuem sua mesma iluminação, diz respeito, segundo me dizem eles à programação da idade cronológica.

Estes Avatares e Iniciados são forçados, portanto, a fingir que "morrem" na idade cronológica que qualquer período de tempo atual "requeira", baseados na "expectativa de vida" esperada. Tais pessoas simplesmente desaparecem, são dadas como mortas, mas sem que seu corpo seja encontrado ou identificado. Então, o Avatar surge em uma parte diferente do mundo com uma nova identidade, uma nova data de nascimento, e alguns amigos (outros Avatares) que substanciarão a falsa data de nascimento, quando necessário. Afirmam eles que é realmente um incômodo, e podemos entender o motivo. Tudo seria bem mais fácil se a imortalidade já fosse moda.

Procure imaginar o que aconteceria se um verdadeiro Iniciado (imortal) anunciasse a alguém que perguntasse sua idade: "Estou com 600 anos, caminhando para 700, segundo o cálculo de seu errôneo tempo terrestre." (Ou 2 mil, caminhando para 3 mil, se fosse o caso.) O que acontecesse dependeria do período da História. Durante uma determinada época, tal pessoa seria classificada de feiticeiro ou bruxo, sendo então condenada a morrer na fogueira. Em um período posterior, uma resposta semelhante condenaria o/a Avatar ao asilo de loucos. E hoje, na Era de Aquário? Bem, estamos ganhando terreno. No presente momento, essa resposta sobre a idade não mandaria a pessoa para a fogueira ou para o hospício. Contudo, é provável que resultasse na perda de certo grau de credibilidade, suscitando comentários como: "George evidentemente é uma pessoa muito inteligente, de fato profundamente intelectual, mas um pouquinho... bem, vocês sabem... *esquisito*. Acho que anda com algum parafuso solto." Ou qualquer outra coisa nesse sentido.

Uma vez que a credibilidade se torna necessária para que os imortais possam ensinar a verdade a executar outras missões, este não é o tipo ideal de reação preferido pelos Avatares, embora seja uma melhora inegável em relação às fogueiras e hospícios de outros tempos. Seja uma pessoa mortal ou imortal, é preciso coragem para enfrentar uma perda de respeito e credibilidade.

Por falar nisso, sabia que entre muitos "crimes" de que foram acusados e culpadas as mulheres (e uns poucos homens) durante o vergonhoso período em que ateavam fogo em feiticeiras em Salem e outros lugares, principalmente a mando da Igreja Católica, uma grande porcentagem incluía o "crime" de não envelhecimento? Inúmeras feiticeiras foram queimadas pelo juramento de vizinhos sobre suas datas de nascimento, quando elas se portavam fora dos padrões de sua "idade" e tinham uma aparência várias décadas mais jovem do que a indicada pelas datas de nascimento. Temos aqui um interessantíssimo trecho de História com firme sugestão de que muitas dessas feiticeiras eram "imortais".

Não é de admirar que o conhecimento secreto da inversão da idade e imortalidade física fosse sepultado ainda mais fundo por volta desse período. Inúmeros iluminados, sem dispor de meios financeiros para um ressurgimento na Europa ou qualquer outro lugar sob uma nova identidade, preferem o desagradável caminho do envelhecimento e da morte a serem atados a uma estaca e terem o corpo incendiado. Essa é uma das mortes mais dolorosas que se possa imaginar. A pobre Joana d'Arc foi transformada em tocha humana simplesmente porque revelou francamente seus dons de clariaudiência. Ainda hoje, "ouvir vozes" pode enviá-lo a uma clínica para doentes mentais, se você não escolher bem as pessoas em quem confia. Pssst! Em certas circunstâncias, o silêncio é mesmo de ouro.

Vou inserir aqui um incidente pessoal, fundamentado em um comprometimento de honestidade espiritual que aprendi ser necessário para completar a conquista da imortalidade. Há dois ou três anos terrestres, fui entrevistada por um repórter capricorniano de um jornal de Denver. O artigo a meu respeito foi encerrado com estas palavras: "Perguntamos a Goodman qual a sua idade, mas ela se recusou a responder, explicando que qualquer discussão sobre idade cronológica é contra suas crenças espirituais. Contudo, ao ser pressionada, finalmente admitiu ter 400 anos."

Ainda tento imaginar se o repórter escreveu isso com a cara mais séria do mundo ou com um riso de escárnio. Sendo ele de Capricórnio (o signo astrológico da inversão do envelhecimento), acredito mais na última hipótese. Duvido que eu tivesse tido tanta coragem em Salem. Como sou de Áries há quatrocentos anos, sou muito sensível à dor e vergonhosamente covarde no tocante a queimaduras. Não apenas um tronco em chamas me intimidaria a ponto de meu rosto projetar 400 anos de rugas, como um hospício seria uma alternativa ainda mais aterradora, com todos se declarando Napoleão ou Josefina. Farei uma digressão momentânea, porque recordo uma velha piada de sentido oculto relacionada a tais assuntos.

Um homem em um hospício vivia andando de cá para lá com uma das mãos enfiada na camisola de dormir, usando um chapéu com uma pena e gritando para quem quisesse ouvir: "Sou Napoleão Bonaparte! Sou Napoleão! E venci a batalha de Waterloo! Os livros de História mentem!" Certo dia, quando proclamava sua mensagem, um homem idoso sentado no chão, a um canto, levantou-se e perguntou: "Quem lhe disse que você é Napoleão?" "Foi Deus!", respondeu o ofendido "Napoleão". Então, de outro canto da sala, um homem de barba branca levantou-se e, com grande dignidade, anunciou em voz vibrante: "*Eu* não!"

O incidente da entrevista com o jornalista de Denver tem a sua moral. Este é um dos estágios para o processo do como-fazer para conquistar a vida eterna. Questionar a necessidade da teologia da mortalidade, seja seriamente ou com um senso de humor, representa um golpe contra a morte. Se você é dos mais corajosos — esteja ainda no colégio ou na universidade —, ao perguntarem sua idade, experimente responder: "Completo 200 em maio próximo" ou "Fiz 700 em fevereiro passado". Então, dirija ao questionador um olhar fixo, misterioso e tipo laser, à maneira escorpiana. Ficará surpreso com a variedade de reações. É fascinante. Faça a experiência. No meu caso, confesso que menti para o repórter. Só terei 400 dentro de mais 132 anos da Terra.

Ainda assim, mesmo sem a ameaça da fogueira e do hospício, os Avatares de hoje devem continuar "morrendo" e começar tudo outra vez com nome e identidade novos, em qualquer lugar, após um "período razoável" no mesmo corpo e com sua identidade original, em uma estratégia curiosamente similar à praticada pelo programa governamental de Proteção a Testemunhas.

Um dia, talvez, você encontre utilidade nesta informação que darei. Não se pode julgar uma mulher Avatar ou Guru (imortal) por sua maternidade. É tanto natural quanto possível conceber e gerar um filho quando se tem várias centenas de anos medidos pelo tempo da Terra. O carma da menstruação nada tem a ver com gravidez, mesmo neste corpo físico imperfeitamente formado (no presente). Um dia, a medicina descobrirá esta verdade. Bem, em realidade eles já a descobriram. Apenas ainda não acreditam nela e não estão preparados para anunciar a descoberta. Meninas de 9, 10 e 11 anos de idade medida cronologicamente, na passada década, ficaram grávidas e tiveram bebês, ainda antes de manifestarem seu primeiro período lunar. Isto não é um boato de revistas sensacionalistas, mas uma fato clinicamente testemunhado. Lembre-se da lei da polaridade. Se alguém pode conceber e dar à luz antes de iniciado o período menstrual, poderá fazer o mesmo após o término desse período. Sara fez isso. Abraão não acreditou então, mas finalmente foi forçado a crer quando viu com seus próprios olhos. Existem muitos milagres semelhantes espreitando na esquina, como estrelas cadentes, para intrigá-lo na Era de Aquário.

Portanto, só porque a moradora do fim da rua teve gêmeos mês passado, não fique tão certo de que ela não seja imortal. Nem mesmo se ela lhe mostrar a certidão de nascimento.

Um pós-escrito ao parágrafo anterior: quando o controle de natalidade astrobiológico ficar em moda, a ciência médica será forçada a examinar uma segunda vez a "bobagem" sobre a conexão entre os períodos lunares das mulheres e a concepção, pois o Dr. Jonas, da Tchecoslováquia, já provou, por atenta pesquisa com milhares de mulheres, que algumas só conseguem conceber *durante* seus períodos menstruais. Quanto à parição após cessado o ciclo menstrual (depois de equilibrado o carma antigo), é muito mais comum do que pensa a maioria o fato de mulheres darem à luz (aconteceu de fato, no correr do século passado) em idades que variavam de 50 a 60 anos. Há registros disponíveis. Quando isto acontece hoje, os confusos profissionais da medicina classificam os recém-nascidos de "bebês menopáusicos". Aqui vai uma advertência amistosa e não agourenta referente a tudo isto.

Nos anos 1960, vários opositores escrupulosos preferiram adotar o nome, identidade, certidão de nascimento, registros escolares, etc., de uma pessoal real, um mortal que falecera. Tais pessoas usaram a identidade de um morto. Sabe-se que agentes secretos da CIA e da KGB fazem o mesmo, de tempos em tempos. O mesmo procedimento é ocasionalmente escolhido por alguns Avatares e Gurus que, pelos motivos já explicados, precisam de uma nova identidade. Em vista disto, quão bem você realmente conhece aquele sábio amigo (ou amiga) que o vem iluminando no tocante a várias ideias e ideais da Nova Era? Lembre-se da advertência bíblica de que podemos estar "hospedando anjos inconscientemente".

Você certamente recorda o que foi escrito no capítulo "Fantasmas, Gurus e Avatares" com referência ao Iniciado conhecido como St. Germain (ou conde de St. Germain), que, segundo metafísicos de alta credibilidade, também foi Shakespeare, Francis Bacon e Isaac Newton. Talvez tenha se interrogado como seria isto possível, se todos os três homens viveram durante o mesmo período na História. Lembra-se do que eu disse algumas páginas atrás a respeito da clonagem? Eu disse que a clonagem científica e involuntária por mortais é uma pesquisa extremamente negativa, mas que o espírito de um Avatar iluminado pode — exatamente como foi feito "no começo" — clonar a si mesmo por várias causas cósmicas de intenção espiritual. Em resultado, um Iniciado que se tornou um imortal totalmente iluminado pode "dominar" mais de um corpo carnal (ou identidade física) simultaneamente, com seu espírito vigiando e controlando vários corpos materiais ao mesmo tempo. Isto pode ser realizado pela tomada de um corpo nascido da maneira terrena costumeira ou pela real criação de um corpo físico oriundo dos éteres. Um espírito, mente e alma não podem ser criados desta maneira, porém, um corpo carnal, completo, com cérebro e todas as partes físicas necessárias, é passível de ser assim criado, sob a orientação de um superego — o "marioneteiro", que, desta maneira, manipula os cordões de vários "marionetes" ao mesmo tempo. Ver novamente o desenho da página 151.

Retornemos ao problema das imagens programadas de idade cronológicas com que se defrontam os imortais e os futuros imortais. Note que as palavras *amadurecer* e *amadurecimento* não são sinônimos para *idade* e *envelhecimento.* As primeiras são necessárias e desejáveis para um corpo humano, as últimas não são nem necessárias nem desejáveis.

O que causa o processo a que denominamos envelhecimento? Você tem sido falsamente programado para acreditar que isto é causado pela contagem cronológica dos anos "de idade" que possui — sua "contagem de aniversários". Não é verdade.

Esta programação GIGO do computador cerebral insinua que o calendário impreciso montado pelo homem — e a ilusão de Tempo — são os sombrios "deuses" que fazem o corpo humano envelhecer. Novamente, referimo-nos aos fenômenos negativos do envelhecimento, e não do amadurecimento. Para amadurecer, um corpo leva de 18 a 21 anos.

Usando este padrão de medida tempo-calendário, seria como dizer-se que uma pessoa envelhece em decorrência dos muitos nasceres e pores do sol que observou ou pelos quais passou "durante a vida". Como pode algo tão visivelmente falso ser aceito? Por que fazer a pergunta? Eu sei a resposta. A sugestão pós-hipnótica e séculos de programação errônea. O que acontece quando você vê ou passa "durante a vida" por dois, três ou milhares de nasceres ou pores do sol? Nada. Coisa nenhuma. O nascer e o pôr do Sol não têm o mais insignificante efeito em seu corpo ou organismo. Falando com mais precisão, nem se trata mais de nascer ou pôr do Sol. É nascer e pôr da Terra. Entretanto, a ciência possui tantas coisas viradas ao avesso ou de cabeça para baixo, que suponho já ser esperado que sua terminologia para as viagens da Terra em torno do Sol seguisse o padrão. Você pode também jogar no lixo uns mil astrônomos respeitáveis.

O Tempo é uma ilusão. Permite que os homens o meçam em decorrência da crua comparação entre luz e trevas. Este é o único "começo e fim" que existe para ser medido. Entretanto, quando não havia trevas na Terra — antes da "queda" e antes que explodisse o segundo Sol deste planeta, fazendo com que este girasse em torno do Sol remanescente como uma bola de bilhar atingida violentamente por um taco — não havia Tempo. Será que ele merece, realmente, uma inicial maiúscula? Sim, creio que merece, já que causa tanta impressão a todos.

Uma pergunta a ser feita ao sábio elfo de seu Eu: se a luz exterior permanecesse exatamente como está agora — presumindo-se que você esteja lendo isto em pleno dia — e nunca mudasse o mínimo, como mediria o Tempo ou se referiria a ele? Não poderia dizer "a noite passada" ou "ontem de manhã" ou a "última semana" ou "o mês que vem", porque não haveria calendários nem relógios. Quando você começaria a acertar os relógios? Não haveria *quando*. Somente o presente. Somente o *agora*. Um Agora Eterno. Reflita atentamente. Plantas e pessoas não precisariam "começar ou terminar" (morrer). Elas simplesmente *existiriam*.

Como você mediria o Tempo se estivesse trancado em um aposento com permanente luz artificial ou escuridão? Com um relógio? (Neste último caso, com um mostrador visível no escuro?) Bem, claro. Entretanto, tais relógios foram acertados — iniciados — em um mundo de trevas e luz, a única medida de Tempo que há. Os períodos de escuridão e luz, da presença e ausência do Sol, também criaram as estações do ilusório ano-calendário.

Assim sendo, o Tempo é o grande enganador. O grande impostor. Portanto, acusar o que nem mesmo é real de ser inimigo que causa o processo de envelhecimento é totalmente ilógico.

Entretanto, e lamentavelmente, o processo de envelhecimento existe. Não se pode negar. Você o constata em toda parte — nas reencarnações de árvores e flores depois que elas "envelhecem e morrem". Você o constata em seus parentes e amigos "mais velhos". E após a ilusória "idade" cronológica de trinta anos mais ou menos de também ilusórios "anos" de 365 nasceres e pores do Sol cada um, poderá começar a crer que também o constata em seu espelho. Se acredita que o vê, estará vendo-o de fato. Rapidamente. Seu rosto e seu corpo aceitação docilmente e obedecerão à imagem de sua Mente Criadora.

Sim, o processo de envelhecimento existe, um produto final da programação sobre mortalidade. Contudo, o inimigo que provoca o envelhecimento não são os aniversários faz de conta. Esse inimigo é a *gravidade*. O itálico apenas não bastaria. Vamos dar-lhe maiúsculas e negrito, a fim de que você não esqueça a verdadeira identidade do inimigo causador do processo de envelhecimento. **GRAVIDADE.** Logo verá por que não deve esquecer o que mencionei anteriormente: que existem duas espécies de gravidade: a gravidade do mundo material, físico, e a gravidade mental.

A gravidade física começou quando a Terra iniciou aquele giro de bola de bilhar em torno do Sol remanescente, após ser bruscamente atingida em um lado, enquanto *não* estava girando, devido à explosão do outro Sol (criando a mutação humana, de plantas e animais — dinossauros e outros). Assim, Tempo e gravidade começaram simultaneamente. (Escreverei sobre mais destes "segredos de Noite de Reis" posteriormente, no tempo indicado.)

Enquanto lidamos com o tema do Sol que explodiu, este é um bom "tempo" para meditar na finalidade da Lua. A nossa Lua é o que sobrou de nosso segundo Sol e eras passadas. Francisco de Assis referia-se frequentemente ao Irmão Sol e Irmã Lua. Sua definição sexual estava certa, mas estes luminares são definidos mais corretamente como Pai Sol e Mãe Lua. (A Lua rege o signo astrológico de Câncer, que representa a eterna essência da maternidade.) Que encantador "anjo de pensamento", conceber da infinita compaixão de nossa Mãe que está no Céu, quando seu "filho", este Éden celeste agora chamado Terra, sofreu tal indescritível horror! Os místicos canalizaram a mensagem de que Ela carregou com Sua luz mais suave o Sol carbonizado, empoeirado e de face sulcada de crateras (Ele é amor — Ela é luz), dispondo de modo divino o seu surgimento como a Lua, acima da Terra então em trevas, a fim de iluminar o céu noturno sempre que o Sol remanescente desaparecesse de vista, como uma promessa Sua para o amanhã.

É lamentável que a teologia patriarcal chegasse a se insuflar nos domínios do Pai Sol e da Mãe Lua ao induzir repetidas referências ao "Homem da Lua", quando não se trata do rosto Dele, mas de um frágil eco da terna, maternal e nutridora imagem Dela sobre a superfície da Lua, segundo contemplada na Terra, sendo percebida misticamente pelo terceiro olho — e inclusive vista pela visão física, se meditamos e nos empenhamos.

Naturalmente, tudo isto é simbolismo, mas com uma eterna mensagem para os "anjos caídos" do Céu, aqui na Terra. Todos a quem apontei o fato conseguiram ver com clareza após várias tentativas, a maioria deles da primeira vez. Se você também quiser experimentar, eis o que deve procurar ver quando a Lua estiver cheia — ou quase cheia —, em seu formato redondo, não no crescente: um rosto supremamente feminino, semelhante a um camafeu, de perfil, virado para a esquerda. Seus traços são bem parecidos aos do camafeu em um broche ou anel, tendo os cabelos recolhidos acima da cabeça, em uma espécie de penteado estilo "alto". Quando a imagem subitamente ficar clara para você, será indiscutivelmente o perfil virado para a esquerda de uma mulher de beleza e tristeza "extraterrenas". Escreva para mim dizendo quando a descobriu, está bem? É uma experiência comovedora, e após tê-la visto com nitidez, sempre a verá nitidamente, a cada noite, quando erguer os olhos para o céu.

Em alguns cancerianos que conheço (e também pessoas de outros signos), quando a imagem Dela subitamente se manifesta à vista, essa visão provoca lágrimas, nascidas de um fragmento de memória da alma acerca da profunda tristeza que qualquer mãe, por tanto tempo esquecida pelos filhos profundamente amados, sentiria em seu coração.

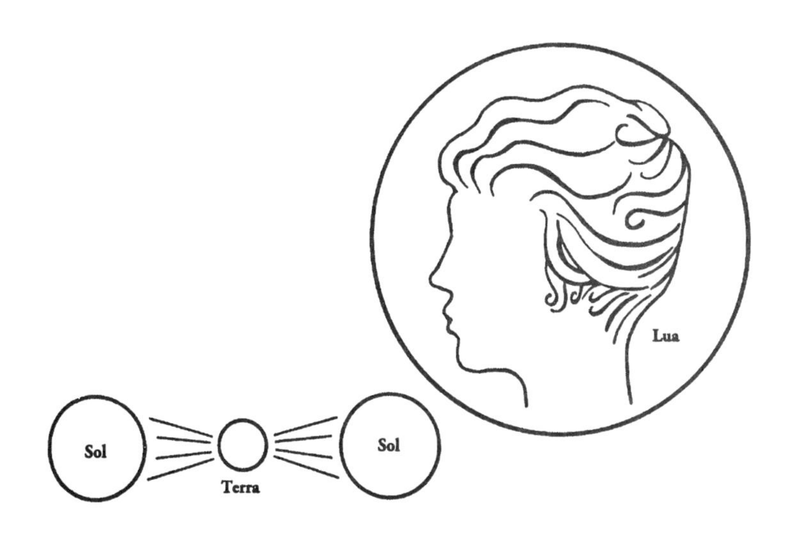

Voltando à gravidade...

Lembra-se de quando ainda era uma pequena criança na escola, e a professora erguia no alto uma laranja ou maçã representando a Terra? Então, em sua inocência, você se perguntava por que as pessoas na parte de baixo da laranja não despencavam no espaço. Lembra-se? Ao levantar a mão para perguntar, preocupado, a professora respondia com uma palavra: "Gravidade." Toneladas dela mantinham seus pés (infelizmente, os dois) firmemente plantados no solo.

A gravidade empurra para baixo, com "mão pesada", sua mente, seu rosto, seu corpo e todos os seus órgãos. Após receber o suficiente dessa compressão, sua mente submete-se com ainda maior docilidade à teologia da mortalidade. A pele em seu rosto começa a ficar flácida, seus órgãos pendem para baixo e ficam cansados. É isto o que faz a gravidade *física*. A gravidade *mental* completa o processo com imagens. Imagens por toda a sua volta, desde a infância, multiplicam-se em cada ano ilusório de sua vida — imagens dos mais idosos, dos doentes e dos velhos. Dentro de sua própria família. De amigos e vizinhos nascidos em um ilusório ano cronológico anterior ao de seu nascimento. De casas de repouso para idosos, na televisão e em filmes. De astros e estrelas de cinema, que costumavam projetar na tela tanto encanto juvenil e vitalidade, agora de cabelos brancos, com bochechas caídas e mil rugas. Imagens, imagens de velhice, feiúra, impotência, visão enfraquecendo, enfraquecendo e desaparecendo, audição deficiente, ossos calcificados, imagens dos idosos caminhando com bengalas, ou confinados em cadeiras de rodas, inclusive babando, senilidade... senilidade.

Para verificar o que faz a gravidade mental quando misturada à gravidade física, olhe-se ao espelho. Franza a testa. Pense em algo que o deixe irritado, preocupado ou aborrecido. Franza a testa novamente. Nota como suas feições descambam? Agora, olhe-se novamente ao espelho e sorria. Finja ter acabado de ver alguém a quem ama, alguém que voltou após uma longa ausência. *Pense* a respeito vividamente, depois sorria e exclame: "Ei, você aí!" Viu como todos os seus traços formam curvas *para cima*? Incluindo-se as linhas em torno da boca, das sobrancelhas, no rosto inteiro.

Plenamente cientes do que a gravidade física faz ao rosto, corpo e todos os órgãos, alguns iogues levam uma hora ou mais por dia em pé sobre as cabeças — *para inverter a gravidade*. A gravidade física, quero dizer. De fato, é uma obra difícil, além de nos deixar estonteados — e, afinal de contas, o efeito não é tão acentuado. Mal dá para deixar uma impressão nos 99 por cento do restante de "tempo" em que os iogues caminham eretos, submetidos àquelas toneladas de gravidade física. Não será dessa maneira que você "reverterá a gravidade". Existe um meio muito mais fácil e eficiente.

Os mais de 42 bilhões de células elétricas em seu cérebro têm um poder imensuravelmente mais forte do que a gravidade, se forem controlados e guiados por sua mente. Você acabou de prová-lo, olhando-se no espelho — se fez conforme sugeri. Fez? Se não, por favor, faça-o agora. Tudo bem, já voltou? Então, pense nisto: a Gravidade Mental (vamos dar-lhe maiúsculas, pois as merece) *em ambas as direções* é o que você está usando, a fim de manifestar aqueles resultados imediatos no espelho.

Poderia a mera gravidade física fazer isso — *instantaneamente*? É claro que não. De maneira alguma. Portanto, como vê, a gravidade física é um peso leve, comparada ao poder da Gravidade Mental. Esta não é meramente uma afirmação esotérica, mística. Trata-se da verdade absoluta e mensurável. Outra verdade que até um professor de física não negará é que a gravidade física *não pode reverter*, pouco importando quantas toneladas de pressão contenha. Apenas isto seria suficiente para provar o quanto ela é frágil. Entretanto, é algo possível para a Gravidade Mental, conforme veremos. (Daqui por diante, grafaremos estas duas palavras com maiúsculas.)

A maneira de reverter a gravidade física, o inimigo calado e tortuoso que causa o envelhecimento, é guiar e controlar, séria e conscientemente, aqueles mais de 42 bilhões de células elétricas de seu cérebro através do poder infinitamente maior de sua mente. Gravidade Mental. Até agora, ela esteve trabalhando em desencaminhada parceria com a gravidade física graças à programação de idade, que começou quando você ainda era criança. Rompa esse relacionamento. Quando finalmente — e com toda certeza — fizer isso, poderá usar a Gravidade Mental para *reverter* a gravidade física, sem precisar se sustentar sobre a cabeça! Isto, pelo simples motivo de que a primeira é literalmente mais forte e mais poderosa do que a segunda, se você permitir sua manifestação em vez de impedi-la. Não pode ser conseguido da noite para o dia. Todas aquelas ervas daninhas GIGO devem ser arrancadas pelas raízes, e seu computador cerebral terá que ser reprogramado. Exige um bocado de prática, mas não é assim em tudo mais? Até para se tornar mentiroso, viciado em drogas ou álcool, negligente, desconfiado ou medroso, é preciso um bocado de prática. Tudo requer prática, desde o preconceito racial e o chauvinismo masculino à desconfiança entre nações. Certo? Certo!

O empuxo da gravidade é polarizado, como tudo que existe, sem exceção. Funciona para cima e para baixo, verticalmente. Sem dúvida, já ouviu dizer que "tudo que sobe tem que descer", correto? Sabe o que este dito, interminavelmente repetido, significa? É uma homenagem prestada ao poder da gravidade física. Entretanto, já ouviu dizer que "o que desce pode subir"? Não, não ouviu. Porque este dito se aplica ao muito bem guardado segredo de que a Gravidade Mental pode controlar a gravidade física.

O que é o fenômeno da levitação senão uma *reversão da gravidade*? E quem levita? Os santos. Homens e mulheres espiritualmente iluminados podem levitar. Francisco de Assis, entre inúmeros outros santificados como ele, era visto levitando frequentemente, pairando vários centímetros acima do solo enquanto dizia suas preces, fato testemunhado por pessoas de toda credibilidade e integridade. Dois iogues da Índia excursionando pelos Estados Unidos em 1986 (e talvez ainda estejam por aqui, enquanto você lê isto) demonstraram a levitação perante multidões. Uma das mais populares revistas deste país publicou uma reportagem sobre esses dois homens, incluindo fotos de ambos na postura de lótus, de braços cruzados e pairando a vários centímetros do solo. Segundo a reportagem, eles podiam permanecer assim por meio minuto a um minuto e estavam praticando para uma permanência de uma hora ou mais no ar.

Em polaridade direta, situam-se os possuídos por "Satã" (as forças negras do negativismo). Também eles levitam, conforme mostram o livro *O exorcista*, de William Peter Blatty, e o filme do mesmo nome, baseando-se em muitos incidentes reais semelhantes de pessoas possuídas que levitavam, testemunhados por íntegros padres da Igreja Romana e doutores em medicina. Sim, eles observaram a levitação. A *reversão da gravidade*. Lembre-se de que toda magia funciona nos dois sentidos. O grande poder da mente tanto pode ser utilizado para amaldiçoar como para abençoar, assim como o fogo pode ser um amigo fiel ou mestre cruel.

Comumente, são precisos cerca de cem anos do ilusório Tempo da Terra para que a gravidade física provoque a queda das feições e órgãos do corpo, desta maneira concretizando a "velhice". Isto levaria ainda mais tempo se não houvesse a colaboração da Gravidade Mental, que pode funcionar nos dois sentidos. A Gravidade Mental é capaz não só de apressar a direção para baixo da gravidade física, como também de inverter essa direção para cima, instantânea ou gradualmente, segundo a rapidez escolhida por sua Mente. Isto é mais uma prova de superioridade sobre a gravidade física, esta "não deixando as pessoas despencarem da parte de baixo da laranja", mas igualmente provocando o envelhecimento. Sabemos com segurança, por evidência científica, que a Gravidade Mental pode causar a levitação física do corpo. Possuir-se o espantoso poder de reverter a gravidade, mas não usá-lo, é como alguém possuir um carro e mantê-lo na garagem — ou ter uma varinha de condão e deixá-la guardada em uma arca, no sótão. Um desperdício.

O motivo pelo qual a gravidade física levou a melhor durante tantas centenas de milhares de anos é que, conforme foi dito, a Gravidade Mental tem sido seu espontâneo colaborador. Mais uma vez, interrompa esse relacionamento! Você não precisa se apoiar sobre a cabeça, como os iogues. Tudo quanto tem a fazer é *usar* a cabeça para algo mais, além de ter enxaquecas e um jardim onde o cabelo cresce. Seja o que for.

Em certa época durante os anos 1960 e 1970, a ciência médica descobriu um estranho e fascinante fenômeno (assim pensaram os doutores), embora muito triste. Uma doença chamada progéria — o envelhecimento prematuro. Em uma grotesca proclamação da Era de Aquário, surgindo aqui e ali como estranhas flores uranianas de outra galáxia, crianças de 6 a 12 anos de idade aproximadamente envelheciam com estonteante rapidez diante dos olhos de seus médicos estupefatos. Era como se observar uma planta crescendo em filmagem acelerada, um processo de semanas ou meses desenrolando-se diante dos olhos em poucos segundos. Já vimos este método de filmagem em vários programas sobre a Natureza e em especiais de televisão.

Tais crianças, dentro de poucos e rápidos anos, envelhecem dos 6 ou 12 anos a 80 ou 100. Sofrem todas as enfermidades geriátricas conhecidas da senilidade, de artrite e reumatismo a ossos calcificados, perda de cabelos, dentes, visão e audição. Assemelham-se a velhinhos e velhinhas, septuagenários, octogenários... e mais velhos. Algumas dessas crianças parecem ter ultrapassado os 100 anos de idade. Desdentadas, encarquilhadas, quase cegas e surdas. Patéticas crianças.

Patéticas? Não tenha tanta certeza. Uma das coisas mais estranhas sobre estas maravilhas médicas da Era de Aquário é a disposição dessas crianças. Médicos e enfermeiras que cuidam delas admiram-se e não encontram palavras para descrever a falta de qualquer reação negativa a este prematuro envelhecimento que as acomete. As crianças permanecem alegres, não se lamentam em absoluto, são incomumente vivas e inteligentes, além de sorrirem bastante. Os profissionais da medicina simplesmente não entendem isto. Seus pacientes se portam quase como... bem, quase como... santos em miniatura.

É compreensível. De fato. Porque tais crianças são espíritos iluminados, que optaram por se manifestar nestes particulares corpos carnais para demonstrar a grande verdade da dourada Era de Aquário à profissão médica — e aos homens e mulheres de toda parte. Elas têm uma missão, mas esta não foi cumprida até agora, e pode contar com a sua ajuda.

Essas crianças estão aqui para ensinar uma lição gloriosa, o primeiro passo mágico para a realização do milagre da imortalidade física. Em seus corpos carnais, elas objetivam a poderosa lei da polaridade, a lei que os cientistas e físicos da Terra conhecem bem e que respeitosamente reverenciam, mas que deixam de identificar com tanta frequência.

Tais suaves crianças estão aqui para trazer uma mensagem da Páscoa a cristãos, budistas, judeus e membros de todas as demais religiões terrenas. Estão dizendo, silente e eloquentemente, por meio de seus pobres e afligidos corpos carnais: "Olhem para nós! *Olhem* para nós, por favor! Não estão vendo? Somos a prova viva e visível, uma evidência inegável da lei da polaridade da gravidade física. Olhem! Viram? *Pensem*! Ouçam-nos em seus ouvidos interiores. Vejam-nos com seu terceiro olho, assim como com sua audição e visão físicas!"

Elas estão dizendo, com imenso amor e sacrifício: "Vocês me viram? Tenho 9 anos de idade, por seus ilusórios padrões cronológicos para medir a idade na Terra; no entanto, pareço, sinto-me e projeto sua imagem de 90 anos de idade — então, por sua própria lei de polaridade da física, é igualmente possível a quem tenha 90 anos, por seu falso calendário, parecer, sentir-se e literalmente projetar sua imagem de 9 anos — ou qualquer outro número duplo ilusório. Se nove pode ser 90, então 90 pode ser nove. Se sete pode ser 60, então 60 pode ser 17, na matemática da divisão superior. Vocês nos viram? Somos a prova viva e tangível disso! Que outra prova mais poderiam desejar além desta evidência diante de seus próprios olhos? Se abrirem seu terceiro olho, talvez..."

Entretanto, a ciência médica realmente olha e ouve? Não. Seus membros se concentram em procurar *tratar* esta nova "doença" do envelhecimento prematuro da Era de Aquário — eles tentam analisar que funções do corpo carnal falharam para *provocá-la*, ignorando a verdade irrefutável que prova indiscutivelmente, sem equívoco possível: que a gravidade física é reversível e contém polaridade, como tudo neste mundo — quente e frio, escuro e claro, baixo e alto, adiante e atrás, e até o infinito. Vocês todos, olhem e ouçam.

Tenho uma sugestão a fazer aos clérigos e líderes religiosos de toda parte, "por amor a Jesus", "por amor a Moisés", "por amor a Buda, a Maomé, Krishna e todos os demais". Convoquem todos aqueles milhões de pessoas confiantes e de olhos arregalados em seus auditórios, audiências de televisão, igrejas e sinagogas. Levem-nos à nova Lourdes. Diga a todos para se ajoelharem diante do altar da Páscoa destas crianças da Nova Era, peça que agradeçam a elas e agradecidos as abençoem pela rutilante mensagem de verdade, simplicidade, amor, inocência e eternidade, a mensagem de Pax et Bonum que procuram transmitir a todos os terrenos pelo seu paciente e jubiloso sofrimento. Médicos e enfermeiras, concientizem-se de que talvez estejam "hospedando Anjos, inconscientemente".

Amém...

Quantos de vocês já notaram a fixação paranoica, quase patológica e fanática de certas revistas em relação à ilusória "idade" cronológica?

Não vou enumerá-las pelo nome, mas você sabe quais são.

Os editores e redatores de tais revistas parecem absolutamente incapazes de apresentar seja que tipo de história, *qualquer uma*, sem semear "números" a cada um ou dois parágrafos. Sua fixação hipnótica neste detalhe é muito semelhante à da pessoa hipnotizada a quem é dito que mantenha o braço no ar, pois foi feito de cimento e não pode ser abaixado. O braço permanece rígido e parado, como se realmente fosse de cimento, até que o hipnotizador dá "permissão" para ser abaixado.

Por exemplo: a atriz Jane Marshall, de 32 anos, e seu marido, o corretor Peter Thomas, de 31, foram vistos ontem almoçando na Casa Branca com o presidente, de 77, e a primeira dama, de 69. Eles levaram consigo os filhos, Toby, de 17 anos, Helen, de 12, e seus adoráveis gêmeos, de 16 anos e 16 anos e 5 minutos." Ou: "O primeiro-ministro Osgood, de 72 anos, teve hoje um encontro com primeiro-ministro Jivago, de 75, e sua esposa Elsa, de 68. Saborearam um exuberante banquete, juntamente a outros convivas notáveis, tais como o astro de cinema Robert Hemingway, de 47 anos, o empresário Anthony Perles, de 51, e a campeã olímpica Heidi Armstrong, de 23, que estava acompanhada de seu produtor da Broadway, Hymie Castor, de 64.

Agora, pergunto: será esta urgente informação o que os leitores querem saber sobre todas estas pessoas? Espero que não. Do contrário, haverá problemas para você. Quero dizer, afinal, quem se *importa* com isso, pelo amor de Deus?

Estarão eles talvez querendo ajudar os leitores a visualizar a pessoa sobre a qual escrevem, acreditando que estes números serão proveitosos na visualização? Neste caso, as imagens ficariam mais nítidas se os redatores escrevessem: "A atriz Jane Marshall, de 1,57 metros de altura e 53,5 quilos, e seu marido, o corretor Peter Thomas, de olhos azuis e cabelos negros, foram vistos ontem almoçando na Casa Branca com o presidente Ronald Reagan, de ascendência irlandesa, de cabelos-castanho-escuros-que-os-repórteres-insistem-em-provar-repetidamente-sem-êxito-que-são-tingidos-roubando-amostras-deles-no-piso-do-salão-onde-ele-os-corta (agora, temos *aqui* uma notícia informativa e interessante, que por acaso é verdadeira), e sua esposa Nancy, uma canceriana de olhos azuis. Marshall e Thomas levavam consigo os filhos, o capricorniano Toby, estudante de direito, Helen, praticando enfermagem, e seus adoráveis gêmeos geminianos, de 1,58 metros, um com olhos castanhos, o outro com olhos verdes.

Quando duas figuras conhecidas do público se apaixonam, em especial atores e atrizes que ignoraram a loteria dos números, tais revistas têm, de fato, um dia agitado: "Susan Astor, de 32 anos, planeja um casamento no dia de ano-novo com o vencedor do Oscar, Charles Murphy, sete anos mais velho e..." UM MOMENTO! PAREM AS MÁQUINAS! Os editores da revista esqueceram que, segundo os meses em que eles nasceram, no dia de ano-novo Murphy já estará, desde três meses antes, OITO anos mais velho do que ela, não sete. Poxa! Ainda bem que evitamos *essa* mancada a tempo! Nossos leitores jamais nos perdoariam. Ou: "Jerry Cranshaw, de 21 anos, indicado para o prêmio da Academia, anunciou em uma coletiva à imprensa que está vivendo em Paris com sua atriz principal em *Aí vêm os palhaços*, Pamela Richards, que, com 23 anos de idade, tem dois a mais do que Cranshaw." "Laurie Adams, de 19, confessou que ela e Andrew Nottingham, de 44, casaram-se secretamente em Londres o ano passado..."

Os redatores dessas revistas são compelidos a acentuar o desequilíbrio dos números entre cônjuges e amantes, seja a diferença entre eles de 30, vinte, dez, cinco anos, ou apenas de um ou dois, o que é a coisa mais idiota que se possa imaginar. Mesmo trinta anos de diferença não fazem sentido, se percebemos a ilusão do ábaco do calendário. O que dizer então de um ou dois anos? Céus! Charlie Brown, já reparou que Lucy (eu creio) surgiu nas histórias em quadrinhos mais ou menos um ano antes de você? Minha nossa! Isto significa que ela é um ou dois anos mais velha do que você. E qual a *sua* idade, Charlie? Certamente já tem idade de sobra para deixar de conversar com seu cachorro aquariano, Snoopy, como se ele fosse gente de verdade. Que vergonha, Charlie! Atue de acordo com sua idade! Por acaso alguém sabe onde pode ser adquirido um livro ilustrado, com modelos posando para indicar exatamente como "atuarmos" às idades de 17, 33, 20, 23, 56, 42, 87, 35, 64, 19 anos, etc.?

A linguagem é um reflexo fidedigno da programação cerebral. Reflita sobre isso. Não deixe simplesmente a ideia passar por sua mente, mas *reflita*. Quando uma criança exibe ou demonstra um processo de pensamento ou comportamento em geral atribuídos à maturidade, todos lhe dão tapinhas aprovadores na cabeça. É considerado de muito bom tom uma criança se comportar como adulto. Bom menino! Boa menina! Mamãe e papai sentem orgulho de vocês.

Entretanto, se um adulto se comporta como criança, todos franzem a testa e dizem: "Atue de acordo com a sua idade!" Pense no verbo empregado. "Atuar." O uso comum do verbo "atuar", neste sentido, é muito revelador. "*Atue* de acordo com sua idade" diz claramente que a pessoa observada pela sociedade, comportando-se de maneira despreocupada e infantil, deveria tornar-se um ator ou atriz, e ATUAR (uma profissão faz-de-conta, certo?) e atuar (ou representar) segundo uma particular imagem que o diretor (a sociedade) tenha de qualquer número duplo. Entretanto, *você* é o produtor deste drama de sua vida, pode demitir o diretor sempre que quiser, sem pagamento de multa contratual. *Você é* Cecil B. DeMille. Ponha o covarde idiota no olho da rua!

Será que uma pessoa não pode, simplesmente, *ser* a sua idade — apenas *ser* o que quer tal idade signifique? Claro que pode. De fato, uma pessoa precisa *atuar* a fim de projetar o que a sociedade dita como imagem? Não. O que sabe você? Isto prova que a mente subconsciente daqueles que dizem "atue de acordo com sua idade" básica e sabiamente estão "com ela". A mente subconsciente *sabe* que, implícita em tal ordem, está a necessidade da pessoa simular ou representar que é bem-sucedida. Bem, mas e quando não existe o talento de representar? Então, como tal pessoa "representaria" a sua idade? Não se conferem prêmios da Academia por isto, não é mesmo? E, mesmo que isto ocorresse, um "Oscar" realmente valeria a pena? Então, se existir o tal livro, com ilustrações explicando como cada um deve "representar ou atuar segundo a sua idade", ele deveria ser publicado em Hollywood.

Agora, falemos seriamente. Qual o sentido de todo este comportamento cronopatológico? Isto significa que o pessoal dessas revistas acredita que todos retêm uma imagem precisa, clara e nítida de cada número dobrado do sistema numérico. Ousarei dizer que é um mito? Sim, ousarei, porque, para dar apenas um entre centenas de exemplos, certo dia do mês passado eu almoçava com duas não iluminadas pessoas do ramo, tipo "siga o líder". Uma dessas pessoas perguntou a idade de meu advogado. "Quantos anos ele tem?" Respondi que ele devia ter uns 34, uma violação de minha recusa costumeira em discutir números ilusórios, uma vez que a pergunta me pegou desprevenida.

"*Trinta e quatro*??!!" Exclamou uma das pessoas, aparentemente quase em estado de choque. "Eu poderia *jurar* que ele tinha *pelo menos* 37, se não 38." Isto foi demais para mim. Pedi ao garçom uma folha de papel e uma caneta, que então ofereci a meus dois acompanhantes de almoço, pedindo: "Por favor, poderiam desenhar três rostos para mim — um de 34 anos, outro de 37, um terceiro de 38? Estou francamente curiosa e interessada em aprender o seu sistema." Por alguns minutos, eles rabiscaram o papel com a caneta, revezando-se, depois olharam para mim e um perguntou: "De que sistema está falando?"

"Seus sistema de diferenciação entre 34, 37 e 38", respondi. "Quero dizer, seriamente, existe alguma ruga extra, verruga ou coisa assim, em algum lugar, que consigamos localizar, olhando bem? Seria uma grande ajuda para os investigadores particulares, por exemplo, já que eles não dispõem de impressões digitais ou algo no gênero. Entretanto, de posse da data de nascimento, eles poderiam decidir se o sujeito do Volvo vermelho é o criminoso que procuram ou apenas um cidadão inocente."

Meus dois acompanhantes não sabiam se eu falava ou não a sério, mas eu estava sendo totalmente séria. Gostaria mesmo de saber. Pessoas não têm anéis marcando a idade, como as árvores, não é? Se têm, eu devo ter dormido nas aulas de biologia do colégio. Literalmente, fiz essa pergunta a mais de cem pessoas, sem que uma só delas fosse capaz de responder — ou de desenhar imagens cronológicas.

Obviamente, qualquer um pode chegar perto de vencer a Roda da Fortuna cronológica se estiver escolhendo entre uma pessoa de 12 anos e outra de 80 — ou mesmo entre uma de 21 e outra de 70 (presumindo-se que não esteja lidando com um mortal iluminado, a caminho de se tornar imortal, com domínio sobre os primeiros passos da regeneração celular). No entanto, os "patetas" de hoje acham que podem detectar a diferença entre 23 e 26, 40 e 43 ou 60 e 67 anos. Eles acreditam de fato que podem. Isto atrapalha a mente. O divertido é que cada adivinhador faz uma imagem diferente e totalmente individual de cada um desses números — portanto, não sabem como desenhá-los ou descrevê-los. Acredito que seja porque suas imagens foram programadas em seus computadores cerebrais sem uma chave de código.

Este capítulo é sobre a destruição da ilusão da mortalidade com a iluminação da imortalidade física, pela regeneração celular.

O que é exatamente regeneração celular? Apenas isto. A regeneração das células da bateria recarregável de seu corpo físico, que tem sido denominado "o templo da alma", mas que é também o templo material, carnal, de outras partes igualmente invisíveis e vitais do você-de-você. Será mais fácil retratar isso em sua mente se você perceber que o processo é relacionado ao mistério da espiral.

A espiral é o princípio básico das leis da Natureza, podendo ser observada em toda parte para onde olhar. A espiral do caramujo. As gavinhas espirais de hera e outras plantas trepadeiras em varandas e muros. As flores se formam em espiral, as folhas se enrolam espiraladas antes que se abram miraculosamente. Plantas, relva e flores têm um crescimento espiralado, desenvolvendo-se literalmente como um saca-rolhas ao abrirem caminho para o alto através da dura superfície do solo quando a primavera as provoca. Existe um movimento espiralado nas forças *yin-yang* dos Hexagramas do I Ching.

Linus Pauling, ganhador do prêmio Nobel, descobriu a magia da vitamina C, e também o que os cientistas rotularam de moléculas polarizadas. Pauling observou que os cordões formando a estrutura da molécula apresentam uma forma em espiral, com as unidades articuladas unidas para formar uma hélice na forma de uma mola enrolada frouxamente, mais ou menos como uma escada em caracol, em que cada degrau é feito de um tipo diferente de madeira. Estas unidades moleculares de matéria são assimétricas, como um par de luvas ou sandálias possuindo duas formas que são imagens espelhadas uma da outra. Todas as espirais de matéria viva se enrolam na mesma direção — *embora tudo funcionasse igualmente bem se o enrolamento se desse na direção contrária*. Isto é importante para a regeneração celular, como logo constataremos.

"Fomos todos construídos como saca-rolhas orientados para a direita", declarou sir Laurence Bragg, outro ganhador do prêmio Nobel.

Misteriosamente, a espiral parece possuir certa qualidade sutil muito própria. Enrole um pedaço de fio de cobre em espiral e, magicamente, ele adquirirá propriedades que não possuía antes. Utilizada mecanicamente, a espiral torna possível a penetração em madeira e ferro. Na ciência da eletrônica, John Nelson, dos Laboratórios RCA, contou-me, quando trabalhei para a NBC, que a espiral é usada para converter ondas de rádio em impulsos elétricos.

Seu médico pode lhe dizer que a espiral é discernida em inúmeros órgãos do corpo humano e que muitas das funções do organismo operam pelo movimento em espiral. Tem um significado mais do que passageiro o fato de que todas as "criaturas" da Terra, começando pela minúscula ameba e seguindo todo o caminho para cima, até homens e mulheres, quando se movem sem quaisquer meios de estímulo, são invisivelmente instados a assumirem uma caminhada em espiral. Os chifres de um carneiro, todos os chifres, são espirais. O cordão umbilical é uma espiral. As impressões digitais do polegar são espirais. Também o seu número, a pélvis e glândulas sudoríparas. A espiral aparece na divisão celular — e inclusive na matemática da astrologia ocorre uma espiral logarítmica. Claro que astrônomos e matemáticos também empregam logaritmos, porém talvez não sejam tão sensitivos ao significado como os astrólogos esotéricos de tendência mística e respeito pela iluminação da intuição.

Em seu livro *The Secrets of Life*, Lakhovsky traçou uma analogia entre a formação em espiral encontrada em todas as células vivas e o enrolamento de uma corrente elétrica. Com sua descoberta da corrente alternada, Nikola Tesla evidentemente sabia disso, mesmo quando ainda criança. Lakhovsky sugeriu ainda que, da mesma forma como em um circuito elétrico oscilante são emitidas radiações através do funcionamento de uma espiral de fio, intensificando sua capacidade, "*na célula viva são emitidas radiações de maneira semelhante*."

Agora, recuemos, em uma viagem espiralada, até uma importante afirmação de alguns parágrafos atrás. Todas as espirais de matéria viva se enrolam na mesma direção — *embora tudo funcionasse igualmente bem se o enrolamento se desse na direção contrária.*

Lembro-me claramente de John Nelson, no bar da NBC, dizendo-me que "como a espiral é usada para transformar ondas de rádio em impulsos elétricos, evidentemente existe a capacidade de se mover de um nível para outro — ou de uma vibração para outra".

Eis aqui um tosco desenho para ajudá-lo a compreender o mistério da espiral e como ela se relaciona à regeneração celular.

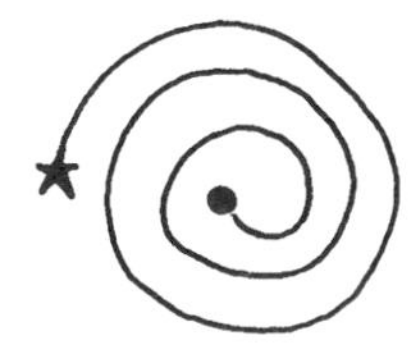

Vê a pequenina estrela? Ela marca o início de sua vida carnal, portanto o início da vida de cada célula em seu corpo, desde que se espirala para a direita, em direção à expectativa de envelhecimento e morte programada no cérebro, manifestada em sentido material pela gravidade física, assistida pela Gravidade Mental.

Agora, vê o ponto negro? Ele representa o local onde estão suas células no momento presente em sua viagem espiral, enquanto você lê estas palavras. Pouco importa se está com 19, 90 ou mais anos. (Quanto mais elevado o seu ilusório número cronológico, mais espirais haverá, claro.)

Olhe para o ponto negro; imagine que olha para o ponto negro de cada célula em seu corpo. Então, intensa e vividamente, use sua Gravidade Mental para imaginar a espiral girando na direção *oposta*. Trace-a por todo o caminho de volta, não até a pequenina estrela inicial (afinal de contas, não pretende voltar ao seu berço ou à sala de partos do hospital) mas até um ponto qualquer do percurso representando qualquer imagem atual que possa ter de qualquer ano cronológico ilusório, e *pare* justamente aí — até a menos que dê a cada célula uma nova ordem. Não se limite a pensar na experiência. *Execute-a.*

Você terá iniciado o processo de regeneração celular.

Repita estas três afirmações em voz alta até que as tenha decorado.

> *"Todas as espirais de matéria viva se enrolam na mesma direção — embora tudo funcionasse igualmente bem se o enrolamento se desse na direção contrária."*
>
> LINUS PAULING

> *"Fomos todos construídos como saca-rolhas orientados para a direita."*
>
> SIR LAURENCE BRAGG

> *"Como a espiral é usada para transformar ondas de rádio em impulsos elétricos, evidentemente existe a capacidade de se mover de um nível para outro — ou de uma vibração para outra."*
>
> JOHN NELSON

Fique imaginando, fique repetindo estas frases em voz alta, e finalmente seu cérebro sonolento, drogado, falsamente programado, terminará por registrá-las e reprogramar-se. Ele fará isso, realmente.

A despeito de todos aqueles setores cegos que discutimos em capítulos anteriores, a ciência médica ainda consegue efetuar algumas descobertas maravilhosas de tempos em tempos. Uma delas é a descoberta de que toda a célula do corpo humano é reposta, no correr de um período de sete anos. Exceto as células cerebrais humanas — uma exceção de suma importância, que não deve esquecer. (O álcool queima as células cerebrais, e embora você possua cerca de 42 bilhões delas, para se tornar mago precisará de todas quantas puder manter saudáveis.)

Nesse ínterim, medite nesse ciclo de sete anos. Não existe uma célula em seu corpo (com exceção do cérebro) — um só fio capilar em sua cabeça ou em seu corpo, uma unha da mão ou do pé — que esteja possuindo agora e possuía sete anos atrás. Em um sentido celular, portanto, você é uma pessoa nova em folha a cada sete anos, começando por seu nascimento. Se um órgão do corpo tem um defeito, esse defeito permanecerá (até que você o cure ou ele se cure sozinho), mas as células compondo o órgão serão novas.

Ainda há mais: na Rússia e em outras partes do mundo, foram encontrados muitos seres humanos possuindo as raízes para uma terceira e até mesmo quarta dentição. (Você já passou por duas delas — a dos dentes de leite e dos dentes permanentes.) Infelizmente, tais raízes extras não se desenvolverão em dentes, porque a ânsia da morte sufoca a bateria do organismo e as mata antes que tenham possibilidade desse desenvolvimento. Mais desperdício! Evidentemente, seu organismo pode produzir raízes para quantas dentições você necessitar, perpetuamente, o que sem dúvida reduzirá bastante as contas odontológicas quando você se tornar imortal.

Por que seu organismo faz tudo isto? É novamente a sua ânsia pela vida, em desespero procurando mantê-lo vivo, dando-lhe novas oportunidades, a cada sete anos, de iniciar sua imortalidade. É tão forte a ânsia da vida, tão insistente no homem e na mulher, que se poderia julgá-la vencendo com facilidade. E assim seria, se não fosse a sempre crescente gravidade física, combinada à gravidade mental, derrotando as repetidas tentativas de seu organismo em torná-lo imortal.

Qual a diferença entre "células velhas" — que percorreram até o fim sua espiral em saca-rolhas orientada para a direita — e células novas, no processo de reversão celular que acabamos de discutir? Não muita. Enquanto você reverte aos poucos a espiral de cada célula em seu corpo, parando em qualquer ponto (de "idade" cronológica imaginada) escolhido entre o ponto negro e a estrelinha do desenho mostrado, *não há necessidade de quaisquer células novas para substituir as que foram assim recentemente regeneradas.* O único motivo para a substituição é que seu duplo empuxo da gravidade desgasta as células. Finalmente, você não precisará de um número maior delas porque estará mantendo em perfeitas condições aquelas que possui.

Isto faz sua mente espiralar para uma revelação? Deveria, porque significa que todas as células espiralam devido à ilusão de Tempo. Suas células não espiralavam quando seu corpo vivia em uma Terra com dois Sóis e que não girava (provocando a gravidade). Plantas e flores também não formavam espirais. Elas simplesmente *eram.* O motivo pelo qual se enrolam pelo solo em espiral atualmente é uma demonstração de sua própria ânsia de vida, imitando a mesma ânsia de vida de seu organismo. Quando você reconhecer o Tempo como impostor, as células de seu corpo não mais farão espirais nem precisarão ser revertidas — embora continuem com sua forma espiralada, simbólica do "círculo de serpente da eternidade".

Até ser completado o ciclo de regeneração celular, enquanto ele ainda estiver em andamento, quando você visualizar a imagem de uma nova célula, esta interromperá sua espiral para a direita *no mesmo ponto* do desenho que imaginou como o local onde as células velhas parariam quando espiralando em direção inversa. Para fazer isto, não precisará ficar contando todas as suas células novas e velhas com um ábaco chinês. Bastará dar a ordem dual, aplicável aos dois tipos de células (novas e velhas), e seu corpo se incumbirá dos detalhes. Ordene à sua poderosa mente que programe seu computador cerebral com este comando, depois confie na sabedoria de seu organismo para fazer o que deve ser feito.

Bem, não é uma sorte que suas células cerebrais não precisem ser substituídas a cada sete anos e tampouco morram (a menos que você as mate)? Compreende agora que possui tantas, por que não começou a usar sequer noventa por cento delas? Estas células cerebrais serão necessárias quando a regeneração celular se tornar a norma, até que seja alcançada a imortalidade. Há um bom motivo para estes "*chips*" extras no computador cerebral, à espera de serem ativados para a grande tarefa da vida eterna.

Aqui temos os dez primeiros passos no caminho para a imortalidade física. Após dominá-los, terá começado a sua regeneração celular e você poderá percorrer sozinho o resto da caminhada, guiado por seu Eu (elfo) Superior.

1. Conheça a verdade. Não deseje que seja a verdade. Não tenha fé no que seja a verdade. Não acredite que seja a verdade. CONHEÇA-A. Sua aptidão para alcançar a imortalidade física é real. Você já a possui. Este é o passo mais difícil no caminho a percorrer, porém o mais necessário. Sem ele, os outros nada significam e nada realizarão.

Conheça-a agora
Então, você terá VENCIDO

2. Imagine as espirais de suas células girando na direção oposta, e repita em voz alta: *Sou imortal, e agora ordeno a meu corpo que demonstre isto*, cada manhã e cada noite de sua vida eterna. Intensifique a regeneração celular e ajude-a, tomando 1.000 mg de PABA (ácido paraminobenzoico), 5.000 mg de vitamina C e 2.000 mg de vitamina E (alfa tocoferol) todos os dias. Use hidratantes por todo o corpo, não apenas no rosto. Aspire bastante ar puro, em particular enquanto dormir. Em vez de recorrer a carros, ônibus e táxis, *caminhe* o máximo possível.

Beba pelo menos dois copos de suco de uva sem adoçante em cada dia de sua vida imortal. (O suco de uva vermelha tem melhor sabor, e as pessoas acima do peso também precisam dele, mas o suco de uva azul é igualmente um poderoso estimulante celular.) Comer uvas é ótimo, mas ainda assim você precisa beber o suco. Verá a diferença na pele de seu rosto dentro de uma semana ou ainda antes. Quatro copos por dia não será demais, porém beba pelo menos dois. Este segundo passo contém toda a cosmetologia de que precisa. As vitaminas do complexo B não são prioridades, mas ajudarão.

3. Não se envergonhe de sua nova iluminação espiritual. Comente-a com cada pessoa que encontrar. Amigos, parentes e colegas de trabalho. Ignore a zombaria deles. Em cada dez pessoas que o/a ridicularizarem, uma acreditará em você. Então, quando estiver com seus 500 ou 600 anos de juventude, terá algumas pessoas conhecidas com quem fará camaradagem e se divertirá.

4. Se você for mulher, quando engravidar pela primeira vez (ou da próxima vez), procure ter seu bebê sob a água, para evitar o trauma resultante de nascimento por um continuado padrão de respiração inadequada. Há mais mulheres usando este método do que possa imaginar. Procure-as. Se você for homem, apoie sua esposa nesta sensatez maternal.

5. Pare de beber. Apenas um pouco de vinho, *ocasionalmente*, e mais nada. Sem drogas, tudo de maneira natural. E, uma coisa! Pare de fumar tão logo sinta ser possível sem um trauma emocional sério. Substitua o fumo por alguma coisa, como fazer sexo com a pessoa a quem ama realmente, sentir o perfume das flores, andar na roda-gigante, ouvir sinfonias, produzir alguns minimilagres para alguém necessitado de um pouco de mágica, nadar, cantar, tomar uma ducha, correr com seu cão ou cães...

6. Evite a promiscuidade sexual. Isso provoca um curto-circuito na alma. Evite a união sexual antinatural — e não finja que não sabe por quê. Qualquer comportamento em oposição às leis da Natureza é inimigo do processo *natural* da imortalidade física. Nada de pornografia. Isso estabelece imagens que bloqueiam a descoberta de seu próprio Eu

Gêmeo pela lei de atração magnética. E você não poderá se tornar *plenamente* imortal enquanto não alcançar a união com a outra metade de seu espírito, do você-de-você. A simples decisão de se tornar imortal, em si, garante que um encontrará o outro em algum ponto ao longo do caminho. Não foi o que esteve secretamente procurando, aquilo por que, afinal de contas, ansiou a vida inteira? Enfrente a verdade. Qualquer que seja o número de parceiros sexuais que teve — ou tenha —, você se sente vazio/a, ainda na solidão, algo que persistirá até que o milagre se manifeste. Se teve um comportamento sexual negativo no passado, perdoe-*se* inteiramente, e depois esqueça o que houve. O verdadeiro "confessionário" é interno.

7. Da mesma forma, perdoe seus inimigos. "Faça o bem a todos que o prejudicaram e falaram todo tipo de maldades contra você." Ser gentil apenas com os que lhe são gentis não fará com que suas células espiralem na direção inversa. Isto é conseguido quando você se mostra gentil com aqueles que o/a magoam por palavras ou atos. Dê metade de seu dinheiro a amigos e estranhos igualmente. Leia os capítulos "Déjà vu" e "O amor pelo trabalho e a mística do dinheiro" até memorizar o seu conteúdo, e então *faça* o que eles dizem. O conselho contido nestes dois capítulos não partiu de mim, mas daqueles que estão muito anos cósmicos de luz à minha frente em iluminação. Pare de se apegar aos bens materiais. Despreocupe-se. Seja generoso/a com seu tempo e seu dinheiro, distribua-o livremente.

8. Firme e permanentemente, rejeite todo tipo de medo sobre qualquer aspecto de sua vida: medo de voar, medo de acidentes, medo da pobreza, medo da solidão — *toda espécie de medo*. Incluindo o medo por amigos e entes queridos que estejam doentes. Pare de esperar que venham a falecer.

9. Torne-se vegetariano, da forma indicada no capítulo "Uma maçã por dia". Não mate um ser vivo por motivo nenhum. Os caçadores e pescadores não podem alcançar a vida eterna, não são candidatos à imortalidade física. Lamento sinceramente que seja assim, porque algumas das pessoas mais caras e mais iluminadas que conheço gostam de pes-

car, havendo apenas esta mácula a retê-las. Repetindo, não mate por motivo nenhum. Aprenda caratê e outras artes orientais de autodefesa, se for preciso, mas *não mate*. Você não deve eliminar a escolha entre viver ou morrer, que pertence ao livre-arbítrio de qualquer pessoa ou animal.

Não matar é algo tão básico que nem deveria ser mencionado. Se você matou anteriormente, "no cumprimento do dever", com a noção errônea do "patriotismo", perdoe-se e purifique-se. Nunca existe um motivo real para se matar alguma coisa ou alguém. Sempre há uma forma de se solucionar uma situação existencial "perigosa", contendo o risco de seu assassinato ou do assassinato de outra pessoa, sem que haja necessidade de se matar o agressor. Sempre há uma forma de evitar a morte de alguém sem matar um outro. Ferir um braço, mão, pé ou perna não é desejável, mas é melhor do que matar.

10. Jejue um dia por semana, em todas as semanas do ano, bebendo apenas suco de fruta e, sendo possível, somente água potável — sem suco de fruta. Procure jejuar desta maneira um dia em uma semana de cada mês. Este jejum purificará sua mente e seu corpo. Jesus jejuou, e veja quantos milagres produziu. Francisco de Assis também jejuava, sendo capaz de conversar com pássaros, lobos e outros animais na própria linguagem deles.

11. O número 11 é um número mestre em numerologia, conforme já aprendemos no Capítulo 5. Portanto, é adequado que o 11º passo na caminhada para se tornar imortal (sinônimo de se tornar um Mestre) tenha esta numeração, não por indicação minha, mas devido à harmonia e sincronicidade do Universo. Não importa que você tenha 14 ou 40 anos — ou 80, 90 ilusórios anos cronológicos. *Memorize-os,* mesmo que você seja adolescente, *memorize-o*, porque é de suma importância para alguém que pretenda promover seriamente a regeneração celular e prevenir o envelhecimento — ou revertê-lo — e vencer a morte.

A esta altura, percebe que o passo mais básico para conquistar a imortalidade é saber que, *em realidade*, o tempo não existe? Compreende que a sua falsa crença no poder do tempo é que bloqueia a sua regeneração celular? Sabe, agora, que o tempo é seu inimigo — que, se permitir até a mais íntima crença nele em sua mente, não poderá se tornar imortal, que suas células não se regenerarão? Muito bem. Considere, então, a palavra INATIVIDADE, com referência a aposentadoria. O dicionário assim define o prefixo IN: "Negação, privação." O substantivo ATIVIDADE: "Qualidade ou estado de ativo; ação. Energia, força, vigor... Função normal do corpo, de determinado órgão, do cérebro, etc." Repare que a palavra INATIVIDADE contém as palavras IDADE e também ANTIVIDA. Poder-se-ia então conceber a aposentadoria como uma "privação do estado de ativo de energia, vigor, função normal do corpo", talvez em decorrência da IDADE, e capaz de produzir uma ANTIVIDA. É isto o que acontece quando a pessoa se aposenta e recai na inatividade, seja porque seu empregador segue normas absurdas sobre uma determinada idade para a aposentadoria compulsória ou porque a própria pessoa considera esta decisão necessária e desejável em certa ilusória idade cronológica. Assim, quando você aceita a INATIVIDADE da aposentadoria, o Tempo reaparece — *retorna, para dominá-lo novamente.* A aposentadoria é a mais forte influência causadora do envelhecimento desnecessário e, inclusive, da morte.

É um grande erro aposentar-se. Se quiser relaxar ou viajar, tire um ou dois anos de folga, porém não mais do que um ou dois anos de cada vez. A inatividade *permanente* da aposentadoria é um assassino insuspeitado, implacável. Ela o mata, tão seguramente como um tiro de rifle — só que a morte demora um pouco mais. A aposentadoria destrói inteiramente suas ânsias de viver.

Dois ingredientes puros são os componentes da aposentadoria: a pura indolência e o puro medo. Trata-se de um falso sonho de dias ociosos, sem nada mais a fazer além de dormir e se divertir, um falso medo de que você esteja "velho demais" para valer alguma coisa, de que "lhe sobram apenas alguns anos de vida" e que, desesperadamente, precisa nada fazer a fim de melhor aproveitá-los, extrair deles o melhor partido.

A aposentadoria não extrai "o melhor" de nada. Pelo contrário, extrai "o pior" de tudo.

O que mantém fluindo as seivas de suas ânsias de vida, o que mantém a mente recarregando seu corpo, é sua carreira, profissão, trabalho ou emprego. *Ser necessário* a alguém para alguma coisa. Entregar ao mundo algo que somente você tem para lhe oferecer. E o mundo ainda *precisa de você — agora mais do que nunca.*

Se você ainda não se aposentou — continue em atividade. Tire dois anos de folga ou de licença, viaje e divirta-se o quanto puder, mas retorne ao seu trabalho, cuja execução lhe parecerá cada vez melhor a cada ano de sua vida imortal. Se trabalha por conta própria, como seu próprio patrão, a decisão é sua. Sinta-se grato por isso. Caso seja empregado e o empregador insista em sua aposentadoria, concorde. Então, arranje outro emprego. Você diz que isso é quase impossível, "na sua idade"? Não será tão fácil como quando tinha cronológicos e ilusórios 21 anos, mas se tentar, ficará surpreso.

Se você, genuína, sincera e seriamente, tentou mas não encontrou um emprego ortodoxo, então *crie* uma nova carreira ou profissão por si mesmo. Existem muitos *milhares* de ideias e conceitos ao longo desta linha, tantos que não pretendo enumerar nenhum aqui. Use a sua imaginação. Ela foi feita para isso.

Seja um assessor para alguém. Sua sabedoria é necessária. Dentro de alguns anos, será capaz de mergulhar novamente no mercado de trabalho, porque a imortalidade começará a ser vagamente percebida agora por muito mais pessoas do que antes da publicação deste livro. Você verá. Além do mais, se esquecer aquele medo básico de número "protetor" da Previdência Social, se "mentir" *honestamente* (dizer a verdade real) sobre sua idade, pela maneira como breve terá a *aparência*, ninguém saberá a diferença.

Você não precisa de uma certidão de nascimento para conseguir um *bom* emprego e, certamente, também não para iniciar uma nova carreira. Evite os *playgrounds* da aposentadoria como veneno, porque é exatamente o que eles são.

Durante anos tentei convencer uma pessoa aposentada muito chegada, e a quem amava profundamente, de que sua ida para um desses lugares era um desejo subconsciente de morrer que lhe traria apenas isso — sua morte.

Ele não me ouviu. Ofereci-lhe várias responsabilidades, sabia que poderia manejá-las melhor do que qualquer outra pessoa do meu conhecimento, melhor do que pessoas com metade de sua ilusória idade cronológica. Sua insistente resposta era: "Estou velho demais. Não posso assumir esse encargo. Será que *não percebe o quanto sou velho*?"

Homens e mulheres de uma certa "idade" adoram fazer tal pergunta. Deleitam-se com ela. Vangloriam-se disso, como se o fato fosse algum distintivo honorário. Não é. É um distintivo de degradação, de capitulação ante as programadas mentiras sobre mortalidade. Entretanto, contém um toque de melancolia, implicando "não é maravilhoso que eu tenha chegado a este número e ainda esteja aqui?". Seria muito mais maravilhoso você chegar a esse número e milhares de anos além dele.

A pessoa a quem me referi lerá este livro, e rezo para que capte a mensagem. É um último recurso. Tanto ele como uma mulher a quem muito estimo têm uma aparência, comportamento e maneira de pensar certa de 30 anos "mais jovens" do que a idade que ambos se comprazem em exibir. Eu DISPUS que os dois despertem, se olhem no espelho — e *entrem em movimento*. Isso é válido igualmente para outra mulher de minha profunda estima, que precisa apenas de parte desta mensagem, pois sempre acreditou secretamente no que este capítulo está dizendo, temendo, entretanto, que os outros a julgassem maluca se ousasse expressar essa crença. É nativa de Peixes. Minha mensagem para ela é: Vamos, fale! Está na hora! Ninguém rirá de você! A missão deste livro é preparar pessoas para o milagre que você conhecia interiormente o tempo todo — e ele cumprirá sua missão. Nada pode impedir que suas sementes brotem, porque assim foi disposto por nossos Criadores. Você não precisa mais ter medo. Vá em frente! Tenho um trabalho para você a se iniciar dentro de alguns meses, portanto prepare-se para trabalhar. Além disso, em um ano você se mudará para outro Estado — como aquelas outras duas pessoas. Trata-se de uma predição de feiticeira branca para o futuro — e de três promessas para o amanhã.

Por isso, releia os 11 passos para se obter a gradual imortalidade física pela regeneração celular expostos neste capítulo. O Passo 4 não é uma necessidade absoluta, mas ajudará a "carne de sua carne, sangue de seu sangue" a começar a se tornar imortal desde o nascimento.

Se, por exemplo, você pode modificar sua crença programada em relação à pobreza, também pode modificar sua crença no envelhecimento e na morte. Se puder controlar o efeito físico da gravidade em apenas uma pequena área de sua vida, poderá fazê-lo em todas as demais áreas. Um homem que conheço me pediu para não publicar seu nome. Seus ossos, em particular os das costas, haviam se calcificado, e os médicos lhe disseram que nunca mais tornaria a caminhar. Esse homem comprometeu-se firmemente a alcançar a imortalidade e começou a praticar todos os passos para a regeneração celular. Levou cinco anos e meio, mas seus ossos foram amolecendo aos poucos, descalcificando-se. Talvez ainda sejam necessários dez ou mais anos para que ele recupere a perfeita condição óssea da juventude, mas o que são dez anos para um imortal? Agora ele já está caminhando sem dores.

Se você tem uma deficiência física, superá-la em qualquer dose que seja dar-lhe-á a evidência de que precisa para vencer o envelhecimento e a morte. Desenvolver uma habilidade atlética às vezes ajuda muito. Aprender a ajudar os outros e a curá-los ajudará imensamente. Cada vitória contra uma atitude ou hábito negativos, por menores que seja, servirá para reforçar sua crença nos poderes físicos, mentais e espirituais que possui, permitindo-lhe estabelecer uma comunicação efetiva com seu próprio Espírito, o qual possui todos os poderes para todas as finalidades.

Bob Wieland, veterano do Vietnã, perdeu as duas pernas quando pisou em um terreno minado. Ele comenta: "Minhas pernas foram para um lado e minha vida para outro." Em 1982, Wieland decidiu "caminhar" da Califórnia a Washington, D.C., impelindo-se sobre rodas ao longo de auto-estradas e rodovias em uma "lambreta", os cotos das pernas protegidos por espessas bandagens. A viagem levou-lhe três anos, oito meses e seis dias, a "caminhada" cobrindo um percurso de 4.448 quilômetros. Não obstante, ele chegou ao seu destino, o memorial da Guerra do Vietnã, em Washington, em nome de seu companheiro, um soldado que morrera ao seu lado quando a mina explodira. Bob Wieland é um forte candidato à imortalidade física, embora ainda não se aperceba disso. Também é candidato ao milagre de suas pernas tornarem a se formar, novas em folha.

Repare que a corajosa "caminhada" de Wieland através do país levou 3 anos, 8 meses e 6 dias, que, somados, dão 17 — e os 4,5 mil quilômetros percorridos dão um total de 19. Assim, os números compostos de sua viagem são 17 e 19. Leia seus significados no capítulo de numerologia.

Há uma infinidade de meios capazes de lhe dizer que a regeneração celular começou em seu corpo. A pele fica mais clara, a respiração se torna mais suave, os odores da eliminação começam a diminuir. Sua língua aos poucos vai ficando rosada e macia, sem caroços ásperos. Seus olhos brilham e sua voz adquire um sutil mas perceptível tom musical. Torna-se cada vez mais fácil controlar as emoções. Você começa a recordar nitidamente seus "sonhos" (viagens astrais). Precisa de menos horas de sono. Se tem sulcos no rosto, lenta, mas seguramente, eles se tornam invisíveis.

Segundo os Gurus — e não tenho motivos para duvidar —, desenvolve-se uma estranha reação química no corpo quando as células começam a reverter suas espirais, talvez uns cinco a sete anos de calendário após iniciado o processo, ocorrendo em intervalos irregulares. Isto varia. É um odor.

Tem sido comparado ao cheiro desagradável, mas não insuportável, dos tênis de um atleta após intensivo exercício. Um cheiro pungente, um tanto acre e bastante forte. Distinto. Também tem sido comparado ao cheiro bolorento que se detecta quando o ar-condicionado de um grande avião tipo 747, por exemplo, é ligado depois de ter ficado várias horas desligado. Talvez tenha alguma relação com o oxigênio, uma vez que as células o contêm e ele pode se modificar de algum modo à medida que a espiral se inverte. É um odor inconfundível, e dizem que existe um meio seguro de identificá-lo. Se você cheirar sua pele ou qualquer parte do corpo a fim de localizar a fonte, torna-se aparente que o curioso cheiro não emana daí. Ninguém mais consegue detectá-lo. Se você perguntar aos outros, eles jurarão que não existe qualquer odor ao cheirarem meticulosamente seus cabelos e sua pele. Pensarão que você está brincando, mesmo que fale a sério. Por fim, você se conscientizará de que o cheiro sentido tão intensamente provém de *dentro* de seu corpo, não de fora, e que o percebeu pelos nervos olfativos ou cranianos, transmitindo o odor ao cérebro anterior e membranas mucosas da parte superior do nariz. Daí por que ninguém consegue detectar o mais leve cheiro, mesmo alguém próximo a você. Apenas você o sente. Talvez algum biólogo, químico ou físico de mentes abertas à regeneração celular pudessem definir-lhe a origem. Você não precisará ficar demasiado preocupado com isto, porque é um sinal seguro de que suas células estão voltando sobre as respectivas espirais. E "mesmo isto passará".

☆☆☆

Tenho uma recordação. Uma recordação forte, muito forte e repetida. De minha infância. Espero que pessoas da religião hebraica e de outras possam se relacionar a isto, embora tenha sua base na comemoração cristã da Páscoa. Quando pequena, eu costumava olhar para as "pessoas mais velhas", hoje chamadas "cidadãos idosos", e pensar que um dia cresceria, tendo a sua aparência, comportamento e maneiras de sentir. Você também? Esse dia me parecia muito distante, em um nebuloso futuro, mas ainda assim eu costumava me preocupar. Isso também o preocupava?

Então, quando fiquei um pouco mais velha, tomei uma decisão particular, fiz um pacto secreto comigo mesma: que aquilo nunca, jamais aconteceria comigo. E pronto. Ponto final. Você também fez algum pacto secreto semelhante consigo mesmo?

E o domingo de Páscoa. Era tão ambivalente a respeito! Por um lado, a data me inundava com gordos balões de gás de felicidade. Por outro (estou parecendo uma libriana angustiada), aquilo intrigava minha mente de 12 anos. No lado feliz, havia o perfume suave dos lilases à volta do altar e o forte e intenso odor de todas as outras flores de Páscoa que todos usavam, presas nos vestidos e ternos. As luvas brancas, alvíssimas, recém-compradas, meias soquete brancas, sapatos de couro preto e fechados, a seda farfalhante de um vestido rosa (certo ano, amarelo-narciso), o chapeuzinho de palha creme, com fitas penduradas de veludo cor-de-rosa. E a cesta do coelhinho da Páscoa, recheada de jujubas e petiscos de chocolate, ovos coloridos e quem sabe uma surpresa, talvez uma pulseira com pingentes, para usar com as roupas novas de ir à igreja. A música angelical do coro e os acordes marcados, ecoantes do órgão misturados à fragrância estonteante, celestial, da primavera lá fora, as brisas cálidas e punhados de brotos verdes nas árvores, as tulipas marginando o passadiço até a entrada da igreja.

Tudo aquilo me deixava certa de que poderia até voar, se me esforçasse, e meu coração inflava com uma alegria esfuziante, impossível de ser plenamente descrita, quando o coro e todos os presentes, inclusive eu, cantavam aqueles hinos mágicos, pontilhados de "Aleluias", "Cristo, o Senhor, ressuscitou hoje, "Dizem os filhos dos homens e os anjos", "Nascemos como ele, como ele ressuscitaremos! Juntem-se ao triunfo dos céus!", "Onde, ó, morte, está agora teu aguilhão?", "Aleluia! Aleluia! Aleluia!", e as ondas ressoantes da música do órgão fundindo-se à luz trêmula das velas, aos perfumes consagrados e fragrâncias de flores por toda parte... Eu sentia uma alegria embriagadora, irresistível, formigando dos pés à cabeça!

Entretanto, no lado da perplexidade eu insistia em me perguntar: se Jesus era o Filho de Deus, então por que não havia uma Filha de Deus? E me intrigava ver todos tão felizes durante a Páscoa, se ela significava apenas que somente um homem pudera experimentar aquela vertiginosa magia, sem que nenhum de nós jamais tivesse a chance de conhecer semelhante milagre. Especialmente eu.

Minha perplexidade, no entanto, esvanecia-se assim que eu voltava da igreja para casa e enterrava o nariz nos jacintos que minha mãe espalhava por todo canto em cada Páscoa. Não há meios de exprimir isto. Só mesmo enterrando o nariz bem fundo em um buquê de jacintos, e aspirando. Você já percebeu que algo sobre esta particular fragrância de flor da primavera faz seu coração elevar-se bem alto, juntar-se ao seu espírito? Ela nos faz *saber* que a Páscoa é verdade para *todos*, enquanto todo o nosso ser é inundado pelo mistério deste conhecimento. Nem mesmo a evidência lógica, metafísica, intelectual e pessoalmente tangível da regeneração celular é capaz de instilar tamanha certeza.

O "sentido do olfato" é, sem dúvida, o mais forte dos cinco. Ele nos coloca rapidamente de posse do sexto sentido, embora seja uma posse momentânea. A chuva na relva, lilases encharcadas de orvalho, o cheiro da primavera no ar, o odor frio e limpo da neve caindo e a terra úmida podem fazer seu astral flutuar até uma dimensão superior por fugazes momentos. Assim, quando seu novo compromisso com a imortalidade física oscilar brevemente, saia e cheire um jacinto, ou caminhe na chuva. Re-espirale-se!

Há três espécies de imortais. Aqueles que são desde centenas ou milhares de anos passados e transmitiram o conhecimento a uns poucos apóstolos escolhidos de maneira sutil. Aqueles que igualmente o são há muito e muito tempo, mas que preferem ainda passar por peregrinos, a fim de que possam empatizar com outros recém-iniciados na verdade. E aqueles que acabaram de aprender o segredo, sentindo-se deliciados com a evidência que podem partilhar com outros. Nem sempre é fácil fazer a diferenciação.

Nadine Star, uma "idosa" residente em Louisville, Kentucky, escreveu estas palavras: "Se eu pudesse viver minha vida novamente, gostaria de cometer mais erros." (Ela alude ao comportamento que a sociedade rotula como erros.) "Da próxima vez, quero relaxar. Ficarei descalça no início da primavera, assim continuando até o final do outono. Andarei mais no carrossel. Colherei mais margaridas."

Nadine é uma evidente candidata à regeneração celular, mas ainda não percebeu bem isso. Talvez logo perceba. Então, não terá que "viver sua vida novamente". Bastará que continue vivendo a atual, melhorando-a de todas as maneiras que descreveu e deixando todos admirados por ficar magicamente cada vez mais jovem, e mais jovem, e mais jovem, até os outros perguntarem: "Quem é aquela encantadora jovenzinha correndo pelos campos de margarida? Parece Nadine Star, mas não pode ser ela. Talvez seja sua neta. Sem dúvida, é bem parecida com Nadine, não acham?"

Aqueles que ensinam a imortalidade não negam nem rejeitam a reencarnação como uma escolha que cada um tem o direito divino de fazer. Um deles me disse: "Não entendo por que todos não preferem permanecer vivos e ajudar a modificar o mundo, em vez disto aderindo à prática tradicional e popular de usar corpos e livrar-se deles como lixo. De qualquer modo, irão sobreviver à morte carnal, continuando a reencarnar até se tornarem iluminados e iniciados. Assim, por que não continuarem por aí no mesmo corpo, mantendo a mesma aparência — ou melhorando-a?" Tive que concordar com sua lógica.

A morte física estará sempre disponível, mas é e sempre foi uma questão de escolha pessoal. Seu corpo é um sistema energético, capaz de melhoramento e perfeição infinitos. Talvez seja difícil conceber seu próprio eu como fonte de toda a cura, mas acreditar em outra coisa é como acusar os Criadores de seu espírito de executarem uma obra medíocre. Assim como seu espírito criou seu primeiro corpo físico encarnado à imagem Dele ou Dela, da mesma forma nossos Criadores manifestaram seu espírito à Sua própria imagem. Este capítulo não está tentando privá-lo do direito de morrer, mas apenas procurando fazê-lo inquirir-se sobre o sentido da morte — utilizando seu sexto sentido.

Encare o assunto desta maneira. Seu corpo carnal não tem poder para se destruir. É apenas a Gravidade Mental, utilizada na direção inversa, que possui tal poder — e você controla sua Gravidade Mental com a mente. Sua mente sobrevive à morte do corpo, acredite você ou não. A descrença na Lei Universal ainda não a impediu de funcionar. Quando meditar sobre isto, você terá que ser inatamente imortal para se matar.

Quando resolver permitir que seu corpo sobreviva à ânsia da morte programada, verá muitos milagres. A teologia da mortalidade só poderá durar enquanto você se apegar a ela. No momento em que a esquecer — completamente —, ficará atônito ao se ver manifestando amor, sabedoria, doação, perdão, confiança, alegria, paz e saúde física. De fato, será capaz de sentir tais qualidades se expandindo em seu interior com pouco ou nenhum esforço.

Julian Davis, o antigo minerador de ouro de Cripple Creek a quem dediquei meu poema sobre a cidade, no início deste livro, andava pela casa dos 70 anos quando nos conhecemos. Havia sido caçador até então e bebia de cair pelos bares locais, noite após noite. Era um brilhante estudioso de milagres; precisava apenas que lhe dissessem isto. Após conversarmos por algum tempo, ele jurou que nunca mais caçaria cervos ou tomaria um gole de uísque. Cumpriu a palavra. Então, inesperadamente, descobriu-se poeta e escreveu um delicioso livro de poemas que foi publicado e vendido por todo o Colorado. Julian Davis estava destinado a ser imortal — e sem dúvida o teria sido, se ao menos soubesse disso alguns anos mais cedo. Quando retornar em seu próximo corpo carnal, isto acontecerá com tal rapidez que ele se tornará imortal ainda antes da adolescência. A regeneração celular e a inversão da gravidade não são um processo difícil, mas sempre é um pouco mais fácil preveni-las do que efetuá-las mais tarde. É bom que vocês, os leitores cronologicamente "jovens", não se esqueçam disto. Vocês, os leitores cronologicamente "mais velhos", não devem se preocupar. O processo de regenerar suas células e reverter-lhes as espirais contém sua própria espécie de excitamento e magia. Não importa quando vencerão o mito do envelhecimento, antes ou depois, o principal é que o vençam.

Recordo certa manhã, quando Julian passou em minha assombrada casinha-fora-das-trilhas-do-tempo, na avenida Carr, para uma xícara de chá com uma fatia de torta de uva-do-monte. Ele voltava do funeral de um velho amigo e sentia-se deprimido, coisa rara em Julian. Meneando a cabeça tristemente, enquanto sorvia o chá Red Zinger, sua marca favorita, falou: "Ele só tinha 89 anos, acredita nisso, menina? Sem dúvida, estão sendo levados bem jovens hoje em dia..." É verdade, Julian. Estão mesmo.

Outra moradora de Cripple Creek, minha vizinha, a professora Ruth Cook, é de Peixes. (Por falar nisto, Julian também é.) Ensinei-lhe como "visualizar" uma vaga para estacionamento no Mall, em Springs, nos dias de grande movimento, ordenando que seu Eu Superior a produzisse (você deve sempre acrescentar as palavras "com a graça divina, sem prejudicar ninguém"). Provavelmente, ela teria conseguido isso por si mesma, sem a minha instrução, uma vez que nasceu com a magia esotérica nos próprios poros, o que, aliás, acontece à maioria dos piscianos.

Certa noite de inverno, quando conversávamos e tomávamos café, sentadas junto à bojuda estufa Ben Franklin, eu duvidava levemente de minha própria mágica. Então, perguntei a Ruth se acreditava na certeza do retorno eventual de alguém ao Colorado, um retorno que, para mim, seria como um milagre pessoal. Nunca esquecerei sua resposta. "Bem, é claro que acredito", respondeu ela. "Com o poder de toda a fé que você vem demonstrando durante tantos anos, se isso não acontecer nunca mais vou conseguir minha vaga no estacionamento do Mall em um fim de semana..."

O que Ruth dizia era uma verdade eterna em tom humorado mas de grande sabedoria. Você acreditaria na imortalidade física? Todas estas maravilhas são irrevogavelmente ligadas, não podendo ser separadas. Se a imortalidade física não fosse real, Ruth jamais conseguiria sua vaga de estacionamento no Mall, pelo amor de Deus! (E isso jamais deixou de falhar para ela, no momento exato, em todas as vezes.)

Em certa amarga manhã de inverno nas montanhas, quando todos já estavam fartos de gelo e neve, gelo e neve, gelo e neve, inclusive eu, entrei no mercado de Cripple Creek, batendo a neve das botas, soprando os dedos congelados, e vi um leprechaun conhecido. Eles o chamavam de Pokey. Trabalhava na pequena mercearia, vindo para lá todos os dias daquela mágica "zona crepuscular" da vizinha Victor. Caminhei até ele, que limpava o chão, e falei, em tom exasperado: "Pokey, este inverno parece nunca terminar! Já estamos em fins de abril. Será que a primavera virá?"

Pokey continuou fazendo seu trabalho, mas ergueu os olhos, exibiu um sorriso de elfo e disse duas palavras: "Sempre vem."

Aquelas duas simples palavras foram até muito fundo dentro de mim. Sim, pensei. A primavera sempre vem. Com todas as promessas rompidas no mundo, é bom saber que a primavera é uma promessa eternamente inquebrável. Como a promessa noturna da Lua de que haverá nascer do sol, do arco-íris após uma tempestade e dos jacintos pascoais da imortalidade física.

☆ ☆ ☆

Crianças e adultos. Polaridades. Os adultos perderam a percepção de sua divindade e receiam admitir a verdade, qual seja, que as crianças são mais divinas e mais sábias do que eles. Todas as crianças poderiam se tornar imortais num piscar de olhos se não fossem os adultos à volta delas, plenamente convictos da mortalidade e incapazes de se livrar da síndrome paterna da desaprovação, fazendo com que o terceiro olho dos filhos fique como pedra. Hoje, as crianças do mundo sofrem abusos físicos e sexuais, sua inocência é assassinada.

Encarando a polaridade oposta, a tragédia das clínicas para idosos é que os "cidadãos idosos" são forçados a morrer bem em meio ao seu processo de rejuvenescimento na regeneração celular, induzidos pela depressão e condenação que os circunda. Medite na expressão "segunda infância". *Pense*, realmente, no seu significado. Uma segunda chance de ser criança. Uma segunda chance para começar a regeneração celular e a vida eterna. É a tentativa final de corpo e mente para permitir que a ânsia de vida vença a programada ânsia da morte — um trêmulo e miraculoso processo de redescobrir a criança interior. Se os "cidadãos idosos" em sua "segunda infância" pudessem ser deixados em paz, longe de ambientes e pessoas voltados para a morte, estimulados em vez de ridicularizados e rejeitados, rapidamente começariam a controlar seus corpos, experimentar a regeneração celular e retornar à juventude. Este é o passo seguinte. No entanto, eles são interrompidos antes de poderem dar o passo seguinte. Dentro deles, o espírito os convoca com esta última chance de reconhecerem a verdade da vida eterna. A sociedade lhes sufoca a voz desse espírito, e os idosos capitulam.

Alguns continuam lutando contra as ânsias de morte à sua volta ao se mudarem para "*playgrounds*" de aposentados e não para clínicas de repouso para idosos. Por algum tempo, eles vivem alegremente, dançando, pedalando bicicletas, correndo, nadando, dando grandes passadas em direção à regeneração e domínio do corpo — a reversão da gravidade. Então, aos poucos, quando veem ambulâncias e carros fúnebres levando os doentes e mortos à sua volta, acabam desistindo. Preferem morrer a sufocar a criança dentro deles, exigindo que a ouçam. Sufocar a imortalidade natural é demasiado antinatural, demasiado penoso — e exige muito esforço.

É hora de começarmos o amar e respeitar os "cidadãos idosos", de tornarmos socialmente aceitável para eles a ideia de curarem a si mesmos — e de demonstrarem seu miraculoso retorno a uma segunda infância, permitindo-lhes a progressão, como pretendido, para a regeneração celular do corpo. Nesta Terra atualmente há três espécies de humanos. Crianças, que são os sábios. Adultos, os cegos e confusos. E os idosos, cruelmente asfixiados em sua expressão da reversão da gravidade e regeneração celular denominada "segunda infância". Estes se veem bloqueados bem na metade do programa de reconstrução efetuada pelo espírito a fim de lhes conceder o domínio do corpo e um retorno à juventude, bloqueios que são promovidos por todas as ânsias de morte em torno deles. Os idosos são igualmente bloqueados por suas próprias ânsias de morte precisamente ao estarem prestes a substituí-las por uma nova e portentosa ânsia de vida. Que trágico desperdício!

Quando a sociedade permitir a seus "cidadãos idosos" que atuem como crianças, começará para eles o processo de regeneração celular, a gravidade será invertida e, aos poucos, eles irão "rejuvenescendo", recuperando a aparência e saúde física que possuíam originalmente. Então, a mágica da "fonte da juventude" se tornará rotineira. Ponce de León procurava no local errado. A fonte da juventude borbulhava dentro dele o tempo todo em que fazia sua busca. Ele procurava na Flórida, não? Pois não é curioso que tantos "cidadãos idosos" sintam secretamente que essas estranhas e novas ânsias de vida os atraem para a Flórida, talvez subconscientemente seguindo Ponce de León? A menos que eles reconheçam a verdade de sua própria imortalidade, sua aptidão em alcançar o domínio do próprio corpo, ficarão tão desapontados em suas buscas como Ponce. A fonte da juventude não se localiza na Flórida ou um Palm Springs. A fonte de juventude é interior. Lembre-se disto. Os momentos mais fáceis de derrotar a morte, de se tornar um imortal, estão na infância e na "velhice".

O amor de nossos Criadores pelo mundo permitirá que a Terra sobreviva, embora os atuais líderes mundiais pareçam determinados a aniquilá-la. O mundo não precisa ser salvo. A questão é saber se os humanos finalmente estão ou não desejando abrir seu terceiro olho, usar seu sexto sentido e *salvar-se*. Afinal de contas, esta é a Era de Aquário e, em astrologia, o signo de Aquário rege e representa a "segunda infância". Trata-se de algo encorajador e esperançosamente profético.

Um casal meu amigo, residente em Santa Barbara, Califórnia, ambos com a percepção de que são imortais, têm feito experiências com as frequentemente divertidas falsas imagens da idade cronológica. A maioria das pessoas acredita que os dois tenham de 21 a 23 anos, e costumam convidá-los para atividades universitárias. Então, quase todos ficam chocados ao conhecerem os filhos do casal, um rapaz de 25 anos e uma moça de 30, esta com seu primeiro bebê. O casal em questão não gosta de discutir sua idade cronológica com ninguém (nem mesmo comigo), porque nenhum dos dois quer se submeter ao mito de que envelhecer é uma necessidade, sabendo muito bem que os mortais não iluminados têm imagens individuais de todos os números duplos, sendo capazes de projetar poderosamente tais imagens quando ouvem ou veem um "número", o qual pode produzir um efeito temporário mas muito prejudicial na pessoa que "veem" como tendo uma idade cronológica qualquer. Isto pode fazer com que as células espiralem em direção contrária por um breve tempo, realmente produzindo a manifestação do "envelhecimento" físico uma vez mais. Não vale a pena. Em consequência, meus amigos preferem que os outros fiquem na dúvida sobre suas respectivas idades.

A esposa — vamos chamá-la de Melanie — sempre se diverte quando sai a passeio com sua filhinha-elfo (netinha, mas este termo contém demasiadas imagens falsas). As pessoas nunca deixam de admirar a criança e perguntam para minha amiga: "É seu primeiro bebê?" Seja como for, quando ela vai a um cinema na cidade com a filha, e esta casualmente a chama de "mamãe" enquanto compram as entradas, é inevitável que perguntem para minha amiga: "A senhora vai querer uma entrada inteira?"

Certo fim de semana, quando estavam em Los Angeles, Melanie e o marido foram a um cinema em Westwood e, ao comprarem as entradas, perguntaram-lhes se estavam com suas "carteiras de estudante" da UCLA.

O poder de uma mente humana auto-hipnotizada é espantoso quando investigado neste sentido. As pessoas realmente veem aquilo que acreditam ver.

Outro amigo, este residente em Boulder, no Colorado — outro imortal —, esteve fazendo experimentos com o mito do envelhecimento. Aos 32 anos, decidiu reverter as espirais de suas células, regenerá-las e tornar-se um homem de 24 anos novamente — no físico. Sua identificação foi tão intensa e poderosa, conforme me contou, que ele inclusive "ficou ligado" (expressão sua) a algumas das inibições emocionais e financeiras que teve naquela "idade". Foi preciso certa prática e algum esforço para se livrar delas, mas acabou conseguindo. Ele escreveu para mim no mês passado, contando-me uma divertida mas perturbadora experiência.

Ele procurou uma firma de financiamento a fim de fazer um empréstimo para comprar uma casa. Sem refletir, preencheu a solicitação do empréstimo com sua *real* idade de 24 anos. O diretor do departamento de crédito olhou suspeitosamente para ele e duvidou de sua idade. "Não me parece ter 24 anos", disse para meu amigo. "Provavelmente não tem nem 21, certo?" Sem uma prova de identidade consigo, meu amigo não soube como responder. Então, o homem reparou que o candidato ao empréstimo tinha grau universitário e sete anos de experiência profissional. (É difícil recordarmos todos os detalhes, se estamos rejuvenescendo.) A esta altura, o diretor de crédito ficou francamente irritado, disse que meu amigo mentia e recusou o empréstimo na hora. Em sua carta, meu amigo imortal do Colorado disse: "Sem dúvida, ele achou que eu representava um risco, já que era tão 'mentiroso'. Considerei a situação bastante engraçada, mas ela também me recordou prontamente três coisas: a maneira incrível como a mente das pessoas pode ficar programada no que se refere ao mito da idade; a rapidez com que funciona a regeneração celular, tornando necessário pará-la antes que vá longe demais (!); e os problemas que ser imortal nos cria em uma situação prática e financeira."

A imortalidade física é uma verdade cuja hora está chegando na Era de Aquário. Aqueles que a buscam não precisam se preocupar com o excesso populacional que ela parece criar, pois, conforme mencionei antes, à altura em que obtiverem o domínio de seus corpos, compreenderão o que deve ser feito a seguir. Isto lhes será revelado "quando o estudante estiver pronto". E eles sorrirão ao descobrirem a pura simplicidade da resposta.

Se você admitir que esta é a era de ouro em que a morte será vencida — se quiser fazer um entalhe no poder da morte, na história do mundo, há várias coisas que pode realizar.

Você pode disseminar a verdade, corajosamente. Quanto mais rapidamente for modificado o errôneo pensar das massas sobre a morte, mais cedo a vida eterna se tornará lugar-comum. Cada pessoa que questione a inevitabilidade da morte — seja a sério ou até humoristicamente (com um senso de humor que faz parte do sexto sentido) — enfraquecerá o seu poder. A disseminação da verdade da imortalidade física por meio da transformação de pensamento, bem como a resultante regeneração celular, salvarão sua própria vida e a vida daqueles a quem ama, ao mesmo tempo em que estarão contribuindo para salvar o meio ambiente e evitar os desastres "naturais" preditos para a Terra. Este é o método mais eficiente que pode empregar para deter a guerra e a violência. O subconsciente coletivo, falsamente programado para a ânsia pela morte, é a causa primordial dos terremotos, inundações, secas, desconfianças nucleares — e até mesmo a destruição de relacionamentos pessoais, o aniquilamento do amor humano.

Havendo, por exemplo, homens e mulheres imortais e interessados o suficiente praticando — em tempo — a verdade, a simplicidade e o amor, a Califórnia permanecerá acima das águas. Cada pessoa que se apega à ânsia pela morte, que se dedica à necessidade da morte, está optando pelo desastre. O propósito das profecias catastróficas é alertar-nos, para podermos ter uma chance de usar nossa sabedoria e evitar o desastre.

Você também pode fazer outras coisas. Pode dar início à sua imortalidade física simplesmente modificando cada crença temerosa e negativa para uma positiva — *um pensamento de cada vez*. Use a sempre bem-sucedida técnica de ordem ou afirmação (comunicação com seu Espírito-Superego). Em vez de temer e crer que pode morrer de uma enfermidade ou ser morto em um acidente a qualquer momento, simplesmente afirme e ordene em voz alta: "Estou no controle absoluto do destino de meu corpo físico. Nada pode me prejudicar sem o meu consentimento, e decidi não dar esse consentimento. Eu decidi viver."

Quando você começa questionar genuinamente a morte, a ânsia da morte programada em seu íntimo começa também desmoronar. Perceba o quanto é realmente difícil ela destruir seu corpo. Quando prestar atenção à sufocada ânsia da vida, ela o alertará, vezes sem conta, do perigo iminente antes de um acidente fatal. Existe uma tremenda margem de segurança no Universo, e você pode conectar-se a ela por intermédio do seu sexto sentido, que, por sua vez, o conecta a seu espírito — seu Eu Superior.

As próprias chamadas doenças "fatais" demoram bastante tempo a matar, permitindo-lhe receber numerosas advertências para *modificar e transformar seus pensamentos* — perder a sua ânsia da morte. Mais de trinta por cento de todas as tentativas de suicídio não têm êxito. Sua reprimida ânsia de vida está tentando torná-lo imortal ainda agora, se você simplesmente der ouvidos a ela. Preste atenção às mensagens que o Eu Superior lança de relance em sua mente, assim como as mensagens vindas de seu próprio corpo, enquanto cada célula que o compõe se esforça para viver. Honre e siga estas mensagens. Toda a dor está firmemente ancorada no medo e em pensamentos negativos; se você os expulsar com firmeza de sua consciência, poderá viver para sempre. Experimente. Se preferir as antigas ânsias da morte, sempre haverá tempo para mudar de ideia.

"Todos os caminhos levam a Roma." Este dito frequentemente repetido têm múltiplos significados. Simplificando ao máximo, isto quer dizer, à maneira de exemplo, que todos começam a viver em Nova York e finalmente alcançarão o destino pretendido de Los Angeles, pouco importando a forma da viagem ou a velocidade em que esta for feita. Se você preferir, pode usar o exemplo de uma viagem de Los Angeles para Nova York. É algo apenas alegórico. O principal é que as pessoas diferentes alcançam o mesmo objetivo empregando um número variado de mapas rodoviários e caminhos esotéricos através das florestas.

Qualquer pessoa, mesmo aquela levemente interessada em perseguir o objetivo da imortalidade — e, em particular, as suficientemente evoluídas para terem percepção dos mistérios ocultos superiores — desejará ler *The Lion Path*: "Um manual sobre o caminho mais curto para a regeneração em nossa época", escrito pelo brilhante metafísico Musaios, contendo antigas disciplinas astrológicas e astronômicas, assim como regimes para a rápida obtenção da imortalidade. Este pode ser um curto caminho, mas complicado, embora seu autor apresente com invulgar e cristalina clareza as fórmulas relativas a mistérios tão profundos.

Advirto meus leitores de que *The Lion Path* é extremamente profundo, embora seja facilmente compreendido pelos já iluminados, em especial os instruídos nos estudos de astronomia, astrologia e mitologia. Para eles, a leitura será uma pura delícia, enquanto descobrem segredos egípcios nunca-antes-revelados sobre regeneração e imortalidade. Este é um livro de extrema necessidade em nossa época. Trata-se de um guia incomparavelmente valioso para os Iniciados que desejam dominar as antigas disciplinas, com a finalidade de rapidamente se juntarem às fileiras dos mestres agora na Terra em sua missão de salvar o planeta de um prematuro e desnecessário *Götterdämmerung*. Os principiantes em metafísica, entretanto, podem ter certa dificuldade para compreender o sentido desta obra refinada, preparada por um dos verdadeiros mestres e meta-magos do mundo.

Se você está entre estes últimos leitores, não deverá se preocupar com as estritas disciplinas que o livro detalha. Não são necessárias para que se torne imortal. Apenas, seria conveniente integrar agora a obra *The Lion Path* à sua biblioteca, à espera daquele dia em que o "estudante estiver pronto". Você não precisará se envolver imediatamente com os prismáticos caminhos nele apontados, senão quando chegar o momento — e, chegado esse momento, sem dúvida ficará sabendo.

Nesse ínterim, poderá seguir com êxito o caminho mais demorado, mais fácil e mais simples dos dez passos delineados neste capítulo. Eles lhe darão o necessitado e necessário domínio sobre seu corpo para começar a regeneração celular, podendo torná-lo imortal tão seguramente como o caminho mais complexo. Repita: todos os caminhos levam a Roma.

Nem todos são destinados ou predestinados a ser líder na hora crepuscular da História. A felicidade e o amor "rotineiros" que você experimentará e projetará ao se tornar imortal pelas formas descrita neste capítulo são de igual valor para o resgate da Terra durante esses tempos conturbados, com início em 1988. Os Mestres Superiores estão cientes disto — inclusive o próprio Musaios. Ainda assim, *The Lion Path* deverá constar em sua biblioteca, porque nunca sabemos quando estaremos "hospedando anjos inconscientemente".

Como começar a se preparar para os passos em direção à regeneração celular aqui delineada?

Passe o maior tempo que puder na companhia de crianças. Elas é que têm sabedoria. Converse com elas, em vez de menosprezá-las. Aprenderá muito mais do que imagina se realmente lhe der ouvidos. A verdade disto está sumarizada no curto trecho adiante, extraído do Prólogo de *Gooberz*. (O texto *Gooberz* é sob a forma romanceada — ao contrário do Prólogo —, com trama progressiva, diálogos, etc. A finalidade do Prólogo é apenas preparar a mente antes que se inicie a narrativa.)

Pssst! Ouçam as crianças. Elas sabem.

todo coração infantil contém a sabedoria da Serpente
de enovelados e espiralados segredos
jamais sonhados e tampouco suspeitados
por aqueles que julgam superficiais e portanto descuidados
os poços das mentes infantis, por isso não percebendo
algum mistério antigo que jaz silencioso, inculto

e lá dormindo, não visto, invisível... além do alcance de todos
aqueles inconscientes
porque crianças meditam e sabem coisas Oh! jamais
ditas quando seus pensamentos são roçados pelo ouro fugaz
de sedosas asas farfalhantes de anjos que passam, abaixo murmuram
acima destas mais macias formas de argila
tão recentemente exiladas do Céu que não sofram julgamento... e
portanto
ouvem com mentes ainda abertas
porque ainda não seladas pela triturante gravidade da terrena
experiência

só mais tarde, após provações de tormento e tentação
são cerradas as portas da Verdade, firmemente trancadas
pela herança carnal da opinião fixa, ainda no útero impressa
e assim tão brilhantes espíritos são autoaprisionados, vassalos finais
da estreita, ecoante tumba do templo do corpo,
de promissor alabrasto pulverizados... em poeira vulgar

☆☆☆

Reservei meu jogo de palavras predileto para este capítulo final. Dentre todos os mistérios contidos nos trocadilhos com palavras inglesas, empregando-se o alfabeto anglo-saxão, protegido pelos druidas, para mim este é o mais profundo. A única palavra que não rima com nenhuma outra. A fruta com que minha professora do primário costumava demonstrar a gravidade. Laranja.

LARANJA contém: SEM RAIVA — SEM RANCOR — SEM IDADE.*

Um de meus gurus pessoais mais queridos falou-me que os imortais possuem uma saudação secreta entre eles. Quando um Avatar reconhece outro Iniciado, eles trocam duas dádivas simples, contendo uma silenciosa mensagem em código. Um dá ao outro, segundo ele disse, um jacinto e uma laranja.

Partilharei com você as palavras de despedida dele antes da última vez que "desapareceu" (embora eu saiba que logo tornará a se manifestar em sua costumeira e esquiva maneira).

— No que se refere à imortalidade física — disse-me ele —, antes de poder ser recebida uma revelação miraculosa, primeiro deve existir um confiante e inabalável *conhecimento*. Então, vem a iniciação. Não há maneira, no Céu ou na Terra, de ser invertida esta divina ordem.

— Ele fez uma pausa. Então sorriu e, enquanto eu fechava os olhos, pousou a mão gentilmente em minha cabeça, repetindo estas palavras, proferidas pela primeira vez há 2 mil anos:

— "Ó tu de pouca fé, por que duvidaste?"

Acredito que fora ele quem falou estas palavras (em inglês ou hebraico?). Ou seria possível eu ter experimentado um fugaz momento de clariaudiência? Preciso lhe perguntar quando ele voltar.

Em Los Angeles, a afiliada da rede de televisão ABC é a KABC. Após a transmissão de cada noticiário, a estação joga na tela uma inspirada mensagem de 13 palavras. Por favor, confira o significado do 13 no capítulo de numerologia. Enquanto estou aqui sentada, datilografando a última página deste livro, talvez devido à pulsante sincronicidade do Universo,

---

*O trocadilho é intraduzível, não faz sentido em português. No original inglês, temos: "ORANGE contains: NO ANGER — NO RAGE — NO AGE." (*N. da T.*)

posso ver, à minha esquerda, a tela da televisão, com imagem, mas sem som, um hábito meu enquanto trabalho e sinto a solidão do escritor. A mensagem da KABC pisca para mim, silenciosamente, como um sinal em código estelar.

Levamos até você o mundo como é
Imagine o que ele poderia ser

POSFÁCIO

Comentários da autora
a seus leitores
sobre temas de astrobiologia
e *Gooberz*

a todos vocês que têm escrito, incluindo
os que, tão pacientemente, estão esperando

por *Gooberz*

Uma vez que em meu último livro, *Os astros comandam o amor*, falei sobre a próxima obra a respeito de reencarnação — *Gooberz* —, nos últimos anos recebi mais de mil cartas de leitores do mundo inteiro comunicando que não conseguiram encontrar *Gooberz* pelos meus editores ou em livrarias, e me perguntando como poderiam obter um exemplar. A confusão é justificada, uma vez que uma nota de rodapé em *Os astros comandam o amor*, a cada vez que *Gooberz* era citado, informava que o livro "será brevemente publicado por Harper &Row".

Segundo um amigo que trabalha em uma firma que lida com pesquisas de opinião pública para políticos e importantes produtos de mercado, tais cartas representam, estimativamente, menos de um por cento das pessoas que pensam da mesma forma mas não encontraram tempo para escrever a respeito.

Baseada nessas estatísticas (e em carimbos postais), imagino que existam mais de um milhão de pessoas, da América à Índia e à Europa, tentando conseguir um exemplar de *Gooberz*. Assim, aproveito esta ocasião para agradecer a cada um dos que escreveram perguntando pelo livro — bem como àqueles que me têm escrito sobre muitos outros temas durante os anos, entre eles indagações sobre Sally, minha filha desaparecida — e o método de controle de natalidade astrobiológico que mencionei na seção "Tempo de Abraçar", em *Os astros comandam o amor.*

Primeiro, eu gostaria de responder à preocupação que os leitores demonstraram sobre Sally, depois às perguntas sobre astrobiologia e, finalmente, dar uma explicação sobre por que ainda não conseguiram encontrar *Gooberz.*

No tocante às várias centenas de solidárias e muito apreciadas inquirições sobre Sally,* atualmente planeja-se um livro a respeito de seu desaparecimento, a ser intitulado *O fim da aranha* ou *Não me esqueças* e escrito

---

* Conforme aconteceu com *Gooberz*, os leitores de Linda escreveram sobre Sally em decorrência da "Carta aberta a Sally", impressa em seu último livro, *Os astros comandam o amor.* (R. A. Brewer, editor-assessor.)

por Davis Sikes, um dos agentes do governo que conduziram a investigação e co-autor. Sally continua desaparecida e, segundo me disseram interessados amigos no Departamento de Justiça e outras agências governamentais, a publicação de um livro sobre seu desaparecimento é que conduzirá à sua recuperação. Estou absolutamente certa de que a encontraremos.

A todos vocês que escreveram dizendo que rezam por sua volta, envio meus agradecimentos mais sinceros. Guardo todas as suas cartas em duas grandes cestas na capelinha de minha casa em Cripple Creek, perto do altar. Neste altar há retratos de Sally e também seis velas queimando constantemente por ela. Sempre que recebo uma nova carta de algum de vocês, coloco-a sobre o altar, junto a uma das fotos dela, até que chegue a carta seguinte. Então, a anterior se junta às outras na cesta. Desta maneira, suas cartas são lidas e relidas, entesouradas e guardadas, *cada uma delas* passando algum tempo a manifestar sua mágica no pequenino altar. Algumas estão manchadas de lágrimas. Todas têm me emocionado profundamente.

Fico imensamente agradecida por suas cartas e orações. A magnética energia do poder do amor que elas contêm logo manifestará o milagre da volta de Sally. Por favor, saibam disto. E, por favor, continuem a manter a fé comigo, como têm feito em todas as partes do mundo (inclusive da Islândia e Polônia) durante tão longos e cansados anos de espera. Isto tem significado, e significará, muito mais do que possam imaginar.

☆☆☆

Quanto às perguntas sobre o controle de natalidade astrobiológico, descrito em *Os astros comandam o amor*, o antecipado autor desse livro, "R.C.", finalmente decidiu que não o escreverá. Em vez disso, estou planejando produzir uma pequena calculadora-computadora astrológica de bolso, talvez a ser denominada RAHRAM, acompanhada de um livrinho que permitirá a vocês mesmas calcularem seus períodos individuais de ovulação. Enquanto isso, uma palavra de cautela: no caso de tentarem obter seus dados astrobiológicos de algum astrólogo, se este não lhes fornecer um período integral de dez dias de abstinência sexual a cada mês — dentro do que é o seu período *exato* e *individual* de ovulação —, vocês não terão a segurança de cem por cento que lhes prometi. Isso diz respeito à vida do espermatozoide e a outros fatores, não sendo algo a ser considerado com leviandade. Certifiquem-se de que o astrólogo ou astróloga procurados entendam do que fazem.

Tenho guardado todas as suas cartas, e pretendo usá-las brevemente para convencer uma companhia de computadores a se comprometer à fabricação da calculadora RAHRAM; portanto, enviem-me — com este urgente projeto — as bênçãos de montanhas de luz branca e energia. Já estabeleci que a calculadora deverá estar disponível dentro dos 24 meses subsequentes à publicação deste livro, mas preciso da ajuda de vocês. Suas cartas são uma poderosa persuasão para aqueles que controlam os fundos financeiros para projetos semelhantes.

☆ ☆ ☆

E agora, quanto a *Gooberz*, como os que escreveram disseram não ter recebido resposta às cartas enviadas a meus editores ou livrarias, o que os deixou intrigados e frustrados, sinto ser minha responsabilidade explicar. Sete anos é muito tempo de espera. Vocês merecem a verdade, portanto, mesmo sendo complicada, e eu a fornecerei. Trata-se de algo bastante incomum, mas a esta altura acho que já se acostumaram a fatos incomuns relacionados à minha pessoa. Eu gostaria de levar uma vida tranquila e normal, mas será que alguém consegue isso nos dias que correm?

Presumo que já leram o Prefácio deste livro, pois do contrário não compreenderão o que vou relatar.

O homem do turbante estava certo em que todos os seus prognósticos. Como ficaram sabendo no Prefácio, fui para meu retiro de aprendizado "nas montanhas", como ele previu, mantive um diário de minhas experiências e usei-o como base para este livro.

No final do ano de meu isolamento nas montanhas do Colorado, retornei à Califórnia, também como fora previsto, e a 7 de dezembro de 1970, dia de Pearl Harbor, na Livraria Pickwick, no Hollywood Boulevard (agora chamada Livraria B. Dalton), conheci o homem que ele predisse que eu conheceria, exatamente conforme o programado.

Aproximadamente um ano mais tarde, sentei-me e escrevi um livro sobre essa experiência, incluindo as experiências de outros homens e mulheres que conheço, o qual intitulei *Gooberz*. Após terminá-lo, deixei-o de lado, como demasiado íntimo para ser partilhado com o público e críticos literários. Este livro foi canalizado, manifestado por meio do que tem sido chamado "escrita automática" que, um dia, imaginei só pudesse ser conseguida com caneta ou lápis e papel. Agora, sei que o mesmo processo pode ocorrer usando-se uma máquina de escrever. A escrita canalizada, automática, é uma experiência bastante perturbadora, eu lhes asseguro — algo como sofrer de amnésia diária.

Terminado o livro, eu não tinha bem certeza de que espécie de "cérebro infantil literário" seria tão estranha obra. *Gooberz* fugia a qualquer descrição e saiu da máquina de escrever em um estilo absolutamente anticonvencional. Apesar da minha decisão de jamais publicá-lo, fui convencida a permitir que algumas pessoas lessem os originais. Várias eram casais, muitas delas estudantes universitários, buscando algo que os ajudasse a medir o amor e analisar seus relacionamentos em um sentido mais profundo. Certas pessoas quiseram ler os originais porque eles falam bastante sobre a experiência da morte e da perda, tanto quanto sobre amor e sexo — homens e mulheres que acabaram de passar pela agonia de perder alguém muito chegado e que haviam perdido também o estímulo para continuar vivendo. Outros leram procurando saciar a sede a respeito de mistérios místicos, de reencarnação. Enfim, uma variedade de assuntos secretos. Não ficaram desapontados.

As reações de todos que leram essa versão de *Gooberz* me deixaram genuína e inesperadamente surpresa. O livro parecia possuir uma vida toda própria, totalmente separada de mim ou de meu controle. Da maneira mais singular, parecia conter certo poder, vibrar com uma indefinível energia. Vários casais que o leram, após estarem separados ou divorciados, voltaram a se reunir; três casais se casaram — e dois deles, de fato, tornaram a se casar. Aqueles que haviam sofrido perdas angustiantes, que haviam sido subjugados e estraçalhados pela dor, encontraram nele, não apenas consolo, mas um certo milagre que transformou seu pesar em inesperada alegria e excitada antecipação. (Não posso explicar aqui o motivo, mas quando você ler o livro, compreenderá.)

A certa altura no tempo, observando o que continuava a acontecer na vida das pessoas que tinham lido os originais, fui forçada a perceber que *Gooberz* não me pertencia. Pertencia às forças superiores sobre as quais eu tinha pouco ou nenhum controle. Um universitário que o leu descreveu-o de curiosa maneira. Ele o classificou de "biografia pessoal de todo mundo", uma descrição incomum, provinda de um homem, posto que o livro está evidentemente escrito segundo os pontos de vista e experiência de uma mulher.

Essa é uma das facetas inexplicáveis de *Gooberz*. Ele possui essa camaleônica qualidade difícil de analisar, a qualidade de envolver o leitor na trama desde as primeiras páginas, e a partir daí, seja o leitor homem ou mulher, a história deixa de ser da autora para se tornar a narrativa pessoal do relacionamento íntimo desse leitor com alguém. Alguns leitores do manuscrito chegaram a me perguntar: "Você andou espiando pela janela de nosso quarto? Gravou nossas conversas e telefonemas? Como poderia saber as palavras exatas que nos dissemos quando nos conhecemos, quando brigamos, quando nos separamos, e por aí afora?"

Bem, é claro que eu não sabia. Como poderia? Entretanto, à sua estranha e camaleônica maneira, as experiências em *Gooberz* — sejam elas relacionadas à infância, maturidade, morte, um caso amoroso ou casamento — parecem permitir que o leitor ou leitora as traduza para suas próprias experiências. Não sei como explicar isso. Portanto, creio que não tentarei mais. Sei apenas a maneira como é — o que acontece. Suponho que, de certa forma, relaciona-se ao *modo* como ele foi escrito, no sentido de ter sido canalizado pelas forças superiores, que, evidentemente, conhecem a alquimia de fazer com que palavras em uma página mudem de significado conforme o indivíduo que as leia. Disseram-me que o livro tem "camadas múltiplas"; portanto, o que um leitor capta nas entrelinhas, outro perde, embora vendo uma mensagem diferente que o primeiro deixou de perceber... o que foi visto em cada exemplo aplicando-se a um particular indivíduo.

Apesar da minha crescente percepção de que não podia controlar um livro que canalizara mais ou menos involuntariamente, ainda assim procurei continuar controlando-o. Tranquei-o firmemente na prateleira de um armário, retornei à assombrada suíte do Hollywood Roosevelt Hotel e comecei a trabalhar em *Os astros comandam o amor*, um livro para cuja elaboração eu já havia sido contratada. (*Gooberz* tinha sido "posto de lado para sempre", e este livro que você lê agora ainda estava sob a forma de meu diário do Colorado — ver o Prefácio.)

Inesperadamente, quando *Os astros comandam o amor* estava quase terminado, senti uma súbita ânsia de citar nele trechos de *Gooberz* sobre compatibilidades astrológicas sempre que achava apropriadas algumas de suas passagens. Assim, todos tinham pleno direito de escrever e perguntar por *Gooberz* quando, vários anos mais tarde, ele não apareceu nas livrarias.

Em essência, foi isso que aconteceu. Uma das mensagens do Guru de turbante sobre o qual você leu no Prefácio deste livro, a mim transmitida naquele dia do ano-novo de 1970, a certa altura da nossa velocíssima discussão sobre repolhos, reis e toda uma variedade de coisas esotéricas, foi por mim considerada francamente incômoda, de modo que a apaguei da mente no momento. Pouco depois de finalizar *Os astros comandam o amor* e publicá-lo (embora os eventos realmente começassem alguns anos antes), recordei as palavras dele... aliás, com demasiada nitidez.

— No nível de seu Eu Superior — dissera ele —, nesta encarnação você escolheu o que é chamado pelos Mestres "*a senda meteórica do carma acelerado*", com frequência escolhida por aqueles prestes a serem iniciados no tempo do iminente cataclismo da Terra.

Ele então explicou que o propósito disto era o pagamento rápido de dívidas cármicas, mais ou menos por atacado, a fim de que a pessoa pudesse prosseguir com sua missão na Terra sem a carga das cadeias do carma adiadas por vidas em demasia. Recordo ter pensado que isso era, de certa forma, como ter lições acumuladas para uma prova no colégio, se faltamos às aulas vários semestres e o tempo é curto para estudar tudo. Expliquei isto mais detalhadamente, no Capítulo 4, "Déjà vu".

Se uma verdade já foi dita algum dia, tal prognóstico certamente foi uma delas. Houve numerosas e repetidas ocasiões para recordar as palavras dele nestas eras passadas... foram realmente 16 anos? Mais parecem sessenta. De fato, *uma senda meteórica do carma acelerado* — um caminho, eu poderia acrescentar, pontilhado por vários raios que assinalaram eventos semelhantes a terremotos em cada esfera de minha vida, do lado emocional ao da saúde, do financeiro ou profissional e espiritual, talvez particularmente o último, uma vez que minha fé foi severamente sacudida e abalada. Vagamente, compreendi que passava por aquilo que muitos de vocês também vivenciaram, a julgar por suas cartas: uma enorme prova de merecimento para a alma. Por falar nisso, leio atentamente todas as suas cartas e desejaria imensamente dar uma resposta pessoal, mas isso é de todo impossível. Assim, procuro responder nos livros que escrevo a todas as perguntas, exceto as mais pessoais e específicas, esperando que esta alternativa tenha sido — e seja — proveitosa a vocês.

Como falei, embora vagamente ciente do motivo pelo qual estava sendo posta à prova, tal percepção, como certamente vocês também descobriram, não tornou a carga mais leve, pouco importando o que nos digam os fanáticos religiosos, que nem sempre praticam o que pregam. O que tornou a provação *suportável* foi tentar me apegar firmemente à fé da infância em magia e milagres, como fiz constantemente, pouco ligando para a dimensão dos erros, a confusão do emaranhado, a desesperança da perspectiva.

Não sei que notas recebi ao fim de minha prova pessoal para a alma, uma vez que ninguém nos dá um boletim para tais coisas, mas presumo que fui aprovada, já que continuo aqui. Talvez não tenha tido nenhum "A" com louvor em cada vez, mas eu tentei, e, como minha mãe-elfo irlandesa costumava dizer, a respeito dos esforços: "Os anjos não fariam melhor."

Nos inícios de 1980, após *Os astros comandam o amor* ter sido publicado com suas citações de *Gooberz*, anunciando que este último logo estaria disponível a vocês, bem no meio do mundo de cabeça para baixo em que eu vivia, enquanto bombardeada por raios ao seguir a senda desse muito pesado "carma acelerado", inesperadamente recebi um telefonema do homem do turbante. Do estranho.

Desta vez, ele me disse seu nome. Era Nathaniel, falou, mas preferia ser chamado Nahtan. De algum modo, conseguira me localizar e descobrir meu número telefônico, que não constava da lista. Não fiz perguntas. Quem interroga Avatares? Devemos "salvar as aparências" para eles o tempo todo e não fazer perguntas em demasia. De qualquer modo, eles evitam responder, de modo que se torna uma perda de energia insistir no questionamento, conforme descobri com alguns deles.

Nahtan me disse que apreciara a leitura de *Os astros comandam o amor* e me deu um muitíssimo bem-vindo e necessitado tapinha na cabeça por cumprir minha responsabilidade espiritual ao escrevê-lo, comentando em seguida que ficara perturbado pela indicação, nesse livro, de que *Gooberz* seria o próximo publicado. Recordou-me o conselho que me dera naquele dia de ano-novo de 1970 no tocante à ordem de publicação de *Gooberz* e do livro sobre minhas experiências na montanha dizendo:

— O livro *Gooberz* tem uma mente toda própria, estou certo de que você já percebeu. Será publicado quando ele o quiser, não quando for do seu desejo ou do editor, nem antes nem depois de meu tempo predestinado. — Seu tom era bastante enfático, até mesmo severo. — Esse livro selecionará seu próprio tempo, em sintonia com a harmonia do Universo.

Conforme adverti anos atrás, você deve primeiro escrever e publicar o livro baseado no diário que manteve no Colorado. Acredito que deveria intitulá-lo *Signos estelares*... — (ele inclusive ditava o título, do que não gostei muito, embora tenha ficado calada) — ...o livro a respeito do que aprendeu em seu retiro nas montanhas antes de conhecer o homem sobre quem *Gooberz* foi escrito. Aliás, presumo que já o conheceu, no tempo determinado.

— Sim, eu o conheci — repliquei —, justamente como predisse que o conheceria. Tudo aconteceu exatamente segundo o programado. Entretanto, escrevi o livro intitulado *Gooberz* relatando o evento, conforme sabe após ler *Os astros comandam o amor*, e, de fato, como prometi a meus leitores, acho que deveria manter a...

Ele me interrompeu rapidamente.

— Não. Sua ideia quanto a isso é um erro.

— Ora, mas... o que os leitores pensariam de mim, se prometi a eles o livro...

— Eles compreenderão. E esperarão. Agora é tempo de você partilhar o que aprendeu no Colorado em 1970. Partilhará com aqueles que buscam as inúmeras magias para a própria compreensão e outras que descobriu em seu retiro. Então, após a publicação de *Signos estelares*, chegará o momento de partilhar *Gooberz* com seus leitores, porque a essa altura estarão melhor preparados para compreender a mensagem do livro.

Ainda recordo meu choque ao ouvir sua voz convincente através dos fios telefônicos. Suponho que imaginara que alguém tão.. etéreo... não utilizaria dispositivos mecânicos comuns como telefones. Quando mencionei isso, ele riu calorosamente (até seu riso tinha um sotaque britânico) e disse:

— De fato, nós dois não precisamos de um telefone para nos comunicarmos. Entretanto, como ainda não percebeu isso, quero dizer, ainda não *acredita* nisso (o que é a mesma coisa), alcancei-a hoje através de seu nível atual de compreensão destas coisas. Para o futuro, no entanto, procure lembrar que sempre pode entrar em contato comigo sem o instrumento, a qualquer momento que quiser, simplesmente usando a energia eletromagnética do desejo intenso. Eu ouvirei e responderei tão seguramente como estou fazendo hoje.

Após esta inesperada e "mandona" mensagem do estranho, comecei a me sentir uma espécie de fantoche ou marionete cujos cordões eram puxados de um lado para outro pelas muito ditatoriais Forças Superiores.

Os Áries-carneiros não aceitam de muito bom grado tal manipulação, mesmo quando oriunda da vontade divina. Contudo, concordei obedientemente em primeiro escrever e lançar *Signos estelares*, que seria publicado antes de *Gooberz*.

Pouco depois da conversa que tive com Nahtan, as cartas de vocês começaram a chover do mundo inteiro, inquirindo: "Onde está *Gooberz*?" Cheguei inclusive, a receber telegramas contendo precisamente as mesmas três palavras! E esta é a primeira oportunidade que tenho para responder a cada um de vocês.

Palavra de druida, o que acabei de contar é, essencialmente, a pura verdade sobre o motivo de não haverem podido encontrar *Gooberz*. Não fazem ideia do alívio que significa finalmente partilhar este trauma literário com vocês. Novamente, peço desculpas pela longa demora, e de novo torno a lhes agradecer pelas cartas que enviaram, pela sua paciência e confiança.

Agora que sabem do passado do livro... e quanto a seu futuro?

Uma vez que, obedecendo a Nahtan, terminei *Signos estelares* e o liberei para publicação, posso voltar toda a minha atenção para *Gooberz*.

Continuem enviando seus cartões e cartas, mas, desta vez, diretamente para mim. Linda Goodman — c/o the Postmaster — Cripple Creek — Colorado — Zip: 80813; USA. Permanecendo unidos, nós venceremos!

Quanto àqueles que escreveram dizendo que, ultimamente, não encontraram exemplares encadernados de *Os astros comandam o amor*, por favor, sejam um pouquinho mais pacientes. Em breve estará disponível em nova edição encadernada.

Para encerrar, e voltando a *Gooberz*, o "tempo selecionado" de seu "nascimento", predito pelo homem do turbante, será a manifestação do milagre produzido *por vocês*, com suas cartas inquiridoras e interessadas. E desta maneira que funciona a Lei Universal da Imagem-Ordenada-Manifestada.

Toda essa energia eletromagnética projetada pela mente de tantos leitores provocou nos éteres uma poderosa impressão, a qual materializará *Gooberz*.

O perfeitamente maravilhoso disso é que vocês geraram a magia de materializar *Gooberz* (em um sentido amplo, a biografia pessoal de cada um, em sua busca pelo amor) ainda antes de lerem este livro — antes de, conscientemente, perceberem que conheciam a fórmula para tal mágica!

Percebem a coisa maravilhosa que isso prova? Que são todos magos, que têm sido magos desde que nasceram, que estavam inconscientemente cientes de tudo neste presente livro antes mesmo de abrirem a primeira página! Porque, como lhes digo, todos vocês são deuses e deusas, possuindo grandes poderes que há muito e muito esqueceram.

Quanto a *Gooberz*, vocês o "mentalizaram" muito, de maneira que o tornaram possível.

Agora que conhecem o código, o que estão esperando? Sem dúvida, existem muitos outros milagres com os quais têm sonhado. Pois parem de sonhar, vão em frente e... *manifestem* esses milagres!

Abracadabra!

Linda Goodman

☆☆☆

PARA O PROGRESSO DO PEREGRINO

Lista de livros recomendados sobre
estudos metafísicos e ocultistas...
tanto de ficção como de não ficção

NO CORRER DOS ANOS, tenho recebido tal enxurrada de cartas solicitando uma indicação de livros para o astrólogo iniciante e aprendiz de ocultismo, que ofereço aqui algumas sugestões para estudo posterior — sugestões estas que têm constituído minhas "bíblias" astrológicas pessoais, passadas e presentes — ou livros que expandiram minha consciência na miríade de campos metafísicos, em várias épocas.

Há muitas centenas de livros didáticos de astrologia publicados, repetitivos em sua grande maioria, alguns não fornecendo qualquer ajuda, e apenas uns poucos sendo de real valor para o profissional sério, esotérico. Desde que os livros de astrologia são caros, pode-se perder um bom dinheiro por um lento processo de tentativa e erro. Não afirmo que estes sejam os únicos livros didáticos válidos. Há inúmeros outros excelentes. Contudo, em minha opinião, estes constituem uma biblioteca *adequada* para o estudante sincero de astrologia. São os livros básicos. Depois que forem adquiridos, outros serão adicionados, segundo a preferência pessoal.

Também em resposta àqueles muitos que me têm escrito perguntando, respondo que, ao calcular um Horóscopo, uso o sistema das Casas Iguais, preconizado pelos antigos. Depois de alguns testes, percebi que o moderno método Placidus não é de tanta confiança, nem tão revelador. Segundo minha experiência, as "casas interceptadas" do método Placidus, que, conforme se alega, dão maior profundidade à interpretação astrológica da Natividade, servem apenas para turvar os assuntos e criar ambivalência. A natureza humana é estranha. As pessoas sempre tendem a se inclinar para os métodos mais "complicados", em qualquer campo, rejeitando os simples, quando o fato é que, invariavelmente, a "verdade" é oculta pela simplicidade. A verdade de cada um, é claro. O estudante voltado para o catolicismo deveria aprender todos os métodos comuns e então decidir-se. Apenas estabeleço aqui a minha crença pessoal. Para mim, o sistema Placidus resulta em muitas imprecisões na interpretação. Entretanto, se ele funciona para você, não hesite de maneira alguma, use-o. A mais apurada explicação técnica sobre o motivo pelo qual o método das Casas Iguais é mais preciso e de confiança está contida na seção inicial do excelente livro *My World of Astrology*, de Sidney Omarr.

Os seguintes livros didáticos de astrologia foram enumerados segundo a ordem de importância para o noviço nos estágios iniciais do aprendizado calcular uma Natividade (Mapa Natal ou Horóscopo). Havendo possibilidade, o mais conveniente é que você adquira todos os livros enumerados, desde o início. Se só puder comprar alguns de cada vez, minha indicação é que os adquira na ordem aqui fornecida.

Respondendo aos muitos pedidos para leituras indicadas envolvendo todo o campo do ocultismo ou esotérico-espiritual (suplementares da própria astrologia), também enumerei aqui os livros que, pessoalmente, achei mais inspiradores e esclarecedores para o principiante. De modo algum isto significa que a lista esteja completa. Existe uma infinidade de outros. Contudo, estes são os que propiciam um "despertar" mais abrangente e que, portanto, devem ser lidos em *primeiro lugar.* A segunda lista de livros indicados não segue qualquer ordem especial de importância. Se me pressionarem para aconselhar qual, entre ele, deveria ser a apresentação *inicial* de tais assuntos, eu indicaria *There Is a River*, de Thomas Sugrue, porque constitui um sólido preparo geral para a sabedoria que será encontrada em todos os outros, além de prender inteiramente o interesse do leitor, seja ele um crente ou um cético. Acho que é um bom começo.

Tendo em vista a maior conveniência do leitor, alguns livros — não todos — foram acrescidos de um comentário.*

The Rosicrucian Tables of Houses

Este contém, além da necessária informação para localizar o Ascendente e o Meio do Céu em uma Natividade, uma lista surpreendentemente vasta de latitudes e longitudes, de cidades nacionais e estrangeiras. (Uma vez que tal lista chega a conter Cripple Creek, Colorado, é *realmente* vasta!)

Time in the USA, compilado por Doris Chase Doan.

Este é um livro "essencial" para um cálculo acurado e retificação da hora de nascimento. Contém as tão necessárias informações sobre horário de verão, que não são encontradas em nenhuma outra obra. Trata-se do melhor livro de seu gênero, e como um mapa não ficará preciso se você ignorar os fatos sobre o horário de verão — em vários lugares e épocas variadas —, eu o considero vital. Nos Estados Unidos, durante muitas décadas cada cidade

*A autora relaciona no original três obras de astrologia editadas antes de 1988, voltadas exclusivamente ao cálculo de Efemérides e a posições planetárias, hoje inteiramente superadas diante da disponibilidade de diversos programas de computador específicos para estudos e cálculos retificados para mapas e horóscopos, além de tabelas e cálculos em diversos sites confiáveis e sérios na internet tanto em português quanto em inglês. Essas referências foram eliminadas desta edição. (*N. do E.*)

e estado possuíam uma regra individual sobre o horário de verão, algo mais ou menos como o Chá do Chapeleiro Maluco. A única época em que toda a nação ficou simultaneamente sob o mesmo horário de verão foi durante os anos da Segunda Guerra Mundial, quando passou a ser denominado Horário de Guerra e durava o ano inteiro, em cada ano desse período. *Time in the USA.* explica o Horário de Guerra, fornece o período em que foi empregado e também indica o horário de verão de outros anos para vilarejos, cidades e metrópoles dentro dos Estados Unidos, a qual apresenta considerável variação.

My World of Astrology, de Sydney Omarr. Nova York: Fleet Publishing Company, 1965.

Nenhum livro didático de astrologia demonstra tão clara e definitivamente a MANEIRA CORRETA de montar um Horóscopo. Todos os demais livros escritos sobre o assunto são, em certo grau, confusos e enganosos. O livro de Sydney é o único que explica (ou, pelo menos, o único que torna isso CLARO para o principiante) a suma importância da posição do SOL em um Horóscopo. O Sol deve situar-se na "hora" certa no Mapa Natal. Caso contrário, você pode ter certeza de que cometeu um engano em seus cálculos matemáticos, ou que *nenhum bebê* poderia ter nascido naquele particular dia, mês e ano, naquela particular hora e naquela particular longitude-latitude.

Isto constitui a maior prova da validade da astrologia, sendo ainda de inestimável ajuda para a retificação da verdadeira hora de nascimento. (A memória de mamãe e a precisão da enfermeira distam bastante do ideal.)

A Respiração do Mundo tem pulsações definidas e periódicas — uma ação de sístole e diástole, por meio da qual é controlado o nascimento. A periodicidade infinita da Natureza não pode ser alterada nem disputada. Os nascimentos têm lugar, quanto a uma única localidade e data, *somente* em intervalos que estejam de acordo com certo movimento lunar. Apenas condições particulares, envolvendo a Respiração do Mundo, permitem que aconteçam nascimentos em um dado lugar e em um específico momento no tempo.

Repetidamente e em vão, eu e outros temos desafiado astrônomos e cientistas céticos a nos permitirem demonstrar esta profunda prova da divindade da astrologia.

O livro de Omarr também contém fascinantes relatos dos vários e bem-sucedidos debates do autor com numerosos críticos "eruditos" da astrologia, além de uma boa dose de variadas informações esotéricas e sobre natalidades.

The Manual of Astrology, de Sepharial Londres: W. Foulsham and Company, Ltda., 1962.

Talvez fosse este o único livro que eu colocaria bem no alto da lista de compêndios interpretativos absolutamente indispensáveis. Em si, este livro pode transformar em competente astrólogo todo aquele que possua uma aptidão natural para semelhante trabalho.

The Complete Method of Prediction, de Robert de Luce. Nova York: ASI Publishers, Inc., 1978.

Um excepcional e extraordinário guia de interpretação, comparável ao livro didático de Sepharial. Em particular, trata-se de um excelente livro quanto aos trânsitos e progressões no trabalho de previsão , ao passo que o de Sepharial é mais proveitoso no concernente à interpretação do Horóscopo natal (caráter, e potencial, etc.).

Heaven Knows What, de Grant Lewi. St. Paul, MN: Llewellyn Publications, 1962

Um clássico, merecedor do adjetivo. Esse livro pode proporcionar um rápido entendimento da astrologia, mesmo para o amador, tendo sido escrito no estilo inteligente e maravilhosamente interessante do geminiano Lewi, sem sacrifício de um só fio do fundamento científico da astrologia. Lewi foi um gênio matemático, bem como excelente escritor criativo, uma rara combinação. Este livro diz respeito, principalmente, ao potencial e análise do caráter, baseando-se nas posições dos luminares (Sol e Lua) e outros aspectos planetários do Mapa Natal. O leitor não necessita saber como calcular um Horóscopo para considerá-lo útil e confiável como medida do caráter e personalidade, tendo como base apenas o signo solar. Os Horóscopos do final permitem que o leitor observe os aspectos natais de qualquer nascimento. Contudo, deve haver cautela em relação ao Signo Lunar. É conveniente ter esta particular posição calculada com *exatidão*.

Astrology for the Millions, de Grant Lewi, St. Paul, MN.: Llewellyn Publications, 1975.

Tão clássico como o anterior, só que este lida principalmente com a faceta da previsão pela astrologia, tanto para o amador como para o profissional. Ambos os livros contêm farta dose de material adicional de leitura, reportando-se ao campo completo da astrologia, de fácil entendimento por aqueles que nada sabem sobre esta arte e ciência, além de igualdade útil para o estudante consciencioso da astrologia.

Astrology and the Human Sex Life, de Vivian Robson. Londres: W. Foulsham and Company, Ltd., 1963.

Um excelente livro para a comparação de dois Horóscopos, quando de um trabalho detalhado de compatibilidade.

How to Handle Your Human Relations, de Lois Haines Sargent. Washington, D.C.: American Federation of Astrologers, 1958.

Um guia de toda confiança no tocante aos aspectos de compatibilidade entre Horóscopos, no mesmo nível do mencionado anteriormente, porém não tão profundo em relação a este particular ramo da astrologia.

Astrological Aspects, de Charles Carter. Londres: L.N.Fowler & Co. Ltd., 1972.

Qualquer livro de Alan Leo.

Qualquer livro de Manly P. Hall.

The Dictionary of Astrology, de James Wilson. Nova York: Samuel Weiser Publications, 1974.

Trata-se de um livro indispensável para o estudante que pretende efetuar um estudo sério da astrologia ou se tornar astrólogo profissional. Um guia realmente essencial para todos os tipos de métodos e terminologias astrológicas.

Horary Astrology, de Robert de Luce. Nova York: ASI Publishers, Inc., 1978.

Horary Astrology, de Geraldine Davis Hollywood: Symbols and Signs.

Seu futuro astrológico, de Linda Goodman. Rio de Janeiro: Record, 1987.

Os astros comandam o amor, de Linda Goodman. Rio de Janeiro: Record, 1978.

Qualquer boa efeméride sobre Plutão.

Mostrando os "movimentos" ou posições do planeta Plutão nos signos ao longo dos anos e fornecendo uma interpretação dos aspectos natais desse corpo no Horóscopo de nascimento (potenciais), assim como o significado dos trânsitos e progressões de Plutão no trabalho preditivo. Os livros alemães referentes a Plutão são definitivos e os de maior confiança.

The Technique of Prediction, de Ronald Carlyle Davison. Londres: Fowler & Co., Ltda., 1971.

Um dos melhores livros didáticos disponíveis sobre a interpretação de planetas em trânsito e progressões.

Lectures on Medical Astrology, de William M. Davidson.

Você será realmente afortunado se conseguir localizar e obter essa série de predileções do Dr. Davidson sobre astrologia médica. Não será fácil encontrá-la. Em certa época, foi impressa pelo astrólogo Charles Jayne, de Nova York. Sem sombra de dúvida, é o estudo mais acurado, perceptivo e abrangente da astrologia médica até hoje publicado, na minha opinião.

Qualquer livro de Margareth Home.

Qualquer livro de ou sobre Evangeline Adams.

The astrological Annual Reference Book. Hollywood: Symbols and Signs.

Esse guia de consultas foi compilado com amoroso cuidado e rara integridade, constituindo uma fonte rápida, fácil e confiável para uma grande variedade de propósitos, sendo reeditado e recriado a cada ano, com muitos novos conceitos astrológicos para estudo, não ratificados nem condenados pelos editores, mas oferecendo material para consideração e pesquisa.

PARA LEITURA ENVOLVENDO O CAMPO DO OCULTISMO EM GERAL

Reincarnation in World Thought, editado por S. L. Cranston & Joseph Head. Nova York: Julian Press, Crown Publishers, Inc.

Um livro excelente, incrivelmente detalhado no tocante ao vasto tema da reencarnação, fornecendo, inclusive, experiências individuais de muitas pessoas famosas sobre o *déjà vu*. É instrutivo, absolutamente fascinante, e provaria ao mais cético o sólido senso comum desta verdade básica de toda a vida: o fundamento original de todas as religiões.

Reincarnation. The Phoenix Fire Mystery. Idem. Nova York: Crown Publishers, Inc. 1978.

Também muito esclarecedor, embora pessoalmente eu prefira o livro publicado acima.

The Search for the Girl with the Blue Eyes, de Jess Stern. Nova York: Doubleday & Co.

(Reencarnação) (Livrarias de livros usados.)

The Game of Life, de Florence Shinn. Marina Del Rey, CA.: De Vorss & Co.

Você e a eternidade, de Lobsang Rampa. Rio de Janeiro: Record, 1969.

Os outros livros de Rampa são fascinantes, porém não tão proveitosos nem esclarecedores como este, na minha opinião.

There is a River, de Thomas Sugrue. Nova York: Henry Holt & Co., 1942.

Ou, *The Association for Research and Enlightenment.*

Qualquer livro sobre Edgar Cayce

Qualquer livro publicado pela A.R.E. (Association for Research and Enlightenment) de Virginia Beach, VA.

The Sexuality of Jesus, de William Phipps. Nova York: Harper & Row, 1979.

Qualquer livro do Reverendo William Phipps.

The Aquarian Gospel, de Levi. Marina Del Ray: de Vorss & Co., 1964.
Um clássico realmente necessário.

The Essene Gospel of Peace
Disponível somente através da Academy Books, 3085 Reynard Way, San Diego, Califórnia. Qualquer livro publicado pela Academy Books, no endereço indicado. Eles enviam um catálogo completo de títulos e conteúdo.

Do You Really Need Eyeglasses?, de Marilyn B. Rosanes. Berrett. Nova York: Popular Library, 1978.
Seus olhos são a janela de sua alma. Você deve a eles a dádiva de ler esse livro incomum e excelente, a fim de produzir o "dia claro" em que "verá para sempre".

Astrology, the Space Age Science, de Joseph F. Goodavage. Nova York: New American Library, W.W. Norton & Co., Inc. 1967.
Esse livro deveria ser de leitura obrigatória em toda escola.

> Antes de prosseguir, eu gostaria de dizer que o livro de Goodavage deveria ser uma das "bíblias" de todos os pensadores da Nova Era. Está repleto de coloridos confetes de conhecimento esotérico e sintonizado com a sabedoria antiga, com o respaldo de dados científicos, para os céticos. Se este livro esplêndido fosse tornado leitura obrigatória nas escolas, o sistema educacional seria poderosamente transformado, bem como os estudantes a ele expostos.

Our Threatened Planet, Goodavage. Nova York: Simon & Schuster, 1978.

Storm on the Sun. Idem. Nova York: New American Library, 1979.

The Secrets of the Great Pyramid, de Peter Tompkins. Nova York: Harper & Row, 1976.

Cheiro's Book of Numbers, de Cheiro. Nova York: Arc Books, 1964.

The Kabala of Numbers. Nova York: Samuel Weiser Publications, 1913.
Um dos melhores, se não o melhor livro do campo da numerologia espiritual, intimamente relacionado com a astrologia. De extremo proveito para o esclarecimento e o despertar.

Psychic Discoveries Behind the Iron Curtain, de Sheila Ostrander & Lynn Schroeder. Nova York: Bantam Books, 1971; Englewood Cliffs, N. J.: Prentice-Hall, Inc., 1970.
Uma obra básica superlativa, relacionada a todo o campo do ocultismo, na investigação científica mundial sobre o metafísico.

Health and Light, de John N. Ott. Nova York: Pocket Books, 1976.

The Life Everlasting, de Marie Corelli. Alhambra: Borden Publishing Co., 1966.

Ardath e *Romance of Two Worlds*, de Marie Corelli.
Tente as livrarias de livros usados.
Os livros citados são clássicos, envolvendo as Almas Gêmeas e a conscientização mística. Os outros livros de Marie Corelli não são tão proveitosos, embora sempre interessantes. Os escritos de Corelli são inspiradores e de extremo esclarecimento para os curiosos que quiserem saber mais sobre as "Almas Gêmeas". Suas revelações espirituais são fidedignas e acompanham todos os elevados preceitos da metafísica, com a única exceção de que a autora, na época em que escreveu estes livros, ainda não havia sido iluminada a respeito da falsidade da "divindade" de Jesus — de que foi um ser humano extraordinário e excepcional, mas somente um homem, e não divino. Superado este único engano, os livros de Corelli não apresentam falhas no tocante a todos os temas ocultistas.

A Dweller on Two Planets, de Plylos. Alhambra: Borden Publishing Co.
Para o estudante avançado em ocultismo.

Qualquer livro de Dion Fortune, St. Paul, Minn.: Llewellyn Publications (ou livrarias de livros usados).
Os livros de Dion Fortune são apenas para os iniciados *muito* avançados.

Consciousness and Reality, do Dr. Charles Musès.

The Lion Path, de Musaios. Berkeley: Sceptre Publishing.

The Essene Christ, de Upton C. Ewing. Imlayston: The Edenite Society, Inc.

The Prophet of the Dead Sea Scrolls, de Upton C. Ewing. The Edenite Society.
Esses dois livros de Ewing deveriam ser também de leitura obrigatória nas escolas, para o despertar de todas as crianças da Era de Aquário.

A Time for Astrology, de Jesse Stearn. Nova York: New American Library, W. W. Norton & Co., Inc., 1972. East Rutherford, NJ: Coward, Mc Cann & Geoghegan, Inc., 1971.

Design for Destiny, de Edward W. Russell. Nova York: Ballantine Books, Inc., 1973.
Um livro de grande importância, contendo sérias respostas para os céticos em todos os fenômenos espirituais.

The Last Days of the Late Great State of California, de Kurt Gentry. Nova York: G. P. Putnam's Sons, 1968.
Provavelmente encontrado apenas em livrarias de livros usados.

A Wrinkle in Time, de Madeleine L'Engle. Nova York: Dell Publishing Co., Inc.

Qualquer livro de George Hunt Williamson.

Qualquer livro de Michael D'Obrenovich.

O *Pequeno Príncipe*, de Antoine de Saint-Exupéry. Rio de Janeiro: Agir, 1996.

The Spear of Destiny, de Trevor Ravenscroft. Nova York: G. P. Putnam's Sons, 1973.

The Gospel of St. John, de Rudolph Steiner. Spring Valley: The Anthroposophic Press, Inc., 1940.

De um ciclo de 12 palestras feitas por Steiner, em Hamburgo, na Alemanha, em maio de 1908.

Qualquer livro de Rudolph Steiner.

Para uma lista de todos os livros de Steiner, entre em contato com a Goethe Society, Nova York. Rudolph Steiner foi um metafísico sem paralelos, antes ou depois de sua época, com referência a todos os escritos espirituais.

Four Arguments for the Elimination of Television, de Jerry Mander. Nova York: William Morrow & Co., Inc., 1978.

O tópico principal preocupa muito mais do que a televisão em si. Ele diz respeito à nossa sobrevivência literal, sendo um dos mais importantes livros no alvorecer da Era de Aquário. Deveria ser de leitura obrigatória nas escolas, mas provavelmente não o será, porque prejudica aqueles que acumulam grandes fortunas, oriundas de atividades perniciosas a todos nós.

A Tree Grows in Brooklyn, de Betty Smith. Nova York: Harper & Row, 1947.

Um livro sobre verdade metafísica e todas as formas de amor dissimuladas na vida cotidiana rotineira. É o meu favorito entre todos os livros escritos durante este século. Ele transmite uma mente aberta aonde quer que vá, em especial dentro de si mesmo. Lê-lo pela primeira vez é como encontrar um velho amigo que julgávamos perdido há muito tempo, mesmo se não formos do Brooklyn! Você tem tanta necessidade da sabedoria e promessa que este livro encerra para o amanhã como tinha a geração dos anos 1940, quando foi publicado. Talvez até mais.

Qualquer livro de Vera Stanley Alder.

Qualquer livro do Dr. Paul Brunton.

Beauty: A Retelling of the Story of Beauty and the Beast, de Robin McKinley. Nova York: Harper & Row, 1978.

One Bowl: A Simple Concept for Controlling Weight, de Don Gerard. Nova York: Random House, 1974.

Um poderoso conceito benéfico, embora ainda não concebido, que explica o insuspeitado obstáculo para a saúde física e para a iluminação espiritual no "jantar social", isto é, a mistura da conversa com a ingestão de alimentos e bebidas.

Evil and World Order, de William Irwin Trompson. Nova York: Harper & Row, 1976.

The last Blue Whale, de Vincent Smith. Nova York: Harper & Row, 1979.

Se qualquer desses excelentes livros, que deveriam estar sempre disponíveis ao público, por acaso se encontrar "esgotado", sugiro que escreva para o editor e insista com firmeza em sua reedição. Os editores não têm o direito de negar ao público livros que poderiam beneficiar em muito a vida de tantos, obras que talvez não vendam tão depressa quanto eles desejariam — pela boa razão de não terem recebido uma grande publicidade adequada ou uma boa promoção.

SOBRE A AUTORA

Linda Goodman nasceu em um dia de abril, durante uma tempestade de primavera, e faleceu em outubro de 1995. Teve quatro filhos: uma Cabra, uma Arqueira, um Aguadeiro e um Escorpião Águia que, atualmente, perseguem seus sonhos, e com os quais ela comemorou com frequência o *Groundhog's Day* (Dia da Marmota) e outros feriados importantes. Linda residiu nas montanhas do Colorado, com seus cães Benjamin e Bear, de Câncer e Gêmeos, respectivamente. Os dois são vegetarianos. Um leão que nasceu em liberdade costuma visitar a casa de Linda, mas é inteiramente domesticado e amistoso, a despeito de algum rosnado ocasional. As canções favoritas da autora eram *When You Wish Upon a Star* e *On a Clear Day*, respectivamente, "Quando você faz um pedido a uma estrela" e "Em um dia claro", dos quais há abundância em sua cidade natal de Cripple Creek (estrelas e dias límpidos). Seus perfumes prediletos eram extrato de baunilha e ervilha-de-cheiro na chuva. Seu livro favorito, *Uma dobra no tempo*, de Madeleine L'Engle.

Este livro foi composto na tipologia
Classical Garamond, em corpo 10,5/14, e impresso
em papel off-set 75g/m^2 no Sistema Cameron da
Divisão Gráfica da Distribuidora Record.